無錫文庫

第三輯

錢氏湖頭宗譜

錢氏宗譜備要

堠山錢氏丹桂堂家譜

錫山錢武肅王祠志

鳳凰出版傳媒集團
鳳凰出版社

ISBN 978-7-5506-1383-6

圖書在版編目（CIP）數據

錢氏湖頭宗譜等 / (清) 錢祖域等編. -- 南京 : 鳳凰出版社, 2012.6
（無錫文庫. 第3輯）
ISBN 978-7-5506-1383-6

Ⅰ. ①錢… Ⅱ. ①錢… Ⅲ. ①氏族譜系—無錫市 Ⅳ. ①K820.9

中國版本圖書館CIP數據核字(2012)第122127號

責任編輯　王　劍
裝幀設計　姜　嵩
出版發行　鳳凰出版傳媒集團
　　　　　鳳凰出版社(原江蘇古籍出版社)
　　　　　南京市中央路165號　郵編 210009
　　　　　發行部電話 025－83223462
集團網址　鳳凰出版傳媒網　http://www.ppm.cn
印　　刷　無錫市證券印刷有限公司
　　　　　無錫市揚名高新技術產業園B區75號　郵編 214024
開　　本　889×1194毫米　1/16
印　　張　35.5
版　　次　2012年6月第1版　2012年6月第1次印刷
標準書號　ISBN 978-7-5506-1383-6
定　　價　480.00圓
（本書凡印裝錯誤可向承印廠調換，電話：0510－85435666）

無錫文庫編輯委員會

主　編

王立人

副主編

須　儉　姜小青

編　委（按姓氏筆畫排列）

王進雄　王賡唐　卞惠興　全　勤　吴　迪　沙無垢
金其楨　夏剛草　倪培翔　徐志鈞　浦學坤　陳文源
過旭明　過耀華　許墨林　張志清　程勉中　湯可可
蔡家彬　劉桂秋　錢建中　錢菲菲　顧文璧

執行編委

王華寶　王　劍　薛　飛　陳紅彦　林世田　謝冬榮
徐憶農　陳　立

編務人員

顧志堅　李躍光

無錫文庫學術顧問

（按姓氏筆畫排列）

朱玉麒　朱維錚　江慶柏　李文海

沈衛榮　武秀成　金良年　胡福明

莫礪鋒　徐中玉　陳熙中　許倬雲

張仲禮　張廷銀　彭　林　程章燦

馮　遠　馮其庸　楊天石　趙生群

劉玉才　錢　遜　錢中文　錢文忠

總序

七千年文明史，三千年建城史，江南名城無錫，襟長江依太湖，自古以來就是魚米之鄉，禮儀之邦。無錫文化自泰伯奔吳以來，騰蛟起鳳，尚德崇文，在數千年的傳承發展中，教化常持，經世務實，人杰輩出，大家林立，文藻絢麗，錯彩鏤金。含南含北皆春水，欲與湖山作主人，數千年的人文傳統，賦予了風光秀美的無錫以獨特的文化魅力，鑄就了城市剛柔相濟、秀逸清麗的文化品格。

無錫是中國吳文化的發源地。早在商代晚期，周太王古公亶父的長子泰伯三讓王位，携其弟仲雍奔吳，定居無錫梅里，建『勾吳國』，『端委以治周禮』，施以禮儀教化；興修水利，授以農桑，不數年而『民人殷富』。泰伯帶來的中原文化與無錫本地土著文明相結合，吳文化以及作爲其重要組成部分的無錫文化就此發端。晋室南渡，北方人群大量南遷，帶來了中原的文化技術，促進了無錫農業、水利、手工業和商業的發展，中原文明再度與吳文化進行融合互滲。在本土文化與异地文化的碰撞和交融中，不斷推動着無錫這座城市的文明進步。

無錫歷史文化『迨歷七千餘載歲月滌蕩，遂經四大轉折而成其廣大深厚：泰伯西來，吳文化成焉；永嘉南渡，江左文脉振焉；宋室波遷，江南文風始焉；歐風東漸，錫邑占風氣之先，民族工商文化始焉。數百代鄉彦賢達智慧與創造累積，文獻足徵，無慮百千』（《錫山先哲叢刊》重版弁言）。無錫文化以兼容并蓄多樣化的形態不斷發展。

崇文尚教，以教促文。北宋嘉祐三年（一〇五八），無錫始設縣學；北宋政和元年（一一一一），理學傳人楊時在無錫創建東林書院，此後無錫出現了喻樗、尤袤、李祥、蔣重珍等一批知名的教育家。至明代，顧憲成、高攀龍等在東林書院講學，此後又有許多書院相繼而起。古代無錫對教育的重視，促進了『崇文』和『尚教』的風氣，也造就了大量的人才。自隋朝開創科舉取士到清末廢除科舉，無錫共出了五名狀元、三名榜眼、六名探花和三名傳臚，并有五百四十名進士，一千二百多名舉人；『一榜九進士』、『六科三解元』，自古傳爲佳話。近代以來，經濟的繁榮進一步帶動了教育的興盛。無錫籍國學大師錢穆曾說：『晚清以下，群呼教育救國，無錫一縣最先起。』此後無錫的實業家紛紛出資興辦文化教育事業。教育的繁興，在極大程度上促進了無錫的文化發展，出現了空前的文化人才崛起的高峰。

文脉綿延，後出轉强。歷來『文化』的概念有廣義和狹義之分，這裏的『文脉』之『文』，用的是狹義的概念，即指經史、文學、藝術等人類所創造的精神財富的總和。在無錫的歷史文化傳統中，自古及今，悠悠文脉，如瓜瓞之綿綿。必須指出的是，從文化發生學的角度來看，早期中華文化的中心是在黄河流域的中原地區，無錫在宋元以前，雖有像顧愷之、李紳、尤袤、蔣捷、倪瓚等一批人文英才，但在整體上，無錫的文氣是自明清以迄近現代達到巔峰。在整個江南地區文教昌明和無錫經濟繁盛、教育勃興的大背景下，無錫地區在經史、文學、繪畫、音樂等諸多領域中，建樹卓越，俊才雲蒸，真正呈現出『人文之盛，冠於南國；碩彦輩出，著述繁富』的局面。

求實務本，重工崇商。無錫自古爲江南富庶之地，魚米之鄉。明代東林講學者將士商并列爲『本行』，講求經世致用；近代早期維新的思想家、實踐家薛福成提出『黜浮靡，崇實學』，大力倡揚『工商爲先，耕戰植其基，工商擴其用』的觀念，這些都成了近代以來無錫人求實務本、重工崇商的重要的思想根源；兼以明清時期，封建自然經濟解體，資本主義開始萌芽，無錫經濟日趨繁盛。鴉片戰爭以後，上海開埠，由於商品經濟的發展和商業資本積累的增加，逐步形成了一個以上海爲中心的，北接江陰、靖江，西連蘇州、無錫、常州的經濟區域。有布、米、絲、錢『四大碼頭』的無錫，被譽爲『小上海』。到了十九世紀末、二十世紀初，無錫許多有識之士積極引進西方生産技術，大力興辦工廠，形成了近代六大資本系統，無錫成了近代中國民族工商業的發祥地和蘇南經濟中心。經濟的繁盛，不僅爲無錫文化的不斷發展提供了堅實的物質基礎，而且也形成了無錫文化的主流形態之一的，具有鮮明特色和豐富内涵的『工商文化』。

文化源長，文獻宏大。在歷史上，無錫有過兩次較大規模的文化整理。一八九九年，《常州先哲遺書》是包涵無錫在内的第一次區域性文化整理集成。一九二二年，《錫山先哲叢刊》是無錫真正意義上從城市角度進行的一次文化整理。當時，國家積貧積弱，社會動蕩離亂，身處亂世的有識之士高擎文化的旗幟，以縱覽千古的魄力和毅力致力於城市文化傳統的繼承與弘揚，爲無錫地方人文教育提供了文化楷模，對增强無錫崇文興教氛圍發揮了重要的作用，爲無錫躋身江南名城提供了文化動力，其意義至今爲後人感念。

滄桑巨變，天上人間。經過近一個世紀的奮鬥探索，特别是改革開放三十多年來的迅猛發展，中華民族强勢崛起。國運昌隆，盛世修典。中共無錫市委、市政府高度重視地方傳統文化的整理弘揚工作。自二〇〇七年提出『建設文明無錫，打造文化名城』以來，無錫全面深入開展歷史文化遺産的挖掘、清理、保護和修復工作，傳承弘揚優秀傳統文化，彰顯城市人文歷史底蘊，掀起歷史文化名城建設新高潮。此後，市委、市政府在《無錫市文化大發展大繁榮行動綱要》中明確要求全面整理出版地方歷史文獻，市委、市政府在《關於深化文化體制改革加快文化强市建設的決定》中再次明確要求編纂《無錫文庫》，正式啓動迄今爲止無錫地區規模最大、綜合性鄉邦文獻集成的修編工作。爲確保《無錫文庫》的編纂工作順利進行，市委、市政府專門成立了『無錫文庫工作委員會』，由市委宣傳部牽頭，設立了『無錫文庫編輯委員會』，計劃用三年時間完成編纂出版工作。《無錫文庫》的編纂，將以嶄新的學術角度和現代學科框架對城市歷史文化進行全面梳理和弘揚，站在時代的高度，充分展示城市深厚的歷史底蘊，彰顯先賢哲人的智慧創造，解讀無錫文化的獨特個性，提煉升華無錫的人文精神，光前裕後，古爲今用，以文化人，由人化文，以史爲鑒，開啓未來。

《無錫文庫》的編纂出版必將發揮重要的文化功能：首先是搶救文獻。無錫自古即有豐富的地方文獻，無論經史子集，都有重要著作流傳於世。然而無錫近代歷經戰亂，一些重要典籍已毁佚，僅有書名存留；還有一些珍貴的明清地方史籍，也以孤本存世，處於若存若亡之間。由於各種原因，一些代表無錫文化的典籍保存於國内外各大圖書館中，在無錫不易見到。從清末到民國期間，在文化上有不少重要成果，而這部分書籍因長期被忽視而處於毁佚的邊緣。《無錫文庫》的編纂就是爲了搶救文獻，保存文脉。其次是古籍整理。無錫先賢留下的載籍很多，但現存書籍，版本雜亂，良莠不齊，整體而言没有經過系統編排梳理，使用不便。《無錫文庫》的編纂，就是從版本目録學的角度加以梳理，每書皆撰提要，鈎玄指要，便於閲讀使用。第三是服務大衆。《無錫文庫》所收皆爲地方古史遺文，是研究無錫歷史沿革和文化傳承的必讀書目。《無錫文庫》的編纂出版，使這些書籍的使用更加便捷和廣泛，對無錫的文化建設、城市規劃、古迹保護、名勝開發都具有很高的學術價值和實用價值。

歷史唯物主義觀是《無錫文庫》編纂出版工作的重要指導思想。《無錫文庫》是一部具有社會主義新時代特點的典籍集成，編纂理念和選編觀念更加科學，注重學術性、實用性和經典性相結合，并且儘量收入古籍版本研究的新成果，廣泛收集流散在國内外的珍貴典籍。編纂工作中，始終堅持『尊重歷史、尊重科學、尊重規律、尊重專家』的原則，堅持『雙百』方針，對傳統文化中重要的不同學派、不同觀點的資料兼收并蓄，力求客觀、完整和全面。當然，《無錫文庫》不可能包羅萬象，而以文史哲爲主要内容，兼顧其他類别著述，整體呈現出無錫歷史文化的發展脉絡。强化編纂工作的學術規範，提倡實事求是的良好學風，對文庫的整體規模、體例框架、所收書目、版式裝幀等進行反復論證，反復比較，多方聽取意見，慎之又慎，力争使《無錫文庫》成爲一部真正代表無錫文化的綜合性鄉邦文獻集成。

編纂出版《無錫文庫》的盛舉，得到了海内外衆多著名的文史專家、學者教授的熱烈響應。許倬雲、馮其庸、楊天石、李文海、徐中玉、馮遠、胡福明等無錫籍文化名人和劉玉才、程章燦、江慶柏、張廷銀、金良年等專家學者應邀擔任《無錫文庫》的學術顧問，他們扎實的學術功底、嚴謹的治學風範、卓越的學術見識，爲《無錫文庫》提供了有力的支撑。

千年吴地文明，百年工商繁華，賦予無錫人聰慧和靈秀，創造了具有獨特品質的城市文化和城市精神。當我們手捧先哲留下的珍貴文化遺産，不僅滿懷感恩、敬畏之心，更涌動着不負前賢、勵志圖新的激情，去努力創造城市文化嶄新的輝煌，讓無錫文化大發展大繁榮的春天更加姹紫嫣紅、繽紛燦爛！

無錫文庫編輯委員會

二〇一一年一月

凡例

一、《文庫》所收爲無錫籍作家的著述和與無錫相關的歷代文獻，分爲《官修舊志》、《地方史料專著》、《年譜家乘》、《無錫文存》和《近現代名家名著存目》五輯。

二、無錫地域範圍以現行行政轄區爲準。《文庫》立足無錫市區，兼顧江陰、宜興，適當選收江陰、宜興具有代表性的著作。

三、《文庫》所收著作，以史料價值高、使用價值大爲原則，適當兼顧其版本價值。

四、《文庫》主要采用影印方式出版，《近現代名家名著存目》收入作家小傳和主要著述目録。

五、《文庫》所收著作，其編纂年代下限爲一九四九年；《近現代名家名著存目》則不受此限。

六、《文庫》所收著作，原書如有蠹損、殘缺、漫漶不清處，原則上以相同版本予以換頁、補頁，使全書清晰、整齊。

七、《文庫》對所收每種圖書，均撰寫提要，置於每種書扉頁之背面；每册均新編頁碼，自爲起訖。

八、《文庫》編制書名索引和著者索引，以方便讀者使用。

第三輯編輯説明

本輯為《無錫文庫》之第三輯《年譜家乘》，收録無錫（含江陰、宜興）歷代名人年譜以及部分著姓望族家譜。

年譜是史籍中一種人物傳記體裁。但和一般的傳記有所不同，一般的傳記主要紀傳主的生平大要，而年譜則是以譜主爲中心，以年月爲經緯，比較全面細緻地叙述譜主一生事迹。所謂『叙一人之道德、學問、事業，纖悉無遺而系以年月者，謂之年譜』（朱士嘉《中國歷代名人年譜序》）。家譜是一種以表譜形式記載一個以血緣關係爲主體的家族世系繁衍及其重要人物事迹的圖書體裁，主要包含譜序、題辭、恩榮、凡例、像贊、世系、傳記、宗規、家訓、祠墓、義田、藝文等内容。

它們都屬於史籍中較爲特殊的體裁，過去由於歷史研究中理論的誤導，不重視或忽視人的主體性，對名人與望族的研究相對來説顯得薄弱。隨着思想禁錮的打破以及地方史研究的逐步深入，纔慢慢爲學界所重視，並成爲熱點。今天我們将此列爲專門研究对象，着眼點是它的社會意義，具體一些説，就是某一望族在它所處的社會制度下，對政治、經濟、文化、社會生活諸方面所發生的正負影響，又從某一望族的興衰過程透視其社會歷史的宏觀背景。同時望族的研究離不開個體研究，離不開對名人和精英在歷史發展中所處的地位和發揮的作用、功過善惡給予合乎歷史真實的評價。無論是群體或個體研究，其結果都對現實生活有借鑒的作用。

無錫，地靈人傑，截至二〇一一年，產生於此的百餘名科學院、工程院、社科院院士（學部委員）已使它成爲名副其實的『院士之鄉』、『人才高地』，無錫的人文之厚，正源自這片熱土千百年來所湧現出的衆多風流人物與著姓望族。本輯首次較全面地彙編了這些名人的年譜和部分著姓望族家譜共約一百三十種，爲學界研究提供參考。需要説明的是，考慮到文獻資料的完整性、實用性、稀見性，個別年譜家乘會突破一九四九年的年代下限；而當代編寫出版的無錫歷代名人年譜，坊間易得，不在此次收録之列；另有十一種年譜因已分別附録在《無錫文庫》第二、三、四輯的相關書内，也就不再重復收入，它們是：《梁溪先生年譜》（譜主李綱，李綸編）收入第四輯之《梁溪先生文集》，《修敬公年譜》（譜主秦旭）、《端敏公年譜》（譜主秦金）、《從川公年譜》（譜主秦瀚）、《海翁公年譜》（譜主秦德藻）收入第三輯之《錫山秦氏宗譜》，《盛顒年譜》（譜主盛顒）收入第三輯之《勾吴盛氏宗譜》，《顧端文公年譜》（譜主顧憲成）收入第四輯之《顧端文公遺書》，《師竹廬自述》（譜主賓鎮）收入第二輯之《師竹廬隨筆》，《孝侯公年譜》（譜主周處）、《簡惠公年譜》（譜主周葵）、《少宰公年譜》（譜主周家楣）收入第三輯之《國山周氏世譜》。

本輯排列順序，先年譜後家乘，無錫、江陰、宜興各自分編。年譜依譜主歷史年代爲序，全文收録。家乘依姓氏筆畫爲序，視其文獻價值，全文收録或選擇收録，選擇收録者，在提要中加以説明。

目録

錢氏湖頭宗譜

（清）錢茂祥 等 纂修

《錢氏湖頭宗譜》上編八卷首一卷，下編一百零九卷首一卷末一卷，（清）錢茂祥等纂修，清同治六年（一八六七）木活字本。

錢茂祥，錢氏裔孫。

湖頭錢氏係出黄帝，歷若干世至吴越王鏐，遂於江南繁衍。始祖靄。六世孫進，宋承奉郎，大中祥符間自嘉興贅無錫沙頭王氏，遂徙居焉，是爲錫山始遷祖。進曾孫梓，贅新安鄉湖頭過氏，新安湖頭錢氏之稱始於此。是譜分上下編。上編卷首歷代譜序，卷一像贊，卷二至卷八墓銘、祠祀、塋圖、傳記等；下編卷首遠祖世系，卷一、卷二總世系，卷三至卷一百零九並卷末皆湖頭以下各支派世系。錢氏各支自宋元以後歷代皆有修譜，此爲湖頭同治本。錢穆係出此族。

錢穆（一八九五—一九九〇）字賓四，無錫人。中國現代歷史學家、教育家、國學大師。九歲入私塾，十三歲入常州府中學堂，一九一二年因家貧輟學，後自學。一九三〇年以後，歷任燕京、北京、清華、四川、齊魯、西南聯大等大學教授，也曾任無錫江南大學文學院院長。一九四九年遷居香港，一九五〇年創辦新亞書院，一九六七年移居臺灣。治學兼通經、史、子、集四部，一生致力於中國學術思想史的獨特性研究，認爲中國思想的精神是求人生真理與宇宙真理的合一。著作等身，總編爲《錢賓四先生全集》。一九六八年當選爲臺灣『中央研究院』第七届院士。

本書據清同治六年（一八六七）木活字本影印上編。

（陳小青）

錢氏湖頭宗譜 目次

上卷首

上卷一

錢氏宗譜　目次　三　錦樹堂

錢氏宗譜　目次　四　錦樹堂

上卷六

上卷七

錢氏宗譜　目次　七　錦樹堂

上卷八

錢氏宗譜　目次　八　錦樹堂

錢氏宗譜　目次　十一　錦樹堂

錢氏宗譜　目次　十二　錦樹堂

錢氏宗譜 目次 十七 錦樹堂

錢氏宗譜 目次 十八 錦樹堂

宋徽宗皇帝御題錢氏譜序

吳越國王錢鏐倜儻有大度意氣雄傑乘唐末亂離竭力禦冦因奉僖宗詔命削平江浙而據有其地昭宗即位加太師中書令封本郡王梁室繼興尊爲尚父進封吳越國王至於後唐遂獨有方面號令一十三郡垂四十年修中州貢賦籍無虛日風物殷庶族系繁侈浙人俚語目之曰海龍君言富盛若彼也方其與羣英爭逐橫槊馬上何暇議文墨耶然而喜作正書好吟咏通圖緯晚歲復降己下士纂客羅隱雅好譏評雖及刺譏時事怡然不怒人以大度稱之狀貌凜凜亦人間一英物也所書復剛勁結寄似

宋理宗皇帝敕題錢氏譜序

致仕太師左丞相錢象祖上疏其略曰先臣駙馬景臻叨承仁廟眷遇嘗爲御製譜序建炎南遷倉猝失去悼惜無已伏冀殊恩重新宸翰庶幾枯骨復榮免使微臣齎志以沒也朕用嘉之爲序其首曰錢氏自黃帝凡九世而至孚此受姓之源也自孚七十世而至吳越國王鏐此建國之始也自王俶七世而至象祖此傳世之序也夫鏐立國保民實蕃生齒至俶順天獻土作我保障今乃建極宇內有廟社功忠於我也賞延於世承祀先王不亦孝乎左丞相使虜致忠述先致孝修世德也故凡敬祖睦族作譜之常

非出用武于殆未易以學者追蓺祖有天下其孫俶納土稱藩遂使後世子孫縻我爵祿承承不絕亦其英風餘澤霑溉雲仍者多矣錢氏自唐乾寧間據有江西至我宋之興凡三世四王一方耋倪不識兵革而覩太平之盛錢氏之力也藝祖應運先諸國臣服江南平俶與其子惟濬妻孫氏來朝藝祖遣皇子王睢陽迎勞賜禮賢宅以館之而締構宏壯至於供帳幣幙什物種種畢具已而遣就國留其子入侍太宗卽位之明年俶盡籍其府庫地圖以獻乃封王淮海久之又王漢南復徙王鄧端拱元年太宗以其

誕日遣使賜器幣方與使者宴罷及暮有流星隕於正寢光照戶外是夕以訃聞於是朝廷追封王秦國謚曰忠懿方浙右富盛登豐之久上下無事惟以文藝相尚故俶尤喜翰墨而作字善顛草其幹旋盤結不減古人太宗遣使取其草書以進俶乃以舊習絹圖上之詔賜以玉硯金匣象管蜀箋等且示寵焉當時降王有始有卒無如俶者蓋以能先諸國作我藩服其後子孫繼登顯任垂榮無窮信萬世臣子之勸也

至若忠君孝親則當求之斯譜錢氏之子孫尚其欽哉永
保厥家與國同休戚焉
端平二年二月十八日御題

大宗慶裔譜序

蓋聞古賢垂訓先哲修身莫大於上承祖禰之澤下廣子孫之傳是故堯舜之理化天下其先則曰敦睦九族然後平章百姓協和萬邦詩不云乎無念爾祖聿修厥德是知爲人子人臣之道無過於尊奉祖先揚名立身者也予達承宗派紹襲門風爰自幼年志攻文墨屬時多事四海輿戈須練武經文以清世難遂乃攄筆硯於天目之右振韜鈐於石鏡之間仗一劍以勤王推赤心而爲國遂得二紀之内定越安吳何難不戡何兇不殄斬漢宏而屍薛朗粗

展機謀去僭僞而捍羣兇累施擒縱自兵符而陞郡印以廉車而建節旄服三鎮之藩方受六朝之委任爵居師右位極人臣降雙封兩國之榮掌文武中臺之位家藏鳳詔手執龜圭襲華衮以駕輅車森門戟而光寶券榮超先代寵被六親子孫皆忝於勳華姻族俱沾於爵禄是皆長源衍慶累葉垂休考本尋根實由祖德況賜甲第於茅山之下改鄉名於故府之前奏賜敕書建置私廟昭三代追崇之盛耀祖先封贈之榮先後交輝雲仍浹慶但以家傳世譜起自少典大宗讓公標建祚之名二祖京公爲本支之

大宗慶裔圖序

錢氏之先出於少典八傳至黃帝黃帝生昌意昌意生顓項顓頊生偁偁生老童老童生重黎重黎生吳回吳回生陸終陸終第三子籛鏗封於彭城是爲商伯世本云彭祖是也爲殷守藏吏至周爲柱下史壽八百歲生子五十四第二十八子曰孚爲周文王師官於錢府上士因去竹而爲錢稱錢氏受姓之始自孚凡四十二世至林公漢平帝元始三年爲烏程縣長自林公七世生讓公乃江東第一代祖也仕後漢爲征東大將軍廣陵相徐兗二州刺史謚

富春哀侯見於先賢傳讓公生四子次曰京爲後漢高密太守太子洗馬洗馬生五子次曰寶仕吳爲前軍司馬越騎校尉右軍將軍生二子次曰睦爲吳黃門侍郎東都太守生二子長曰秀仕吳爲太常卿生二子長曰廣西晉初察孝廉終於揚威將軍江州刺史生四子次曰穪仕晉爲大司農生四子長瑋字瑞英晉左中郎將生五子四曰輿德爲晉平樂令關內侯生三子次伯仁仕梁爲員外散騎侍郎尋除揚州刺史因女爲陳景帝后又追贈臨川王子五長曰肅之爲邵陵王府文學全威將軍給事中子二長

首歷世綿遠樹大枝繁傳寫年深頗乖次序予戎政之暇廣閱譜書因命區分别爲卷軸上自少典次及彭籛孚公定錢氏之宗林公爲過江之木讓公四子合傳洗馬之支湖頭六房命承下宅之後自孝憬公移居臨安之地祖號茅山七世蕃昌不乏賢德伯仲堂構又分數房各有子孫並需官爵竊慮百代之後流派繁多難窮仕宦之由有墜祖先之業今則先鋪血脈次别尊卑粗明纂集之風永奉烝嘗之道傳於來葉勿墜弓裘　時

梁乾化五年八月十八日啓聖扶運同德功臣淮南鎮海

鎮東等軍節度觀察處置營田安撫兼兩浙鹽鐵制置發運等使淮南宣潤等道四面行倉都統開府儀同三司尚父守尚書令食邑二萬戶實封一千七百戶吳越國王鏐序

曰道始爲陳東都太守子六人各居湖頭東西南北上下
六宅是也第六曰智昌爲下宅祖官至宣城太守生二子
長曰獻仕隋爲殿中將軍卒於唐貞觀十九年子三人長
元修儀鳳中爲本郡太守生二子長曰孝憬始移居安國
里號茅山祖孝憬生子七長曰師寶師寶生子二次爲司
儀公仁昉仁昉生三子第三子爲司空公碩亶碩亶生三
子三曰沛任宣州旌德縣令累贈吏部尚書左僕射追封
洪滕王王生二子次曰宙贈太尉追封建初王王生一子
諱寬卽尚父之父追封爲英顯王者也自此而上尚父武

錢氏宗譜　上卷首　文信公序　二　錦樹堂

肅王所撰大宗譜記之詳矣仍親自製序別爲一圖今慶
裔譜所載始於武肅王者尊大功正始統也粤若我家世
濟勳業上尊朝廷下安黎庶戡定禍亂保有封疆德積仁
深枝繁葉茂武肅王有子三十人文穆王襲封國別爲王
者一人秉鈞衡者六人建旌鉞者四人尚公主者二人餘
多至大將軍二千石文穆王有子十人世謂之十房忠獻
王忠懿王襲封國二壁台鉉三分節制爲刺史是皆命之
於朝忠獻王有子二人長爲刑部尚書金紫光祿大夫上
柱國彭城郡開國公次爲台州安撫使西平侯忠懿王有

子九人封王爵者一領藩鎮者二團練使三刺史一今惟
演惟濬又忝文武之任皆慶善之所屬也其餘諸房子孫
在國中爲官者數百人不爲官者謂之孫姪班班以屬尊
而年長者爲之班首設宗籍以主之賜列第宅以居之日
一叅謁宴賞勞賚極其豐腴郡守官屬有缺則隨才以補
之子之始生必有籍則廩給之至忠懿王歸朝奏名於有
司者近三千人詔許文武自擇其官於是佩印綬而侍軒
墀者迨及其半餘不願仕者忠懿王又分俸祿如國中之
制俾安居於京師凡十餘年昔者唐室喪亂天下分割傳

錢氏宗譜　上卷首　文信公序　三　錦樹堂

襲世紀凡十七八姓有自建大號不尊王命者及海內郡
縣猥一而子孫僅存惟我錢氏中原未定則奉正朔而修
貢賦眞人旣出則獻版圖而歸有司　太祖皇帝　太宗
皇帝嘗申誓於山河許永保其富貴　眞宗皇帝嗣位第
一郊祀洎東封泰山恩詔獨念錢氏至親近屬未及祿者
收祿之至親者忠懿王之曾孫是也近屬者前所謂十房
者是也二詔共得官二十餘人當時天下言忠言孝者至
盛惟錢氏一族信爲善之報上靈不可誣矣今子孫輩服
朱紫歷圭籍者多矣修文藝取科名者亦多矣何年紀之

愈深而興復之彌遠常慮歲序悠邈後世不知分房之源
故譔慶裔譜成復畫爲圖支分派引自上而下子孫相承
昭穆有序其界道則彰以五色彩用象五行之正色取其
相生無休絶之義也題先王官爵位獨用朱餘皆用墨仍
各於其傍註其官秩見存者用朱已往者用墨皆別之也
噫我家賢哲間出功名粲然具在國史此不復述然則其
中不才者有之不學者有之惟忠惟孝則人人能守其規
未嘗少衰昔王謝之族尠有勳庸崔盧之家惟矜閥閱以
今方古豈有慚德冀傳實訓用示來茲初武肅王著大宗

譜書至今一百餘年且七世矣惟演起纘而録之復不知
幾世幾年有能嗣其事者當屬之於後賢爾時
皇宋仁宗天聖五年歲次丁卯八月十五日推誠保順宣
德翊戴功臣保大將軍節度使鄜州管內觀察處置等
使開府儀同三司檢校太傅同中書門下平章事持節
鄜州諸軍事行鄜州刺史上柱國彭城郡開國公食邑
九千二百戶食實封二千七百戶惟演序

譜例一十八條

一首立宗譜當以孝敬爲先下氣怡聲承顔養志父母有
事爲人子者代其劬勞使有疾病不脫衣冠而養違者
罪之

一凡宗族當循次第長幼有序尊卑有別子孝父慈兄友
弟恭禮亦如一背者以不孝不悌論

一凡族長當立家規以訓子弟毋廢學業毋惰農事毋學
賭博毋好爭訟毋以惡陵善毋以富吞貧違者叱之

一娶婦必須不若吾家者不若吾家則婦之事舅姑必執

婦道三日廟見拜謁然後方許房族盡禮以見尊祖敬
宗之意

一嫁女必須勝吾家者勝吾家則女之事人必欽必敬毋
違夫子而箕帚有託蘋蘩有主不負願育而羅父母之
憂矣

一祠堂安神之處務須潔淨凡遇朔望子孫拜謁行香俱
要肅敬毋得戲慢褻瀆

一祖宗墳頭如有坍壞即當修治不可視爲等閒凡值清
明佳節各思拜掃怠者叱之

一宗族承祀者必推本宗該繼子承之此乃昭穆相應理
之大體如無本支子孫擇賢可也
一宗族出仕者當於名下塡註某人子爲某官任某州縣
使後世子孫有所考究以慕羡之
一宗族子弟讀書當擇名師訓之宜遵禮法教以孝弟忠
信禮義廉恥等事如資質異常者當薦拔之
一子孫爲僧爲道者當於名下直書某人子出家不入大
宗譜內以絶邪道
一宗族子孫士農工商各盡其職務宜勤儉毋得怠惰壞

事以玷祖宗遺者罪之
一祖宗墳塋地俱塡註於譜內名下某年某月某日葬
於某處倘後有外姓致爭不明可以譜證之
一祖宗祀田不許子孫私自盜賣當立成規各房輪流掌
管以供祀事
一子孫年幼未成殤而死者只於名下見之其年長而故
者當於名下塡註某年某月卒
一宗族相聚務用和氣叔姪以咸籍爲歡兄弟以夷齊爲
念不可因財失義如有不順理者以道諭之

一譜圖內或有兄弟叔姪正名相犯小者即當改換別名
毋得因循苟且相呼取晒大方
一凡各處修輯宗譜俱要遵依祖宗成法其界則用五彩
印信忠孝子孫圖書如無印色即非吾宗族也

宋左丞相樞密使惟演纂

一敘得姓之根源　二書族派之遠近
三明爵祿之高卑　四序官階之大小
五標墳墓之所在　六選妻妾之外氏
七載室女之出處　八彰忠孝之進士

九揚道德之隱遁　十表節義之鄉閭

碑記墳墓說

墳墓者祖宗體魄所安孝子慈孫所思世守而不忘者然而歲月云邁事勢不常一失查理下同荒塚至於世遠人亾時移物換或有墾為田地掘為溝渠者可勝惜哉凡我子孫於祖宗墳墓記以碑石刻其上曰某祖之墓則世代雖遠碑石永存乎毀之患於兹可免

元豐八年仲冬之吉二十世　孫拜翰林院大學士易薰沐謹識

題錢氏族譜序

山必祖於崑崙之脉千峰萬岫皆其支也水必祖於天一之精千匯萬川皆其派也人必祖於有生之源千子萬孫皆其允也今閱錢氏譜牒以迄於今統宗衍派一覽百世繩繩無窮孝子慈孫家藏珍玩擬諸天球河圖其寶過矣豈非善繼善述者而能之乎

國子祭酒龜山楊時書

題錢氏族譜引

予見故家舊族譜及譜問其先世則憮然不知嗚呼此譜學不講之弊也且豺獺皆知報本人靈於物者不知祖宗之所自出支派之所由分親疏之所以別昭穆之所以序豺獺之不如也錢氏譜引歷千百年以嗣以續如觀譜學其子孫之賢可知矣蓋嘉其克紹先志僭為之引

直秘閣修撰橫浦居士張九成書

題錢氏族譜

聖人制禮莫重乎宗族宗族之辨莫詳乎譜書譜書之傳莫大乎宗法有百世不遷之宗有五世則遷之宗祖遷於上而宗易於下祖宗之傳序人道之本也古者系出支敘小史之官所以定世次之承辨昭穆之例俾後之子孫知宗族之所由來親疏之所以別聯疏以為親敦本以追繫莫善於譜矣後世譜牒不修而宗法不講數世之下遂相視如塗人其能厚宗族之理而追崇其祖也哉錢氏惓惓於譜牒之是輯也出是顓帝曾孫陸終生彭祖子孚為周

錢府上士因官為氏歷傳千百年昆公大學士易君凡岱慨然欲統其宗而思吾族播遷南北苟無譜以維之則吾始祖唐大學士起公為體而分者將有近於路人是故輯修譜書以收其族心甚盛也事甚美也然余聞之譜牒之作所以考古而徵前信今而傳後也非其裔而强援之不智得其宗而故棄之不仁今日之舉亦惟宗其宗而無冒他人之宗祖其祖而無合自出之祖斯免不仁不智之譏矣爰書之為序紹熙五年春正之吉太學博士遷監察御史除工部尚書謝諤撰

彭城錢氏家乘序

昔狄青不認遠祖世爭重之余獨謂其昧於譜牒而疏於原本也若狄梁公之在唐望雲思親何其孝也反周爲唐何其忠也既忠且孝青恐不能克肖前人耳何云一時遭際安敢自附前人乎況狄之先由周成王封少子於狄因以爲氏青與梁公實係一派但世遠人亡徙遷靡定譜牒莫稽舉原一本者而途人視之又何怪焉錢氏之先由顓帝曾孫陸終生彭祖子孚爲周錢府上士因官爲氏遂姓錢焉錢孚至宋閱世既多枝分葉散丘峙川流孝範忠規

仁聲義烈文獻帝子男尚王姬分侯保輔之尊令僕卿尹之貴組冕鳴玉紫蓋朱軒赫奕蟬聯后先輝映雖言之纍范爵之國高張氏之七葉貂蟬楊家之門非台衮石奮石慶裘厝重規河賞胡戚諸廉世濟大小章句桓榮與桓郁相承兄弟文章陸機與陸雲齊譽未足以延斯家範耀此門楣也唐昭宗時錢王諱鏐字具美初以黃巢之亂起兵守臨安保其鄉里後奏朝請拜爲鎮海軍節度使天復二年五月以功封爲越王乾寧四年賜之鐵券天祐初改封吳王梁開平元年進封吳越王龍德三年加封吳越國王寵以古列國之禮後唐同光三年始受封冊建國焉又以兩鎮節鉞及杭州大都督長史移受其世子元瓘以示優崇長興三年三月薨年八十一謚曰武肅子王元瓘立晉天福六年王元瓘薨謚曰文穆子王佐立漢開運四年六月王佐薨謚曰忠獻弟王倧立王倧立未幾胡進思等廢王倧爲遜王與衆迎立其弟俶乾祐元年王俶立是爲忠懿王歷封三世歷國數遷而王守之如故迨至　聖宋藝祖開基王舉國以朝賜之劍履上殿詔書不名　太宗時復來朝留爲太師中書令四十年忠懿七子惟濬惟治惟

渲惟灝惟溍惟演惟濟與各有至德幼有俊才遠山一詩後人稱賞咸平中除知制誥翰林學士尋知樞密令考以終謚曰文僖子曖暄子景臻景臻子忱自俶至忱四世節度而景臻尚　仁宗秦魯國大長公主與子忱俱官至少師夫錢氏當武肅王時禍亂相仍各思雄據而錢氏獨世守臣節傳至宋祗覲躬請臣僚首受命蓋獨明於擇主納款明於保身矣宜其子孫雲仍奕葉百世不衰冠蓋蟬聯永傳弗替貽厥孫謀皆武肅王之力也後裔伯言追思前烈輯譜列圖相傳子孫弗致遺佚因請余爲序余觀其勳

業巍巍莫京至瞻其圖像皆恂恂儒雅君子宜其擇主保
身一門獨萃也因述其大槩以見錢氏之發祥子姓之率
祖披圖按籍庶不作狄將軍之不認梁公見嗤有識者耶
時
寶祐甲寅秋九月既望
賜進士及第觀文殿大學士知樞密院使宜州吳潛敘
序

錢氏宗譜　上卷首　吳潛序　三　錦樹堂

題錢氏族譜叙

予嘗仰觀乾象北辰爲中天之樞而三垣九曜旋繞歸向
譬猶君之尊而無敢不拱焉俯察地理崑崙爲華夏之鎮
而五岳八表通峰接巘爲祖之親而無敢不本焉此君親
一理而忠孝一道忘之者謂之逆遺之者謂之棄慢之者
謂之褻無將之戒莫大於不忠五刑之屬莫大於不孝爲
人臣所當鞠躬盡瘁爲人後所當慎終追遠而不可一毫
或忽者也今閱錢氏譜牒遡姓源之始下逮繼世之宗明
昭穆以尙祖也系所生以尙嫡也序長幼以尙齒也列像

錢氏宗譜　上卷首　汪徹序　一　錦樹堂

贊以尙思也非大忠大孝者而能之乎噫世之去祖未遠
問其自而懵然者有愧於錢氏多矣
乾道九年春正之吉端明殿大學士歙州汪徹謹撰

重輯大宗慶系譜圖序

恆嘗讀蘇老泉族譜序有曰情見於親親見於服服始於衰至於緦麻至於無服無服則親盡親盡則情盡情盡則喜不慶憂不弔喜不慶憂不弔則途人也嗟乎一人之身而分至於途人可慨矣夫是故人生於世凡爲人子人臣之道無過尊奉祖先下廣子孫之孝者故爲人子惟忠惟孝則人人能守其規未嘗少衰也嗚呼吾錢氏之先家傳世譜起自少典八傳至黃帝又八傳至籛鏗封於彭城爲商伯歷殷爲守藏吏至周爲柱下史俱拜國師生子五十

四人第二十八子孚承其後爲周文王師拜官錢府上士因去籛之竹而爲錢氏定姓之祖四十二世至林公漢元始三年渡江爲烏程縣長遂居長城陂門里經五十代冠冕不絕又七世生讓公爲江東第一代祖仕後漢爲征東大將軍廣陵相徐兗二州刺史封富春侯其第二子京爲漢高密太守太子洗馬洗馬第二子寶仕吳爲前軍司馬越騎校尉子二次曰睦爲吳黃門侍郎東都太守子二長曰秀仕吳爲太常卿子二長曰廣西晉初察孝廉終於揚威將軍江州刺史子四次曰彌仕晉爲大司農子四長曰

瑋字瑞英晉左中郎將子五季曰興德爲晉平樂令關內侯子三次伯仁仕梁爲員外散騎常侍有女爲陳景帝后生子霸先爲陳武帝因又追贈臨川王生子五長曰肅之爲邵陵王文學子二長道始爲陳東都太守子六各居湖頭謂之六宅東西南北上下是也第六子曰智昌爲下宅祖官至宣城太守子二長曰獻仕隋爲殿中將軍卒於唐貞觀十九年有子三長曰元修儀鳳中爲本郡太守子二長孝愃移居安國里號茅山祖生子七長曰師寶師寶生二子次曰仁昉舉孝廉拜太子司儀郎遷長城令其第三

子曰碩亶尚書左僕射檢校司空常州刺史生子二次曰沛任宣州旌德縣令累贈吏部尚書追封洪勝王生子二次曰宙累贈太尉太師封建初王生子一曰寬爲唐威勝軍節度使推官職方郎中太府少卿累贈守太師兼中書令追封英顯王子五長曰鏐字具美即尚父武肅王也唐昭宗四年始劵封彭城郡王後唐莊宗三年授王冊封吳越國王在位三十七年壽八十一歲謚武肅自此而上尚父武肅王所撰大宗譜記之詳矣其曾孫曾國公惟演慶系譜所載始於武肅王者尊大功正世統也武肅有子三

十八第七子元瓘字明寶後唐明宗長興三年嗣位襲國爲吳越國王在位十年壽五十五謚文穆子十四人以第五嫡子仁傳爲世子當嗣位而薨謚孝獻乃以第六子仁佐字元佑晉天福六年嗣位襲國爲吳越國王在位七年壽二十歲謚忠獻子二長曰昱爲宋兵部侍郎換授郢州團練使卒贈太師生子十六人第十四子曰紞爲宋右殿直紞次子曰進字進宗爲宋承奉郎自嘉興再徙常州之無錫是爲無錫祖有子二人次子僅字能甫爲宋宣義郎葬開化鄉猪嶺生二子長曰臯爲宋宣教郎葬吳塘娶許

氏其長子梓爲宋將仕郎壻於新安過氏遂定居焉爲新安祖子三長曰宗起娶李氏生子一曰成大娶陸氏子四四曰志寍爲宋承事郎卽恆之高祖也壽六十七葬開化鄉軍將乾山之原娶過氏生二子長祐字慶甫子一文炫次裕字寬甫卽恆之曾祖也壽七十四葬開化鄉甲仗塢厚本菴亥山之原惟我高曾德種仁培枝繁葉茂流於子孫七世逾盛考本窮根實由祖德故所居之室翰林學士吳興趙文敏公大書種德二字榜於其堂及歿也中書左丞覃懷許師敬題其墓曰處士錢公之墓而銘之娶陸氏

子四文煜文焯文煒文烓而文焯字明遠卽恆之祖也壽七十一葬宗承事高祖乾山墓左娶唐氏山東人任元松江府判之女生子六長諱士元字彥春卽恆之考也任元諸暨州儒學之正轉温州路永嘉書院山長壽五十八葬開化鄉祖墓右娶隆亭華氏任元淮安路屯田打捕提舉華可珍女也生子五震恆鼎泰復恆卽不孝字伯剛號文林娶澄江陳氏任元敦武校尉饒州稅課提領陳仲擇女生子三登詧發恆幼時嘗聞先人山長公曰我往前至元三年丁丑歲任富陽儒學教諭時有考試官俞提舉輿學

校事命吾備貲修理和靖書院命作碑記之是時至錢塘過表忠觀拜十五代祖武肅王之像周覽太息欲求其子孫觀其世牒而不可得而故老猶能道其彷彿往往皆合史册所載於以見錢氏之德尚存人心而嘆其子孫之不多見也至大明辛巳歲重午後十一日恆同幼男發適吳之葑門蔣家橋識武肅王十三世孫錢彥明家得其甥毛彥宗所藏武肅文穆忠獻忠懿四王之像因歲月深久暗碎不明當命畫工修整下水池絲補裝褫成軸命男發藏置祠堂永爲珍奉及其出所藏慶系譜及宗支圖本則與

吾家所藏大宗慶系譜相同彥明之世序恆之曾叔祖行
也出是譜而觀之得以見錢氏始終盛衰之際重嘆其興
替之不常而世澤之漸微也嗚呼當唐之季世家大族吾
吳越錢氏爲第一而武肅提十八萬之衆保有封疆上尊
朝廷下安黎庶襲號三世歷五代相終始之亂境內無虞
功被生民忠厚之積綿延於今數百年之下故老尚不能
忘之況爲其子孫者乎王有子三十人而族始大其後裔
多至數千逮今支分派別不知其幾矣其間繼嗣不續者
有之南北異處者有之世代莫詳者有之可詳而不相慶

錢氏宗譜　文林公序　卷首　五

弔者有之自今以往錢氏之姓有相會者使其各言支裔
合而爲一列爲譜圖以觀之仍纂其出處大略於下貽之
後人展覽之餘舉知親之長之之有序而不致等於途人
此則恆之志也夫旹
永樂四年歲次丙戌重午日武肅王十六代孫恆謹識

續輯宗譜序

蓋自讓公至長史公凡三十七世歷一千三百餘年其緒
系之可徵者如此竊惟錢自受姓以來歷世旣遠綿綿瓜
瓞久而愈昌苟非積德之淵厚曷能若是耶疏遠者姑未
及論且以親者近者言之如武肅王忠國保民德澤深廣
通八處士好禮行義賑恤饑人知州兄弟忠孝才能益大
家業山長諸昆季儒雅師範教養有方今長史兄才名政
聲朝野稱譽昭顯先德模範後昆訓勵於躬頃刻不敢忘
也切謂古人以謹家譜昭先德爲第一事先德不能昭謂

錢氏宗譜　上卷首　伯和公序　一　錦樹堂

之不肖家譜不能謹謂之不孝在我後人所當深念承傳
之甚難系牒之易泯早夜積善以不忘其初不辱其先庶
幾可以無愧不然豈錢氏子孫哉

武肅王十六世孫泰敬書

續輯宗譜序

吾家世譜自曾國文信公傳至吾曾祖文林府君於永樂丙戌歲同吾祖梅堂府君尋宗訪族續加修輯使五六百年不傳之緒一旦瞭焉在目俾子孫各識源流支派啟迪之功豈小補哉自後惟貞菴宜晚兩伯父與吾父慕梅翁亦皆究心於此吾父臨終語吾兄弟曰譜圖不可不續宗派明則尊卑有序慶弔有常禮義存焉一有不明則親疎不分族屬如路人成化五年己丑孟冬之朔吾拜掃軍嶂松楸事竣止宿思本菴中不勝悽愴是夜夢吾父囑曰爾

歸當輯譜圖翼日抵家爰啟舊譜傳草分命諸子徧謁伯叔兄弟各求標註子姓以及生卒歲月遷徙鄉邑於下雖詳畧不同而世次悉可攷見纂寫成圖用畢先志每欲成傳而未果轉瞬三十三載宏治壬戌吾躋八耋從弟濬亦幾稀年一日相與謀曰日昃之離曾幾何時譜牒失傳厥咎誰任於是即舊譜而續輯之適吾姪禮部員外郎榮南歸祭省同加檢閱增入　璽書敕命重為繕寫命工鋟梓將以印布合族用傳久遠登斯譜者毋徒誇尚門閥當亦盡心忠孝勇力仁義庶不墜武肅之世澤承奉之家聲也敬書於左俾子孫知所自云

宏治辛酉秋八月上澣甲寅無錫祖承奉十四世孫洪謹識

錫山錢氏世譜後序

上古之世無譜牒其法出於中古蓋自庖犧氏以風姓始而氏尚無別其後人民既繁乃或以官紀氏或以爵紀氏或以土或以國或以邑以封環天下各以氏保族仁也夏商以降逮周姓氏愈繁聯姻分戚尊卑遠近或同姓有殺或異姓加隆禮也然世遠則族必湮服窮則親必盡至以宗族之姓移爲他姓者不無棄宗忘本之失是故爲其後者各以其姓所出而作譜牒焉使世雖遠而族不湮服雖窮而親不盡孝也夫仁天地之元也禮天地之節也孝天

地之良也然則後人譜牒之作非獨得曩昔聖人意外之法哉錫之錢公孟濬系出黃帝後歷若干世有彭籛者爲時聞人子孫遂以錢爲氏歷漢晉唐宋又凡若干世是爲吳越武肅王鏐家乘之高自江以南近世罔及若於錫則爲族之最盛者今孟濬公又爲族所推重故錢之譜牒更今幾世復修於孟濬氏世代雖遠其次數服屬遡前後而觀之瞭然可識仁不偷禮不蕩孝足推於無窮公其有之矣雖然氏族之盛衰可以占時之隆替錢之有姓東漢桓靈之代無聞三國無聞晉無聞唐中季亦無聞皆值亂世故也至宋開基而武肅乃能保有一方全食爵土綿然數傳與國同懿此則當宋隆盛之時然也自南渡歷元其傳又或晦或顯要皆遭時之故迨至　今朝以全盛之世提封萬姓悉保所業故錢氏之姓益著子孫益蔓衍非他姓可及譜既成公囑予序予於此敢道公家乘之盛且以爲吾　國家治隆之徵俾錢氏無圮族無隳業世世爲太平民是所厚望於公者若夫奉過庭之訓躋仕途以光其世冒厥時者余則不敢以淺淺期待之

宏治十七年龍集甲子二月朔華亭沈忱撰

錫山錢氏世譜後序

錢氏大宗慶系圖肇名於武肅王作之者不知其誰自英顯王推而上之至於少典凡八十世若孚公爲定姓之宗林公爲過江之本與凡讓公之前皆據諸外史是必作於漢人之手不出武肅也武肅特傳其舊而已序以讓公爲大宗圖以讓公爲江東第一代祖則所謂慶裔者皆公出也肇名之義如此公之後散處江東有徐常泗潤杭湖六塋聯第湖頭有東西南北上下六房而武肅則下房之後其七世祖孝憬公移居臨安遂爲臨安人武肅之後生必

有籍忠懿王奏名於有司者三千人蓋兼六望六房而言文僖公惟演修譜以武肅爲第一世尊大功正始統畧他支詳本支則大宗非讓公其裔皆承慶於武肅名同而指異矣文僖再從孫承奉郎進忠獻王之曾孫也由臨安徙無錫金枝玉葉既繁而盛分樹邑士若湖頭若揚名若新安若延祥磚橋馬橋居成巨室代有名賢承奉之十世孫文林居士恆奉其考山長公士元宦遊之言覽武肅十三世孫蔣門彥明之譜訂而續之圖增若干世文增若干篇鐵券玉册表制諭傳記碑序跋誌銘行實所載倍於昔焉

文林之孫惟常惟孝惟義爲傳芳集惟常冢子孟清爲遺芳集惟孝之子孟津爲襲慶篇以羽儀是譜惟義之子孟洪協其弟孟溥之子春官郎樂萃而續之爲一册而更是名惟常次子孟濬謂爲仁孝之舉圖永其傳乃俾其子櫄繕寫而繡諸梓余閱而嘆曰以承奉爲錫山第一世祖而以錫山名譜既專且精其爲體得矣存其舊續其新萃其所散佚其爲書備矣上承厥祖下示厥孫傍及諸族屬一見而興尊祖敬宗之心蓋宗法之餘韻也吾尤有取焉雖然先王宗法別子爲祖繼別爲宗大夫三廟有太廟以奉

始祖一昭一穆以奉四親士一廟庶人祭寢各奉其所親祖由以尊宗由以敬昭穆序而族屬由以合宗法之明也何如遠夫巨室陵夸於戰國禮書煨燼於暴秦而祭法出焉曰祖考無廟別子不爲祖矣曰顯考無廟祧遷不五世矣雖有尊祖敬宗之心而無所施宗法之昧也何如劉漢以來仁人孝子慕宗法而不能行競爲譜牒聊存其餼羊而已如宗法何嗚呼三代之前宗法昭乎廟也如星麗天三代之後宗法繫於譜也如絲引鼎吾於是乎有感

宏治十七年歲在甲子春王正月

賜進士第中憲大夫前尚書刑部郎中致山東東萊郡政
門塤談綱敬書

錢氏家譜序

善乎柳芳之言曰善言譜者繫之地望而不惑質之姓氏
而無疑綴之婚姻而有別山東尚婚姻江左尚文物關十
尚冠冕代北尚貴戚以余觀於侍御錢先生之爲譜也靡
不合矣錢之譜出而天下難爲譜矣先先生而爲譜者吳
越武肅王也錢之有國自武肅王也先武肅而來浙者讓
公也錢之有姓自孚公也由錢而錢也錢之始封自彭祖
也錢之有錢自少典也黄帝所由生也武肅言之詳矣黄
帝之子二十五宗公嚣昌意皆有天下昌意自正妃嫘祖

出而錢自昌意出明德遠矣先生之言曰遡少典以迄冲
公我得而系之論其世也未論其人也富春侯而下我得
而譜之其地其世則經其人則緯五代而宋而明世愛明
命王稱至不勝載我得而考之有金書有鐵券有制有敕
有詔有竹册有駙馬詔有國王册有玉册有中書令誥有
王妃詔有上殿不名制有誓師有尚書令誥有大長公主
制有侯誥而制而敕而誥不勝載也迄於明而爲誥爲制
又不勝載也先王先公我得而傳之謚之吳譜吳譜不足
徵之越譜越譜不足徵之國史國史不足索之稗史列傳

其總統迄末及倫類也吾係分其大者忠孝自永安侯而下節義自讓公而下文學自節度公而下壼淑自昭皇后而下科目自宋政和而下仕宦自吳越而下封爵自哀公而下戚畹自臨川王而下塋阡自臨安而下龍齊而上祠廟自錢塘而下海虞而上我得而考之文苑以志文遺事以志遺家訓以教家像贊以想像非錢之譜而錢之史也周官小史定世系辨昭穆于其謂之何蓋不佞域有感於譜牒之興非庶姓單門可易爲也凡民之生郎輿臺厮養不生於空桑皆自洪荒而得姓者少黃帝之子且不皆得

姓帝堯平章百官而賜之姓姓爲官有也春秋時善論姓氏者魯有衆仲晉有晉臣鄭有行人子羽其言皆在國族漢興高皇帝非劉氏不王而三遷七遷不無急於名族大姓自是而譜牒家言莫盛於唐唐皇以世尚閥閱故以朝權抑之詔逆臣爲氏族志一切以冠冕等級爲高下貢天下譜牒合二百九十二姓千六百九十一家爲九等大旨謂公卿大夫世世不絕此爲門戶遂至以四后三公三師開府尚書僕射爲第一二品三品爲第二凡幾更而曰相譜曰衣冠譜曰勳格曰諸臣門族曰四氏譜惟以官爵爲

甲乙國之選舉必由簿狀家之婚姻必由譜牒總之以爵位定流品埒合於古人受氏以族有功也彼行馬不施門而贅笏不滿床者孰從而紀之錢氏男則王公將相女則后妃公主世則黃帝前後地則大江南北蓋於柳芳所謂婚姻文物冠冕貴戚世鮮其儷矣郎庾之第一等恐未能如斯之大全也錢之譜出而天下難爲譜矣唐皇有言立德立言立功以世世不絕武肅王讓其國以保其民而天亦保其子孫蓋比於今而藝祖之天下凡幾更矣吳越故土藝祖之子孫不得占尺籍而錢之子孫日以昌大日以

繁衍世修其德世修其功世修其言爲海內古今第一名族天意猶以吳越界錢氏子孫悠悠而食其報也夫姓者生也譜者普也山顛其祖水本其處子孫數世必類其祖詩曰不顯亦世本支百世蓋所由來在天矣

賜進士出身朝列大夫南京國子監祭酒前左右春坊庶子諭德兼翰林院侍讀侍講江夏郭正域撰

錫山錢氏家譜序

錫山錢氏家譜十卷戶部郎中樂續修而重刊焉者也錢
氏自漢富春公讓始居江東為鉅族有六望而常與湖皆
其一唐富春尉孝暕自湖遷杭實吳越武肅王鏐所出武
肅嘗作大宗慶系譜圖推姓氏所始至於少典圖為八十
世而歲代綿邈合否不可知其曾孫宋贈太師中書令惟
演修之以武肅為第一世至五世而止蓋名同而義異及
其再從孫承奉郎進始遷無錫錫亦常地也　國朝永樂
間承奉十世孫文林居士焜及其子梅豐居士發又修之

則畧其遠世旁裔而於正派為詳其諸孫種德輩又輯諸
家詩文諸作為傳芳集皆以羽翼是譜者然亦未備也弘
治辛酉樂偕父梅林居士洪重加編輯而樂以其父奉直
公溥之命實預為之合統系圖本系以文字總為家譜而
名始正圖則自文僖從子殷直而上八十有五世皆存之
以示所尊自承奉遷錫者為第一世下及其諸孫為世十
有七則詳其名字官爵居址婚娶生卒以示所親而義始
明議禮之家曰善為譜禮不云乎尊祖故敬宗敬宗故收
族慨自宗法廢而譜牒之學興士大夫家未必有有之未

必善今其所為尊者尊祖敬宗之義也所謂親者收族之
義也樂嘗謂武肅文僖之被寵垂休以其忠孝不以其尊
顯此吾父之訓也苟不慕其尊且顯而惟忠與孝是篤則
於正宗不容以不親夫以遷錫為始祖而圖其所謂八十
五世者此吾高祖之義也推高祖之義及於始以為有所
據而不敢廢則於遠祖不容以不尊合是二義以為一家
之書前略而後詳此專而彼泛非徒有所據而亦不能無
擇此譜之所以善也且古者族氏皆繫於官其顯者多載
之世本外史旁推而互見錢自得姓受氏之後無論世數

其顯者武肅譜之矣武肅之後族猶有籍忠懿王納土於
宋奏名於行司者三千人為文武職官者殆及其半然其
勳業行蹟在國史者文僖之外無聞焉今其子孫散滿吳
越所謂六望又不知分而為幾哉錫之族最蕃且盛科甲
累世不絕樂舉進士為京朝官敦孝行義為宗族重而文
藝又足以發之如是譜者觀其所自敘可知已然則譜之
作亦待其人而然使為錫之後者世世相續皆能尊祖收
族篤忠孝為顯揚地則承奉之澤可以至於無窮望他郡
者能各詳其所親而不失其所尊雖武肅所推而上者其

澤亦固在也不然則譜雖善亦不足恃而況不能爲譜者哉榮之舉禮部予實校其文久而益信比以譜請序故推其意以勵其後之人

正德元年丙寅三月既望

賜進士出身特進光祿大夫上柱國少師兼太子太師吏部尚書華蓋殿大學士知制誥經筵國史總裁長沙李東陽撰

錫山錢氏家譜序

工部郎中錫山錢君榮居京時嘗奉其家譜示予請序甚懇予受而觀之見其法例精嚴誠有足以資世家之譜者遂諾焉然以職務鞅掌久未獲償也茲謝事還道經河西務榮適以分司相值申懇至再乃爲之序曰嗚呼若錢氏者奚俟於譜耶予觀前代史牒唐宋稱世家者莫盛於吳越錢氏其所以信於天下後世者奚俟譜耶雖然信史之傳爲之前也家譜之續爲之後也承乎前而裕乎後則夫榮之用心豈淺淺哉錢氏之譜其來遠矣武肅嘗作大宗

譜圖後百餘年而忠懿之子文僖公續慶系譜世遠代更斯譜遂逸蓋桑海之變文獻之厄不獨譜牒有可慨者後三百餘年而文林梅堂二翁出克振世風葺而完之亦以有史在也後又百年而梅林翁承閱耕翁之命重加編纂蓋起少典迄殿直統凡八十五世爲吳越錢氏譜起宋承奉郎進迄榮之孫去因凡十七世爲錫山湖頭錢氏譜總券冊史傳詩文爲十卷名曰錢氏家譜夫離之而不害其爲同微之而不害其爲顯所以重遷徙而謹世次會衆美而昭炯訓也譜既成今乃捐俸資而重梓之若夫參考訂

錢氏軍將山世墓記

惟軍將山濱於震澤盤亙三十餘里爲錫西南鎮其間以塢名者十數軍將獨爲深衍南唐時嘗駐兵焉蓋其勢若帳之廻合故又名軍帳山之勝以是惟錢氏墳於茲山凡若干世矣其正峯爲吳越忠獻王十世孫承事郎志寧所葬蓋其子寬甫治之其右則承事以上凡六世其左則承事以下凡三世惟甲仗塢去正峯東北五里乃寬甫葬所當元季時寬甫貲雄於鄉有遠慮焉故擇僻地且爲疑塚至其玄孫伯剛始距祖塋二百武黃泥嶺者左右列葬伯

剛子惟義孫孟溥實皆在左餘若某某則右焉孟溥號南邱累贈奉議大夫工部郎中今戶部郎中榮之父也戶部既葬奉議公若干年而其室鄒宜人卒又卜軍將支岡稍北東面曰長盛塢者營新阡焉通神衞褻旣門旣垣祗饗備息乃堂乃廬碑刻誥敕以榮上錫池渠於前阡制斯備又前四百武有匯焉巨石爲橋凡錢氏諸塋道悉於斯會揭以慶源之名重先世舊題也又東四百武有山若覆釜者實與阡對又三百武曰赤石嶺旁峻中夷爲道千武廣丈有二尺夾道豎華表其前東南五百武東北八百武皆

正之功抑又多焉嗚呼賢哉嘗見近世士大夫於其先人世次遷徙多失於因循苟簡譜日以廢不免陷於冒昧怠忽之罪況錢氏受姓之大又非尋常可比者乎則茲譜之慎且詳蓋有不得不然者也抑榮之先有奉直南邱者嘗曰我武肅文僖所以垂芳汗竹者以其忠孝非爲其寵盛也忠孝之理在人心未始一日泯凡我後人其可不思所以自奮乎斯言也予將發之而南邱先之則爲之後者必有以勉之可也嗚呼必如此而後譜可信以永也榮躋美甲科職歷郎署而復孝弟稱於宗族行義信於鄉黨至於

茲譜之修又其光前裕後之大者循是而往益加振勵式繩祖武使功業之建蔚乎炳然則人孰不指而稱之曰斯人也眞無忝於忠孝之裔哉此又予所深望於榮者也時

正德元年歲次丙寅冬十一月既望

賜進士及第光祿大夫上柱國少傅兼太子太傅禮部尚書武英殿大學士致仕餘姚謝遷序

灝於水自上望之諸山環堵而平田千畝湖波浩然見華
表間僉謂得山水之宜爲諸塋最先余督漕淮上戶部東
歸過之與論先塋之理嘗以水隱爲恨今既得是載思余
言乃卜吉從事踰年而成則以記屬余余觀戶部之先武
肅忠獻諸王忠孝之節著於前代寬甫以下諸公德義之
懿栽植加焉奉議公質直好義敦詩説禮惟先是崇篤生
戶部賢而能文有政於官既衍而繁復登而顯徵諸地道
先閟後發可信不誣傳曰公侯之子孫必復其始余不佞
請以天道復爲正峯之右後則伯剛之弟伯和暨其孫之

錢氏宗譜　邵寶序　卷首　二

墓近墓有成性寺寺前有龍泉塢則爲戶部兄鴻臚序班
世端之墓又右西爲桃花塢稍南爲白旄嶺則戶部之伯
祖惟常世父孟清之墓合諸前墓凡爲封若干所其貧不
能成域者尤衆蓋自始葬迄今歷祀三百族凡若干人嗚
呼可謂盛矣寺有石泉最甘洌上祠龍神曰孚澤禱雨輒
應天順間有司請錫寺額錢氏以山百畝田六十畝贍其
僧因建祠堂奉諸錢主茲亦墓事所繫故附書旹
正德十年歲次乙亥三月望日立石
賜進士出身通議大夫戶部左侍郎邑人邵寶頓首拜譔

宗譜序

自魏國忠靖公修輯慶曆譜圖倫次秩然厥後遭元之亂
宗姓南北奔竄室家焚蕩而宗籍不守惟吾吳與越務冊
譜像裒然獨全然吳譜有續而惟詳於吳越譜有續而惟
詳於越不與吳越者俱不及焉洪自入仕以來四十餘年
承父口傳稽之舊譜爰徧詢諸族必親至其地親覩其人
親觀其風籍親核其鄉人而後取其譜而證之信其人不
疑其譜然亦有其譜殘缺而口傳有自則信其人不疑其
譜亦有譜牒足稽其子孫不競則信其譜不疑其人於是

錢氏宗譜　德洪公序　卷首　一

據其口傳以徵吾父平日之所聞則其斷者可續也因其
譜之殘缺以參吾之舊譜有徵焉其缺者可補也然其譜
雖可據而吾未至其地則存其圖而不敢錄闕疑也蓋傳
信傳疑史有闕文興滅繼絕亦三代之遺政故通吳越以
及各省搜輯族譜殆將大統同聯族脉發先德之休光啟
後昆之似續焉耳噫以我王祖千百年之遺澤而遐邇子
孫祼將於今日數十年之精神而諸族倫序燕序於一堂
非世延文獻奚足取證後之展閱是圖者其無忽乎哉
嘉靖四十四年八月穀旦武肅王十九世孫德洪百拜謹述

錢氏譜引

族有譜自宗法廢漢魏而下有簿狀而王侯公卿之世系
第三載上於天官有選譜職考定詳矣實藏於秘府又防
其私著之濫則法以糾之使貴有常尊賤有等威自五季
來譜系之法亡矣不知氏貴姓賤男子稱氏若太原王氏
清河張氏也婦女稱姓而姓居下若莊姜伯姬也故姓可
呼爲氏氏不可呼爲姓其源流莫不有據於是建中正九
品之官簿籍有考承流不謬晉有賈弼王宏齊有王僧孺
徐勉宋何承天有百家譜百官譜以繼前代氏族姓系錄

衣冠譜皆祖公子譜世本尤詳明易見左丘明所謂因生
賜姓祚土命氏故有封國封邑以爵以官以謚以地歷言
之則周魯齊宋封國也溫原樊蘇封邑也司空司馬太史
以官也王侯伯子以爵也成宣莊惠以謚也居歐山之陽
曰歐陽氏居五鹿曰五鹿氏居姚區賜姓姚氏田千秋乘
小車其後有車氏微子乘白馬朝周其後有白馬氏以居
官爲氏則吳越之錢氏也武肅於唐昭宗時爲董昌將得
平黃巢敗劉漢宏陞檢校右僕射加司空乾寧中誅董昌
加太師中書令開府儀同三司上柱國彭城郡王後又以
功歷加天下都元帥尙父吳越國王梁封食邑二萬戶食
實封一千六百戶在位四十七年壽八十一歲長興三年
三月薨謚武肅子三十第七子元瓘襲國封天福六年八
月薨在位十年壽五十有五謚文穆子佐十三歲嗣王爵
開運四年六月薨在位七年年僅二十謚忠獻因子幼傳
位於弟倧倧爲統軍使胡進思所廢迎王弟俶而立之在
位八月至開寶四年十二月薨年四十四仍以王禮塟謚
忠遜俶乃文穆王第九子也爲羣臣所立卽吳越國王位
後納土於宋改封淮海國王漢南國王南陽國王鄧王許

王秦王在位三十一年端拱元年八月薨壽六十謚忠懿
迄今三百餘年想襲有叙世移代遷生卒之佚亡塟地之
湮沒子孫有不知所從來者嘉靖甲辰仲秋吉旦告余謹
其事而采輯成編以表正於時余不揣而歷書爲將有以
回世道於滔古屹砥柱於崩潰而宗譜之墜典復續矣噫
日月星辰之麗於天山川草木之位乎地子孫昆仲之列
於譜亦自然之理也鑑斯譜者有以知之
嘉靖甲辰秋八月吉旦
賜進士第廣東副使前江西提督學校高貴亭題

錢氏譜系總記

泰山之雲雨乎八荒根荄條肄莫不振發而欣榮者以其積之豐而所被者廣也崑崙之渠達乎四海溝洫畎澮莫不盈衍而灌注者以其源之長而所潤者浹也人之祖宗植德於先垂裕於後百世而不斬者其何異乎泰山之雲崑崙之渠哉譜牒不修骨肉將視爲途人圖廬方址而知尊祖收族者詎可昧所自乎近世故家巨族世系予嘗輿覽一二矣莫盛於吳越錢氏武肅之冑自少典以降凡八十世至太師寬上下數千百年考之甚詳是爲大宗譜蓋

武肅手定本也武肅自叙曰予祖總戎政之暇廣閱譜圖因命區分別爲卷軸武肅以明睿之資剛斷之識次第成編世代相承累累不絕誠非鹵莽附會者比也寬實武肅之嗣武肅子五十人者該養子言也第七子文穆忠順王元瓘文穆十四子前四子乃乞養者五爲孝獻世子傳則有子二六爲忠獻王佐則有子二七爲忠遜王倧則有子十一九爲忠懿王俶則有子九其八爲太師英國文僖公惟演子十一人六爲會稽郡王駙馬景臻尚宋仁宗仁穆大長公主生四子長曰忱值南渡之亂不能復渡賜第於台台之有錢氏實昉於此厥後支繁派衍曾云千億仁濯義灌不失舊物見之不問可知爲世家裔也後至二十三世孫金等因歲久殘缺重爲輯理踵門徵文俾總記焉金故嘆其閥閱之高族屬之盛所謂鼻祖爲衣纓巨族者輿初武肅保障十三州之生靈終五季之世不罹兵禍忠懿一朝挈而歸之尊主庇民之功詎不大哉至於今系斯譜者尚熙然爲太平之民黼黻詩書被服忠孝似之續之雲滃川溢天之眷祐武肅之裔庸有窮乎楚茨之卒章曰子子孫孫勿替引之余於錢氏深屬望焉自今以後猶當珍

襲此編世有崇韜之人倘竊而冒之以溷血脈則武肅英氣凜然不散當必有以覈而斥之者其愼勿瀆之哉

嘉靖歲次甲辰正奉大夫正治卿河南布政使臨海蔡潮

磚橋錢氏續大宗慶系圖序

錢氏族譜所以續錢氏之族也是譜也始吾祖武肅王於梁之乾化五年著大宗慶系譜圖錢氏蔓延天下所出始有六筌至四傳而魯國文僖公修之洎十六世而文林府君又於永樂年間輯之文林諱恆子三長曰登號松堂戌居湖廣支繁衍次曰謩號筠堂居新安橫涇之地季曰發號梅堂居垂慶之磚橋乃不肖六世祖也宏治辛酉梅林府君諱洪又輯之正德年間戶部正郎榮復續之因有傳芳集垂於世迄今更春秋八十矣不肖恆有志於斯遺家

衰落徙發崟洋之嘆已耳一日春崖姪逢睿怡然而來告以譜事吾應之曰子何先得我心耶子與我年相若也質以當時祖父之言聞見若符梅堂府君始居磚橋生子三長惟常次惟孝乃不肖曾祖也季惟義是三支之子孫雖各異處尚可尋究於是犯霜露冒寒暑奔走搜輯經三四年始能得磚橋一派宗脉序成一帙但心欲梓而力不逮幸族有尚義者佐以共成亦秉彝義理之良心也倘有遺漏尚容增補至於全集則容以待之後人

萬曆十年三月穀旦元孫壤百拜敬述

重修大宗慶系譜圖序說

夫人之爲人惟孝爲先孝莫大於尊祖敬宗尊祖莫貴乎著作敬宗莫要乎收族族散則親疏不別故戶部正郎伯川公諱榮重修錢氏宗譜名之曰傳芳集也向者吳越王武肅於梁乾化五年編輯大宗慶系譜圖而自爲序傳之曾孫魯國公諱惟演又於宋仁宗天聖五年丁卯以武肅爲一世祖而續前圖既而十六世孫文林公諱恆於永樂四年丙戌又續之文林之上六世祖承奉郎諱進宋祥符間自嘉興徙居常州之無錫是爲無錫始祖而定居於新

安之湖頭焉後十九世孫梅林公諱洪於洪治十四年辛酉又從而續之即前傳芳集也華蓋殿大學士李東陽武英殿大學士謝遷爲之序因此可稽世次源流支派至於二十三世後經八十二年無輯之者宗支愈繁子孫散處不識一面視若路人者往往有之余雖有志於斯而身處困乏力不堪任一日謀之從叔思萱因嘆羨不已奮勇作倡然亦不能遍族攢集僅輯文林公之一支文林公生子三長曰登登之子曰永德洪武初年爲父戌役居湖楚支頗繁茂仲曰謩居新安之橫涇季曰發別號梅堂壻於垂

慶鄉磚橋周氏是爲磚橋始祖卽余七世祖也今特訪究
支屬各求標註名字生年居址雖不詳備而其尊卑次序
略可攷見纂寫成圖雖與叔思萱同之尚不能刊刻成集
復求族之義者相資以成知我者以爲義不知我者以爲
迂可勝長嘆耶後之子孫有顯達知禮義者鑒之知先世
之來宗後人之傳繼亦可因而續之無此則不可稽而絕
之矣噫登斯譜者幸克紹家聲無墜先澤而勉力以勵其
後云

萬曆十年歲次壬午春王吉旦武肅王二十三世孫七十

翁春崖居士逢膺謹述

錢氏宗譜序

原夫世風之漓也以人心之不收也夫使人而意智橫爭
牙距互觕渙然解散而不相爲則世必踖踖亂起然而人
盡陷越也而何以使收之惟夫同支合屬之人而羣以生
睽讐而不興則恩澌義漓而家之不長世必由之矣若夫
緣枝遡本從源達流舉先之曠不相接與今之漠不相覩
者確然考世系而合之尊尊親親棣棣溙溙此非特家政
善也而究之可以風世昔人謂宗法一事於朝廷大有所
益殆謂此也歟錢氏出自少典歷籛鏗其原甚遠而建霸

開基則武肅王鏐始自武肅有吳越代凡四傳悉稱王冑
計爾時宗潢皆在浙自忠懿歸宋太宗籍其族依輦下奏
名者三千人半有官閥時稱洛陽忠孝家則知諸支皆在
洛宋鼎南徙錢氏扈蹕歸臨安子孫俱相流泉覩原隰擇
便散處故今之天台嘉禾雲間茂苑梁谿陽羨各有錢氏
則諸支又皆在諸郡是錢之大凡也余嘗論武肅之創霸
固爲英雄而忠懿之知幾尤爲明哲武肅之芟刈羣豪固
拓其宗祊而忠懿之保全生齒尤祚其子孫故錢氏在當
時王侯接踵冠紱蟬聯世莫與埒就忠懿一身而爲尙父

爲中書令四封大國窮極寵履史紀之甚詳亦可見其庇民亢世之效矣逮宋社既屋代凡數更而錢氏之子孫散在諸郡者入　熙朝而台輔名卿不乏則猶忠懿之遺也義興多錢氏而張澤棠山與梁谿之城西其肇遷之派同出於易安先生遡而上之皆忠懿王之支往時聲問雖通譜牒未合比互出徵之著代猶在八世之內百餘年慶弔不通昭穆不問要其原本固未遠也譜成余友念勸氏持以示余因屬爲序余惟先生因生賜姓或以官或以地或以氏樊然殊途而春秋之法即國異而宗同者罔敢或奸

而系未嘗不聯也降及晉唐猶敦世閥宋元而後此道遂微風俗之媮實由於此夫族屬渙則人情離氣類收斯恩誼起今錢氏乃能遡源追本確然考數十世之系而合之華祖宗之精靈騁子姓之耳目愛慤於焉而生衰睚從茲而起甚矣其善收而於春秋之旨有合也噫嘻本原篤則骨肉之戚釀爲勃谿宗誼敦則疏狄之儔埒於毛裏厚薄之故世道之隆替因之是舉所係豈細故哉是爲序時

崇禎九年歲次丙子陽月　　穀旦

賜進士出身前都察院右僉都御史奉

敕提督軍務兼撫治鄖陽等處地方大理寺少卿掌河南道事山東道監察御史里人蔣允儀謹序

家乘續集序

吾錢氏有族譜相傳久矣曦嘗披其世次讀其遺文抑何詳而慎也蓋自十六世祖文林公恆續輯十九世祖梅林公洪又續輯二十二世曾大父思萱公壎又僅輯文林公一支溯梅林公輯時宏治辛酉年也迄於今百三十五載矣溯曾大父思萱公輯時萬歷壬午年也迄於今五十四載矣世益遠派益繁而族益散卒然相遇遂與途之人無嗟乎譜之不可以不作也如是甲戌春湖頭叔祖士俊公毅然而來告以譜事曦遂披散遺佚考僞核真台承事郎

譜圖互相參證不遺餘力稿凡四易至乙亥秋得成而梓編首裔譜明有統也次列傳章先德也次像贊垂令望也次布圖紹後昆也次錄家訓敦族俗也而實追仍於慶系之遺仰法乎武肅之舊敢云作乎哉凡我族人時時備觀焉感盛衰之際或蹙然而悲覽得失之由或慨然而慕較微顯之跡或俯首而慚或奮袂而起庶幾哉人心其有興乎雖然親愛者其本也夫人未有不愛其祖宗者也愛其祖宗未有不愛其所出者也人心之同其若是乎有人於此指三尺童子而告之曰爾祖爾父是不善人也我將詈之如是則彼雖無知有不咈然怒者乎不然必非其子孫也必其無人心者也又指而告之曰爾祖爾父是誠善人也我將揚之如是則彼雖無知有不躍然喜者乎不然必非其子孫也必其無人心者也夫即此好惡之同可見尊祖敬宗人心無弗同焉者矣無弗尊祖敬宗則亦無弗愛其子孫及其族類者矣而乃有大不然者私意橫起忿忮競生其極也不以相愛而以相戕不以相親而以相軋陵不相助也而以相逼患不相救也而以相傾覆不相教也而以相忌貧不相恤也而以相并有一於此彼其心視宗

人曾秦越之不如而猶呶呶於衆前曰某吾族也某吾祖宗也某吾昆弟子孫也斯人也反而思之少有人心者能不汗顏而泚顙矣吾固曰親愛其本也是人心之同也舍親愛而曰族曰譜云者何益哉雖然由乎吾前者吾從而翩之矣由乎吾後者能踵而繼其事而使毋失其親愛睦族之道不至如塗之人焉則固後人之事而後人之責云

皆

崇禎乙亥仲秋之既望武肅王二十五世孫一曦敬書

錫山宗譜序

錫山待聘君肅潤與其兄文學肅芳重輯本支宗譜成走
告謙益曰譜之散佚不修者又累葉矣肅潤輩孳孳講求
非敢謂足備文獻冀以補家乘之闕先生其以宗義教我
又曰肅潤系出忠獻其始由嘉禾徙無錫爲邑中始祖者
曰宋承奉郎諱進三傳至將仕郎諱梓居新安鄉爲湖頭
錢氏又數傳至明洪武中梅堂府君諱發者居垂慶鄉爲
甎橋錢氏諸如爲延祥爲馬橋皆同邑嫡支其遠者爲江
陰爲義興爲姑蘇甚且爲江右爲湖廣地不同而支同肅

潤輩將彙而登之譜又曰譜之重於世者科甲盛也文章
顯也氣節隆也本支在宋科甲特盛明則徵辟有修撰仲
益公諱允昇其人焉進士有韓城令功叔公諱蒙戶部郎
伯川公諱榮長興令蓉峯公諱爾登其人焉鄉進士有事
齋公諱玹滁齋公諱文爵望湖公諱永昌其人焉而子正
公諱師貞有綠苔軒集子義公諱師義有種菊菴集及仲
益公有錦樹山人集號稱三華亦足覘文章之一班伯川
公出執政李茶陵門居官十四年不求薦引性嚴正不可
犯權貴嗛之尤爲逆璫所忌三疏乞歸朝野咸欽其風節

焉三百年來本支所最著者壓此蓋韞其德而韜其光前
人之有美而未耀者尚多斯可慨也已余乃蹶然起避席
而言曰嘻子言過矣君子事舉其可宗業爲其可繼如是
而足而奚存乎見少耶前史稱三世制科者獨錢氏一家
而先文僖試學士院以笏起草希白公試崇政殿日中對
就文苑然之又若安道之見推鐵肝宣靖之懇避權位譚
風節者亦莫能舍而之它也今錫山之錢特其一支譜又
特舉其最近者耳其於科甲文章氣節已約畧如前所云
不益知吾宗之大歟且以子言之子之名雖不厠於科甲

以子之才出入承明祿渠間奚不可者徵辟一席可預卜
也子之文章滿天下詩則俎豆少陵文則規倣韓蘇自可
遠紹三華而無憾矣子以名諸生矯矯自命當事屢勸之
駕不出甚有以奇禍中之者子身經牢犴手足桎梏百折
不少變卒全軀以還視伯川公何多讓焉子一人而有以
盡諸前哲之美不益知本支三百年之遺烈未艾而斯譜
之爲光與乃予則原夫肅潤兄弟輯譜之意而更有進也
夫宗之有譜以尊祖敬宗而收族也大傳云親親故尊祖
尊祖故敬宗敬宗故收族坊記亦曰睦於父母之黨可謂

孝矣故君子因睦以合族今肅潤兄弟上體祖宗父母水木同源之誼而推而及之譜族尊卑以辨親疎以別位次以明服制以定如立有序如行有隨如席有上下如車有左右如目巧之室有奥阼一族之內父慈子孝兄良弟悌夫義婦聽長惠幼順皆自此始矣夫大道之行不獨親其親子其子且使老有終壯有用幼有長矜寡孤獨廢疾者皆有養自此道不行而櫌耡箕帚詬厲實多至有視同室如仇讐視同姓如胡越者得是譜而推行之始之一家移之一邑即錯之天下無所不行其爲功於風化顧不重與

余雖老病以甚樂肅潤兄弟之有是舉也於是乎書

商八百地仙彭祖九十八世吳越二十五世虞山蒙叟謙益謹叙

續輯宗譜序

族之有譜上以承祖禰之風下以廣子孫之孝斷不可聽其散逸而一無所稽也我宗肇自少典及於彭祖盛於吳越玉册金書簪纓相繼蔓延天下者不容殫述即武肅以後者亦烏能畢集哉向余父一曦於崇禎乙亥年同族叔祖士俊公亦止就切近而可考者約而修之若姑蘇常熟宜興梁溪等舊譜依然昭昭可目然亦畧而不盡嘗對余而言曰子孫之不能盡輯何足疚心獨前人之製作未能畢剞此固有志而未逮耳余憶父言志不得伸適磯日弟

畜意有年屢囑於余其心同其志同也故余不憚年邁欣然附驥尾効奔走共襄勝事取先代之遺蹟宏文雖不能網羅而盡集之大要悉舉庶使後之人目而覩之知祖宗之德澤宏深規模顯赫製作昭明子孫之繩繩奕葉豈不大愉快也乎但忠獻忠懿本屬同胞何得分爲兩支致使人同譜別此固前人之所不及而余心之耿耿者也今欲舉兩支合爲一編以見同宗至誼爾我無分亦爲一快伏惟有志者共襄厥事倘有漏遺尚容增補時

康熙二十五年丙寅仲冬忠獻王二十四世孫玉焜謹述

重輯本支宗譜

凡吾姓在江南者大抵皆武肅王苗裔也其間有一支號集衍爲一曰忠獻王支一曰忠懿王支二王皆武肅嫡孫相傳至今各二十餘世乃忠懿之後富貴顯榮累世滋大至忠獻後科名人物雖有表著江左者然以此較彼則南北阮之目瞭知矣嗚呼天胡待忠懿以豐而待忠獻以嗇乎豈其享國有永有不永歟抑其子姓之受恩者有淺與深歟其毋乃二王之德亦或有盛有未盛歟夫以享國言忠獻王在位七年忠懿王在位三十年其修短不均也以

子姓言忠獻王子二人長開國公次西平侯其孫或爲殿直或爲郎而止忠懿王子九人封王爵者二領藩鎮者一團練使二刺史一其孫或郡王或國公皆忝文武任自宋太祖太宗申誓山河永保富貴洎乎眞宗恩詔允念至親錫之官者幾十人其受恩之淺深更不均也若以其德言忠懿王納土歸朝兵革不動保全生齒可謂盛矣忠獻王恤鄰難救火災民歡嘉禾獨稔三年亦無非盛德事也由此觀之二王之德豈可以優劣議耶然則忠懿豐而忠獻嗇者何也君子謂天於是不可問矣雖然無怪也上古唐虞之世授姓者多夔龍以後不知所封咎繇數傳英亦無譜咎繇夔龍豈無德者哉今忠獻王後稍陵夷衰微矣問科第則某某猶可稱也問丁籍戶口則某土某鄉猶縷縷可盡指也爲人後者敢不思我王之德而推其義以及於宗乎小子肅潤固忠獻王二十四世孫也名不列縉紳又無有宏才鉅畧可見於世大冉克揚祖德退佚前人光亦可愧矣憶先君子在堂每呼余長兄肅芳及肅潤而詔之曰先德不可不念也世譜不可不修也汝等勉之長兄唯唯受教肅潤亦謹志之不敢忘臨沒又執肅潤手而泣曰

惜吾不及見譜之修也肅潤俯首流涕取先君子手錄諸稿及所編定譜畧緘而藏之卒五歲而余始與長兄計其事考金書搜玉册羅先代制誥敕冠像贊碑記詩文序說彙爲一帙而長兄不辭勞瘁越歷鄉土遍訪宗人輩各註名號子姓生卒歲月遷徙都邑繁然成圖頗有可觀今人一覽而知忠獻王後其不甚湮沒有如此也譜成將授諸梓長兄爲說附其後謂肅潤曰子何可無序肅潤敬拜手言曰先君子有言自吾始祖武肅王作慶系譜圖後其曾孫宋駙太師中書令文僖公修之至明永樂間吾九世祖

文林府君及八世祖梅堂府君又修之宏治辛酉梅林公及戶部郎伯川公更加編輯萬歷壬午思萱公復以其近支輯之至於今六十有餘歲有能推王德明世系承前代纂述之序意在斯乎意在斯乎小子何敢讓焉又起而言曰武肅王之作慶系譜圖也昉自少典溯姓氏所始也文僖公修之以武肅王爲第一世尊大功正始統也文林梅堂兩府君及梅林伯川兩公自文僖公從子殿直而上八十有五世皆存之示所尊也自承奉郎遷無錫者爲第一世下及諸孫爲世十有七則詳其名字官爵居址婚娶生

卒示所親也思萱公所輯唯文林府君一支從其近也今則上自少典次及彭籛次又及烏程長富春侯第山公以至英顯王罔不備載其後武肅王爲一世祖文穆王爲二世祖至三世忠獻王以下則於本支爲最詳夫人自有支支自有本譬之導江者必於岷山導漢者必於嶓冢自此而爲南爲北同源異流其勢然也今吾宗羣以武肅王爲岷嶓而吾支又羣以忠獻王爲岷嶓源之深者流必長所從來遠矣故余兄弟之輯譜也獨於忠獻王一支有加詳焉無他本支故也作後序

二十六世孫肅潤頓首謹書

續輯宗譜序

易曰積善之家必有餘慶唐末及宋干戈擾攘百有餘年吾錢氏三世五王功德之被民生者詳之史冊非止積善之謂也子姓之繁衍不亦宜哉若大樹然浙江其根也枝葉之散布者不知凡幾無錫湖頭支祖爲武肅王六世孫諱進由嘉興遷錫遂定居焉自宋迄今繁衍又不知凡幾矣惟賴宗譜以收集之代加修輯猶有散失至嘉慶末年失修已久蕉軒丹溪兩叔父命楷及弟文模姪嘉魚等重加修輯數年間水旱頻仍楷又多病因循至今始得告竣

其伯剛公支實因才力不足懇之兩三兄自爲修輯歸入大通非敢謂散宗收族無忝於祖宗也第惟以公慎爲懷不以貧而怠忽不以富而濫收其間有散失者必考訂詳明源流確鑿告之通族衆議僉同凡有捐項歸之公所刊入譜內庶無負夙於寸衷不致貽譏於衆口云爾

道光庚寅孟夏武肅王二十九世孫楷敬書

錢氏續輯宗譜序

韓子曰莫爲之前雖美弗彰莫爲之後雖盛弗傳以故論家世者不必其代有偉人而但望其代有令子錫山錢氏自宋承奉郎諱進始其有宗譜自慶系圖始遞傳有明以迄

本朝上下五百年間修輯者不一閱二十有二世而爲錢君培楨守尊八十峯先生遺訓敦厚湻謹有古人風癸亥冬齒居八旬檢笥中得十峯先生增修家譜毅然以續輯爲已任閱兩載鋟版未半而歿嗣君簡然痛厥考志願不

仲繼起勉承之爰奔走蘇湖間商之族人齒高德懋者廣搜而嚴覈之三易寒暑而剞劂竣先代典章文物派別支分不濫不漏咸謂錢氏有良譜矣余於錢氏世好又樂培楨有令子謹拜手爲之序

乾隆戊辰仲春中浣圖南華希閔書

洞庭藏陽里錢氏宗譜序

吳越系自軒轅氏始彭祖由來舊矣迄後唐政衰微盜賊橫肆維尙父起義師破黄巢討董昌撥亂救民宣宗勞之賜金書鐵券宣詔不名莊宗朝授玉冊三膺冊禮進爵吳越王尙父謚武肅襄文穆及忠獻忠懿始籍藩於宋而子孫世受其福可不爲知　天命者歟自文喜公以後歷世相傳代有偉人不可殫述迨至瑜玉公者尙父二十一世孫而隱居洞庭西山之藏陽里爲洞庭錢氏始祖繼九世若通公予之姊丈也自尙父十六世孫文林居士於永

樂四年修輯以下十有餘世謹按其譜始末合符予姓不惟蕃衍吳越而散處天下在在是也各方譜牒已不知幾經續叙若通公生四子長曰治徵次曰雲徵三曰世徵四曰國徵予之外甥也今秋自予奉　命巡撫浙江世徵甥來署以譜序爲請予曰叙族仁孝事也汝祖自少典發祥迄今百有餘世雖世遠年湮不可記憶自武肅而下歷歷可考然忠獻王吳越子姓繁滋莫能偏搜由瑞玉公諱璐徙洞庭之後聚族而處可一一數也雖然可慮者支益繁而世愈遠生卒諱配不勝書昌黎有言莫爲前雖美而

不彰莫爲後雖盛而不傳但知創始之維艱而抑知後繼之非易也但知後人之有賴乎前而抑知前人重有賴乎後也總之族譜之作所謂得親親之要者而謂非仁人孝子之意乎予忝錢氏世戚既覩盛舉烏能已於稱快因溯其源流而綴之篇首

時

大清康熙六十年歲次辛丑仲秋月上浣

巡撫浙江等處地方提督軍務兼理糧餉兵部左侍郎兼都察院右副都御史愚舅氏眉沂撰幷書

續輯宗譜序

譜何由昉乎做仁人孝子繼志述事之盛心而已何則人雖至愚無不知愛敬其祖宗者然既知愛敬吾祖宗則吾族星羅碁布散處宇內者莫非吾之所當愛敬者也第恐數傳而後昭穆混亂吾祖宗之志與事庸有當乎此譜之所宜亟於修也吾錢氏自黃帝而得姓於彭祖至唐宣宗時吳越武肅王以後之世系皆可歷歷數也豈非代有偉人而能著是之彰明顯著哉武肅王之子曰文穆王嗣位著有大宗晨裔譜以武肅王爲第一世文穆王爲第二世

文穆王子曰忠獻王嗣位甍以弟忠遜王嗣年少又甍以弟忠懿王嗣位歷漢周兩朝至宋與因獻其土地以恭順天命是爲三世忠懿王有子曰惟濬封彭城郡王次惟演封開國公後因世系繁衍另爲一支我忠獻王長子昱爲刑部尚書開國公次曰郁爲台州安撫使西平侯是爲四世昱之十四子紈爲右殿直爲五世紈次子進宋承奉郎祥符時自嘉興徙常州無錫爲無錫祖是爲六世七世曰僅八世曰皋九世曰梓宋將仕郎徙居新安溪稱湖頭錢氏始此十世曰宗起十一世曰成大十二世曰志盂十三

世曰裕具通仕籍歷有事功十四世曰文煒十五世曰師
聰俱元時高士十六世曰顯十七世曰慈十八世曰昕十
九世曰昆二十世曰數二十一世曰贇即璛王公因岐黄
遊蘇州之洞庭西山藏陽號二酱里遂家焉二十二世曰
殿宣二十三世曰定侯二十四曰景昭二十五世曰恒懋
二十六世曰應川二十七世曰君爵二十八世曰承仁皆
明代名人承仁公生子四長若元次若古三若遷四若道
爲二十九世我高祖若道公生子四中二人無傳惟朗遷
開遵二以貿易遷湖南寧鄉縣購置屋莊遂落業焉猶幸

明　祖德　宗功生齒漸繁無錫湖頭譜於乾隆癸
卯修成至嘉慶己卯又繼續輯　先祖廣浛公叔祖廣浩
公及烈等皆刊入湖頭宗譜矣奈吳楚迢隔跋涉維艱約
數十年方得一輯既世遠而分疏恐報本而返始烈因前
人纂修之序依次紀載世系昭明先立草譜附刊宗譜俾
後人之木本水源之所自抑令祖孫伯叔之生卒配葬墓
塋皆有所考其迹繼志述事愛敬親親之意歟　時
大清道光十二年歲次壬辰仲冬
武肅王三十三世孫烈百拜敬識

附名行一代一字排
典祖光南準　詩書禮義長
文章增鼎甲　忠孝達傳揚

洞庭西山藏陽里續輯本支宗譜序

譜系之作由來舊矣且家之有譜猶木有本而水有源也本立而末所由生水流必源所自發譜之關係豈淺鮮哉吾族無錫之譜肇自宋武肅慶裔圖始遷錫派相傳迄今近千年矣潛考歷代世系顛末窮源遡本率舊循新繼繼承承次序昭然班班可考余何贅焉茲崙以遷楚一支縷晰詳明庶使族遠不湮親窮不盡此纂所當急務猶大彰明較著者其可忽諸嘗考本支自二十一世瑞玉公諱璐徙居洞庭西山之藏陽里其間風俗淳古洵稱仁里信不虛

也歷傳治徵公諱開運世徵公諱開遵兄弟貿徙楚南遂置業於長沙寓鄉而定居焉迨傳至余先父潤齋公諱烈者甫六齡失怙賴祖母勞氏備極辛勤撫孤成立頻年教讀婚嫁造置經營靡不井井有條由是家漸裕而丁漸繁雖古之侃孟何以加焉及余先君天性孝友克遵遺訓勤儉恭謹持守端方而族戚之孤貧者恒周恤之雖累勿倦其居心仁厚固自天真鄉里咸稱之晚年壯志愈銳因念族遠支繁恐有散佚欲收輯之惟賴宗譜毋思採集而係理之厥志未果而卒悲歎余生也晉勘學寡聞痛先君宿志未酬久欲續輯奈遠鴻難商莫可如何因暫置之俟機再舉恰接洞庭西山來札云無錫祠中有續修宗譜之議余披覽之次不禁爽然喜曰有志者事竟成何不謀而合抑先君之靈歟因謹敘數語於篇末後之子孫或有顯達者鑒之知先世之來宗後人之傳繼不亦可乎苟有脫畧期在後啓之賢明者則余深有厚望焉是爲序

時

同治七年歲次戊辰季秋

武肅王三十四世孫祖域時年七十有三百拜謹識

重修宗譜小序

余族宗譜之不修四十年於茲矣乾隆辛丑族中萊莊公喬梓董理厥事奈以支繁派衍越數年來粗有就緒而未蕆告成癸丑春萊莊公忽焉辭世韋亭公又復遠遊閩省宗譜之修不幾以數年之功力而頓隳於一旦乎遂與族叔祖思洪公曾傳公等詣其家請以所刻譜板權存義莊印刷及翻三德本支中闕板甚多其他概可知矣欲爲補全非特工費浩繁抑且無從考訂因議姑就三德之子孫各復捐貲付之剞劂餘俟韋亭公歸重加修輯而合爲一部然後傳送通族功程其漸近乎是可知三德宗譜之先成非敢各爲其私也蓋有待也茲故溯其原而爲之序

乾隆五十有八年癸丑夏三十一世孫烈序

續輯文林公支譜序

吾族宗譜自乾隆癸丑先父思洪公暨曾傳公吉臣鳳威等公議姑就三德本支修輯迄今三十餘載丁益盛支益繁而族益散若不復加修輯則支派不分尊卑莫辨矣癸未春以行彥明兩姪欣然來告以譜事余有志爹年毅然以修譜爲已任爰集本派子孫在義莊商議仍將文林公支重爲續輯復各捐貲以作工費計議畢即與以行芳川彥明等越歷鄉城廣搜嚴覈復同階升姪以舊譜互相參証繕寫成圖命工剞劂協力同心不辭勞瘁經四五載始蕆成編雖載有詳畧而支派尊卑秩然可考又查伯鉉公後裔徙居姑蘇人丁寥落數十載未經修輯今有可稽者不忍再爲遺棄亦修集而錄附焉倘有漏遺以俟後之有志者旹

道光九年歲次已丑武肅王二十九世孫邵霖謹識

黃帝有熊氏像

古圖鑑贊

聖德廣大人文光亨干戈習用海宇清甯天長地久福及生民黃裳冕藻天下文明利於爾國利於爾家利於爾民文武並用六相克成天地咸甯

顓頊高陽氏像

古圖鑑贊

高陽之生黃帝之孫九黎既遂萬理並敦命官得人整頓乾坤是爲歷宗寶獲我所既調二氣以正八風吁嗟乎靜闔疏通

彭祖國師像

錢氏宗譜 上卷一 遺範集 三 錦樹堂

厥初肇封時惟彭城祖好恬靜養神治生
祖年雖高而容甚少采女聯翩往受諸要
人亦有言壽考八百豈惟八百千萬及億
人亦有言歷仕三代豈惟三代自唐在位
流沙一去不知所之至今展像髣髴於斯
大彭後人肅潤謹贊

漢富春侯像

錢氏宗譜 上卷一 遺範集 四 錦樹堂

贊

下邳七葉再生偉人重瞳美髯雄邁絕倫察舉孝廉守
邑稱循代守聲寃批鱗紫宸斧鉞當前義在必伸領郡
廣陵兼督諸軍草薙禽獮靖厥妖氛建侯錫謚烈哉富
春

漢高寗侯像

贊

粤稽安侯克焯義烈延賞沛渥清階世及入侍青宫寅清昕夕薄言衮火出守高寗治尚綏和循聲四揭潁川京兆芳躅可躡越騎晉擢望崇朝列言賜丰神英颯曄曄

吳前將軍大司馬像

贊

維山有楠清廟藉之維國有才賢主倚之嗟哉司馬抱傑懷奇恢恢韜略展以濟時受知丹扆啓沃爾資都尉將軍竟典樞機類類滿月龍髯鳳姿宏度雄風宛焉鑒茲

吳東郡太守像

贊

外赫丰儀内巉才穎邃討寘搜益充厥藴纘我世勳乘
時矯奮五官黄門梯宏階峻載令潯陽鉚强植困行能
異等佽典東郡艮二千石不隕厥閭奕葉休嘉于公彌
振

吳太常卿像

贊

漢世三禮輯於二戴公寤寐兹博綜紀載升以明經靖
共匪懈曹郎累陟容臺特拜稽古定儀用爲保泰秀雅
其容奮詒其粲宛其邁矣德馨猶在碑出卧龍芳流百
代

晉忠壯侯像

贊

博雅之學，凌厲之氣，志在竹帛，建節萬里。會舉孝廉，尋領驍騎，刺史江州，都督軍計，討逆誅僭，鼓以忠義。石冰、陳敏，後先就殪，績藏旂常，康侯嘉謚。何以徵之，炳於晉史。

晉潁甯侯像

贊

公當弱冠，脫穎藝圃，佐邑甄譽，僉推佳簿。累遷常侍，含香禁府，一麾出守，宛邱之滸。威先搏擊，巨猾膽破，植吾善類，殫力孚撫。爰晉輔國，儤封百戶，盛滿不矯，有恢其度。

晉安遠將軍像

贊

蒙莊任達老氏致虛公好宏博勞徹其書官左常侍東
朝弗裾旋由黄門別駕於徐寗靜仁恕一方晏如閉閤
臥理蓋公之餘爻頌慈父赤子所須有澤其容合浦元
珠

晉關內侯像

贊

緊關內侯識度瓌瑋寄典臨池右軍嗣美神游元化鑒
別象緯洞暢世務靡逃吾揆功曹主簿散騎叅軍韋弦
互當動以最聞膺贈上爵歿後揚芬有肅其範曠代若
存

梁臨川王像

錢氏宗譜 上卷一 遺範集 三 錦樹堂

贊

渟厚端和凛以節義宋舉孝廉薦歷常侍革命蕭梁義不再仕栁惲推轂公侯世裔蒲輪元纁徵辟屢至等之弁髦何有一剌秀鍮外孫霸先稱帝追王臨川令聞勿替

梁給事公像

錢氏宗譜 上卷一 遺範集 四 錦樹堂

贊

方頤秀髯清映眉目望之顒卬郎之和穆譬彼尺璧潤溢於璞維梁新造詎老邱壑鴻漸鶚舉刷翅寥廓常侍散騎給事文學玉勒珂戈鸞坡鳳閣基祉召昌厥積匪薄

梁開國伯像

錢氏宗譜　上卷一　遺範集　十五　錦樹堂

贊

學已宏博氣尤魁岸國體通達機務諳練領江州牧威
懷互見初寔侯景再殛僧辨杜龕授首嗣徽革面會陳
代梁厚膺帝眷懿戚元勳裒然鼎鉉胙土易名忠藎用
勸

陳綏安侯像

錢氏宗譜　上卷一　遺範集　十六　錦樹堂

贊

父爵開國子利建侯佐父殲賊厥有壯猷武皇倚注不
蘄宗袞壽摳銓衡載叅國謀兼其樞密帷幄運籌豈不
有耀條焉即幽殁後異數忠亮足酬勃勃生氣遺容在
眸

唐長城公像

錢氏宗譜　上卷一　遺範集　七　錦樹堂

贊

端秀丰儀宏深識量孝廉應舉官僚養望綰章赤縣哀
然治狀廣乃卵翼蔀屋春盎化溢弦歌熙熙禮讓去則
見思謳吟悲愴棲壑藏眞荷鋤給養雅操清修素風貞
亮

唐遯璞先生像

錢氏宗譜　上卷一　遺範集　六　錦樹堂

贊

惠子據梧師曠枝策旻有深意匪以疲息先哲至行我
惟其則聖門高節我惟其式承懽之暇托志載籍名教
可樂焉用徵辟肥遯自全作德心逸大耋而遷得之眞
適

唐司空公像

贊

冰姿瑩徹霞標逸秀象緯堪輿靡所不究相彼石鏡盤
紆巒岫馬銘烏升龍蹲虎踞地靈人傑計屬厥後志附
幽潛忘情名賓清風所馳素交輻輳好行其德益綿啓
佑

吳越忠烈武肅王像

宋理宗皇帝御題

威振華夏功揭天地一代英雄千載廟祀有像斯存凜
然生氣

鍾天之秀毓地之英曄曄其貌烱烱其精膂臂一呼風
舞雲生射潮逆流呼天晦星兵行神武妖氛殄平一方
慈父千里藩屏歡聲雷動喜氣霞蒸吳臣越庶瞻仰無
窮

平章事韓琦題

赫赫尙父自天生德肅清王塗糾正時歴爰啟大封遂
荒東國四履專征九命作則神鋒挺然英斷不惑發爲
光靈靜則淵默蕞爾曾孫思識顔色藻繪旣成永瞻無
極

曾孫魯國公惟演謹贊

伊惟始祖吳越一君不爲湯武何羨桓文眞仁眞義克
忠克勤兼總兵柄蕩掃羣氛終守臣節永保功勳彼蜀
漢輩曾何足云

吳越二十六世孫肅潤謹贊

吳越忠順文穆王像

宋理宗皇帝御題

桓桓武威鎮於南甸肅肅德容受天之眷淮南雨提楚
浙三戰一鼓收功仗義入閾
洸洸顯祖命世之英克紹鴻業遂誓尸盟玉帛旣貢充
於王庭鐘鼓聲伐正彼邦刑天光潰發德宇惟寍采章
潤澤角犀豊盈如雲之蔚如日之升傳諸永久式奉威
靈

孫男魯國公惟演謹贊

吳越忠獻王像

宋理宗皇帝御題

典邦保運崇德具道元惡是懲哲人是好仁行智守善

述善紹

保國惟盜勤王惟誠傳曰畏天繼緒休明東南保障吳

越福星允文允武厥精厥神威揚八表不令而行

參知政事范仲淹題

粤若伯氏奕世明烈竭忠盡誠經德秉哲家傳玉書手

握金鉞既掃淮氛乃克閩孽貌也端莊神則瑩徹煥發

丹青凛乎冰雪爲龍爲光如虹如霓具爾氏瞻示爲人

傑

姪男魯國公惟演謹贊

余祖忠獻幼年嗣位勤儉温柔英明果鋭將校優容人

民和愛恤隣災難救國危殆開疆拓土爲屏爲衛資忠

緯武恭懿翊戴　敕賜煌煌顧名何媿惜祚不永七年

年而逝後人瞻像能無增慷

本支二十四世孫肅潤謹贊

吳越忠遜王像

錢氏宗譜　上卷一　遺範集　三十五　錦樹堂

宋理宗皇帝御題

懋忠崇重宣懿翊戴樹績植功惟其所在胡壽弗永而
紫弗大惜哉

學窺先天行履貞素至大至剛不憂不懼治朝之忠亂
世之雄百年間氣千古攸鍾

廬陵歐陽修題

吳越忠懿王像

錢氏宗譜　上卷一　遺範集　三十六　錦樹堂

宋理宗皇帝御題

安時鎮遠耀武宣德獻土稱藩赤心報國倬彼仁休立
我民極河西賓融豈公之匹

破景迎周以國入覲富甲東南臣事唯謹三世五王公
守其成西河水滸至今令名

翰林學士司馬光題

偉哉先君靜淵慈仁誠惟許國忠則忘身克彼僭邦朝
於帝宸廟廷合食甲令書勳五精秉耀一氣凝酯峻倅
春嶽爽傑秋旻儼若遺像肖然有神子孫保之藻繪長

新

第七男魯國公惟演謹贊

宋彭城郡開國公像

宋理宗皇帝御題

學貫古今名馳朝野乃武乃文能篆能楷三峽詞源千
里一瀉

宋海陵侯褣之公像

偉才碩望絶俗精標胸懷圭璧珠璣揮毫書翰奕奕德
業其昭天生英哲文士之翹
鄱陽洪邁拜書

宋大學士希白公像

儒林儀表國家棟梁風雲翰墨錦繡文章駕長虹於寥
郭吹鳴鳳於高崗
鶴山魏了翁題

宋英國文信公像

錢氏宗譜 上卷一 遺範集 三十一 錦樹堂

世家淵懿儀禮職詞史才翰學冠絕當時退修祖德盛
世稱奇希賢德範士類仰之

弋陽陳康伯題併書

遷錫始祖承奉郎像

錢氏宗譜 上卷一 遺範集 三十二 錦樹堂

明明我祖篤生錢塘自來嘉興長水發祥
長水祥矣家道昌矣其遷維何曰讓鄉矣
迺卜讓鄉惟墨食之曰止曰時築室于兹
軍帳遶止具區抱止亦既完止亦既好止
有田有里子孫千億小子有懷觀像屏息

無錫祖二十一世孫肅潤謹贊

題金塗銅塔考

金匱錢子梅溪於杭州既請諸當事重修表忠觀復裒輯吳越金塗塔事弁詩而爲之考此塔於錢氏一物之微耳而錢子力爲表章若此者卽其重修祠屋之心也丁酉秋方綱見此塔拓文爲賦詩後四年趙味辛舍人以銅塔一片弁櫝來予齋集諸友賦之予爲書銘於櫝後十一年予在濟南朱石君中丞以所得此塔四片合成拓本弁詩見寄蓋此塔於予齋不啻重有文字緣者昔五代十國鑄金之事多矣就予所見若南唐之鐘楊吳之爐南漢之鐵塔

皆鏤文精好然錢氏獨以有功德民著於史壽於金石故茲將千歲而其後裔猶能考述詳若此此亦不在物而在德之一驗矣今之能詩文者繼聲而發揚之將使讀此考者皆如見此塔焉固不僅一物一事而作也故書此以復於錢子嘉慶元年歲在丙辰秋八月朔內閣侍讀學士大興翁方綱

金塗銅塔考敘

錢忠懿王承武肅之業歸土中朝尤崇信佛事當時寺塔之衆咸淳臨安志所載九廂四壁諸縣境中己八十八所餘蓋不可勝計周顯德元年王又建慧日永明院以居僧道潛卽今淨慈寺也踰年周詔廢寺院非敕額者而杭州所留存尚有四百八十寺亦已盛矣其年王範銅爲塔塗之以金高四寸三分重三十六兩四版合成外俱繪梵夾故事其一內有文曰吳越國王錢弘俶敬造八萬四千寶塔乙卯歲記（乙卯爲周顯德二年竹垞未見塔故誤爲武肅王事）下各有一保字或作人字王之所建祠前代尤多而願力尤大矣王嘗以五百塔遣使頒日本他皆瘞藏于十三州一軍之內（竹垞據曹勳淨慈羅漢記謂銅塔率歸淨慈非也）厥後會稽秦魯國第臨海赤山皆有塔

出羨堯章亦得一版周晉仙作長歌紀其事今之流傳人間者常熟破山寺一蕭山祇園寺一嘉興白蓮寺僅一版順治中杭州慶忌塔圮則有塔百數而山陰陳氏所藏朱石君中丞上供
天府且爲西清珍祕夫物之顯晦有時塔之建距今凡十五乙卯而金塔鐵券光耀千古王之功德豈不偉哉王之裔孫等作金塗銅塔考請序于余乃書以弁其簡端乾隆六十年歲次乙卯三月南康謝啓昆敘

金塗銅塔考

嘉泰會稽志

善法院在府東南四里二百二步晉天福七年吳越建爲尼院號永盛本朝大中祥符初改今額熙寧八年併尼入大慶以爲僧院紹興初秦魯國賢睦大長公主寓第院中掊地得金塗銅塔

輿地紀勝

臨海縣赤山絕頂有古塔塔之下有石函盛小銅塔塔內有銀壺盛舍利

程珌勝相寺記

有西竺僧曰轉智冰炎一楮袍人呼紙衣道者走海南諸國至日本適吳越忠懿王用五金鑄十萬塔以五百遣使者頒日本使者還智附舶歸

程嘉燧破山寺志

明中憲大夫顧玉柱墓在寺東今遷于墓門之東偏督墓時掘得吳越錢忠懿王所造阿育王銅塔今會藏寺中憨山大師清公作記

憨山沙門德清金塗塔記 時萬歷四十五年佛生日

昔世尊入滅荼毘得舍利八斛四斗分作三分天土人間龍宮各建塔供養爾時阿育王親受一分散閻浮提震旦國得十九座明州阿育王乃其一也其式亦出自西域而舍利燦爛光明變現隨人各見亦有不見者蓋因障有厚薄耳二千年後五代時吳越國忠懿王承先業敬事三寶如式造小銅塔八萬四千座理藏國內名山大川世未有知者我明萬歷初常熟顧耿光造其父憲副一江公塋地中掘出一小銅塔高五寸許如阿育王塔式內刻欵云吳越國王錢宏俶敬造八萬四千寶塔乙卯歲記一十九字

外四面鏤釋迦往因本行示相前則尸毘王割肉飼鷹救鴿後則慈力王割耳傳燈左則薩埵太子投崖飼虎右則月光王捐捨寶首文理密緻滲以金飾顧爲太史錢公甥甥因公爲忠懿王之後以塔付之公得此自號聚沙居士志因也乃送興福寺蘭若供養余適東遊訪太史過洞聞上座覩其塔奇其事因記之曰佛以法界爲身卽草葉樓結皆成佛眞體況託象者乎良以衆生迷本法身變爲三毒成八萬四千煩惱佛以普光明智熏三毒爲三德祕藏故變煩惱爲八萬四千功德阿育王所造蓋表功德之數

量也吳越王倣造銅塔如其數盡埋地中意表功德藏于衆生心地冀啓一塔則見一種功德即覩法界之全身如從一隙見無際空見可以色相示之哉法身堅固歷刼不磨隨緣應現太史此塔豈因地示性空之一隙耶

朱彝尊靜志居詩話

宋周文璞方泉集有婁堯章金銅佛塔歌云云曹勳松隱集有淨慈創五百羅漢記畧云淨慈山况孝禪寺錢氏時日永明寺慈化定慧師道潛居之嘗請于忠懿王求塔下金銅羅漢象會王夢十六大士從師而行密符因如所求

歸於精舍是當時銅塔率歸淨慈矣近吾友周青士忽于嘉禾白蓮寺見之別是一片乃鑄放下居刀立地成佛故事係蔣處士研僧果所施今訪之寺僧堅不肯承矣

曝書亭集

寺塔之建吳越武肅王倍于九國按咸淳臨安志九廂四壁諸縣境中一王所建已盈八十八所合一十四州悉數之且不能舉其目矣當日嘗于宮中冶烏金爲尾繪梵夾故事塗之以金合以成塔鄱陽婁堯章得其一版乃如來舍身相陽款周晉仙賦長歌紀其事有云錢王本自英雄人白蓮花見國主身蛇鄉虎落狗腳朕何如錦袍玉帶稱功臣考羅平僭號王遺董昌書曰與其閉門作天子九族塗炭不若開門作節度終身富貴無憂晉仙即演其辭使聞者足戒此詩人之善於取材者已鄉人蔣爾齡亦得一版作放下居刀立地成佛相以施城東白蓮寺僧吾友周青士所目擊曾以語余及余歸田則爾齡青士皆逝詢之寺僧堅不肯承眞蹟不可復覩遂書其事附錄晉仙之詩冀此尾未爍好古之君子或一遇焉

顧豹文表忠譜序

余少讀書保叔塔下距丈室十步許有一塔高不踰尋相傳爲慶忌塔順治中圮有小塔百數陶製極工與錢氏所藏金塔形式吻合其爲八萬四千中物無疑請表忠譜遂併載之以俟夫淹洽者

紹興府志

吳越錢忠懿王金塗塔凡有二一藏蕭山祇園寺一藏山陰世襲雲騎尉陳廣益家塔高今工部營造尺四寸三分其式類阿育王塔外四面鏤釋迦往因本行示相內有題名四行云吳越國王錢宏俶敬造八萬四千寶塔乙卯歲

記十九字四行之下又有一保字或有作人字者與上入不但連屬應是造塔時所編記目耳按金塗塔之名始見于宋周文璞方泉集有姜堯章金銅佛塔歌而曹勛松隱集及程嘉燧破山寺志朱彝尊靜志居詩話周篔釆山堂集錢氏表忠譜台州府志並載之明萬歷初常熟顧耿光曾掘地得忠懿王所造小銅塔僧慇山爲之記考據甚詳而朱竹垞曝書亭集有金塗塔跋語竟以爲錢武肅王所造其說蓋據周文璞詩後云鄉人蔣爾齡曾得一版以施城東白蓮寺僧吾友周青士所目擊曾以語余及余歸田

則爾齡青士皆逝詢之寺僧堅不肯承寘蹟不可復覩據此則竹垞亦未經親見也其云乙卯歲當是周世宗之顯德二年

台州府志

吳越忠懿王造金塗塔高六寸重三十五兩內有十九字文曰吳越國王錢宏俶敬造八萬四千寶塔乙卯歲記錢氏子孫與鐵劵俱世守之

金石契

右金塗塔即朱氏曝書亭集所載錢武肅王金塗塔是也

按錢氏表忠譜塔高六寸重卅五兩陰有文云吳越國王錢宏俶敬造八萬四千寶塔乙卯歲記凡一十九字下有一保字外畫象作飢鷹餓虎狀今燕昌觀於桐鄉金鄂巖比部家題識畫象與表忠譜俱同惟保字金所見作人字按紹定間程珌龍山勝相寺記吳越忠懿王用五金鑄十萬寶塔以五百遣使頒日本據此則武肅未聞鑄塔而竹垞以爲武肅王何邪云八萬四千者水經注阿育王欲破塔作八萬四千寶塔蓋佛家言三千大千者奇數之極八萬四千者偶數之極耳又按慇山記云云則表忠譜與今

所見僅塔之一面近日山陰陳默齋得一座四面畫象俱全及吳越國王一十九字又一保字與前人所記大畧相同益知武肅未嘗鑄塔也竹垞之說殆亦周青士之訛耳

陳廣寧金塗塔跋

右吳越忠懿王金塗塔向藏吾鄉壽量寺中作香爐供奉後爲徐竹濤所得余以定武蘭亭及青藤道人畫卷易之高今工部尺四寸三分上有頂作浮圖七級狀已缺中欵有吳越國王錢宏俶敬造八萬四千寶若乙卯歲記十九字凡四行考歐史宏俶爲武肅孫乙卯歲當是周顯德二

年其塔多埋土中宋時姜白石得其一周文璞爲作歌紀之程嘉燧破山寺志曹勛松隱集周賔釆山堂集及錢氏表忠譜載塔本末甚詳朱竹垞靜志居詩話以塔爲武肅王物殊誤一云宏俶納土後造此塔八萬四千報趙氏不殺恩亦謬考錢氏納土在宋太平興國二年戊寅歲如造在納土後則乙卯歲當是眞宗之大中祥符八年時俶卒已久安後復有造塔事辛亥春泛平湖上與張芑堂趙晉齋同觀適錢梅溪至論及之梅溪爲吳越後裔並以余言爲然因識以俟博雅君子

金塔全圖

右圖見金石契朱竹垞檢討云鄉人蔣爾齡曾得一版以施城東白蓮寺僧友人周青士所目擊者似即指此塔本四片合成此僅存一片又失去上二角故諸公詩歌多誤認爲塔尾耳

右圖即梅溪諱泳所云陳雪樵家藏全塔今歸朱石君閬部者也塔上頂已缺其欵識下有一保字與表忠觀所載畧同近聞閬部已貢入

內府爲天祿祕謊之珍矣謹錄舊聞幷繪圖以紀之

鐵券圖

維乾寧四年歲次丁巳八月甲辰朔
四日丁未皇帝若曰咨爾鎮海鎮東
等軍節度浙江東西等道觀察處置
營田招討等使兼兩浙鹽鐵制置發
運等使開府儀同三司檢校太尉兼
中書令使持節潤越等州諸軍事兼
潤越等州刺史上柱國彭城郡王食
邑五千戶食實封一百戶錢鏐朕聞
銘鄧騭之勳言垂漢典載孔悝之德
事美魯經則知褒德策勳古今一致
頃者董昌僭僞爲昏鏡水狂謀惡貫
漸染齊人而爾披攘兇渠盪定江表
忠以衛
社稷惠以福生靈其機也氛祲清其
化也疲羸泰拯黎甿於塗炭之上師
無私焉保餘杭成金湯之固政有經
矣志勤王室績冠侯藩溢於旂常流
在丹素雖鍾繇刊五熟之釜竇憲勒
燕然之山未足酬功抑有異數是用
錫其金板申以誓詞長河有似帶之
期泰華有如拳之日惟我念功之旨
永將延祚子孫使卿長襲寵榮克保
富貴卿恕九死子孫三死或犯常刑
有司不得加責承我信誓往唯欽哉
宜付史館頒示天下
給中書令

謝表
恩旨賜臣金書鐵券一道臣恕九死子孫三
死者出於睿眷形此綸言錄臣以絲髮之勞
錫臣以山河之誓鐫金作字指日成文震動
神祇飛揚肝膽伏念臣爰從筮仕逮及秉麾
每日揣量是何叨忝行如履薄動若持盈惟
憂福過禍生敢冀慎初護末豈期此志上感
宸聰曲臣以處極多虞慮臣以防閑不至遂
開聖慮永保私門賜以功名申諸帶礪雖君
親屬念皆云必恕必容而臣子爲心豈敢傷
慈傷愛謹當日謹一日戒子戒孫不敢因此
而累恩不敢乘此而賈禍聖主萬歲愚臣一
心臣鏐誠惶誠恐稽首頓首

謹按鐵券之制其形如瓦長一尺八寸三分濶一尺一寸厚一分五釐重一百三十二兩蓋鎔鐵而成鏤金其上者也唐昭宗乾寧四年八月遣中使焦楚鍠賫券賜彭城郡王鏐券文三百三十三字其畫皆外狹中寬晶光閃爍詞語温純忠懿王入朝置之廟社不敢以自隨宋太宗淳化元年杭州守臣以前券及竹册玉册各三副詔誥百餘函進呈詔賜還忠懿王嗣子惟濬藏之汴京仁宗登極覇州防禦使晦侍左石帝問券欲見之晦遂進呈帝覽訖賜還券藏於昭

化坊賜第神宗元豐四年特令錢氏孫朝奉大夫蓬進呈仍降付本家永傳後裔至駙馬都尉景臻尚主宗器屬焉券遂安於都尉之第靖康元年金人入寇詔公主子榮國公忱奉母出居於江南以券行因避地湖湘間紹興元年還台高宗遂即台城崇和門內賜公主第由是券世藏於台之美德坊德祐二年丙子元兵南下破台時其家人竊負以逃莫知所在迨至順二年辛未漁者偶網得之乃在黃巖縣南地名澤庫深水內一村學究與漁鄰頗聞賜券之說售以

鐵價然二人皆不悟其字乃金也有報於宗子叔琛之兄世珪用十斛穀易得之失水五十六年青氈復還誠爲異事明太祖洪武二年秋八月燕都西北州郡次第皆平郊祀天地大告武成念開國大臣勞烈將錫之以鐵券前一月下禮官議立制度翰林學士危素奏唐和陵時嘗賜錢武肅王其十五世孫尚德字九一號存齋天台人元末官青田教論實寶藏之遣使者訪焉尚德即世珪子也奉詔櫝券及五王遺像以進上御外朝與丞相定國公李善長禮部尚書牛亮主事王肅觀之鏤木爲式敕省臣宴於儀曹恩意有加陛辭日命還券像劉基宋濂王禕等咸賦以詩尚德併其祖王手蹟各裝潢爲卷歷代名賢俱有題跋二十一年正月十六世孫克邦以大臣薦赴闕吏部引見上以錢氏納土至今子孫尚存論北方歸降者等授克邦建昌知府二十三年卒官都察院查勘任內稅糧其子汝賢持券像詣闕自陳都察院引見奉天殿諭孺子前當五代時天下大亂各據偏方爾祖能保兩浙之民不識兵革到宋朝來知太祖太

宗是眞主便將土地歸附爾之祖先忠孝好處可延賞也券像復與爾歸守永樂五年正月禮部奉旨差行人曹閏馳驛至台十七世孫廣西參政汝性同行人奉券進呈覽畢以禮敢遣藏於宗子鳳墀家前後數百年中其間或顯或晦皆若先靈式憑致子孫之保守弗墜不然武肅同時撫有一隅者號爲十國計其士馬精强城邑壯麗府藏充牣可謂極一時之雄矣曾未旋踵而夕陽芳草萋然有餘悲也安能望子孫之保其故物於數十世之後乎由是觀之錢氏之

樹德也深矣台郡邑志俱以是券爲古蹟召南少時
即嘗觀表忠譜略知始末今幸恭逢
聖駕南巡其裔孫嘉禾尚書陳羣率台族子選等進呈
御製歌詩垂訓萬古是券遭遇夫豈鼎彝敢自徒以世遠
得名者所可比並也哉
乾隆壬午中秋天台齊召南謹跋

御製
觀錢鏐鐵券作歌
表忠觀永祀錢塘鐵券却在台州藏久問其名未睹物秋
卿同族今呈將向曾問及刑部尚書錢陳羣云在台州今其族孫錢選自台州攜來陳羣即以呈覽
作歌仍還之俾爲世寶 鑄鐵如瓦勒金字乾寧歲月猶存唐皇帝若
曰咨爾鏐董昌僭僞爲昏狂披攘兇渠定江表祲清嬴泰
保餘杭用錫金版永延祚克保富貴榮寵長恕卿九死子
三死承我信誓欽毋忘以上八語槩括券中語 徒覩剝蝕字漫漶鐵
猶如此人何方龍門致詞帶礪誓趙宋轉眼爲新王俊傑

識時有弗較吾存桑梓功斯良其時鐵券因不出南遷後
出方擅藩作歌裝匣付珍弆所嘉謝表撝謙光錢鏐謝表有云君親屬念皆云必恕必容臣子爲心豈敢傷慈傷愛詞旨剴切可謂善居功者

恭和

御製詩

乾隆二十七年三月初五日

上親視海塘事竣回駐西湖行宮臣陳羣以先臣錢鏐世

傳鐵券進呈適

幾餘取覽宮漏未移晷刻卽傳出

御製鐵券歌命臣恭和時

扈從諸大臣及守土大吏觀者莫不踴伏臣免冠叩頭

跪而言曰

皇上學本天縱詩法之高古渾成所不待言臣忝屬臣鏐

苗裔讀至趙宋轉眼爲新王其時鐵券固不出數語

先臣一生未白之隱八百年後恭逢

聖天子卓識乃之使當時保障江山納土效順心跡昭然

前代名家詩集詠鐵券者盛推高啟劉基宋濂王褘

爲最今見

御製奚啻岣嶁之遇大華也

天藻頒發後既刊於藏券匣蓋臣復敬書屏幅陳於殿樓

正中不特先臣子孫永永感激卽臣鏐盆深鐫銘効

靈捍江禦海永慶安瀾以仰報

恩褒殊典於萬一云

皇帝初巡駐錢塘下問鐵券臣家藏奏云餅守台州族臣

忝扈從不可將向爲台州族人世守巡臣扈從來浙未及進呈今三次上初次南

幸浙族孫選自台賚王遂恭呈御覽先臣生丁五代季隶旄篚仕

末造唐討劉破巢繼誅董鏢視竊號徒猖狂表彰功

德臣拤軾其時先後來守杭臣軾又言射潮事江海

東注澤孔長券中所書僅一二已足令人不能忘風

茲有仂我

聖主五載虞典一省方

親舉玉趾覽廟貌晃旒伏地家五王三世五王胃第一次巡浙上幸

表忠觀可褒臣先人曰忠順賜額曰忠順昭麻勗臣孫子以善良

勗哉錢氏族百世守家風上第二次所賜詩臣今老矣守宗祏三時祀

事迎牲薦以謙承之以謹守大哉

皇言日月光

臣錢陳羣恭和

阿誰作此捍海塘錢王之績方策藏

哲后時巡念遺烈龍山巍觀禋祀將洲王一劍奮石鏡翦

劉礚董心存唐堪嗤販繒居狗者黃屋竊據何輕狂
開門節度識時務奄有吳越軍于杭流傳鐵券乾寧
錫閩年史載八百長文孫
行殿再拜獻盛事數典奚能忘中宍旁偃式如瓦鐫金作
字形剛方河山帶礪誓奕葉寵榮克保貽先王錦袍
玉帶尚髣髴凛持臣節疇如豆此券自有神呵護寶
櫝什襲流芳薌
帝庸作歌勸忠孝勗哉毋念千秋光
臣莊有恭恭和

錢王祠在古錢塘家有鐵券台州藏兵燹千年不剝
蝕
聖代昭回逵寄將典重肅穆難逼覗摩挲歲月猶殘唐堪
嗟五代干戈際紛紛割據徒猖狂賢哉哲人識時務
三世恭順鎮餘杭迄今千載承
恩㳀始信先人澤孔長似此鐵券誠難購教忠教孝不可
忘功業保全原非易必邀鐵券亦非方人臣功成歸
主耳奚必希冀盡封王世人更有妍媸論不願臣忠
願臣良忠良詎可分二致惟看晚節著馨薌只今喬
梓荷
殊榮奕奕身依日月光
臣范清洪恭和
潮頭射却雄虹塘邊匯無塵犀甲藏五朝十國紛割
據吳越獨守臣無將銘忠已勒表忠觀至今鐵券還
留唐當時英雄起草澤手持斧鉞剪悖狂木石衣錦
王驅馬花開緩緩歸餘杭策勛異等誓帶礪遺澤要
與湖山長再傳納土亦俊傑王家世濟人弗忘百年
喬木猶愛惜剢此金版留規方魏公一笏世爭寶何

況綸綍垂前王恭逢
聖主頌時邁行幄展覗思臣良函之雕匱寵
天藻勝事萬載流芬薌所寶惟人不惟物臣節永著
皇猷光
臣沈初恭和
龍山先祠存錢塘留貽金券世弆藏
聖主時巡念忠烈舊物入
獻仍歸將拂拭須臾灑
天藻星雲璀璨追虞唐憶昔先臣值五季羣醜竊號何猖

狂欃槍盡掃鎮吳越錦衣預兆徵古杭更歷三世述
祖德獲歸有宋垂裕長乾盜彝器未剝蝕繩繩孫子
何能忘絲髮之勞先臣語惟忠惟孝傳規方帶礪銘
勳金作字如有呵護憑前王閱八百祀邈
膺賞生民功在臣爾艮寶茲宗祏永什襲家風恰守承蕭
鄉桑梓恭敬沐
恩澤江海清晏凝庥光

臣錢琦恭和

鐵券詩附錄

吳越武肅王三十世裔孫泳謹錄

宋 濂

送錢君允一還天台詩并序

皇帝卽位之二年秋八月大將軍帥師取燕都西
北州郡次第皆平而天下歸於一統上將以日南
至之朝親服袞冕郊祀天地大告武成復念開國
大臣勞烈之多又將錫之以鐵券前一月下禮官
議其制度近臣奏言唐和陵時嘗賜錢武肅王其

十五世孫尙德實寶藏之上遣使者往其家訪焉
尙德旣奉詔卽匣券及五王遺像上之上御外朝
與羣臣共觀皇情悅豫勑省臣饗尙德於中書省
恩意有加焉已而尙德思東歸陛辭之日命還其
券復以禮遣之濂時待罪禁林目擊其事尙德以
濂知之頗詳請序其事而繫之以詩濂聞之錢氏
寶有此券已五百載宋淳化中杭之守臣嘗進玉
冊進之元豐五年又進之及今熙朝又進之是蓋
三登天子之廷矣非其子孫世濟其美能係之而

弗墜乎廟又問宋季遺兵券沒於官渭水中凡五
十六年為漁父所獲尚德之父世珪始購得之元
之至順二年也由是觀之似非偶然之故豈果有
百靈呵衛之乎濂因不辭而詩之以俟尚德遺逸
之盛而見錢氏之世至今猶不替云尚德字允一
天台人博學有賢行詩曰
大明天子開鴻基雄兵百萬皆虎貔東征西討踰十載變
化不翅雲雷隨功成治定四海一剖券分符恩渥施前王
遺制久已退錢氏世寶猶無虧天使持書往徵取有翁奉

召來丹墀躬俯伏再拜起旋解箝幕重重披精鐵鑄成
大踰尺中笑旁偃形如覆又如圓觚剖其半一片元玉誰
敢疵鏨篆填金文絢爛筆畫方整蟠蛟螭措辭二百有餘
字河山帶礪無嫌疑歷陳五王有具僚髮鬚猶是唐冠衣
腰圍白玉金作鈴吻角左右分二鬚重瞳回光履下照笑
語愈慇天顏怡便勅太官給珍饈上尊法酒澆瓊卮憶初
唐綱既解紐忠舞節鎮號狐狸斗牛王氣果茂膺豫章占
術元非欺八都健卒猛如虎指揮不異驅嬰兒羅平鳥圖
賜怪幻內黃外白成狂癡龍劍一所赴水死大勛星日同
昭垂因茲賜券代牲歃彭城開府如三司衣錦城空嘉樹
老其守尚有三樓危岩化元豐兩進入寵光曾受天王知
炎精說籙九鼎沸一旦失去宮河壖豈伊神物欲變化相
逐雷劍為龍飛孰知余且一舉網所獲非鼈還非龜終然
鬼物所訶護不使光彩埋荒陂泥塗沙礫幸免累寶王大
弓欣有歸我知天意實有在武肅宏烈何其微八州生靈
數百萬拔出水火行中逵子孫食報豈終極政如椓樹臨
年肥高牙大纛入黃閣金章盩綬趨彤闈不知誰貽蓋幾
葉但見附印懸纍纍七葉珥貂未足擬一門三戟終前衰

況翁文采燦五色陪古不管頭垂絲秦淮呼酒話離別遑
將官解如星馳于時同雲羃四野勢欲釀雪增寒威行行
若過表忠觀好剔蒼蘚觀殘碑

劉基

天台錢允一先生武肅王之孫也洪武二年奉命持
其所藏鐵券赴京師歸還成二絕句以贈之

載亂安民不為私英雄心事鬼神知金書長共兒孫在又
見山河一統時
日出咸池屋氣消扶桑霞起赤城標春風到處花如錦不

用捫蘿過石橋
一別須臾十五年白頭相見倍相憐天台山下桃花洞處
許閑人艤釣船

王 禕

允一先生東歸賦詩奉贈

錢君來自東海濱自言乃是錢王孫錢王到今十五世重
珪疊組多後昆惟王武肅王吳越十有三州兼兩浙雖然
五季事干戈獨使斯民樂生業憶昔武肅初起時揮戈指
日日爲低董昌爲昏擾鏡水一塵梟獍皆誅夷唐王嘗出二

深太息請王之勳關社稷兩鎮節度未足多更頒寶券爲
王錫元鐵作版黃金書字畫嚴勁言勤渠上言功勳果無
敵下言信誓永不渝子孫傳家五百載啓櫝星辰絢光釆
入水不濕火不銷神物懸知如有待聖皇御極百度新蒐
網舊典昭人文錢君奉向明光獻重瞳盼睞天顏忻有詔
還君作家寶商敢周彝奚足道茲從更命歷千齡物有不
朽須人保江南十月天雨霜早寒栗栗侵重裘錢君長揖
謝卿相明發扁舟歸故鄉歸家教子用詩禮子復教孫孫
更子媿余辭藁就荒蕪當擬爲君書世美

高 啓

唐昭宗賜錢武肅王鐵券歌

妖兒初下含元殿天子仍居少陽院諸藩從此擁連城朝
貢皆停事攻戰岐王已去梁王來長安宮闕生蒿萊天目
山前異人出金戈雙舉風煙開羅平惡鳥啼初起犀弩三
千射潮水歸來父老拜旌旗醒酒搥牛宴鄉里輕裘駿馬
驕春風錦袍玉帶眞英雄詔書特賜誓終始黃金鏤字旌
殊功虎符龍節彤弓矢後嗣猶令赦三死盡言恩寵冠當
時天府丹書未渝此摩挲舊物四百年古色滿面凝蒼煙

天祐宰相署名在尋文再讀心茫然古來保族須忠節受
此幾人還覆滅王家勳業至今存不在區區一方鐵人生
富貴知幾時泰山作礪徒相期行人曾過表忠觀風雨斷
蘚埋殘碑

危 素

奉別允一徵君尊媚長還天台二首

唐氏失其御羣閹握皇綱崎嶇望陲粤劇盜何披猖誰能
倡大義拂劍東海旁衣錦歸故國論功偉前王臨川諸遺
像霸氣橫秋霜凄凉千載下觴策垂休光

我祖初守郡，仲弟連璽封。鎮禦三十載，黎甿歌歲豐。淮南氛正惡，浙水道僅通。王則念覊旅，意氣何英雄。矧復結昏媾，豈伊包稟充。丈夫貴知己，終古仰高風。

唐同光三年八月勅遣正議大夫尚書上柱國賛羣開國男賜紫金魚袋李德休等持節備禮賜武肅王金印玉册

册曰維同光三年歲次乙酉八月辛酉朔二十七日丁亥

皇帝若曰王者惠濟黎元輯寧方夏重名器任股肱忠而能力則禮崇賞不失勞則人勸所以戚周公之土宇列漢祖之膏腴者錄彼茂勳寘諸異數登進賢哲焜燿事功也天下兵馬都元帥尚父尚書令吳越國王錢鏐瀚海靈源承天峻岳以英風彰德望以勇氣賛忠貞往因義舉之徒盛推韜略遂著勲封之績高步藩維挺魚鯤鳥鳳之姿擁

岸虎水龍之衆居方面任將五十年宣道休聲擴除兇醜擁堅奮銳都許東周圉之謀阜俗頒條廣冀北安居之頌環塹浙江之要雲屯星紀之墟說禮敦詩位崇元帥前旌後節名重中權守畫一之規奉在三之節信立廉移於風雨義行每捲於津塗效珍而不顧險艱萬幣則常歸宰府振英謀而端右弼鍾懿號而異列藩可謂貢職不乏梯航時至翼戴天子加之以恭也載念尊奬爰示徽章今遣正議大夫守尚書吏部侍郎上柱國賛皇縣開國男食邑三百戶賜紫金魚袋李德休副使朝議郎守起居郎充史館

以撰賜緋魚袋磊璵持節備禮胙土苴茅冊爾爲吳越國
王於戲地奄數圻賦過千乘藩守閩閶之境軌圍勾踐之
封予翁量才序進多分于棨戟土疆漸海方軫豈限於魚
鹽貴盛富彊雖古之封建諸侯禮優夾輔不加於此慎厥
始終無以位期驕無以欲敗度欽承賜履協予一人汝嘉

武肅王臨終誓語戒諭諸子

時予五十載理於錢塘無一日虓於三惑孜孜矻矻皆爲
萬姓三軍制舟楫城池並皆臻固軍租麥粟粗有十年支
給子父土客之軍並是一家之體今則光榮日久顯赫年
多自從今春風氣動靜至今三箇月醫療未痊且恐大運
在期死生有定預告諸子須各審聽自吾主軍六十年來
見天下多少興亡成敗孝於家者十無一二忠於國者百
無一人予志佐輔九朝皆正王室依吾法則子孫可受世
代光榮如違吾理道之情一朝興亡不定吾見江東鍾家

養子不訓自相圖謀亡敗一家星分瓦解又見河中王家
幽州劉家亦是父亡之後兄弟不順自相魚肉搆賊破家
子子孫孫並皆絕種又見襄州趙家鄂州杜家皆被小人
鬭僋盡喪家門汝等兄弟數人分於節制數人郡符五陞
國號汝當各受台衛官小者至於郡符並是三公之位家
門榮盛天下無有比倫吾在世父慈子孝則吾歿後汝等
須存吾功業榮盛子孫若違吾指教之情便見自傾之地
大者至小且須勤事大國忠孝宗親莫費亡奢華莫恃強
欺弱莫信纔疾莫信小人窺覦主大事者皆在忠孝立功

次位者亦須奉勤古人云妻子如衣服衣服破而更新兄弟如手足手足斷而難續家門世代榮顯祖宗衣錦城池守松楸之上租攺家爲國今日興隆是吾之處置所得也身後教汝諸子切莫令毀敗吾先祖家門衣錦城池自後且須揀選骨肉世代安居固守家鄉勤于王事一朝忽若有關便屬他人千可萬囑須存桑梓莫令內亂於親親之內卻被破盡後代須懸吾在世立志秉明公私無撓爲官合道理之人方賞不合道理之輩方罰賞罰雙行無偏無黨今則大期忽至天命有期告汝等存吾世代之名立取

孝養之事恭承王法莫縱驕奢兄弟相同上和下睦自然畏威得所孝道臻從若違此言吾在冥中當不祐汝凡人在世合錄紀綱吾二百戰經身傷痕遍體今日年將幾杖勤苦六十年來致風恙不痊便至如此元璹等已下遵吾遺訓不得輒有不順之情府庫倉內錢物亦有正數將供三軍及分給諸將錦軍錢物亦有正數貯在大明可防家鄉荒歉之歲有弟未婚將此支辦有妹未嫁亦取作行裝其餘仍存宅庫不得亂用廣費破除開報元璹曾領郡日久各有家活生計在府庫者卽無資財他日百年之後量

分給與老少錢物如守郡人應時完納不可停滯爲他晒笑況吾五十年執法安民今日榮封兩國立名之後須在子孫紹續家聲子孫若不忠不孝不義不仁便是破吾家門戶千叮萬囑涕泣淚言告汝等知須歸孝養吾歿後以吾遷殯歸窆家鄉三年斬衰遵取孝道莫信小人朝三暮四口是心非錦軍有桑葉二千來筐有良田二千來頃棠唐梁并新朝放稅將此褒功汝之兄弟須惜鄉土不可擅將貨賣錢破家鄉倘若兄弟不順不從便到亡家敗業兄弟上忠下孝可以世代相承吾父母只養一身今日榮鄉榮國皆爲立忠於大國今日顯榮汝等教吾元玑遵吾教化兄弟或分居者有守官之人官中自有道理不守官之人或有孝及之武庫有吾回運錢物其數極多上至一萬下至五千可旋之分給其餘小者及外嫁骨肉各俵一千二千貫是汝等親腹兄弟計二十人晩長大者已下十六人各是赤子收養與親一般雖在偏生亦須憐愍無衣食者與衣食長成後與各婚娶教取成人莫違吾指教家內除兒毋夫人兩三人外其餘三四人是吾出身之時便在手下主當及供看年老者孝養不虧切須別作一眼看承

歿後亦令歸安國殯葬其餘內中諸子弟皆是節給送來
蓋爲時世如斯便令收養今卽吾孰歸於大道此內中子
女各放歸還骨肉於中有堪婚嫁者便與嫁娶年小者卽
還父娘不得兄弟之中輒懷於姦意執恡於私處況今汝
兄弟官守不小守職不輕既承父業紹國須作世世忠孝
莫學他人行於內亂是非若在前程必當不祐吾在世聲
名遍於萬國處處相依錢物助於天下之人功歸萬口吾
歿後汝能數內存吾之道何愁不顯於祖宗若虧壞吾家
法之情便是汝等自求荼毒他日黃泉相見此時難雪寃

情日下元瓘等已領兩道節旄元球卽在府庭正佐元璙
等在外主郡亦有歇時或歸來府庭或令人替換無災處
卽且守法有災處卽且改移莫學諸道兄弟不順不從便
到破家亡鄉失土況衣錦軍有田宅紹家風者卽令歸固
護有文章胆勇者同佐藩條三弟鏢已懷悖逆投在外藩
卽是吾家門不幸也五弟鏵先曾授任令歸闕庭仰常切
安恤孫男仁健仁俊仁侃仁傑等已管內都務可爲手臂
股肱仁傑仁傑已下至於諸院小孫雖未長成皆是吾親
枝骨肉亦須迭遞安存不及者卽給與錢物長大者與婚

媾至於文孫長大者亦須嫁遣凡爲親族且須揀擇門戶
不得將吾家骨肉流落他邦小下之家汚辱門風人生所
惡親情萬代須擇善門不得看一時順情不得小僭語骨
肉若落不淨之處世代難更立名至於娶婦之家亦須擇
揀閥閱安國舊親是吾鄉縣稍成人物粗有禮樂便可爲
親若是他人恐不濟祖宗之望今日基業粗成人情偶於
九土大國褒獎與汝子孫永作光華如若有此相違吾在
冥中必有陰誅責汝吾歿後衣錦軍祠堂立廟吳越祠堂
立廟西關寶殿置太廟元瓘等與吾奏上元及奏地府五

十年國護吳越二百戰經身爲國爲民至於今日生前既
立榮盛歿後只望血食資於冥中切須在意置辦如不違
志道冥陽之中必祐子孫吾安定吳越前後喪亡將首已
下至於長行將計有五萬來人其歿後甲名與吾將隨孜
內及廟中要收管爲心腹指使至於當國丞相已下文班
武幕都頭大將數年隨吾東征西伐同制國朝各立功名
身居上將今日共成王事須各爲吾一一安存至於衙內
弁上冥節級直殿節給等是吾十年心腹委任非輕吾歿
後各須爲吾安存同安封土莫信閒人鬪合損害忠良僚

佐軍吏一般亦須上行下效莫損孤幼莫損平人莫以信
讒莫聽小人之語親者反疎於陌路疎者反親於股肱此
時即敗俗傷風與人取笑是汝宗支兄弟子孫相繼一百
來人眷屬計逾千百來人且須一一行行上和下睦莫令
朝是暮非存吾壘凡三十六城堅固盡經大寇相侵今日
兩國管內土疆遍耕遍墾綾羅紬絹綿帛等賤蓋爲吾廣
種桑麻斗米十文蓋爲吾遍開荒畮兩國之內與天下有
殊吾歿之後且須依吾條教好營農事摘山煮海不求他
人莫廣愛資財莫貪人錢物教民勤耕勤種歲歲自得豐

盈兄弟語論莫以酒色爲心莫以貪財爲意自然有天道
佐助於凡間況人有期須歸大道昔者明皇聖主尚歸冥
冥之中吾是凡人豈能久居人世告諸子孫孝敬宗親爲
吾保萬姓三軍好存人世恭承理道莫作非爲自然祿及
一身安家活計人世有限德業有期千萬付囑之心難說
冥陽之事吾子好住人世勿違此言千千萬萬一家活計
事大軍伍數多在世者切在堅心莫懷容易臨終時血淚
和書餘在遺言千萬知悉遺此不多矣
天成四年二月二日囑

武肅王還鄉遺事

開平元年梁太祖即位之初時有諷吳越拒命者王笑曰
吾豈爲孫仲謀耶即拜受之後改其鄉臨安縣爲衣錦軍
所居營曰衣錦城四年冬王省塋墓尊延故老旌鉞鼓
震耀山谷自昔釣遊之所盡蒙以錦繡或樹石有封官爵
者時有一鄰媼年九十餘携壺角黍迎於道左王下車拜
之媼撫其背猶以小字呼之曰錢婆留汝長成矣蓋王初
生時光怪滿室父懼將沉之於長興丁溪此媼吳留之遂
字焉王設牛酒大陳鄉飲列張蜀錦爲黃幄以饗凡男入

十以上金尊黃髮飲者十餘人王起執爵於席上自唱還
鄉歌以娛之歌曰玉節還鄉兮掛錦衣碧天朗朗兮愛日
暉功臣道上兮列旌旗父老遠來兮相追隨家山鄉眷兮
會時稀今朝設宴兮觥兒飛斗牛無孛兮民無欺吳越一
王兮駟馬歸時父老相間歌進酒多不知曉王覺歡意不
洽再酌高揭吳謳山歌曰汝輩見儂的歡喜吳人與我別
是一般滋味子長在我心子裏歌闋合聲賡唱叫笑振席
歡感閭里山民至今尚能歌焉

六世裔孫進謹識

射潮圖

仰天誓江月星晦
蒙强弩射潮江海
爲東

節錄蘇文忠公表忠觀碑銘

吳越王射潮記　曾孫惟演撰

謹按曾王父

武肅王以梁開平四年八月築捍海塘怒潮急湍晝夜衝激版築不就表告於天一云願退一兩月之怒濤以建數千年之厚業生民蒙福復禱胥山祠一云願息忠憤之氣暫收洶湧之潮函詩一章置海門山以達海神遂命將督兵卒採山陽之竹使矢人造為箭三千隻羽以鴻鷺之羽飾以丹朱鏃剛火之鐵為鏃既成用葦敷地分節六處繫用東方青九十丈南方赤三十丈西方白七十

丈北方黑五十丈中央黃二十丈鹿脯煎餅時果清酒棗脯茅香淨水各六分香燈布置以丙夜三更子時屬丁日上酒三行禱云六丁神君玉女陰神從官兵士六千萬人鏐今齋潔奉清酒羨脯伏望神君歆鑒鏐以此丹羽之矢射蛟滅怪渴海枯淵千精百鬼勿使妄干唯願神君佐我助我令我功行早就禱訖明日命強弩五百人以射濤頭人用六矢每潮一至射以一矢及發五矢潮乃退錢塘東趨西陵餘箭埋於候潮通江門浦濱鏃以鐵幢誓一云鐵擴此箭出又大竹破之為器長數十丈中實巨石取羅山大木長數丈植之橫為塘依匠人為防之制內又以土填之外用木立於水際去岸二丈九尺立九木作六重象易既濟未濟二卦由是潮不能攻沙土漸積岸益固也

致海神詩　武肅王

天分浙水應東溟日夜波濤不暫停千尺巨堤衝欲裂萬人力禦勢須平吳都地窄兵師廣羅刹名高海眾猛為報龍王與水府錢江借取作錢城

武肅王遺訓

余自束髮以來少貧苦肩販負米以養親稍有餘暇溫理春秋兼讀武經十七而習兵法二十一投軍適黃巢叛四方豪傑並起唐室之衰微皆由文官愛錢武將惜命託言討賊空言復雠而於國計民生全無實濟余世沐唐恩目擊人情乘忤心憂時事艱危變報絡繹社稷將傾余於二十四得功由石鏡鎮百總枕甲提戈一心殺賊每戰必克大江以內十四州軍悉爲保障故由副使遷至國王垂五十餘年身經數百戰其間叛逆誅而神人快國憲立而忠

義彰無如天方降割覇主頻生余固心存唐室惟以順天而不敢違者實恐生民塗炭因負不臣之名而恭順此余之隱痛也爾等現居高官厚祿宜作忠臣孝子做一出人頭地事可詩河山可光祖豆則雖死猶生倘圖眼前富貴一味驕矜恃作死後荒烟蔓草過坵墟而不知誰者則浮生若夢矣十四州百姓係吳越之根本聖人有言敬事而信節用而愛人使民以時又云恭則不侮寬則得衆信則民任焉敏則有功惠則足以使人又云省刑罰薄稅斂又云惟孝友於兄弟此數章書爾等少年所讀尚常存於心

時刻體會則百姓安而兄弟睦家道和而國治平元瓘元琛元璠元瓚元㬎元禧俱係幼穉不特現在之飲食教訓均宜爾等加意友愛即成人婚配亦須爾等代余主持元璲元瓘元璹等中年逝世遺子尚小亦宜教養憐惜視猶己子毋分彼此將吏士卒期於寬嚴並濟舉措得宜則國家興隆余之化家爲國鳳篆龍綸堆盈几案實由勞上惜下包含正氣而能得此每慨往代衰亡皆由親小人遠賢人居心傲慢動止失宜之故正所謂德薄而位尊智小而謀大未有不遭傾覆之患也爾等各守郡符須遵吾

語余自主軍以來見天下多少興亡成敗孝於親者十無一二忠於君者百無一人是以第一要爾等心存忠孝愛兵恤民第二凡中國之君雖易異姓宜善事之第三要度德量力而識時務如遇真主宜速歸附聖人云順天者存又云民爲貴社稷次之免動干戈即所以愛民也如違吾語立見消亡依我訓言世代可受光榮第四余理政錢塘五十餘年如一日孜孜兀兀視萬姓三軍並是一家之體第五戒聽婦言而傷骨月古云妻妾如衣服兄弟如手足衣服破猶可新手足斷難再續第六婚姻須擇閥閱之家

不可國色美而與下賤人結褵以致汚辱門風第七多設
養濟院收養無告四民添設育嬰堂稽察乳媼勿致陽奉
陰違淩虐幼孩第八吳越境內綾絹綢綿皆余教人廣種
桑麻斗米十文亦余教人開辟荒畝凡此一絲一粒皆民
人汗積辛勤纔得歲歲豐盈汝等莫愛財無厭征收毋圖
安樂逸豫毋恃勢力而作威毋得罪於羣臣百姓第九吾
家世代居衣錦之城郭守高祖之松楸今日興隆化家爲
國子孫後代莫輕棄吾祖先第十吾立名之後在子孫紹
績家風宣明禮教此長享富貴之法也倘有子孫不忠不

孝不仁不義便是壞我家風須當鳴鼓而攻千叮萬囑慎
體吾意爾等勉旃毋負吾訓

武肅王年譜

四世冨水侯昱謹輯

二十八世孫樹樸滋仝錄

遵用綱目依次歷朝正朔編輯

唐宣宗在位十三年

大中六年壬申二月十六日王降生臨水里適隣人從屋後
經過聞甲馬之聲疑有盜告之王考急馳歸王已
誕矣尚有紅光滿室王考懼欲投之井隣媪不許
留之故小字婆留其井亦以是名焉

七年癸酉二歲
八年甲戌三歲
九年乙亥四歲
十年丙子五歲
十一年丁丑六歲
十二年戊寅七歲從師攻書
十三年己卯八歲王與羣兒嘗戲聚於樹陰端坐石上
指揮衆人如佈陣勢以優劣定賞罰頗有條律冬
十月王祖太尉薨將塟之夕大風拔樹於野詰朝

荷者引鹽踊將就基所謂王考曰此拔樹之穴甚
之大吉是天意也撫王背曰富貴斯人
唐懿宗在位十四年
咸通元年庚辰九歲王每語人曰吾喜武而厭文
二年辛巳十歲
三年壬午十一歲
四年癸未十二歲王嘗遊徑山書院有道人洪諲者迎
於門王恐其起居由從山僻徑往諲亦迎焉王問
其故諲曰君非常人故預知耳并勸讀書以[illegible]

由是王潛心攻書喜讀春秋
五年甲申十三歲王與羣兒至石鏡山其石隱見冕旒
一如王容羣兒以狀告鄉老咸往觀之不見遂王
同至即顯然王家日漸蕭條
六年乙酉十四歲王嘗於後山憩息忽一石屹然自立
七年丙戌十五歲王家益窘遂廢讀然猶溫習故書凡
不明處必問先達解悟後已兼治武經諸書
八年丁亥十六歲貧益甚無以奉高堂販鹽謀生每担
鹽觔有一百餘行走甚捷今之肩引即王之遺蹟
也
九年戊子十七歲習武
十年己丑十八歲王嘗與鍾邑吏諸子交鍾每禁之有
西江人善識天文仰觀王氣在蘇杭間跡至武林
不得復至臨安託名善相寓鍾吏家交既厚因密
語以至臨之故鍾吏遂集富貴子弟與之相均日
非一日王來遂其子遊因見鍾吏趨而避術者適
見謂鍾曰此非常人貌有王者氣度君家富貴功
名全賴是人不可輕視由是鍾吏命子與王遊並

有所贈焉謹按吳越備史編輯[illegible]謹註
十一年庚寅十九歲聘吳氏初鍾邑吏與吳公諱仲昕後因女
貴投浙江觀察判官厚吳有女鍾為王作伐王以父命已與
戴姓締姻謝吳公願以女妻之因而定婚
十二年辛卯二十歲王習弩鍾吏勸也
十三年壬辰二十一歲王讀孫子兵法兼溫春秋八陣
十四年癸巳二十二歲王習劍戟迎娶戴氏夫人
唐僖宗在位十五年
乾符元年甲午二十三歲秋九月迎娶吳夫人

二年乙未二十四歲夏四月浙西鎮遏使王郢作亂王充石鏡鎮義兵揆董昌標下偏將王入軍中驍勇絕倫一日遇摸骨相聲者問曰旁有人乎王曰無聲者嘆曰天下亂矣君可保邦平賊亦十三州百姓之幸也冬十月娶陳氏夫人

三年丙申二十五歲秋八月納胡氏

四年丁酉二十六歲王授副使冬十月五日生長子元璉陳氏出是月十三日生次子元璣胡氏出謹按子孫之生卒爵配見魏國公續修慶系諸譜以下俱同瀛謹註

五年戊戌二十七歲朱直管曹師雄王知新等聚衆劫掠宣歙等處秋九月王率兵平之以功闢授王石鏡鎮兵馬使遷鎮海軍右副使是月二十一日生三子元瑛吳夫人出王既貴戴夫人歸寧苕溪王貽書曰陌上花開可緩緩歸矣王之風雅如此

六年己亥二十八歲秋七月黃巢擁衆二十萬大掠州縣王爲董昌曰黃巢雖有數萬之衆踰山越嶺又無紀律宜以伏兵截之遂率二十騎伏於草莽發弩射之應弦而斃賊兵大潰見綱目與備史王謂衆曰此

拔只可一舉若大軍齊至則寡不敵衆宜乘勝張虛聲以懾之乃進屯八百里因囑老嫗曰後有兵至當言臨安兵屯八百里未幾巢兵果至嫗如所對賊衆相顧曰向止數騎尚不可當況八百里乎乃還王伺其後軍斬獲人馬無數讓功董氏不居

僖宗改元

廣明元年庚子二十九歲四月十三日生四子元璲胡氏出冬丁二月黃巢犯闕自稱大齊皇帝　僖宗入蜀改元

杭州始建八都

二年辛丑三十歲春正月　僖宗幸蜀秋九月授王都知兵馬使太子賓客納側室金氏　僖宗改元

中和二年壬寅三十一歲秋七月浙東觀察使劉漢宏伺天子西幸判王於是月十二夜渡江槃之弁祝曰吾以義兵討賊願天濟我俄而雲霧四起王卽渡江竊賊號縱火砍其營精兵繼至王率儒童徐靖阮結等與賊交戰大獲全勝俘馘偽將宼官偽勅百道兵甲生口萬計釋宏所掠民間妻女數百人見綱目是月二十日詔授王兼侍御史十一月初三

日生五子元懿金氏出
三年癸卯三十二歲春三月漢宏兵大至王率入都自
富陽直搗黃嶺巖下及山洞三十餘所生擒僞將
貞女楊元宗史弁等焚其甲兵漢宏易服持膽刀
走軍士欲擒詰稱宰夫得竄次日宏復舉餘黨戰
屢北王獲宏弟漢容暨將辛約及詔討判官譚丹
都知兵馬巳立先鋒李萬敵等皆斬并獲僞印一
鈕戰艘五百馬四千兵甲萬餘漢宏宵遁歸越
四年甲辰三十三歲秋七月授王國子祭酒兼御史大

夫右千牛衛將軍十二月朔　天子南郊改元
光啓元年乙巳三十四歲二月納童氏冬十月授王檢校散
騎常侍右武衛將軍
二年丙午三十五歲冬十月漢宏亂未平王謂董昌曰
除惡務去其根否則又爲後患願率全師討之以
報君恩而安黎庶昌曰然王即調兵馬使阮結守
梅市監陣使錢爽守雙童過後使駱團守平水
將使章可周唐晟王公備等守蘭頭江海遊弈使
崔則守羊石時僖宗遣中使焦居璠爲杭越通和

使冀宏改過王班師以待之詔漢宏殺王守將密
徵水師於溫州刺史朱褒褒出戰艘以韓公汶等
領之水陸並進辛亥王聞信遂督大兵至曹娥埭
命發運使從弟銶往探各處要道窮察地理銶以
告王曰通明等處宜造壩閘既可阻賊兵之遁路
復可蓄水以溉民田王命之起築癸丑破韓公汶
與朱褒遇合焚溺其水師戰艘并佈告梅城鎮將
施堅寔台州刺史杜雄同伸大義戳漢宏之母及
妻弟姪與其黨史惠史侃蔡約於軍門十二月丙

午誅漢宏於會稽市王親刃之並斬劉孟安撫恤
脅從餘犯令各安業越人感德請王權漢宏職王
曰吾以劉漢宏塗炭生民爲國家討之若受其地
是不義也因讓董昌昌權之維時浙西節度使周
寶以王權知杭州軍事并錄功勳奏聞詔授王檢
校工部尚書遂具表謝恩
三年丁未三十六歲春正月授王杭越管內都指揮使
上武衛大將軍兼杭州刺史得專征伐尋進戶部
尚書三月潤州劉浩逐節度使周寶出於毘陵推

度支催勘使薛朗爲主夏四月六合鎮使徐約攻
昭蘇州五月王命杜稜阮結成及共討薛朗六月
師次陽羨與賊將李君旺大戰破之獲船八百艘
秋九月詔加王檢校戶部尚書是月十二日生六
子元璙吳氏出王斬賊將丁重德進攻常州冬十月
周寶始返王以舊屬禮迎之於郊是時盧州刺史
楊行密始入淮南十一月十二日生七子元瓘陳氏
出十二月王奏請以杜稜爲常州制置使遣阮結
等進攻潤州是月十八日生八子元璀童氏出乙未

日周寶卒王哭之慟　僖宗改元
文德元年戊申三十七歲春正月丙寅日克潤州薛朗就擒
王命剖其心以祭周寶表阮結爲潤州制置使又
疏請築嘉興城以固封守二月　僖宗駕還長安
三月詔加王檢校司空夏四月十八日生九子元琉
金氏出秋九月王命從弟銶率兵討徐約於蘇州
唐昭宗在位十六年改元六
龍紀元年己酉三十八歲春正月朔改元三月破徐約於蘇
州約奔入海中箭而死王表海昌都將沈粲權蘇

州事夏四月丁丑請築安衆營於臨安秋七月初
九日生十子元琫吳夫人出是月敕授王金紫光祿
大夫檢校司空本州防禦使冬十月十三日生十
一子元瑾陳夫人出十一月昭宗改元大順宣州楊
行密陷毘陵執杜稜而去十二月淮南孫儒等陷
潤州權潤州制置使成及奔歸是月初七日生十
二子元珦胡氏出謹按淮陰侯即元珦於天福二年三月戊午即逝年止十四無後
大順元年庚戌三十九歲八月敕賜建安衆營加王吳興郡
開國男是月十三日生十三子元玩金氏出冬十月

八日生十四子元璛吳夫人出王遵制命築新夾城
環包家山泊秦望山而迴凡五十餘里皆穿林架
險而版築焉王親勞役從因自運一甓由是爭先
赴事迅速成功十二月敕遣高品詔加王檢校司
空同平章事謹按元玩於天祐二年十一月十一日逝年止十五無后
二年辛亥四十歲二月敕賜安衆營額額日安衆冬十二月
孫儒攻掠蘇常並逼宣城因圍楊行密行密求救
王出甥權甲兵以助並遣使平姑蘇是月初三日
生十五子元璟吳夫人出初八日生十六子元裕陳夫

人出

景福元年壬子四十一歲春正月丙午朔大赦改元二月王命從弟銶權蘇州招緝使仍即奏明夏四月敕陞杭州爲武勝軍授王本軍防禦使六月王出師會宣州大敗孫儒於宣城行密斬孫儒王戮沈粲於市宣州士民咸稱王神武秋七月表呈版築茆山安衆營圖

二年癸丑四十二歲三月賜王手敕手敕見吳越備史夏閏五月詔授王本軍團練使蘇州杭州等處觀察處置使

晉封彭城郡開國侯食邑七百戶秋七月七日生十七子元禧陳夫人出是月王率十三都兵洎役徒二十餘萬新築羅城自秦望山由夾城東亘江干錢塘湖霍山范浦凡七十里并撰文立石以記其事九月制授王鎮海節度浙江西道觀察處置等使潤州刺史王性至孝維時妣秦國太夫人春秋已高喜登樓每遊後庭三層臺恐有顛躓王必親負以登見臨安縣志及吳越備史瀛註

乾寧元年甲寅四十三歲春正月乙丑朔大赦改元是月二十一日長子元瓘逝二月王表成及權蘇州刺史三月制授王光祿大夫檢校司徒進充本道管田招討鹽鐵制置發運等使夏五月敕授王開府儀同三司同中書門下平章事六月敕王私門列戟十月初六日生十八子元殉陳夫人出

二年乙卯四十四歲春正月羅隱來謁王不納隱字昭諫新登縣人先投唐不用茲投王又不納乃隨口吟詩云一個彌衡容不得思量黃祖漫英雄王覽之留用侍以上賓後爲節度使判官二月晉封王彭城郡開國公食邑一千戶是月威勝軍節度使隴西郡王董昌僭帝

制建元順天國號羅平王以書勸謹按書云與其閉門作天子不如開門爲節度吕不聽遂具表聞命王討之率兵至迎恩門猶復委婉開導吕陽許改悔且言待罪於天子王爲代表其事誅妖人應智等吕所聽計三月娶次媳孫氏爲元瓘成婚夏四月娶三媳馬氏爲元瑛成婚是月辛卯日蘇州雨雪十八日乙巳王考太師郎英顯王薨哀痛幾絕六月授王檢校太傅封彭城郡王因又泣曰今日之貴皆由王考積德所致是以每遇春秋祭祀必嗚咽流涕并又移榻於靈前薩道喪儀昌復

亂詔王討並以居喪告詔許奪情素服出師見綱鑑
昌屢戰屢北求援於淮師楊行密行密應之圍姑
蘇又遣安仁義田頵李師鋭等攻王鎮戍侵封境
因嘉禾王命方容王球襲之不克更命顧全武禦
之武遣偏將孟實蔣蟠率兵屯於西陵賊不能聚
十一月勅王加食邑一千戸十二月疏以伍子胥
追錫惠應侯
三年丙辰四十五歲春正月至五月討昌累戰俱捷是
月乙未顧全武遣吳璋執昌至斬之越州始平王

開 廪以賑貧乏散府庫金帛以賞將士又斬僞
宰相李 蔣環等十餘人宥其脅從者具情以聞
秋八月勅授王檢校太尉兼中書令加食邑一千
戸實封一百戸遣官賜王旌節九月授王越州王
辭宰相 溥日王有忠衞社稷功深守土之大勳
宜授勿 應逾格奬之冬十月勅改越州威勝軍
爲鎮東軍授王領鎮海鎮東等軍節度使王具辭
表其略曰始以順逆之理馳札勸改不悟旣以攻
伐脅之而不回遂爾飛章入告猶冀其改悔詎期
始終抗違因而天討生擒梟戮明正其罪實非得
已今若領其土地是以義起而以利終臣不敢爲
故辭詔不許遂受爵
四年丁巳四十六歲春正月請征安仁義田頵等遂命
杜稜吳璋率兵救東陽仁義賊衆驚遁夏四月顧
全武與王弟鎮及沈夏陳章高遇許再思等率兵
自海道救嘉禾時城中圍甚急望見旗幟皆大悅
賊亦驚以爲神是日內外夾擊擒賊將李全禮顧
金等二十餘人暨賊黨魏約等三千餘人破賊壘

十八所嘉禾始平乘勝逐田頵於驛亭埭頵由吳
興遁是時大水斬馘沉溺者屍橫十里王見而大
慟誓滅田頵五月八日生長孫仁傑改名宏度元璙子嗣元瓘六
月己酉王如東府受鎮東節鉞秋七月庚寅王自
東府命顧全武率師復姑蘇是月十九日生次孫
仁俊元瓘子八月師屯崑山勅王起復加食邑一千戸
遣中使焦楚鍠賫鐵券至崔眉宣奉遂具表謝恩
並請晉錫子胥爲吳安王九月湖州刺史李繼徽
以州附淮南乙未王親巡吳興收繼徽家屬二百

餘人湖州乃平請以海昌鎮將高彥爲湖州制置
使
五年戊午四十七歲春正月朔以師救蘇州擒淮將李
近思等楊行密遣將屯無錫師進攻獲將陳益等
餘賊皆遁師還六月二十一日東安鎮新築羅城
命羅隱爲記勒石秋七月九日生十九子元玩陳夫
人出是月授王檢校太師賜定亂安國功臣勅書
乙道九月婺州刺史王壇遣將攻東陽王以愛民
大義諭之遂寢冬十月二十二日生二十子元琢胡

錢氏宗譜　上卷二　武肅王年譜　十四　錦樹堂

氏出是月王復遣顧全武率師克蘇州淮將臺蒙
李德誠等皆宵遁秦裴力屈乃降蘇州平疏以嘉
興都將曹圭權蘇州制置使閏十月婺州王壇衢
州刺史陳岌俱判遣將討之十一月二十八日生
二十一子元璞童氏出是月成及自淮南至（楊行密圍姑蘇將成及劫去於時始歸）
王亦以魏約等給還淮以報之是年
改元
光化二年己未四十八歲春正月敗陳岌黨於龍邱二月勅
改石鏡鄉爲廣義鄉臨水里爲勳貴里安衆營爲

衣錦營仍賜兩浙行軍司馬顧全武杜稜等以下
一百二十人並號贊忠去僞功臣三月奏建天柱
觀爲祝聖道場是月十七日生二十二子元璹金氏
出夏四月勅陞杭州爲大都督府王命方密羅聚
等師次於婺州蘭谿義烏等處以防陳岌交通淮
南秋七月淮人有使入衢州者偵殺之獲陳岌所
送楊氏地圖州印以歸八月五日生二十三子元琳
吳夫人出
三年庚申四十九歲春正月陳岌以淮將康儒徐從皐

錢氏宗譜　上卷二　武肅王年譜　十五　錦樹堂

侵婺州王遣從弟銖率師討之三月大敗賊徒於
軒渚并絶其糧康儒等遁夏五月詔封王爲南康
王加食邑一千戶實封一百戶并封吳夫人爲燕
晉二國吳越國王德夫人封陳夫人爲晉國夫人
封胡氏爲慶安夫人封童氏爲濟南郡夫人王具
表謝秋八月辛卯王親巡婺州以沈夏疏權婺州
刺史壬辰王至東陽以鎮將王永行妖妄誅之甲
午王巡衢州陳岌降王表顧全武權衢州事以岌
爲浙東安撫副使冬十月造鎮海軍使院以舊州

治擴而大之在今鳳凰山左命羅隱爲記勒石誌
之是月七日生孫仁僎係元瓘次子是月九日勅取王
容貌於淩烟閣王命寫容以進二十五日乙酉塟
王考太師公於安國縣錦北鄉清風里

天復元年辛酉五十歲春二月十二日娶四媳蕭氏爲元璲成婚
是月王親巡衣錦營大會故老賓客山林樹木皆
覆以錦幷作歌以記其事夏四月王巡東府是月
八日娶五媳羅氏爲元懿成婚五月勅授王守侍中進
封彭城王加食邑一千戶實封一百戶仍陞王所

居衣錦營爲衣錦城封石鏡山爲衣錦山大官山
爲功臣山秋八月勅授王七子元瓘禮部尚書遙領
邵州刺史九月初四日壬子王妣秦國太夫人水
邱氏薨於杭州大都府王哀痛幾絕冬十月淮將
李神福等寇衣錦城王命顧全武方密等率師禦
之神福遣兵伏青山詭稱還師全武誤襲之兵四
起被執其故皆由地方陽藉緝私爲名陰實挾嫌
執復王察知其弊奏明設立肩販定之以額既免
小民游惰又免竈戶賣私然販私之源地方官不

察根源但以鹽犯究治並不究其所來源頭未清
而求其末是其拒捕抗違皆地方有司逼其成之
況小民之販鹽係屬將本求利若治以法誠恐含
販鹽而爲匪類不可勝數矣如淮孽之滋擾大半
皆係私販可爲殷鑒痛切敷陳其弊得邀帝允十
一月駕狩鳳翔王聞之悲泣不已乃遣使奔問帝
嘉忠誠賜王御服夾襖子一副仍降御札於衣襟
十二月淮人以師老糧乏求成而還是月初王起
復雲麾將軍上金吾衛大將軍員外置同正員

二年壬戌五十一歲春正月癸丑至乙卯大雪三日損
春花王奏請減賦三月戊午第十二子元珦卒夏四
月顧全武方密自淮歸王以秦裴報之裴淮人所置蘇州刺史乾寧五年降於王五月二十五日詔加王爲越王又加食
邑一千戶實封一百戶秋七月王親巡衣錦城治
溝洫八月丙戌將還府城親饗將校武勇都揮使
徐綰卽席將謀不利王疑之命綰率所部先還綰
至府城焚掠郛郭左武勇都指揮使許再思同叛
將及內城王子元瑛與三城都指揮使馬綽衙將陳

為等發縣門以禦之次日王發衣錦城次龍泉有
馹來告叛者王遂疾行時北郭門衙將潘長與徐
綰遇斬首二百餘級綰退營於龍興寺王微服至
德勝門衙將周鼐遣偏將鍾審以舟迎王遂沿江
入城莫有知者王遂命吳璋王榮馬綽杜建徽等
分守城府并命顧全武同王六子(元璙)往楊行密處
(王嘗救行密孫儒之圍至是顧全武杜建徽等請以難告並請公子仝往以求濟王嘗欲元璙聘行密女遂命與往)具言徐綰許再思糾邀田頵同叛又命李
咸占之曰不過分野小災否則大王當有疾王曰

宜我有疾豈宜害百姓邪俄而田頵果至王登城
注弩中其執旂者頵見城中有備懼退營移清波
門計圖巴城城中矢石加雨賊拔營而退適楊行
密遣人召田頵還因是日頵率徐綰許再思同宜
城嗣後王每暫憩必先整衣甲而寢又以員木小
枕綴鈴睡熟則欹而寤名曰驚枕又置粉盤於榻
前有所記則書之每夕必列侍女二名囑曰凡有
所報須振鈴以驚又置彈丸於牆樓之外以警直
宿者秋七月五日生孫仁俱(元燧長子)十八日生孫仁

俶(元瓘長子)八月十六日生孫仁儔(元璣三子)
三年(癸亥)五十二歲秋九月田頵安仁義叛於淮楊行
密請師王命方永珍從弟鎰率兵以應冬十月師
與淮人會擒安仁義歸淮帥斬之田頵死於陣
四年(甲子)五十三歲春三月六日王六子(元璙)以行密女
楊氏(淮南節度使楊行密女也)自淮歸次日成婚禮是月十二
日娶七媳(馬氏為元瓘)成婚夏四月進封王為吳王加
食邑二千戶實封二百戶秋八月　昭宗崩哀詔
至王服衰舉哀於軍門凡王子倍臣俱成服如喪

考妣是月淮人轞送徐綰至王曰爾害高渭何心
遂命剖心以祭冬十月十一日生孫仁偓(係元燧次子)
是月大雪平地丈餘民多壓斃王加意撫恤開倉
以賑貧民賴之(見通鑑綱目註)十一月十五日生孫(文英)係
元璙長子是月九日娶八媳(顧氏為元瓘)成婚
唐昭宣帝(在位三年綱目稱為哀帝)
天祐二年(乙丑)五十四歲春正月勅授王七子(元瓘)等官爵冬
十一月王命建功臣堂於府門之西樹碑記功仍
列賓僚將校賜功臣名氏於碑陰凡五百人是月

十一日十三子元玑辛十二月初八日生孫仁俶係元懿
次子
三年丙寅五十五歲春正月淮將陶雅率黨白睦州歸
歙王親巡睦州時宣州觀察使王茂章爲淮人所
圖因犇於王王命爲鎮東節度副使弁命方永珍
楊習等進攻衢州三月以馬綽權睦州刺史九月
勅授王吳王冊禮王命方永珍爲衢州制置使冬
十一月勅封三代曾祖諱沛字仁澤追封宏勝王曾祖妣童氏追封齊國太
夫人祖考諱宙字遵古追封建初王祖妣水邱氏追封晉國夫人九華太夫人王考諱寬字宏道追

錢氏宗譜　上卷二　武肅王年譜　二十　錦樹堂

封英顯王王妣水邱氏封河南太君進封吳興郡太夫人追封越國太夫人又追封太元太夫人
並建祠廟閏十二月王請以弟鏢爲婺州制置使
是月八日生孫仁俊係元瓘長子十二日娶九媳陳氏爲
元琉成婚是日升溝楊氏西州王氏南海婁氏長溪
王氏皆竊大號并備龍衣玉冊書疏等勸王自大
王笑曰爾等自坐於爐炭之上而又欲踞吾於上
耶吾以去僞平賊微勞獲蒙天子酬庸之命至於
封建車服之制悉有所由豈圖一時之利波靡於
爾輩也皆却之弁勸仍宜守臣節切勿自大如漢

之王莽董卓袁紹我朝之安祿山黃巢劉漢宏董
昌等皆因不守臣節致取滅亡之禍殷鑒不遠能
無懼乎宜速改之尚可免禍見吳越備史與順存錄并金匱宗譜及諸
暨縣江藻派三十世裔孫文潮所纂吳越錢氏志等書俱載
四年丁卯五十六歲夏四月朱溫篡唐僭號開平矯進
王爲吳越王時節度使判官羅隱勸王舉兵討梁曰縱無成功猶可退守杭越自爲東
帝奈何交臂事賊王以隱不遇於唐必有怨心及聞其勸雖不能用心甚義之梁遣金吾
衛石彥辭郎中薛昭遇來宣諭有勸王拒之王曰斯言羅隱早已見
及吾亦籌之熟矣奈興兵征討必動干戈且兼淮氛未靖湖州初平吾若外討彼必乘虛滋擾百姓

錢氏宗譜　上卷二　武肅王年譜　二十一　錦樹堂

必遭塗毒古人有言屈身於陛下是其略也吾以有土有民爲主故不忍興兵殺戮耳遂受之九
月蜀帥王建稱帝十月初梁授王七子元瓘金紫光
祿大夫十二月初九日生孫仁偘係元球長子十八日娶
十媳趙氏爲元琫成婚
五代
梁太祖在位八年丙有均王二年
開平二年戊辰五十七歲春正月三日生孫文奉係元璙次子二
月十二日生孫仁銑係元懿三子十五日生孫仁優係元燧
三子十八日奏建紹興臥龍山城隍以憍將龐公

名王主之封爲崇福侯夏五月工竣立碑記之六
月授王檢校太師守中書令增食邑二千戶實封
一百戶秋八月勅陞杭越等州爲大都督府王送
宣州王茂章入京九月淮人困姑蘇王命從弟銶
率兵討之王自討逆戢暴以求每戢有神兵詢之
土人咸謂故隋司徒陳仁杲嘗以陰兵相助故請
追封福順王并令十三州一單立廟祀之見吳越錢氏志
集內所載又奏建眞聖觀於吳山石龕巷又與福里嘗
有黑魚爲患民受其殃王遣匠築樓以鎮之名朝

錢氏宗譜　上卷二　武肅王年譜　圭　錦樹堂

天樓又曰祝聖樓並於樓中供奉玄帝以厭祝融
自基至樓頂高十有一仞可容兵士百許左右北
轉登石級而達於樓樓高四仞有四尺東西廣五
十六步南北半之今改鎮海樓貯鐘鼓以司漏刻
其下有石板常有水旱久不涸水大不溢相傳郎
黑魚受鎮處見涪安商三元輅文集內又每
嘗有火患故供元帝以厭之裔孫瀛謹識　冬十
月十二日生孫仁儼係元瓘次子十一月三日娶十一
媳薛氏爲元瓘成婚
三年己巳五十八歲夏四月授王太保增食邑二千戶
實封二百戶是月王命弟鏢江海遊弈何逢司馬
福等率師救姑蘇內外夾攻王七子元瓘接應擒淮

南將裨何朗閭邱直等三千餘人獲兵甲生口三
十萬戰船三百餘艘陳章等夜遁是月二十八日
生孫仁倧係元燧四子五月甲寅王親巡姑蘇辛酉自
蘇至東府辛巳復巡明州以王九子元球爲明州制
置使六月壬寅授王爲吳越國王並敕使刑部尚
書姚洎等賫頒冊禮秋閏八月授王守太尉加實
封二百戶是月十三日生孫仁像係元懿四子冬十月
湖州刺史高澧貳於我焚燒義和臨平等鎮王命
弟鏢帥師討之是月二十一日生孫仁修係元琇之子

錢氏宗譜　上卷二　武肅王年譜　圭　錦樹堂

二十八日娶十四媳馬氏爲元璛成婚十一月己酉發
運使羅隱卒王甚悼惜佐以賻資並陰其嫡子
四年庚午五十九歲春二月十一日生孫文宗係元璙三子
三月癸巳王巡吳興以弟鏢爲刺史又命七子元瓘
修築杭州子城夏五月一日次子元璣卒秋八月
二十日四子元燧卒是月王因江濤衝激各堡幾至
淪沒王先爲詩一章投海門復禱胥公祠不應遂
命強弩以射潮三日不至遂定塘基自六合塔至
艮山門俱築捍海塘並埋鐵幢於江以鎮之復建

侯湖逼江等城門執役者於府門揭一紙云沒了期沒了期修城纔罷又開池王見之命易其句曰沒了期沒了期春衣脱了又冬衣怨思頓止冬十月戊寅王親巡衣錦軍作還鄉歌以記壬午娶十五媳馮氏爲元璙成婚

乾化元年辛未六十歲春正月勅遣刑部侍郎李光嗣督建王生祠於衣錦軍弁勅翰林學士李琪爲碑文記之六合塔南古井常有蛟出沒攻損江岸王因鑄鐵井欄上劃八卦鎮之戒曰吾因百姓受爾之累已復不淺是以四爾如寘頭不靈罔遵禁令當鏑上蒼斬汝爾無悔焉由是怪遂絶沙土漸積岸益堅固見杭州府志與西湖志是月又築松江南北二城鏁檲以防險要秋七月勅命淮南兩浙幕府將吏五百人並賜王贊正安國功臣九月八日生二十四子元珦金氏出冬十月湖州刺史王弟鏢嘗以酒後妄殺恐王罪及弁誅都監潘長推官鍾安德投淮南是月初八日生孫文惲係元璙四子十一月生孫仁健係元琉次子十三日生孫仁偷係元璹長子繼元玩爲後仝日生

孫仁衍係元璙長子

二年壬申六十一歲春正月作家訓八條勉勵子孫是月三日生二十五子元璵陳氏出三月十六日生孫仁澤係元璟三子繼元璀爲子更名宏佐夏五月十一日生孫仁侙係元瓘長子秋七月遣刑部尚書李皎賚詔尊王爲尚父並勅廣潤牙城有術者獻策曰若將西湖填滿爲城於法當有拓土之應不止十四州已也王曰吾之遵詔廣城原冀衛民何敢稍存他念況於百年之內即有眞主爾無妄言吾不爲也謹按西湖志與金匱宗譜內俱載八月勅授王六子元璙佐蘇州節度使王七子元瓘佐鎮海等軍節度使是月二十日娶十六媳王氏爲元禘成婚九月十一日順德夫人戴夫人薨追贈元妃葬於安國縣南鄉原謚曰恭穆

三年癸酉六十二歲春正月十八日娶十七媳王氏爲元祈成婚二月二十六日娶長孫媳周氏爲宏度成婚三月授王尚父冊禮食邑三千戶實封三百戶夏四月淮將李濤率兵二萬自千秋嶺寇衣錦軍王命七子元瓘討之俘李濤及士卒三千餘人命六子元璙九

師攻東州在常州界內獲濤黨李師僉等三千餘人而
還是月十二日生孫仁佐係元燧四子五月初二日生
孫文偉係元璙五子是月淮將花虔渦信等五千餘人
會屯於宣州廣德復寇衣錦軍王命七子元瓘討之
六月師克廣德獲花虔渦信及吏卒五千餘人七
月十五日生孫仁信係元球三子八月初八日生孫仁倣
係元璹次子九月初二日娶十八媳吏氏爲元弼成婚冬
十月勅加王七子元瓘爵開國男十二月勅授王六
子元璙權蘇州刺史封廣陵郡王食邑三百戶

錢氏宗譜 上卷二 武肅王年譜 夷 錦樹堂

甲戌四年六十三歲春二月十二日生曾孫惟善即宏度
之子三月初三日生孫仁德係元璟次子同日生孫仁僅
係元裕長子夏四月初八日生孫仁輝係元祐長子六月
制授王七子元瓘開國侯食邑一百戶秋九月王命
七子元瓘率兵攻常州無錫縣獲將卒五百餘人冬
十月初八日三子元瑛逝是月初九日娶十九媳陳氏
爲元玩成婚
梁末帝名友貞即均王太祖三子在位十一年先二年仍稱乾化年號
貞明元年乙亥六十四歲正月勅授王六子七子以下官爵

有差二月勅遣給事中韋彖等選王十五子傳珍更
名元璟尙梁太祖壽春公主賜駙馬都尉謹按吳越備史
有勅選元瑛爲駙[illegible]之論與表與慶系譜載元璟爲駙馬[illegible]雪國公生於乾符五年而至貞明元年止已有三十八歲雪國公生於大順二年而[illegible]貞明元年止僅有二十五歲以年核計應以謝恩表與慶系譜爲準[illegible]史所載恐[illegible]誤謹識
閏二月己巳迎衣錦軍三月二十日娶次孫媳陸氏爲
仁倢成婚
丙子二年六十五歲春正月丙辰朔十五日奏建廣潤
龍王廟以祝國泰民安二十日娶三孫媳方氏爲仁傑

錢氏宗譜 上卷二 武肅王年譜 毛 錦樹堂

成婚夏四月十三日娶四孫媳吳氏爲仁供成婚是月
十八日娶五孫媳陳氏爲仁備成婚二十日娶六孫媳
陳氏爲仁儔成婚秋七月授王諸道兵馬大元帥冬十
一月王命恩州防禦使弟鏵率官吏僧衆詣州鄮
縣阿育王寺迎釋迦舍利塔歸於府城仍建浮屠
於城南供奉是月初六日娶二十媳沈氏爲元球成婚
丁丑二年六十六歲春三月勅授王子元璙爲各路都招
討守蘇州刺史太彭郡開國公食邑一千戶元璟守
秀州刺史大彭縣開國子食邑五百戶元球守明州

刺史大彭縣開國侯食邑一千戶元祐守温州刺史
大彭縣開國男食邑三百戶元玩守睦州刺史大彭
縣開國伯食邑三百戶並封爲贊正安國功臣光
祿大夫檢校太保兼守刺史元瓘爲檢校司徒守賓
州刺史元璀爲檢校司徒守婺州刺史元琫爲檢校司
空守常州刺史元裕爲檢校尚書左僕射守總州刺
史元玩爲檢校尚書左僕射守衢州刺史並封爲贊
正安國功臣光祿大夫統計十一人皆有爵秩見各宗譜夏四月
勅授王天下諸道兵馬都元帥府開幕除吏一仝

大策上將軍府故事復勅峯州刺史元璙遷守檢校
太保秋八月初七日生曾孫惟賢係仁偡之子冬十月
黃龍見於卞山之金井洞命立瑞應宮是月初五
娶二十一媳葉氏爲元瑛成婚
四年戊寅六十七歲春二月十二日娶七孫媳李氏爲仁偃
成婚三月初七日娶八孫媳劉氏爲文英成婚夏六月
土命九子元球權衢州刺史命鮑君福等率兵攻信
州斬將李師造生擒偏將馮一等一千餘人秋八
月初六日娶二十二媳余氏爲元瑨成婚十六日娶二

十三媳汪氏爲元琳成婚冬十二月淮人圍虔州絕我
貢路刺史盧光儔來告王命徵兵援之未及境而
虔州拔由此航海入貢
五年己卯六十八歲春正月初六日娶九孫媳劉氏爲宏偓
成婚三月勅王七子元瓘代淮南是月王納陳氏夏
四月王七子率師與淮人戰於狼山之江淮人大
敗秋七月師攻毘陵戰於無錫指揮使河達吳逢
死之冬十一月丁亥三日吳越國正德夫人吳氏
薨年六十二歲追封元妃謚曰莊穆生子五人十

二月初二日生曾孫惟寶係仁傑之子
六年庚辰六十九歲春二月勅授王六子元璙以下各王
子加授節度使同平章事雲麾將軍上右金吾衛
大將軍三月王納童氏夏四月初二日生曾孫熙曄
係宏偓之子秋七月王以次子元懿由睦州刺史調婺
州刺史
七年辛巳七十歲春三月淮人以王從弟鏰送歸王以
李濤歸淮鏰以天祐二年討淮將闞𤥶被執濤乾化三年來寇擒之至是各歸秋七
月楚王馬殷遣書記李峴馬匡送女歸于王子元璹

冬十月制授王七子元瓘檢校太傅同中書門下平
章事充清海軍節度使自是賜王書詔不名
龍德二年壬午七十一歲二月詔封王爲吳越國王夏四月
二十日生二十五子元珊陳氏出秋七月勅王建造
天下元帥府於興國門之右八月王晝寢夢青衣
人捧簿書於前告曰大王明年錢塘官滿及醒頗
惡之冬十月十二日生二十六子元琛童氏出
三年癸未七十二歲春正月初三日娶十孫媳蘇氏爲文奉
成婚二月勅遣兵部侍郎崔暐刑部郎中夏侯昭

齎賜王吳越國王封冊暨建國之儀三代俱冊封
更王所居之第爲官殿王之夫人冊封曰妃府曰
朝屬官皆稱臣悉如典禮夏四月唐莊宗即位於
魏州大赦改元同光是月有耕者得傳國璽以獻
王王曰此天予所用之寶非臣下所宜留由是表
獻於朝五月勅遣宣諭使通事舍人吳翰走馬自
准甸至賜王名馬玉帶香藥等封吳越國王詔勅
不名稱尚父一切典禮悉仍其舊秋七月十八日
生曾孫龍見係仁俊之子元瓘之孫

唐莊宗在位四年
同光二年甲申七十三歲春正月初八日生曾孫承翊係文奉之
子元璙之孫三月王八子元瓘卒秋八月王遣使入貢
冬十月仍勅王天下兵馬大元帥得專征伐尚父
尚書令十一月勅陞蘇州爲中吳軍授王六子元璙
節度使兼領鎮東軍節度使檢校太保兼中書令
大彭郡開國侯晉封廣陵郡王食邑一千戶實封
二百戶授王七子元瓘檢校太師兼中書令充兩浙
節度使觀察留後

三年乙酉七十四歲春正月辛酉朔初九日王十四子
元球卒二十七日丁亥　莊宗賜書曰朕從釁堂郎
聞尚父之名茲以玉璽進呈雖非緊要然其一舉
一動無不尊奉中國其忠悃之心出於至誠命備
冊禮以報崇功有司乃備竹冊銅印　帝曰尚父
元老居方面任將五十年惠濟黎元攘除兇醜忠
有可嘉禮無不腆不當待以人臣況封建乎勅制
玉冊金印遣正議大夫守尚書吏部侍郎上柱國
賫皇縣開國男食邑三百戶賜紫金魚袋李德休

副使朝議大夫守起居郎充國史館修撰賜緋魚袋聶璵持節備禮賜金印玉册紅袍御服冠履劍佩等王具表辭不許遂拜受夏五月十一日生二十七子（元璠）陳氏出秋九月二十八日生二十八子（元璝）童氏出

四年（丙戌）七十五歲夏四月戊寅王不康如衣錦軍命王七子監國秋七月庚寅王自衣錦軍回八月二十四日新建靈德王廟九月制加王七子（元瓘）食邑一千戶實封一百戶王六子（元璙）開府儀同三司加

食邑一千戶實封一百戶冬十二月勅授王十七子（元禧）開府儀同三司加食邑五百戶

唐明宗（在位八年 改元二）

天成二年（丁亥）七十六歲春三月初八日生孫（宏僔）係（元瓘）親生長子（郎世子孝獻）四月十二日生二十九子（元昴）陳氏出

三年（戊子）七十七歲春二月勅遣監門衛上將軍烏昭遇賜王湯藥國信授王七子（元瓘）鎭東兩軍節度使夏六月大旱有蝗蔽日而飛晝爲之黑庭戶衣帳悉充塞之王禱於各神廟是夕大風蝗螭悉墮錢塘江而死秋七月二十六日生孫（宏佐）係（元瓘）親生次子（郎忠獻王）（今江蘇金匱浙江石門涓安派皆其後裔）八月十九日重開上虞舜井收得重華寶石一片并勒碑以記其事

四年（己丑）七十八歲春正月初三日爲曾孫（惟善）娶（金氏）成婚二月十二日生三十子（元禧）吳氏出秋七月台州大水以軍儲三十萬斛賑濟貧乏無算（見通鑑綱目及三十世孫文瀚所纂吳越錢氏志均載瀛註）是月初八日生孫（宏倧）係（元瓘）親生三子（郎忠遜王）八月二

十四日生孫（宏俶）係（元瓘）親生四子（郎忠懿王）九月削王官爵以太師致仕時樞密使安重誨兄弟用事於朝屢索王賄王以外藩不敢交結內臣遂譖於君不聽乃矯制削王爵仍賜使臣烏昭遇自盡（謹按綱目朱子註云不言故去官故曰削言其無罪也）王命七子（元瓘）奏雪其事不得人乃以絹書上達究始白降安重誨出爲河中節度使是歲所在地震廬舍傾圮甚多王開倉賑之（見通鑑綱目所載）

五年（庚寅）七十九歲夏五月制授王七子（元瓘）以下食邑

實封郊禋普恩也是月十三日生元孫象賢係惟善之
子宏度之孫元璉之曾孫也是年春二月改元
長興二年辛卯八十歲春二月勅遣監門衛上將軍張籛兵
部郎中盧重賫賜王國信湯藥復王爵太師元帥
尚書令尚父詔勅不書名吳越國王一切如初禮
並治安重誨矯詔之罪
三年壬辰八十一歲春正月初三日生曾孫恒圭係文英子
新建湖州府武康縣靈德王廟立碑撰文二月勅
遣吏部侍郎盧詹刑部郎中楊薰賜王國信湯藥

等是月甲辰王有疾謂將吏曰吾疾必不起諸兒
愚懦宜善輔之并論諸子曰爾等各言功績吾將
聽之維時元懿元璙元祐元弼元璹僉以兩鎮令
公元瓘仁孝有功將吏悅服可命繼立遂具疏以
聞並以印鑰兵符付之屬曰中國之君雖易異姓
宜善事之勿廢臣禮十四州百姓須用敬信節愛
使民之道善爲撫輯叔姪兄弟務敦友愛撫馭將
吏期於寬嚴相濟無圖安康逸豫無得罪於羣臣
百姓屬語見綱目內朱註武肅王一生忠君愛民於此遺訓愈見瀛識　三月二十

五日己酉大雪庚戌日王薨於正寢享壽八十一
歲在位四十一年　明宗聞訃廢朝七日御祭三
次廷臣以謚請制曰武肅夏四月庚午奉靈輀殯
於衣錦軍應順元年甲午春正月壬午詔勅工部
侍郎楊凝式撰神道碑文戶部尚書張恭眉奏勅
書丹左諭德郭在徽奉勅篆額將作監張鍇奉勅
督工建塋光祿少卿張褒宣命一切塋典用王禮
御塟於安國縣衣錦鄉茅山之原即今臨安縣造署處

表忠觀圖

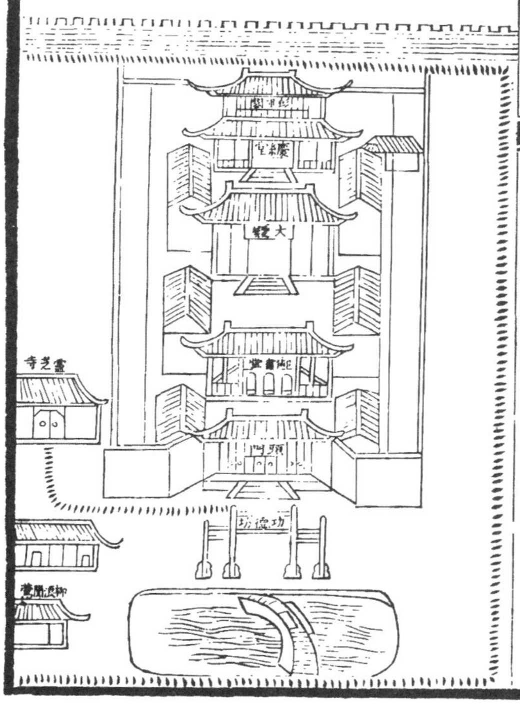

表忠觀

在杭州府錢塘縣湧金門外柳浪聞鶯之南坐落城西一圖雲字號祠基東西六十七弓南北三十八弓六分計十一畝八分七厘一毫面對西湖後近城牆明嘉靖三十九年總督胡公宗憲巡按周公斯盛以廢靈芝寺改建

國朝雍正五年總督李公衛重建乾隆二年裔孫成志等呈請有司達　部將祠基并蕩錢糧豁免恭逢

今太上皇帝六次南巡屢蒙

臨幸

驛蹕題詩疊經有司官修　五十九年五月又蒙巡撫部院覺羅吉公慶率同布政使張公朝縉鹽運使阿公林保捐俸大修委杭州府李公亨特監督凡費白金三千四百兩又奉撫憲吉公批給歲修銀六百兩交商人金日新生息貯存運庫以作每年粘補之費祠前魚池兩口中貫小石梁一道過石梁爲石牌坊上署功德坊三大字雍正五年總督李公衛建乾隆五十一年巡撫三公寶重修過石坊

爲頭門三間西向頭門之內有古柱四株其中正
爲
御書堂三間堂中供奉
聖祖賜額及
今太上皇帝賜額
御製五巡詩翰俱已刻石凡四碑堂前兩側各有碑廡三
間左廡三間內立蘇文忠公舊牌二片每下半皆
殘蝕自乾隆六十年十二月二十日鹽運使秦震
鈞糧儲道張映璣杭嘉湖道秦瀛命錢塘縣蔣重

耀自郡庠移此旁立五碑一鐵券紀事前明十九
世孫德洪立一
國朝雍正間重修表忠觀碑總督李衛立一乾隆壬
戌十月翰林院編修馮秉仁立一乾隆六十年重
修表忠觀碑巡撫覺羅吉慶立翰林侍講梁同書
書一重修表忠觀記嘉慶元年三月督學阮元立
無錫三十世孫泳書尙有杭州府李亨特監修表
忠觀一碑當俟立右廡三間內蘇文忠書表忠觀
碑重摹石刻四片兩面皆刻尾鐫明嘉靖中太守
陳柯重建表忠觀碑記旁立一石雍正中總督李
公衛補刻碑中所缺之字
御書堂之後正中西北向者即爲大殿殿上恭懸
聖祖仁皇帝御書保障江山額及
今太上皇帝御書忠順貽庥額兩楹恭懸
御書勳勒金書納土當年資保世業基石鏡築塘奕禩慶
安瀾　聯殿中供五王神像殿旁左右兩廡各五
間大　之後爲彭祖閣上下各五間閣中奉彭祖
像下爲慶系堂堂前左右兩廡各三間左廡之後

有厨房兩間外爲守祠人所居居前有便門外臨
御道通計正　十一間旁屋二十二間前後左右回廊
聯接四圍皆築牆垣衛之彭祖閣垣後有魚池兩
口從
御道上四面十餘武又有石碑坊一所上題表忠觀三
字則前明嘉靖間浙江總督胡公之所建也

康熙四十四年恭逢
聖祖仁皇帝南巡
翠華臨幸表忠觀
御題匾額
保障江山
賜懸殿中 撫臣朱軾恭摹勒石
雍正三年
世宗憲皇帝以唐吳越國武肅王錢鏐爲浙省江海保障

敕封誠應武肅王
雍正七年欽奉
上諭建海神廟於海寍縣熙春門內崇奉
敕封寍民顯佑浙海之神以唐吳越國武肅王
敕封誠應武肅王錢鏐及吳行人
敕封英衛公伍員配享殿庭其左右兩廡以越上大夫文
種等十六人從祀
御賜碑文匾額
以昭靈貺

御賜表忠觀祭文
乾隆十六年三月初四日
皇帝遣大理寺少卿齊達色致祭於
敕封寍民顯佑運德海潮誠應武肅王唐臣錢鏐之祠曰
維爾鍾靈天目表異餘杭石鑑潛蹤光氣早占牛斗
金戈轉戰威聲遠振江淮毬馬錦袍貢篚而志存王
室水犀强弩射潮而患禦生民歌三節以還鄉父老
相忘於兵革歷五朝而歸命子孫永保其宗祊功德
懋昭馨香式貢兹以時巡吳越駐蹕湖山嘗傳衣錦

之城英風未泯觀著表忠之號遺廟如新特遣專官
用將祀事靈其歆格鑒此苾芬尙 饗

乾隆十六年三月
皇上南巡
聖駕臨幸表忠觀
御題匾額
忠順貽庥
賜懸祠內恭摹勒石
又欽奉
御製表忠觀詩
三世五王爵同堂秩有倫聖湖依故里白水識眞人孫

子、型承春秋俎豆新蘇碑餘腕力亦敵弩千鈞

乾隆十六年辛未暮春三月
皇上南巡
御製戲題錢氏鐵券詩
長腰十斛換漁人什襲傳貽永世珍歷數從來會賜券
問誰終葆保其身
伊呂功勳豈不巍未聞賜券貨其非設逢烏喙終何益
少伯眞能早識幾
納土歸誠本在茲子孫世守亦其宜獨憐片鐵唐時物
秘寶其將安用之

乾隆二十二年丁丑春
皇上二次南巡
聖駕臨幸表忠觀
御製詩
故里依桑梓崇祠舊表忠端因識時務可以號英雄牛
斗猶無孛江湖終向東曷哉錢氏族百世守家風

乾隆二十七年壬午暮春三月
皇上三次南巡
聖駕臨幸表忠觀
御書祠柱一聯句云
勳勒金書納土當年資保世
業基石鏡築塘奕禩慶安瀾
賜懸祠內
又欽奉
御製表忠觀詩
歴世藏京洛承家保土疆伐唐曾助旅納越遂來王試
看尸還祉不離梓與桑千秋爲民意博德號錢塘

錢氏宗譜　上卷二　表忠觀　五　錦樹堂

乾隆三十七年乙酉春閏中澣
皇上四次南巡
聖駕臨幸表忠觀
御製詩
旌功湉祏賜褒俞作記猶聞八姓蘇大似寶融事光武
迴殊徐誥竊楊吳心懸牛斗曾無孛首共孫曾足有愉
最是風流絶勝處千秋崇觀對西湖
乾隆四十九年甲辰季春下澣
皇上六次南巡
聖駕臨幸表忠觀
御製詩
叧聖湖南岸錢王觀宇留雖因忠趙宋固足表千秋幾
閱荆凡易依然俎豆酬楊吳及馬楚瞠矣那能儔

錢氏宗譜　上卷二　表忠觀　六　錦樹堂

臨安錢塘陵墓碑記事跡
二十八世孫文炳同再姪廷枚輯
大唐故天下兵馬都元帥尚父吳越國王謚武肅神道碑
銘并序
朝奉大夫守尚書工部侍郎上柱國賜紫金魚袋臣楊
凝式奉敕撰
宣賜碑文使翰林待詔朝議大夫檢校戸部尚書太僕
卿上柱國賜紫金魚袋臣張恭允兼奉敕書
朝散大夫守左論德上柱國臣郭在徽奉勅篆額

聖朝神武文德恭孝皇帝御極之七載歲在執徐三月二
十八日天慘東南星昏牛斗惟靈臺之觀祲廬吳鄉之薄
祐還九夏之生魄覽萬里之飛奏當青帝之迴時果真主
之歸壽何國不幸而殄瘁於此辰謂天無私乃殲奪於茲
晝聖上投袂震駭當宁惻怛雪泣盈於重瞳輟朝廢於丹
禁以爲鋒摧倚天劍柱折不周山愴宸衷於既往增寵章
於未備司禮以之考儀執事其無安位或贈襚以軫悼或
易名以昭貢將作監李錯銜弔祭之命有加於賵賻太常
博士段顒等議始終之蹟定謚爲武肅贈既絕於人爵甚

乃錫其王禮睿思聖感星繁波委煌煌焉冠今古而無儔
穆穆焉充區宇而何已尚慊爲王稱霸之雄命世誕生之
德簡册雖著金石未刊豈使太邱延陵翻存不朽之跡沂
川峴首獨彰可久之文非好辭無以叙元勳非貞珉無以
輝億載廢而不舉闕孰甚焉遂詔工部侍郎楊凝式曰爾
以儒素贊裨嘗爲我左右侍從謀論之稱人謂爾宜匡合
之功爾爲予誌俾披文仰止等高大於崑邱垂裕無窮掩
綿長於淮水臣凝式百拜稽首仲宣體弱馬卿思遲寅奉
綸言俯伏金戺徬徨夏畏淩兢周章荷明天子旨當大手

筆挾泰山而越滄海猶或云易染柔翰以勒丹碑孰敢無
愧僶俛述作採摭幽祕訪小說於稗官徵實錄於史氏謹
肅然奉詔斐然抽思蓋聞寅雨方作天機發而龍蛇起象
緯騰秀星精降而賢哲生百六草昧之時九三經綸之際
海縣則雲蒸霧滃雄傑則虎變鷹揚日月爲之昏霾山河
由其分裂或力侔八柱或敵號萬人或水灌晉陽或泥封
函谷召兵車之會上落欃槍啓國社之崇旁開分野鬼神
叶力河岳同功揺干將而佩烏號瞰扶桑而躡濛氾望高
於周召業盛於桓文越前代以成家冠羣后而爲德者吳

越國王蓄其人也王姓錢氏諱鏐字具美杭州安國人其先出自黄帝武德中陪葬功臣潭州大都督巢國九隴之八代孫由軒后而疏宗本枝已茂因彭祖而受姓祚允彌興或仕宦移家烏城成其舊地或精神滿腹晉室重其英聲騰實家牒傳芳肉譜乃江南之大姓四海內之强族大王父沛宣州旌德縣令累贈吏部尚書王父宙累贈太尉烈考寬威勝軍節度推官職方郎中遷禮部尚書賜紫金魚袋累贈開府儀同三司太師皆代有巡行世濟偉人宣慈惠和温良恭儉垂芳餌以釣國偶乏艮時積陰德以貽

孫遂開洪緒王則太師之長子也五行鍾秀四氣均和白雲起於封中丹霞呈於日側地不愛寶賢惟間生吉夢先來既肓釣天之樂壯心未遂常爲梁甫之吟識者多奇衆皆暗許乃人中之瑞實天下之雄虎踞龍盤江山爲之作氣鷹瞵鳳啄英傑以之成形由是元悟神妹應期雲叟囿久事於筆硯思在屬於櫜鞬遂罷討偕言參戎律鵞鸛鳥雲之勢堪與風角之術洞若生知宛如神授雖陳相出奇融風后善孤虛與之同年雅有懸德屬時艱已甚天曔方闢値庚子之亂雖同戊辰之傚授人夜則日高三丈當參

則量結七重見蚩尤之張旗逢王艮之策馬人烟斷絶原野有麻肉之謠山嶽沸騰黎庶無息肩之地兵與之苦江東尤深王以出衆之才應冠軍之號八都倡義張正正之旌旗一呼連衡結堂堂之行陣深明去就多識變通或開若子營或坐將軍樹斬嚴殺厲孰爲貞律之師靖亂平祇獨有勤王之志時彭城漢宏亂常干紀負瘠恩嫪刻孫述之僞文采齊巫之狂說晝伏夜動豕突鯨吞爲患滋多尋戈未已王刑牲釁鼓按劍陳師若李廣之飛來效買復之深入長風破浪得艅艎於水中利刃摏喉取蛩弧於城土

士怒未泄賊壘戒平有壯戎容遂光霸業不久仙芝竊發黃巢暴興心恣豺狼牙磨猰㺄盜淮南之郡邑爲世上之瘡痍人若倒懸力疲奔命王英謀電發銳氣星馳應高駢之羽書舉臨安之組甲舳艫所至烈火之燎鴻毛旌旆所及太華之壓鳥卵國家方虞多壘克賴藎臣併錄奇功遐頒好爵乃命爲杭州刺史尋移潤州鎮海軍頟援節制焉名登王府位列侯籓雨露方濃聖主顧觀其畫像鄉閭不改故人皆詠於晝行昔王與董氏爰在初服同與義旅定神交於搶攘陳大節於匡扶酒染血鍉共締忠貞之誓心

夷河水長存慷慨之詞對壘握兵夾江爲郡言猶在耳蓋
已渝盟幸乘輿順動之時假圖讖不經之語嬰城自固竊
號稔奸王執銳披堅瞋目張膽令如時雨勢若疾雷横金
鼓以指妖巢揮羽扇而蕩强冠冒皆見軾大陵爲之無光
首盡奔口京觀由是特起時三精上黷萬乘西巡王報國
推心誓江立志獻戎捷而自達問官守以無虧多難識忠
臣疾風知勁草昭宗聞名早歎見節彌嘉得寶融於西河
旣盥天保倚安國於東界尋輟宵衣遂命兼領越州仍頒
鐵契丹青示信帶礪言盟列在世家藏於宗廟慶天門之

奇士纔督八州晝雲臺之功臣不過四縣論德則彼或無
取較寵則斯實居多自此外繕甲兵内修耕織好賢寶穀
親仁善鄰張管子之四維樹周書之八枳開拓疆宇延任
英豪謀無不臧人思盡力五虵爲轄遂隆霸主之基九武
訓戎屢喪敵人之膽廢與由其指顧遠近憚其威聲況府
接閩川遐通楚塞耶琊則時稱賢帥扶風則世號寵王皆
戰艦凌空征旗蔽野據東甌而保大處南海以稱雄莫不
欣接犬牙請徵於盟會願爲龍虎以詫於輔車而乃楊氏
阻兵據廣陵作梗繼渝鄰好屢警邊烽頃常全率車徒擅

侵封部王妙陳三覆宏肆七擒纔揮善戰之師遽見數奔
之衆示武經而甚定取戎首以凱旋尋乃玉磬請和銅盤
受制初問釋憾還君子之鍾儀無復當鋒見人傑之韓信
疆埸自謐方略特高精貫元穹義形霜雪總中權而作翰
陳左袒以輸誠許國致君不渝於金石獻琛奉贄罔限於
高深因得三鎭節旄千里疆士令僕調鼎之重師保論道
之尊生祠列康衢畫戟羅私第備隆徽數仍啓全吳輶軒
旁午於道遂綸誥葳蕤於藩屏名垂信史功在景鍾近世
以來求之未得及梁園興僭皇運中微前在列藩敦會衛

之兄弟洎當新室修秦晉之婚姻殊禮薦加積功是仰王
以爲時有否泰道屬汙隆明旦未傷義無或爽乃受其尚
父守尚書令之命尋加天下兵馬元帥莊宗皇帝參墟振
翼牧野成功應黃星以御宏圖仗白旗而行大戮九江旣
導江漢於是朝宗七曜重新天地以之貞觀乃眷星紀時
維國貞定傾之碩略遐彰蓋世之宏勳斯在再造之始大
典將融唐堯之光宅未遑周武之下車輿會超於徽數簡
自聖心遂命有司擇日備禮册爲吳越國王賜金印玉册
臨軒遣吏部侍郎李德休往行册命尚父守尚書令天下

兵馬元帥如故大矣哉若是之禮也昔武王問師尙父曰三皇五帝之道存乎師尙父曰在丹書乃齋戒端冕西面道丹書之言武王拜而受之此尙父之事也周禮王者以六轡御天下又李固有言曰北斗爲天之喉舌尙書亦天子之喉舌也今者總是六官納於百揆爲大化之本居會府之宗此尙書令之職也昔太公賜履五侯九伯實得征之又授晉文大輅戎輅之服彤弓玈弓之數命之曰以綏四方糾逖王慝此元帥之謂也成王以周公爲有勳勞於天下封於曲阜地方七百里革車千乘命之以禮樂旌旂

言廣魯於天下此立國之道也高皇漢法無尺土之封故大封同姓又刑白馬爲盟有非漢氏而王天下共擊之此重王之義也有一人於此人猶貴之而五事在躬四方拭目名器莫之大也功業莫之高也人臣莫之比也豈不謂非常之人而有非常之事者乎皇帝西京之議北極居尊執大象以臨人宅中州而撫運重熙累洽端拱垂衣恨七聖之迷途未還滔樸樂三王之無事高謝干戈而內注宸襟遐思列土坐明堂而布政柟伯舅以圖勳特下天書遐彤騂驥顯舉不名之典愈宏敬老之文王戴舜彌堅尊周

益至包茅縮酒恒共於闕官葵藿向陽不違於黃道屬天禍吳越疾在膏肓未及浣腸之醫遽聞含玉之賜桑田忽變悲夫橫海之鱗霜露俄高已失蟠桃之樹嗚呼哀哉甍於正寢之日言年八十有一理命諸子曰吾遭乾綱隳地之時爲雄豪所推服奮臂起義爲國朝除暴亂屢掌以功進律賜壤賜圭天寵所臨辭不獲命至於憂愧在位尊獎王室不敢以貴驕人不敢以功自伐爾曹亦見之矣且知足不辱導宗明誠吾謝之後愼勿踵吾之跡惟忠爲令德可以長有富貴諸車服府舍有過制者悉命撤去之無存

王庭之儀當可奉而行也天子聞而歎悼之以長興五年歲次甲午正月壬申朔十一日壬午葬於吳越國杭州都督府安國縣衣錦鄉勳貴里禮也公室豐碑旣遵遠日珠襦玉匣永閉佳城臨水流關之祥邢山高顯之勢風急雲愁□□自昏整題湊以將歸揭素旗而先遠煙波□暮田横之薤露淒涼□氣歸天尉勃之□蕭鳴咽王□□紹□□叔王候代歷累朝時更五紀處至崇之位著不賞之功必得其祿必得其壽子孫保之祠廟言之其福德也如此保大定功建邦啟土四海膏腴之地六朝文物之鄉握鎗

猋以主諸侯控江山而尊天子昔泰伯斷髮端委以開吳
勾踐嘗膽辛勤而霸越舉一羽之策兼三國之雄其霸王
也又如此洗兵海島振旅江城戈船蔽於長洲戎輅盈於
檇李盛氣而風雲迴合援枹而山岳動搖以此摧敵何敵
不陷以此守土何土不與其強大也又如此□□□□地
利天時章郡積於青銅海陵壓於紅粟決渠降雨鄭國不
足語其豐運徑成帷臨淄不足論其衆其富庶也又如此
麟趾公子不下百人鳳穴羽儀皆居五等或對昇鼎鉉或
俱列土茅比屋未蘇則任棠水薤鄰兵尚熾則鍾會戈矛

錢氏宗譜　上卷二　武肅王神道碑　九　錦樹堂

所以生在謝庭□□□□遊於豐市但見公侯其允緒也
又如此八千子弟昔且敗亡五百功臣今稱□□成及奮
爪牙之力建徽獻腹心之謀故得帳下偏裨皆持瑞節纛
中賓客盡陟齋壇其將佐也又如此廣明之後大亂相仍
朝廷有失鹿之虞鑾輅見逐螢之窘蜂飛蝟起幸殷室之
邱墟霧集颷馳問周鼎之輕重義士猶或失節奸雄俱已
搖心王能運機籌不迷風雨階程昱之捧日兼以梯航類
袁安之憂時形於涕泗其忠蓋也又如此以寡敵衆背水
囊沙說禮樂而敦詩書擊東南而備西北取薛郎如摧朽

敗徐約若建瓴臨變生機圖難於易張子房之帷幄頓覺
空虛謝安石之碁枰不爲匆遽其韜略也又如此受如父
毋政若神明雖左右咸見於得人而大小多聞於躬決棄
申韓爲末造寶黃老爲上科法简秋荼威收夏日遂使吳
中子弟羞論碩鼠之才浙右封陲杜絕成牛之氣其善政
也又如此虛心應物屈已臨人船問□□□齊□□□
郊碣石之宮總聽商歌即吐其鱗之哺未加楚醴不張璿
瑁之筵其待士也又如此律呂笑談文章草隸縱横自得
冠絕時人雖復觀周樂之知音邻衛軍之大辨顏延之雕

錢氏宗譜　上卷二　武肅王神道碑　十　錦樹堂

績滿目張伯英筋肉俱全□不罷聽而吞聲　牆而闚筆
□□屢□篇迦葉□監多存真跡其才藝也又如此雅洞
眞全居爲外護慕佛乘之妙道劄天性之深慈法相太師
子妙雲大師女也旣脫屣軒裳拂衣羅綺謝有爲而宴坐
悟□利以出家於是對櫂慈舟雙輿□殿山陰都講時問
出於空門剡縣相□飛□□於貝葉其崇信也又如此滔
起海門潮衝羅刹若天綱之凋瘵震地軸以連軒雷公翻
然其憑淩犀炬莫窮其怪異王激拔山之志運立塊之規
白萬爲徒晝夜交作塞洪波而爲大陸排巨浸而廣名區

輕塵不飛失□月之　川罷波雪精衛之寃心其祀
□也又如此丕變荆榛廓開衢要既冠山而構臺閣又瓦
野以啓郊郛飛甍上拂於招摇頽壤旁吞於坱圠率由心
匠似匪人功歷九土之繁華□方巨麗覽八都之詞賦不
逮宏規其創業也又如此五十年之生聚一千載之井田
德澤仁風家至户到方安福地遽失藏舟莫不走羣望以
無階萎哲人而有慟輿謡輟相悲深子産之亡罷市泳鬢
痛極羊公之謝其遺愛也又如此今復起雲庵鎮海鎮東
等軍節度使新授守中書令元瓘紀地四掑麗天□□應

龍得水雕虎生風□引可待之年聞詩聞禮荀羨中書之
歲且公且侯知機元悟於寶花好德早承於艮治雅通金
匱屢坐寅車振妙莫於中堅遏驚飈於四面英華外散和
順内凝中嶽稱其降神左氏書其有後皇帝得之巨屏既
若長城閒觸地以無容念分閫而何寄難□□□□□制
書墨晉侯之斬縗從曾公之金革蹻庸疏爵仍正位於黄
樞移孝資忠又增華於構旆自天降命延賞推恩九霄之
龍詔星飛一境之歡聲雷動令起復中吳建武等軍節度
使檢校太尉兼中書令元瓘久臨□部克著嘉猷雖情厚
□□□□□□拘金阜令起復靖海軍節度使檢校太傅元
璜早秉圭符遥分節鉞方藉求瘼難避奪情並李世勳名
同時將相雖元成繼美襲鳳詔以持衡紀隲承家賜雲屏
而隔坐未足多也又何加焉其紹續也又如此至於立德
立言允文允武宏五霸之略垂萬世之□□□□□遂道
全經緯英概必舉振古莫儔自列國以來未有如吳越國
王者矣夫如是則臨燕然之石未可彈書鑿嶰谷之筠不
能盡紀臣鴻式胸中學淺日下名輕叙事多謝於子長待
詔有慙於徐樂恭承睿旨從事斯文每懷響而必彈庶爲

陵而更顯雖五藏在地終非吐鳳之詞而百代可知請倏
獲麟之筆謹爲銘曰
茫茫宇内悠悠帝先成形在地成象在天有精有粹爲英
爲賢復振動烈出正危顚三辰不軌四郊多壘運否時屯
風飛雲起鏌鋣耀耀英豪自喜始學龍韜終惟虎視時乃
眞王出自軒皇金玉蘊器融結殊祥奮臂有勇其鋒莫當
知機應變取亂侮亡八都義舉羣兇膏斧俾爾除殘推我
作主失律斯凶止戈爲武是曰壯師信如時雨漢宏與僞
董氏憑妖徐約肩㫖薛朗咆虓拔壤蕩拂果毅戎昭無爛

於鼎烏焚其巢明明天子念勤ロ古命爲諸侯分茅胙土
作唐臣尊稱仲父有赫旂常無忝宗祖累清多難屢播
奇功旣開赤社亦賜彤弓吴越全壤齊晉舊風干雲比峻
貿海稱雄年過八十勢高二伯乃子乃孫羅旃設戟惟天
所相不求而獲亮此霸圖光乎史册一寒一暑如水斯傾
適來適去孰肯忘情香銷玉盌露盡金莖還茲厚歹非復
長生諺慕㬋張塗車永去劍履空存杯盤不御今日豐碑
昔時棠樹萬古千秋凝陰宿露

禮部謹
題爲遵
旨敬陳事臣部會同工部議得浙江督撫疏稱查江海廟
祀諸神有唐代武肅王錢鏐實爲浙省江海保障之
神應
題請封號等因具
題前來查得雍正二年八月內詹事府少詹事錢以塏
奏稱江海之神請
恩褒爵秩以示尊崇等語一疏臣部以沿海地方廟祀諸

神果有捍禦保障之功應請封爵者令該督撫查明
彙
題等因議覆具奏奉
旨依議這致祭禮儀著極加虔敬其應封字號著慎撰擬
仍行文直隸山東江南浙江福建廣東督撫每省各
查一江海神大廟將修理之處具奏欽此欽遵行文
在案今該撫旣稱唐武肅王錢鏐實爲浙省江海之
神等語應如所請加以
封號其字號交與內閣撰擬進

皇恭候
命下之日行文該撫轉飭該地方官於各廟內製造神牌
安設致祭一次每歲春秋二次仍照例致祭可也於
雍正三年六月二十六日
題本月二十八日奉
旨依議欽此准內閣發出封號唐武肅王錢鏐封號
欽定誠應武肅王

晉天福三年十一月勅遣尚書左丞王延司門郎中張守
素賫捧玉册賜吳越文穆王
册曰唯天福三年歲次戊戌十一月甲辰朔五日戊申皇
帝若曰王者握圖立極崇德報功或開國以建邦或苴茅
而錫壤乃樹藩屏式獎忠勳古先哲王率由斯道惟朕薄
德敢忽彝章矧夫奠南服之奧區鎮東甌之重地懋績雖
高於列土殊榮未繼於肯堂得不申加等之恩降非常之
命用紀代天之業特頒鏤玉之文乃擇吉辰妥敷盛典咨
爾興邦保運崇德志道功臣天下兵馬副元帥鎮東等軍

節度浙江東西等道管內觀察處置兼鹽鐵制置發運營
田等使開府儀同三司檢校太師守中書令杭州越州大
都督府長史上柱國吳越國王食邑一萬五千戶實封一
千五百戶錢元瓘嶽靈稟粹天象儲精蘊文武之兼材受
乾坤之間氣既寵承吳越功邁桓文運妙略以平兇用奇
兵而制變祗嗣基構表率英雄淮夷之屏氣銷聲海嶠之
波澄浪息而況輿我昌運竭乃宏猷懋勳肅而忠貫韓壇
奉玉帛而誠先禹貢語莫獎則獨標大節顧崇封則未稱
鴻名宜舉徽章俾奉先正矧其天文當南斗之分地志控

晉天福八年十月勅遣使授吳越國忠獻王玉冊

冊曰惟天福八年歲次癸卯十月丙午朔越六日辛亥皇帝若曰在天成象拱辰分將相之星惟帝念功啓土列侯王之國朕所以法昊穹而光宅稽典禮以疏封而況世著大勳時推令器採寶符而嗣位仗金鉞以宣威羽翼天朝藩籬東夏宜列諸侯之上特隆一字之封簡自朕心叶於輿論咨爾保邦宣化忠正翊戴功臣起復鎮國大將軍右金吾衛上將軍員外置同正員檢校太師兼中書令杭州越州大都督充鎮海鎮東等軍節度浙江東西等道管內

觀察處置兼兩浙鹽鐵制置發運營田等使上柱國吳越國王食邑一萬七千戶食實封四千戶錢宏佐爲時之瑞命世而生負經文緯武之才蘊開物成務之志英華發外精義入神亞夫邈社稷之勳顧榮擅東南之美眷言祖考志奉國朝清吳越之土疆執桓文之弓矢天資厥德代有其人荷堂構以克家事梯航而述職殊庸斯在信史有光是舉褒章爰行盛典土茅符節方推奕世之賢黻冕輅車更重策勳之禮斯爲異數允屬眞王今遣光祿大夫檢校司徒行太子賓客上柱國太原縣開國男食邑三百戶王

勾踐之都眷茲舊封尤屬全德是用異車服於羣后盛簡冊於列藩正二國之土疆錫九天之寶瑞表予嘉命纘乃舊邦大振家聲夾輔王室今遣太中大夫尚書左丞上柱國賜紫金魚袋王延副使中散大夫尚書司門郎中上柱國賜紫金魚袋張守素持節備禮冊爾爲吳越國王於戲服袞衣而佩六玉位壓於諸侯駕戎輅而握兵符名尊於九代馭貴之重象賢之榮爾其祗荷天光勉清國步往綏厥位永孚於休戒之愼之勿忝前烈

漢乾祐二年十月勅遣散騎常侍張煦等持節備禮賜吳
越國忠懿王玉冊金印
冊曰惟乾祐二年歲次己酉十月庚午朔越十九日戊子
皇帝若曰我先帝承有晉崩離之後醜類充斥毒螫中夏
是用順天致罰大拯黎元大阿一揮羣兇宵遁亨萬靈於
無主解兆庶之倒懸較定世勳以吳越居右伊朕眇躬虔
奉先訓嗣位之始卽疇懋功前命爲元帥按地圖授武節
東南之境得行征伐命冊爲眞王駕大輅執桓圭牛斗之
鄉盡荒土宇詢於有位僉曰克諧咨爾匡聖廣運同德保

定功臣東南面兵馬都元帥鎮海鎮東等軍節度使浙江
東西等道管內觀察處置兼兩浙鹽鐵制置發運營田等使
開府儀同三司檢校太師兼中書令杭州越州大都督上
柱國吳越國王食邑一萬戶實封一千戶錢宏俶象緯炳
靈公王襲慶橫江負海者三千里開國承家者六十年而
能望辰極以駿奔奉天朝之師律充庭納貢則外府告盈
下瀨宣威則前茅獻捷忠信著於羣后禮讓行於一方故
元冕九章爲王之服昭其名也朱輪駟馬爲王之馭昭其
容也而又三吳百越列土分疆有民人焉有社稷焉恢祖

玫副使正議大夫行尚書吏部郎中上柱國賜紫金魚袋
趙熙等持節備禮冊爾爲吳越國王於戲周寵元臣賜履
錫命漢崇異姓裂土封王指河岳以誓功俾子孫而襲爵
爾纂服舊業朕嘗考前文勿忘必復之言更廣無窮之祚
懋昭前烈爾惟欽哉

禰之令圖實典禮之鉅著勸夫忠孝以御邦家今遣正議
大夫守右散騎常侍上柱國賜紫金魚袋張煦石補闕崔
頌持節備禮册爾爲吳越國王於戲品秩甚尊名數尤亶
肅廣庭而備物揀吉日以覃恩爾其恪其厥位事大以敬
用教民順馭衆以惠用教民義居敬而行惠神其福之禮
曰惟王建國諸侯所以守舊邦書曰惟帝念功王者於是
出好爵匡我堯舜永爲漢藩浙江如帶稽山如礪匾蘇無
窮貽厥百世汝往欽哉對揚休命

捍海塘志敘

古杭本澤國也江承海下流當秋七八月潮汐
與月之弦望氣相應自海門長驅至江衙擊蕩
漫時有蕩析者吏民恒苦之錢武肅王保有吳
越思弭其患乃運石爲基築捍海塘立鐵幢以
表塘界方潮之來也浸越土塹版築無所施乃
函詩投之召勇士以鐵弩三千當其鋒氣殺而
塘成迄今千有餘年王曾孫惟演紀之特詳他
若傾圮之故修治之方載於咸淳河渠及郡縣

諸志所謂有開必先難乎其剏者我朝
聖祖仁皇帝五巡江浙嘗嘉獎焉
世宗憲皇帝特賜誠應武肅王號製造神牌我
皇上六幸浙
躬蒞海隅指授方略發內帑增修俾之永固則王之德
績直與
國恩並垂不朽此固國史載之河渠書之而杭人之躬沐
皇仁者原其始事而推其首功此志又烏可少哉余觀察
是邦塘務尤所專責每春秋二汛及公餘率寮

屬往行塘上相度經營未嘗不嘆王之威神足
以達幽而小民幸生逢
盛世綢繆而鞏固之得熙熙然恃此塘爲天塹也于
是乎書
嘉慶二年歲次丁巳仲冬十九日浙江分巡杭
嘉湖海防兵備道無錫秦瀛撰

捍海塘志敘

杭郡有仁和縣宋汴都有仁和門高宗南渡過杭聞縣名仁和喜曰此京師城門名也駐蹕之意始此文藻綸謂吳越武肅王之有國其事正與此相類武肅當唐景福初除鎮海軍節度使後徙鎮海軍額於杭州由是奄有浙東西土宇未始不因郡有錢塘宜爲錢氏有國之徵也錢塘縣建置始於秦而劉道眞錢塘記謂漢議曹華信立塘防水募有能致土石者卽與錢塘成而縣境蒙利於是爲錢塘縣自李吉甫以下多疑此說爲謬謂秦時已名錢唐不始於華信也新修杭州府志又謂秦時唐字無土至此加土庸詎不思華議曹築塘事乎若云唐時加土則道眞宋元嘉間人也何遂以錢塘記名其書乎文藻謂築塘捍水無錢則何由致土石凡塘皆然不必杭郡江塘獨以錢著說文本無塘字塘皆作唐周語陂唐汚庳以鍾其美注云塘俗本作塘則劉道眞之錢塘記或亦後人俗書乎此皆不具論武肅領節度於鎮海而州境有塘適與姓合武肅又施功於塘萬世蒙其利雖謂塘之名錢爲武肅先兆焉可也五代十國若南唐西蜀南漢北漢湖南荊南漳泉宋史

傳列於世家迨數百年來過其遺墟訪其後嗣罕有能稱道之者獨吳越廟祀之宗子孫之盛遍滿十四州境豈非以武肅之豐功偉烈不可磨滅也歟武肅之功烈人皆知其後納土歸朝使生民不遭兵革爲最大而不知築塘捍海之功尤足垂萬世而不敝也文藻與錢君階中舊同里若好學能文有聲黌序近承其叔蓼園先生之命纂輯吳越錢氏志莫不條理井然先出所列捍海塘志一種披而讀之繪圖列說諸家志乘傳記所載强弩射潮之事采撮賅備他如金塗塔鐵券蘇碑備考經籍志書畫錄金石錄

志餘諸類無不稱是譜牒之有資於考境者莫若錢氏而錢氏譜之有繫於郡人諷思者又莫若捍海塘矣讀是志者不徒嘉其博覽多聞而尤重其學識之能見其大也

嘉慶二年歲次丁巳仲冬廿又九日朱文藻謹識

臨安縣錢氏墳廟碑記

宋龍圖閣學士奉正大夫武肅王八世孫卲撰

錢氏墳廟自大平興國三年忠懿王得請歸朝子孫食祿居京師凡八十年無至臨安者以故諸墳廟隳廢日甚一日由治平以來武肅王元孫翰林院侍讀學士明逸中散大夫昉寶文閣侍制暄五世孫樞密直學士藻中書舍人繩及子孫官於東南者始繼來省先塋六世孫景常七世孫彥範八世孫卲始復官於鄉邑與曾孫通教大師自然問父老究遺跡僅得諸墳之名與地灑掃祭饗乃有常式

熙寧九年詔可知杭州資政殿大學士趙公奏命淨土寺僧主持歲度其徒一人且歲給錢五十萬使自然修治之補葺廢陋日益就完噫墳墓之在臨安自建初王而下遠者越二百歲近者且百餘年矣朝廷顧念先王忠孝之烈恩錫蕃庶旌表優異使廢垣遺址復見新完荒墳故塚克饗常祀有足以爲子孫榮者考之前古功臣之世蓋未之有也而諸墳故地歷歲既久圖籍不著以今所存詢考故老蓋得於此鄰侵削晦匿之餘歲月浸遠莫能究見卽以爲舉合族萬口之力以脩完廢墜不若有以取朝廷常賜

之爲厚謹括侵盗一置於法而盡得墳墓故地不若有以守今日所存之爲安以今日所存之地不爲多矣苟子孫不墜忠孝之緒世世肎朝廷之賜宜其廟貌之完有加於今日遠矣則雖不得所侵之地夫亦何損哉若夫不忠不孝愧於前人自取誅絶不爲本朝之所紀録則雖廣得故地亦不足貴也故今所刻墳廟見存之地略記廣狹而於道里遠近與夫守墳之姓名凡在宗族尊卑長幼來者有觀焉

武肅王廟在縣東後唐應順元年建捹毁至本朝宜和

六年八月二十六日重建

武肅王生祠在縣西後梁乾化五年建

武肅王祠堂在眞寂院係出聖以來八朝功臣山房官

元牀盛佛像在縣南後唐天成元年建至本朝消祐十二年丙重建

五王祠堂在功德淨土寺舊名光明寺武肅王晩年苦目疾密爲策祝願於故里建寺號曰光明金縢其意焉諸名山未及興創王忽奄棄東夏自後歷三王逾二紀至忠懿繼大業之八歲有樵人得石函於錦城石照之巖穴中破石函得書乃武肅王之祕詞於是忠懿王成遺志與大刹於石照山下在縣南二里周顯德中建至大中祥符元年崇朝賜今額熙寧十年恭准神宗皇帝聖旨詔可知杭州趙清獻公抃奏專委本寺僧道微主持錢氏臨安之墳廟今尚書祠部每遇同天節照表忠觀例披剃童行一名接續掌管逐時修葺至元祐六年二月奉哲宗皇帝聖旨特依知杭州府蘇文忠公軾奏請撥賜原寄納本縣房廊花利錢重行修葺本寺有法華臺七間置石刻法華經於後壁

武肅王祠堂在功臣山開花院在縣南二里後梁貞明二年十月建本朝祥符元年賜今額本寺係武肅王幼時與鄉里兒童聚戲之地有瑞石見爲佛虔寺有溝名曰千人相傳武肅王役千人一日而成者溝上橋以紫石爲之徑闊丈餘火星池與武肅王陵相對兩旁有東景臺西景臺建初王墳在天目鄉官田橋中沙里去縣五里計十三畝二角墳客朱德東至盛自福桑園西至衆戶行路并水田南至大官路北至墳後直上大壟分水爲界英顯王墳在錦北鄉去縣五里計三頃六十六

畝二角四十步看管羅青東至官路見有石西至□□
□南至□□□□□□北至□□□
武肅王墳山弁祠堂在縣城內計二頃四十五畝二角
五十步看管羅青吳贊東至縣子城西至縣牆南至官
街火星池北至大谿廟基計一十一畝又祠堂基計九
畝二角十三步廟後墳山地計一百四十畝二角
裏城東桑園地計七十畝祠堂西桑園地計一十四畝
二角二十步墓塋左右有龍虎山前有碑碣牌坊翁仲
石獸日月柱龍山前爲太廟中列五祖石枋俗呼山爲

泰山石枋爲五祖石廟門臨街虎山前爲祠堂臨街爲
祠門廟後山有洗馬池
水丘夫人墳在錦南鄉上錢王保計一十四畝一角四
畝有高石塘墳客李承禮東至官路西至錢照田是錢
壽佃爲主南至朱仁祐田是俞宗貴爲主北至戴照田
是錢長兒爲主
梁國夫人墳在錦南鄉慧知寺西北保去縣四里計七
畝一十六步墳客張元秀東至唐湘水田是鍾轉爲主
元安張元秀張元龍桑園西

至分水隴弁鍾安石田南至鍾仁遂園是鍾元濟爲主
北至鍾嗣田
扶風夫人墳在錦南鄉寺塲保去縣四里計一十二畝
二角二十五步墳客水德東至官路西南並至何文祐
山北至官路
章夫人墳在錦南鄉寺塲保去縣四里計一十畝一角
四十步守墳慧智院僧東至行路西至山峯南至徐家
山北至徐家墳山
馬夫人墳在慶仙鄉艮山村去縣一十五里計八十頃

二十畝二十四步墳客駱文宗駱仁喜孫宗立墳坐山
七十頃一十二步東至大溪弁駱香吉桑園住屋西
至隴外張兼哥等人園接連分水爲界南至分水隴外
與計仁喜等人園接連埋石爲界北至山脚下東頭衆
人行路西頭至張就老張元等園爲界東面朝山接連
三隴南來第一山計二頃二畝二角四十步東至南來
第一山隴相連爲界西至墳前大溪南至錢仲榮等人
桑園北至曲迴大溪爲界內有衆人行路南來第一山
計一頃三十畝二角二步東至俞榜等人桑園樣爲界

西至大溪南至駱香吉桑園北至山脚下唐公長等園
埋石爲界南來第三山計一頃三十畝一角四十步東
至隴外與何滿等人桑園山地分水爲界西至駱仁郎
等人水田磑爲界南至唐會兒桑園磑爲界北至田堰
溝并衆人行路向朝山一座計二十畝三角二十步
東至山脚下衆人行路爲界西至山脚下南頭接連衆
人行路北頭至章ヶ兒等園埂爲界南至山上大隴外
與許仁會園分水北至衆人行路北而艮山一座計三
十畝二角二十步東至山脚大溪西至章承滿等園分

水南至山脚方旺等園埋石爲界北至唐公長田堰石
爲界西北角上有銅魚墩計一角二十步東至駱廷貴
田磑西至駱延晟園磑南至塘□□□六畝二角八步
并桑園四片共八畝二角四十二步作錢王戸係第四
等其田桑管□□□□□□斗三升茶錢三百九十文
足其田桑除逐年夏秋二稅外餘剩並是小墳□□□
□霍堰頭東至堰溝西至太溪南至大溪北至章邦叔
水田爲界水田二坵在地名來□□
二叔太保墳在錦南鄉于村西保去縣四里計三畝墳

客許元澤□墳山一片計□□東至錢有成園今吳祐
爲主次至吳文顯園磑今吳文昱爲主矣又一片計□
□□□□□公安園土坎爲界吳祐園埋石爲界吳文
顯園土坎爲界
四叔太保墳并京兆夫人二墳作一堂在靈鳳鄉洞霄
官前上塢去縣三十五里東至□□西至□□□南至
王中德戸下楊成茶園并山地外至洞霄官山𡍼北至
王思德桑園爲界
又京兆夫人墳在靈鳳鄉觀莊村去縣二十五里計一

畝二十步東至洞霄官桑園水坑西至洞霄官茶園南
至洞霄官桑地北至水坑次至胡迪山四十七安撫墳
在安仁鄉興聖王廟後去縣七里墳客馬文貴計三十
六畝三角一十五步東至水溝并路西至吳道成山尖
南至駱文翰山并馮衆界山脚北至水溝次至章文佑
園蔣太老墳
小娘子墳在安仁鄉興聖王廟前去縣七里墳客馬文
貴計三十八畝一角四十步東至水溝西至章轉山
至章和山并莫家墓北至水溝

右臨安墳廟碑記見貂典舊譜其碑陰記久已殘闕無從校錄乾隆甲寅鮑君以文贈余抄本順存錄四卷中載此十七條所記臨安墳廟甚詳卽前碑之陰也因補錄之遂成全璧

武肅王墓域圖

錢氏宗譜　上卷三　墓域圖　二　錦樹堂

右臨安武肅王墓圖墓在縣城北二十三步縣治東五十步以安國山今稱太廟山為金星明分三脉中脉為王墓曲折而西則為錦墩平中一突郎山之前案也左右有龍虎兩山夾峙而外案功臣山特來朝對自山頂至墓前左右惟青松偃蓋中無雜木望之鬱鬱葱葱然最為可愛其墓基畝分具載五王墓域記及臨安墓域記

謹案武肅王墓咸淳臨安志稱在臨安縣城北二十三步吳越備史則云勅葬王於安國縣衣錦鄉茅山之原萬歷府志稱正德間知縣廖瑜建外門三楹今墓在縣治東五十步以安國山為金星分三脉中脉為王墓考大清一統志安國山一名太廟山在縣治東北為縣主山武肅建域於此咸淳志稱安國山高七十里周二十五里今墓山之上平岡綿亘不至有七十里之高或者謂山僅周二十五里不應高至七十里則七十里或七里之訛然亦高不至此則所謂安國山者尚在此山之北此特中抽一脉殆卽備史所謂茅山之原也墓左舊有錢王太廟今已湮廢又有五祖大小二祠室今圈入關帝廟內其大祠室據廟僧云自嘉慶二年冬坍毀惟小

錢氏宗譜　上卷三　武肅王墓域圖　三　錦樹堂

祠室尚存後唐長興勅建武肅王廟於縣東之南北鄉今又無復存者竊疑太廟在山下因以太廟名山而本名郎謂之茅山蓋安國與太廟自屬兩山明矣臨安在三國吳時為臨水縣晉武帝始改臨安歷隋至唐廢置不一迨入吳越奏改安國武肅又以素所居營為安國衣錦軍城邑考謂唐垂拱時復置臨安縣未有城吳越增築萬歷府志稱舊城依太廟山周五千五百六十步池在東北錢王時名衣錦城為門四後圮而址存萬歷縣志稱洪武初遷縣治於東市嘉靖五年令廖瑜仍立

四門新修府志謂吳立臨水縣晉改臨安晉時之城見
水經注所謂因岡爲城南門九高者是也舊志謂其城
在今城之北不可考矣叅考一統志載宋景定中移治
西墅城周五百二十步元末燬明初移治東市太廟山
右府縣舊志均云臨安舊治在西市徙建後廢宋以前
治建立高陛鄉溪東舊碑尚存咸淳志又稱衣錦營在
臨安縣石鏡山山在縣南一里石鏡一作石鑑五代史
吳越世家云唐昭宗升衣錦營爲衣錦城石鑑山爲衣
錦山則縣南一里石鏡山下爲武肅所居衣錦營即在

其地自五代至宋本無縣治衣錦營當即衣錦軍治所
也咸淳志所云墓在城北二十三步者似即指此軍城
高陛鄉管里四首曰獻溪溪在縣北二十六里咸淳志
謂其水源出高陛鄉然則所謂宋以前治建立高陛鄉
溪東者蓋在縣西北二十六里也雖云宋以前直可謂
之唐以前玩三國吳時縣名臨水之義殆取縣臨獻溪
水也水經注所謂因岡爲城者乃因獻溪附近之岡阜
非即今太廟山舊志謂其城在今城之北者正即指此
史無疑義今之縣治自洪武初始移地名東市蓋在宋

治西墅之東也其地平曠乃始建治
國朝乾隆乙丑冬邑侯滇南李公元蒞任公餘見縣治二
堂左角時有異鳥翔集且循歷巷道覺空洞有聲因就
空穴處令一人持炬從之深入丈許穴屋寬敞行數十
步磚甃完固見有篆磚及傳知此爲武肅塋所既出遂
滿蓋淨土就堂改祠以祀錢氏五王聽邑人奉香火并
立石表之曰錢王墓自爲文勒石紀之聞當時李公本
欲移治他所改治爲祠阡表王墓緣事關公署移改啓
易而止其後邑侯絳州趙公民洽謂神人不並治墓可

存疑而堂不可爲祠因移祠於舊墓前垂成調去嶺南
嚴公天召繼之三十一年工竣立石祠中祠前爲戲臺
即正德所建外門三楹之址邑人每歲時報賽焉其李
公所立墓碑及記移於治後西北隅建亭覆之嘉慶三
年四月上浣夢園叔命泰階偕弟孔懷及館甥韓琇親
詣臨安展謁祠墓宗長國勳引至二堂指示王墓所在
詳述前事亟錄李嚴兩公碑文以歸遂附記於墓圖之
末蓋當時墓域本在衣錦營北原地甚寬平石人石獸
華表屓屭列於神道而塋所相距五十步事誠有之不

定疑者先時必有高塚可識迨明初已閱數百年之久
陵谷無存致有徙治之事惜乎李公碑亦謂旁傳及傳
末經錄出不能考其文也 泰階 謹識

五王墓域記

武肅王墓

墓在臨安縣衣錦鄉茅山之原 詳載臨安墓域記

謹案武肅王墓載於浙江通志杭州府志臨安縣志及吳越備史十國春秋臨安縣錢氏墳廟碑記并文僖公慶系譜諸書宋時墓基并祠堂據碑記載有二頃四十五畝二角五十步其四至餘地皆歷歷可考元明以來如舊宏治間邑令王公翔鳳毛公忠相繼知縣事嘗爲置立屋舍栅門令人看

守禁止作踐春秋設祭役被土人將墓上東西龍印二山及甬道左右各築牆垣佔爲園圃鋤犂耕種放牧牛羊于正德十二年五月經臨安縣省祭官陳天顯高綸等十三人題呈於浙江按察僉事許公讃批發臨安縣查勘申詳得侵佔人犯盛金等三十四人卽會同署印知事王穠及儒學掌印官丈量清理追出山地蕩共四十四畝五分零不許佔種立石爲界卽將盛金等分別治罪其各地上原造小房令其拆卸仍將丈量數并招情繪

岡備行儒學收掌飭本縣知縣廖瑜支給官銀於
冢前臨街建立大門三間周圍築衛牆垣又造享
堂三間拜臺一所著本縣城隍廟護印道士梁元
崇看守給帖付照嘉靖十八年二月裔孫刑部郎
德洪等又請於巡按浙江監察御史傅公即批本
縣查勘清理又命會稽裔孫生員和守墓以舊時
祭費不敷於本縣祠典內每年增設祭儀春秋二
仲致祭每祭照鄉賢名宦品物外加帛四端共計
銀四兩議將種地山名編爲營戶以專管護其荒

磯不治坐之以罪墓域地形周圍五百一十步弁
令多植松柏以壯瞻觀至隆慶二年間又被土人
吳阿五等三十人佔據弁毀壞石器私剏淫祠復
經裔孫彪題呈於巡按浙江監察御史李公批準
清查遂限侵佔之人立書退狀將所佔之地還官
著守祠人照址管業其久住房屋弁山田魚池等
俱令納租以爲祭費崇禎初又被土民趙應元王
七等盜斫松樹裔孫簡討國本受盆又呈於欽差
督撫軍門張公勒石禁約以懲侵盜又批准下縣

時在崇禎二年四月事也
國朝以來裔孫散處他縣雖未能年時祭掃而春秋直
祀不絶

文穆王墓

墓在錢塘縣龍山之南原晉謚宰相和凝撰神道
碑文 詳載武林墓域

謹按文穆王墓載於浙江通志西湖志杭州府志
錢塘縣志及吳越備史十國春秋賸存錄文僖公
慶系譜諸書舊時墓基有三百餘畝東至勝相寺

籬笆 即今五丈禪寺 弁神道路左山頂南至墓城外官街
即今城門 頭 西至妙因菴山岡 即今江氏墓左 弁神道路右山
頂北至山峰 即金皇山 玉 左隣入扑田前案登雲山外
案浙東諸山其丞相和凝所撰神道碑即在今頭
城門之內數步高一丈入尺濶六尺餘上有一穿
龜趺螭首碑爲風雨剝蝕文之可辨者惟存一千
入百餘字耳先是宋熙寧十年郡守趙清獻公抃
以錢氏墳廟蕪廢奏改廢刹妙因院爲表忠觀付
道士通教大師曰自然者掌之 案自然姓錢氏寊明王元瓘之孫仁

子儉之歲各度其徒一人使脩其祠宇封植其草木故終宋之世墳廟無恙元時燬於兵燹子孫亦散佚諸郡展省維艱至明正統間爲土民竊據埋葬纍纍幾成荒墟正德十二年浙江按察僉事許公讚始爲清理有土豪江氏者圖礙所侵謬指他向十年不決至嘉靖十年裔孫德洪大經應揚邦祥楞等復呈於監司請掘壙志以驗於時御史王公紳禮僉憲王公臣移文杭州守婁公至德發土夫百人而邵佐敖公文瑞劉公望之躬執畚鍤以從

事十日而志見乃命七日不掩築縱民來觀以示信遠近相聞耆老攜幼焚香羅拜觀者塞途其明年德洪請諸高陵呂柟大書吳越國文穆錢王墓八字而浙江提學僉事林雲同暨錢塘知縣王釴爲之刻石卽今墓前所立者是也

國朝康熙三年奉文清丈而舊時墓基所有三百餘畝者惟存十之一矣雍正六年間有土民張宏文及余馬李趙許倪黃諸姓盜買雍正九年又有土豪孫蘭臺之故父之驤貪誕風水盜葬其親幷將墓前之石人石獸及華表弁天下兵馬都元帥石柱石碑等盡皆毁埋以圖滅蹟二十六世孫志成等因於乾隆三年四月具呈控縣竟爲胥吏蒙蔽遲延不結志成憤而成疾鬱鬱以沒旋有二十七世孫時禮志成之志刈力攢清又爲經承弓算胥吏等與管墳人王君瑞丈昭父子及族逆錢在中通同作敝故訟獄共延至一十九年後蒙浙江通省理事同知納公與安力爲勘丈查明釘界立石凡界內盜葬之棺統限一月起遷郎鎖押王君瑞之

子文昭及盜葬諸姓丈交墓地二十八畝九分有零仍缺一畝二分有零呈明清出另請歸額其案始定至今得以春秋祭掃不廢者亦賴其力也其墓基田畝號則細數俱詳心湖息肩錄中茲不贅

忠獻王墓

墓在錢塘縣龍山之西南原晉詔太常寺卿張昭撰神道碑文 詳載武陵墓域

謹案忠獻王墓載於浙江通志西湖志杭州府志錢塘縣志及吳越備史十國春秋順存錄文僖公

慶系譜諸書墓在文穆王墓西南半里妙因山下
明成化間爲太常吳誠所佔葬其父母即今神道
碑地正德間又爲官保尚書江瀾爲墳即在今王
墓穴上首數步凡　之前後左右侵削殆盡其時
錢氏子孫曾爲控縣而江氏勢燄甚盛既不能復
又坐誣告之罪流戍金陵土人目爲江半朝是也
國朝順治初裔孫復訟之官卒不果行康熙三年奉文
清丈時惟在墓基三畝東西計十八弓南北計四
十弓坐落錢塘縣㳂外二圖歲字一千零八十六

號爲裔孫錢彭陽辦糧雍正六年推會冊改戶名
爲錢信瓚八年十二月又爲江氏盜買二畝乾隆
二十年間經裔孫錢畸等呈五十九年三月錫山
裔孫天球文炳俊選等同來祭掃見封塚已平墜
道皎露即呈于杭州太守李公亨特立碑表記批
發置錢塘縣知縣鄧公雲龍親勘丈量立界有案
存焉其神道碑一座高一丈八尺上有一穿龜趺
螭首與文穆王神道碑相等第文字剝蝕難辨相
傳爲吳太常佔葬時命烈火焚燒欲滅其蹟故至

此耳今碑在吳氏墓側茶園之內係坐歲字一千
一百五十四號自神道碑至墓基凡二百四十步

忠遜王墓

墓在會稽縣秦望山北地名昌源詳載墓域廣記
謹按忠遜王墓載于紹興府志會稽縣志及吳越
備史十國春秋文僖公慶系譜諸書據嘉泰會稽
志云在秦望山北昌源坂流光譜云在石傘峯下
大石屏之下今土人謂之田螺石是也

忠懿王墓

墓在河南洛陽縣賢相里陶公源宋詔吏部侍郎
李至撰神道碑文詳載墓域廣記
謹案忠懿王墓宋史及十國春秋文僖公慶系譜
俱云在洛陽縣邙山賢相里陶公原而河南通志
府志俱失載何也靖康之變錢氏之居汴京者俱
隨高宗南渡時榮國公忱亦奉母賢睦大長公主
避地湖湘是以錢氏子孫無一人留汴者至紹興
元年榮國公定居台州高宗遂即於台州崇和門
內賜公主第一所忠懿王子孫之居台自此始時

金人據河南不能往祭王墓故榮國公與弟越國公愣秦國公愐等又設忠懿王衣冠之墓於天台護國寺側以便春秋遙祭即今所存者是也卬山故多漢唐諸陵寢金元以來屢經發掘恐此墓久己湮沒猶幸神道碑文尚存每展卷間不勝感慕耳

五王祠宇記

表忠觀

觀即王故苑也在湧金門外宋熙寧十年奉勅建于龍山之原元豐元年蘇軾撰碑明嘉靖三十九年徙觀茲地杭州府陳柯撰碑

國朝疊加建葺奉

旨春秋有司致祭詳載武林祠宇

五王祠堂

順存錄云堂在臨安縣功德淨土寺外有錢王生

祠及祠堂廟宇等所詳載臨安祠宇

吳越王祠

祠在嘉興紹興寧波台州金華等各邑有司皆于春秋祭祀詳載祀宇廣記

謹按五王祠宇自西湖表忠觀而外志載不一詳載武林祠宇記及臨安祠宇祠宇廣記

大晉故天下兵馬都元帥守尙書令吳越國王謚文穆錢
王神道碑 并序
推中興運致理功臣銀青光祿大夫守尙書右僕射兼
中書侍郎同中書門下平章事上柱國汝南縣開國子
食邑五百戶食實封一百戶臣和凝奉敕撰
宣賜碑文兼書碑使朝請大夫守司農寺卿上柱國臣
權令詢奉　敕書兼篆額
噓唏化北溟而歸南溟者豈藩籬之羽翼行西海而遊東
海者非池沼之鬐鱗大鵬搏扶文鯩迅疾一息萬里壯哉

偉哉所以二華截靈河不無擘者六鰲負仙島亦有釣人
豈殊乎傑出一時雄誇千古開桓文之列國襲吳越之寘
王况牽婺女之奧區允常壽夢之故地犀渠鶴膝俗尙雄
豪煮海鎔山人多富庶有九谿六谷之廣通三江四瀆之
饒非間世英奇豈能開創丕構非承家賢哲豈能光大勳
門尊長果朝聯縣數世今見吳越國矣武肅王以雄傑之
資居喪亂之代拂衣雲登礪劍煙巖立勤勞於六十年間
拓封疆於三千里外名光華夏書著山河當四境多虞卽
主盟而稱霸及中原甫定卽述職以來庭履行功庸富貴

壽考已載於世家矣王奚居長德早已嗣承益昌家國之
基復積子孫之慶方緊夾輔忽罹淪亡巨嶽其頹上玄不
慭英靈謝世德澤在人爰有嗣王克光前烈陳元芳序先
君之美胡伯始稱乃父之清乞書無愧之碑願列不刊之
史皇帝孝治寰海仁守寶圖叅覽奏章備明哀懇恩殊常
品寵異華藩爰詔輔臣俾光先正叙曰錢氏之係按氏族
廣類風俗通曰周禮有錢府上士之官其後氏焉漢史有
錢讓晉史有錢鳳宋史有錢樂之陳史有錢道戢前朝有
配饗功臣巢公錢九隴近則有翰林學士右丞錢起光前

映後皆見信書列派分枝咸爲著姓曾祖宙累贈太尉尊
道貴德應運適時韞陸琄之義風包王常之忠節德星聚
處早光陳寔之門仙鶴去時已云孫鍾之貴祖寬累贈太
師濛身浴德著信立誠幼則比其雙珠長則方於三虎簪
纓劍佩生忝臺省之資簠簋鉶登歿亯公王之祭考諱鏐
皇天下兵馬都元帥尙父吳越國王謚武肅七耀祥光五
行秀氣躬嘗歷於九日夢曾到於八天項籍喑嗚入皆披
靡甘寧鼙鼓敵已悚惶項者土德崩離乾綱弛紊當戎馬
生郊之後乃龍虵起陸之時於是金璧延才英賢畢附豆

鵰撫士勇殺爭歸纔思倚柱之謠爭應懸刀之夢苦身焦思沐雨櫛風戰波浪以拓城隍滅煙塵而靜邊鄙神資福地民詠樂郊所以翼子貽孫永使尊周佐漢王卽武肅之第七子也諱元瓘字文寶杭州安國縣人也龍章鳳姿金相玉振五色露迥推温潤九天霞別是暉鮮象弭弦開射雲鴻而中鏑金壺墨湧書巖石以成文智自神傳才由天縱馬鄭將　於學校早洞禮經孫吳未演於韜鈐已明兵法薩孤延之沉勇電爇虬鬚豆盧積之至誠泉生馬足三時不害六府孔修理民則簡靜居懷恤物則仁慈在念銅

斗鐵尺俾列肆以均平魚斛兔罝試小民之遊墮五稼則分岐合穗萬民則棄戟捐矛每行皂蓋之春復繼緇衣之美王起家爲鹽鐵發運巡官奏授尚書金部郎中賜紫金魚袋等以偏俾再思徐綰等狼心素野鼠首無恆忽搆狂謀私邀外寇田頵言唯樂禍志欲朋奸遽與烏合之徒將逞難違之勢及聯加賞犒卽請叙姻親苟家共譽于慈明郁氏果求其逸少遂請行而赴選用繼好以恤人雖駐危卵益宏善道俟銷釁隙旁却歸盥既自孝以移忠宜經文而緯[illegible]外制改其端揆授以親軍左旋右抽每加訓整先

偏後伍益顯機謀洵推貔虎之師遂展鷹鸇之勢於是領吳都組練破虎郡妖狂牲牢纔禡於軍牙露布已懸其賊首其後邊烽忽舉隣寇相侵六奇先視於贏師三鼓俄觀於酣戰纔交鋒鏑大廓氛霾陸征則活擒李濤水鬬則兼誅渦信係俘囚而塞路收器甲以齊山邇後欲率隣藩同修職貢知不從於藥石遂再動於鉦鼙王躬領舟師歷其威生霆霹光奪雪霜熊羆畫布於江心鶻鶚旌飛於天面火鏃銷斷其仗奇謀箭壓舟平咸推敏智鯨噴駭浪龍吼驚濤擒賊將以爭誅獲戰船而猶在因玆大捷永絕相侵

備奏豐功請覃茂賞自此曾無虛歲繼受明恩總青族公蘇之權兼黃閣紫垣之秩匡時濟代福國庇民事父事君唯忠唯孝尚父武肅王疾生六氣負應兩楹欲嘗藥以無徵幾絕漿而過毀將資冥福爰搆嚴祠修道宮於割錦之坊創佛寺於布金之地紅樓紺殿豈殊七寶之金玉磬瓊鐘不讓五雲之境爭以恭承治命退國稱藩俯順羣情割哀視事連營受賜比屋知恩給親族以優豐待友于而敦睦拱極之誠益至勤王之節不渝洎大晉開基中原無事續整梯航之禮益傾鐵石之心推戴既堅旌酬亦至封吳

越國王授天下兵馬都元帥又授尚書令金印玉册缺
棠並復世官可明朝獎九重城內解寶帶以頒宣十二關
中選名駒而錫賚天福六年王以弟兄歸任絲竹張筵因
杼嘉篇久吟警句別派已多紅蠟褫離孟須滿葉荷盃詩
罷酒闌情傷疾作其後融風忽扇列熖俄烘駭愕既多虛
羸遂甚上池之藥無效聚窟之香不神至八月二十有四
日薨於瑤臺之正寢享年五十有五即以七年二月乙卯
朔十九日癸酉備鹵簿塟於國城之南原禮也先皇帝初
聞訃奏倍極悲傷久輟視朝厚頒祭禮王娶扶風馬氏故

雄武軍節度使同平章事綽之女也賢明無對令淑罕儔
翫闈史之華著組紃之妙知貧合禮迨下符詩方翳內助
之功忽動早凋之嘆手拳尊字既叶嘉祥腸透吳門復彰
吉夢先二年薨有子十三人嗣王宏佐粹和正氣嚴重英
姿鵷鸞菁瑞世之文驥子騁睨雲之步無益之事略不經
心非法之言未嘗出口咸推宿習共仰老成服周孔之楷
模繼曾顏之士行實興門之良允乃搆夏之全材自罹憫
凶片傷羸瘵楚弃疾正當拜處早顯神符孫仲謀未是哭
時須從衆議爭知國事經稟朝恩行慶賜以洽人心省科

徭而求民瘼而況郭汾陽之將佐皆是公侯蕭丞相之宗
親咸從軍旅同心叶力送往事居市無易肆之諠戶有不
扃之詠朝廷喜其嗣襲尊降渥恩便封列土之王用獎克
家之子制授宏佐起復鎮軍大將軍左金吾衛上將軍員
外置同正員檢校太師兼中書令鎮海鎮東等軍節度浙
江東西等道管內觀察處置兼兩浙鹽鐵制置發運營田
等使杭州越州大都督上柱國吳越國王食邑一萬戶食
實封一千戶仍賜保邦宣化忠正功臣次年又加食邑七
千戶食實封三千戶仍改賜保邦宣化忠正翊戴功臣長

子宏倧溫州靜海軍使先一年卒次曰宏俶東府安撫都
指揮使次曰宏侑弓馬諸軍都指揮使次曰宏傳先立為
吏越世子先一年薨次曰宏倧衙內諸軍副都指揮使檢
校司徒次曰宏偡衙內諸軍左都知兵馬使檢校司空次
曰宏仮衙內諸軍右都知兵馬使檢校司空次曰宏億衙
內諸軍左右馬步都虞侯檢校左僕射次曰宏偓宏仰並
檢校禮部尚書瑤山並秀珠樹相輝學禮言詩咸問博贍
彎弧繫劍盡富韜鈐姜被同歡田荊永茂次曰宏儒為國
披緇法號公悟捨王公之娛樂就法宇之清幽揚休術遺

於文章支遁猶憐於駿逸有女四人三人各有粧田一人早棲禪宇王惠洽三吳威加百越近則同趙佗土燮遠則方勾踐闔廬服太叔之九言師宣尼之四教十朝奬重三紀光華擇吉日以宣恩選名臣而將命癸巳歲命將作監李鍇爲起復使戶部侍郎張文寶吏部郎中張絢爲守中書令使甲午歲命給事中張延兵部員外郎馬義爲册封吳王使乙未歲命右常侍孔昭序駕部員外郎張璹爲册封越王使丙申歲命禮部尚書兼太常卿李懌戶部郎中姚遐致爲越王金印使戊戌歲命禮部尚書兼太常卿程

遜兵部員外郎韋梲充吳越國王官告使己亥歲命尚書右丞王延司門郎中張守素充吳越國王册禮使庚子歲命刑部尚書李懌膳部郎中薛鈞充天下兵馬元帥官告使辛丑歲命右諫議大夫高延賞兵部郎中李元龜充天下兵馬都元帥幷尚書令官告使壬寅歲命太子賓客聶延祚吏部郎中盧撰爲尚書令册禮使議者以王三瑞迥著五福俱全且夫體物緣情才思逸於盧駱象形會意筆法繼於歐虞補芸閣之舊編著錦樓之新集六角扇羲之讓矣五朶雲韋陟慚工褒之者入雲霄挫之者墜泥滓孰

不避王之筆端乎勇可抉門力能扛鼎燧象燧牛之知屢有成功添竈減竈之謀累聞破敵射穿蹲甲彈落翔禽著白袍累翦之威耍張矢彤弓之錫陸斷犀兕水斬蛟螭孰不避王之劍端乎智周物表言合機先能悅豫以使人善撫循而感物剛柔有節語默中規通白虎之辯書繼碧雞之秀辨孰不避王之舌端乎爰自妙齡至於壯齒聳風姿而岳立蘊器度以川流凡有位以必昇至無官而可授天下之馨香已播人間之榮樂實多雖未及鮐背雞膚亦已有霜髯雪鬢豈不曰壽乎鎮千乘之邦食萬鍾之祿明珠

大貝輻輳一方霧縠冰紈雲屯百帑龍猛之金山頗小齊奴之錦帳未多採聲妓於娃宮合絲簧於綺閣豈不曰富乎骨秀神清凝脂點漆飲五斗而未醉食方丈而無餘鄙西蜀之相如常縈消渴笑南朝之沈約每若清羸朗韻如鐘豐肌若瓠豈不曰康寧乎於家孝悌事國忠貞薄於己而厚於人訥於言而敏於行放麑隱鹿每積陰功恤寡矜孤常施厚惠豈不曰攸好德乎疾疢雖加襟懷不撓如浮雲之易散念急景之難停啓手足而保全傳箕裘而得所豈不曰考終命乎有是衆美夫何恨焉臣素乏口才仍疎

腹稿方愧弼諧之績又慚紀述之能仰奉綵綸俾銘琬琰
辭讓不獲滑略斯多雖文過江南不及韓陵之石而恩深
浙右必同峴嶺之碑仰副聖慈謹爲銘曰
雲起龍驤化爲侯王鴻騫鳳翥鶚立鷹揚凜然勁氣卓爾
雄芒大名之後五世其昌武肅開基奄有吳越恩洽百城
名馳雙闕既委招懷復肩征代纛士茸茅秉旄仗鉞尚父
業代元帥承家傳榮襲慶奕葉重葩有典有則去甚去奢
威名烜赫事望光華譚藪縱橫詞源浩渺曹植思遲崔儦
書少月夕花朝猿巖鷹沼筆落綵牋風清絲篠神傳射訣

天富兵鈐龜文月角燕頷虬髯咸能伏獸名可愈痁撫衆
以惠待士持謙事必有恒政皆求理扶弱遏強先人後己
但見偃風莫聞抑水旱康蒸黎廟清邊鄙量恢素廣德岳
彌高禮廷耆舊令肅權豪庭趨忠烈府集英髦講論韜略
奬勸勤勞自再稱籓益勤述職虔布詔條動遵楷式每陳
貢輸常踰萬億表率方隅匡扶社稷

吳越國文穆錢王墓碑陰誌

賜進士出身嘉議大夫禮部右侍郎四明黃宗明
譔
前翰林院待詔將仕郎兼修國史長洲文徵明書

王諱元瓘字明寶姓錢氏吳越國王武肅第七子也生於
唐光啓三年繼位十載壽五十五薨於後晉天福六年葬
錢塘龍山（一名天真）之南原墓道繇東入轉南而至穴約七百
餘步左鄰八卦田前案登雲山外案江東越山晉僕射私
凝神道碑巋然立於道左石人儀獸隨道而列者王之[illegible]

宅也宋熙寧十年郡守趙清獻公抃以墳廟蕪廢奏改棄
刹爲表忠觀付道士曰自然者掌之歲度一人使脩其祠
宇封植其草木故終宋之世墳廟無恙元年兵興觀燬子
孫散逸諸郡展省疏曠至正統以來土民竊據荃埋纍纍
遂成墟坵碑碣殘蝕獸儀湮卧過而覽者莫不躊躇而傷
焉正德丁丑按察僉事今尚書許公讚督臨安兵以備湖
寇結營武肅墓右墓在臨安縣左夜感異夢明日詢谷父
老迺即置役刜之民於法闢還舊址命淨土寺僧使復堂
之仍下縣籍地所入以供歲祀取子孫在會稽曰狃者入

縣庠以主尸祀事竣歸杭復尋墓之在錢塘者於時王之裔孫士元率子翊翀等捧券册圖譜謁公表文穆墓所有士民孫氏者圖蔽所侵謬指他向十年而不決嘉靖辛卯裔德洪大經應楊邦祥楞等復言於監司請掘壙誌以驗於時巡按御史王君繼禮憲僉王君臣移文杭郡畢守志德發士夫百人郡佐敖文瑞劉望之躬執畚鍤以從事十日而誌見迺命七日不掩築縱民來觀以示信遠近相聞扶老攜幼戴香羅拜踴躍歡喜遊者塞途販者輳市谿徑成康衢明年德洪請諸高陵呂子仲木題曰吳越國文穆

錢王墓又明年提學僉事林君雲同暨縣令進士王錢立石墓前且修議其祀事予時自閩赴　召道於蘇德洪迺撰序始末請予誌諸碑陰以垂久遠嗚呼古稱德澤在民死且不朽者非王之謂乎自唐祚既殄宋室未基五姓僭號朝不圖夕天下以鋒鏑分爭男耕不食女織不衣白骨丘擁膏血川流生民之災極矣而吳越之民得以桑麻接境雞犬不驚嘻遊於歲時安恬於婚墊若不知亂者巨谿錢氏三世一心臣順中國而保障其民故也文穆年十六而質敵二十而從父勤王即位之日去王禮用藩儀赦租

蠲荒以遵遺命兄弟帥吳而善政譽則歲時慰勞弟珣判民以虐政聞則召歸示誡薨之日申令子孫勿以中國易姓廢事大之禮故錢氏有國百餘年宗室播遷則削除叛亂以應王師中原未定則固守疆埸以安鄉國天命既一則籍其土地以歸大統非其識通緩急得務時宜而始終一德者乎然而王匪其人則驕盈足以失衆僭擬足以召兵違衆果以殆政雖有武肅之忠忠懿之順然於作述之間吾未知其可也則是有功德於吳越者詎非錢氏而有功於錢氏者又非王乎昔歐陽永叔作有美堂記於嘉祐

之時謂錢塘富完安樂皆錢氏所遺而蘇子瞻表忠觀碑勸獎忠臣慰荅民心拳拳以修治墳墓爲言今之去嘉祐又幾百年矣而武林之民頌錢氏遺德者猶一日也墳廟蕪廢又得有司之直子孫之孝復從而振擧之是與清獻之言熙寧者亦猶一日也則夫古之所謂功德在民雖死且不朽者非王也耶嗚呼是可以勵世教矣錢氏自忠懿歸宋賜第於汴京五傳而漢國公忱扈高宗而南後賜第於台州奉其母賢穆公主以居而券册宗器隨焉漢國曾孫宏祖守紹興軍州事少子璋遂家餘姚德洪則璋之九

世孫也中壬辰進士大經應揚則璋之十世孫戊子辛卯鄉薦漢國來孫應孫爲紹興行軍司馬遂家會稽士元則應孫之八世楞則生於台之賜第丞相象祖之十三世領乙酉鄉薦此其大宗也忠遜王之遷於東府也子孫遂家山陰庠士邦祥則忠遜王之十九世皆以有功祀事者書之使後之展省者有所考其族屬之盛於吳越者則備於家乘不盡錄嗚呼昔曾修周公廟詩人頌之曰孔曼且碩萬民是若則是文穆墓塋之復雖其有司之良子孫之孝亦所以順邦人之心也乎

皇明嘉靖十一　正月穀旦

杭州府臨安縣爲出巡事嘉靖十八年二月十八日抄蒙

巡按浙江監察御史傅　案驗據本縣儒學訓導王子桂揭開前事據此看得錢武肅王忠孝謀勇歷有可稱墓產祀儀禮屬未備相應查處爲此案仰本縣官吏照案事理即便親詣查勘計處應否如本官所議於墓下拜亭之處建廟三間設主時祭加帛備儀以其子文穆孫忠獻忠懿配之有無廢寺相應木植磚瓦等料堪以改造備查明白具繇呈奪施行墓產田地山蕩逐一清出行取會稽錢狐派下子孫領業居守或置產助之不許往來變易其

墓產周迴修築土牆參植松柏以壯雲物照例免其雜泛差役墓域所佔地畝稅糧一併除豁等因遵行間又蒙本院批發本縣儒學守墓生員錢狐呈詞爲乞憐忠賢表修荒廢墓祠以勵風化事蒙批仰縣查勘實迹量與修禁報繳蒙此遵蒙查得縣志所載錢武肅王墓在臨安縣子孫散移荒廢已久正德十二年間蒙墓浙江等處提刑按察司僉事許　按臨本縣准省祭官陳天顯呈訪求遺迹得翁仲石獸於太廟山草莽中扶植陳列表山麓大巨以爲錢武肅王之墓其居圍圍阻敝神者悉令拆毀比因祀典

未備踏勘得居民盛金程愛俞艮其許清等共田地一十八畝五分九厘山地十四畝四分一厘二毫池一畝三分六厘九毫五絲俱各附近墓所其先當爲墓產緣各傳業納稅已久量令每年共出租米七石一斗二升五合七勺於二八月上巳日備辦猪羊果品縣官致祭續於山前臨街之地起造大門三間後蒙　欽差提督學校劉以紹興府會稽縣民錢紅補充臨安縣儒學生員使之守墓緣無產業可資後回原籍今蒙前因遵行掌印知縣伊親詣踏勘得墓下拜石去處基址雖有寬濶緣本縣慶寺積年變

賣已盡並無相應磚瓦木植堪以改造無憑查報其大門三間起造年久日就頹壞似應動支無礙官銀量爲修理及議得盛金等所出花利微薄帛儀未備又況每祭俱於荒地行禮近於僭褻似應於來縣祀典內每年增設錢武肅王春秋二祭以其子文穆孫忠獻忠懿配亯每祭照鄉賢名宦品物外加帛四段共計銀四兩盛金等免其備祭責令於祭期之先搭盖席廠一座於墓前以便行禮及查前項墓產無圖志可考況各家傳業納稅已久其初清出特爲區處祭禮今若奪而歸之錢氏其失業者似爲可憫

況產甚薄官雖助置恐未可爲錢氏子孫久居之資議將盛金等就編爲堂戶以專管護其荒穢不治坐之以罪墓域地形開廣周迴五百一十步周築土牆計用瓦木工食四十餘兩恐難卒辦合無遵照多植松柏以壯雲物庶爲悠久其山地原無稅糧無憑查豁原蒙案仰備查明白具繇呈奪及仰縣查勘實迹量與修禁事理未敢擅便爲此申　巡按監察御史傅今將查勘原繇另造書册同原蒙批詞理合具繇伏乞照詳示下施行

嘉靖十八年八月二十一日　知縣伊

巡按監察御史傅　批武肅查於祀典不礙准擬施行繳

臨安縣爲出巡事嘉靖十八年九月十一日抄，蒙巡按傳批發本縣申文蒙批武肅王查　祀典不礙本縣知縣伊覆查得武肅委於祀典不礙遵於該祭里甲丁田銀兩內照數增加其頹壞大門三間查得原申建造文廟餘剩木植委本縣典史晉督理修造盛金等編堂戶責令依時栽種松柏管護墓域擬合就行爲此具申　巡按御史傅伏乞照驗施行

嘉靖十八年十月　　日

明清理武肅王陵墓公案

杭州府錢塘縣儒學生員錢彪等呈爲遵奉詔書一款內開各處帝王陵寢及名臣賢士坟墓有被毀廢者所在有司即與修理仍禁約不許樵採放牧竊照先世吳越國武肅錢王和陵鐵券言其忠衛社稷惠福生靈趙抃蘇軾言其有功朝廷甚大有德斯民甚厚敕葬臨安縣茅山之原東子城南火星池西縣牆北大溪其三百八十餘畝石獸碑碣俱存歷宋元國初如舊正德十二年間土民盛金等侵僭業吏部尚書許將各犯問罪拆卸改正還官案證近

被市豪胡阿五胡遂周桂三程迎蔣洪章松等藐視國法欺滅功臣文武翁仲編縛棘籬東西望柱周乞涸厠五祖石龕竊撞毀砌廟庭基址私剏淫祠僭蓋樓臺鞠灌蔬圃私路直行於神道土泥發掘於首丘租扑備祭而祭物出於概縣之民樹以封塋而樹木伐爲私家之用伏乞准呈審究各惡清查丈量拆卸改正還官封樹松楸禁止樵牧申請獻之規敦表忠之化庶大恩遠及於九泉感激頓與於百世理合具呈須至呈者

計開侵僭人數　姚昂　周瑞　蔣昂　周繼　周海
駱旃　周宇　周棟　沈鳳　蔣浣　蔣梁　許珮
駱顯　程立綱　程萬億　朱美五　蔣甫六
鮑元籍　駱二十　潘昌二　胡有七　胡十六
蔣十二　俞明三

隆慶二年九月初二日　生員錢彪　錢應乾　錢應弼
錢應量　錢應樂　錢應禮　錢應教　錢之選
錢君相　錢夢鰲　錢天性　錢立誠

巡按御史李　批仰縣查報

投到狀人錢彪係本縣儒學生員投爲遵奉明詔清

理坟墓事云云告蒙　巡按察院准送　臺下伏乞差提各惡清查丈量拆卸改正還官定可守之規絕侵毀之患存歿感激上投

計開各犯　某某

隆慶二年九月初五日　狀

文穆王墓禁示帖

杭州府錢塘縣爲乞給帖示以安泉壤事據本縣城西一啚世裔生員錢人倘呈稱故祖吳越文穆王墓在栅外二啚隆慶三年四月十七日蒙本府太尊李　覆量得墓城東至勝相寺笆弁神道路左山頂南至墓城外官街西至妙因菴山岡弁神道路右山頂北至山峰內有神道碑墓碑二座石神石獸見在各家容留坟墓舊有禁約止許祭掃不許附葬樹木止許蔭養不許砍斫已遵　撫按册式俱係官物遇免丈量起科造册申覆外又於本墓岡上督

建妙因菴一所看管墳墓隆慶元年蒙　欽差提督學校房案驗拆毁淫祠錢貴告蒙縣查得本菴繫錢王坟堂房屋前後墓地准與管業給帖見存恩得祖墓作典之恩雖在當道世守之責尤屬子孫慮被近民盜葬砍木鑿取石塊放牧牛羊告乞給帖執照由示禁革等情到縣據此合給示曉諭爲此除以往外示仰一應軍民人等不許盜葬砍木鑿取石塊放牧牛羊如有故違許里保總甲等拿送本縣以憑究罪申報施行須至示者　右仰知悉

隆慶五年三月　日給　告示押

心湖息肩錄

夫事端其本志要於成學自賢達迄於韞蒙無可諭也乃自叔代舍本逐末親其所疎物役厥心有志末逮不堪言本難乎志矣緊我錢氏越世雲礽惟

先武肅佑啓

列王巋然崇祠巍然馬鬣子姓之本也其散在他方者別有典承無庸綴及祗以

先文穆卜葬杭之龍山龍山有廟址焉先自宋趙倩獻寺杭目擊洪濤追維我

祖深契射潮捍海之賢奠定生靈之烈請之於朝詔許建祠眉山蘇文忠爲文碑之所謂龍山表忠觀也金元之際蕪穢弗治蒿目荒蓁矣明嘉靖三十九年十九世緒山公自於當事制府胡忠獻特疏鳩工移建於西湖柳浪聞鶯之左湖光山色丹艧永垂依舊榜曰表忠觀地易名存仍舊制也中奉

先武肅配以

四王後起崇樓樓有受姑之彭祖像焉樓之下署各

先賢遺愛神牌兼以歷年典葺長官祿位而緒山公

神儀附焉我
朝隆盛優禮前型
聖祖仁皇帝南巡
賜以保障江山
宸翰前大學士朱文端摹勒上石志不朽也
世宗憲皇帝因浙濤之多患恤瀕海之民廬
特加徽謚誠應武肅運德海潮王纂志乘者次之簡編傳
其邀異寵也乾隆十六年春
今上時巡駐蹕西湖考名賢之遺蹟稽往哲之功勳弔古

興懷厪念我
祖因遣大臣致祭繼又
親幸禋祠係
宸衷之感慨沛
雨露於珠璣迺
摛翰援章
錫之詩額兼
賞子姓克食此皆先澤之蔭榮施千古矣二十五世裔孫
名旨陳羣之司寇公仿文端之遺則摹
寶墨而刻之琠俾
御篆炳烺映輝金碧庶幾芭桑萬載永荷
皇庥惟是龍山之墓樵牧不禁竄狐走燐蓋考其基址三
百有零之廣而稽其葬年則九百三十餘矣幸而人
文猶昨墓前有神道碑其文係後晉丞相和凝所撰冢上有吳越國文穆錢王墓碑碑陰係明文徵明眞蹟字句猶香皆人文之炳蔚者藉堂斧之永垂妥藏靈於弈禩
乃人心叵測食德忘恩俄而鄰墳侵址俄而盜售塋
棺至康熙三年奉文清丈則昔之三頃餘者僅什之
一矣

皇朝令甲率土咸靈麟冊炳然人知禀志今奉縣丈交釘界之墳山告
在叁拾畝有零之內而何以光天化日猶有妖魔一起羣呼爭
相蠶食又其甚者杭之富賈姓孫氏名蘭臺覬覦大地餌誘
滔天昞交管塘人王君瑞賂通族逆在中始則計售旋功祀田繼則毀
埋祭賵碑碣墓道之左有高碑上書天下兵馬都元帥七大字與華表石人石獸均被毀埋
其松楸叢蔭一切蕩然前彭城李敏達節鉞是邦政
暇披尋見其石獸奇古稱道弗衰且編入西湖誌箋
此彰彰可據者也嗟乎九百年之古蹟毀以三人謂蘭
臺君瑞在中一大部之稗官難更隻字謂新修西湖誌也制憲李公披尋面

見非前明沈君所撰徵文考獻比也然而煌煌富賈誰敢攖鋒非矢志
求成者匪緣利引即倦於勤詩曰靡不有初鮮克有
終職是故哉幸二十六世孫功公諱志成遨遊寄傺爰
賦歸來展墓之餘悲驚交集隨訪查得其遂源鳴之
縣官縣未爲行越明年乾隆四年十月縣調去復鳴新縣鞫
讞始清人皆暢遂而不虞遲之既久吏以遠年遺亡
詭白郡守守姓唐名漸廉明士也不以利疚安令智
皆緣有擬罪飭查之駁唐公批縣詳云仍有應得之罪各責二十大板盜買盜賣
祀產墳山勒限半月內追出交管再查錢志成所控華表石人石馬石碑等物既據查有石碑石羊其餘

諒非虛捏應并嚴究着落毋得姑縱而吏復置之高閣仍不爲行不知
今日之訟所重者祭賜豐碑而胥吏弄文既不據以
問擬復不據以坐誣置見非於磨稜則
祖宛安雪由是禹功公忿恨成疾遂不起小子時問
病牀禱公堅執時手嗚咽不勝其所以叮嚀至再者
皆
先王文穆墓事餘無他及也因慷慨允之乃釋執手
小子時仰重賢孝且痛羣邪隨謝絕世情并棄生業
率同子姓呼籲求伸任富賈之揮金胥徒之障天諸

鬼蜮之翻雲覆雨而疊詞赴愬屢獲公批更有剛正
之行省唐公大書郡牒判以分追義正詞嚴醜形入
鏡矣公姓唐氏名綏祖乾隆十二年旬宣兩浙時批府牒云仰將錢氏被賣之產飭限半月鎖押王
君瑞等照額扦丈明白如有虧缺究着清完劃界勒石永禁盜買盜賣一面將所毀華表石物等項勒限
追賠詳報毋任藉延緩惟時有知其事者有十載穢聞西于恨
兩唐清德北峰高之句此湖樓題壁詩也不記姓氏未識誰何逸其起聯于忘之
也原註云兩唐謂郡守漸行省綏祖兩先生也吏知鐵案之難翻乃稍稍回
面顧天理全融而入心半昧但將祀田山地依議歸
錢乾隆十四年八月孫將盜買之祀田墳山繳出具退還遵依而祭賜豐碑未經

完趙致有十五年九月復爲籲縣之請吏有舊事翻
新之舉也向所謂遠年遺亡詭文白郡者試復行之
郡之胥吏不察乃依樣葫蘆轉申廉使且請抹銷因
而一機雷行逕爲紙棺活釘若不從其命令則皂隸
猛於虎狼縣隸唐吉勒取不致再控孫蘭臺遵依七紙通詳各憲如其書狀連
名則赤膽誰能復繼於是握拳爪具毛錐照稿謄書
唐吉山稿依樣偏寫惟寫錢時一名不旁及多人者冀有心者
脫身遵依之外續前人恢復之衷而挺身而訟俾書
狀得以藉口也隱惡揚善昔賢至語而必調停以彰

其名者俾疾惡之賢感激興起不致姓名事實之訛舛也所悵胥徒𠭴德莫遂予懷邈矣蒼天曷其有極今夫人閒窗讀史鑑古惟明往昔瑕疵輒爲浩歎前人抱恨欲起奮拳猶之蛇蠍緣墻雖不吾害見者共嫌如或好惡乖情是爲拂性假如以盜跖爲是則伯夷非矣有是理乎至於瓜分之墓地皆在三十畝有零之內

本朝鱗册可據可查幸荷杭司馬納公與安力爲清出鑽揮王君瑞之子文昭及妻廷選仲倫可黃繩武張漢書項文英等丈交墓地二十八畝九分有零仍缺一畝二分有零字呈明查出另請歸額其未竟者將必有待於宗賢嗚呼邇雀角之攸興凡十九更寒暑案牘連篇已盈數尺小子時鈔錄成帙筆硯飬碎以俾將來之藉有遝途費用浩繁登記有簿匪爲求償以俟後之覽者知清理之維艱保之弗墜三請修祠已有成例碎厓頹垣吾知免矣小子時年已六十又病與爲𥼶淹㳫孔迫用是交代條分各項於左存兹節略以爲緣起云乾隆二十一年丙子中秋小子時謹識

墓田

一祀田拾柒畝零陸釐 係孫蘭臺盜買追出收入城西一啚

一祀田叁畝柒分零 係汪子茂盜買追出收入城西一啚

一姓功地陸畝柒分伍釐捌毫 地有神道碑一座係後晉天福七年丞相和凝撰文

一祀田壹畝叁分陸釐零 係管墳人王君瑞盜佔追出收入城西一啚

一徵地柒分捌釐零 乾隆十五年十月初一日查出奉縣牌着糧房補收入城西一啚

一魚蕩貳口 孫滿姓租養魚息每年九七寶銀陸兩壹錢至期管祠人協同租戶送交值祭首事之家

一公捐贖回魚蕩貳口 係族匪盜賣與周姓康熙間在衛房贖取收息乾隆七年族衆公捐銀貳拾兩向在衛房轉贖仍復歸祠今亦滿姓租養魚息每年九七銀平實伍肆兩亦管祠人協同租戶交送值祭首事之家

一續典魚蕩壹口 係在衛房所捐寶極觀前房屋壹所原產主費大年賣出因收租艱難廷銓粹金等經理售出得產價拾捌兩并前贖去范姓典價拾叁兩伍錢付滿姓典附祠陳姓魚蕩即與滿姓租養魚息每年九七銀平實租銀肆兩陸錢伍分亦管祠人協同租戶送交值祭首事之家無異

一小孤老巷內房屋壹所 係在衛房捐出每年租銀追地捌錢

一小孤老巷內菜地壹方 係在衛房捐出連前開房屋並租在內

一余官巷房屋肆間前議載明羽程房抵還每年實租銀肆兩陸錢

一王衙前房屋壹所係在衙房捐出每年租銀叁兩陸錢

以上屋地四項收息艱難必至誤公其產契租劵並存在衙房

號則

一墓上土山叁拾畝壹分零坐歲字壹千貳拾伍號管墳王君瑞王文昭土人婁廷選仲倫可黃純武張漢書項文英瓜分盜佔今並丈出

一墓田貳畝陸分伍釐陸毫伍絲捌忽坐歲字壹千壹百叁號

一墓田貳畝貳分柒釐陸毫叁忽坐歲字壹千壹百肆號

一墓田貳畝叁分伍釐貳毫叁絲坐歲字壹千壹百伍號

一墓田玖分壹毫玖絲陸忽坐歲字壹千壹百陸號

一墓田柒分玖釐貳毫壹絲坐歲字壹千壹百柒號

一墓田柒分貳釐壹絲坐歲字壹千壹百拾號

一墓田柒分叁毫捌絲坐歲字壹千壹百拾壹號

一墓田貳畝叁分壹釐柒毫伍絲坐歲字壹千壹百拾貳號

一墓田貳畝伍分捌釐捌毫伍絲坐歲字壹千壹百拾肆號

一墓田叁分捌釐陸毫貳絲伍忽坐歲字壹千壹百拾伍號

一墓田玖分伍釐柒毫伍絲坐歲字壹千壹百拾陸號

一墓塘肆分伍毫陸絲坐歲字壹千壹百拾叁號以上孫蘭臺盜買追出退還歸祠

一墓田捌分柒釐玖毫叁絲坐歲字壹千壹百壹號

一墓田貳畝叁分肆釐陸毫坐歲字壹千壹百捌號

一墓田伍分零坐歲字壹千壹百陸拾壹號以上汪子茂盜買追出退還歸祠

一墓田壹畝叁分陸釐坐歲字壹千壹百貳拾伍號壹千壹百叁拾貳號壹千壹百肆拾柒號壹千壹百伍拾伍號壹千壹百陸拾壹號通坵共查計凡五號係管墳人王君瑞盜佔追出退還歸祠

一墓前旌功地陸畝柒分伍釐捌毫坐歲字壹千壹百陸拾壹號

一墓前徼地柒分捌釐坐歲字壹千貳拾號以上江干龍山柵外一啚

一表忠觀基址坐雲字號向照民地辦粮乾隆二年禹功公呈請題豁永不起科

一祠基餘地坐雲字號亦並題豁永不起科

一附祠魚蕩貳口坐雲字號亦永不起科

一公捐贖回魚蕩貳口坐雲字號

一續典魚蕩坐雲字號以上西湖柳浪聞鶯左側係城西一啚

租息

錢氏宗譜　上卷三　本朝復姓祠墓田產錄　十　錦樹堂

一祠蕩貳口每年九七銀平交租陸兩肆錢九五申水錢照時價每年兩季交租定於二月初二日八月十六日管祠人協同交租不許愆期

一公捐回贖祠蕩貳口每年九七銀平交租肆兩實兌錢照時價交租日期一切定例同前

一續典魚蕩壹口每年照前平色交租肆兩陸錢伍分實兌錢照時價交租日期一切定例同前

一小孤老巷內捐屋壹所地壹方每年租銀捌錢

一王衙前捐屋壹所每年租銀叁兩陸錢

一余官巷抵項房屋肆間每年租銀肆兩陸錢實

一墓前田蕩拾柒畝零陸釐每年每畝交潔淨租米捌斗伍升京斛佃戶陸文分方天錫陳士奇陳效文沈文進租種主管柵外一啚冊書朱世明世明物故伊內姪王景華接管租約載明不論豐歉一併交足如有欠少任憑送官抵課等語

一墓田叁畝柒分零每年每畝交租同前佃戶程聖如餘俱同前

一墓田壹畝陸分零每年每畝交租同前佃戶黃元甫言定包上粮米餘俱同前共計祀田租米拾柒石陸斗肆升陸合均係長稔之產理應滿石交租今每畝明讓壹斗伍升冀其急公定限足交非有苛也元甫租米在拾柒石陸斗肆升陸合之外

錢氏宗譜　上卷三　本朝復姓祠墓田產錄　十一　錦樹堂

因其管墳又包上粮米准以捌斗伍升倉斛足交上倉

文穆王墓記

王諱元瓘名傳瓘字明寶武肅王第七子母晉國夫人陳太夫人生於唐光啓三年丁未十一月十二日於後唐長興三年之夏四月襲位於杭州之東院悉用藩禮從治命也先是天復二年王僅十六歲耳時宣城田頵劘我壘敗之慮我師之襲也乃求質焉王獨請行天祐元年頵就戮王始歸武肅王鑒王之誠毅命伐盧佶討李濤拔廣德克無錫大戰淮人於狼江莫不受命允諧有戰必克若夫球珦兩弟異謀畢露欲保全而不能卽謂之大義滅親可然

脅從者悉縱焉其仁恕爲何如也以後晉天福六年辛丑八月二十四日辛亥薨於瑶臺院之綵雲堂年五十有五在位十年以次子宏佐位娶馬氏封吳越國莊穆夫人謚曰恭穆有子十四人先有乞養四子宏僎宏儇宏侑宏依宏僔宏佐宏倧宏偡宏俶宏億宏儀宏偓宏仰宏儼敕賜謚曰文穆仍詔宰相和凝撰神道碑七年壬寅二月癸卯歛葬於國城龍山之南原

清理忠獻王墓案卷

二十八世孫文炳同三十世孫廷枚輯

諸書志載

浙江通志

吳越國忠獻王墓在錢塘縣龍山之西南原太常卿張昭撰神道碑文

杭州府志

吳越國忠獻王墓在錢塘縣龍山之西南原太常卿張昭撰神道碑

錢塘縣志

吳越國錢忠獻王墓在龍山西南熙寧十年知杭州趙抃請於朝以龍山廢妙因院改建爲祠賜額曰表忠觀詳蘇軾碑記傍爲文穆忠獻兩王墓

西湖志纂

妙因山在龍山南舊有吳越文穆王忠獻王墓宋表忠觀本建於此

十國春秋

開運四年六月乙卯王薨於咸寧院之西堂年二十在位

七年秋八月勅賜謚王曰忠獻令太常卿張昭撰神道碑
文塟於龍山之西南原

文僖公慶系譜

王諱宏佐字元祐文穆王第二子母許氏封吳越國仁惠
太夫人後唐天成三年七月二十六日生晉天福六年九
月即位開運四年六月乙卯薨在位七年年二十謚忠獻
塟於國城外龍山之西南原太常卿張昭撰神道碑文夫
人杜氏仰氏俱先薨仰氏塟國城外之小麥嶺

歷代山陵考

吳越國錢忠獻王墓在錢塘縣龍山之西南原其神道碑
太常卿張昭所撰也

西湖遊覽志

錢王墳在妙因山麓吳越武肅王子文穆王元瓘孫忠獻
王宏佐二塚在焉

順存錄

徐允翊訪求龍山古蹟記丁丑秋季偶閱郡志載五代時
錢氏文穆忠獻兩王墓碑爲僕射和凝太常張昭二公名
筆遂約輿越慈雲嶺過天真書院經八卦田至天龍寺問
樵採數童指點自龍山南登雲山後導松逕向西北半里
餘於古木叢莽間得三楹古殿則志載勝相寺也又西去
喬林內有穹碑在焉上有吳越國文穆錢王墓八大字南
行田隴山蹊間見石獅石虎數軀偃臥畝塍又南行道左
樹一豐碑在荆蔓中余摩挲久之碑之前二十餘步爲墓
城道址儼成岡阜中有兩闕門已出城址爲官道西去半
里許即石岡之外於瓦礫篠蕩中復樹一豐碑是即忠獻
王之神道張太常之製撰也向爲野火延燒冰雪久侵其
石體龜折竟無字可摹二碑俱高可二丈廣踰六尺屬員

龍頷制作不殊猶見五代時典型耳時晷迫崦嵫歸輿屢
促未遑步入深塢訪謁忠獻王之宮殊甚憮然尚俟異日
節錄

呈杭州府李
舉人錢文炳貢生錢俊選監生錢泳謹稟
太公祖閣下敬稟者憲治下錢塘縣龍山西南原地
名玉屏峰下向有　先世錢忠獻王墓一所詳載於
欽定浙江通志
御覽西湖志纂及杭州府錢塘縣志諸書祇因代遠年湮
久經失業僅有神道碑一座巍然尚存現在吳氏茶
園之内炳等係嫡派子孫遠居他縣再不急爲表明
惟恐日漸淹沒是以於二月廿二日具稟懇恩飭屬

查明墓所立碑給示蒙憲批仰錢塘縣速即查詳覆
奪等因在案茲於三月初三日炳等與族人從神道
碑後行二百餘步至江氏墓域之前見有昭土深坑
數處即時遣人下看有石磚砌成法圈實爲當時隧
道隧道已得墓域非遥由此根尋不難立得但恐邑
侯公事冗繁不能即時查勘若隧道一經塡塞將來
又費周章不揣冒昧再瀆憲聽惟求即賜委員前往
踏勘查明立碑給示存此一抔不惟　先忠獻王神
靈有所憑依炳等子孫亦有瞻拜之所而古蹟不致
終湮仰感仁慈尤無涯涘至前後左右地畝久屬他
人無從查覆總祈憲恩寬宥不必究追在炳等錢氏
子孫不過欲存此尺餘之地以誌　先世之坟並不
敢别存他想爲此泥叩
太公祖大人垂念　先勳發揚潛隱無任感激之至
容企上禀
乾隆五十九年三月初五日投批　仰錢塘縣立即
親詣查勘另行繪圖貼說限三日内具詳察奪不得
遲延圖並發

再呈杭州府李

舉人錢文炳貢生錢俊選監生錢泳呈

爲叩恩清丈立界以全古墓事竊憲治下錢塘縣龍

山西南原坐落桐外二啚地名玉屏峰妙因山兩山

塢內有　先世錢忠獻王墓一所詳載於

欽定浙江通志

御覽西湖志纂及杭州府志錢塘縣志諸書久爲吳氏江

氏等侵佔起造墳屋僅有神道碑一座尚在歲字一

千一百五十四號吳氏墓側茶園之內生等係嫡派

子孫遠居他縣缺人管理不能時親祭掃以致墓上

石器華表一無所存惟餘墓基地三畝在江氏墓域

之前係坐歲字一千零八十六號現今在錢氏表忠

觀戸下辦根生等因於本年二月二十二日三月初

五日兩經備稟案下蒙批仰錢塘縣立卽親詣查勘

另行繪圖貼說限三日內具詳察奪不得遲延等因

在案旋蒙錢塘縣鄧太爺帶同莫書弓手鱗冊親詣

踏勘查得歲字一千零八十六號土山三畝業上錢

彭陽戸名卻與江坟一千零八十五號業主江山戸

毘連隨傳莫書弓手按照鱗冊四至弓口量丈均屬

與冊相符竊思　先世錢武肅三代五王築塘捍海

保障東南功德在民千古莫比欽奉

世宗憲皇帝上諭自古帝王皆有功德於民雖世代久遠

而敬禮崇奉之心不當弛懈其陵寢所在乃神所憑依

尤當加意防衛勿使褻慢等諭欽此欽遵歷久在案今

先世忠獻王墓基三畝既經本縣鄧太爺查丈清出

合當立定界址勿使再被侵陵此地實爲錢氏辦根

豈忍屬之他姓若無依據的確生等亦斷不肯認他

人之祖爲己祖也伏乞

太公祖大人格外施　再行批示立碑表記存此一

坏生等子孫當世世感激戴德不朽瀝情上呈

乾隆五十九年四月十一日批　候察核縣詳奪

錢塘縣鄒詳文

杭州府錢塘縣鄒、爲遵批勘詳事乾隆五十九年三月六日蒙
憲臺批發舉人錢文炳貢生錢俊選監生錢泳稟稱憲治下錢塘縣龍山西南原地名玉屏峰山下向有先世錢忠獻王墓一所等因下縣奉此查是案本年二月二十八日先奉憲臺批發該裔錢文炳等具稟請查墓所立碑給示一詞奉批仰錢塘縣速卽查詳覆奪等因正在弔册按勘查辦間卽蒙批發續稟飭勘前因該卑職遵卽帶同歲字

錢氏宗譜　上卷三　清理忠獻王墓案卷　一　錦樹堂

號鱗册并該管莫書弓手親詣棚外二啚傳集地保管坟原稟人等逐一細加履勘查得歲字一千一百五十四號吳氏坟堂係坐東朝西坟側南首餘地茶園行路口有錢忠獻王神道碑一塊建豎於內字跡模糊碑有碎裂向朝南面鱗册開載業主吳德一自神道碑後迤北二百三十二步至江姓坟堂前乃歲字一千零八十五號八十六號等號之山又七十二步至江坟墓域樹木叢茂坟前砌下餘空之地畧有踪影並無塚封大樹惟有松樹數株舊石數塊穴洞一個見方約計三尺深有丈餘洞側泥坑三處當查鱗册開載歲字一千八十五號業主江山山地四十三畝四分二厘歲字一千八十六號業主錢彭揚山三畝歲字一千八十三號業主施超山一畝九分七厘歲字一千八十四號業主暴有功山三畝隨喚江姓管坟人王槐挖穴開看穴內係用大磚砌成察看似非王者隨道而江坟係在上面其坟前砌下空地雖據原稟錢文炳等所稱歲字一千八十六號表忠觀辦粮已地但既非隧道情形未便深掘是以卽飭掩止隨據莫書胡錦堂呈驗鱗册開載業主錢彭揚戶名歲字一千八十六號地三畝却與江

錢氏宗譜　上卷三　清理忠獻王墓案卷　二　錦樹堂

坟之歲字一千八十五號業主江山戶毗連圖載大號扣分隨傳莫書弓手按照鱗册四至弓口量丈錢彭揚山三畝東西計十八弓南北計四十弓亦屬與册相符但是否係錢王古墓實因世遠年湮無從識辨不敢輕爲縣擬緣蒙前因合將勘過緣由並同莫書丈量繪圖貼說簽明鱗册具文詳覆伏候
憲臺察核示遵爲此備由具申伏乞照詳施行

今申送　圖說一幅　丈圖一紙　鱗册一本

乾隆五十九年四月初四日　杭州府正堂李批

查此案所據江金等赴府呈稱𥕛下餘空之地係伊江姓
管業內塟伊世祖之坟於三月二十日被錢姓發掘㕘餘
幸錢邑令到山履勘塡掩等語當經批飭該縣併查詳奪
在案旋據詳稱該縣先至該山勘明𥕛下餘地之內並無
塚封僅有穴洞泥坑隨喚江姓管坟人王槐等開看穴内
係用大磚砌成不似王者隧道未便深掘隨即飭令掩止
等情是江金等前呈皆屬虛語再查送到坟墓山地弓口
各圖及鱗册其歲字一千零八十三四五六四號計共五
十一畝七分三厘九毫零係錢江施暴四姓管業界址

至各各井然已據分號丈明各姓根地畝分均與鱗册相
符計算錢姓之山尚多二分四厘零所有江坟𥕛下之地
三畝實係錢彭揚之產錢姓人等請掘之處實在伊己地
界內既係錢姓之地何得有江姓之坟如果其坟屬江姓
則爲盜塟無疑若非江姓之坟豈容妄認冒奪混行上控
仰錢塘縣一面按照鱗册弓口卽爲分釘界址飭令各管
各業毋許紊越一面仍將江金等因何捏情混控之處查
明議擬另詳察奪繳鱗册仍發圖存

生員江乙金職員江錦監生江金呈錢塘縣鄧
呈爲掘塚毁骨已蒙請驗懇恩律究事切生等有先世祖諱淵謚文昭公
賜塟於　臺治𥖁外二啚土名妙因山坐落歲字一千零
八十五號內計山地四十三畝有零崇祀賢祠省誌可考
併有祖煮石公等冢附塟𥕛下自明至今三百餘載輸納
糧稅四至弓口鱗册昭著不料本年二月間痛遭錢文炳
等據稱伊有錢忠獻王墓塟於玉屏峰山久爲吳氏江氏
侵佔等詞具稟　府憲批行　仁憲查詳文炳等旋又復
控批飭詣勘等因不遵靜候敢於三月二十日率領衆人

弁山虎蔣五等竟將嘉靖年間附塟世祖煮石公之墓指
爲伊之世祖遂道輒行發掘開毁深坑計有丈計生等聞
信赶視慘見磚槨損壞正在鳴族赴　案呈請法究間仰
蒙仁　憲親詣查勘破毁屬實委係生等故祖坟墓磚槨
並非隧道飭令培土塡掩以全祖骨　恩同再造第查錢
忠獻王墓誌載塟於龍山西南撰有神道碑文與生祖坟
相距甚遠山名各別字號不同況亡首之錢文炳等身列
紳衿未有世祖王裔可能平白擅毁民坟之例且地坟發
塚律例森嚴不荷　恩廉飭掩祖骨尙在暴露死者含寃

不雪生者飲泣何甘似此妄行強橫目無法紀害生族衆
人稠攸關丁命情實切膚除瀝呈備號府憲查例典究外
爲此繪具坟圖追號父臺大老爺鑒察奇冤立賜照例究
擬生死啣恩激切上呈
乾隆五十九年四月初六日批　詰勘古塚並無封植碑
記因舊有穴洞以致錢文炳等誤認爲隧道查勘情形似
非王者墓域當即飭令填掩並無毀壞情事且查鱗册係
在歲字一千零八十六號地內何得輒以毀掘大題架控
耶不准圖發還

生員江乙金職員江錦監生江金呈杭州府李
爲妄佔掘塚綰圖號核律究事切生等有先世祖諱瓚謚文昭公四世
崇祀賢祠詳載省誌可考其墓葬於錢邑妙因山併有世
祖煮石公等墓附葬礀下坐落歲字一千八十五號計山
地四十三畝有零自明至今已歷三百餘載輸納糧稅其
畝分號數四至與鱗册相符痛遭錢文炳俊泳等指稱伊
有先世錢忠獻王墓一所地名玉屏峰山久爲吳氏江氏
侵佔造坟僅存一神道碑在官路口茶園之內呈案飭查
給示蒙批仰縣詳查覆奪又呈請委勘亦蒙批縣請勘
詳奪等因第查生等祖坟山名妙因而伊祖忠獻王墓誌
載葬於龍山之西南與生等祖坟風馬無關今文炳等以
吳姓茶園內指無從稽考字已模糊之石碑即稱爲伊祖
神道碑離生等祖墓更有里許混指生等世祖煮石公坟
爲伊坟隧道[illegible]於三月二十日率令多人喝令山虎蔣五
等竟將世祖煮石公坟掘毀計有丈許之深生等聞信赶
視慘見磚槨損壞正在鳴族呈報間仰荷署錢邑縣廉鄧
主詣地履勘實係生等祖坟並非隧道申飭錢文炳等冒
昧毀掘諭令培土填掩泣思錢文炳等既列紳衿理應恪

弓書算手胡錦堂等於乾隆五十九年五月二十八
日稟奉
錢塘縣蔣批　此案該書等既持冊往丈自必先勘明其
地與魚鱗冊相符然後施弓豈獨憑原告之言卽行丈量
之理若果丈量處所係歲字一千零八十五號並非一千
零八十六號江乙金等卽應當場指明何以其時並無一
語直行繪圖詳奉批釘界址始向該書言及耶明係該書
受賄混行其案可惡之至倘逮隨同根麗遵照憲批釘界
如再任憑抗違執同混稟先提該書等重處不貸

濮三章卽使眞正王裔亦未便擅掘民墓且拋坟毀槨律
有明條若非縣廉飭拿祖骨暴露何安似此妄行害生閩
族丁命攸關情實切膚爲此繪具坟圖號叩
太老爺鑒察倒案究擬死者九原安壤生等世世感激
鴻恩不朽上呈
乾隆五十九年四月初六日批　仰錢塘縣併查詳奪繪
圖並發

江錦江金等呈布政司田奉　批查忠獻王坟墓世遠年
湮果否踪跡可爭杭城錢氏後裔繁多自應早爲清理何
待分支無錫者出而呈控且據前鄧署令查驗茶園內有
神道碑字跡模糊并勘明江坟礎下餘空之地有穴洞一
個挖掘開看穴內係用大磚砌成似非王坟隧道是舉人
錢文炳等所控甚屬荒唐祖墓攸關豈可率行分界候另
委幹員弔齊誌册卷契秉公確勘錄供核議詳覆察奪圖
存

呈布政司田

舉人錢文炳貢生錢俊選監生錢泳生員錢槐呈
爲叩恩察核鋤冒更求釘界歸業事竊憲治下錢塘縣龍山西南原妙因
玉屏兩山塢內向有先世錢忠獻王墓一所詳載於浙江
通志西湖志纂及杭州府志錢塘縣志諸書久爲吳汀二
姓侵佔起造坟屋惟存墓基三畝在江氏墓穴之前神道
碑一座在吳氏茶園之內現有鱗册可據乾隆三四年間
已經族人陳翟琦志成時等呈控清理實不知爲江氏盜
買隱匿等情玆於本年三月初三日生等與族人在神道

碑後二百餘步至江氏墓前礎下見有陷土深坑穴洞並
無塚封碑記洞中有大磚石砌成疑卽忠獻隧道猶不敢
輕自舉動因此叩呈府憲委員踏勘一辨是非旋於三月
二十日蒙錢塘縣鄧父臺帶同弓箕鱗册并傳到江錢二
姓到地眼同往勘其時江氏後裔江乙金等並未當場指
明伊墓但從傍窺探至鄧父臺拉丈開看已定勘明實係
錢氏之地江氏忽言是伊祖坟妄意鋤冒刁詐已極竊思
江氏果有坟塋豈肯覩人開看不發一言在鄧父臺辦理
秉公亦豈肯草率了事擅掘坟墓因此欲爲江錢二姓立

呈西防廳袁

吳越忠獻王後裔錢武高等呈
爲叩恩清理先塋更來問抵驗明事竊身有三世祖　忠獻王墓一所坐
落錢塘縣棡外一号崗嵗字號龍山西南妙因王屏兩山塢
內有志書鱗冊可據前明成化正德間爲吳江二姓仗勢
横佔起造坟屋惟存墓基三畝在今江坟墓穴之前其祠
道碑一座在今吳坟茶園之側身七世祖天祐公於嘉靖
年間曾經上控志欲清復時吳江二姓賄囑官甚多勢焰赫
奕既不能復又坐誣告戍死他鄉至今士人尚有江牟朝

之目自此以後平塚燒碑斧圖滅跡以至二百年來無從
識認
本朝乾隆二四年間叅經族人陳羣苟志成時等呈控請
理竟無踪蹟可尋當時貲不知爲江氏盜買隱匿等情茲
於本年二月二日有本枝族長錢文炳等從祠道碑後一
百餘步至江坟墓穴前見有陷土深坑穴洞中有大磚石
砌成實即忠獻隧道猶不敢輕自舉動曾經叩呈府憲即
蒙委員勘丈若行令釘界等諭在案詎江氏子孫既不遵奉
憲諭又不思其先人之失屢反誣控錢氏擬其剷坟情
議使後無爭當時江乙金等並願遵依惟有監生江金者
咆哮不從亦並未指出錢氏之地在側仕前直待繪圖詳
府奉批釘界之後始呈出雍正八年盜買抄契并言錢氏
本有此地非在今丈量之所係在伊墓西側情極思遊移
坵換段稱種混控實出意外明係江氏有意攸關風水之
說作此指鹿爲馬挾偏總之錢氏即爲釘界斷不在江氏
坟前更造大坟生等若無依據的確亦斷不肯認他人之
祖爲己祖也伏乞
憲天大人察核查明更求分釘界址以杜後日爭端實爲

恩德無既瀝情上呈
乾隆五十九年七月初二日奉批　仰西防廳即日秉公
勘訊議詳察奪

呈巡撫部院吉
舉人錢文炳貢生錢俊選監生錢泳生員錢槐呈爲
叩
恩察核釘界俾得保全王墓事竊
憲治下錢塘縣龍山西南原妙因玉屏兩山塢內有
先世錢忠獻王墓一所詳載於
欽定浙江通志
御覽西湖志纂及杭州府志錢塘縣志諸書久爲吳江二
姓侵佔起造坟屋惟存墓基三畝在江坟礮之前

又神道碑一座在吳氏茶園之內現有鱗册可據乾
隆三四年間已經族長陳羣琦志成時等呈控清理
竟無踪跡可尋實不知爲江氏盜買隱匿情弊茲於
本年三月初三日生等同諸族人從神道碑後二百
餘步至江坟礮下餘地見有陷土深坑穴洞並無塚
封碑記洞中有大磚石砌成實有王墓形跡猶不敢
輕自舉動因此叩呈李府憲委員踏勘一辨是非旋
於三月二十日蒙錢塘縣令鄧署主帶同弓手奠書
鱗册并傳集江錢兩姓到地眼同勘丈[illegible]

極思遐指鹿爲馬種種僞混莫此爲甚泣思先世忠獻墓
湮沒既久地下含冤天理循環必逢明　憲今既蒙查丈
清出釘界追求
憲臺大老爺道詳　撫藩二憲開掘驗明　東江姓之坟
指出幾棺幾塚不論盜葬與否身願依律治罪若係忠獻
隧道還求議擬江氏以雪身七世祖二百年前冤獄身等
子孫當世世感激戴德不盡至開驗祖先坟墓子孫原所
不忍今江氏恃強抗違不遵釘界則勢有不得不然身雖
萬死裂尸亦所甘心也前先世文穆王墓亦爲土豪所佔

數年不決亦經呈掘驗明始行清復現有碑記可憑謹此
粘呈伏惟電覽憑情上呈

氏墓基三畝之地與鱗冊相符其時江氏後裔江乙
企等並未當場指明伊墓但從傍窺探直至錢塘鄧署
主詳本府奉批釘界之後始冒稱是伊祖坟煮石公
等墓在內并呈出雍正八年盜買抄契且言錢氏本
有此地非在今量丈之所係在伊墓西側情極思避
妄控　藩憲明係江氏有或倣闢風水之說作此指
鹿爲馬技倆伏思先忠獻墓上神道碑既立於江氏
坟前二百步內即江氏現在之墓在當時槪屬先坟
坟山今佔葬既久何忍令其重遷致生枝節而即此

三畝之地亦豈忍聽其併佔湮沒無聞爲此除剖呈
藩憲外再叩
憲天大人俯賜察核釘界不致再有侵陵生等子孫
當世世感戴鴻慈於無既也瀝情上呈
乾隆五十九年七月十三日奉准批　查忠獻王坟
墓雖世遠年湮既有神道碑可憑且又於碑後查出
磚石砌成穴洞蹟更顯然現在佔葬各姓勢難概令
遷移惟墓基三畝係錢氏子姓輸粮自應即照此數
清理立界俾令守護仰布政司速飭杭州府會同委
員秉公確勘議詳察奪毋遲

職員江錦乙金等呈
巡撫部院吉爲係勢混爭妄控號　恩核卷救全事竊生
等世祖諱濶謚文昭公賜葬於錢邑栅外二圖妙因山與
錢忠獻王墓塋龍山之西南玉屏山風馬不及况錢氏武
肅王在五代時保障東南浙民咸知感戴尊奉世祖何敢
侵葬卯王墓有踪跡可尋杭城錢氏後裔繁多早爲清理
何待隔省之人爭控詎隸無錫裏人錢文炳泳等恃勢混
爭忽於本年二月廿二日以墓基平地三畝三分六厘三
毫爲吳江二姓侵佔控　府飭　縣查詳炳等不候縣查

膽於三月初三日先期族人潛至生等世祖墓域磡下附
葬者石世祖坟旁見有隙洞遣人下看若非挖掘何從深
入見其磚槨迨三月二十日　縣主履勘炳等復控隧道
已得朦蔽　縣主致憑炳等一面之詞並未傳生眼看及
生等聞知奔往墓所業經挖視雖沐　縣主驗明並非王
者隧道而祖墓已遭捜探之慘明係炳等窺生儒懦覬覦
圖佔叠控不休復以混爭之所遽請釘界劃分情何以堪
伏思獄憑初詞炳等原詞稱忠獻王墓在玉屏山後知生
祖墓坐落妙因山續詞則捏稱玉屏妙因並列迫控　憲
轅又改稱爲妙因玉屏兩山被掘之所實生載糧歲字一
千零八十五號之坟山續買錢姓之二畝係歲字一千零
八十六號納糧契串魚鱗推彙各册可憑伊既爲忠獻王
後裔祖墓地名輪糧字號豈有不知的確妄行混指先後
矛盾况錢在中等於雍正八年賣與生祖土山二畝係在
生祖墓西側契內載明坟側禁步之內並非明堂磡下其
餘一畝乾隆十三年錢氏賣與徐姓釘有界石四至井然
亦無三畝盡賣與生祖之事卽炳所指之碑叠經釐縣履
勘剏搨並無字跡可稽輙藉指爲神道碑種種荒謬混爭

難洮
憲鑒生等本不敢冒瀆實因祖墓攸關爲此歷情另錄混
爭矛盾情節清單並抄全卷繪圖奔號
憲天大人恩賜察核救全祖墓以杜訟端以安儒業生死
咸戴激切上呈

計抄粘錢文炳等所控不符各情節
一魚鱗册載生等祖墓被文炳泳等妄控請掘之處係歲字
一千八十五號而伊原詞稱忠獻王墓在歲字一千一
百五十四號叠經前　縣挖穴開看驗非王者隧道詳

獲 府主今又改稱歲字一千零八十六號而詞號則
自先矛盾此其混爭之一也
一査推收清册錢彭揚戸下土山三畝於雍正九年錢在
中等將錢信瓚卽錢彭揚戸下付根二畝與江山戸下
入册辦粮餘山一畝於乾隆十三年錢氏又賣與徐姓
管業辦粮釘有界址此則錢氏所控在表忠觀辦粮三
畝之說查表忠觀並無歲字一千零八十六號之山之
粮實屬虛揑此又混爭之二也
一契買錢在中土山二畝係歲字一千零八十六號契內
載明江尙書坟側禁步之內而文炳等開挖之所係歲
字一千零八十五號卽 生等世祖文昭公墓前礀下耆
石世祖之墓穴文炳原詞內稱一千一百五十四號其
號則相隔六十九號矣是以續詞改稱一千零八十六
號希圖混扯此又混爭之三也
一指耆石世祖墓穴爲忠獻王隧道遽爾控府開掘冢前
縣勘明詳 府挖穴開看有大磚砌成似非王者隧
道飭令填掩既非隧道何得復請立界始則悞於不知
繼則有心圖佔一讀 藩憲再讀 憲轅社訟不休此

又妄控之四也
一錢文炳（冰）等詞稱忠獻王神道碑在官路口吳氏茶園內
離 生祖墓窵遠路隔里許叠經 廳 縣履勘以紙刷
搨碑身並無字跡可稽輒藉指爲神道碑此其混指之
五也
乾隆五十九年八月初四日奉批 查錢氏爭控之所果
係爾等祖坟並非現有深坑錢文炳等何能憑空指認據
呈錢在中曾賣山二畝已經推收入册何以錢氏戸下尙
有山三畝現在輸粮是錢在中從前盜賣過割本有情弊
仰 布政司速飭 杭州府會同委 員弔驗原契細核
鮮册秉公確切勘明議詳察奪毋遲

錢塘縣蔣
呈杭州府鳴
布政司謝

舉人錢文炳貢生錢俊選生員錢槐監生錢廷枚錢
泳抱呈趙忠
爲叩恩察核釘界保全王墓事竊
臺憲治下龍山西南原妙因玉屏兩山嶋內有先世錢
忠獻王墓一所詳載
欽定浙江通志
御覽西湖志纂及杭州府志錢塘縣志諸書久爲吳江二

姓侵佔起造坟屋惟存墓基三畝在江坟墓砌之前
神道碑一座在吳氏茶園之內現有鱗册可據乾隆
三四年間已經族長陳羣 琦 志成 時 等呈控
清理竟無踪跡可稽實不知爲江氏盜買隱匿情弊
今於上年三月生等同諸族人從神道碑後二百餘
步至江坟砌下餘地見有陷土深坑穴洞並無塚封
碑記洞中有大磚石砌成實有王墓形跡不敢輕自
舉動叩呈前任府主李公委員踏勘旋於三月二十
日蒙署錢塘縣主鄧傳集江錢二姓到地眼同勘丈勘

明買即錢氏墓基三畝之地與鱗册相符迨鄧署縣
主詳本府奉批釘界之後江氏始呈出盜買錢在中
文契竊思錢在中曾於雍正年間盜賣先世文穆王
墓歷經各大憲清理斷追今查出忠獻王墓復爲
江氏勾通盜買其契本不足憑且契中五處賣字坟
側㑹字俱係洗改添補情弊更爲顯然乃江氏一味
支吾上控藩撫憲幸蒙洞鑒情弊委屬員踏勘清理釘
界在案玆於本年三月二十日奉到縣牌轉奉 憲
牌傳同江錢二姓錄供議詳生 因赴赴 臺前靜候

伏念先忠獻王神道碑既立於江氏坟前二百步內
即江氏現在之墓在當時概屬先世坟山今佔壅既
久何忍令其重遷致生枝節而即此三畝之地亦豈
肯聽其併佔湮沒無聞爲此伏叩
父臺公祖 憲臺大人府賜察核釘界不致再有侵陵生
等子孫當世世感戴鴻慈於無旣也迫切上呈
乾隆六十年五月十五十八日投縣藩司奉
錢塘縣蔣 批查此案現奉本府憲檄提會勘應即
投本府聽候勘奪

杭州府鳴　批候查案奪抄粘附　加批候親詣查
勘察奪
署布政司謝　仰杭州府親勘詳奪

呈按察司秦
呈詞前半仝前 各中 竊思錢在中曾於雍正年間盜賣先
世文穆王墓歷經各　大憲清理追還今忠獻王墓復爲
江氏勾通盜賣其契本不足憑且契內五處言字坟側側
字俱係洗改添補情弊更爲顯然乃江維等既不遵依分
界復有江福麟混名陣頭雨者咆哮於前縣主親勘之時
頑抗於府主批結之後上控　撫藩臬憲各　憲洞鑒批
飭踏勘清理定界在案伏念先忠獻王神道碑既立於江
氏坟前二百步內即江氏現在之墓在當時概屬先世坟

山今佔葬既久何忍令其重遷致生枝節而即此三畝之
地亦豈肯聽其併佔湮沒無聞江氏盜買改契實屬大干
法紀伏叩
憲臺大人清理究追以全王墓以警刁頑云云
乾隆六十年五月十八日　批仰催杭州府會同委員卽
速勘詳

署布政使司謝牌

為叩恩察核等事據西防同知福丞禀稱奉檄委勘無錫縣舉人錢文炳等呈稱王屏妙因兩山塢內有先世忠獻王墓久為吳江二姓侵佔一案奉飭會同杭州府吊查江姓契據核對鱗圖册卷秉公覆勘繪圖妥議具詳察轉等因即遵查縣案卷宗前准署杭州府吊取業經前署同知錢塘縣蔣令移文核辦在案茲奉前因理宜會同勘辦緣現在興修各工絡繹不絕且正值霉汛轉瞬伏秋必須常住工次日事修防所有委勘舉人錢文炳控爭墓地一案合並仰懇俯賜轉行委杭州府勘覆抑或另行委別員會勘之處稟請裁示到司並據舉人錢文炳等呈催前來除呈稟批示外合亟轉飭為此仰該府官吏文到即日遵照來檄事理吊查江姓契據查照袁丞前勘卷宗核對鱗圖秉公親履勘妥議具詳察轉毋稍遲延火速火速須牌

乾隆六十年六月初四日行

> 錢氏宗譜　上卷三　清理忠獻王墓案卷　一　錦樹堂

按察司奉牌

為叩恩察核等事案據無錫縣舉人錢文炳等呈稱先世忠獻王墓一所神道碑後坟磡下餘地被錢在中盜賣與江氏江錦盜買改契江福麟健訟藐法把持頑抗今復併佔三畝之地等情前來除批示外合飭勘詳為此牌仰該知府官吏立即會同委　員勘丈明確嚴審有無盜買盜賣各實情錄供繪圖詳候察奪毋任抗佔狥延致干未便飛速火速須牌

計粘抄詞

右牌仰杭州府准此

乾隆六十年六月初四日行

> 錢氏宗譜　上卷三　清理忠獻王墓案卷　一　錦樹堂

錦樹觀碑文

唐末五季之亂海宇鼎沸生民爛灼惴惴焉朝莫必其吞其倖全者牛敉懸鶉慶幸出望外矣獨吳越之民饜稻豐帛饒逸不滅全盛時燕遊相繼歌吹競逐文物粲然絃歌接響與唐末五代相終始幾及百年吳越王力也夫保樂利於全盛其功德在民猶百世不可諼況遍茲九有焦然喪其生而以獨力庥蔭一方使不知人間有離亂事功德爲何如者哉然則此方民雖亘千億年詎忘錢王德乎富強擅天下而不稱尊疆域足自支而亟歸土闕一已應備

之富貴曲全斯民彼其忘已澤物之誠蒼蒼鑒之矣是以畢宋之世錢氏文學侍從之臣接踵顯聞爲宋代甲族而名卿碩德迄今纍纍不絕天之報之其厚如此則功德不可諼之一徵也吾邑有錢裔自元末時永嘉書院山長諱士元之第五子復從錫邑爲贅於吾里薛氏復之從弟裳舉明洪武庚戌進士其子誠進香武當路嬰危疾夢神救濟因繪帝像殿圖捨家祠基建殿塑像事之名曰錦樹觀其載在縣誌則曰眞武祠而備載捨建顛末無何延道侶焚脩其中家廟積久遂廢康熙改元之七年歲戊中里中紳士叩請沈開恆法師主法席既而道風大振事謀鼎新憮然曰不可忘所自也將立木主以祀創始者裔孫上選捐貲於神殿則搆一室奉焉懼如前之積久而廢也思勒石垂後屬詞於余嗟乎人治之大報本反始而已開恆居其居而不忘所自上選知念祖澤而思垂之積久皆可書也矧吳越王功德在人天無不加祐厥裔而上選又能捐建道院俾里中有志虛無清淨之學者得所皈依眞不愧吳越王孫矣睹是主也四王之靈寔式憑之後之人庶永護哉

前進士出身光祿大夫太子太保戶部尚書里人張有譽撰

錦樹觀碑文

事之廢興豈不以人哉得其人則興非其人則廢自古然也然亦有審勢歸命捐已尊物獨能以廢爲興者吳越王不私半壁之地尺寸悉歸之宋似爲廢國矣而終宋之世以迄於今簪纓冠江左亡國之社屢墟而錢氏累世享富貴較之宗祊爲特久孰廢孰興非早智之君不辨也逮乎後昆進士錢蒙之子誠善述此意感武當一夢慨然捨其家祠以祠元帝亦似一廢家子也而元帝香火幾三百年則錢公之精爽聲聞亦幾三百年又其子孫昌衍詩禮金

帛亦幾三百年其孰廢孰興苟非早智之士夫誰能辨之推厥所由盖由元帝敝屣國王太子而得修悟於磨針一老嫗此其以廢爲興亦各氣類相感使然歟歲戊申衆延開恆沈法師闡揚帝教更名錦樹觀仍石鏡山蹟也於時皈依日廣僉同鼎新咸曰錢公精爽聲聞雖振古不衰然罔所憑依其蒸嘗也闕焉非所以妥先靈并申帝祐也盍以一木主主之裔孫上選曰此又不可與帝同室也室同則列之帝前疑于踰等置之帝旁又疑於掩尊吾將別爲一室居焉所不能强構堂楹者則視乎其力耳夫力之所及則錢公誠悉彷武當廟貌而成之力所不及則上選僅謀數椽而宗祀之事上選之事亦猶志錢公誠之志也志錢公誠之志則亦猶志錢王武肅之志也是烏可不貞之珉自此廢者恆興而興者亦不至於廢則不特錢之肖孫而亦可爲帝之法胄矣然則以廢爲興起廢爲興豈不皆以人哉

賜同進士出身原任陝西鞏昌府安定縣知縣里人戚藩題

寬甫公墓案

生員錢肅潤　錢錫英　錢蓮　錢奎光　錢亮熙

錢枝盛　錢丹霞　錢嶔　錢葉幹　錢世忠

錢世德　錢仁武　錢雋　錢盛張　錢法

錢燮　錢誠　錢權

爲惡佃不法叩憲嚴究事上祖宋將仕郎寬甫公諱裕於元延祐年間安塟廿一甲伕塢艮字二十九號墳山二十四畝東址塘道塢西址陳宅山現在錢文敬錢時安兩戶辦糧臺冊可証其墓之左右子孫從塟開單呈電其穴前石亭墓門華

表明堂田一坵及沼池外墳堂屋十六間看墳佃陸大祖父世代看守中供祠神位餘屋付佃居住事歷四朝廿代子孫世守祭掃歲時伏臘並未遺缺豈世　陸大陸富陸驤欺生等家室衰微拆毀原房移造於趙家花園頭　生等追念祖宗一脈繪圖神位迸供中間餘仍付居豈逆　跋扈拒命竟將位牌棄擲塵埃希圖湮沒　生等水源木本焉忍甘心若不呈究其墓恐被覬覦爲此迫叩

天臺恩賜勘訊嚴究使先靈有托祖塋永保上呈

康熙二十六年三月初二日呈

奉批　候弔糧冊核勘訊奪呈據存

斷案

邑尊徐訊得甲伕塢艮字二十九號厚本山之原山糧二十四畝爲宋將仕郎錢寬甫公墓現核糧冊錢文敬辦糧四畝錢時安辦糧十八畝五分其左錢京錢旦錢臺其右錢岳臺念臺錢元繚皆子孫從塟穴前石亭墓門華表明堂田一坵及沼池外墳堂屋十六間中供神位餘付佃居住係陸大陸富陸顯之祖父世代看守該佃拆毀原房移造於趙家花園頭顯係欺主衰弱肆行無忌肅潤等曲意

加恩將位供中餘仍付居該佃正當謹守以贖前愆乃惡佃拒命不遵竟將牌位棄擲塵埃今據呈核冊勘訊屬實著墳主錢肅潤等照錢文敬錢時安兩戶所辦山糧二十二畝五分收管永保其墳僕不法本擬懲究姑念無知飭令陸大陸富陸顯敬供神位具改過甘遵依看管再給示曉諭自後倘仍前玩法許即稟拏立提重究須至示者

康熙二十六年九月初五日鐵案新語

告示
無錫縣正堂徐爲惡佃不法等事據生員錢肅潤等具呈
亘字二十九號山二十四畝安葬宋將仕郎寬甫公穴前
石亭墓門華表明堂田一坵及沼池其左右子孫從葬外
墳堂屋十六間中供神位被墳僕陸大陸富陸顯拆毀移
造趙家花園頭肅潤等供位付居如前乃惡佃拒命不遵
將位隳棄擲塵埃今除訊斷令墳主照錢文敬錢時安所
辦山糧二十二畝五分收管執業其墳佃不法從寬飭具
改過遵依看管給外再行給示曉諭如仍前玩法定提重

究
宥化下二十七都二圖地總陸孟榮實帖陸墳佃門
首
康熙二十六年九月初八日給

清理單嶂山各祖坟塋事實
傳單
吾族單嶂山世墓自宋迄今幾及千載近因子姓繁衍又
篤遠散處除各子姓分戸辦糧外其應辦之糧失收尚多
以故盜葬盜賣者不少誠吾族一大痛心事也吾祖及父
屢次整頓而坟糧未及補收余於今春特買舟到上塘拉
裔孫宏卿跟尋糧書芮承典一仝到山逐一查核明確自
十二世　志盛公以下若慶甫公明遠公彥春公伯剛公
伯和公種德公順德公正德公等墓共失收一百幾十畝

糧存芮糧書處又邀各支尊長到山查核無異已與糧書
說明每畝補糧五錢按數收回矣但現在補糧及日後辦
糧之費理應各支均勻公派爲此通知各支尊長於本年
二月初一日齊集義莊逼同酌議并定一切永久條規庶
幾　祖墓可以永保須至傳單者
乾隆四十七年二月　武肅王三十世孫吉臣傳
公議
震暘等因族吉臣清理單嶂山　列祖葬所及四址畝
數前日會邀吾等到墓查核各　祖墓穴詳細分明深爲

可喜但補糧辦糧費各支應照　祖墓畝數承當理無推
諉為此會議捐數并永久條規如左
一收山糧一百四十五畝每畝補墊完糧錢五錢
一收後辦糧需置田十畝歸入義莊收息辦納
一坟佃看管亦需置田四畝入莊收息給發．
一各支收項貯義莊補糧置田俱倩司事石安鄰
一各祖坟糧永歸義莊承辦

武肅王二十七世孫震暘
來章

乾隆四十七年二月　二十八世　思洪公議登簿
二十九世　魯傳

三十世　濟時

各支應認各祖塋地畝數列後

十二世　志謚公塋軍嶂山正峰坟山十畝樵柴現孫承
豐嘉
慶甫公支認五畝
伯和公支認二畝五分
種德公支認八分四釐
順正德公支各認八分三釐

十三世　慶甫公塋父墓之右

十三世　寬甫公塋甲伩塢艮字號厚本菴現在小後亥菴堂
山之原錢糧坟佃辦山柴不還以抵糧

十四世　明遠公塋志謚公墓左另有石羅城坟山二十
畝樵柴現孫效山

十五世　彥春公塋父明遠公墓右穆穴
伯和公支認十畝
種德公支認三畝三分四厘
順德公支認三畝三分三厘
正德公支認三畝三分三厘

十六世　伯剛公塋志謚公墓下之右穆穴坟山十畝樵
柴現陸國太
種德公支認三畝三分
順德公支認三畝四分
正德公支認三畝三分

十六世　伯和公塋志謚公基下之左昭穴坟山十畝樵
柴現陳艮甫
伯和公支獨認

十七世　梅堂公塋志謚公墓對面黃泥嶺坟山二十五

畝樵柴現孫寶山

種德公支認八畝三分三厘

順德公支認八畝三分三厘

正德公支認八畝三分四厘

十八世　惟常公葬桃花塢稍南白旄嶺另有石羅城墓門碑碣昭穆穴十九世孟清深公坟山二十畝樵柴現孫永茂豐福山

種德公支獨認

十八世　惟孝公葬父塋之右

十八世　惟義公葬梅堂公墓左另有羅城墓門華表名九碑坟坟山二十五畝樵柴現孫寶山

正德公支獨認

二十世　世梁公葬官來塢未收

二十世　慕雲公葬黄泥嶺過塘塢二十一世仁熙公另塋於父塋之右坟山共十五畝樵柴佃孫永安每年還山柴租銀六錢八分交納義莊

順德公支獨認

二十世　伯川公葬靈官殿左長盆塢猪岡稍坐北朝東南坟山十畝樵柴現孫仁岡郎坟佃

伯川公支獨認

各支補糧數總結

慶甫公支收五畝該二兩五錢收足

伯和公支收二十二畝五分該十一兩二錢五分收足

種德公支收三十五畝八分一厘該十七兩九錢零五厘、收足

順德公支收十五畝八分九厘該七兩九錢四分五厘又認仁熙公十五畝該七兩五錢內應扣原辦糧十

五畝該錢七兩五錢收足

正德公支收十五畝八分該七兩九錢又收惟義公二十五畝該十二兩五錢連後置田錢捐租二石四斗五升未足

伯川公支收十畝該五兩收足

收後各支應捐資置田辦糧賑數列後

一每年完折實平田十五畝五分一厘五毫應辦官錢一兩七錢一分約三兩四錢二分

一每年完糧米約一石一斗零約五兩五錢

一每年坟佃孫永豐看管米三石約七兩五錢

一每年冊耗差扇人零星約三兩

共每年需費約十九兩四錢二分須置田十四畝承

入莊收息辦納田價每畝約十二兩共該一百六十
八兩各支派收山糧一畝應認置田錢一兩一錢六
分
慶甫公支認置田錢五兩八錢收足
佰和公支認置田錢二十四兩八錢八分五厘現收十六兩四錢
種德公支認置田錢三十九兩六錢零七厘收足
順德公支認置田錢十八兩一錢一分四厘三毫又認仁
熙公墓置田錢十七兩四錢共三十五兩一錢四分
三厘現收十五兩三錢

正德公支認置田錢十八兩零一分四厘三毫又認正德
公墓置田錢二十七兩六錢五分共四十五兩六錢
六分四厘三毫連前補糧捐租二石四斗五升合數未足
伯川公支認置田錢十一兩六錢現收六兩五錢一分半

清糧憑票存莊

立清糧憑票糧書張徐王郎芮承與向有才字號軍嶂山
各坞糧一百二十畝係錢氏世墓列碣炳証因其後裔散
居窵遠在局辦納現奉　憲五十做數赴金匱縣錢氏義
莊同各墓的裔馬橋震暘宗啓北錢來章位山七房橋思源思洪嘯傲涇
吉臣春臺三房巷君銓齊章等到軍嶂山查明核實印收三面公議
補糧錢三十九千九百文正自後各公墓裔永歸立戶承
辦兩愿非逼恐後無憑立此清糧憑票爲照

計開　錢志盌公墓　山糧十畝
明遠公墓　山糧二十畝
伯剛公墓　山糧十畝
伯和公墓　山糧十畝
梅堂公墓　山糧五十畝內正德公墓二十五畝
惟常公墓　山糧二十畝

另有伯川公墓　山糧十畝議明補糧錢三千五百文
仁熙公墓　山糧十五畝前有錢公墓花戶歷逕辦糧十畝今
另收山糧五畝公議補糧錢一千七百五十文

乾隆四十七年三月　日立清糧憑票芮承與
錢宏卿
高仁聲
孫永豐
自　書

墳佃看管　存莊

立看管佃孫永豐向已承管　錢府志盜公惟常公悳今又增管明達公伯剛公伯和公梅堂公慕雲公仁熙公等墓每年在義莊內領膳米三石自看後不致怠玩荒廢即有盜賣盜葬等情即到義莊報明整理倘有匿報即係通同作弊任憑究處自愿非逼恐後無憑立此看管爲照

乾隆四十七年三月　日立看管佃孫永豐

仝子　歷山

見　芮承輿

呂雲仙

自書

立看管孫永豐天益今增看管　存莊

錢府明故伯川老爺玟山拾畝坐落猪崗稍北東面上至山頂下至沼池其上碑碣完好樹木茂盛一應身爲看管自後少有損壞及一切盜賣盜葬等情即刻到義莊報明整理如有匿報即作通同舞弊聽憑　錢府送官究治立此看管爲照

計開每年看管白米三斗

乾隆四十七年三月　日立看管孫永豐

天益

見　錢洪卿

代筆　楊德明

正德支捐單存莊

立實捐單思源嘉謨等今因單嶂山祖坐收糧及官銀粮米佃賞等費吾七房橋分將忠字乙千零十七號平田九分五厘寔租九斗五升則字四百十八號平田五分五厘寔租五斗五升又一千四百三十三號平田一畝寔租一石捐入義莊收租管業代爲辦理恐後無憑立此捐單爲照

計開 佃戶朱華大九斗五升
錢明九乙石
錢裕若五斗五升

乾隆四十八年八月　日立捐單思源　嘉謨
明球　思洪
耀奎　學仁
天榮　起祥
瞻雲　邦楨
代筆　來章

通族設辦坟佃飯米田租細數册

忠字三百四十九號平田三畝七分四厘
夏麥八斗　佃錢天章一石三斗三升三合
秋租四石　錢理祥一石六斗六升七合
錢七官一石

忠字一千零十七號平田九分五厘
夏麥一斗九升　佃朱華大
秋租九斗五升

則字四十八號平田五分

夏麥一斗　佃錢裕若
秋租五斗

則字一千四百三十三號平田一畝
夏麥二斗　佃錢鳴九
秋租一石

立捐單惟常公支裔孫天祥秉德憲武周氏華氏吉臣熊
占以明冠倫春臺等於乾隆四十七年二月將坤車嶂山
自十二世志宣公以下各有分祖塋當日算明應認補糧
錢十七兩九錢零五厘置辦糧田錢三十九兩六錢零六
厘四毫共五十七兩五錢一分一厘內除今已捐足歸莊
自後莊內永久承辦除濟又吉臣獨捐惟常公墓祭田祖
二石三斗併入義莊收租每年祗給主祭惟常公墓祭分
一兩再給洪聲公後裔到墓祭費一兩後或貧窮子孫不
得向莊另算所捐是實立此照

計開 各人捐數另有細册歸莊
祭田忠字三百零四號平田三分
忠字三百四十九號平田一畝八分六厘
實租三斗 夏麥六升 佃夏長法
實租二石 夏麥四斗 佃錢聖祥
乾隆四十八年十一月 日立捐單天祥 冠倫
秉德 天貴
憲武 天錫
周氏 承祥

華氏 明德
吉臣 濟時
熊占 以明
春臺 虹開
嶽題
執筆 鳳威

永禁塋賣公議

立永禁塋賣公議上塘丕顯丕裕世德泰徵雲龍下塘震暘來章思洪魯傳吉臣等吾十二世祖志盛公塋軍嶂山正峰十四世祖明遠公塋於志盛公之左另立羅城十五世祖彥春公郎塋明遠公墓右之穆穴十六世祖伯剛公伯和公塋於志盛公之墓下穴分昭穆諸公之墓歷年既久曾有劣裔及不法墳佃勾串作弊私塋盜賣已於康熙年間有十峯公爲祖塋稟官立案方得遵守今近百年前弊復萌爲此拉集各支在草寮祖祠立議永禁恐後無憑立此

公議一樣十紙立議十人各執一紙爲照

乾隆五十年三月　日立永禁塋賣公議

上塘丕顯　丕裕　世德　泰徵　雲龍　洪章

廣生　公裕　在高　中夏　丹山　愷元

義臣　天長　用吉　士珍　洪高　大德

下塘震暘　來章　思洪　魯傳　吉臣　萬源

三錫　師周　西京　紹曾　宗啓　濟時

介眉　以行　鳳威

執筆　來章書一紙　錦坡書三紙

吉臣書四紙　衡七書一紙

麟修書一紙

議後再飾永禁將來自後凡屬子姓各宜永守不許私塋盜賣倘有犯者先行家法懲治復仍送官請究

立捐單士龍向故父仲卿生余兄弟二人弟名士德未娶
而殤余娶金氏帶來子一人名桂元已經輯譜註明今愿
捐制錢七千文歸入義莊置田租八斗以作惟常公墓祭
田自捐之後聽莊主辦立此爲照存
乾隆五十二年二月　日立捐單士龍
見　顯武
熊占
以行
吉臣
負若
鳳威
虹開
永興

禁竊塋議單　惟常公墓
立合同族議三錫君輔思洪魯傳吉臣濟時以行芳倫遵
王鳳威等軍嶂祖塋對山有黃泥嶺者是梅堂公墓上透
山頂下至田西至正德公墓東至石街係吾十七世祖也
又有坐落桃花塢者係十八世祖惟常公墓其祔塋昭穆
穴者乃孟清孟深二公是第十九世祖也墓記鑿鑿碑碣
林林自明迄今相傳保守勿使陵替誠可謂源遠流長子
孫之幸矣詎意公之後裔日以繁多賢愚不一竟有孟滄
公分住居近墓不遵規例擅將公山爲己產私賣他人致
公贖令遷退契現存義莊更有托公地爲祖遺瞞行埋塋
不顧祖之妨礙只圖身之便利如此凌族滅理奚堪坐視
現押令遷外拉集本分子孫并邀別支尊長稟公立議永
禁將來嗣後凡屬後裔各宜循規保守不許藉口祖遺再
行竊塋竊賣如有此等先將家法重處次則送官懲治此
我同宗務宜嚴察稽查不可疏忽以後有犯者立此合
同族議一樣四紙一紙交上莊[illegible]收執一紙
交下塘惟常公裔吉臣收執一紙交梅堂公裔魯傳收執
一紙交正德公裔思洪收執存照

乾隆五十四年正月　日立合同族議

三錫　君輔　思洪　魯傳　吉臣　齊時　以行

芳倫　遵王　鳳威

族長賓賜　聊夏　丕裕　丕烈　丕顯　大占　王山

世德　君叅　洪高　文高　鳳鳴　執筆泰徵

錢氏宗譜　上卷四　[illegible]　十八　錦樹堂

發佃墳山合同議據

立合同議據墳主錢承恩、來章、丕裕、丕顯、世德、魯傳、又新、泰徵、

吉臣等，吾族里嶂山自志富公以下祖塋，於四十七年三

月填佃孫永豐等立看管存於族，議往近因族人中迨墳佃

盜賣盜葬墳前餘地，今上下塘冚族立議永禁，各執為據。

併孟清公墓下有族人設生私葬，經合族通族長押令遷

出。為此合議知墳佃孫永豐今後附近如有私葬等情，

即宜即到墳主報明，若有匿報，即係通同作弊，送官

究處。立此合議據為照。

錢氏宗譜　上卷四　[illegible]　十九　錦樹堂

乾隆五十四年十二月　日立合議據錢承恩　來章

丕裕　丕顯

世德　魯傳

又新　泰徵

吉臣

執筆　寶泉

立承諭筆據墳佃孫永豐身於乾隆四十七年三月承管
錢府志益公以下等墓已立看管存莊今因上下塘墳主
立議禁盜賣盜葬發諭據於身自後加意看管倘有違議
犯禁等情身即刻報明墳主倘有匿報即作通同作弊任
憑送　　追自愿非逼立此承諭筆據兩紙一紙存上塘
祖　　紙存下塘義莊為照　存莊

計開

墳看管飯米四斗本年起

乾隆五十四年十二月　日立承諭筆據墳佃孫永豐

仝子　培山
任山
日書

設立祭田　存莊
立軍嶂山　祖塋祭田公議震暘來章等軍嶂祖塋祭費
須置田十畝價以敏畝十六兩為則准於今年九月中湊
歸義莊不得遲悞仍公同置買現租永產以奉祀烝嘗立
此公議為照
計開　馬橋支該捐田一畝該錢十六兩
北錢支該捐田二畝二分五厘該錢三十六兩
惟常支該捐田二畝二分五厘該錢三十六兩
惟義支該捐田二畝二分五厘該錢三十六兩

惟孝支該捐田二畝二分五厘該錢三十六兩
另梅堂公墓該惟常惟義惟孝支各捐田一畝
公議一樣六紙一存義莊每支各執一紙存照
乾隆五十四年三月　日立公議震暘　舜卿
思洪　來章
坤發　宗文
士傑　觀益
吉臣　希珍
石安　嘉謨

君銓　祿在
鳳威　鳴苑
自得　來乙
大德　遵王
豈珩　學曾
裕德　虹開
三錫　惟周
以明　位三
思周　齊時
本忠　宗啓
芳倫　紹和
學成　嶽題
雲開　耀奎
茂高　鳴山
魯傳　世榮
韡庭
執筆

馬橋支實捐數
震暘等　捐田一畝捐單歸莊
伯和公支實捐數
來章師周等　捐六九六錢三十六兩歸
種德公支實捐數
貫一鳴苑等　捐六九六錢五十四兩二錢歸莊
順德公支實捐數
君銓紹和雲開魯傳等　捐田二畝山枝銀六錢入分捐單歸莊
正德公支派捐數

立捐單馬橋支裔孫霞暘今將集分公置吳姓夙字一千
六百七十二號內平田一畝實租一石麥叒絶價銀十六
兩正捐爲軍嶂山志宝公墓祭之產自捐之後歸入義莊
收租執業永爲絶產錢糧隨產辦納恐後無憑立此捐單
照莊存
現租　佃華士元次子
乾隆五十四年十月　日立捐單馬橋支裔孫霞暘
自書

立捐單順德公支裔孫君銓魯傳紹和萬隆廕穀等遵議
捐軍嶂山　志宝公等墓祭田實租二石又山枝銀六錢
八分同捐入莊永遠收息以奉烝嘗立此爲照莊存
計開　夙字一千六百七十號一畝三分五厘一毫
一千六百七十二號三分八厘八毫
一千六百七十六號二分五厘
共實租二石夏麥四斗　佃華士元次子
山枝銀才字號慕雲公墓下
佃孫福山二錢四分　孫芝山三錢二分

孫永慶六分　孫明山六分
乾隆五十四年十二月　日立捐單順德公支君銓
魯傳　紹和　萬隆　廕穀
見 霞暘　宗啟　泰徵　石安
吉臣　以明　執筆魯傳

立請田文書墳佃孫永豐今請到存莊
錢府義莊內單嶂山才字號祁瑩惟常公墓下測左開出
田兩塊共成四分共租四斗麥無自請之後每年將米到
莊完納永作惟常公祭田恐後無憑立此請田文書為照
乾隆五十四年十二月　日立請田文書孫永豐
仝子　培山
　　　丕山
自書

下塘捐設祭田捐單

立捐單裔孫震暘來章希珍君銓魯傳貫一宗啟吉臣以
明等向因十二世祖　志宣公墓葬在開化鄉單嶂山才
字號春秋致祭集分紛繁特捐祭田實租十一石零五升
每歲收租以奉烝嘗庶垂久遠今上塘亦置祭田實租十
石零三斗立捐單二紙一存上塘泰徽處一存下塘義莊
故亦立捐單二紙一存義莊一存上塘泰徽處以便稽查
此照存莊

計開　則字一千四百三十三號　平田一畝　夏麥二斗　實租一石　佃錢文秀
盡字二百七十九號　八十六號　平田一畝四分　六分八厘一毫　夏麥四斗九升　實租仁石四升　佃周洪興
温字八百三十三號　平田四分六厘　夏麥一斗　實租五斗　佃錢天生
凤字一千六百七十號　平田一畝三分五厘一毫
一千六百五十八　七十二　七十六號　平田三分四厘　一畝　三分五厘
共夏麥六斗　實租三石　佃華士元　子炎
忠字三百零四號　平田三分

夏麥六升 實租三斗 佃夏長發

忠字三百四十九號 平田一畝八分六厘

夏麥四斗 實租二石 佃錢聖祥 七官

松字三十五號 平田一畝八分

夏麥無 實租一石八斗 佃錢永升 起元 萬祿

共平田十畝零四分九厘 共夏麥一石八斗 實租十一

石零五升 山枝銀六錢八分

惟常公墓祭田三石一斗已有捐單存莊亦在內

又惟常公墓下才字號開出田兩塊田四分租四斗永

作惟常公祭田有孫永豐請田刻前

乾隆五十七年正月 日立捐單裔孫 震暘 來章

希珍 繡峯 君銓 師周 紹和 雲開 魯傳

芳倫 貫一 遵王 紹曾 濟時 宗啟 以明

吉臣 貿日 來乙 石安 鳳威 執筆殿光

上塘捐設祭田捐單

立捐單裔孫洪章丕顯丕裕公裕雲龍用吉等向有十二世祖 志宣公塋於開化鄉軍嶂山才字號因春秋致祭集分繁劇下塘已設祭田是以上塘亦公捐祭田實租十石三斗每歲收租以奉烝嘗永垂久遠恐後無稽立此捐單一樣二紙一存上塘泰徵一存下塘義莊爲照

計開 絲字六十五號 平田五分三厘

夏麥一斗二升 實租六斗 佃王阿閏

一百二十號 平田二分

夏麥四升 實租二斗 佃姚阿令

一百八十三號 平田二分五厘

夏麥六升 實租三斗 佃錢裕萬

二百零二號 平田一畝六分一厘六毫

夏麥三斗六升 實租一石八斗 佃錢裕萬

二百六十二號 平田七分七厘七毫

夏麥一斗六升 實租八斗 佃楊桂芳

二百六十三號 平田一畝五分四厘

夏麥三斗二升 實租一石六斗 佃楊桂芳

二百六十四號　平田二畝零八厘七毫
夏麥四斗二升　實租二石一斗　佃楊桂芳
六百七十四號　平田一畝零三厘三毫
夏麥二斗四升　實租一石二斗　佃談　大
墨字七號　平田六分
夏麥一斗二升　實租六斗　佃錢廷章
悲字二百七十七號　平田六分
夏麥一斗二升　實租六斗　佃高歪毛
維字三百十七號　平田五分

夏麥一斗　實租五斗　佃許阿大
共平田九畝七分三厘三毫
夏麥二石零六升
實租十石三斗
乾隆五十五年正月　日立捐單裔孫洪章　丕顯
丕裕　公裕　雲龍　用吉　世德　元龍　義元
泰徵　吉臣　殿光　代筆一紙泰徵一紙殿光

立合祭軍嶂　祖塋議十二世志宝公等墓向未設有祭田今於五十五七年下塘子姓捐設祭田租十一石零五升山枝銀六錢五分正又惟常公祭田三石一斗又墳旁開出租四斗己上山租枝銀悉歸義莊董事辦理上塘亦捐設祭田租十石三斗歸草菴　祖祠奉祀孫泰徵辦理春祭上下兩塘輪值支銷辦糧祭費外得有贏餘擴置祭田立帳備查如有存私鳴鼓共攻立此二紙一存義莊一存祖祠奉祀孫泰徵爲照

乾隆五十五年正月　日立合祭議震暘　來章　洪章

丕顯　丕裕　思洪
公裕　在高　世德
仁元　愷元　魯傳
泰徵　吉臣　以明
執筆西京

墳佃孫裕國盜賣祖塋餘地魏邑尊斷語

乾隆十八年八月十二日縣尊魏勘後訊據錢氏墳山被
孫裕國盜賣一畝與戴雲龍造墳追等原主顧姓又契係
以遞交山契雖有售賣字樣且顧大成亦係錢氏墳佃現塋
錢墳界內其賣售顯屬私相授孫裕國盜賣主墳本應責究
姑從寬立押歸還業主其遞私售價銀各自理直其盜伐
墳樹一並從寬免究取孫裕國小心看管不致再被盜伐
甘結各契塋錦附卷可也

具看管甘結孫裕國今具到
本縣正堂太老爺 案下業奉審明墳主執業併具遵
依看管等因遵依業經具遵在卷今身情願看守墳主
孟清公墓併祿堂兩處小心看守所有墳上樹木及羅
城圍牆不致損傷亦不敢仍蹈前轍合具看墳甘結是
實

立甘伏墳佃孫永豐向父裕國於乾隆十八年盜賣
錢府 祖塋餘地經縣 魏大爺斷追押令身父另立看
管有案父身故後身兄弟永豐永茂接管又不知理法私
串糧書勾通洪鄉五官盜賣餘地錢府察出控究歷經縣
府 藩 憲查勘訊明清追完案身等兄弟二人懇求錢府
寬恕願具甘伏以免解究嗣後照錢府所刻墳圖各公墓
上碑碣祭臺羅城階級墓門華表等以及墳旁一切餘地
小心看管不致復蹈前轍如有厘毫再行妄為聽憑送處
立此為照莊存

乾隆五十七年九月　日立甘伏孫永豐
永茂
歷山
培山
丕山
見墳丁　陸國泰
義莊丁　呂三叔
代筆　黃三元叔

追究墳佃孫求山等伐樹折碑案卷

舉人錢文炳　學正錢世燦　貢生錢邵霖
貢生錢香魁　生員錢　楷　監生錢松元
監生錢　燦　監生錢　坡　抱屬錢忠呈

為惡佃伐樹傷塚刻提嚴究追保事治等有祖墓十所坐
落　憲治才字號化下區單嶂山山麓墳樹約有千餘係
佃孫求山孫立山兄弟世代看管歲給飯米六石六斗駭
於今三月治等掃墓諸墳樹木頓覺稀少并有九碑墳倒
去碑五個折斷華表柱一根墳樹盡行伐去約計共有三

百餘棵當究墳佃佃諉不知隨愬地總郭鳳來避匿不面
治等本當即行將佃解究緣族衆丁繁有遠館在外者茲
得集議非求刻將惡佃嚴究則諸墳墓保為此亟叩伏乞
電提墳佃兄弟并提地總嚴究有無串通盜伐情弊法追
保墓存歿沾仁上稟

嘉慶二十年四月二十三日呈

奉批　候拘墳佃地總訊究奪

本縣正堂韓斷語

韓邑尊審得孫天秀陳浩千何阿紀倪阿關杭阿才孫麟
山砍伐錢燦墳樹各予分別責處惟孫永喜年老從寬免
究孫天福訊係混投省釋孫求山現在患病俟痊日補提
孫鳳山一併發落所砍墳樹著各栽賠取給送查

嘉慶二十年八月初五日斷

軍嶂山墓案

知府銜廣東候補同知前署海陽縣知縣錢謌清花翎五品銜候選縣丞錢最藍翎五品封典錢福基藍翎五品銜候選縣丞錢鈁候選布理問錢復鉌六品銜錢雲祥候選縣丞錢鴻聲國子監典籍錢昺庚午舉人錢鴻鼎甲子副貢生錢家駒優增貢生錢鳳銜增貢生錢震榮附貢生錢士炳附貢生錢鍾英府廪生錢廣濤鄉飲賓錢珝附生錢炳文附生錢嶸駿附生錢文淵附生錢青萬附生錢鴻綸附生錢鴻炳附

生錢福齡附生錢名振職員錢增職員錢德培職員錢永德職員錢兆奎監生錢寶錦監生錢派雅襲職雲騎尉錢炳南襲職雲騎尉錢賡陛抱屬錢升稟

爲公請示禁以保祖塋事竊治等公共遠祖宋故承事郎志寧公墓暨慶甫公光遠公明遠公彥春公伯剛公伯和公仲益公孟謙公松堂公筠堂公梅堂公汝明公惟常公惟孝公惟義公惟賢公孟清公孟深公孟津公孟浩公孟溥公孟澤公昨非公慕雲公伯川公愛日公仁熙公十峰公等各墓坐落治下二十七都一啚才字號軍嶂山各戶承辦山糧共計三百餘畝前因陸佃看管時曾有嵇姓串通該佃盜賣盜葬被損樹木等情于乾隆五十七年間屢經控奉前憲批飭押遷並奉撫憲奇批示立碑永禁在案後于咸豐九年間坟佃陳阿二盜賣與莊姓盜葬當經控奉陞前憲訊明至十年四月粤匪竄擾案懸未結陳阿二仝子佛林監禁在案城陷逃避至今畏法不歸因此無人看管兼因治等散處兩邑路途遙遠難于兼顧近年常有塚墩被損情形顯係附近不法棍徒毀移碑石縱放牛羊踐踏竊取樹木柴草屢訴該啚地保陸隆元等非特不理並不

禁止故治等今秋用價招募坟佃蔣春書立筆據給發住屋膳米令其看管各墓樵採柴草惟蔣春素性懦弱人地生疎恐不法棍徒習慣多年難免仍踏前轍治等祖塋勢難保守爲迫鈔據粘呈環叩

老公祖大人電鑒恩准給示諭禁俾得八百餘載之祖塋永久保守存歿均感朱衣萬代上稟

計呈粘據一紙

光緒四年九月二十三日呈

無錫縣正堂裴批　准給示諭禁粘據附

墳佃蔣春看管

立投靠看管墳墓文據蔣春仝子連元 三元今投靠到

錢府看管 宋故志寧先太老爺墓及 慶甫 光遠

明遠 彥春 伯剛 伯和 仲益 孟謙 松堂

筠堂 梅堂 汝明 惟常 惟孝 惟義 惟賢

孟清 孟深 孟津 孟浩 孟溥 孟澤 昨非

慕雲 伯川 愛日 仁熙 十峰等諸位先太老爺各

墳墓自願仝子央親族作保投靠世代看管承 墳主給

賞洋捌拾元正并給墳堂屋壹所居住自投靠之後世代

謹慎小心看守永不敢怠忽如有人侵損墳墓樹木及盜

賣盜買盜塟等情隨即報明 墳主不敢狥情舞弊每年

承 墳主給發白米叁石陸斗正自願非逼欲後有憑立

此投靠看管墳墓文據爲照

計開 下塘墳主給領白米叁石正

上塘墳主給領白米陸斗正

墳堂屋一所計四間

惟昨非先太老爺墳墓歷來另有墳佃陳佛

林看管近因犯案在縣逃避在外今身亦兼

行看管又照

光緒四年八月 日立投靠看管墳墓文據蔣 春

仝子 連元

三元

見中 保人 燭頭二官郎 兄學春

富春

弟三慶

親 楊繼元

糧書 江錦山

郭寶督

自求多福 地總 陸隆元

孫元林

原據存義莊 代筆 鄒鳳岐

告示

儒學署無錫縣 特授江蘇常州府無錫縣正堂加五級紀錄十次 為

給示諭禁事據知府銜廣東候補同知前署海陽縣知縣錢嗣清花翎五品銜候選縣丞錢最藍翎五品銜封典錢福基藍翎五品銜候選縣丞錢鈁候選布理問錢復銖六品銜錢雲祥候選縣丞錢鴻聲候選國子監典籍錢昺庚午科舉人錢鴻鼎甲子副貢生錢家駒優增貢生錢鳳銜增貢生錢震棨附貢生錢士炳附貢生錢鍾英府廩生錢廣濤鄉飲賓錢納附生錢炳文附生錢嶸駿附生錢文溯

附生錢青萬附生錢鴻綸附生錢鴻炳附生錢福齡附生錢名振職員錢塏職員錢德培職員錢永德職員錢兆奎監生錢寶錦監生錢振雅襲職雲騎尉錢炳南襲職雲騎尉錢賡陞家屬錢升等禀稱竊治等公共遠祖宋故承事郎志甯公墓暨慶甫公光達公明達公彥春公伯剛公伯和公仲益公孟謙公松堂公筠堂公梅堂公汝明公惟常公惟孝公惟義公惟賢公孟清公孟深公孟津公孟浩公孟溥公孟澤公昨非公慕雲公伯川公愛日公仁熙公十峰公等各墓坐落治下二十七都一啚才字號軍嶂山各戶承辦山糧共計三百餘畝前因陸佃看管時曾有嵇姓串通該佃盜賣盜葬被損樹木等情於乾隆五十七年間屢經控奉前憲批飭押遷並奉

撫憲奇批示立碑永禁在案後於咸豐九年間墳佃陳阿二盜賣與莊姓盜葬當經控奉陸前憲訊明至十年四月粵匪竄擾案懸未結陳阿二仝子佛林監禁在案城陷逃避至今畏法不歸因此無人看管兼因治等散處兩邑路途遙遠難於兼顧近年常有塚墩被損情形顯係附近不法棍徒毀移碑石縱放牛羊踐踏竊取樹木柴草屢訴該

啚地保陸隆元等非特不理並不禁止故治等今秋用價招募墳佃蔣春書立筆據給發住屋膳米令其看管各墓樵採柴草惟蔣春素性懦弱人地生疎恐不法棍徒習慣多年難免仍蹈前轍治等祖塋勢難保守鈔據粘呈環叩

恩准給示諭禁等情到縣據此查毀人墳塋碑碣縱畜作踐以及盜砍墳樹均例有應得之罪豈容輕犯自罹法網據禀前情除批示外合行給示諭禁為此示仰該處居民及墳佃地保人等知悉自示之後倘有不法棍徒再在錢姓墳墓毀移碑石縱放牛羊踐踏以及竊取樹木柴草損

壞塚墩情事一經察出或被該墳佃等指名稟
縣定即提案從嚴究辦決不姑寬該墳佃地保亦毋徇庇
容隱致干併處不貸其各懍遵毋違特示
光緒四年十月初五日示
案落兵房經承范秉中

告示共六道
一道 仰廿七一啚地保裱糊張掛靈官殿前
一道 仰廿九五啚地保裱糊張掛南坊前鎮

一道 仰掛義莊前
一道 仰該墳佃裱糊張掛墳堂前
一道 存北錢意香處
一道 存新瀆橋覓初處

清理祖塋記

木之有本也培其本者葉必茂水之有源也溯其流者源必窮祖宗之於人不猶是乎吾族是進宗公遷居錫邑上塘下塘生息繁衍六世至三十餘世子姓之譜系彰彰可考而祖宗之墳墓漸漸遺失生其間者何以上慰先靈下詔來世乎用是丕顯丕裕在升世德玉山泰徵等於乾隆四十七年協仝下塘震暘吉臣輩清理軍嶂山甲仗塢各祖塋先將下塘墳糧立戶歸入義莊永遠承辦並勸上下兩塘設立祭田下塘歸義莊上塘歸草庵祖祠每年輪值

祭掃無缺又立各墓禁蓌禁賣公議上下塘合祭公議有志保墓者庶幾詢謀僉同矣而乾隆五十年復有墳佃孫永豐串同宏鄉將祖墳餘地私賣嵇姓妥與來章世德吉臣邀同族衆控縣父母上至藩憲八年之久幸蒙郡尊夏公藩憲長公批示結案永立禁碑所費雖多先隴克保至五十八年而始遷祖進宗公之墓在猪嶺者寬甫公之墓在甲仗塢者俱能一一清理焉是皆前人所幾番清理而防其遺失後人所恐其遺失而未由清理者也今得與族人從而識記之分別之或泐於石或鐫諸板傳諸久遠以

慰前祖以示後孫並各支譜牒亦經續輯增修兩閱寒暑
不簡不濫條分縷晰則保墓之道固有合於窮源追本之
意而其本敬宗以收族者亦備昭

族裔世錫賓目撰

志宏公墓左盜葬案

山東蒙陰縣知縣錢昂安徽霍邱縣教諭生員錢兆榮
生員錢文鈉鄉飲賓錢湜職貢錢邵霖生員錢楷錢惠
晦監生錢燦鄉飲賓錢潤廩生錢春臺錢仁賓生員錢
兆蘭生員錢朝勳廩生錢枚錢正中職監錢蘭錢惠春
生員錢文模生員錢堃錢景泗廩生錢世昌職員錢培
生員錢廷梅職員錢神監生錢錫祚錢宗旭監生錢堉
職員錢桂馥監生錢松元布政司經歷錢篤錢景福錢
敘成錢森抱屬錢忠呈

爲奸佃串盜呈叩籤提著交押還事治等祖墳自宋迄明
俱在軍嶂山才艮兩號共辦山糧二百八十五畝康熙二
十五年間被許姓串族錢爾靜盜賣盜葬奉前 憲押還
又乾隆十八年墳佃孫裕國盜賣戴姓造墳經前 憲勘
押歸還又五十年有嵇宦串族錢洪慶盜賣盜葬奉撫
憲奇仰府訊究押還給示勒石諭禁各在案刊載示譜簽
電駭於今春治等公同祭掃忽見十二世祖宋封承事郎
志宏公墓左旁十六世祖伯和公墓右旁突有四塚詢之
墳佃孫阿培始尚支吾繼漸吐實據稱城中周姓所葬切

岇等單嶂山祖墓八百年來歷奉各 憲仁咸保護子孫得以世守勿替何堪周姓奕然勾串盜葬該佃孫阿培積祖看管責專監守周姓造葬時竝未報明顯係得賄盜賣且係祖孫裕國孫永豐等屢次串盜歷崇究辦有案該佃膽敢復蹈前轍非求提究押遷八百年墳塋難保守爲迫簽明家譜呈叩籤提奸佃孫阿培刻賜訊明周姓何名郎著交出一併照例辦擬伏乞
電鑒恩准飭籤拏佃訊究押遷歿存均感上禀
道光九年五月十三日具呈

奉批 准提墳佃孫阿培訊供察奪宗譜附

八月十一日初審
邑尊陳訊得孫阿培供志益公墓左四塚係城中周虎觀於上年十一月初五日盜葬阿培得工價洋三十八元

陳縣尊斷語

査核錢邵霖譜載圖形周姓之墳葬在錢姓墓塚之上周虎觀呈契係屬遠年未稅不足爲憑顯係該佃盜賣當將孫阿培掌責周虎觀取保著交抱告周文將棺遷讓弁差押孫阿培於十日內將自厝之棺一併遷讓如違重處取限狀送查
道光九年八月二十二日斷 經承賀鼎泰 原差李和 强福

附刻墳佃請山舊據

墳佃各據

立承請山文書人顧義今請到

錢宅原贖徐家梅堂原山圩畝因本主寫退托佃前去看

管山上松枝茅柴等聽憑 本宅自行採取不致私自砍

情許他人損折其山亦不許他家冒楚恐後無憑立此請

山文書爲照 此據伯昇公裔支出存莊

萬曆四十七年十一月 日立請山文書人顧義

同弟 顧良

見請 錢士俊

瑒信

附仲益公才字錦樹墳山及殿糧詳據

洪武至永樂年族祖諱仲益字允升號爲錦樹山人有眉

嶂山祖塋一所一十三段墳佃孫日孫祖孫金孫邦

四人看守

萬曆四十年僧錢成吾看管靈官殿 關帝殿西廟觀音

殿週圍十方堂後廚灶餘屋圍地樹木祗許栽種不

許砍倒每年共補山糧三錢又貼祭銀六錢

立承召票僧德圓今召到

錢氏所拾關王殿及靈官殿基地錢糧議定照前筆據爲

年補銀三錢又念 錢府祖先施捨地基願貼祭掃銀六

錢依期交納聽憑錢府山主輪年經收決不短少恐後無

憑立此召票爲照

許開 週圍樹木不許倒截只可栽種

順治五年十二月 日立召票僧德圓

見 王念溯

孫華甫

代筆 僧性成

順治十四年歸戶才字墳山糧七畝五分又阿奶墳二畝
現今看管孫奉谷生四子看管七叚每叚補出紋銀一錢
轉輸錢糧之用
孫華甫看四叚　孫紹宗看一叚
下埸兩房看二叚
壟官殿前照墻下邊有墳地一塊黃處安葬但不許採利

立請田文書陞君聘典今自情願請到
錢宅青石墳山四畝一分議定應補每年出銀一錢五分
正不致有悞恐後無憑立此請田爲照　此據伯昇公裔交出存莊
計開　梅堂墳八畝五分在內
康熙二十八年三月　日立請田陞君聘
君典
孫廷甫

立請山租文書孫廷甫仝潘召駢仝請到
錢宅墳山三叚憑中議定每年還山租銀五錢四分正山
柴松頭任從樵稀並無言論二願非逼恐後無憑立此請
租文書爲照　此據伯昇公裔交出存莊
康熙四十四年十一月　日立請山租文書孫廷甫
仝兄　廷昭
潘召駢
見　五房錢二官
代筆　六房　大官

爾靜無逸盜賣軍嶂山祖塋案卷

生員錢肅潤　錢奎光　錢英　錢斗光　錢王倫
錢廷斌　錢賡梧　錢法　錢袁英　錢注生
錢龍標　錢嵩高　錢駿　錢普錫　錢忠孝
錢國楨　錢慎躬　錢治　錢　葉　錢泰等呈
爲盜賣盜葬滅祖欺宗叩　天電擊事　生等有軍嶂山
正峰墳塋五十餘畝爲高祖等及伯剛伯和兩府君藏穴
已經　百年近遭不肖族人錢靜盜賣於富豪許四等敗
壞風水陵咸祖宗　生等再三理論竟置不聞茲四封印在

錢氏宗譜　上卷四　附刻舊據　五　錦樹堂

卽目無三尺擇於本月二十三日盜葬凡爲子孫不得不
鳴公懇天臺立刻籤提追贓斬占弁着總看管毋侵奪沒
存均感爲此連名具呈
被呈　錢靜　許四　許五
干審　錢推　錢逸
康熙二十四年十二月二十五日具呈
奉批　准着地總查覆

化下金七都一圖地總侯文煥周王侯徐明清具呈
爲遵批回覆事　身充化下金七一圖地總於去冬十二月
二十五日蒙准生員錢肅潤等盜賣盜葬呈詞批着地總
查覆　身等前得才字號軍嶂山下俱係錢氏祖塋塚穴壘
如碑碣巍然近因許四等迫墳穴旁　身等將　臺詞一紙
向理據云所買錢逸之地理應安葬卽於二十三日破土
停柩　身等再三曰論竟置不從不遵官法伏乞
天臺親審裁奪理合報明激切上覆
康熙二十五年正月　日具覆

錢氏宗譜　上卷四　附刻舊據　六　錦樹堂

奉批　候詳究

生員錢肅潤等
呈爲盜葬滅塚藐法抗官懇賜籤提斬梟正法事　生等祖
塋坐落軍嶂山爲碑碣巍然塚穴壘壘子孫繁衍發脈均
沾豈富豪許四許五窺形勝算金密搆族獸錢靜私相授
受前臘月二十五日　生等將盜賣盜葬滅祖欺宗事控
臺蒙批准着地總查覆地總侯文煥等遵奉鈞批往論再
三藐法不服二十三日機乘除夜糾百梟擡棺盜葬侵

滅二塚墳佃驚報奔視慘裂滅塚律有明條抗官法尤不
赦叩
天臺籖提迯䝉發新棺還舊墓斬梟正法生死啣結瀝血
上呈
被呈　許四　許五　錢靜
干証　周侯　徐清　錢逸　錢推
康熙二十五年正月　日具
奉批　候訊究

本縣正堂徐邑尊讖案斷語
審得錢逸奸險之徒也伊族錢爾靜與生員錢肅潤等之
高祖及伯剛伯和兄弟二位並葬於軍嶂山其墳旁之地
雖廣而實係祖塋難以轉售他人者也爾靜為伯和後裔
家道中落欲將餘地覔售錢逸若知祖墳非可易價宜亟
勸阻乃爲正理豈其設心不良窺伊親許四喪父覔地安
塟輒從中說合將爾靜墳旁地五分於康熙二十年間得
價銀六兩賣與許四塟親許四年少信以爲實遂出成交
及至上年臘月許四擇於二十三日將父棺入土逸復告
之族人聲罪致討意圖恐嚇錢生員見爾靜所賣許四塟
親之地適在伯剛伯和兩穴之中不便姑容具詞稟縣其
意則非錢逸所及窺也今審據錢爾靜供認家貧賣墳甘
罪無辭而許四之塟父於他人墓旁亦豈能寬貸但許四
穉年被誘情屬可矜合着將父棺另行覔地遷塟其原價
銀六兩於錢爾靜名下照數追還免其究擬錢逸設騙啓
釁錢爾靜擅賣祖墳各予一枚
康熙二十六年四月　日斷

生員錢奎光　錢肅潤　錢鴻升　錢枝盛　錢灝
錢俊卿　錢賡梧　錢景湄　錢子盛　錢駿
錢仍儒　錢源肇　錢昆池　錢斗光　錢法
錢子瑜　錢中挻　錢允恭　錢子昭　錢焜
錢王倫　錢維鏞　錢　英　錢　旦等

呈爲族逆再揭祖穴大干律例懇天嚴究申　憲淸地正法事切生等有上祖伯剛伯和兩柩於明初葬本縣軍嶂山迄今三百年來累世發祥科第不絕即爲諸生者亦多名節自好有聲庠序祗因子孫繁衍或住蘇郡或居錫城

相距遼遠族獸錢逸錢爾靜其住居與墳切近往來最頻其平日將墳樹墓田及墳旁隙地盜賣欲盡忽於康熙二十年間將先祖伯剛伯和兩穴間丈許之地賣與伊親許四二十四年臘月間盜葬其父合族將盜賣盜葬等事控臺業蒙斷遷嚴責許四其錢逸錢爾靜按律擬杖去冬臘月二十六日纔押遷去豈意光棍錢君祥錢君倫乘機竄覬賣係他姓犏譜冒宗突於本年正月初六日仍將一棺盜葬此穴墳丁陸大報証切思許九屬他姓其罪尚輕若君倫君祥無論得姓冒宗有干法紀縱使眞係適派忽將子孫之棺盜葬於十代祖先之上情罪重大且伯剛伯和兩穴並峙中間不過丈許君祥盜葬其間兩穴碍毀子孫揭動先骸罪在不赦斬律難逃伏乞
天臺立提君祥君倫等到案嚴審斷遷還地申　憲正法并治錢逸錢爾靜構同之罪安先靈靳族梟正綱常懸子姓世世啣結上呈

被告錢君祥　錢君倫
應審錢逸　錢爾靜
干証陸大

康熙二十六年四月　日具呈

生員錢肅潤等

呈爲冒宗越葬以暴易暴哀鳴清法事始祖伯剛伯和兩公之塋被不肖房族錢爾靜錢無逸夥賣與許四盜葬上年控案蒙明審斷令爾靜速還價押許四遷葬仍杖懲爾不肖天譴炳炳豈又遭棍豪錢君祥錢君倫舊非譜系新冒伯和公嫡支機乘爾靜無力償價不能贖罪突出假仁假義糞金代償代贖執言頗実狡計更奇許四之柩甫遷

冐族之棺卽盜穴不另卜塟不共聞竟與兩祖舊塚公然
鼎峙且無論其是宗非宗卽果係本支亦必序依昭穆斷
無既認子孫一派奕妨宗祖兩塋痛兩祖何辜甫脫異姓
之侵陵復遭冐宗之僭越是爲以暴易暴靈爽自是不安
子孫能無悲慘憤極哀鳴伏叩
天臺刻勅籤提儼訊律誅盜塟迅押遷棺不特兩祖
泉臺通族啣恩萬禩上呈
被告 錢君祥 錢君倫 錢無逸 錢爾静
干証 錢鯆氏 費康生

康熙二十六年四月 日具呈
奉批 准提嚴究押遷

梅宣公墓墳僕折毀饗室盜伐墳樹據
立甘詞墳僕顧元故父存日向來看管
錢宅墳堂有饗室一所居住近因坍頹不合私將屋上樑
木造作殯具墳主錢者爺震怒送官究治身特央家主趙
相公從中勸解願將饗室三間從新改造以免正法其木
石等料俟臨造時候墳主驗明起工不敢將不堪用物料
搪塞自取罪戾所甘是實恐後無憑立此甘詞爲照
康熙二十九年六月 日立甘詞墳僕顧 元
見家主 趙

肅潤申狀
爲拆毀墳屋伎例墳墓生死痛心事甯嶂山才字號山地
共三百八十五畝係世祖七五公諱志溢敕封承事郎始
塟邑乘可考承德郎禮部清吏司主事諱溥階旁黄泥嶺
九碑墳昭穴其遠山昭穴鴻臚寺序班諱楷次昭則環谷
公之墓自元至今廿代相傳碑碣歷歷向看墳佃顧大成
之遠祖顧讙顧義顧祥顧日顧元顧鬼顧大又楊三楊大
楊二等一路看管墳旁有饗室十間春秋祭掃在所必需
賴以護墳大成之祖顧元住居三間移居山後遠隔三里

拆去所住之三間竟將屋上樑木造作殯具時欲控究立
有甘詞現據欵延不起其七間係楊大楊二居住楊已故
絕大成一併拆去伊自重新起造居住墳上饗室無存向
還山柴今不但無還併將墳樹侵削一光圍墻碑石拆毀
將盡竟爲無主荒墳之狀駸駸乎掘塚盜賣之勢今三月
十四日上墳祭掃大成躲匿不面無饗室則無駐足之地
墳僕躲匿焚香化紙連火亦無切顧大成之祖父廿代相
傳住錢氏之屋食錢氏之山今將墳屋拆去安居隔山竟
不到墳看管反行侵削墳塋究不待時矣伏乞
圖總長者報管清法追屋培植保祟安骸死生保德上申

錢氏宗譜　上卷四　附刻舊據　十三　錦樹堂

生員錢肅潤等呈
爲拆墳屋盜墳樹生號死泣事世祖七五公宋代敕封承
事郎葬於軍嶂山係才號山地向有三百餘畝塋經數代
碑碣昭然邑乘載明樹木向茂係墳僕顧大成之故祖顧
元看守其對峰黃泥嶺下梅堂公墓上向有饗室十間顧
大成之祖住居三間移居山後三里將墳屋三間拆去時
欲控究立有甘詞抄粘呈電欵延不起餘有七間係墳佃

楊姓承管者楊已故絕一併拆去伊自重新起造居住墳
上饗室無存向還山柴每年五十担不但無還併將墳樹
侵削牧放牛羊今三月十四日生等上墳祭掃躲匿不面
竟不到墳看管驚知地總徐天如蹈實驗明墳屋果拆樹
木果盜目擊心傷生號死泣叩
賜籤提法究法追生死拜德上告
康熙五十三年三月十七日具呈
奉批候差飭地總查實覆奪

錢氏宗譜　上卷四　附刻舊據　十四　錦樹堂

地總徐天如呈
爲遵批查實具覆事生員錢肅潤於三月十七日具控墳
佃顧大成拆毀自居錢氏梅堂公墓上饗室三間立有甘
詞是實其已絕之楊墳佃所居饗室七間亦是顧大成拆
移山後自造房屋居住墳主並非虛呈至伐樹一節伊山
孫姓廷甫強橫與顧大成合取有之並非顧大成獨取今
奉差合行具覆伏乞
大老爺電情上稟
康熙五十三年四月二十一日覆　奉批　准拿究追

洪慶盜賣祖塋餘地與嵇姓涉訟據

署常州府夏於乾隆五十年十二月二十一日批結查軍嶂山本爲錢氏塋墳之地宗譜載明其來已久從前爲該族錢逸錢爾靜等盜賣許萬二姓控縣斷贖雖無原卷可查而宗譜內刊載確鑿似非虛捏則此山係錢氏執業不許盜賣已屬明証今錢洪慶遽將該山劃賣一畝五分本有不合且嵇體善欲買此山自應當面立契成交即或外出托朱元勳代買亦應契立嵇姓名下乃契載朱姓即屬朱姓所買及至所釘界石又係南禪寺字樣其中顯有別

情無怪錢仁原錢開原弟兄出而控阻也況據勘訊糧書芮繼發供稱此山二千餘畝向未編列細號則錢洪慶二千三百八十四號糧單又從何來尤屬矛盾顯非此山號單可知惟據勘錢開原執業墳地係在山下中隔徐姓墳基乃輒起浮厝一棺葬於洪慶所賣山上亦有不合自應押遷但其地以契爲憑明係朱姓所買該縣遽請歸於嵇體善造墳殊有未協現令錢開原等並無輸服口供而錢驪珠等呈請着令洪慶之子長生吐還地價聽朱另買保全祖墓尙屬兩全之道仰即遵照指駁飭着錢長生立即歸還原價銀十二兩飭傳朱元勳具領退契還山取各遵領完案并嚴禁嗣後毋許再行盜賣繳

乾隆五十一年九月十七日奉陞任蘇藩憲覺羅長批查核所錄全案前署府所斷甚爲公允仰飭該縣即令遵斷完案毋任滋訟繳

已上兩批及無錫縣魏示諭錢氏族衆毋許再行盜賣墳山告示立碑於洪慶盜賣地處

確查得錢洪慶久經身故伊兄錢洪學旣據代償契價歸還嵇忠收領退還山地兩造均各允服應請准予息銷以清塵案至錢驪珠所請勒石示禁毋許再行盜賣之處亦應聽其自便緣奉前因相應查案一併議詳是否允協伏候

憲臺鑒核批示飭遵爲此備由具申伏乞

撫憲大人奇　批如詳轉飭銷案繳

乾隆五十七年閏四月二十九日

結案詳文府憲巳公

核議得無錫縣錢驪珠等與嵇體善家屬嵇忠控爭錢洪慶盜賣墳山一案緣錢驪珠等有譜載公共祖墳一座坐落軍嶂山向係子孫分戶辦糧乾隆五十年四月錢洪慶在日將伊戶辦糧墳地一畝五分得價一十二兩契賣朱元勳轉歸嵇體善造墳未成即經錢驪珠等控縣勘訊飭因縣斷嵇姓執業錢驪珠等即赴府具呈飭縣勘詳經前署府夏丞批飭錢洪慶之子長生吐還原價墳山仍歸錢姓嵇忠因錢長生無力償價稟縣復詳前府金守批令仍

聽嵇姓執業錢驪珠旋即上控憲轅飭府錄案詳奉前陞憲長批照前署府所斷飭遵完案在卷嗣又據錢驪珠嵇忠各赴前憲具控均奉批府查勘詳報經前任嵩守調任李守飭委陽邑程令勘覆前來因核所勘尚未允協轉發金錫兩縣就近令同勘丈訊詳茲據錫邑詳據紳官泰朝釘等稟稱嵇體善家屬嵇忠與錢驪珠等控爭墳地所有錢洪慶原賣地價已據伊兄錢洪學代繳清訖嵇忠情願收價還地各情輸服取具遵領詳奉憲臺批府核議　卑府覆核是案盜賣墳地歸價贖回各情已據各該縣查勘明

乾隆五十年墳佃孫承豐承茂勾串不肖子孫
宏卿盜賣祖塋餘地與嵇姓涉訟八年今五十
七年二月奉

撫部院
藩憲

奇大人定案永禁盜賣盜葬

自志富公墓及光達明達伯剛伯和仲翁梅堂
惟常惟孝惟義昨非序班伯川受口十峰各公
墓俱在禁內錢氏通族子孫公立於志富公塋

墳糧入祠莊與立主穴爲戶名緣由
宜嶂祖塋向來子孫零星分辦或以堂名或以己號不過
立戶分辦因此不肖錢逸錢爾靜執糧盜賣後來皆受其
累故下塘族長於四十七年議將祖塋歸入義莊承辦花
戶卽將某公主穴爲戶名入無錫化下念七五另甲永不
許移動厘毫再不許遷於別甲今將義莊承辦才字山糧
刻後

錢志富公墓	山十畝	錢明達公墓	山二十畝
錢伯剛公墓	山十二畝	錢伯和公墓	山十畝

錢梅堂公墓	山二十五畝	錢惟常公墓	山二十畝
錢正德公墓	山二十五畝	錢序班公墓	山四畝
錢伯川公墓	山十畝	錢十峰公墓	山五畝
錢仁熙公墓	山十五畝		

上塘洪慶復執糧盜賣控縣由府及司今五十七年奉
撫部院卽前藩憲奇大人定案立碑永禁盜賣盜葬已
經完案因見下塘安放錢糧立某公爲戶以爲妥協當
族長於五十七年議將上塘分辦墳糧亦將某公主穴
爲戶名歸入草菴祖祠承辦入無錫縣新下三六圖另

甲亦不許移動厘毫并不許遷於別甲今將祖祠承辦
才字山糧刻後
錢光逵公墓　山七畝　錢昨非公墓　山三十五畝五分二厘五
錢壩上祖塋　山三畝　錢周南公墓　山六畝
錢毛墳墓　山四畝　錢仲益公墓　山七畝一分六厘
錢仲菴　山八畝三分

整理軍嶂山祖塋記

吾族六世祖進宗公由浙遷錫之始祖也以下六代祖塋於猪嶺建明達菴以保墓十二世志宏公葬軍嶂山正峰統對山先塋壘壘碑碣林林其大幾及千畝所有條漕向歸伯和公子孫分辦蓋因伯和後裔住居新安鄉離墓不遠朝夕可以查訪耳不意有爾靜如山雨人連次盜賣嘗時十峰公苦心整理案卷累積宗譜彰彰至吾祖洪聲公欲絕盜賣之根擬將軍嶂各祖條漕一人獨管不果其臨終也囑吾父偕登公公以中年辭世又不果轉囑吾母楊孺人余尚幼孺人固藹藹言之者也乾隆十八年墳佃孫裕國盜賣祖塋餘地先兄衛封同族人控縣蒙縣主魏公嚴訊斷追押孫裕國立看管結案嗣後孫裕國仝其子永豐永茂來家即托伊清歸應辦條漕總數因循三十年吾先兄亦有志而未遂至四十七年冬孫永豐訂予曰新正元宵約里書彙集戶書會同清理聽歸然猶止放三十畝耳其年二月族長宏卿同糧書芮繼發墳佃孫永豐來將軍嶂一山正峰及對山左右俱錢氏祖塋數百畝俱願聽歸余大喜余曰是必傳知通族即以三月初一日邀請各

支族長果皆欣然到山於墓前得仆碑起之而泥淤莫識拂拭者久讀之共得其實焉遂就下塘有分嫡祖核譜憑碣收志宗公墓十畝明達公墓二十畝伯剛公墓十二畝伯和公墓十六畝梓堂公墓二十五畝正德公墓二十五畝惟常公墓二十畝仁熙公墓十五畝明序班公墓四畝戶部郎伯川公墓十畝十峰公墓五畝凡一百五十四畝先議補還糧書條漕每畝錢五錢糧書郎立收糧憑票墳佃孫承豐立看管其條漕戶名郎將各祖先謚號派立又憑族長派各支捐田作辦糧暨墳佃飯食之費其田及糧永

歸義莊承管而子孫亦議定每歲一墓祭庶幾於是可以悠久矣夫墳佃地棍串謀盜賣子孫竊葬者紛紛矣今盜賣者悉與追回贖回賣契歸莊竊葬者族長押遷他所不追遠年惟戒近日并惟常公墓前立竊葬盜賣禁議志宗公墓下公墳亦立有竊葬盜賣禁議各以數紙分執盜復有生不肖之心者乎又勸上下雨塘各捐祭田輪流值祭遠祖血食殆可不廢又上塘私祖墳糧伊族長亦欲照下塘將容碎併立上穴大戶立光遠公墓七畝昨非公墓三十五畝五分二厘仲益公墓七畝一分在錦樹嶺下錢仲

菴八畝三分錢周甯墓六畝錢毛墳墓四畝錢墹上祖塋三畝計共七戶之條漕總歸草菴祖祠奉祠孫承辦非特祖宗之幸抑亦子孫有厚幸焉事成將原委付梓附譜令後之有志切先人者得以覽觀而寻亦得與先兄同慰祖父於地下也是爲記

乾隆五十七年歲次壬子　三十世孫廷枚謹述

重修新安鄉錢武肅王祠堂碑記

自古化家可以爲國而可以傳家者也

粤稽五代建國者莫不僭稱大號帝制自爲其究
也一再傳而滅甚或及身而亡問其後人無復存
者豈有子孫繁衍廟食千秋專祠分祠或官祭或
家祭且遍於昔年統轄之境內也哉洪惟武肅錢
王南唐啟封跨有吴越息民保境臣事中原不妄
自尊大傳國三世恪遵家法其後忠懿王納土歸
宋殆所謂善繼先人之志者與援館汴京受天下

兵馬大元帥之職子孫各爲顯宦佈列中外迄於
今江浙兩省錢氏戶口百千萬數且代有聞人譜
牒可考莫非王後也王之貽謀遠矣其專祠之在
越者自宋太宗敕建始嗣後表忠觀功德坊增榮
益觀歷元明不廢迨我
皇朝
聖祖仁皇帝
御書保障江山四大字匾額勒諸貞珉以旌靈爽
世宗憲皇帝復以王捍禦海塘之功豁免祠墓銀漕
命地方官有司官春秋致祭
高宗純皇帝
親臨祠宇特
賜忠順貽庥匾額並及
宸翰詩辭報功之典隆茂懿鑠
國史家乘彰彰可考也而紹興餘杭之分祠無論矣
至於吳地則自王六世孫進宗公諱進遷居錫邑
之梆頭王十一世孫倘父公諱迪徙居錫邑之帳
山今屬金匱昔王所統之境也元至正間吳越分

疆世亂道梗王十四世孫光遠公諱文煜明遠公
諱文焯等乃謀於倘父公後裔立祠於新安鄉裕
慶禪院之右以便歲時祭祠雖宏麗不如越郡而
宗族之在蘇在錫者咸得就近拜瞻焉
國朝乾隆初族愈大丁益盛或因祠地僻處鄉曲復
卜築於惠山之麓落成之日詳請官祭矣而此祠
幾廢裔孫泰徵等修而復之道光間裔孫巨朝等
重修咸豐末粵匪之亂祠院摧殘裔孫趙徙等復
與族人芟除蕪穢構葺傾頹重整

御賜匾聯凡七閱月而工竣時同治十一年歲次壬申秋
祭之前十日也祀典煌煌於今爲烈地豈以吳越
殊哉祭豈以官家異哉

賜進士出身翰林院編修朱福基拜撰
欽加知州銜郎選知縣 周殿奎敬書

東山公祠堂記

公諱模字世範號東山孟清公次子嗣孟深公後者也配
何氏子四君言公詔爲北嘯傲涇錢氏之祖祖惟常公於
明正統間賑民贍族奉詔旌表得祀大宗祠內公世守家
法克孝克仁凡祖之所以遺子孫者敢不遺之宗族鄉黨
則祖之餘澤皆公之餘澤有以緜之矣當時詔授義官公
之意非特爲公榮直欲爲公之祖榮然則推公之所以不
忘其祖者公之子孫雖百年千年若何其忘之也
國朝乾隆間吾族吉臣等採訪軍嶂山各祖墓皆爲立石

定議歲時祭掃惟吾 祖東山公墓缺焉無聞萬 曾祖以
立公同曾伯祖以行公遍歷山之遠近而荒煙蔓草四顧
茫然但見高塚纍纍烏覩所謂東山公墓者悵然自返與
萬 祖載光公本生祖建封公堂伯祖受之公階升公及承
川公後裔謀之曰墓不可得祠可建也與其祀公於墓何
如祀公於心祀公於墓卽今得之難安見其不失之易也
祀公於心雖閱人之多過時之久遷地之遠吾知其同此
志也同此志何不可以祀公道光己丑協力捐貲卜地於
北嘯傲涇之忠字一百四十一二等號建堂三楹堂西次

屋一堂西之前廂房二堂前門楹四旣成設　東山公神
主及子孫祔祭者額其門曰東山公祠其堂曰孝義流芳
歲清明致祭雖未必巍焉煥焉而子孫之克盡其孝思者
僉曰東山公在茲噫人之心各有一公則祭公於祠與祭
公於墓有二致乎無二致也是則公之所謂百年千年而
不可忘者卽公之所不忘其祖之心於公之祠見之矣祠
有田十餘畝有看守祠丁今距祠之成已五十餘年方刊
譜告成族長命萬書其事勒石并梓以誌不忘㫖
光緒十年歲次甲申公十四世孫青萬謹識

容齋公墓串伐坟樹案卷

童生錢文泳職員錢汝舟監生錢宗濂抱屬錢忠稟
爲串伐墓樹公叩提究肅法事切有祖坟一座坐落南上
三七二啚與從堂兄弟錢雨田公共祭掃雨田爲人癡愚
常常受人欺弄禍有遠族錢大金素行不法酗酒滋事三
月廿二日串慫雨田將坟樹謀賣他人俱大金經手大金
卽於是夜雇領多人將生等祖坟大柏樹私伐下七棵擯
販下船而去並被傷壞塚墩天明坟丁朱阿壽知覺愬述
生等始駭訪問底蘊方知錢大金勾通串賣業將雨田唤

入宗祠誡以家法切思族惡錢大金橫行鄉曲已屬可惡
勾串族愚賣伐坟樹更爲不法不求立提究辦坟墓莫保
爲子孫者實有不安爲廹公叩
電鑒立提錢大金到案訊究法禁　恩保坟墓歿存均感
大德上稟
同治十一年四月初三日　呈
金匱縣正堂張批　候飭提訊究

附錢大金串伐坟樹切結

具切結錢大金實結得錢文泳等控身串伐墓樹一案

今蒙

庭訊属實將身杖責法化並諭身補種坟樹七棵身遵斷

允服嗣後改過安分如違愿甘倍處合具切結是實

世墓山糧祭田數

才字號各祖墓山糧

錢志宏公墓十畝　錢明遠公墓二十畝

錢伯剛公墓十二畝　錢伯和公墓十畝

錢梅堂公墓二十五畝　錢惟常公墓二十畝

錢正德公墓二十五畝　錢伯川公墓十畝

錢仁熙公墓十五畝　錢仲菴　八畝三分

錢序班公墓四畝　此兩戶六畝銀漕東河頭支捐田承辦　錢犀墓　三畝六平承辦

錢寸峰公墓二畝

艮字二十九號山　艮字十六號山

錢寬甫公四畝　錢吉地二畝

以上才艮兩號共辦山糧一百七十畝零三分俱入

無錫化下二十七都五啚另甲

附錄上塘祖墳承辦才字號山糧

錢光遠公墓七畝　錢昨非公墓三十五畝五分二厘

錢壩上祖塋三畝　錢周南公墓六畝

錢毛墳墓四畝　錢仲益公墓七畝一分五厘

世墓祭田字號租數
忠字三百零四號 平田四分五厘 夏麥九升 秋租四斗五升 佃夏䊵興
三百四十九號 平田三畝七分二厘 夏麥八斗 秋租四石 佃錢鳳祥 文倬
陳國安 國珍
一千零十七號 平田九分五厘 夏麥一斗九升 秋租九斗五升 佃朱見方

則字四十八號 平田五分五厘 夏麥一斗二升 秋租五斗五升 佃錢稽若
一千四百三十三號 平田二畝 夏麥四斗 秋租二石 佃錢上賓 鳳鳴
盡字二百七十九號 平田七分五厘
二百八十六號 平田六分八厘一毫 夏麥三斗五升 秋租一石七斗五升 佃周天祥 允恭
命字三百零二號 平田八分三厘 夏麥無 秋租一石 佃吳國珍

夙字一千六百五十八號 平田三分四厘九毫
一千六百七十號 平田一畝三分五厘一毫
一千六百七十二號 平田一畝三分八厘八毫
一千六百七十六號 平田二分五厘 夏麥六斗 秋租三石 佃華三元 茂德
靳居俟
溫字八百三十三號 平田五分 夏麥一斗 秋租五斗 佃錢元順

斯字九十六號 平田六分五厘
一百九十號 平田二分 夏麥二斗 秋秋一石 佃錢福林
才字號惟常公墓下澗左開出田四分 夏麥無 秋租四斗 佃孫倫山
慕雲公墓下山枝銀 六錢八分 佃孫福山
芝山
明山
永寅

丁亥修譜捐錢數

惟常公分

黄球　捐錢貳拾兩

羽豐姪同　捐錢柒千文

峻高弟同　捐錢貳千壹百二十五文

錦川　捐錢貳千壹百二十五文

澗茶弟同　捐錢貳拾貳千五百文

彦明　捐錢肆千貳百五十文

以行弟同　捐錢柒千文

惟孝公分

公湊　捐錢壹拾千文

惟義公分

雨山　獨捐錢肆拾伍千文

遺芳略

宋承事錢志盌墓銘

公諱志盌字康國武肅王十二世

公字志盌姓錢氏　系出五代吳越武肅王之後世居臨安自忠獻王之曾孫名進於祥符間徙居常州之無錫四傳至將仕郎梓又自邑之開化徙居新安之溪上實公曾祖云家世簪纓父成大潛德弗耀妣陸氏　公資質明敏度量宏達蚤歲象賢齋先生致道德性命之旨罔不究其微古今名物之繁莫不窮其實事親孝處友信

敬桑梓而周貧恤困里人目之以其有君子之氣象長者欽其風采厥後實齋官杭州孳公　府賈相當國　之公辭不就自是刻意與水光山色漁樵爲伍而以家政付之次子字寬甫者　裕公豫知

先期沐浴更衣端居正寢　存順沒盌之理迄屬纊不亂其生也宋嘉定改元之四年辛未十二月十日也卒至元十四年丁丑八月十三日春秋六十有七卜十六年己卯二月七日葬開化軍將山乾岡配胡氏賢而有德名門右族是則是效生於宋嘉定丁丑八月十一□卒於士

午年五月二十七日，享年七十有一。明年八月十五日，以葬合塋公墓。子沛、裕、裕郎、寬甫也。孫男五人：文炫、文煜、文焯、文煒、文燧。孫女四人。　世孫伯和奉狀來請曰：吾祖至今閱五世，歸窆歲一百四十餘載，麗牲之碑未刊，請爲文刻之，庶其歷久而不移也。　惠　余以伯和能尊祖敬宗，五世之墓猶追而　之，孝可知也。按狀撫實　而爲銘。銘曰：

公實王孫，系出吳越，學粹行醇，名譽聞達，不干權要，清白自勵，物外徜徉，山巔水裔，品高斯潔，道在彌尊，沒逾百歲

明德如新。孝矣元孫，善述善繼，追慕表阡，永言勿替。高峰巍巍，宗碑翼翼，典型斯在，過者必式。

前兵科給事中無錫縣丞陳玘撰文

邑　人宋暉書

康熙元年春二月元孫伯和立石

錫山何簡鐫

是碑斷卧草間，乾隆壬寅三月朔，選與叔祖繡峰起而讀之，字之存者僅十之三，餘俱形模意揣，諦審神追，而得之。但舊譜以志盛爲公之諱，今墓碣明云宋承事鐵志盛墓，而碑銘亦曰公字志盛，乃灼其爲字而非諱也。然則十峰譜所云字康國者，蓋因以爲諱而補字之耳。伯升譜同，無字也。碑文雖不全，已可見公之生平，惟公之諱有餘憾云。承事十八世孫俊選識。

遺芳略

寬甫公支

元雅州知州錢公墓誌銘

光遠公諱文煜寬甫公長子武肅王十四世

公諱文煜字光遠姓錢氏忠獻王後三世曰進由嘉禾徙
無錫又三世曰梓乃定居新安溪上其子曰宗起於公爲
高祖曾祖諱成大祖諱志甯父諱裕以質直好義稱國兵
取常州元帥府輒版授官辭不就晚受知於翰林學士覃
懷許公其卒也許公爲表其墓曰處士而銘之母陸氏有

子四公其適長也幼警悟不習嬉遊稍長卽佐其父以儉
溝致充厚父歿分財物不以嫡庶別治喪能求賢有禮者
相其事內盡其心而人不以爲過於戚外盡其財而人不
以爲傷於侈送客毆郡畢至皆嘆息焉公爲人精悍有膽
氣臨事無所回撓人有急難赴之恐後有餘粟樂以賑人
貸則減其息糶則損其值病與藥寒與衣以爲常歲饑則
爲粥濟餓者糗飯給流移其殍死也則出錢募人舁致屏
處聚而瘞埒平居涉獵書傳善論古今事當否成敗幾微
曲折如指之掌或有諍議公援引裁決言必中的與人語
恆依於禮法族姻里鄉有忿奔走赴愬公隨事直之無不
厭服而去然不自表襮恂恂退讓未始以辭色加人故深
爲人所愛重公卿大夫咸知其才許公初由中司位承弼
招之至輦下將置以右職公曰所爲不遠千里而來者爲
知已耳仕非吾本志也辭歸未幾許公卒欲用之力薦於
朝以爲承事郎知雅州雅州於西蜀爲極邊而居西南夷
之衝號爲要地非材具之優殊不以輕畀命下人人爲榮
公託辭不赴杜門謝所往還惟延名師儒教其子孫暇則
徜徉山水間優游以自適忽疾動一日而逝公生於宋咸

淳八年正月初三日卒於元後至元三年八月二十九日
享年六十有六卜以四年十二月十五日葬於開化鄉里
皞山南塢之兌岡距先塋三百餘步娶李氏先十九年卒
合葬焉子男七長師顏克承其家者也次師曾先卒次師
中溫州路蒙古學正次師孟田州路蒙古學教授次師貞
師義師禮俱業儒女三吳旻曹大亨華宗亨其壻也今其
諸孤持嘉興縣尹虞志道之狀若書來謁於滑曰志道與
公同里而公之女弟實歸於我知公爲最深謹具其世系
行事卒葬之歲月如右幸序而銘之滑竊觀世所謂砥行

立名之士未嘗不欲忘貴遺富至誘以高位重祿而不失
其所守者鮮矣公之惠孚於人智周於物爲善而不近名
視尊官厚祿若不足以動其意其賢於人者哉雖徵虞公
之命銘固不可辭也

銘曰　錢自吳越　世有顯人　後隱不仕
逮處士君　公初起家　郎二千石
有時弗居　仍晦其迹　泊焉以休
匪佚吾私　視我停蓄　及所設施
積善在躬　維家之慶　用之鄉人

是亦爲政　乘化而終　不亡者存
有豐有委　其承洗洗　五品之石
龜趺螭首　薦玆刻辭　式示永久

奉訓大夫江浙等處儒學提舉黄溍撰
翰林直學士中順大夫知制誥同修國史兼經筵官楊俟
書
參政大夫江浙等處行中書省參知政事王都中篆額

祭雅州知州文

西山盤礴具區汪洋鍾美斯人善於一鄉其人伊何修髯
豐頤强敏精悍磊落權奇營構勤勤先意承親塤篪温温
推財均分族婣急難慷慨赴之鄉里忿爭煥煦直之謀焉
則斷慮焉則周震霆飄風我則優優慕善如慾急義如俠
或憚而不爲或倚而不懾故月旦之評傾心推重縉紳之
交哆戶聃頸流聞日遠時宰見知羅而致之維卒不尨修
門既歸逝將去汝乃畀一麾建侯萬里謂公之才足以樹
立公獨嗛然卷懷退密吾嘗評公之出處亦古人之所難

謌將雨文淵少游之中而從容乎伯高季良之間也已矣
斯人云亡山色黯其愁暝湖水凝而無光雖親知之咸在
淚有盡而情長猶冀公之不死來酹余之一觴

嘉興尹虞志道撰

仲循公墓誌銘

仲循公諱允善光遠公孫武肅王十六世孫

公諱允善字仲循姓錢氏　先實吳越武肅王之後十世祖諱進自錢塘徙嘉興由嘉興再徙無錫之過村遂乃家焉曾大父諱裕好義樂善當時賢士大夫皆推敬之以種德名其堂大父諱文煜授承事郎雅州知州父諱師貞博覽治聞才德相稱世方擾攘不慕人爵優游林下娶澄江陳氏生仲循公童年器宇磊落稍長沉毅坦厚方直簡樸禮貌孚於鄉黨恩義悟於宗姻弗儕儕于先施而人愈敬

弗汲汲於後惠而人自懷臨財勿苟不嗇而廉飲酒孔嘉而儀及乎物伯仲之間怡愉雍睦交友之際切偲善道此皆見諸日用發乎天然也公娶安人孟氏宋信安郡王五世孫之孫父季成配仲循生子男二人長諱芳娶孟氏次諱極娶華氏女二長適鄒宗器次適華均玉孫男五公生於元至正丙戌十一月初四日卒於明永樂辛丑七月十九日得壽七十有六擇明年壬寅十一月二十日塟開化鄉軍嶂山之原嗚呼五季之亂人理幾滅錢王倡其忠義舉國附宋俾其民知君臣父子之道弗至墊溺於喪亡武肅之績也經數百載餘輝遺烈炳照前後雲仍奕奕至今不衰何哉本豐末茂也今之人聞錢氏莫不能侈其武蓋仰慕歆羨之而不知其本猶饑不知爲菑寒不知爲[illegible]也然則錢氏之建立付畀於後豈金帛斯貨之謂也抑蓄德寶善之敎也二公爾公韜韞弗露非片楮可贊一任天眞誠可尙也公之二子樸實少文肖其所自猶子默俊爽通敏善爲禮容相其伯兄方了茲大事緯緯有稽故其才猶足稱者俱來謁銘堅弗容辭故銘之

銘曰　慧懵黠顯　惟氣之偏　弗繫於類

而成乎專　公之所遭　合其自然
何代之民　產厖萬天　偾乎其順
稚乎其堅　不堅奚久　不順奚綿
吳越建邦　嘉禾肇遷　歷世三十
歷年逾千　何以卜之　子孫哲賢
軍嶂之山　笠澤之堧　鬱乎葱葱
先塋祔焉

陝西按察司副使張思安撰

錢耕樂公墓誌銘

耕樂公諱默光遠公曾孫武肅王十七世孫

公姓錢諱默字汝容其先自武肅王鏐之後至公十七世一世祖進由嘉禾徙無錫新安鄉實爲無錫始祖開闢田土富田之鄉爲邑望族子孫散居錫邑者皆其後也曾祖諱文煜元雅州知州黃文獻公溍嘗銘其墓文籍載之行于世祖子正號逼儒長于詩父叔達克傳家學俱隱德弗燿母朱氏公生而岐嶷穎悟身長七尺眉目如畫早從伯父翰林仲益先生侍讀學士王達善遊經傳子史過

目輙能記誦二先生咸器重之公亦奮發興起必欲追逐古今青雲之士立功名於天地間嘗曰夔龍稷契不可及矣龔黄卓魯豈非人乎適丁家難志弗能信但葺田園守先業而已念弟守戌 完等一如己子至弟年老代還心始能安性好賓客凡儒生君子咸樂與之游鄉人有急難求救於公者公必思所以解紛之唯恐不及平居剛介尚氣節强者必抑之弱者必扶之故鄉人感服其義嘗充萬石長左右鄉事公能規畫有方方悉先辦集邑大夫每稱其能喜爲唐人近體詩善弈棋遒敵手雖祁寒盛暑終日不輟尤精於星命推人禍福十無一爽嘗游西京達官貴人爭先延致待爲上賓年踰七衰鬢髮如珠耳目聰明康寗如壯厭世務紛紜恆居田里課童耕奴織暇則與親知歡顧歌幽風之詩樂黄花晚節自號耕樂有耕樂集若干藏於家年幾八十造壽藏於閭化里嵊山祖塋之次太常侍少卿四明鄭雍言嘗爲之銘一日不豫召諸子語之曰人生七十古來稀吾今能得古人之所不能得復何憾焉但欲汝輩以忠孝立身信義待物善奉而毋丧塋務崇節儉一遵朱子家禮毋惑釋老命

姪完錄以爲戒語畢而逝配尤氏宋端明學士袤之孫尤均祥女有賢德克相良人子三長亨先卒次存已次存守皆克承家學孫三日曷曰孜日繪女六長適周廷輝次適李璘皆士族也餘幼曾孫二人公生於洪武九年十月二十八日卒於景泰甲戌三月二十日享春秋七十有九卜以七年三月十六日安厝于壽藏先是其孤存已奉其鄉之世儒周敬祥所述狀徵銘於余久嗚呼人惟知公賦詩弈棋推命而已豈知公之抱負於中者哉使公早無家難之厄則公之成就豈止於斯而已耶

銘曰　錢氏之先　簪纓之裔　來自嘉禾
於今幾世　高門弈弈　世有令人
再培再植　子孫振振　惟公之生
有玉其美　志有弗伸　命焉奚悔
榮枯得失　自況若棋　喜怒哀樂
悉賦子詩　晚節黃花　漸登蔗境
一旦告終　歸於正寢　祖塋單嶂
壽藏既堅　永焉安之　何千百年

中順大夫陝西按察司副使張思安撰

明故素庵處士錢伯陽墓誌

素庵姓錢氏諱復字伯陽吳越武肅王十六世孫也十世祖進由嘉禾徙常之無錫又四世至梓再遷邑之新安鄉曾祖裕德業著稱趙文敏公嘉其賢爲書其堂曰種德及卒許忠敏公銘其墓曰處士祖明遠松江府判考士元丞嘉書院山長妣華氏子五而公居殿幼殊端敏好修克勤書史值元季兵亂雖顛沛中而事覲盡子道澄江薛德衡氏嘉其賢遂館於甥室樹基業闢田廬日益饒裕惟讀書教子弗事顯榮年四十而妻亡不復再娶於所居堂搆草

堂曰招賢士大夫以詩酒怡情與世若相忘者自號爲素庵老人以寓志徜徉閒以疾卒於宣德七年壬子三月辛未年八十有五子二長曰玘雲屯市舶司提舉次曰楠女一適劉彥修孫男七用俊新循平琛宏孫女三長適薛億次適薛城幼未字曾孫男四安寬宜完曾孫女四以明年癸丑三月壬午塟澄江青暘路岐之原男楠泣告曰先人承先德廕弗事顯榮而安分守素其令德懿行遠邇著聞塟而無銘何以昭示於後敢請予聞禮云先人有善弗知不明也知而不傳不仁也楠徵銘以彰先人之善可謂能

子矣是宜銘曰
不羈於世以遂其志不出其位以安其寓隨遇澹然安分
樂天弗黨弗偏天者乃全既享繁祉復介眉壽銘諸藏諸
垂裕厥後

浚儀張肯繼孟撰

錢處士聽玉先生墓誌銘

錢聽玉先生既卒之五閱月其孤秉倫卜以明年三月初
九日葬於開化鄉軍嶂山先壠之次乃以里人周吉所爲
狀走一价京師屬其友翰林侍讀沈民望來乞爲之銘予
辭謝讓再三不獲乃撫狀所述參之民望所告者而銘之
曰聽玉諱泰字伯和姓錢氏吳越武肅王之裔十世祖進
由嘉禾徙無錫進三世至梓徙居鄉之新安梓四世至裕
是爲聽玉之曾祖好仁樂義以孝弟著稱吳興趙文敏公
爲題其堂曰種德覃懷許師敬復爲題其墓曰而銘之祖

文焯元松江府判父士元元永嘉書院山長母華氏聽玉
爲人端謹質直不事表襮自兒時隤然穎拔元季兵亂奔
竄流離常挾書自隨晝夜講論不輟海宇既平遂去新安
徙居鄉之延祥以故業燬兵中力圖復門戶致家饒裕服
勞勤儉敦本尚禮每晨必謁拜先祠退見諸子語不及他
惟舉孝弟忠信懇懇言之冠婚喪祭悉本晦庵朱先生家
禮未嘗自異苟狥於俗嘗著家常集一卷身率之以勵其
家長幼內外肅然以和鄉里亦視爲楷範尤好施與永樂
間東南大水民饑多流殍親食以粥糜既又出粟以賑之

或死不能塟者則棺殮之且資助其費歲以爲常貸人以錢不厚取息有不能償者輒置不問尤善教人嘗曰子弟養其良知良能必自始遂取熊大年所編養蒙大訓日歷壓焉以訓其子姪鄉人復重加讎正鋟梓傳之四方後學利之居常屏絶人事三十餘年足跡未嘗及城府閭閻一軒燕休其中軒之外不植雜卉惟種竹是娛每清風颯至竹聲冷然聽之不覺心神俱爽終日盤桓或倚竹而吟對竹而坐或時引故人賓客觴酌竹間酒酣則擊節而歌之其樂盖陶陶也齊名人周起巖爲榜之曰聽玉遂因以自

號晚年斥斷家事悉付諸子曰人生貴知足我老當休矣復何爲哉一旦遘疾諸子奉醫藥以進止之曰死生常理吾得全歸以不辱先人幸矣何以藥爲踰數日翛然而逝人以爲知命者其生元至正丙戌七月初五日沒則今宣德丙午七月二十一日也盖春秋八十有一配周氏先卒四十三年子五長秉仁早亡次秉倫秉寶秉訓秉家俱讀書女三孫五嗚呼聽玉泊然一布衣言行恂恂綽有古君子之風教淑於家善及於鄉身言太平長育子孫以壽考誠可謂難能也已爲之銘曰

錢君嘉禾　系出武肅　後徙無錫　盖蕃以續
由梓及裕　其積惟勤　我公繼之　古道是敦
隱居行義　身爲家則　以訓以迪　鄉閭承式
爰推所有　拯困卹饑　俾死有託　俾生有資
晚寄一軒　怡然自適　乘化而逝　壽考之錫
軍嶂正峰　爻塋之右　歸藏於斯　以堅以厚
惟善弗磨　惟慶弗替　畀以刻文　承貽來世

資善大夫
太子少保禮部尚書兼

武英殿大學士
國史總裁臨江金幼孜撰
翰林院侍讀承德郎華亭沈粲書丹
翰林院學士奉議大夫華亭沈度題額

明故雍睦處士錢公善墓誌銘

吳越武肅王之十七世孫公善與胐向稱友愛其卒也胐自北來聞其計遂走弔憑棺以哭已而其弟公治率子姪與拜堂下曰知吾亡兄者莫若夫子敢請以銘庶幾昭吾兄潛德於無窮垂泉壤幽光於不朽胐不敢辭乃序其世系與其生平行實而銘之錢氏本神明之胄自少典十一傳方受姓又四十八傳至富春侯居江東自江東十九傳至武肅王居吳越又五傳至承奉郎還無錫世族大家灼灼人耳目曾祖明遠松江府判祖彥春永嘉書院山長父

伯和號聽玉母周氏公善孝友出於天性仁義之行其固有者少有志於當世之務讀書邑庠時其先君子老以疾母且卒而兄又早世公善曰吾可棄吾親乎誓言終養無復仕進意遂退以養親而篤於孝道最隆也其居家也足不妄履言不妄發而友愛諸弟怡怡然故人稱其孝無間言晚年先子卒凡家之財產出納或與或給悉主以嫂身不私一錢同堂合食大書雍睦二字揭諸堂間以示子姪而族罔敢違命其與人交也春和氣融而周窮恤匱也恐後其處己恂慄退讓而檢過存誠也必先暇時坐其先子聽玉軒中微吟緩歌人聽之若敲金擊玉與佩環之聲相入也翰林學士沈先生與其弟大理寺少卿魏太常陳翰林繼張僉憲思安皆納交焉而辦辱其愛最厚故君子評其行則曰明白正大論其德則曰輝光日新統而名之則曰古君子云公善初疾作時族姓子弟求醫弗效乃禱神籲天求乞其生公善曰死生常理也吾禱之久矣迨請以後事但答之曰其有先人成訓吾復何言言訖而逝時在正統二年丁巳八月初十日也生於洪武戊辰七月十二日享年五十娶蔡氏子二女二墓在軍嶂山先壠之右葬

以三年三月十二日公善孝友仁義端慤簡默動也天會靜也神契考其行誼與古先民同歸法宜銘銘曰

少典發源黃帝徹昌意始厥茅土列十一傳至老彭錢孚孫受姓錢以迭七十餘傳越王浙嘉禾再遷無錫厥德厚源遠誰以嵒卓哉君子高隱節孝友忠信芬以飭動靜與天爲繫紐神明之胄久多偈獨我錢公延且揭鬼佑神相德其悅知明順化爲歸蜺艮巍坎厚閉其穴我銘藏之永不滅千秋萬歲聲烈烈

國子監學正龍溪陳睢謹撰并書丹綿州知州姑蘇蘇復

象頜

錢氏宗譜　上卷五　遺芳略　寬甫公支瓛玉公派　三　錦樹堂

貞庵錢義士惟常墓表

貞庵諱種德字惟常姓錢氏景泰六年乙亥十二月十一日以疾終於正寢其子善慶赴金臺介鎮遠伯西賓顧友常詣南宮徵予文以表其墓按狀貞庵實吳越武肅王鏐之十八世孫十二世祖進宗由嘉禾徙無錫六世祖寬甫樂善好施賑饑卹患人稱長者趙文敏公書種德二字名其堂祖伯剛號文林考公達號梅堂徙居垂慶妣周氏夫婦同心奉善樂施踵寬甫之迹生一子乃祖文林喜曰此吾曾大父之餘慶也遂以種德名之生而聰秀敏慧有志

好學天性孝友成童即能代父之勞應持門戶二十三歲失怙喪居盡禮母病稽顙籲天三次刲股肉以進皆獲痊愈後以壽終三年不聞葷酒祭祀極豐潔錄先世譜系銘誌文章爲傳芳集與其弟惟孝惟義相友愛扁其堂曰同心自奉澹泊祀先待賓必豐盛賙人之急貸之不收其息貧甚者不責其償爲一里之長併萬石之長一毫不鳩科於細民惟出己貲應用貧乏有婚葬不能畢舉者極力助成之里童失教者設義學以教誨之路道橋梁傾圮頹壞者則修甃建造之其行義著聞遐邇抑且公平正直不避

權豪勇於爲善正統庚申歲荒有司勸民出粟惟常首出
粟二千二百斛賑濟有司奏聞　皇上賜勑嘉獎旌表其
門賚以羊酒免其徭役既而入謝一時名人皆贈以詩文
褒美景泰甲戌復荒遣太子太保王公文巡撫勸民出粟
時米價高貴無人送納惟常與諸子清等傾貲糴米輸官
父子同蒙給與冠帶俱得九品服色鄉里榮之公生於洪
武乙亥十二月十八日享年六十有一初娶鄒氏繼李氏
又鄒氏皆卒後娶吳氏生子八女四孫男四其先世墓葬
開化軍將山因地窄今去父塋左數百步外曰白茅嶺別

營一域背西而達高峯東北俱環以澗小橋流水墓道通
焉南則平坡以數十步爲界域既成筵以明年丁丑三月
二十二日安厝嗚呼公之行義磬望洋洋盈耳卓然爲人
之儀故爲書其可傳者以表於墓
賜進士出身太保禮部尚書毘陵胡濙撰

景婁處士錢君墓表

世方以意氣相尚自是其是而盡非一世之人有人於此
人以惡聲相加非理相干乃能吞聲下氣以容忍之豈非
中庸所謂寬柔不報之君子歟常之錫山有錢君者吳越
王鏐之遠裔髫齔時就外傅於里塾習四書句讀聽其講
解若有得於南方之强一語深有感焉此人子處世保身
孝親全宗之經驗方也因書景婁二字顏所居室而因以
爲號人亦以是稱之云公號景婁諱曰清孟清其字也曾
祖號文林諱恒祖諱發號梅堂父諱種德號貞庵三世相

承隱居不仕然皆讀書尚義爲鄉閭人君生十八日而母
鄒沒在童穉時嘗夢見其母覺而質諸人其聲音笑貌宛
然母也人以爲孝誠所感父嘗有疾君每夕稽顙北辰祈
以身代割股肉以療之者再歷事繼母三人曰李曰鄒曰
吳皆得其懽心而事吳尤久人不知其不出於吳也有弟
七人君居長一弟早亡以其子楧後之而撫其煢孤甚厚
其六人者父沒時尚幼爲之冠婚均授以產人無間於其
弟之言其先世自嘉禾徙邑之新安鄉又自新安來贅周
氏居垂慶鄉兩鄉父母之族待君以舉火者數十家君好

善樂施出於天性人有緩急來叩無不立應飢者食之寒者衣之生不能娶死不能葬者隨求而獲一如所願其他如立義學以教鄉之子弟建橋梁以濟路之病涉施醫藥以救人之疾病諸如此類皆是世人所難能者也而君能之蓋自其寬柔以教犯而不校一念中來不徒言且行之不徒强且安之一方君子不足以盡之通天下可也君儀觀偉甚未嘗疾言遽色善自保養老而益健邑大夫歲行鄉飲酒禮以書速君正賓席終不赴家有祠堂晨必謁出必告朔望必參有新物必薦遂忌及節必率子弟行禮既

老且病不廢至是歲暮病且革猶力疾欲如常時力不能支乃集長幼而訣之曰吾壽有餘而心不愧亦足以自獻於先人矣爲吾子孫勿墜先緒可也遂不語三日而卒宏治辛亥十二月晦也享年七十有六君配邵氏繼孫氏皆恪修婦道先君而卒子三楨模楝女四華濂周樂司馬悅華階其壻也孫男八諫謂訥評詔諷諭詠楨等卜以甲寅歲十二月壬申葬君於父塋之昭是歲從子榮以計偕赴京不及從葬而登進士乃介太常少卿馬君宗勉持君從弟洪所狀行實偕以雲間錢文通公溥武進天官王公廷貴姑蘇少宰吳公寬諸公所作詩文集乞予言表其墓據狀君爲人賢而孝且博文好禮而諸公又皆不輕許可人苟其言鑿鑿乎非虛庶幾所謂文獻足徵者故不辭而爲次序其說使表墓道以示後人

太子太保戶部尚書武英殿大學士瓊山邱濬撰

明故義官錢惟孝墓誌銘

諱順德梅堂公次子武肅王十八世

義官姓錢諱順德字惟孝别號宜晚吳越武肅王鏐之十八世孫其先居臨安自忠懿歸宋冠蓋滿朝後子孫散處四方有曰進者由嘉禾徙無錫開化又由開化徙新安溪上因愛湖山明秀遂闢田開產而占籍焉是無錫錢氏之始祖也自宋入元子孫繁衍五世祖寬甫富甲一鄉倜儻好義遇荒歲能發私廩賑活饑民甚眾趙文敏公大書種德於其堂詳載覃懷許忠敏公所撰墓碑曾祖彦春元温

州路承嘉書院山長祖伯剛號文林考公達號梅堂洪武中由新安又徙垂慶母周氏有婦德好施與善相艮人而宜晚昆仲生焉兄惟常弟惟義三人者自幼岐嶷端重俱從湖廣等處提刑按察司副使吳郡劉紹游讀書明大義務實行不事餙章繪句之學聞古有孝親及兄弟篤愛者若老萊斑衣姜肱共被之類則欣欣然感慕恨不同時師之友之故能奉其父母晨夕承歡怡顔悦色以供子職宗族稱之甫弱冠失怙兄弟同心以樹家業兄持門戸於外宜晚與弟惟義分理家政内外斬然有條故家日以大業

日以新食指逌千内外雍睦人無間言喜接賓客敬禮師儒招延欵洽席無虛日親友有貧不能存顛連困苦者往往餙所用以賙之正統庚申歲歉部符下郡邑勸富室出粟賑濟宜晚與兄惟常毅然出粟二千二百斛助賑有司上其事，詔旌其門爲義士復其徭役恆念先世有湖山之勝乃於所居之旁鑿池引泉疊石爲山佳花美木列植其上構軒臨池牓曰湖山舊隱蓋不忘其祖也山之中有白雲洞碧玉泉之八景士夫君子往往吟咏其間珠玉盈帙性尤愛菊繞軒植之當眾芳摇落之際菊花盛開宜晚

必延賓觴賞或獨酌吟觀以極一時之娱故以宜晚自號禮部侍郎金公問翰林修撰張公益皆有文以述其志景泰甲戌歲歉

朝廷下䘏民之政欲助小民之不足許富民出粟四百石者給與冠帶以榮終身宜晚傾帑糴粟輸官遂得霑恩服九品服色鄉里榮之咸謂宜晚能追配前人不幸患疽於背醫藥罔效遠近莫不哀之生於洪武己卯九月初三日卒於景泰乙亥九月十五日得年五十七初配夏氏繼配惠氏與化府判以章女也子三津浩漳卜以是年十二月

十九日庚申將安厝於開化鄉黃泥嶺父塋之右先是其
孤淮浩漳奉者儒周惟吉狀衰絰造門再拜請銘其墓於
戲宜晚以名門之裔稟高明之資奉雙親以孝處兄弟以
恩以至接賓客濟貧窮莫不中禮宜其稱一鄉之善士得
遇聖朝冠服之榮孔子曰惟孝友于兄弟施於有政是亦
爲政奚其爲爲政宜晚有焉銘曰

於維武肅　貴顯唐梁　虎符玉册　青史流芳
臨安以來　綿延幾世　簪遷嘉禾　惟善是繼
聿來無錫　太湖之濱　乃耕其野　乃卜其鄰

惟此梅堂　再遷垂慶　日培日植　以昌以盛
於維宜晚　孝弟是勤　父母悅樂　兄弟懽忻
年幾耳順　古不稱夭　有子有孫　家聲遠紹
祖塋軍將　建此幽堂　旣堅旣固　地久天長

中順大夫陝西提刑按察司副使張思安撰

錢孟濬壽藏銘

宏治元年正月初吉錢孟濬甫作壽藏於無錫之野鑿之
深築之堅甃之厚其制可謂美矣功旣成諭其子杞等曰
吾百歲後愼無厚葬其謹誌之勿忘君子聞而嘉之蓋古
之葬者桐棺三寸衣之以薪其失也儉後之人錮三泉爲
石槨殉以金玉玩好之物其失也奢酌其中適其可此則
近世之爲愈者也世道益降人情益侈獨送終之一事雖
前人亦所不及彼貧者固不可得爲有財者亦不肯爲其
識遠其慮深而孟濬眞其人哉孟濬字也其名濬姓錢氏

裔出吳越武肅王世隱於田里積德深厚至惟常家益大
惟常以出粟救荒有司奉　詔旌爲義民孟濬之父也毋
曰吳氏孟濬生而好義如其父家多良田私租所入不盡
取之歲每貸其什一當春夏間民或缺食又直貸之而不
取其息不特救荒而已其所救荒受官如例受止義民曰
此先人所蒙之名也敢不自勉平生頗好醫家言抱疾求
治者不絕或持物報之輒笑曰汝以吾家於醫者耶其狀
貌偉然望之可重士大夫與之交者甚多嘗遊惠山顧第
二泉廿之歸鑿一池構屋其上牓曰味泉因號味泉生其

好尚清雅如此產故厚一夕被火厄素所蓄書畫古器物
俱燬人爭惜之曰物之成壞數也其識見明達又如此至
是有壽藏之作益賢於人他日來求銘於予因叙其爲人
之大畧以附之孟濬今年六十四其配楊氏亦賢婦也同
藏而異穴爲之銘曰

周於棺其穴斯完薄其藏其慮亢臧地美日吉厥功告畢
尚百歲後啟此壽室

殿元吳寬撰

明故錢孟涫墓誌銘

錢氏吳越武肅王之後五代孫有諱進者由浙江嘉禾徙
無錫之湖頭是爲湖頭錢後有諱發者又徙磚橋今爲磚
橋錢世以貲傑於鄉以詩禮世其家孟涫諱涫曾祖伯剛
祖公達考惟常正統間發粟賑饑璽書旌之賜九品服孟
涫生母秦早亡孟涫則哀悼思奮知讀書動止若成人邑
士鄒宗會奇之館甥於家及兄弟異居讓其弟弗處而自
處新安之别業於軍嶂山爲近先塋也歲時昆弟祭掃畢
孟涫必合宗族而燕毛人謂錢氏世家也禮意不衰孟涫

年三十無子曰吾生惟兄弟爲親今吾伯仲老病存亡無
幾相見可復自作疎耶乃復圖東歸兄孟濬治第以待甫
入室而病劇卒時辛丑孟夏三日也年四十有五遺言曰
兄孟濬將有子其以後我且生不能與同室死當與同域
嗚呼其可謂友愛之至者矣及卒孟濬合族謀曰喪不可
無主也以孟濙之子松爲後

少傅武英殿大學士震澤王鏊撰

明故處士錢公筠堂墓誌銘

筠堂公諱訔伯剛公次子武肅王十七世孫

公諱訔字公言筠堂其號也系出吳越忠獻王後世居無錫新安溪上祖彥春仕元爲永嘉書院山長祖妣華氏生公考伯剛母陳氏生子三公居次嗣伯伯起後事伯母如所生公賦性質直善治家人生產業日以懋怡情養素其樂休休尤好賓客款洽必盡歡宗親交頌鄉稱善人焉公娶徐氏生子好德女五一歸鄒駟一歸鄒泉一歸徐璣一歸周俊一尚幼好德娶鄒氏生子仁壽公以永樂甲辰八

月十三日卒於家壽六十四屬纊之夕語如平時識者哀歎又可見其養好德卜以其年月日葬公於開化軍嶂山祖壠之原奉狀拜予乞銘夫生而有譽沒而能使人慨歎是可銘也已

生而有譽無忝爾躬兮沒而可哀與物匪同兮軍嶂之山水清土隆兮永藏于茲宜有終兮

奉訓大夫南京兵部員外郎陳亢宗撰

清故處士庭紹錢君墓表

例授文林郎癸卯科舉人揀選知縣族叔文炳譔

君諱宗武字庭紹系出吳越武肅王後五傳至宋承奉郎進宗公始自嘉興遷無錫又十一傳至元梅堂公復遷邑之垂慶鄉稱磚橋錢氏梅堂公子惟常公捐田贍族樂善好施有子八人次曰孟深君之十世祖也曾祖奇遴祖元瑛代有懿行父應鐸母鄒氏君生而樸誠舉止端重少讀書通曉大義年十三失怙即理家事上下肅然奉母以孝闗薄田僅數十畝而敬宗祖撫孤弱周旋親黨曲盡禮意

堂姪某幼孤家貧君撫育而教誨之迄于成立祖置久淹與君同祖者五人咸以貧故不能營窆事君獨力任之一一如禮族有債不克償者代還之有殯不克舉者糾同志瘞之至與人財物往還盜讓無爭也乾隆乙酉歲有族節母楊氏與其次媳周氏嘗捐田置義莊以贍族人君董其事者六載故例每年額設脩膳銀十二兩米四石君受而息之置田十畝仍貯諸莊繼恢至三十畝而君已病臨歿時迺誡其子學文曰脩膳例不容辭然吾不敢以心力受直以漸息之幸至五十畝亦可以贍吾族之近者矣學

文謹守其教日積而月累之迨今嘉慶元年數逾百畝廼與族人共議自君七世祖契川公後子孫之鰥寡惸獨者悉以此贍之所以成君志也嗟乎自親睦之風既渺人多坐擁厚貲置宗族于不問其稍知周卹之義者又以力之不逮爲辭君産不逾中人而仁心推暨不憚遲歲月以圖其成乃卒未廿年而五十之數已倍之眞誠篤摯佑啟後人此哲嗣之善其終亦由君之有以善其始也君卒於乾隆四十二年九月十三日年五十七配劉氏先卒祔祖墓繼華氏卒於嘉慶六年六月十八日年七十一子二人長

郎學文次學禮孫四人錫禎錫曾錫祚錫疇以嘉慶十一年十月廿七日與華氏合葬黃泥覇祖塋之右先期數日學文持族孫俊選所爲君傳來請余文余與君爲同十一世祖而所居又甚近知之最詳乃括傳中語書於石以表其阡云

例授儒林郎候銓布政司經歷宗姪泳書丹

皇清候贈修職郎太學生季欒錢公暨原配華孺人墓誌銘

邑之南有溪曰嘯傲涇風氣醇和民俗樸茂錢氏聚族而託處焉自宋承奉郎進宗公始居吾邑遞傳至洪聲公維鏞與偕登公瀛士累代耕讀類皆以愛素好古聞偕登公生丈夫子四公其仲子也公諱世樸字季欒生而器宇端重穎慧夙成一就外傅勵志如成人族中遂以亢宗相目而尤篤於孺慕十二歲侍母疾嘗願以身代歿而哀毀過禮年十八服父喪

哭踊幾絕每遇兩尊人諱日奉事如生存其至孝之誠殆有鍾於天性者公自少年析箸力持門戶未明而興夜分而寢衣不帛食不肉承受田四頃有奇閱十餘年乃以千畝起家而待諸昆季又能推肥受瘠伯姊適文耀鄒公女弟適慶雲華公亦往來無間御諸甥靡不休戚與共復以今繼配周孺人所出女適鄒公之長子贈奩田二百四十畝其推至孝而爲友愛殆有過於常人者夫末俗之人薄於一本之誼痛癢無關視同秦越其或以乾餱之失錐刀之末翦爲

仇讐者不少也而公任卹睦婣悉本推恩若是是何
賢不肖之相去遠也詩曰孝子不匱永錫爾類又曰
教誨爾子式穀似之惟公尊祖敬宗每思大庇族人
而深以有志未逮爲歉故仁孝浹於家庭即以胞兄
衛封公之子壽爲後亦克善繼述劄膏腴田一百六
十畝仿范氏法立義莊以贍其族洵乎裕後者遠矣
公以詩書啟後而不皇皇於遇合性最靜適怡曠興
至則逐勝尋芳坐花醉月輒留連不去嗣君稔此沒
後貲思其所好遂從族議築樓於九龍峯之石門捐

田二十五畝以妥公祀先生之風其山高水長乎原
配華孺人宋成公次女年十五歸公時家業未豐孺
人相夫子旦夕相勸勉躬親井臼手操箕籥門以內
肅然就理凡遇賓朋必敬接姻婭必厚視長物必輕
視氣誼必重御臧獲婦婢色必莊而心必慈罔不體
公之心以爲心故宗黨交口稱賢孝情乎積勞成疾
年僅二十先公十一年而卒悲夫按公生於康熙戊
戌正月初四日卒於乾隆庚午七月初七日存年三
十三歲原配華孺人生於康熙辛丑十二月二十日

卒於乾隆庚申四月十五日存年二十歲嗣君一人
壽娶維祺華公女孫男四明珠天元天昇天瑞俱幼
未聘孫女二亦俱幼未字歲次庚寅嗣君奉繼祖妣
命卜吉於十二月十三日將葬公與華孺人於忠號
堰田之新阡以余誼屬中表於公則爲姑姪屬余紀
核事蹟以表諸隧異日善人有後膺
錫命而賁九原里人必欲攷公之生平以徵積善之報書
稱垂裕後昆詩咏克昌厥後其視斯言也夫爰詮次
誌並係之銘銘曰

朝澌夕澌不如積厚朝華夕秀不如持久鶩水淪漣
龍山蜿蜒鴻光歸魄證此前緣望彼平原鬱乎墓門
君與孺人用佑後昆後昆如何遺澤長保俾熾俾昌
茲銘可考
乾隆庚辰
恩科舉人揀選知縣眷姪華秉國頓首拜譔
雍正壬子科舉人乾隆乙丑科明通進士歷任安徽
鳳陽府臨淮縣蘇松直隸太倉州崇明縣教諭愚表
兄[illegible]頓首拜書丹

乾隆戊午科舉人
特授江西建昌貴溪彭澤上高南康等縣知縣眷弟華西
植頓首拜篆蓋

皇清太學生容齋錢公墓誌銘

聖朝久道化成士民奉行
聖祖仁皇帝聖諭篤宗族以昭雍睦我無錫義莊義學秩
立而錢氏義田出於守節之楊孺人周孺人尤可尚
焉錢處士偕登公元配華孺人生伯子衛封仲子季
榮叔子賡颺繼室楊孺人生季子吉臣即容齋公也
公諱廷枚生三歲而孤稍長即知親親之仁追遠之
孝臨財之廉出於天性非學而能仲兄丞世無嗣守
嫂周子伯氏子有所推分於叔季叔季皆不受楊孺

人曰毋此可作義田贍吾族之孤寡楊孺人更益之
周孺人聽之衛封公賡颺公順之容齋公毅然請當
道以成之爰咨部以垂久遠奉寵給匾優奬既又經
理數年營建義莊而後給發此容齋善成其母氏與
寡嫂之節義也親親也輕財而尚義也可風世之乖
骨肉有爭而無讓者矣公好文學藏古書購法帖以
自娛不問家人生產激於義則艱大不辭强禦不畏
一生勤保先人邱墓自武肅王以下名墓之在浙在
無錫者數十世地遼濶而世久遠不能無湮沒者與

地之削入異姓者衛封公既釐軍嶂山梅堂孟淸兩祖墓容齋結其里胥土人盡得占墓之湮沒者而復其侵疆族人之墓亦賴以明有盜賣志鹽公墓旁地於勢宦者公與族長直之縣直之上憲乃得白焉遂請撫憲結示勒石永保又各爲圖核畝稅歸義莊此可風世之自謀富貴利達而忘先人邱墓者矣武肅王之孫忠獻王墓在錢塘之龍山玉屏峰載浙江通志爲世宦江氏所踞公同縉峯孝廉宗企明經往浙謁墓得神道碑於吳氏茶園得墓基三畝於江氏諭

塋之饗堂後江於前明成化正德間世爲顯宦墓踞此峯僅存忠獻王墓地三畝至

國朝雍正八年並此踞之蓋不知有王墓久矣公核實呈杭府江爭之公呈浙江藩臬撫憲飭府勘明斷歸錢氏此公之追遠也可風世之見義不爲無勇者矣嗟乎泰伯開吳之後至五季則吳越王保此江浙不罹兵爭之禍江氏之祖亦被忠獻王之澤豈此抔土爲王墓道而敢爭乎容齋往矣凡王之裔冑孰不可繼起而存王墓乎鄙夫於門內爭一絲一粟言及保墓雖有力者亦畏勢而恐傷財甚或斫墓木鬻墓地則厚顏而不顧此容齋之罪人也公爲保墓跋履江浙兩省雖有同族之助而力由此竭矣然好義之志不衰念貧族子弟之無力讀書心憫之謀設義學命兄子煒以田二十畝與公季子燦易地築室公命捐爲義學田燦又捐十畝凡三十畝煒亦捐田十畝創始義學而公有疾自慰曰吾所欲爲者賴祖靈天佑以有成吾事畢矣去無憾矣公事節母孝楊孺人壽與諸兄竭力洗腆用慶楊孺人不豫傾貲醫藥求瘥

豈非與平時之仁親義舉一惟孝行所臻乎公生於雍正十一年正月二十九日卒於嘉慶十二年七月二十七日享年七十有五與秦孺人合葬於則字荷花浜龍襲諸子煌炘煇燦皆好義煌倡刻其師楊申一先生陰隲文類解新編三十餘萬言燦國子生卽捐義學田擴義家以成公志者也孫男十一人曾孫八人吉 與公爲世講故誌其墓而銘之

銘曰讓尺土家庭百年有令聞爭尺土先人百年有佳城人莫知公何以讓何以爭惟義勝而欲寡故見

義必爲奮不顧身以此垂裕後昆嗚呼何忝武肅之
文孫
年姻家世弟安吉頓首撰

誥贈奉政大夫同知銜候選縣丞國子監生錢君恬齋曁
華太宜人合塋墓誌銘

錢君恬齋既卒之十有六年爲道光八年戊子十二月二十一日其子伯琳等奉君及華太宜人匶祔葬清蕩灘厥考賡颺公之次穆負庚面甲兼酉卯誌石未具其壻太和縣教諭華湛恩以丹爲隸書納於壙中越三十九年同治丙寅祔祀惠山始祖祠又十八年光緒甲申君之第四孫鳳銜踵門再拜䭫首賫狀徵銘乃追誌之而銘其墓君諱煒字麟修恬齋其號也先世自嘉興遷錫析縣爲金匱人

明萬歷間繇垂慶鄉贍橋贅居獻徵涇者曰懷簡公諱國耀乾隆間別立家祠於義莊歲以春秋致祭四傳至曾祖維鏞祖瀛士俱太學生捐田贍族考世楠太學生以君官贈修職郎承志建莊事載邑乘妣楊繼妣華　誥贈孺人君簉室楠孺人出兄弟五人君其四生而端重年十四生母見背十六居父喪哀禮周至服闋將行昏禮君年少有英識曰吾分授白金數千兩存典生息少俟四五年昏費藉資息款正項可不闕支且本既不動息仍常流長老咸善其識讀書以顯揚爲志負笈吳門從名師遊逢節返

欋兄隱山公必候望里門命內治膳肉必精潔友愛類此兄同母出也年二十三華太宜人來歸納粟入成均盍攻舉業嘉慶戊午秋闈曆薦以額滿卒見挫入貲爲縣丞非其志也乾隆癸未君從兄春臺遊庠尋食餼每談及之輒色舞延聘黃岐陽孫旭堂諸先生課子綦嚴皆文名絕噪院試輒遺名致有不敢庭謁者鴛湖華君映山官貴州其弟安愚官吏部皆一時名俊道經其門一見如舊相識遂締姻焉其爲人見重如此事寡嫂謹遺孤堉撫之親於已子訖於成立析居積清註記潔白純至無毫髮私侵捐建

義學事蹟詳汪侍講義塾記著有恬齋吟草戊午薦卷刋入瞿麗江侍御溶文徵續集君殁後諸子孝謹性成栽培後起卒能孫枝秀發累葉書香君其可謂有後矣君以千畝起家遞及孫輩拓業數倍光豐間遇有助賑濟餉領袖一鄉雖堂構肯承然亦賴先人忠厚貽謀之遠也以孫欽榮官　誥贈奉政大夫同知銜生乾隆三十一年七月十六日卒嘉慶十八年八月二十六日春秋四十有八配同邑甘露太學生華公全斌女　誥贈宜人君之卒璐垣皆幼宜人自以善病邀舅氏樂貽公將遺產析授後君二年卒爲嘉慶二十年十二月二十一日春秋五十有二子五人伯琳國學生　贈儒林郎　例晉奉直大夫坱國學生以姪可鑄軍功議敘　貤封奉直大夫瑞國學生文璐國子監生　誥贈奉政大夫　晉贈朝議大夫鹽運司運同銜垣國學生　例封儒林郎　例晉奉政大夫女一適安徽太和縣教諭兵馬司副指揮華湛恩其壻也孫十二爾鉶議敘從九品同治壬戌罵賊不屈殉難奉　旨世襲雲騎尉可鑄職監生候選布政司經歷五品藍翎鍾英附貢生　誥贈朝議大夫鹽運司運同銜鳳銜優增貢生候選

訓導賜鍰國學生候選州同知復鉌國學生候選布政司理問欽榮廪膳生同治丁卯舉人兩應禮闈試例以知縣欽加同知銜掛部謁選爾鑑議敘從九品鳳超國子監生兩戰秋闈以布政司理問需次爾繩爾鍋均議敘從九品錦榮入品銜候選巡政廳曾孫翊清職監生　恩襲雲騎尉宏溥國學生應同治甲子鄉試汝葆職監生鴻綸附貢生軍功淤保五品藍翎籌餉出力　賞換花翎以弟職貤封四品職銜汝照職監生鴻儁增廣生鴻藻優廪膳生鴻炳附監生　欽加鹽運司運同銜　賞戴花翎鴻彥

五品藍翎福齡吳縣附生德求國學生　欽加同知銜
賞戴藍翎銘曰
愚移山而志壹毋揠苗而本壓錢君有後勤矻矻爲菑爲
畬興也勃有如不信視此碣
賜進士出身
誥授資政大夫　晉封榮祿大夫布政使銜浙江杭嘉湖
分巡兵備道世愚姪盛康頓首拜填諱

錢氏新阡記

孟濬公諱濬惟常公三子武肅王十九世孫
孟涫公諱涫惟常公四子武肅王十九世孫

錢孟涫卒其兄孟濬既卜垂慶鄉之新阡以葬有誌有表
具太史氏而孟濬又以祖壠在開化鄉之軍嶂山歷世久
遠一旦去故就新不可無文以詔來世間屬予記之按錢
氏系出吳越武肅王之後傳五世有諱進者自嘉禾遷無
錫之新安鄉遂爲無錫人後沒葬軍嶂之陽自宋元迄今
垂三百年中間長子老孫雖散處不一然沒必附於祖壠

世次既遠冢域纍纍殆不能識別而壠地日益以逼孟濬
大懼異時子孫昭穆失序無以妥先靈於地下常欲別營
新邱未果成化辛丑適涫不幸遘疾且死以孟濬撫之厚
遺命葬必同域孟濬泣而許之而新阡之營益決擇地於
鄉去所居磚橋不五里許得異處焉土厚而水深草蓄而
水茂陽山拱揖於其前伯瀆縈繞於其後形勝之美甲於
一方曰是可以爲永宅矣遂卜吉於茲地凡六十畝虛其
中一穴爲已之豫而穴其左以居孟涫享祀有堂藏器有
室具饌有廚其爲久遠慮至深且密而祖壠之在軍嶂者

歲時祭掃則從伯兄孟淸之後追慕惟謹俾子世守之矣
謹昭穆之序不安故常而新阡是圖禮也篤天倫之愛不
以死生而易其所言義也故孟濬此舉君子以爲達禮與
義況宅是隩區形勝既美龜筮亦從若天造地設以貽斯
人者亦奇矣嗚呼余聞人有一善天必陰翼而默相之俾
之動與吉會惟武肅當五代之季以鄉兵數千拒滔天之
冦卒能保境以完我生人而孟濬之考惟常府君於正統
景泰之間又能發粟賑饑膺　上寵命其世德及人甚厚
至於孟濬又克自樹立無忝祖考然則天之福其子孫固

將永永不絕茲邱之卜殆與牛眠之兆同一休美豈值偶
然而已哉塋之掓始於辛丑三月之吉至癸卯十月訖工
并書以爲記孟濬子孫世有所考云
江西布政司左布政秦夔記

先復原公墓記

二十二世復原公墓在金匱泰伯鄉邱丞墩前公諱民奇
字依仁復原其號也系出明達公支聽玉公派爲北錢六
房分明崇禎間卜兆於兹昭穴爲松菴公鍼茂、宏齋公奎
光穆穴爲養素公錫英千里公驥德也及
國朝乾隆間左右又營兩墓左墓則復原公之曾孫文台
公斗光而以健御公元善召思公揚善祔兆於昭以菊齋
公繼善霽菴公兼善祔兆於穆右墓則宏齋公之孫嘉謨
公謙六而以山公公瀚衛公公孜祔兆於昭以齊公公胃

遇隆公一清祔兆於穆三墓比聯各樹碑碣其後一坵之
隔即邱丞墩也墩有菴曰邱丞菴順治十年復原公裔將
全墩報縣陞科辦糧共核一十三畝九分三厘二毫捐爲
義塚乾隆二十二年菴僧盗伐墩樹霽安公子驪珠協族
呈究僧結地隣憑空揑稱墩爲宋丞相邱宗卿墓纒訟不
休嗣經　藩憲檄飭府縣行查邱宗卿墓在江陰縣之
由里山縣志載明登山履勘其墓華表尚存爲明宏治間
奉詔重修於是指證確鑿懲菴僧而出之案乃定詳奉
藩憲批示永禁盗伐立碑菴側相安至今爰叙顛末俾

後人知保樹即以保墩保墩即以保墓當世守之勿替是
爲記
邱丞墩坐落金匱縣泰伯鄉福字五百六十二號全墩
糧一十三畝九分三厘二毫辦糧花戶錢福元
復原公明嘉靖乙丑十二月二十八日生崇禎丁丑十
月初七日卒壽七十有三有傳暨配鄒太孺人同庚十
月初二日生天啓辛酉二月初八日卒年五十有七墓
在邱丞墩前隔田一坵福字五百四十四號平田一畝
四分六毫又五百四十五號平田八分一厘新阡癸山

丁向兼丑未分金辦糧花戶錢復祭復原公子松菴公
明萬歷乙未十月十四日生崇禎癸未二月二十四日
卒年四十有九有傳暨配施太孺人明萬歷辛丑十月
十一日生　國朝順治戊戌九月初四日卒年五十
有八祔兆復原公墓之昭松菴公子養素公明天啓壬
戌四月初三日生　國朝康熙丙辰九月初二日卒
年五十有五龍起華公立傳暨配華太孺人明天啓乙
丑十二月初一日生　國朝順治戊子三月二十七
日卒年二十有四繼配浦太孺人明崇禎壬申八月十

五日生　國朝康熙辛亥九月初四日卒年四十歲
側室張氏祔兆復原公墓之穆養素公長子宏齋公
國朝順治甲申六月二十九日生雍正甲辰正月初
八日卒壽八十有一有傳暨配施太孺人順治乙酉十
二月初十日生康熙丁未七月十六日卒年二十有三
繼配華太孺人順治己丑五月二十八日生康熙己未
六月十二日卒年三十有一又繼配華太孺人順治乙
未九月二十七日生康熙壬申六月初十日卒年三十
有八祔兆復原公墓次昭側室王氏另兆穴灣外之西

南文台公之長孫千里公雍正乙巳正月二十六日生
乾隆己未二月二十五日卒壽七十有五暨配秦太孺
人雍正丙午十二月初九日生乾隆己酉九月二十三
日卒壽六十有四祔兆復原公墓次穆
養素公次子文台公康熙丁未七月初六日生己亥九
月十四日卒年五十有三有傳暨配華太孺人同庚十
月初三日生乙未二月二十一日卒年四十有九暨配
秦太孺人康熙己未正月二十二日生乾隆戊辰九月
初五日卒墓在復原公塋之左福字五百四十四號平

田一畝四分六毫新阡丑山未向兼癸丁分金辦粮花
戶錢文祭文台公長子健御公康熙甲子七月初八日
生乾隆丙寅十一月二十九日卒壽六十有三暨配諸
太孺人康熙乙丑二月二十四日生雍正癸丑五月二
十日卒年四十有九祔兆文台公墓之昭文台公之次
子菊齋公康熙戊辰正月初四日生乾隆己丑七月二
九日卒壽八十有二暨配華太孺人康熙丙寅六月初
四日生丙申十二月十二日卒年三十有一繼配尤太
孺人康熙丙子七月初四日生雍正戊申九月十六日

卒年三十有三又繼配司馬太孺人康熙丙子九月二
十九日生乾隆甲戌十一月初三日卒年五十有九祔
兆文台公墓之穆文台公三子召愚公康熙甲戌閏五
月二十一日生庚午三月二十日卒年五十有七有傳
暨配黃太孺人同庚十一月二十九日生雍正己酉七
月二十一日卒年三十有六繼配吳太孺人康熙丙戌
八月三十日生乾隆戊戌十二月二十日卒壽七十有
三祔兆文台公墓次昭文台公幼子霽菴公康熙戊寅
三月二十三日生乾隆癸巳十月二十三日卒壽七十

有六有傳暨配華太孺人康熙丁丑正月二十二日生
乾隆癸巳正月初一日卒壽七十有七有傳祔兆於文
台公墓次穆
宏齋公孫嘉潆公康熙戊寅三月二十一日生乾隆丁
卯六月二十七日卒年五十歲有傳暨配蔡太孺人康
熙己卯十二月十四日生雍正壬子閏五月初五日卒
年三十有四繼配華太孺人康熙庚寅八月十四日生
乾隆庚子九月初九日卒壽七十有一墓在復原公塋
之右福字五百五十六號平田一畝一分七厘九毫又

五百五十八號平田九分三厘新阡癸山丁向兼子午
分金辦粮花戶錢嘉祭嘉潆公長子山公公康熙己亥
六月二十五日生乾隆己亥十二月十七日卒壽六十
有一暨配杜太孺人康熙庚子十一月初一日生乾隆
戊辰二月二十七日卒年二十有九繼配周太孺人康
熙庚子六月初四日生乾隆壬子三月十七日卒壽七
十有三祔兆嘉潆公墓之昭嘉潆公次子齊公公雍正
乙巳七月十二日生乾隆壬辰四月十六日卒年四十
有八暨配張太孺人雍正甲辰十二月二十九日生乾

隆庚辰九月初五日卒年三十有七祔兆嘉潔公塋之
穆嘉潔公四子衞公乾隆戊午五月二十八日生嘉
慶辛未三月三十日卒壽七十四歲暨配華太孺人乾
隆丙辰正月二十五日生嘉慶乙丑十二月十七日卒
壽七十歲祔兆嘉潔公墓次昭嘉潔公之六子遇隆公
乾隆乙丑正月十三日生嘉慶戊午五月十七日卒壽
五十有四暨配華太孺人乾隆甲子十二月十二日生
嘉慶癸亥二月二十六日卒壽六十歲祔兆嘉潔公墓
次穆也

光緒四年歲次戊寅仲春
吳越武肅王三十一世孫德培敬記

承德郎國子監生右浦錢君暨配華太安人合葬墓
誌銘

金匱錢鳳銜學博與余子觀保爲同門友故知其家世較
詳光緒五年冬十二月庚子朔鳳銜奉其親　右浦先生
葬澧湖之西黃宜圩新阡先期徵銘誼無可辭先生諱垣
字梯蟾一字右浦先世自嘉興遷錫曰種德其分支祖也
前明萬歷間曰國耀由軏橋遷歃傲涇四傳至高祖維鏞
字洪聲有德於鄉世遂傳其地曰鴻聲里曾祖瀛士祖世
楠俱太學生考煒由監生候選縣丞以孫欽榮貴　贈奉

政大夫妣華太宜人生五子右浦其季也幼而孝敬厚重
過八年十三居父喪即哀毀盡禮母多病分析諸子授田
畝百有五十白金五百兩老屋數椽而已母旋歿乳母之
戶賫與兄題雁同臥起年十九華太安人來歸得內助節
嗇恢生產銖絫而佰耦進而畝不瑣瑣理財而心計所至
無不倍獲若良材之植膏壤數寒暑鬱然成偉觀家業於
以日享矣道光間恢廓義莊請族同祖以下續捐義田百
畝並置麟祭田二十畝集承善田六十畝以濟施衣饋藥
君子曰禮謂其繩祖武承孝思緜先澤三者備矣　先生

壹意讀書延師教子一時膴鐠相燿爲名高道光庚子構
蒸絲草堂爲諸子姪輩講業所歷請通儒王雲齋鄒倬篌
呂鶴絲諸先生主講席又購儲經史文集如　皇清經解
佩文韻府等十餘種以便肄業考鏡一門若欽榮若震棨
若嵘駿若鴻鼎若鴻藻以詩賦文章鳴於時皆繇善於培
溉不特鳳銜之庭訓能文也丁巳歲其長孫鴻儁以髫齡
試古學冠軍名噪闔郡亦栽成之一徵咸豐三年粵逆陷
金陵六年丹徒潰師餉輸岌岌　先生盡出家貲謁當道
先後助餉三千六百緡庚申四月寇犯蘇常蔓延腹地奮

然募勇練團與永昌徐氏蕩口華氏相爲犄角聯成五十
餘局令子姪孫族輩實力巡防相機禦寇相持五閱月地
方得安而需費不貲矣溧陽少宗伯宋晉上其事大吏以
三姓團勦有功敘勞論賞並寓書徵聘不絕於廬乃先生
屏跡不出并不願列奬牘卽子姪孫族之出力者亦不一
署名則又加人一等也肅清後孫姪輩采芹食餼兩登鄉
薦知先生之志別有在而天之所以報施善人不於彼卽
於此爲不爽耳溯自高曾以來皆恭儉孝友稱鄉里　先
生尤惟謹惟恕未嘗以色待物凡諸施貸多至數千金少

亦百計半都焚孟嘗之積券從未較合浦之還珠卽至有
意負心亦復含忍不發間以產抵輒辭肥就瘠且任其昂
値仁心厚德大都類斯先是避寇虞東里門毀於兵燹癸
亥臘冬歸后倉別業家計支絀然措意闊達亦不戚戚爲
也嗚呼先生之善不勝書書其尤卓卓者可不朽矣生嘉
慶辛酉四月二十八日卒同治壬申春秋七十有二配華
太安人同邑門樓下勤儉相夫子皆自乳躅祀饋孏必禮
以時待先生忠且敬親治供具既撤猶詳加檢視以驗旨
否歷十八年如一日齒逾六旬猶篝鐙看書時呼鳳銜講

疑義恆勖兒孫勤學上進闈試列前茅多喜色每赴試進
內庭辭別必誡曰登舟當在意也侍養鵝湖舒暮景者二
年生嘉慶己未三月二十一日卒同治乙丑春秋六十有
七子二鳳銜取優行明經需次學訓鳳超國學生候選布
政司理問以團練積勞早卒祔祀惠山始祖祠女一適浦
鳳梁孫四鴻儁入縣庠補增廣生尤善書爲時輩推服宜
春宇學使命書卷幅歎曰天生翰苑才也借年二十八賚
志卒鴻彥鴻逵鴻達均業儒孫女二適周適徐曾孫五銘
曰

得姓商賢削竹爲錢苕溪析派陂演瓜緜髫年紹業思孝
奉先既葘肯播將厚穫焉舉公莊正保世滋大仁粟義漿
續酬學賚稼穡詩書澤承先代竹林逸趣持籌算確忽來
粵寇而呼周麾義旗所指羣從雁隨維桑細柳鼓角塤篪
疏舉三姓惟　帝曰咨鑒茲義勇　優旨褒畬憲書賁臨
麗周李薛蘭錡光騰梓鄉慶洽辭賞旌勞嗣輝家牒投戈
講藝競秀箏芳采采芹藻雙桂齊香燕賓受賀賡唱遞觴
人仰清望公則循牆卜壓鵝湖棲遲偕老積德貽穀高致
雅抱公之嗣君敦尋夙好垂蔭來葉吾銘可考

賜進士出身
誥授奉直大夫　晉封通奉大夫翰林院侍讀　國史館
協修二品頂戴河南彰衛懷道吳縣潘遵祁譔文
賜進士出身・
誥授中憲大夫　日講起居注官詹事府左春坊左庶子
國子監祭酒　簡放浙江學政吳縣劉廷枚書丹
賜進士出身
誥授中憲大夫翰林院侍講充　國史館功臣館纂修陝
甘主考官　簡授天津兵備道陽湖呂耀斗篆蓋

錢節母華太宜人墓志銘　姪　華翼綸譔

節母余姑也爲余祖省齋公第二女楊太恭人出適同里
貤封奉直大夫錢曉峯諱堜堜爲
誥贈奉政大夫同知銜麟修公次子姑于歸時年尚少性
温柔而行淑慎能得舅姑歡及諸娣姒次第入門率皆儀
其風範故雍睦無間言曉峯姑夫體素羸弱每當讀書夜
分恒儲湯點以待遇有外侮心悸不成寐姑百端譬解之
然卒以孱疾致不起遺孤長爾鉌甫逾齔幼爾鑑纔六月
姑以夫死子幼痛歷艱辛綜理家政翼雛燕貲業增田若干

畝葺屋若干楹樂善好義不以廢故自後爲兩子授室兩
女長適六品銜顧元愷次適藍翎州同銜附貢生徐之綱
子爾鉌孝謹友于弟蘭陔侍膳晚景康娛咸豐庚申之變
時年已將七十爾鉌方以辦團練罵賊不屈殉難世襲雲
騎尉癸亥夏遂與徐壻之綱避地崇明亂定歸里家半燬
於兵燹仍迎養壻家數年內羣從子姓相繼采芹食餼登
賢書姑顧而喜曰亂離之後有如此景象耶自詡家門之
慶若自忘其非已出者迨丙子爾鑑亦卒遂忽忽不樂至
光緒三年正月以壽終年八十有七以姪可籌軍功議敘

貤封太宜人同治八年己巳得
旨旌表節孝如例承重孫翊清卜葬有日乞綸銘墓子姓
之誼例不當辭謹按其狀而銘曰
錢太宜人媞媞懿粹毓質寒門允稱淑配順於舅姑調羹
手代癸酉乙亥尊章見背奉直封公皋魚痛切勺飲不食
抑哀勸納倏歷十霜所天永訣大兒逾齔小兒六月褁䄍
淚血恩斯勤斯昏嫁聘字華重門楣循陔孝養子婦熙熙
饋貧樂善里黨稱之言擴其疇毋氏勤止言構其廬卜築
偕止鐲忿兮萱承歡兮梓含飴弄孫歡歌樂只庚申之變

㝡冠蜂來質鈿濟餉報答涓埃驅子荷戈救難卹災忠憤
填膺覶死如歸當道豺狼浮海而航凱歌一曲崇明歸裝
鵝湖迎侍萧祿爾康孫曾繞郗梨栗分忙屠維疏請上聞
蘭掖草解忘憂花開旌節閭望重傷未登大耋纛算春秋
八十有七歲躔丁丑元宵燈月仙珮升輿婺星掩色邵家
灣頭封公兆合鬱鬱佳城負辛面乙經營殯穴堉徐氏兮
義不可沒誼莫比兮子孫繩繩如雲起兮銘墓者誰是吾
姑之所喜兮

若虛錢君鴻山新阡記

武肅王三十二世孫若虛諱景蓮號也青
墓何[illegible]此其讓也錢君若虛嘗買地於某所爲他日容棺
之計縱廣不盈畝耕者欺其相去遠瞻望弗及日肆侵削
地日隘若虛歎曰吾力不足與之爭當讓之否則不數十
年鋤及吾骨矣因誡其子曰他日我死擇不食之地埋我
慎毋葬此吾魂魄不安也同治丁卯某月某日若虛卒越
明年戊辰其子份卜吉於鴻山之陽以十月二十五日襄
事立石大書若虛錢公之墓屬予爲之記嗚呼君可謂有

子矣墓在鐵山寺西百武按魚鱗圖係止字號爲地二分
有奇價十兩售者周考也俗以清明日遊鴻山遠近畢至
過君之墓當必有識君之所以葬此者而君之讓著矣
同治己巳夏五月同里浦士鉞記

錢先生墓志銘
吳中故多敦行績學博聞好古之儒乾嘉以來如惠先生
棟江先生聲數輩類通經稱大師爲世推重其顯者與薦
舉者述貢
天府道光之季又有陳先生奐卓然聞於時陳先生外莅
世罕其儔若錢先生其殆庶幾乎先生諱辰字秋潭先世
自無錫遷蘇曾祖明陛祖大德考光華性好義人稱錢義
士生子二先生其季也自幼劬學於經無不通尤邃於易
蓋以易之爲道統貫天人雖京孟虞鄭諸大儒高摘其取

亦止允仁見知各道所得夫固畢生探索而不能盡者用
是致力獨勤焉爲文法先正不漸於時師揣摩之說年三
十猶困提學試久之入吳庠尋食餼歲科試輒優等爲壽
陽祁文端涇陽張文毅所器而臨川李廷尉聯琇尤奇之
評隲纚纚數十言若相賞在文字之外家故貧授徒僅給
有以蒸嘗聘者非其人輒弗應雖屢空泊如也庚申之變
先生知會垣不能守馳至祖居嘯傲涇策守禦鄉人夙重
先生聞先生言富人輸金粟丁壯習擊刺一時遠近數百
里間翕然景從踴躍恐後聲勢甚偉賊爲之卻當時所謂

白頭勇者是也無何常熟陷勢不支先生義憤形於色至
廢寢食逾年今相國合肥李公督師至滬上遂往謁陳利
害冀以重振會中暑疾作彊起就次子國祥於浦東遂卒
時同治二年五月十六日年五十有六嗚呼自先生之卒
以迄蘇常戡定白頭勇不復能振矣先生平居有大志意
氣軒然不可一世隆冬御單袷旁若無人獨與同郡李茂
才文通相友善每見輒談兵規戰陳形勢卬天噓唏累日
夜不能已時朝野歡娛江介無事聞者無不匿笑以爲狂
泊守筌一鄉部勒有法而忠義所激尤足感動人人之心

先生經世遠猶乃漸聞於時其時胡文忠曾文正號得人
假令能知先生而薦達之其功名所就何可量耶不然優
游里巷太平壽考積歲月以躋古作者之林其學業又當
何如乃進無以建尺寸懷區區之志未究厥用退無以成
一家言傳之名山備異日
朝廷之搜訪嗚呼得不謂之非命也耶先生曾援例以訓
導注銓籍敘團練勞加六品銜非先生志也著有易經解
十卷詩四卷雜文若干卷亦非先生手定也嘗輯濠南故
文詩刊其賞集行世其篤於風義類如此子二長家吉縣

學生前卒次國祥禀生能以文行世其學孫寶鎔寶錕國
祥於同治六年四月朔葬先生於吳縣支硎山東龍池之
原光緒七年四月十四日先生之配華安人卒年七十有
三越九月啟先生之兆而祔於右禮也安人恭儉慈惠而
教子嚴先生得以専精讀書無內顧憂者實嘉賴之國祥
爲余女弟之壻以余粗知先生志行齎狀徵銘余悲先生
之不遇不能無疑於當時之治國聞者爰爲之銘曰
噫嘻非不得志之老儒郎跅弛之狂士繄臨川之孤賞兮
殆猶非先生之知已距內行之純篤迺不聞知止而知足

金錫其躬兮鐵石其腸葢古之狷者而非狂罝先生之所
施果何績而不可熙徒令汶汶賷志而長往矣繩以薇賢
其奚齎葱葱鬱鬱龍池嘉植惟先生之安宅韜一時而章
千春兮視吾銘其無沕
賜進士出身
誥授中憲大夫　日講起居注官翰林院侍講錢塘後學
汪鳴鑾撰文并書丹

錢武肅王傳　　文天祥

古之成大事而立大功者必有超世之才孟子曰我善養
吾浩然之氣東坡云惟仁人君子豪傑之士必能衛社稷
福生靈如唐室衰微四方僭亂盜賊蜂起王保布衣崛起
臨安設奇計以退黃巢伏義兵而攻田頵江浙士民得安
袵席志切扶唐誅劉滅董是其拔攘兇渠盪定江表績茂
勤王功保守土武足以安民定亂文足以佐理經邦實有
大臣賢者之風閱其謝表八訓遺囑及致董昌之札幷覆
浙江楊氏之信義正詞嚴凜不可犯一片忠君愛民之誠

流露於翰墨間奄有十三州一軍可謂兵强國富矣而猶
貢獻相望於道四十餘年如一日克守臣節伏龍降妖築
塘射潮非止一時之保安實有及千萬年之功德洵堪爲
百世之模範錢王之功可爲大矣哉不存忠義之心曷保
功名之盛書曰惟命不於常道善則得之王之保厥德常
厥德非特自保而又勉及子孫其忠正規模實堪風利千
古是爲傳

錢武肅王傳　　劉基

天下之最難泯者忠孝古今之不可沒者功德如故吳越國王錢　自唐室衰微五朝僭亂王以布衣崛起用奇兵以討黃巢名揚江漢次滅劉漢宏復除董昌判由是亂臣賊子聞王名姓莫不心膽俱裂不數年間除僞定亂地方千里恩威並著社稷因以鞏固黎庶賴以安全奉毋甘旨必親自以進當干戈紛擾之際豪傑蜂聚以數州之地盗名器者不可勝數既覆其族延及無辜靡有孑遺而吳越國王珠玉之富兵甲之盛謀人戰士咸集於庭猶復貢獻

相接不失臣節者四十餘年如一日是其忠孝出於至誠至於六和塔之南蛟龍自井而出攻損江岸王鑄鐵井欄刻八卦於其上降孽龍於井中杭城興福里廣遭水厄王造樓於是地名拱北樓每逢朔望朝北而祝曰惟願唐室興隆（其樓今更名曰鎮海樓又曰鼓樓是也）且以鎮墨魚之患嗣後即無水厄江干之塘每被潮水晝夜衝激地被侵削日甚一日王製詩以祝龍神水府不聽遂造箭以射潮塘始築成晴雨不調虔誠步禱蝗入嘉禾百計驅逐歲遇歉收則請減賦賑卹民有疾疫即請神以去瘟是其功德實由至性趙清

獻公云是其有功德於斯民甚厚非私於錢實天下之公言也亦勸獎忠孝宣揚功德之義也余亦曰錢武肅王之忠孝功德不可泯沒也固宜至其文章凡忠君愛民之心流露於紙墨間豈可不傳故爲傳以誌不朽之意云爾

忠獻王傳

王諱宏佐字文佑文穆王次子毋吳越國仁惠夫人許太
夫人於後唐天成三年戊子秋七月二十六日生後晉天
福六年辛丑九月庚申卽位於仙居堂時年十四歲王以
英達之姿克膺纘緒卽位之初火延内城帑藏皆虛乃能
恭勤庶務紹開霸業福州之救大敗淮師當其乞師於我
也諸將佐皆有難色王獨大呼曰吾爲天下元帥曾不能
救隣將安用之卽日遣將行師水陸並進義聲之樹直達
南方王之果斷豈非天授自是與復宫室拓土開疆至於

用賢鋤奸仁民恤衆史策備書歷歷可考而享年之不永
豈不惜哉王薨於咸寧院之西堂時後漢開運四年丁未
六月乙卯日享年二十歲在位七年敕謚忠獻八月敕建
神道碑御祭二次命以王禮葬於龍山父陵之西原娶夫
人仰氏府事仰詮公長女係寧國軍節度使同參相封吳
越國王妃子一昱郁後裔之繁衍惟吾三世祖之流澤也

二十八世裔孫瀛謹識

富水侯就之公傳

侯諱昱字就之忠獻王長子毋吳越國王妃昭淑仰太夫
人於後唐天福七年癸卯十月初七日生忠獻王薨時侯
年五歲國人議立忠遜王遂以侯居咸寧大步二宫住忠
懿王嗣位承制授秀州敕史宋太祖御極侯奉叔命入貢
與江南使同侍宴射於後苑江南使先中復命侯射應絃
而中賜以玉帶累授温州刺史宋師討江南懿王命侯爲
東南面水陸行營應援使既從忠懿王入朝授白州刺史
明年上太平興國錄一卷太宗賞其才詔於學士院試麻

制三篇答高麗書一道授秘書監時與叔父儼皆以文章
知名朝廷比之二陸賞訓子弟曰家傳清白遵祖訓卽可
齊家治國世守忠貞勉後裔不外誠意正心又明年修尚
書省撰記奏御又常以鍾王墨跡八卷爲獻有詔褒美侯
善書令進筆札賜御書金花扇二急就章一及出知宋州
將行賜御翰三十軸褒其清節也歷官至郢州團練使眞
宗咸平二年以風恙不及陛見五月二十三日卒年五十
有七贈禮部尚書封富水侯葬開封府汴陽中邊村而嘉
興府誌謂其墓在秀州崇德縣若開封塟衣冠處也侯豐

神秀拔每讀書五行俱下與人奕棋故亂其道而覆之百
無一失又善琴能畫尤好學喜聚書多所吟咏與卿大夫
唱酬無虛日常與沙門贊寧隸竹事迭錄所記僅得百餘
條因集爲竹譜三卷幷有二卿文稿二十卷吳越備史二
十卷回文信公與要路不睦致被焚燬以故修史無憑惟
誠應武肅王一卷經制置使先爲手錄回是清安宗譜
刋刻之候連典數郡獄無留牘每留客飲仍令吏旁讀文
案側而聽之不妨談笑而發姦摘伏有若神明平生克舊
雖放談終日未嘗犯家諱娶陸氏封夫人於宋景德三年

二月初五日卒享年六十有三子十六人褘維絡繐袨繹
紳約褘繪緘綬紡絖綯世明

二十八世裔孫瀛謹識

家乘本傳　曾孫昱

武肅王名鏐字具美自唐世居臨安曾祖名沛官州旌德
令追封洪勝王祖名宙追封建初王父名寬追封英顯王
母水邱氏追封越國太元君太夫人王生於唐宣宗大中
六年壬申二月十六日幼而岐嶷性質超羣略涉書史一
過不忘頗善於劍射識者偉之自唐末造羣雄四起百姓
罹厄幾無孑遺王慨然興念始以二十騎御黃巢百萬之
衆繼以入都兵掃漢宏連州之釁由是遏董昌之亂略平
孫儒之兇殘憐婺民而諭王壇示藏垢而納盧約初何嘗

無故動兵哉由臨安而杭而越以至蘇常嘉湖極浙東西
境而止遂有十四州之地俾兩浙之民四時嬉遊百有餘
年不見兵革而海塘之築萬世永賴迨夫納獻遜懿恪守
遺訓謹事中朝即有淮人謀逆未敢正視遹租屨綱永爲
定式苟非王之仁慈福惠斯民曷克及此宜乎甘棠之愛
至今弗忘奕世之榮歷久罔替然則王之光前裕後豈偶
然哉考之史唐僖宗光啟三年授王爲杭州刺史昭宗景
福二年授王爲鎮海節度使乾寧二年封彭城郡王天復
二年壬戌夏五月進封越王天祐元年甲子四月更封吳

王梁太祖開平元年丁卯夏五月封吳越王後唐莊宗同光元年癸未春二月封吳越國王以明宗長興三年壬辰春三月二十六日庚戌薨於正寢享壽八十一王自筮仕以來爲刺史遷節度者十有五年爲彭城郡王者八年爲越王者二年爲吳王者三年爲吳越王者二十六年王內敦孝儉外正刑賞安民和衆保定功勳朝庭聞訃廢朝七日哀悼不已詔太常博士段融擬謚曰武肅工部侍郎楊凝式撰神道碑文翰林待制張李恭書丹勒石敕以王禮葬安國縣衣錦鄉茅山之原娶戴氏封吳郡夫人追贈正

妃謚莊正吳氏封吳越國王元妃謚莊穆陳氏封晉國夫人謚昭懿胡氏封慶安夫人童氏封濟南郡夫人妾金氏陳氏吳氏生子三十八人元璉元璣元瑛元璲元鐐元璙元瓘元璀元球元琇元瑾元珦元玧元琇元璟元裕元禧元弼元玩元琢元璞元瑫元琳元珣元淵元琛元璠元璝元勗元禧位傳於第七子元瓘

愛軒公傳

公諱𢎄字愛軒就之公之第十四子母陸太夫人於開寶二年三月十三日生賦性聰慧過目成誦仕宋右殿直制授大中大夫寶文閣待制京東西道安撫使遷鄆州武勝軍父子兄弟均以文章制策登科爲錢氏一時之盛嘉言懿行俱詳史策並崇德縣誌元豐二年正月二十八日卒娶胡氏封汴梁夫人塟崇德縣西鄉子二逖進

二十八世裔孫瀛謹識

進宗公傳

公諱進字進宗號忍齋愛軒公次子母朗太夫人於咸平元年二月初十日生幼岐嶷長好學明於吏治動循禮法仕宋承奉郎祖蔭授西京安撫使辭不就職由秀州崇德縣（今名嘉興府石門縣）州錢市於祥符年間贅於無錫沙頭村王氏遂隱居焉康定二年三月詔追勳戚子弟遂擢刑部郎中御晉贈兵部侍郎以三子仁貴加贈衛國公於至和元年八月十三日卒享壽五十有七配王氏追封夫人合葬開化鄉猪嶺南原子三顥僅仁長次居無錫尊公爲無錫始遷祖第三子仁贄於嚴州之淯安縣是爲淯安始遷祖則金錫淯安兩處錢氏皆公後裔也

二十八世裔孫瀛在淯安譜內謹錄

能甫公傳

公諱僅字能甫進宗公次子母王太夫人天聖三年四月初八日生性敏好學篤於孝友耕讀爲心蓬門自守仕宋宜義郎後建追遠菴以保廬墓并奉祖先神主於菴內其裨請白輸納詳載墓圖可稽於元祐七年四月初八日卒享壽六十晉贈中議大夫配王氏封恭人子二名阜

公不求榮　樂居畎畝　韋布爲安　蓬居自守
克紹前徽　克昌厥後　茀祿爾康　恩封叠受
澤衍詩書　門高北斗　彼此榮名　以垂永久

二十八世裔孫瀛謹識

寬甫公補傳

諱裕七五公次子武肅王十三世

寬甫公諱裕志盜公次子也居德善俗貲雄一邑肆力於學咀茹經史而爲當世之賢達兄慶甫公卒撫姪與其子均人以孝弟目之性倜儻好施與而勇於爲義以故四遠人往往依之遇饑年則發廩賑施且爲食以食飢者全活甚衆或稱頌之則曰天之生物損有餘補不足道也奚容過譽衆謂之長者宋末元兵取常州元帥府輒版授官辭不就至元間三吳大飢侍御曹士開行荒政欲發官廩以賑之寬甫曰官廩無庸發詎當使吾鄉無飢者乃大發廩以賑他日曹閱實所濟不但其鄉都境亦無飢殍乃知寬甫所濟之廣也有商楊伯銓以錢五萬貫貸糴約既成矣以澇不果糴已而楊逝豕亦火燬於廣陵寬甫憫其災輦貲本歸其家其他嗜義多類此吳興趙文敏公孟頫爲題其堂曰種德之堂晚受知於覃懷許忠敏公師及其卒也許公爲表其墓詳其事而銘之生於宋淳祐丁未卒於元延祐庚申葬軍將山後甲仗塢艮字號亥山之原夫志盜公塋所葢五里許配陸氏子四人曰文熾文煒文燁文璉

俊選曰寬甫公事實具詳覃懷許忠敏公所作銘志中惜其文已亡矣輯碑橋支遺芳而公其首也闕焉不錄爲之[illegible]其曾孫銘志傳記中所追述散見者撮其略而[illegible]之

族孫俊選宗啓氏補稿

召亭公傳

公諱皐字濟明又字紹庭號召亭能甫公次子母王太恭人於嘉祐四年己亥九月二十九日生性敦僕刻苦讀書研求經義尤邃於三傳毛詩應制省什特薦尤授營繕司遷兗州副使轉青州節度同忤要路降西安尉時與蘇東坡堂叔祖穆父公時爲吟咏並有書禮行述載入蘇文忠公全集內現列入流芳集可稽於宣和七年正月初三日卒享壽六十有七配許氏封恭人子一梓

維公先祖　瑣尾之餘　既卜爾宅　逎定厥居

公承堂構　克大其閎　詒謀式穀　教子詩書
五馬　乘則軒車　居西安　寵辱不驚
其儀不忒　敬德之輿　以玆裕後　不其懿歟

二十八世裔孫瀛謹贊

國用公傳

公諱梓字國用召亭公子母許太恭人於元符二年二月十二日生自幼隨父任無衹務氣每應試恪守庭訓頗好讀書從無踰閒嘗手輯兩漢六朝唐宋諸書名曰歷代閏人錄以教子孫高宗知之屢召辭不就職紹興二十六年二月十二日卒享壽五十有八贈朝議大夫贅於新安溪過氏贈恭人子三宗起繼起復起又曰湖頭錢氏由此而更

贊曰

父通仕籍　子有令名　聯姻貴族　琴瑟和平
螽斯叶吉　子孫繩繩　詒謀燕翼　寶生四明
寢昌寢熾　載振載興　以承先烈　適駿有聲
弗惟肯構　奚但守成　至公乃大　望族斯稱

二十八世裔孫瀛謹贊

宏基公傳

公諱宗起字策卜號宏基國用公長子母過太恭人於宣和元年八月十四日生少遊泮水聯登進仕初授金華教授遷青州刺史存心仁厚政有賢聲於淳熙十三年九月二十一日卒享壽六十有八配李氏封恭人子一成大

贊曰

猗歟伯氏　厥猷孪孪　衛國四傳　篤生英傑
雁塔題名　黄堂顯秩　無忝素風　能敦介節
爲國屏藩　爲民表率　壽考維祺　子孫繩蟄
世澤難逄　榮名不沒　傳之後人　無忘先烈

二十八世裔孫瀛謹贊

容度公傳

公諱成大字容度宏基公子母李太恭人於紹興二十四年三月初二日生公性敏慧六經濂洛諸書尤研精力學與顧憲臣　分主東林學者稱容度先生於寶慶三年正月初三日卒享壽七十有四配陸氏子四志安志定志宓志宣

二十八世裔孫瀛謹識

康國公傳

公諱志嵒字康國

誠應武肅王十二世孫容度公第四子毋陸太孺人系出臨安自三世祖忠獻王之曾孫衛國公於宋祥符年間徙居無錫四傳至將仕郎諱梓字國用由開化鄉復遷至新安溪家世簪纓文潛德弗曜公資質明敏度量宏遠道德性命之旨罔不探其精微下至名物之繁莫不窮其實事親孝友交信誼而謙和周貧恤困族人目之以其有君子氣象長者欽其風節從後質齋公官於杭薦公出仕公以買相弄權辭不就職嗣以金兵擾攘人戶流亡弟兄聯爲一室誓不分離其友愛之誠已可想見公豫知西歸先期沐浴更衣而以家政付之次子名裕字寬甫者爲之綜理端居正室存順殁寧之理一絲不亂宋淳熙四年即嘉定改元四年辛未十二月初十日生元至元十四年丁丑八月十三日卒享壽六十有七於十六年己卯三月初七日葬開化鄉軍嶂山乾向配過氏賢而有德名門望族於嘉定五年壬申八月初十日生元至元壬午五月二十七日卒享壽七十有

一明年八月十五日合葬公墓子二祐裕孫男五文炫文煜文焯文煒文熢謹爲傳

二十八世裔孫瀛謹識

明逵公傳

公諱文煒字通生號明逵寬甫公次子母陸太孺人素行謹飭友於兄弟平居待人大度包容兄弟分晰不計豐嗇一遵嘯傲涇公居圓通北錢終身無間言大德不踰堪爲族表於元至元辛巳三月初八日生至正辛卯七月初七日卒享壽七十有一配唐氏公與孺人合葬里嶂山康國公墓另有羅城弁碣現辦山糧二十畝詳載正峰墓圖戸名錢明逵公墓在化下念七五另甲公之盛德書不勝書瀛生也晚諱傳什不及一耳予六士元士亨士久士実士貴士達

二十世裔孫瀛謹識

彥春公傳

公諱士元字誠一號彥春明逵公長子母唐太夫人公才智明敏克守父訓積學敦行操履如冰爲人謀必盡忠教子孫必循理詞語溫純確守祖訓杜門讀書不習嬉遊忠信著於閭里禮讓行於一方福祿無忝貽厥後世配華氏子五震恒鼎泰復

二十八世裔孫瀛謹識

聽玉公傳

公諱泰字伯和號聽玉彥春公四子母顧太夫人公少年勤學其後教授里中督課有則桃李盡出公門賢士大夫互相敦聘師嚴道尊晚年不得一衿意淡如也人皆呼之曰布衣學士配孽氏子五秉仁秉倫秉訓秉寶秉家

二十八世裔孫瀛謹識

錢氏宗譜 上卷六遺芳略 聽玉公傳 一 錦樹堂

友松公傳

公諱秉家字公治號友松係聽玉公五子誠應武肅王十七世孫系出臨安自南渡後徙居無錫已一十有一代矣性樸訥待人一於真誠孝友兼至析產時以嘯傲涇七房橋等處新屋讓伯居住躬自儉約仍居於圓通北錢壯游泮水屢試不售守分安命取予不苟以名節自勵生平樂善好施遇歉歲開倉賑濟鄰里弁解囊以助國餉議賜杭州府推官辭而不受因念

祖先或在臨安或在錢塘職拜匪易遂於錫山倡建

武肅王宗祠俾後世子孫得叩謁之願當時上大夫稱為醇篤君子配華氏合葬於斯字一百九十四號平田一十三畝七分九厘七毫子二敬德敏德

二十八世裔孫瀛謹識

錢氏宗譜 上卷六遺芳略 友松公傳 一 錦樹堂

惟智公傳

公諱敏德字惟智號雪林係友松公次子爲郡諸生有文名孝於親敬於兄優游林下嘗自書曰三盃軟美羲皇世一枕黑甜懷葛民其逸志可想見矣配葉氏祔兆父塋之穆子三錫祐尹

二十八世裔孫瀛謹識

溪隱公傳

公諱錫字天慶號溪隱係惟智公長子幼岐嶷長好學博覽群書動循禮法鄉有貧不能葬者捐田一坵以爲義塚人皆德之配華氏合兆 友松公祖塋六灣之西傍新阡子四价儼侃伺

二十八世裔孫瀛謹識

雪樵公傳

公諱佩字元舉號雪樵係溪隱公四子素行謹飭嘗以强恕二字自勉以孝悌忠信四字教訓子姪待友眞誠犯而不校讀書終其身配華氏祔兆父塋之穆子六濟世濟時濟衆濟泰濟邦濟

二十八世裔孫瀛謹識

西原公傳

公諱濟邑字與新號西原係雪樵公第六子天性慈仁友於最篤遵父遺訓且耕且讀躬自創業凡遇鄉鄰災歉傾囊以助從不顧惜家資於嘉靖丙戌生萬歷甲午卒配鄒孺人嘉靖丁亥生萬歷辛丑卒合葬延祥鄉廟橋之西南斯字一千零九十五號平田九分五厘二毫又一千零九十六號平田三分一厘一毫共兩號平田一畝二分六厘三毫今鄉人呼爲北錢老六房墳者即公墳是也子四人士奇益元民奇允元

二十八世裔孫瀛謹識

復原公傳

公諱民奇字依仁號復原係酉原公三子自幼苦志力學設教四方善於策勵於嘉靖乙丑十二月二十八日生崇禎丁丑十月初七日卒配鄒孺人同庚十月初二日生天啟辛酉二月初八日卒合葬泰伯鄉邱承墩山陽福字五百四十四等號子一毓茂

二十八世裔孫瀛謹識

松菴公傳

公諱毓茂字伯盛號松菴係復原公子度量豁達敦於倫紀見幼者必教以孝弟遇師儒必加以敬禮萬歷乙未十月十四日生奮志力學不稍倦嗣聞周忠正公左忠毅公均遭閹宦之害遂掩卷嘆息絕意功名病革時囑子孫曰書不可不讀名不可不求祇求一衿足矣言訖而瞑時崇禎癸未二月十四日享年四十有九配施孺人萬歷辛丑十月十一日生夫亡適當鼎革震懼煢煢翁姑及夫順治戊戌九月初四日卒享壽六十有四祧兆父塋之昭子一錫英

二十八世裔孫瀛謹識

養素公傳

公諱錫英字爾猷號養素邑庠生係松巷公子二代單傳素守儒風天資明敏過目不忘鄉里有神童之稱十三歲應童子試入吳縣庠七薦不售安於義命力學益堅每語人曰學者如牛毛成者如麟角孰如農夫是穮是蓘必有豐年乎篤志朱程之學力辨楊墨之非凡鄰里過和者悅其稅親朋負欠者罷其償周親中衣食不備者必推解以贈婚葬不舉者典質送之族內子弟無力入塾或佐資斧或自爲講課四方從遊公毫無隱諱惟盡所長而告之不

厭不倦終始如一並纂修吳越備史嗣因友松公所建武肅王祠年遠傾圮遂囑族曾姪孫田見奏明重建并捐祀產撥入錫山祠內且於邱丞墩祖塋後另有隙地一山名邱丞墩係福字五百六十二號計全墩糧一十三畝九分三厘二毫捐作義塚爲是處貧人安厝外另造一菴招僧住持會同墳僕互相照應彼此稽查以衛祖墳其糧永歸錢福元戶輸將並修軍嶂山康國公墓復修本村河西友松公墓碑祭標倡捐田產重興祭祀議將歷年所餘租息建造祠宇迄今成之此外嘉言懿行不可勝數茲所述皆百分之一耳天啟壬戌四月初三日生康熙丙辰九月初二日卒享壽五十有五配華孺人係熙甫公女天啟乙丑十二月初一日生順治戊子三月二十七日卒繼配浦孺人係昇之公女崇禎壬申八月十五日生康熙辛亥九月初四日卒側室張氏祔兆祖塋之穆子二奎光斗光

元孫瀛謹識

宏齋公傳

公諱奎光字聚五號宏齋邑庠生援例加監保養素公長
子克承庭訓待人忠恕教弟理學湛深經史尤闡周易奧
旨著有文集校刊吳越備史以全父志並校辨訛三益齋
四書集經驗良方梓行於世崇禎甲申六月二十九日生
雍正甲辰正月初八日無疾而卒享壽八十有一配施孺
人係子餘公女順治乙酉十二月初十日生康熙丁未七
月十六日卒享年二十三歲繼華孺人係永思公女順治
己丑五月二十八日生康熙己未六月十二日卒享年三

十一歲又繼華孺人係翊菴公女順治乙未九月二十七
日生康熙壬申六月初十日卒享年三十八歲祔兆復原
公祖塋次耶側室王氏另葬於復原公祖塋穴灣外之西
皆吉公塋穴灣外之東子三仲明維新繼配出慶餘側室
出

曾姪孫滮謹識

聞臺公傳

公諱斗光字文台號聞臺邑庠生援例加監保養素公次
子五歲失恃十歲失怙從兄受學愛敬交至弱冠工文無
所表見其自識曰不善文而喜文不善書而喜書諸
子百家濂洛關閩諸書無不循覽有寸陰課讀集惜未及
梓康熙丁未七月初六日生己亥九月十四日卒享壽五
十有三配華孺人係贈文林郎伯讓公孫女文學用儀公
女同庚十月初三日生乙未二月二十一日卒享年四十
有九繼秦孺人係鄉進士石菴公女康熙己未正月二十

二日生乾隆戊辰九月初五日卒享壽七十合葬馬伯鄉
卯家塢之間復原公祖塋之左爲字五百四十五號新
阡有圖子司業徵初爾介恩慶基紹于門示諾鄰進持靖
斐蕃

曾孫滮謹識

召愚公傳

公諱揚善字紹虞號召愚係聞臺公三子友於兄弟待友必恭屢應童子試不遇即止自以質純故號召愚心地仁慈樂行善事里人有欲出妻者婉言阻之聞有搆訟必多方排解親友急難不待啟齒資贈之惟恐後鄉里無間言安貧樂道浣衣種竹陶寫性情高尚人不可及也康熙甲戌閏五月二十一日生乾隆庚午三月二十日卒享壽五十有七配黃孺人同庚十一月二十九日生雍正己酉七月二十一日卒享年三十有六繼配吳孺人康熙丙戌八

錢氏宗譜　上卷六　遺芳略　召愚公傳　一　錦樹堂

月三十日生乾隆戊戌十二月二十日卒享壽七十有三合兆丈台公塋之次昭以仲兄次子智臨並以弟次子天球爲嗣又撫蘇州府教授二田浦公之孫妹丈邑庠生觀虞公諱敬敷之幼子鳴謙爲後

孫男瀛謹識

霽菴公傳

公諱兼善字際安號霽菴係聞臺公四子天資敏捷過目不忘從兄受業講貫詩書輒心悟神解不數年而學成歘兄信友恒以理學開示後人爲泰體國先生門下高弟吻至雲南掌教蒙自書院並校閱縣試卷公明之稱翕然淹通經史著有周易註春秋經傳疏凡濂洛程朱諸書日夜尋繹不輟屢試不售安於義命設教四方及門多掇巍科入翰苑者浦二田先生嘗嘆賞之曰以如是才而不能博功名猶有命焉同鄉先達以公篤學善行舉爲鄉飲介賓

錢氏宗譜　上卷六　遺芳略　霽菴公傳　一　錦樹堂

公以齒德未稱不應病革時猶諄諄訓子孫守清白勤讀書疾革前一日命具湯沐肅衣冠起坐而瞑康熙戊寅三月二十二日生乾隆癸巳十月二十三日卒享壽七十有六配華孺人係鄉飲賓葦軒公女有靜一廬詩草弁內則集行於世康熙丁丑正月二十二日生乾隆癸巳正月初一日卒享壽七十有七祔兆丈台公之次穆子二驪珠天球次子嗣於三兄召愚公後

本生孫男瀛謹識

皆吉公傳

公諱謙六字皆吉號嘉傑太學生係蓮華菴公次子性敏悟
寓目輒能背誦尤精明禮記動必遵循里人某業販市嘗
向公假金二十鎰以權子母後勿能償竟焚其券臨財之
廉存心之厚大率類此屢試不售遂易爲賈躬自創業訓
子孫勤耕讀勿嬉遊勤儉睦族恭而好禮康熙戊寅三月
二十一日生乾隆丁卯六月二十七日卒享壽五十配蔡
孺人係候選州同知誥授奉政大夫楚材公女康熙己卯
十二月十四日生雍正壬子閏五月初五日卒享年三十

有四繼配華孺人係端卿公女康熙庚寅八月十四日生
乾隆庚子九月初九日卒享壽七十有一合兆泰伯鄉邱
承墩之首復原公祖塋之西福字五百五十六號新阡
子六濤渭涓蔡出汶沅一清華出

從堂姪灜謹識

求章公傳

公諱驪珠字求章號惕莊郡庠生係霽巷公長子性穎悟
心正直六經子史濂洛關閩諸書無不博覽而於周易尤
有深詣曰易者象也象者像也易有太極而生兩儀乾坤
兩畫爲人儀天地風雷水火山澤爲人像不參不兩不可
爲像即不可爲人羲皇以象盡意不待有辭文周繫辭明
象即辭即像後世得辭遺象非其辭得象失像非其象由
辭得象斯無虛懸說理之病知像爲像斯爲澈明默成之
學作像象嘗見河洛圖說陰陽造化方圓分合通知晝夜

全體心天十二月二十六宮六十四卦列圖而繫以說參
互考訂可窺無像之象作像鈔河出圖洛出書聖人則之
則圖畫卦則書敘疇圖著數也卦筮法也書龜析也疇卜
法也夫子贊易稱蓍著卦之德若重而龜不傳竊未嘗不
傳也書即補龜原析疇即補禹卜法求洛龜之佚稽拘疇
之卜因數成變因變考占因占設教因事示戒疇數既衍
卦數卜法即同揲法作範衍龜畫龜微物自昭天爵悃勉也
歐陽氏云德可勉而修行可勉而正學可勉而充義可勉
而奮作區記惡異端駕躍老於儒上取古今儒學正脈聖

禰帝王下逮漢唐宋儒林遞有所承作源編畝畝不忘君手錄時政明得失作邸抄居嘗自省曰聖賢遺言可見行事論辨註釋與踐履無涉心中有淫樂慝禮耳目中有姦聲亂色身中有惰慢邪僻之氣省察克治孳孳如不及嫁笑跬步必循禮法與人交莊百和久而不替與人談直而婉約而有餘味視人無不可爲善視己欲然不足每試必薦終弗獲售亦惟安命七十六入闈薦而不中大吏以耄而好學入告公力辭曰生學未足遂致不取何敢濫邀欽賞求倖下科始罷後進小生忘年下引其躬行如此又

乾隆丁丑邱丞壞祖塋蔭樹被泰伯鄉棍徒勾引僧人盜砍數十力請 大憲勒碑永禁癸卯續輯宗譜康熙己亥九月十八日生乾隆癸丑二月初二日卒肓壽七十有五配呂孺人係裕生公女貴州府同知錫九公孫女康熙辛丑正月二十三日生乾隆丁未十月十九日卒肓壽六十有七合兆斯字二百四十六號同弟希珍公共塋正穴子二蓉清日辭

姪瀛謹識

希珍公傳

公諱丁、球字希珍號筠圃候選州吏目係召愚公嗣子睿菴公次子幼而岐嶷長而好學屢試不售遂棄舉業言律遊幕西江當道爭置羔雁每至一邑一郡必斟居停加意興文造士弭盜除奸爲首務言不妄發動必循矩爲士大夫所欽重至居鄉力敦實行屏絕浮華皆足風世凡經理義莊出納有則合族翕然忭服邑侯採風詳悉公之嘉言懿行以爲此眞見義必爲臨財不苟者端士也爲舉孝廉方正公以齒德未稱辭康熙辛丑九月二十七日生嘉慶己

未二月初十日卒肓壽七十有九配秦孺人係鄉進士迪光公女同庚同月二十一日生乾隆乙卯五月十七日卒肓壽七十有五合兆斯字二百四十六號同兄來章公共塋正穴子一瀛

男瀛百拜謹識

附錄家訓

一曰孝夫孝者爲百行之原凡在人子皆當盡非特定晨省謂之孝凡語言動靜皆無違可言孝聖人曰色難又曰生事葬祭必誠必信其推明而易踐行者切而易行

聖人一部孝經無非當然之則如或不然非特不可以爲子亦且不可以爲人

二曰悌善事兄長曰悌而悌不止於恭兄敬尊長敦本睦族皆謂之弟若輕手足而重資財聽婦言而乖骨肉同氣尚自參商則此外之謙卑遜順皆非本來面目故爲弟之道必須從根本上做起方爲之悌有子曰君子務本本立而道生可以達乎天下矣

三曰忠聖人云臣事君以忠又曰盡己之爲忠曾子曰爲人謀而不忠乎馬融忠經原不止爲居官者言故在朝

則爲棐靖獻因當不歉於隱微即在野而食德飲和亦必盡心於報効 國課早完不怨不尤此皆所謂忠於其上者而事事必求自慊念念不敢自欺則更有貴於隨分自盡者焉

四曰信夫信爲人至要之物也凡仁義禮智非信不行子曰信近於義又曰人而無信不知其可也左傳曰信不由忠質無益也日用倫常非信不立所以聖人四教其一曰信人生一言一行皆當以此爲根本不但朋友之交貴乎信即世事往還亦必以信未有無信之人而可行之於世矣故聖賢諄諄詔誡者信也

五曰禮夫禮不可不有也禮之爲用難以悉數大而君臣父子夫婦昆弟朋友各有當然之則小而周旋揖讓酬酢往來皆有不易之經故禮之大端有五而所以行禮者恭與敬而已有禮則安無禮則危凡爲人者豈可不言禮而能處世哉

六曰義夫義者爲人最宜有之也人有義則諸事循乎規矩近乎人情不義則是非得失必有毫釐千里之謬故惟知之明而處之當然後行之至而樂之盡不然則智

者過之愚者不及賢者過之不肖者不及終身爲不義人豈非爲名教中之罪人故義不可不有也

七曰廉夫廉者稜角陗勵也世之所謂廉者一介不與一介不取也禮有云臨則毋苟得先哲云非義之財不可取凡此三者名雖異而實同子孫如有臨民作宰須知儉以養廉宜戒貪污倘一不慎必致忘廉

八曰恥人之有恥是聖賢行己之方而姦惡之良人所同具總不能爲聖爲賢亦必清清白白斷未有甘心於污賤者苟其無恥必將無所不爲至於被刑戮辱祖宗

醜面目爲人類所不恥則雖孝子賢孫百世不能改也

男瀛百拜謹錄

旋吉公傳

公諱履祥字旋吉係菊齋公長子康熙庚子四月二十六日生性敏心急篤志好學每與會課必列前茅同社中已屬錚錚有名迨縣府考試皆拔爲元而不獲售一氣吐血而成不起之症待 毋至孝深得菊齋公歡心乾隆辛酉二月初一日卒旨年二十有二配華孺人係以凝公女康熙辛丑七月十三日生十八歲來歸成婚五日而夫亡守節砥志乾隆乙丑六月初五日卒旨年二十有五以弟觀國長子雲會爲嗣

堂姪瀛謹識

用吉公傳

公諱益明字用吉係自申公子八歲失怙十四歲失恃翁姑早逝形隻影單性敏好學深明世務自申公病篤時又托孤於堂兄菊齋公理家課姪得守遺産十九歲成婚雍正己酉三月十八日生乾隆己巳八月十三日卒存年二十有一配楊孺人係惟寅公女同庚六月初六日生二十一歲守節撫堂兄升元幼子濂爲嗣以續宗祧嘉慶丙辰二月十三日卒盲壽六十有八至戊辰有司訪實節操心堅金石具題建坊奏請

旌表苦守四十七年貞節合兆斯字二百三十一號自申公塋之穆

從堂姪瀛謹識

庭紹公傳

諱宗武公茂公子武肅王二十九世

蓋凡本仁心以推暨者莫不由親親之意以漸及於宗族鄉黨之間然有力而爲之則較易無力而曲折圖維迂歲月以爲之則較難是非眞誠篤摯不好名不求報務以行吾心之所安者不能也族叔庭紹公諱宗武者性樸誠爲人端方諒直言笑不苟少讀書通大意年十三失怙卽幹理家事躬稼穡親勤苦事母以孝閭薄田僅數十畝而敬宗祖撫孤弱周旋外內親黨無不曲盡禮意也堂姪某幼而孤家貧甚公撫育而教誨之迄於成立祖之柩久淹而與公同祖者五人咸以貧故墳塋殯費無所出公慨然曰送死大事也身爲子孫而顧坐等道謀築室哉獨任之凡附於棺周於槨以及壙樹之屬一一如禮族有債不克償者代還之有殯不克舉者糾同志買地瘞之至與人財物往還則錙銖無贏也盦釀無爭也以故遠近欽之鄉里稱善人焉族節婦楊氏與次媳周捐田置義莊以贍族舉公爲董事斂散會計必勤必謹職司六載無纖豪爽也董事例有脩賸公受而息之置田十畝仍貯諸莊謂余曰脩賸

例也誠不可辭然同爲族人彼且捐田爲之吾敢以心力受直乎今以此漸息之幸至五十畝吾亦可以贍吾族之近者矣嗚呼此非所謂迂歲月而爲之者耶乾隆乙未再舉董事越二年丁酉而所貯之田近三十畝矣方幸數年之間所志克遂而公竟以是年九月抱疾而卒年五十有七子二人長學文次學禮咸篤愼好學庶幾能繼公之志者

論曰義莊之田始於乾隆己卯而莊則成於乙酉故乙酉以前節母楊自掌之而公爲司其事者三年乙酉以後則

交於董事而余與公共任之者也顧田之爲數畝二百贍者四十人而董事有正有副脩各十二兩贍四石勢不能置家事而專司莊事故合兩董事之脩贍特請一人以辦之而董之者職其成焉此余與公酌而行之而繼之者亦仍而弗改故凡爲董事者皆無取於莊者也公之所息以置田者乃未交以前之脩贍耳卽此當受而不及費之物必曲折圖維以爲推暨仁心之用其立意爲何如哉余嘗謂吾族義莊係於董事得其人則事舉不得其人則事廢族之人志於仁者固不乏而如公者亦不易多得甲子未週遽爲物化嗟乎斯非獨公之不幸抑亦吾族之不幸也

族姪嘯樓俊選宗敬氏拜撰

錢庭紹先生贊并序

先生諱宗武錢武肅王二十九世孫也性諒直好禮義旹族節毋楊與其孀周立莊贍族延主出納乃歲受脩贍積而息之以置田畝欲贍近族惜有志未遂而先生卒子學文學禮承其志漸擴充之給貧族設祭田顏曰廣善事載邑志別構數楹奉先生之主享焉爰序其大畧書諸屏且爲之贊曰

芒芒大地埃塵積之峩峩崇山礧砦益之胡纖弗洪其精結之嗟嗟脯脩歲入曾幾曰余贍族願則已侈力則難跂

紉期億秭哲人愔愔思遠憂深以子孫身爲宗祖心句水可霖寸木可尋堂構用繩由十而百我產既殖我口是籍飢有饔飧寒有襦襗方其剏始莫之或計惟迂惟愚靡月靡歲若涉大川尚克有濟甲子將周咸觀厥成後嗣其承先人之靈春秋肸饗乃升豆登於戲一絲何纖一粟何細能留其贏遂溥其惠毋曰瀾踈毋謂迢遰惟昔愚公惟嶽可移心力既聚奚弗得爲宜式鄉閭垂宗族規

修職郎教諭銜管蘇州府元和縣訓導事甲子科舉人姻愚姪楊熙之拜譔

道光歲在癸巳三月之望林玉鼎拜書

太學生賡飏錢君傳

賡飏公諱世楠偕登公三子武肅王三十世

賡飏錢君諱世楠余舅兄博學宏詞最齋楊公壻也余與君忝在姻盟數相敘言論風采窺見一斑自余入都久覊京邸音問稍疎後以告歸旋里復敘闊悰其生平行事始得備悉云壬子春令嗣鳳威甥修緘達京欲爲其父丐余文以爲傳余無文年且髦欲固辭之然感疇昔相知之雅有不得辭且不忍辭者因慨然允其請焉余觀古來脩行特立之士天每阨抑其遭多予以缺陷之境獨其持身行

已篤於孝友尊祖收族恤眾諸大端足以光家乘垂青史者卓然立極於千古間輓近世不槪見矣余謹按錢君始終之大畧其殆庶幾乎君纔六齡太孺人華氏即世旻何痛惜年十二太翁偕登相繼以捐館舍悲又甚焉嗚呼天之阨抑君者一何如是耶然境阨則志厲志厲則行卓君之爲君乃自此超然遠矣君孤苦所相依者繼母楊太孺人與昆季若而人年雖少事繼母如生母迎意承旨惟恐偶不得當失我母歡君以幼年分析伯兄衛封公代爲經理命以讀書取進屢試不售誠足惜也既冠成婚伯兄授以家務凡財賄器用諸物絕不與較人共欽其度量之宏豈知孝友之出於天性而然歟君之遠祖梅堂公葬于錫邑之城南數餘里曰軍障山時有盜賣其塚旁隙地者事既覺族人俱逡巡退避不敢舉首君獨奮臂而起曰有子孫而不保其祖墓非孝也先人土地讓他族之逼處非仁也知其事之敗露而不竭蹶以圖者非勇也因出其貲偕伯兄傳族控縣跋涉久之地乃得復今其祖塋垣墉周密松柏不翦春秋享祀於勿替者君之力爲多聞之禮尊祖故敬宗敬宗故收族誠能追遠而親睦之道闕如非所以

固本支也君毅然欲圖義舉嘗語繼母楊太孺人曰孀嫂周氏曾言設田贍族有志未逮兒願與弟協力交贊之太孺人欣然色喜曰善哉吾亦願捐膳田合二百畝稟册以咨部而義舉乃成君例贈爵辭請給額以旌其母娌此尤行義而全孝敬者也數十年來族中之待給米者傴僂負戴相望于道鼓舞歡呼之聲稱太孺人之惠愛即頌君之德不衰乃君施濟之道又可略言矣君見人有疾者則調藥餌以治之有號寒者則製棉衣以給之屍骸暴露不及葬埋者又施棺木以殯歛之其他佈施之惠未易更僕數

總之不離乎任恤之遺意者近是余述君之略歷數君之生平古所稱修行特立之士足以光家乘而垂靑史者意在斯乎意在斯乎或曰錢君之美不盡是卽如詩書啟後基業光前今履其庭絃誦雍然堂構巍然莫非君之遺澤故至此然余所敬君重君亟表夫君者固不在此而在彼也是爲傳

乾隆歲次壬子仲春文淵閣大學士拙修嵇璜拜譔

錢澈霞公小傳

眷姪鄒希曾拜撰

公諱伯琳字澈霞鉏谷其別號也係錢武肅王三十二世孫幼聰穎嶄然見頭角卽能文章耽吟詠里塾中會課特稱翹楚族叔祖繡峯先生閱公課卷每刮目相待卜爲偉器應試輒列前茅又工書法在蘇趙之間四方索書者戶外之屨恒滿嘉慶十八年六月父恬齋公抱沈疴醫藥罔效公侍奉晨昏衣不解帶者累月至中秋間恬齋公去世公哀毀骨立幾不欲生後數日乃漸進飲食公昆弟五人獨居長總理家政井然有條無一私心服滿後不復與小

試援例入成均屢次鄉試俱以額滿見遺由是棄舉子業專以樂善好施爲事嘉慶年間旱荒公捐貲賑恤不獨本圖仰賴卽外圖亦藉以全活道光三年水災特甚飢口較多公仍倡捐賑濟絕不少吝貧民無損瘠之憂者皆公之實德也業師黃岐陽孫旭堂兩先生與乳母之曾經撫育者公饋遺不絕以報教養之恩亦可謂樂善不倦者矣世居金匱嘯傲涇家故小康曾祖偕登公有志建莊而未遂祖賡颺公承父志遵母訓讓田建莊以贍貧族父恬齋公復立義塾以訓族中子弟義莊舊例本分子孫不過盤查

帳目不准支取錢文恬齋公歿後本支貧乏之者往往思壞
舊規公力持正議毅然不回甚至艱險備嘗嗚之當事者
數年莊規始得整復迄於今敬宗收族之規模爲一邑最
非公之鼎力曷克如是公因舊居頗隘營造新宅數十間
第曉峯已故而同時卜築公讓基地數尺俾得完全則天
性之眞摯可知他如施棺施藥放生焚券等乃餘事也道
光十二年冬得消渴病竟成不起易簀詩猶以讀書立品
行方便樹陰功屬望後人云公娶鄒氏布經歷稼軒公長
女亦著賢聲勤內助先公二年卒生子三可鑄賜鐵復銖

俱克稟家訓能自成立易曰積善之家必有餘慶其謂是
也夫生女一適蔡氏太學生錫智印川公長子名文浚
贊曰歐陽子云爲善無不報而遲速有時旨哉斯言觀公
之孝友兼全居家多陰德雖古之君子無以過是故郎中
年歸道山而有子繼志克振家聲天之報施善人蓋不爽
云

錢景崧先生家傳

先生諱璡初名峻號景崧世居金匱之歗傲涇太學生容
齋公之孫冠林公之次子也少讀書於滸墅關之龍華寺
咀茹經史五經各摘註疏發憤自勵必欲以功名顯應小
試者二十役曾賞識於邑侯齊公彥槐拔冠軍卒不售年
旦艾自是不復屑意矣家貧藉館穀以自給先是宗人錢
繡峯孝廉故樸學教授關中爲先生延譽競以羔幣聘而
先生之轍遂南其訓徒也篤志者與之稽經講藝兼及敕
躬之道成物之方其不帥教則訶求臏責不少寬日有課

月有程時節假館從無稽滯若有程限趣裝而去者鄉學
之士率皆爭出其門下交口稱譽之在家恂恂惟謹同產
五人行一兄歿庀其喪以長子銑後之爲銑授室通家財
既喪耦銑以羸疾早世六旬初度作述懷詩四首歷敘生
平顚沛事歲戊申子若孫舉七秩觴先生曰壽我必特殺
不可急止之其慈儉蓋天性然也生平不與戶外事然於
扶危濟困見義必爲館袁宅時有一省親船皈關既經驗
放矣被譖追還謂偷漏議重罰摧折百端先生聞之喚一
書僮到稅房曰果無違例也卒旨釋之當是時關法森嚴

自問觸網難逃況巡丁逐利所至訛詐莫敢誰何受誣困
當敢希意外之援手哉先生以片言將命立釋其冤一時
錯愕相顧驚且謝而先生不以爲異也至若投檻錢以息
爭者解館金以殮貧者草薦書以應有求於我者先生歿
後猶有踵門謁謝道其盛德不衰而繼之以泣下者其爲
人可以想見矣卒年七十有一次子文銛余之壻也來請
傳者外孫宗濂以讀書世其家

論曰自文銛爲余館甥習聞其尊府君慷慨多隱德文銛
性孝値粵逆竄鄉奉母避地日作杞憂竟至沈痾不起噫

豈非命數使然哉其文選入梅里存英續集內宗濂纔七
齡從母育於余家能讀祖父書庶幾不墜家聲者爲牽連
書之以備採於家乘焉光緒辛巳臯月

誥封奉直大夫補用內閣中書加四級鄉飲大賓姻愚弟
華存寬拜譔

族祖瑞周府君傳

府君姓錢氏諱應熊瑞周其字也居金匱縣之嘯傲涇與
余同八世祖振懷公爲從祖行其後分爲君立公君美公
兩房府君立房支也父諱榮字奐若母范生子二府君其
次也年十六父母相繼歿貧不克葬柩厝宅西南八畝裏
嘉慶九年大水漲痕及棺與兄開周公伏棺號慟竟無恙
乃竭蹷覓地辦葬如禮開周公亦矢志成立合爨分勞協
力經紀不二十年中腴而外潤乃析產以居家業小康均
出手創今之人業業分爨往往爭一銖口盆折足几兄弟

勃谿者比比也是足以風矣道光初謀闢舍於老屋之北
戶得卜矣因念古之築室者首營藏祏之室遂建家祠於
多福橋南百餘步奉五世祖君立公之位與合族諸弟姪
鳩貲落成之而營造新宅亦以次第告成道光己丑也性
伉直每劇談聲清而遠聞年近古稀縣博士長吏累以鄉
飲徵於賓筵輒謙讓卒不應也壽七十四以道光二十六
年四月朔日卒初娶華氏無子早卒時無錫季君斯盛爲
余曾祖賡颸公記室有女聞其賢聘之其時府君已有田
百畝取入於賃耕者每冬催租歸風獵獵寒甚必儲湯點

以待慰勞數言合力造家所贏奚啻三倍後府君三年卒
合兆瞻橋北談家巷父塋之穆子四紹坤紹墉紹坪紹增
俱季出長子紹坤爲兄開周公後次子紹墉夫婦早亡遺
一孫一女覆翼其孤爲經理一切紹坤佐父起家且嗣產
單薄田屋四分均撥無低昂胞叔玉聲公後人住蘇州無
考墓在典前橋北至今祭掃無缺代爲納賦貽膳田百畝
遺命以三十畝有奇爲奐若公墓祭田而以開周公瑞周
公配祀餘田均分四子所立祭田四房輪值永資粢盛醴
齋之費俾子孫知所報本云

銜既爲府君傳復論之曰世人棠祖父之業守而兼創尚
矣余獨賢府君無遺產之授而以置產起家諸子猶精貨
殖之術家日益昌舒眉晚節矣惟其孝友貽謀至於今家
風敦樸猶多古意焉夫孝友者起家之柱礎也是故君子
務本

光緒十一年夏四月從姪孫鳳銜拜撰

錢義士傳

錢義士者諱光華字定遠號敬憶吳越武肅王後也性好
義疏財有貸千金不克償者則焚其劵曰毋累後人遇人
輒傴僂恭敬非法不言雖狎無戲謔行磊落光明不屈於
救人患難赴湯蹈火不顧也曾在金邑爲人雪冤獄邑令
齊公彥槐大義之居平與陳氏一瓢九峯相交好一瓢九
峯義其爲人久益親厚配氏華子男二長曰源次曰辰俱
從子游孫若干生於乾隆戊子冬十一月二十五日卒於
道光壬辰秋九月九日年六十有五葬金邑垂慶鄉至今

鄉里猶嘖嘖稱義士云

贊曰從善如流嫉惡如讐藹藹義士名垂千秋道光辛丑
秋七月吳縣朱紱撰文

文學厚甫錢公傳

先生諱運然字葆之號厚甫係出宋錢武肅王後爲明遺公支聽玉公派郎邑庠生枕崙公之第三子也生而岐嶷少從兩兄學授四子書即能曉大義及長習舉子業每一藝成往往辟易儕輩而先生愈益苦於學不以是誇異以故行益敦業益進道光丙申以郡縣試列前茅得補博士弟子員而尊人枕崙公年且老忽遘時疾即於是日辭世先生遠寓澄江方撫躬自喜念得青其衿以承二人歡雖不能如捧檄之榮亦足聊慰倚閭之望乃越二日驚接惡

耗先生聞訃星馳匍匐旋里謹視含殮是時哀毀骨立幾於滅性者屢矣而諸戚黨勸以太孺人在堂不宜過哀以重毋戚先生領之强進一饘粥然血淚涔涔無日不沾染枕席間也家昆季三先生居幼其伯氏早世先生事仲兄惟謹乃益得太孺人歡庭闈之中藹然秩然里中人無少長皆嘖嘖稱爲坊表云時族設義田以贍同宗之窮而無告者其建莊主人思置一碩望於其中爲族人矜式知先生賢遂敦請先生經理莊務潤枯振乏由親及疏靡不周至家故不饒於財諸從儉約獨鄉里有善舉苦嗜欲之切於身必勉力助成之雖罄家貲無吝色里有恤嫠會幾廢弛矣先生偕兄雲程公助錢數十千爲諸人倡諸人因慷慨集成此舉賴以不墜庚戌大水歲荐饑鵠面鳩形相接於道先生見之惻然先倡首自散廪米幷力勸諸富紳出粟設粥廠於鷲湖之新橋以資蒙袂者聚食日數千人先生按名徧給無漏遺無攙閧曲折周至歷四閱月無倦志所活災氓無算鄉人至今猶德之性本恬淡又以遊庠日遽抱皋魚之痛益無意功名同人敦促再四兩入鄉闈薦而不售遂絕意進取惟日枕葄圖書自娛年四十三卒子

四次三幼俱殤長子德培兼祧長兄希芝公後能兢兢自立以勤慎世其家

論曰先生與余家爲中表親先生居諸父行余少時得接先生之言論丰采未嘗不欽欽在抱以爲如斯人也當必享遐齡膺厚福乃未至中壽遽傷殂謝豈修德不當獲報也何天之豐其德而嗇其年耶雖然吾聞之不於其身必於其子孫爲拭目於後嗣之繼起者

光緒元年歲次乙亥仲春

廪貢生蟾香浦艮耀謹撰

曉山族叔祖傳芳集

公名旭原名旭初號曉山余與公均爲吳越王裔宋承奉郎十二世志甯公雨子慶甫公寬甫公分支余爲慶甫公支公爲寬甫公支三十世漢賢公之長子也少習岐黃常以濟世爲心家綦貧而輒不計利好施藥而不吝資本沾惠者不知其凡幾迨遭難時妻唐氏與子女俱亡孑然一身仍理故業而性益慷慨處世和平不以富貴者而趨之亦不以貧賤者而忽之噫是其本性誰能然者生平敦宗睦族和藹可親茲因續修宗譜通知各房同登宗譜本房

中有不知理者即以尊祖敬宗之理導之協力校修勤襄厥事是乃上不忘先世下可貽後人誠善舉也續妻陳氏生子一樹梅年僅五齡知極聰慧他日昌大門閭未可限量豈非天之保施善人洵不爽哉 時

光緒二年歲次丙子

族姪孫鏡清海帆謹識

始遷祖秩卿公傳

前明鼎革之際有隱君子焉姓錢氏諱天爵字陛陛號秩卿江陰人也少負卓識有異才當神宗時四海晏安士大夫垂紳委佩率以舉業教其子弟不過四子一經而已公獨精心爲有用之學凡經史諸子百家盡通之尤喜邵子易說故研幾於數極深每事前決懸策而驗者十得八九方流賊之熾也思陵破格用人開庚辰特用科陳啓新以上書立擢臺諫人有爲公勸駕者公曰此豈可共功名時乎鴻飛冥冥吾計決矣遂絕意進取及聞李自成陷京師

謂子曰早知此故不出耳乙酉大兵下金陵福藩出走大江南北震動會常郡既就撫江陰忽烈日中大雨雹公謂當有縣兵起筮之得遯之同人其繇云羝羊觸藩有退無前涉水得山若瓜之綿綿公曰數也易示我矣遂絜家避居無錫安陽山下未幾江陰故典史閻公守城大兵十四萬築長圍薄之戰守八十餘日事平城中無得脫者遺骸遍野居鄉者亦流離載道人始服公之先見公所居在安陽山左有川名星瀆距毘陵梁溪往來孔道且二十里兵革不及自公遷居後百姓從之者數十家遂成市川上有

樀公之子孫環居之衣冠禮讓風俗迄今最爲淳古公爲
武肅王二十六世孫始居江陰塘村再遷長壽三遷至此
乃定居是爲星瀆樀錢氏始遷祖

論曰余讀五代史一行傳而知遯迹世變之時樂其道而
不求聞達者之難其人也易曰知幾其神乎詩曰風雨
如晦雞鳴不已夫以鄭遨張薦明李自倫諸人皆沉淪草
莽功業無聞而史家以其潔身遠害超然世網之外猶必
取其姓氏而傳之若公者非諸人之儔乎宜其流澤孔長
矣

道光戊子八月之吉廉里龔望曾撰

皇清例封儒林郎附貢生候選儒學訓導喜亭錢公傳

喜亭錢公既逝其孤在衰絰中遣其孫錦莊昆仲踵門而
告曰大父一生先生所知也傳大父者莫如先生敢介行
狀以請予曰公之盛德在人久矣予雖不足傳公之賢尚
能知公之一二夫安敢以不文辭謹按公行狀諱邵霖號
雨三喜亭其字也系出錢武肅王後至宋承奉郎進宗公
自嘉興遷無錫遂爲無錫始祖曾祖惠甫公諱如璋曾祖
母華氏祖蘭生公諱世德祖母朱氏父亦軒公諱溥母浦
氏繼母華氏生母蔣氏公自幼好讀書稍長習舉子業援

筆立就師事其族復齋繡峯兩先生學日益進文日益有
名時張邑尊科試金邑拔置前列冠其軍尋補博士弟子
員後數年貢成均公有田數頃自公父亦軒公在時已命
公理其事亦軒公歿後事益繁公以身任家政者四十餘
年先後居父母喪哀毀盡禮公次弟衡七公早卒公以次
子爲之後而經紀其家成父志也公性好施與歲時賙恤
寒者予之衣飢者與之粟病且死者與之棺長厚之聲聞
於遐邇甲戌邑大旱有司臨鄉勸輸公慨然指囷助賑始
終無倦容亦無德色既而有司上其事爲請於 朝議敘

縣丞非公意也族故有義莊衆議推公長者司其事例得脩脯公弗受主人固請之公弗卻曰吾有所用之矣乃置田二十畝取其息以給貧乏歲以爲常其設心類如此公晚年爲善益力百廢具修葺祖祠則曰本源不可忘也續宗譜則曰世次不可紊也興文社則曰講習不可不勤也辛丑公介八旬諸子請稱觴不許請捐贍族田四十畝存諸宗祠公許之曰是善壽我是歲四月公之元孫生衆賓咸賀公辭讓衆曰公夫婦齊眉孫曾林立今元孫又生此昌熾之徵慈祥之報宜邀　曠典不可壅於　上聞於是

楊君熙之等合詞呈請當道並繕公事實宗圖以進事聞於　朝奉　旨賞給銀緞有差昭異數也表人瑞也非公之盛德烏足致此哉若公者可以傳矣公生於乾隆二十六年四月二十日申時卒於道光二十六年三月初八日巳時享年八十六歲配王氏子二孫九人曾孫十三人元孫二人

贊曰予嘗館公家見其上下雍肅無家人嘻嗃之習及予自蜀返吳謁公於故里公年八十餘矣德容粹然擕其元孫以出俄而公之孫曾俱集一堂五世洩洩融融盛德之徵也易曰自天祐之吉无不利又曰積善之家必有餘慶天之祐公也至矣公之積善也多矣爲公子孫者宜何如承慕焉

賜進士出身　敕授文林郎前任四川平武縣知縣加三級世愚姪華廷標頓首拜撰

例授儒林郎太學生候選布政使司經歷廳錢公靜庵傳

翁姓錢氏諱寯字李雋靜盦其別字也系出吳越武肅王後其支出者聚族於錫之梅李歷數傳爲蘭生公蘭生生亦軒公國學生鄉飲介賓　例贈修職郎翁曾祖也父邑明經喜亭公諱邵霖　恩授邑尉　例晋儒林郎喜亭公生子二長卽翁幼端重如成人勤讀書不得志於有司乃援例入成均得布政使司經歷廳非翁志也旣棄舉子業乃慨然曰傳有之惟孝友于兄弟施於有政是亦爲政

豈必援巍科登清要始足以自見乎弱冠後承父命爲家督事無洪纖壹委之翁仰事俯畜井如也居恒以勤儉訓其後人畧謂勤非過於勞瘁也急先務而已儉非過於鄙吝也量入爲出而已其識大體類如此旣家益盛子姓益蕃翁暨其弟莅汀先生得子若孫若干人及曾孫同高産而喜亭公遂有五代同堂之盛昆季相語邀戚鄰走告郡邑大吏入請得　旨嘉奬　恩賚優渥喜亭公顧之而樂可知矣翁至性過人友愛尤臻至取友必端爲善必力以乾隆乙巳五十年春庚辰三月乙丑生道光二十九年秋八月丙寅卒得年六十五歿之歲洪水泛田廬方設法籌賑疝氣發卒不治娶於華得子女各四孫十七人曾孫三十餘人翁女弟爲大綸曾祖王母故知其家事特詳又讀華進士香谷所著尤信他軼事不勝書書其大者大綸聞諸父老曰維昔　高皇繩武　皇祖脩時廵之典屢幸江南閱河旅山問族存老湛恩汪濊觀氣橫流磅礴委積於天地之間而不能無所鍾於人者其上有曼齡緜福之佐其下卽有龐者耋駘之民先生父子殆其倫歟　熙朝人瑞之題自　天授簡家之慶乎

國之恩也洎先生歿而水旱頻仍髮捻蠭起東南從此多故我生不辰逢天僤怒誦大雅之詩不益爲先生幸哉

姻後學吳縣王大綸頓首拜譔

茝汀錢公傳畧

同治五年八月二十四日予嫡家

誥封朝議大夫茝汀錢公以七十九歲令終越兩月其孤士昇手公行狀墨經踵門求作傳嗚呼老成徂謝典則云亡予敢以不文辭公諱憲字佩芬茝汀其自號也世居金匱[illegible]傲涇[illegible]祖世德祖溥父邵霖明經候選學訓母王安人生子二長騫次卽公也生歲餘出爲叔氏贈朝議大夫邑庠生衡七君諱[illegible]桂後幼有至性事嗣母王恭人能得歡心恭人有二女[illegible]愛如同產既嫁時節餽問恆先母意

歷久不弛嘉慶己卯舉母節請於當事得奉　旨旌表如例初諸父均產公例得四之一以幼故屬諸學訓綜其出入既長與兄共庀家事纖悉稟命內外井然道光癸未自五月至七月淫雨害稼市米翔貴公出粟按圖賑給嚴汰冒濫饑口得沾實惠全活甚衆事聞得　欽賜議敘主簿後遇歲祲輒蠲其租入大祲則賑之親故有貧乏者隱濟之人皆以爲難俗之媮也號富室者一家之外途人而已平居欲貸其粒米半粟如割肌膚歲一不登則鍵閉其廩視爲奇貨雖道殣相望不稍動比比然也如公者豈易得哉公早歲出後而純孝不移終身之慕無[illegible]本生學訓夫婦俱享大年比一歲中先後卒公年已周甲號慟不異孺子咸[illegible]戊午七月恭人棄養公銜哀盡制一如所生既終事值粵逆陷蘇常所在團練公命次子士昇散家財召募鄉勇得三百人設局訓練與賊[illegible]得勝仗閭閻賴以安堵者凡五閱月所費不貲而士昇竟以勞瘁成疾旋致不起公亦避賊琴川當此之時家憂國卹萃於一身幾不能支及夫賊平歸里見先塋無恙屋舍儼然則又泫然曰死者不復作恨吾兒不及見此也遂謝絕世故頤養餘年

嘗生壙於所居之北立員石時召醫人候其脈曰非欲服藥也欲知生復餘幾耳卒之夕神明清朗惟以兵荒之後今歲冬租勿多取誡其子餘不他及嗚呼公席兩闕優渥之蔭潛修舊德損己利人卒能光大其業以承先裕後邑有善舉未嘗不與至於修葺祠宇賑贍貧族以及橋道之修櫬藥絮漿之施善無不爲洎乎晚歲遭時變故一建義旗損愛子以殉國難豈非其仁孝之性有以激發之哉抑又人所難能者矣吁可傳矣公少工舉子業郡縣試輒前列屢不當於學使者遂以例入成均候選布政司理問以

子士昇候選府同知加一級恭遇 覃恩誥封令秩配張
恭人有賢德先公二十九年卒生子二長士昂次士昇皆
前卒又次士昇即請為傳者也副室劉氏生子一士暉士
暉孫一鎬昉
舊史氏曰予聞令子士昇亦孝子也痛母早世遇諱日及
歲時伶祭必涕泣終日事父色養備至其歿也賊氛方熾
造次無以得斂具往歲公嘗為副室劉置榑直百金至是
劉泣請於公曰郎君遇我母子厚吾德之願以斂嗚呼昔
人謂蓋棺論定觀劉之言士昇之孝可不言而知矣劉亦

賢矣哉士昇號孟齋長身玉立輕財慕義喜賓客既歿而
人多思之因為公傳乃牽連及之云
賜進士出身翰林院編修 欽加侍讀銜 國史館纂修
功臣館纂修 實錄館總纂己未 恩科陝甘主考官加
三級姻姪陽湖呂耀斗頓首拜譔

欽加鹽運使司運同銜 誥封朝議大夫議敘布政
使司經歷廳國學生錢公厚卿傳
光緒戊寅春假館錢氏其東鄰即厚卿婿丈家時一過從
因獲識公言論風采踰年公殁其文孫倫之司馬謂余知
公較深介其族弟季臣茂才以狀來言曰宗老其家乘行
卒事矣而王父未有傳其行且沒不彰子姪之罪亦交遊
之責也余聽其言雖不文其奚敢辭謹按狀公諱福基字
濟美號厚卿系出吳越武肅王後曾祖諱汝祖諱松元考
諱鼎卿子珊先生有聲庠序間以公勞績保舉贈如公官

公幼而岐嶷子珊封翁嚴庭訓擇友師諸寇之亂吾鄉冠
英黄先生罵賊被戕赫然與剛烈武愍諸君子相輝映者
即公友而賓也廉幹有為邇其天性中更離亂遂輟舉業
家富於資而用得其當氣盛於學而務得其平嘗粵匪之
由江皖而趨蘇常也 朝廷簡命重臣分調將帥而今爵
相合肥李公方膺撫蘇之命知人善任破格用鄉團是時
公年力壯盛奮然作其敵愾同仇之氣儲餉精募死士以
繼淮軍之後省垣諸城之復師武臣力之功為多而邪許
之助誰鄉團亦不為無裨焉事聞公以太學弟子員得敘

布政司經歷　賞戴藍翎又因納粟得晉銜同知運司事而聲望益著同治之初大難既鶉長吏儆清田賦邑大令山陰湯公學江謂公賢能稱最以南延鄉事屬董之公益自勤奮繼任巴州廖公綸至給匾旌其廬其歿也廬江倪公咸生親臨其喪鄉之士大夫會弔者以百計說者謂公以齊民而得此於世亦極榮哀之盛已始祖武肅王祠經兵燹燬焉公以春秋過惠麓慨然輸重貲新之事成而不尸其功治家以勤儉爲教一門之內雖履屐各得其宜竹頭木屑亦歸於有用焉平居嫗嫗姁姁不敢以威福自恣

及臨事變則瞋目張膽無避嫌無誘勞鄉里觴豆之爭赴訴者踵跂而環聽之是非曲直折以片言其愿者讙然遂黠者色然駭豪猾者且帖然以靡也性尤好施與丙子秋江以北旱蝗相繼海州災民南下就食公承倪侯之屬與邑紳耆歛資斧創廬舍留養半載人給川資安抵故里其鄉之貧者生有養死有葬歲暮則饑者食寒者衣可立而待可援而例也晚歲尤有志於高平范氏之義舉析居積清注記鉤稽盈縮得沃產若干畝規白大吏而疾以革易簀之前夕握其孫曾瀅腕而授之册且屬曰必無廢治命吾目瞑矣服未闋曾瀅卒能以其事聞於

朝　恩獎如例公之生爲道光二年三月癸巳卒爲光緒五年四月壬戌壽五十八娶於華先公三年生後公四月卒子二文銜廷鑣均補太學弟子員有文名而早世女一適滕孫二曾瀅以弟子員晉銜郡司馬文銜出　廷鑣出公以壯歲疊喪丈夫子而義方之訓不少貶其督孫也視教子加縝懼以年衰恩勝疏其檢而敗其成也而其孫亦卒以恭儉世其家

綸既傳公梗概廼感而言曰班史稱卜式爲長者多其積

而能散也匹夫爲善於鄉名重當涂雖沒世而其稱不衰其行蓋可知已軍興以來倡率義旅以資以力或亦率土之義宜然至遏抑豪暴以佐有司之不逮弱肉強食者或息而歛焉所全不更大耶義田得請固由其後之人克承祖武抑亦公佑啟而呵護之者實深歟舊德先疇其漸被於後者愈益無既矣

姻再姪東吳王大綸拜譔

詔旌楊孺人同媳周孺人傳

楊孺人偕登公之繼室公諱灝士洪聲公子武肅王

二十九世

周孺人季榮公繼室公諱世模偕登公次子武肅王

三十世

自古仁讓孝義之事爲之者難爲之而後先濟美者尤難且爲之不在偉丈夫而在婦人女子則又難之難余於嘯傲涇

詔旌楊孺人暨媳周孺人實有不勝欽仰者爰特爲之立

傳焉楊孺人與余先室爲姑姪知之最詳孺人生而貞淑容止端莊年二十四歸太學生洪聲錢公子太學生偕登公爲繼室僅五載而偕登公辭世當偕登公之存也家業頗厚嘗欲建始祖武肅王祠於惠山之麓并欲於近鄉設立義莊以繼其十八世祖惟常公及十九世孟清公兩代義舉而偕登公有志未遂迨後十有餘年適元配華孺人所出仲子季榮早世無子以兄衞封次子名縠者爲之後而季榮繼室周孺人又欲贈兩叔之子讀書田各八十畝兩叔固辭不受周氏遂欲以此田贈族請於姑姑曰此固汝翁志也年前惠山祖祠工興余捐錢百千祭田十畝已稍慰汝翁於地下今復得此汝翁之志俱可遂矣乃欣然從之併罄已之膳產四十畝具呈於縣令縣令爲申於上憲上憲給扁奬勵并請於大部部勅藩憲給帖永免差徭因於宅之東首武構義莊一所擇族之老成者董其事而近族之鰥寡孤獨者咸賴以活焉嗟乎以自古偉丈夫所難能之事而楊孺人與周孺人姑媳同心成此義舉以遂偕登公未遂之志且以濟其上世之美雖田之數僅止二百畝以活者僅止數十人其亦足以傳矣至若孺人之事

舅孝相夫治舅姑喪葬禮無不周至及守節後教子成立擴家業治宅第種種懿行猶其婦道之常要不若義莊之舉善繼善述爲難能也余毋庸贅

賜進士出身

誥授光祿大夫　經筵講官禮部尚書仍直　南書房

紫禁城騎馬加三級同里嵇璜撰

賜進士出身

誥授奉直大夫翰林院侍講加三級錢塘梁同書書

壽菴公配華太孺人傳

太孺人姓華係韋軒公女康熙丁丑正月二十二日生賦性穎敏於女紅無所不通嫺習閨訓二十于歸壽菴公孝事繼姑秦太孺人或曰此非親姑也太孺人曰既爲翁也婦卽我之姑何言親繼孝敬如一每遇起居欠安必親奉湯藥以進待妯娌和衷從無間言教訓女媳必講內則壽菴公因家計日落適秦體國先生赴滇作宰延掌家白書院教維時來章希珍兩公俱幼太孺人日夜紡織以佐薪水親操井臼以佐家政并脫簪珥俾二子就塾每晚必督

夜課讀時曉以孝弟力學待壽菴公自滇歸里面試二子文義已通乃令應童子試長卽遊庠實賢母訓督成之夫妻偕老相敬如賓易簀時並無疾病喚二媳與孫媳至叮嚀齊家宜　相夫宜順命取湯沐更衣而坐言訖瞑目有靜一廬詩草內則傳二集乾隆癸巳正月初一日卒享壽七十有七子驪珠降服子天球孫二葛清日瀚降服孫瀛曾孫三本禾東降服曾孫果元孫五煜丙然丁然庚然毅然

降服孫瀛謹識

希珍公配秦太孺人傳

太孺人姓秦係西水關迪光公五女康熙辛丑九月二十一日生賦性慈慧溫厚和平父母鍾愛之太孺人自幼卽甘淡泊舉動不苟十九歸希珍公夫妻相敬如賓處妯娌戚黨情禮兼至迨希珍公繼召愚公之後侍奉嗣姑吳太孺人與本生姑華太孺人諸順慈命曲盡孝道希珍公出遊豫章十餘年不返亦無銀信寄回家貧值歲歉饘粥不繼太孺人日夜勤紡織宵食麤糲天未曙輒起米鹽井臼無不親操雖臧獲必曲體之然敎子甚嚴讀書稍怠必加

訶責有堂妯楊太孺人卽文模之嗣祖母少年守節太孺人敬之楊太孺人亦深佩太孺人孝姑訓子每有不給時承顧問數十年如一日及太孺人病卽喚孫男果孫媳何氏諭曰爾父在外負米吾數盡此不欲明言恐傷爾父之心并勸希珍公勿哀自重乾隆乙卯五月十七日沐浴更衣而瞑滿室聞香享壽七十有五子一瀛孫一果曾孫二魯衡維時文模年幼未悉始末因嗣祖母楊太孺人言之歷歷故爲傳

從堂姪孫文模謹識

芳汀公配華太孺人傳

太孺人係太學生子充華公之女太學生嘉瑮伯祖考之第五媳芳汀伯考之德配乾隆辛酉十二月十五日生賦性幽閒言笑有則既達書史復嫺女紅姑華太孺人性直爽御下嚴能先承意旨而濟之以慈仁子二長曰守模次曰士楷迨太孺人三十二歲芳汀公遘疾盡典衣飾覓購參藥無何病革幾欲地下相隨復念遺姑幼子權作未亡守節從此孝養一十二年婦兼子職課兒二十餘載母也兼師次子楷旋遊庠序數十年間心堅金石志矢柏舟能

允謀子巾國完人道光甲申十一月十四日卒高壽八十有四親族欽仰苦節五十餘年應以年例未符弗克仰邀旌節爰書梗概以附譜末

道光乙酉孟春　　堂侄文模謹識

錢節母劉孺人傳

梁溪錢節母劉孺人者望湖公次女士朗公諱龍馨德配也子二長次俱殤女一適朱氏公早卒以節聞孺人生有淑行鄉里共賢之年十七歸錢氏居數年若處子也士朗公幼無怙恃賴舅家沈氏成立得孺人以經紀內外始克成家好讀書兼知醫術公在館亟孺人盡敬相待如賓公焚膏夜讀孺人就織聲徹夜寐謂公曰丈夫不患無衣食患不成功名久之讀益勤逕益寒而公之志益苦又謂公曰丈夫不患不

成功名患無德行公謝曰是吾心也益相敬無閒言嘉慶十九年大旱苦饑公病故孺人朝暮哭淚盡繼之以血誓與公同死人止之曰汝二子早夭一子幼將賴汝撫養以續宗祧不然豈既死者於何地乎況送死大事也夫死未殯安可以輕生於是收淚強起盡哀禮撫一子一女寒衣饑食罔敢或缺鄉中某欲奪其行動以勢利而孺人不利誘不威惕甚則門設常關夜則孤燈達旦佳節勝景未嘗出也然恐恐焉常以獨居一室爲憂以爲吾死不足惜奈吾子何望

子女寄食於母家亦可以固吾圉矣蓋孺人之歸爲己故爲孤兒故也旣歸志益定守益堅家有寡婢陳氏亦節婦也望孺人之歸而樂與之居孺人敬婢之節與之相厲也茹苦含辛守百年如一日子漸長教以讀盡四子五經雖愛如掌上珠有過失不少寬貸戒之曰汝姊已嫁汝父只有汝一點骨血汝毋不足念汝父不可忘言罷嗚咽泣下子亦泣受所戒娶婦楊氏賢而慧善識姑意佐令子重整舊業不墜家聲孺人相得無遺憾年八旬有孫三人皆賢子弟奉

甘旨侍几杖問寒問煖彬彬如也孺人顧而樂之以壽終嗚呼孺人始無翁姑之訓終無伯叔之親零丁之苦誰則嘗之予復生子孫復生孫壽考之福又誰則享之生於乾隆辛卯十二月初十日卒於咸豐辛亥閏八月之二十二日守節五十餘年壽八十有一癸亥長孫則誠戡亂有功蒙
恩䘏贈乃手劉行狀謁余而傳之異日有司
上聞
天子建坊
旌表將於是焉在

論曰世人多推忠臣之事君余獨推節婦之事夫豈盡節有異於盡忠者耶觀劉孺人之守節始則誓以死報繼則撫孤成立臨難不顧果有異於盡忠者耶抑無異於盡忠者耶願盡忠者覽焉

同治甲戌仲春　長洲廪貢生李學蓮拜撰

皇清侯贈修職郎季榮錢君暨原配華孺人合傳

涇里季榮公隱君子也余向未識公顧余毋家華氏余爲華氏甥與公原配華孺人爲中表因於華封翁贇賞齋中晤嗣君燾得悉公孝友婣睦心竊偉其爲人今以卜葬有期孝廉華公既銘其壙嗣君復以傳屬余余惟誌銘之體蓋取綜核事實傳則傳其生平大節俾可法於後世所繫尤重迺撮誌銘及所聞見書之公姓錢氏 諱世模偕登公仲子達順其別號也累代家金匱其譜系子姓生年卒月具載誌銘公沉

毅有幹局工制藝入成均自幼不逐羣兒戲被服庭訓深自刮磨尤有至性早歲即連遭父毋喪俱哀毁如不欲生自昆季分授恐墜先業刻苦治生精心簡稽遂致家貲羨溢即廣推友于之誼思欲割膏腴爲贍族田嘗誦蘇子之言曰兄弟族姓其初一人之身也則在五服内喪葬必訃冠娶必告少而孤宜長者字之貧而孀宜富者收之此眞吾祖吾宗所冥漠冀之者惜公享年不永雖常䘏族人之困敝而未著義田之明條公又無子以胞兄國學生衞封公次子謚爲後奚集族議以田一百六十畝爲義莊設立章程周詳曲至邑之士大夫聞而嘉嘆覺仁人孝子之意油然而生尊祖敬宗之心肅然而起公其有知當亦掀髯於九京也嗚呼世俗之衰敝久矣昔晏嬰爲齊相宗黨待以舉火者數百人范文正宦達後以其俸餘置義田千畝晚近士大夫率多困詘雖欲施惠於族苦無以行其志甚或擁厚貲者則齷齪趨利而尤遇終窶之人一毛半菽斤斤必較是以欲爲者常不能能爲者常不欲古所云孝友婣睦掃地無餘斯亦

曷勝悼歎也今達順非必有晏范之藉資產不過中人而銖積寸累辛勤振刷盡十餘年之蓄貯卒伸其志於身後可不謂之賢乎於是族人感悅欲謀所以壽公者以公雅愛山水因築樓於石門以奉公俎豆亦可見遺愛在人心直與名山俱不朽耳嘗攷史氏法凡事關倫紀可備激勸者皆得書余又夙仰公之惠及族人精誠垂後記曰尊祖故敬宗敬宗故收族惟公有焉易曰子克家又曰積善之家必有餘慶惟公之嫡嗣有焉余爰爲列傳以俟後之爲信史者

乾隆庚寅

萬壽恩科乙榜候選儒學教諭年家眷弟周原溥頓首拜

撰

詔旌榮滕二節母合傳

錢氏二節母者一爲振玉錢公之配榮氏一爲振起錢公之配滕氏娣姒先後守節同以孝代子職同以慈兼父道同以勤儉振衰宗王亢禮所謂松筠俱貞者也昔榮節母年十九歸振玉公克盡婦道及期而夫卒無子痛絶欲殉姑氏榮泣諭之曰俟汝叔有子卽爲汝夫立後汝忍不爲死者撫孤乎氏乃强起茹苦含辛以待越十年振起公德配滕氏生丈夫子二長雲龍嗣振玉公後次見龍爲已子兩母互相撫育方蔥蔥然爲家門慶無何振起公亦疾篤

醫禱罔效而卒滕氏勺飲不入無苟活心其姑氏張與榮氏姑卽以慰諭榮氏者慰諭之且議曰我公先公前以振起嗣叔氏後故令振玉與之析箸今煢煢兩霜嫠宜合由是榮與滕約毋以哭聲戚容傷二老心安則共謀旨甘疾則共侍湯藥兩姑每相謂曰我兩人無子如有子孫亦馴謹得毋教或者我家共蹶而復起乎後皆以壽終二節母喪葬如禮并舉王舅禹璋公及兩舅之殯爭先典衣給費戚黨咸稱美之二節母之教子也愛而能勞小過不稍貸遺事名師脩脯皆從十指出朝夕各挈其子誨之曰爾父

力學發憤余不敢以米鹹煩碎其心汝心苟不在櫺書余復何望二子泣受敎在塾交勉在家協和及長俱爲之授室內外遵二母命惟謹先是家遭大故年荒多盜二節母篝燈達旦以防之鄰有多穀翁羣賊瞰睨屢誤毀二節母垣乃聯袂揮涕告之曰余兩人夫亡姑老子幼朝不謀夕若何覬覦而至此賊逸去其誠感橫逆類如此二節母勤紡績縮衣食久之家稍裕時榮節母周甲子請稱觴母止之曰汝曹能勤耕讀慰先靈而不負吾志足矣奚必張樂置酒爲閱五年滕節母周甲亦如之二節母孤苦相依久

敬而和四十年如一日乾隆癸丑七月榮節母無疾而終壽七十四守節五十四年滕節母因是傷悼忽忽如失左右手越三月亦逝壽六十九守節四十年嘉慶癸酉纂入邑志道光甲午恭遇

恩詔同邀　旌典里中人相與指綽楔而言曰此雙節母家也嗚呼傳矣

外史氏曰世嘗稱鍾郝爲禮法宗然鍾郝處常而易今榮滕處變而難而變不失其常難卽底於易非二節母之同德同心不至此方其守節撫孤第思各代其夫完爲子爲父之責若不料後之大門閭高壽考使子孫至今有若是則天之報二節母者盛矣而食節母之報者又當何如同德同心也

道光二十年歲在上章困敦壯月鄒廷珖拜譔

錢氏節母烈婦合傳

婦人不幸而以德見者曰節曰烈節以撫孤保其家烈以殉夫忘其身所守不同而其志均可嘉也使節母而天遐奪之年德亦將以烈著使烈婦而天或益其壽德亦可以節彰蓋有其志在正如蒼松翠竹雖冰雪嚴寒終不改柯易葉不得以松之節堅竹之質脆而微分軒輊於其間焉吾鄉錢若虛姻兄之嗣母鄒氏夫死立後治家有則迄於今孫曾林立可謂不幸中之幸矣又不幸而節母之長孫早世其孫媳鄒氏誓不欲生未踰年竟以哭泣死則不幸

中之尤不幸也吾謂非不幸也天將以節烈光錢氏之門焉且節母有不可以死者聞其時家道式微并多外侮世有殉夫似烈置子嗣於不顧而其家卒致傾頽者聞節母之風應悔於地下矣烈婦有可以死者翁姑年邁且有二叔仰事不患無人嗣子不患不立世有夫死持家笑言苟且而節或未純者聞烈婦之風應愧視息於人間矣同治辛未恭遇

恩詔同　旌

同治癸酉孟春之月同里李學蓮拜譔

皇清例封安人錢母王太安人傳

錢母王太安人之喪殯有日矣其孤遣其次孫蓮塘乞予爲之傳予按漢劉向撰列女傳以母儀爲首後世史家紀賢母者類以劉傳爲宗若王太安人之溫惠慈和雍子茂孫親見一堂五代之盛則其賢洵有足傳者太安人姓王氏鄉飲賓朗屏公次女也年二十歸喜亭錢公公父亦軒先生好讀書延師課子屬望素殷太安人于歸後朝夕勸學同心勵志以副翁意其時嫡姑浦太孺人生姑蔣太孺人俱殁惟繼姑

華太孺人在堂太安人問寒燠薦甘旨晨夕佐養敬謹有加華太孺人以是賢之曰是善事我喜亭公與弟衡七公同遊庠昆弟之間友愛甚摯無何衡七公卒無子孀王安人哭之哀太安人慰之曰吾子猶而子也吾妯娌猶姊妹也家事一付之而伯吾與而上事翁姑下撫兒姪以俟藐孤之繼起不猶愈乎於是待孀王安人敬禮加於平日每遇令節必曲意勸解視其色和而後安蓋所以體之者至矣喜亭公少負雋才既屢試棘闈不遇乃以遠大期諸後人延邑中

名宿敎其子必忠且敬太安人佐之供膳豐腆久而
罔懈晚歲子孫衆多每自外塾歸猶一一稽其勤怠
常曰吾於諸孫無不愛愛之而所以望之者又無不
至也喜亭公有良田數十頃外務叢雜日不暇給內
事則太安人以身任之其勤則親操井臼中饋經營
拮据無稍息也其儉則衣不厭絺綌食不厭麤糲一
絲一粟無苟費也歲時伏臘祭祀豐潔無不盡誠婉
友娶婦豐約適宜無不當禮上和下睦閨中無嘻嗃
詬誶之聲雖婢女僕婦待之如家人太安人之存心

可謂賢矣喜亭公年八十適元孫同高生太安人顧
之色喜曰吾聞之舅姑云自先祖以來相傳有親見
一世而止者有兩世三世而止者至四世則稀矣今
一堂之上五代雍雍豈天之報施獨厚於吾夫婦哉
蓋由祖父積善之慶非一朝夕之故也吾夫婦年皆
耄耋無所能爲所望子若孫益加培養俾有成立則
吾家之幸矣自是親舊相賀合詞呈請　當道事聞
於
朝賞給銀綴匾額於此見喜亭公之盛德而太安人寔
厚待人之報亦於斯而彌著也太安人卒於道光二
十六年九月十一日巳時距生於乾隆二十四年正
月十八日戌時享年八十有八子二長雋次惠嗣衡
七公後孫八人曾孫十三人元孫二人

賜進士出身　敕授文林郎前任四川平武縣知縣加三
級世愚姪華廷標頓首拜撰

先大父洪聲事狀

枚生三歲而孤少受教於先母楊孺人孺人每縷述先大父生平遺事枚謹一一誌之不敢忘今枚年逾六十矣慮先大父之行誼湮沒弗傳於後也爰就所聞於母者詮次以附家乘焉大父諱維鏞字洪聲姓錢氏系出吳越武肅王後六世祖宋承奉郎進宗公諱進由嘉禾遷無錫之開化鄉十七世祖明處士梅堂公諱發再由開化徙磚橋稱磚橋錢氏十八世祖授義官惟常公諱種德倡捐義田長子承事郎孟清公諱清續捐義田五百畝贍族至二十四

世祖懷簡公諱國耀贅嘯傲涇金氏遂世居焉二傳至君美公諱成禮配華孺人是爲大父祖考妣生以行公諱有信配華孺人繼吳孺人則大父之考妣也自懷簡公生當明季家計漸艱傳至以行公僅獲守常強持門戶而已大父年十四以行公病病中命迎婦華氏甫成婚而以行公辭世當是時大父勉肩家計孤苦零丁無伯叔之親無兄弟之助殊有萬難自立者而大父殫力操持克勤克儉不二十年家以漸裕出餘力扶顛危濟貧困勇於爲善其素性然也邑人杜某欠帑追銀四百官府追之急瀕死者數

矣大父憐之出橐中金代納之某遂得釋同時又有朱姓者素業陶司火者不以法器盡苦窳窘急無以爲計大父召而謂之曰吾欲建莊屋需磚瓦第取其最下者乃先以銀米畀之迨陶器至復以善價償之此兩人德大父甚終其身佐大父理家務焉一日自城中攜銀三百附近里人舟以歸登舟而睡醒已舟近里門大父即舍舟登岸歸及家始悟失所攜銀家人欲往索大父曰自攜之而自失之銀殆非吾物也且我失之無多損彼得之則多賴奚往索爲其立心仁厚輕財重義類如此他如輸租者必減其額

售產者必豐其價又其常也大父孝行尤篤齠年居父喪即哀毀盡禮歲時祭祀必潔必豐後雖富盛無以加焉晚年以惟常公兩代所捐義田歲久寖廢欲更置以復舊規又以歷代祖墓俱在軍嶂諸山墓糧千餘畝向以族人之在開化者司之族人賢愚不一漸有盜賣竊葬諸事既與族叔十峯公鳴官以釐其弊遂欲將各祖墓糧捐產獨任其役而所費浩繁爰數年存蓄幾及萬金而事可舉矣會戚屬某者爲大父司會計瞰所藏金一朝而盡攫之大父喟然曰以萬金而遽傷戚誼吾不忍爲然而其事不果矣

皇清　誥旌節婦顯繼妣楊太孺人行述
太孺人姓楊氏系出宋徽猷閣待制忠襄公後祖邑庠生
漢臣公父太學生羽豐公母薛太孺人生而貞淑少時容
止端莊言笑不苟稍長動循禮法諸弟冠履欹側必為正
之故諸弟敬阿姊如嚴兄年十六外祖羽豐公卽世太孺
人居喪盡禮如儒生家中落以紡織佐母治生寒暑無間
年二十四來歸先君為繼室當是時祖母華太孺人已前
卒大父洪聲公年高太孺人事之曲盡誠敬奉甘旨問起
居承顏伺色務得其歡心而遺息滿前 世楷 年十六 世模

年十三 世楠 年纔七歲兩姊俱未嫁男在塾而女在閨太
孺人入廚治館膳必豐以潔入室課鍼紉不惜手爪至寒
煖飢飽無一不關心保護大父喜謂吾父曰新婦好不遜
於華汝復得賢婦諸兒女重有慈母矣無何大父洪聲公
抱恙太孺人視疾唯謹而疾終不起太孺人佐偕登公治
喪盡哀盡禮吾父偕登公志期達大闕堂宇規模宏敞業
既成將建祖祠設義莊太孺人慫恿之事未就而吾父以
勞瘁成疾太孺人醫療百方病轉劇時太孺人年二十九
季弟 廷枚 纔三歲耳永訣之際一慟幾絕矢以身殉已而

不數載而大父遂賫志以沒也故所得聞於先母者蓋如
此大父卒後三十餘年先母捐膳田立義莊族人賴以全
活者頗眾而枚近往來軍嶂清理進宗公以下列代祖墓
偕通族捐設祭田墓糧悉歸義莊經理勉以承大父之志
也大父享年六十有六配太母華孺人享年六十歲生先
考一人諱瀛士字偕登太學生配先母華孺人繼先母楊
孺人先考生枚等四人長世楷次世模次世楠次卽廷枚
也乾隆五十八年八月孫男廷枚謹述

念兩代四棺未葬諸孤未盡成立泣然曰夫在夫之任夫
既亡未亡人之任也吾奈何不終吾夫之事迺進不孝世
楷語之曰汝年稍長已授室內事吾主之外持門戶及教
督諸弟汝之任也太孺人治家有法門庭肅清課諸子以
讀書爲人第一義故待先生必忠且敬少子雖甚愛憐之
稽誦讀少懈痛懲不少貸爲子女締姻必擇名門有家法
者奩贈有無聘貲厚薄弗問也歷十餘年子女以次婚嫁
畢迺以祖遺田產祇存膳田若干畝其餘悉親族秉公分
授先是吾父偕登公嘗有志捐田贍族會疾作弗果賫志

以歿太孺人意在克成先志仲兄世模蚤世既以次立長
房次子熹爲嗣仲嫂周復推愛兩叔房長姪各授田八十
畝兩房固讓不受因請於太孺人願以所讓田爲贍族田
太孺人欣然曰此余之素志也遂盡捐膳田四十畝共二
百畝具呈各　大憲咨　部免役　憲旌給扁命不孝等
建立宗祠祀懷簡公以下而以義莊附焉舉族之老成謹
厚者爲董事每年計田所入贍鰥寡孤獨之養太孺人兩
度壽筵受義田贍養者咸來介壽且額手謝因進酒食盡
歡以去義田之咨　部也隨例請　旌乾隆三十年乙酉
奉
旨給清標彤管扁額正在荷蒙
頒賞適值長孫熙遊庠謁
廟之日華筵歌管風景絢爛太孺人顧而色喜曰余之志
事稍遂矣太孺人慈孝性成念外祖母年老迎養以壽終
四弟舅氏少聰穎令與不孝世楠同塾早歲遊庠食餼後
即延以課諸孫具道太孺人當年事歷歷也三十六年辛
卯命不孝等舉王考洪聲公顯考偕登公兩代四柩卜吉
祔葬曾祖以行公新阡慎重擇地經營五年始得竣事太

孺人御下嚴而有恩婢能烹調紡織未及笄即遣嫁惠先
世老僕尤厚平生好善見義必先爲倡於佃戶豐年命勿
取盈歉歲於常例外加意酌減長兄嘗捐社倉穀四十石
爲衆倡太孺人喜以爲好施不吝其存心利濟多類此持
躬勤儉常衣布雖敝猶補綴澣濯以服之曰附吾身者久
不忍即棄捐也嘗持齋曰吾非求福澹泊素所甘也嘗轉
經曰吾非奉佛藉以息吾心也常紡織曰幼而習之不知
疲也年屆七旬罷織作猶日事紡績子婦有微諫者太孺
人正色曰男女各有本業汝曹誦讀亦猶是也汝勸我安

閒我教汝怠惰耶老而康健如此得腹疾縣畱兩旬薓薨
罔效竟棄養時乾隆四十五年庚子七月十八日戌時也
距生於康熙四十六年丁亥三月十七日酉時享年七十
有四子四人長世楷太學生配朱孺人先卒次世模太學
生原配華孺人繼配周孺人側室孫氏三郎不孝世楠太
學生原配楊孺人繼配華孺人側室曹氏柏氏沈氏俱華
太孺人出四廷枚太學生配秦孺人今太孺人出女二長
適鄒次適華俱華太孺人出孫十八人世楷出者九長熙
廩膳生娶席氏朱孺人出次燾娶華氏側張氏侯氏嗣仲

兄世模後三照娶陳氏五熊娶司馬氏七煦娶蔡氏八烝
娶陸氏俱側室穆氏出四勳娶楊氏六默娶蔡氏九㬎聘
華氏俱側室李氏出不孝世楠出者五烈太學生楊孺人
出娶華氏側王氏黗太學生華孺人出娶朱氏煥聘高氏
煒未聘俱側室柏氏出炯未聘側室沈氏出廷枚出者四
長煌娶周氏次炘原聘浦氏繼娶華氏三焯聘秦氏四燦
未聘孫女十四人世楷出者五長適華朱孺人出次適俞
三適徐側室穆氏出四適華五字華俱側室李氏出世模
出者一適鄒周孺人出不孝世楠出者五長適楊楊孺人
出次適高側室柏氏出四字楊華孺人出三字秦五字周
側室沈氏出廷枚出者三長字劉次字秦三未字曾孫十
八人熙出者三增埰垓俱未聘燾出者四長瑞德候選縣
佐聘蔡氏三瑞華四瑞靈俱未聘俱華氏出次瑞器聘吳
氏側張氏出烈出者三培聘楊氏均塼俱未聘側王氏出
照出者二堂型俱未聘勳出者二墉墢俱未聘熊出者一
增未聘煌出者二城坤俱未聘黗出者一坊未聘曾孫女
十六人熙出者二俱未字燾出者四長四俱未字華氏出
二字華三未字側張氏出烈出者一字吳側王氏出照出

者二勳出者一熊出者二炘出者一黗出者二煦出者一
俱未字凡太孺人一生淑德懿行撫孤贍族勵清操以慰
先志若不略陳梗槩使後世無聞焉不孝等罪愈難追謹
掇拾一二詮次如右伏冀
當代大人先生賜之銘誄不孝等世世子孫感且不朽
不孝孤哀子錢世楠廷枚承重孫熙百拜謹述
敕授文林郎原任浙江德清天台象山縣知縣署甯波府
清軍總捕同知庚寅鄉試同考試官加一級紀錄五次愚
末曜頓首拜填諱

先父衛封公事畧

家嚴諱世楷字衛封吳越忠獻王裔也四世承奉郎進宗公由嘉禾遷錫二十九傳至偕登公娶祖母華孺人生三子長即公氣度安詳神色清挺一望而知爲大家風味迥非濁富者之所如自幼受業於族叔正焉先生居止不苟爲文章實爲時輩所見推許年十五即失恃繼祖母楊孺人性方嚴公色養兼致年十九祖病膈公釋卷泣曰此時猶可以瑣事重吾父病耶于是丙調藥餌外理家政衣不解帶年餘祖卒哀毁逾常是時同母者三叔世模已畢姻

叔世楠年甫十二叔廷枚因析箸依母同居公因世楠年幼撫育如慈父卧起必俱爲延名師課業迨成婚授以田宅銀米親族咸鑒無私時行社長法公獨任十年而不乏諸叔有十七世祖梅堂公塋軍嶂山對峯歷世既遠乾隆十八年奸佃孫裕國盜賣餘地公力任其事協族人控有司魏公懲治追究清釐祖母楊承先志捐膳田贍族并建家祠公欣欣色喜補膳倍其數公居鄉好施予有告以窮困者即助以銀米如是者烏可勝數哉嗚呼世之兢兢守業者多矣竊念先君一生存心忠厚處世寬宏雖不能與仁人君子傳頌千秋而其孝于親友于兄弟周急于鄰里族黨間不可誣也長子熙始遊庠稍慰先君之望然不幸辭世不肖等旣無以繼先業又使先君行誼湮没無聞其罪豈淺鮮哉爰梓以供大人先生之流覽云不肖勳熙杰㬎謹誌

癸卯科副榜年家姻眷弟華守謨頓首拜填諱

具呈前任四川平武縣知縣華廷標前任福建
臺灣府同知杜紹祁前任浙江天台縣知縣鄧
培前任元和縣學訓導楊熙之前任吳縣學訓
導徐對揚候選直隸州州同滕達癸酉拔貢候
選直隸州州判王芝林恩貢生候選直隸州州
判費承焯丁酉拔貢即選儒學張步瀛壬辰科
舉人丁培甲午科舉人顧鳳仪恩貢生鄒廷琥
廩生王元標廩生鄧鼎祺增生王煥庚附生顧

五世同堂錄　一

書紳朱贊元王湘瀾抱屬華壽
為夫婦五世同堂呈請詳咨具
題以彰人瑞事本邑南延鄉三十七都二圖附貢
生議敍縣丞職銜錢邵霖現年八十一歲妻王
氏現年八十三歲夫婦齊眉有子二人孫七人
曾孫八人道光二十年四月二十日長曾孫鈞
生元孫同高現年二歲邵霖幼時逮事其祖六
年事父四十六年至是五世同堂親見七代伏

查定例凡壽民壽婦年至百歲
題請建坊給建坊銀三十兩年屆百歲五世同堂
給銀建坊外請
旨賞銀十兩緞一疋其未屆百齡五世同堂者令
督撫分別年歲給與扁額緞疋銀兩等因今錢
邵霖已曾元繞膝夫婦八旬一堂五世洵屬
熙朝人瑞宜邀
曠典請

五世同堂錄　二

題
旌賞銀緞廷標等居近桑梓誼關親族共睹蕃昌之
象咸深慶幸之衷為此開具錢邵霖宗圖事實
清冊並里鄰親族遞具甘結環叩
老父臺大人俯賜通詳請
題並請
各憲頒發匾式以彰人瑞上呈
計呈　宗圖　事實　冊結

宗圖

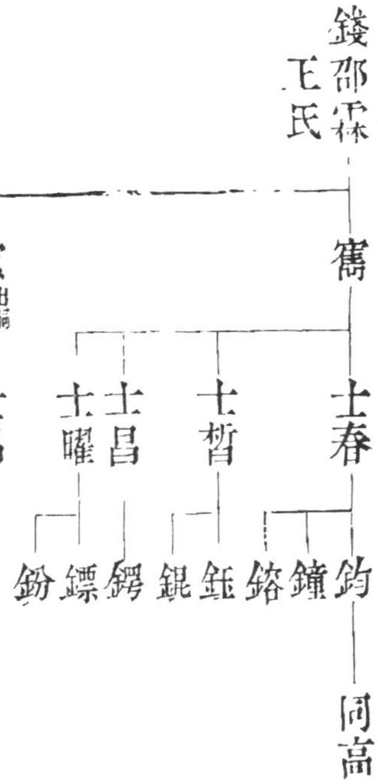

五世同堂錄　三

事實

一錢邵霖係金匱縣南延鄉三十七都二啚人由縣學生員捐納貢生嘉慶甲戌捐賑議敘縣丞職銜生於乾隆二十六年辛巳現年八十一歲元配王氏係鄉飲賓王慶曙次女生於乾隆二十四年己卯現年八十三歲有子二人孫七人曾孫八人道光二十年四月二廿日長曾孫鈞生元孫同高現年二歲

一錢邵霖弱冠入泮七試江南省闈不售遂不復應試居家教子弟以孝悌忠信爲本不尚文飾年未六十以家事付子操持平生樂善好施賙人之急夫婦同志相濟每冬令預備棉衣以授寒者歲暮則訪困窮之家密贈以米物不使人知也道光癸未癸巳水災命子芝孫捐貲賑濟又出粟減價平糶庚子又水無錫青城等鄉圩岸潰決官長勸捐賑濟則

五世同堂錄　四

命子孫捐貲賑本啚並協濟圩啚其他施棺施藥掩埋暴露諸善舉莫不出貲贊成之

一錢邵霖天性友愛弟無子以次子爲後妻王氏亦賢德待弟婦敬禮有加妯娌雍和至今白首相對不啻姉妹之親愛也

一錢邵霖幼時逮事其祖六年事父四十六年先意承志至是年逾八旬夫婦齊眉五世一堂親見七代其元孫與邵霖同以四月二十

日申時生邑人傳爲佳話故名之曰同高云
具結狀南延鄉三十七都二啚里鄰親族錢克
昌等今於
具結狀爲夫婦五世同堂呈請詳
題以彰人瑞事實給得本啚附貢生議敘縣丞職
銜錢邵霖現年八十一歲妻王氏現年八十三
歲夫婦齊眉有子二人孫七人曾孫八人道光
二十年四月二十日長曾孫釣生元孫同高現

五世同堂錄　五

年二歲邵霖幼時逮事其祖六年事父四十六
年至是五世同堂親見七代並無扶揑情事
里錢克昌　鄰錢軼犖　親王瑞清　族兆棨
道光二十一年九月初六日
金匱縣正堂董　批候據情轉詳宗圖冊結附
金匱縣　爲夫婦五世同堂呈請詳咨具
題以彰人瑞事道光二十一年九月初六日據前
任四川平武縣知縣華廷標等以五世同堂呈
請詳咨具
題等情到縣　准議覆查無異該金匱縣知縣董用
威核看得附貢生議敘縣丞職銜錢邵霖艮善
承家孝慈啟秀少而聚順依祖父以承歡老益
康强視曾元之繞膝年登耆耋渥沾雨露於
三朝世衍蕃昌慶洽雲礽於七葉五代際同堂之盛欣
承
愷澤滋培一門占逢吉之休洪庥

五世同堂錄　六

仁風長養洵屬
聖朝人瑞宜邀
曠典褒榮茲據紳士華廷標等聞造系圖清冊呈請
並據里鄰親族遞具甘結前來相應造具系圖
事實冊結加具印結通送理合具詳仰祈
憲臺電核賜詳請會 賜轉請詳題並祈先賜頒給匾式隨詳
飭發俾得早荷榮施實爲仁便爲此
計詳送　冊結

今於
與印結爲夫婦五世同堂呈請詳
題以彰人瑞事實結得甲縣附貢生議敘縣丞職
銜錢邵霖現年八十一歲妻王氏現年八十三
歲夫婦齊眉有子二人孫七人曾孫八人元孫九
二十年四月二十日長曾孫釣生元孫同高現
年二歲邵霖幼時從事其祖六年事父四十六
年至是五世同堂親見七代例邀

五世同堂錄　七

旌賞茲據紳士華廷標等呈報並據里鄰親族具[illegible]
前來甲縣覆查無異相應加具印結是實
詳　各　憲
十月　日奉
署常州府正堂徐　批據送冊結存候加看轉
詳並印頒給匾式另札飭發此覆
又奉
署常州府正堂徐　札金匱縣知悉據該縣通
詳職貢生錢邵霖妻王氏夫婦齊眉五代同堂
取造宗圖事實冊結詳府核轉並請先賜頒給
匾式隨詳飭發等情到府據此除將送到冊結
加看詳送　藩憲外合行頒式札飭札到該縣
即將發來給予熙朝人瑞匾式轉給錢邵霖製
匾懸掛毋違特札
又奉府札奉
署布政司黄　札奉

五世同堂錄　八

總督部堂牛　札金匱縣詳職貢錢邵霖夫婦
五世同堂請　題一案情由奉批仰蘇州布政
司查明詳辦仍候
撫學部院批示繳冊結存又奉
蘇撫部院梁　批開仰蘇州布政司查明加看
取造系圖冊結照例通詳核辦毋遲仍候
督部堂學院批示繳冊結存又奉
江蘇學院毛　批開蘇州布政司查明通詳核

辦並給予瑞徵昌後四字製匾轉飭遵照仍候
督部堂撫部院批示繳冊結存
常州府　爲夫婦五世同堂呈請詳咨具
題以彰人瑞事據金匱縣詳稱據四川平武縣知
縣華廷標等以本邑南延鄉職貢錢邵霖夫婦
五世同堂核與詳
旌定例相符開具系圖事實清冊並里鄰親族甘結
等情到縣覆查無異出具印結加看通詳等情

到府據此該署常州府知府楊承湛核看得金
匱縣職貢生錢邵霖吳越流徽詩書世澤武緜
祖考既纘緒以成家敎秉嚴君復晨昏之養志
克光前德垂裕後昆夫婦齊眉八秩慶添籌之
喜曾元繞膝一堂仰扶杖之歡
國恩計歷
一朝人瑞適逢五世洵爲
壽考作人之化宜沐

天家曠典之榮茲據該縣取造宗圖事實清冊並取
里鄰各結加結詳送前來相應加看轉詳並將
冊結同送仰祈
憲臺鑒轉實爲仁便爲此
計詳送冊結
奉布政司孫　批仰候循例轉詳請
題此繳冊結存送
布政司　爲夫婦五世同堂親見七代循例以

彰人瑞事據常州府詳據金匱縣詳稱據四川
平武縣知縣華廷標等以職貢生錢邵霖夫婦
八旬曾元繞膝一堂五世核與請
旌定例相符開具系圖清冊並里鄰親族甘結等情
到縣加結詳送由府加看轉詳到司據此該江
蘇布政司孫善寶核看得金匱縣議敘縣丞職
銜附貢生錢邵霖齒邁八旬堂同五代上承歡
於祖父下衍慶於曾孫以沐

一朝雨露之恩齊眉誌喜見七葉繁昌之盛繞膝徵祥
洵稱瑞應
熙朝允合榮邀
曠典據該縣取造系圖冊結由府詳請前來相應加
看轉詳伏候
憲臺會合具
題除詳 督學憲外爲此
計呈送冊結

五世同堂錄 十一

奉
宮保總督部堂宗室耆 批司詳金匱縣職貢
生錢邵霖夫婦五世同堂請
題一案由仰候 撫部院會核具
題仍候 學部院批示繳冊結存又奉
蘇撫部院孫 批開已于道光二十三年二月
十七日會疏具
題並揭移 禮部科暨 戶部查明咨仰飭知照

仍候 督部堂 學部院批示繳冊結存送又奉
江蘇學院毛 批開候 撫部院核
題仍候
督部堂批示繳冊結存
江蘇巡撫
題爲五世同堂親見七代循例詳
題事據蘇州布政司孫善寶詳稱據署常州府知

五世同堂錄 十二

府楊承湛詳據署金匱縣知縣張銘曉詳稱據
前任四川平武縣知縣華廷標呈稱本邑南延
鄉三十七都二啚附貢生議敘縣丞職銜錢邵
霖現年八十二歲妻王氏現年八十四歲夫婦
齊眉有子二人孫七人曾孫八人道光二十年
四月二十日長曾孫鈞生元孫同高現年三歲
邵霖幼時逮事其祖錢世德六年事父錢溥四
十六年至是五世同堂親見七代核與請

旌定例相符爲此開具系圖事實淸冊並里鄰親族
遞具甘結環請通詳請
題等情到縣覆杳無異該署金匱縣知縣張銘曉
核看得附貢生議敘縣丞職銜錢邵霖艮年亦
家孝慈欣秀少而聚順依祖父以承歡老益康
強覲曾元之繞膝年登耄耋渥沾雨露於
一朝世衍蕃昌慶洽雲礽於七葉五代際同堂之盛欣
承
五世同堂錄　十三
愷澤滋培一門占逢吉之休共沐
仁風長養尙勵
聖朝人瑞宜邀
曠典褒榮據紳士華廷標等開造系圖淸冊並據里
鄰親族遞具甘結前來相應造具系圖事實冊
結加具印結通送具文詳請轉詳請
題等情到府據此該署常州府知府楊承湛核看
得金匱縣職貢生錢邵霖吳越流徽詩書世澤

武繩祖考既纘緒以成家教秉嚴君復晨昏之
養志克光前德垂裕後昆夫婦齊眉八秩慶添
籌之喜曾元繞膝一堂仰扶杖之歡
國恩計歷
一朝八瑞適逢五世洵爲
壽考作人之化宜沐
天家曠典之榮茲據該縣取造系圖冊結詳請前來
相應加看詳候核轉等情到司據此該蘇州布
五世同堂錄　十四
政司孫善寶核看得金匱縣議敘縣丞職銜附
貢生錢邵霖齒邁八旬堂同五代上承載於祖
父下衍慶於曾元沐
一朝雨露之恩齊眉誌喜見七葉繁昌之盛樂徵祥
洵稱瑞應
熙朝允合榮邀
曠典據該縣取造系圖冊結由府詳請前來相應加
看詳候核

覽等情到臣據此該臣查得金匱縣附貢生議敘
縣丞職銜錢邵霖傳家清白秉性淳良青年則
孝事重闈白首益惠周庶物堂同五代看繞膝
之會元齒邁八旬慶齊眉之夫婦從此飲和食
德無非
雨露生成即今瓜衍椒繁益見
升恒化育洵屬
熙朝人瑞宜邀
五世同堂錄　圭
盛典褒榮茲據蘇州布政司孫善寶查明詳報前來
臣不敢壅於
上聞除將宗圖冊結揭送部科查核外臣謹會同兩
江總督臣宗室耆　合詞具
題伏乞
皇上聖鑒勅議覆施行謹題請
旨
揭送

禮部科冊一結一　戶部　禮部戶部　儀制江南司
都察院　京畿道　通政司　江南浙江道
道光二十三年七月初九日奉
旨依議欽此
計抄粘　部議
該臣等議得定例壽民壽婦未屆百齡五世同
堂者令該督撫分別年歲給予匾額賞給緞疋
銀兩又上事祖父下逮元孫親見七代者給與
五世同堂錄　六
七葉衍祥字樣各等語今江蘇金匱縣附貢生
議敘縣丞職銜錢邵霖現年八十二歲暨妻王
氏現年八十四歲親見七代五世同堂應請行
令該巡撫照年歲給予匾額各賞給緞疋銀兩
其應得匾額即給與七葉衍祥字樣恭候
命下臣部遵奉施行
金匱縣　為知照事奉

署常州府正堂楊　札奉
布政司文　札奉
蘇撫部院孫　行開道光二十三年八月初五
日准
禮部咨江蘇金匱縣附貢生議敘縣丞職銜錢
邵霖暨妻王氏五世同堂題覆緣由行文遵照
辦理等因到院行司札府奉此合行抄粘轉飭
等因并蒙抄粘到縣奉此合行飭知爲此帖諭

五世同堂錄　十七

該耆職子屬知照聽候奉准
戶部咨行到日赴
憲請領
恩賞銀緞須至帖諭者
署常州府正堂邱　爲知照事查接管卷內奉
布政司文　札奉
蘇撫部院孫　行開道光二十三年九月三十
日准

戶部咨江南司案呈准禮部文開江蘇金匱縣
附貢生議敘縣丞職銜錢邵霖現年八十二歲
暨妻王氏現年八十四歲親見七代五世同堂
行令該巡撫按照年歲給與匾額各賞給緞疋
銀兩其應得匾額即給與七葉衍祥字樣等因
題明知照前來相應行文江蘇巡撫查照禮部
原題辦理其動給緞疋銀兩查明何年地丁專
咨報部查核可也等因到院行司奉此查此案

五世同堂錄　大

前奉行准
禮部咨即經抄粘轉飭在案茲奉前因合就轉
飭札府即便遵照將應給緞疋銀兩查明嫡屬
給文赴司請領以憑核給毋遲等因到前府移
交本府奉准查此案前奉行准
禮部咨即經前署府抄粘轉飭遵照在案奉准
前因合再轉飭札到該縣立遵
憲札將應給銀兩查明嫡屬給文赴

司請領並報府查考毋違特札

仰縉紳吏知悉奉

各憲行准

戶部咨附貢生議敘縣丞職銜錢邵霖暨妻王

氏五世同堂給與匾額賞給緞疋銀兩咨行在

案

禮部原題辦理等因到院行司由府轉行查明

五世同堂錄　丈

嫡屬給文請領等因到縣奉此合行飭傳該吏

飭傳錢邵霖嫡屬備具領狀呈

縣以憑給文赴

司請領該吏毋遲速速

嫡屬職員錢雋　家屬錢福　具

呈爲領奉

恩賞銀緞求請給文赴領事　職父附貢生議敘縣丞

職銜錢邵霖　職母王氏五世同堂道光二十二

年請奉

各憲

題報今奉准

部文遵

旨議覆錢邵霖暨妻王氏應請給與七葉衍祥字樣

匾額各賞給緞疋銀兩奉

旨依議欽此咨行知照今飭傳領今　職父備具領狀

臣部同堂錄　　年

憲　職　呈請伏乞

老父臺大人俯賜給文赴

府請領沾仁上呈

計呈　領狀

道光二十三年十二月初七日　批候給文赴

領領狀附

具領狀金匱縣附貢生議敘縣丞職銜錢邵霖

今於與領狀爲請領

恩賞銀緞事實領得職錢邵霖暨妻王氏五世同堂
奉
旨各賞給緞壹疋銀十兩共緞兩疋銀二十兩今濱
親子職員錢雋赴
司親領不致扶揑具領是實
道光二十三年十二月　日具領狀錢邵霖押
金匱縣　爲知照事道光二十三年十一月二
十三日奉本府札奉
五世同堂錄　　主
憲臺　憲行准
蘇撫部院孫　憲行准
戶部咨江南司案呈准禮部文開江蘇金匱縣
附貢生議敘縣丞職銜錢邵霖現年八十二歲
暨妻王氏現年八十四歲親見七代五世同堂
等因到縣奉此遵經飭知傳領去後今據嫡屬
職員錢雋家屬錢福具呈親領伊父附貢生議
敘縣丞職銜錢邵霖伊母王氏名下各賞給緞
疋銀兩前來除取領附卷外相應備具印領結
文該嫡屬親賫前赴
憲轅請領具文詳請伏祈
憲臺俯賜發給實爲仁便爲此
計詳送　印領一紙
奇
布政司文　批據領銀兩已核明放給另札飭
知矣仰即知照繳領存
五世同堂錄　　主
又奉
布政司文　札爲知照事據該縣詳領附貢生
議敘縣丞職銜錢邵霖暨妻王氏夫婦五世同
堂應給緞疋銀各十兩共銀二十兩具領請給
到司據此查係奉部題准領給之項應於道光
二十三年地丁銀內動給內扣正項六分部平
銀一兩二錢實放銀一十八兩八錢除于正月
二十八日當堂覌放發外合就札知札到該縣即

便知照毋違特札

五世同堂錄

奎

錢菊如先生傳

先生與家君子同庚生以中表戚相過從懽愛無少間綸羈丱時曾因歲時攜以謁先生懔不知所請益既聞其入邑庠旋聞以瘵卒家君子哭之慟逾十載其子承沛從余遊能世其學明年以第一人補博士弟子員年猶未冠也屬宗老葺家牒乃持狀丐余一言自維檮昧何足傳先生固辭則固以請乃刺取其略而益以平日所得聞於庭訓者譔次成篇按狀先生諱珏原名鈺字菊如號蔭樓生以道光壬辰秋閏九月辛丑卒以同治戊辰夏閏四月癸丑

得年三十有七曾祖喜亭明經諱邵霖以五世同堂爲族之望語在靜菴翁傳靜菴翁諱雋纁屏翁名士晢先生祖父也並太學弟子員昆季七人先生居其長娶於周事親撫孤以節孝聞於世得子四長次殤三承浚娶周繼徐四卽承沛娶蔡女四長適安絜均次三適華世璠並太學弟子員幼適朝梁綸之族也孫一葆樹承浚出殤女孫一承沛出先生之少也有至性事王父母父母維謹稍長卽能代其勞恒以績學敦品率其羣從洎壯有室髮逆上竄江以南郡邑皆陷乃隱身爲市賈以養其親顧未嘗一日廢

讀也賊既平理舊業未幾受知鮑華曇學使補邑諸生益
自鏃厲手寫侖疋羣經及唐宋大家文爲巾箱本體屏多
病中更離亂至是益不措殁之前數日夢中如有人示之
期乃語周孺人曰脩短數也惟事親不終實爲不孝今以
諉君矣二子均幼家雖貧質雖魯不可廢詩書吾生平志
而未逮者將有以俟之也孺人泣誌之每食必祝曰以覗
菉諸孤屬未亡人願好自愛吾將以慰堂上報泉下蓋承
浚昆季自幼至長所積聞於耳者皆其母歎泣聲也顧卒
能養其親訓其子以有成道咸之際吾鄉文學蔚起張廉

舟明經以九章六書之學提倡後進朱苹香先生精說文
大篆以左右其間吾師鄉貢進士紉秋鄒先生尤工制舉
業而先生皆次第師事之故其治經有家法爲文無骫骳
之習疾既亟猶手一編不敢釋茶竈藥鑪與經籍鉛槧相
錯置惜中壽而夭其所蓄著皆不能卒業云
大綸既受家君子之言退而私論曰范史稱李郃爲漢中
候吏博學陰德之報在其子固東坡序鼂端友詩引此證
之知其子補之將顯於世謂有其實而辭其名者之必有
後也承浚承沛年少孤露承其王父母慈母之訓嶄致於
遠大以纘其先人未竟之緒古今人何遠不相及乎要其
所以昌門閭而式雲礽者其責爲彌重矣

姻表姪吳縣王大綸頓首拜譔

誥贈奉政大夫鄉飲賓桂峰錢公傳

錢子鍾秀以將梓家乘爲其父乞傳於余曰吾父諱紹坤
字芳齋號桂峰於吳越忠獻王爲三十世孫吾祖諱徵熊
本生祖諱應熊吾祖既卒無子命吾父爲後吾父少讀書
以無力而止能治生本生祖父母愛之析産與未出嗣者
等居喪哀毁異常送終如禮邦人稱之治生勤儉始有田
五十畝後乃數倍於前號爲小康然性慷慨不可干以非
義咸豐庚申城陷於粤匪吾父出貲設局募勇鄉民不助
亂吾父有力焉平生樂善好施嘗捐修祖祠助建張塘橋

道光己酉大水咸豐丙辰大旱皆助賑捐米設立粥廠又
嘗捐田七畝有奇附入義莊爲各義塚祭費置田於馬橋
伯瀆河邊以爲義塚吾兄諱寶鎮早卒吾父五十後生鍾
秀人以爲得爲善之報云舉鄉飲賓以光緒元年卒年七
十三嫡母吳氏先吾父卒於咸豐九年年五十九生寶鎮
生母諸氏亦先卒於同治九年年三十七是生鍾秀吾父
名不出於鄉里恐湮沒不彰將以其事附於家乘故以爲
請余曰錢氏世家也而芳齋之族不顯鍾秀既業儒葬其
父母又乞傳於余以圖長存可謂令子矣所謂得爲善之

報者其將於是乎卜之余伯兄之女歸於芳齋之長子年
未三十而寡無子鍾秀生而母卒伯兄之女撫之及年六
十餘鍾秀生子而後有子余於芳齋婚姻也故不辭而爲
之傳

句容縣訓導姻愚弟秦焕頓首拜撰

贈光祿卿錢君撰初公傳

乙亥正月予將有西江之遊族孫邦彥來曰姊壻錢君撰初與大人善有諸曰有諸噫乎不祿矣曰其孤廣濤乞爲之傳可乎曰不可身非史官不敢作傳且文不足重君適爲君差曰今錢氏方謀刊家乘念撰初交大人最早且久思詳其行誼品概以示其後人非敢上之　國史也既廣濤來謁如所言遂不敢以鄙賤辭君諱勛字撰初姓錢氏吳越武肅王三十五世孫系出宋承奉郎進宗後世居距城西南四十里之新瀆橋號素封君幼穎異五歲就傅過

目成誦夜則贈公佩之先生親督課之贈公性嚴厲道光十九年己亥君年十四應童子試不售歸則大杖二十一年辛丑應邑試贈公曰好爲之今歲如不掇一芹可自裁毋汙乃公杖也君大怖一再試不利益怖甚三試乃擢第三迄五試邑侯董公用威謂曰汝初次卷未及寓目再試藝絕佳而疑勦襲統閱歷試卷乃知爲奇才勉旃金門玉堂之選也郡試亦前列遂遊庠壬寅秋予應試江陰君折節下交歸後所居遠不獲數見癸卯君丁父憂始往弔唁爾後君至城必造予予時隨侍蘇州亦不數數見甲辰予復應試江陰見同里張君衡叔嗣平五七言絕句造唐人室訪之定交焉言於君君大歎服謂高出爾我上百萬層遂亦定交延主君家互相師時予與君皆好爲古歌行衡叔亦爲之而去所爲絕句遠甚與君同著　國朝詩話商一卷君所著曳月樓稿衡叔手爲芟訂存五卷今詢其家皆亡矣惜哉乙巳秋君服闋偕應科試同受知於張文毅公食餼既而君又丁嗣祖錦川先生憂己酉初應鄉試同考官劉公郇膏得君卷大奇之力爭諸主司竟不售庚戌予亦奉諱咸豐初元辛亥遇君於金陵於揚州見所試藝

壬子予旅蘇州復以試藝寄示傳觀咸謂必得售而見擯於同考官君既屢困場屋乙卯援例貢成均一試而捷丙辰會試君銳意進取將入貲宦京師爲久計俞某者賈喪資其於畫人物花鳥及調絲擫管皆能之思充供事謀末秩君一見懽若平生偕入都未幾俞歿君經紀其喪攜柩歸葬召其子廣潤延師課之洎乎成立無德色其重然諾多類此君援例爲内閣中書舍人名公鉅卿皆才君然屢試輒蹶庚申吾邑陷賊君盡鬻衣裘南歸遣僕迎太淑人以下居海門貧甚無生計浪遊如皋遇金眉生都轉安清

結爲詩詞友輒以存活金旋籍家乃之上海適所師劉爲按察使充營務處官邀入幕癸亥航海應試復黜補中書舍人卽假歸見知於今相國李公鴻章時李公以巡撫使者督師邀君襄戎事每戰必偕歷被薦劾由中書而同知而花翎而知府加道銜分發浙江君感知遇窮艱苦不辭瘁李公益器之居幕府日輯官牘爲吳中平寇記入卷語多徵實丙寅秋李公奉　命北剿捻匪君偕行丁卯春夏之交我軍挫君病劇留濟南數月而卒年四十二訃至營次適大捷李公慟曰揆初見吾敗而不見吾勝傷如

之何上言於　朝援軍營立功後病故例爲請得旨卹贈光祿寺卿廕一子入監讀書期滿以知縣用

施建烈曰君配施淑人予孫女行也予嘗兄事君故論交遊而畧戚誼淑人舉雄皆不育廣濤側出也未弱冠皦於庠九京可稍慰嗚呼以君文采不獲登館選歷清班一麾出守屈矣然君才過人敬足事上和足諧俗强足幹事仁足澤民設至今存微特建牙開府不難致功名宜亦有可觀夫奪之壽謂之何哉不於其身於其子孫廣濤尚竟君志而大慰九京乎惜也吾老矣光緒五年己卯冬十月書於天津客次

右子雙影盦詩文手稾僅存尚未付梓早歲所爲詩題曰憶膾蓋非儀叔先生手訂本矣孤子廣濤謹附記

宜遠樓記

子常公諱師中光遠公三子武肅王十五世孫也

昔錢武肅王承五季昏亂據有浙東西更三世四王挈其國歸宋更今四百餘年矣宋社已墟而錢氏子孫尚有能誦詩讀書以保其門閥而不墜者若毘陵錢子常是已子常家居濒太湖之滸於是望湖建樓曰宜遠湖之大三萬六千頃其島嶼崪起於烟濤渺茫之間者凡七十二峰其最勝則洞庭林屋馬跡諸山也莫不畢獻其深秀於樓之南每凭樓南望則翠峯歷歷可指顧數也風帆浪舶謳吟

乎舟之上宜有仙人神僧往來浦溆豈但篙工檝師而已哉樓之西則軍嶂山也其峰然深秀於樓之北者則九龍山也夫吳以水爲國大山喬嶽甚寡求欲如子常樓居抗[illegible]瀆接崖日峯岳麓近者皆可悉其尤宜遠覽曰接有盡而景物無窮者又不在乎數十百步之間也夫物自大視細者不見自近視遠者不明離婁之目可以自遠矣其能千里於目皆也哉惡乎而可以宜遠乎其宜遠者舉無碍於目睫也雖然此局於形者言之也人之靈蓋有不依形而立不倚體而存者放之則可彌於六合斂之則退藏於密是豈可以遠近言哉聞子常之爲樓也以樓有遠覽之勝吳興趙文敏公爲書宜遠兩大字揭於樓之楣乞余爲之記夫物之宜遠者豈但景物而已哉太上立德其次立功其次立言今圖史所載傳記所錄遠者數千餘年近者猶千餘年誦而傳之無不宜舉而行之亦無不宜是則宜遠之爲義也夫豈區區目接之謂哉余雖老矣子常能敎子於樓之上因山川景物之勝講仁義道德之槩旣其近不遺乎遠論其精復悉其粗有非更僕所能盡者子常不以余強聒而爲之記又豈但於此云

元遂昌山人鄭元祐撰

思紹堂記

思紹堂者錫山錢氏公善公洽公守昆仲藏修之所也一日昆仲接踵過余太常合辭請曰吾錢氏實吳越武肅王三之後家素業耕桑有餘力則惟經史是親一門之內父之所以爲父子之所以爲子以至夫婦兄弟之所以爲夫婦兄弟不忮不求無尤無悔衣焉食焉孝焉弟焉熙熙乎堯天舜日之中至吾兄弟者蓋不知其幾世譬之木也枝之茂者可不推其本譬之水也流之長者可不究其源以吾兄弟之所以有今日者觀之㫖由吾先世以道義積累而

致之也今吾兄弟將一循夫先世之軌以承吾家且冀子子孫孫無忘吾兄弟之所志於是堂名曰思紹者以此顧執事有以記之乎維人之有家不可必者興廢而人之有身所可篤者道義然廢興在乎天道義由於我是故君子之篤於道義者又何暇必計其家之廢與興哉身既篤於道義則身必修矣家不由之而興者未之有也書曰惠迪吉其殆是與以兹昆仲之所言則道義者蓋其先世之篤以致家之興也非一日矣今昆仲思所以紹之可不謂之善繼善述之仁人孝子也耶予想昆仲日用之間一言之出必遵夫先世之所言則非道有不敢言一行之施必遵夫先世之所行則非義有不敢行以豪黠而取覆亡之易者爲戒以善良而取顯大之長者爲法若然則昆仲之家不求而自齊昆仲之業不期而自盛則錢氏之興也詎有涯哉予昆仲之子子孫孫無忘其紹之之道云

正統元年歲次丙辰秋七月望太常少卿蕭山魏驥書

恩榮堂記

無錫錢公守名其堂曰恩榮者承朝廷恩寵之厚也錢氏吳
越武肅王之裔其先自錢塘徙嘉禾再徙無錫至其祖彥
舂仕元為溫州永嘉書院山長父伯和甫隱居有文行五
子公性公理公善俱先卒公治公守與從子惟心惟大俱
力學以世其家一門之內衣冠文物甚盛也初詔下郡縣
置義倉民願出粟輸官者旌之公守與兄公治乃發其私
廩粟一千餘斛輸之於官有司上其事聖天子遣使齎勅
書旌為義民又賜以羊酒州邑之人相與榮之公守乃作

錢氏宗譜　上卷七　遺芳略　冠甫公支聽上公派　一　錦樹堂

堂置勅書其中故名恩榮也至是公治以賦稅長在官而
公守恭謝聖恩已乃謁予請記其堂大理少卿沈公又道
其家世之詳兄弟之賢以為請嗚呼今天下承平上昭宣
大德熙明治功民物蕃阜而四方之廣旱潦傷稼民之艱
食亦間有之所以置倉儲粟以為之備者上仁愛斯民之
至也而民之富者能不吝嗇獻其所積以助賑給蓋知義
者也夫民能知義固上之仁有以感發之而又嘉之且旌
異之恩之及民者何其至哉於公守而見之名堂以昭其
光寵也宜矣為公守兄弟子姪者朝夕之間顧瞻斯堂天
章之華如日星明麗燁光赫然亦豈能無所感激乎必夙
興夜寐竭力趨事以圖萬一之報則無負於聖恩無忝於
先世而堂非徒有其名將垂其休光底於永永無斁也亦
公守之志也故不辭書以為記
正統七年歲在壬戌七月既望通議大夫禮部左侍郎兼
翰林院侍講學士國史總裁兼經筵官太原王英撰

錢氏宗譜　上卷七　遺芳略　冠甫公支聽上公派　二　錦樹堂

雍睦堂記

無錫錢公善顏其堂曰雍睦者兄弟之所同居也公善屢其友春坊庶子沈君民望來請言記其堂沈君曰公善吳越武肅王之裔其十一世祖諱進自嘉禾徙無錫自進以下代有聞人至其祖諱士元元永嘉書院山長有文行父伯和篤學履善隱約不仕而力教諸子嘗編訓蒙會要以爲訓既又鋟梓以遺鄉人子弟縉紳大夫高其行誼卒年八十有一五子公性公理公善公治公守皆俊偉嗜學能世其家而公性公理先卒公善率諸弟子姪一門而居同

爨而食長幼怡愉然舉無間言此堂之所以名也幸執事爲之記予曰嗟乎兄弟同氣異體之親也兄之友其弟弟之敬其兄此良心所發有不能自已者世降俗靡爲兄弟者不敦友愛之誼或相詆毀又甚至相親如仇讎者有之不亦可慨歎乎而公善兄弟獨能異於人亦何其賢哉談者謂其家以仕宦相傳又承祖父之訓故如此然其天性篤於孝友者然也禮曰兄弟睦家之肥也予知公善世德之隆必愈遠弗墜而顯揚盛大又將始於茲矣故因民望之請書以記其堂云

正統辛酉八月通議大夫禮部侍郎兼翰林院侍讀學士總裁兼經筵官太原王英撰

友松軒記

毘陵無錫錢氏本吳越武肅王之後有曰公守者性敏而嗜學操行堅正與人交終始一致嘗搆軒於所居之偏庭曰友松因翰林庶吉士錢塘逯端求予記夫松植物之堅勁者其柯葉貫四時而不改愈高而愈歛故世之人多愛之當夫春陽既布萬物莫不敷榮平林曠野蒼翠一色不知其孰爲松孰爲衆木也及夫寒氣既至霜露既零莫不摧敗凋落而是松也乃獨挺然特出森聳於岩壑之外然後知其爲異也譬夫友朋之相與當夫平居無事之時飲

食相宴樂歌笑相歡洽亦不知其孰爲善孰爲不善也及一旦臨利害蹈患難莫不離散棄背而斯人也乃獨確然不移堅守乎久要之義不隨時而彼此然後知其爲賢也公守名軒之義其在此也歟人或擬之者以爲草本之花實可以資玩好而悅口腹者衆矣公守俱無所好乃獨好乎此何也公守曰世之人多以勢利交利交者利盡則疎勢交者勢衰則絶吾無是二者皆不能以得於彼不能以得於彼則吾非是松之與友而誰與爲友哉吾嘗對乎是松若端人正士之臨乎吾前若慎言篤行之士在乎吾側庶幾所謂益友者比之炎凉厚薄見於頃刻之間而不足倚以輔仁成德者則此豈不猶愈耶若夫玩好口腹之適非吾志也吁公守可謂賢也矣則其於此果有所得也耶爲釋煩導滯而寓焉者耶抑亦有所激而云然也耶予皆不能知因并記之庶其有以告我也

宣德七年四月朔日　賜進士翰林院侍讀學士奉訓大夫兼修國史金陵李時勉記

友松軒記

天下之物接於目觸於心而有可貴者則必好之者也好
之不能忘乎情則必親之如友以成其德也此錢公守氏
友松軒之作抑豈無由而然哉錢爲無錫著姓武肅王鏐
之裔公守爲人敦素樸茂志尚幽雅而不事華藻於勢利
泊如也舉萬物無所好而獨好夫松環其室至前後左右
皆種焉乃闢小軒日燕息偃仰乎其間飲食坐卧笑談吟
咏無不與之親心甚樂之遂揭扁於其楣曰友松間之北
京請予爲記夫君子之進德不可以無友友也者所以友

錢氏宗譜 上卷七 遺芳略 寶甫公支聽玉公派 一 錦樹堂

其德也彼其習於威儀而不直工於媚悅而不諒習於口
語而無聞見之實者皆所謂損友也友於己無益而有損
人奚宜友之哉使有損而無益曷若友之於物爲愈乎友
於物莫若松也松之爲物負天地貞固之氣而望裔聳秀
直孤高天矯屹立乎雲霄千仞之表幹挺而枝樛條長而
葉小輪囷離奇鬖髿鬅鬙傀儡蹇縮然掀然若龍蛇蛟虬
之騰翥童然若葆蓋旙幢之飛揚春煦熙陽夏嘯清風秋
晚星月冬傲霜雪貫四時而不改其色吟可以休立可以
倚坐者卧者可以蔭而偃而觀者又可以玩宜乎適意山

林之士心樂之而不能違也公守日坐乎茲軒覩其貞心
勁節孤標野操昂霄聳壑偉然如莊人正士與之相對而
資之以成德則夫茲軒之作豈徒而已哉若夫斧之以爲
新燎之以爲炭採其花以釀酒斸其根以取苓此蓋衆人
之所爲非公守之志也吾見其結雲巢巔與之相爲終始
而共守歲寒之盟矣是爲記
賜進士翰林院編修文林郎吉水尹鳳岐書時
宣德壬子春三月望

錢氏宗譜 上卷七 遺芳略 寶甫公支聽玉公派 二 錦樹堂

景斐軒記

錫山錢承事孟清問君子所以自處與處人之道於劉子劉子曰古之君子其自處也甚高而處人則自卑在易地中有山謙而卦下之辭曰謙亨君子有終吉其九三爻辭亦曰勞謙君子有終吉詩有之靡不有初鮮克有終而謙之卦辭爻辭皆曰有終吉以山天下之至高者也君子之自處擬之而在地中則有而不居卑而不踰無揚己自露之失而得謙卑自牧之道是以事克有終而為吉此君子之自處與處人者之道也孟清曰然則吾將學愚乎劉子

曰愚者顏子之所以為賢也以之自處則高矣而非所以處人也人將以我自擬於賢而近夸也曰然則吾將學魯乎劉子曰魯者曾子之所以為賢也以之自處則高矣而非所以處人也人將以我自擬於曾而近矜也然則奈何劉子曰亦守夫謙而已矣孟清歸三月以書來曰吾從君言而事謙人以横逆加我也吾將奈何劉子曰孟清盍亦自反也而在吾者有而不居卑而不踰用以自牧而無以自露其横逆猶是也則彼固自妄也而吾何校也既又三月而孟清乃復求見劉子而言曰吾觀史竊有慕於婁貞公師德之耐事人有忤之輒遜以自免不見容色教其弟唾面使自乾不幾於君子之所謂卑以自牧而無所自露者乎吾將以是而待横逆之加我者而恐横逆之加猶是也君子豈復有說而可以愈於此者乎劉子謝不敏既而曰庶乎是矣充是以往可幾於犯而不校者矣而其自擬之高固自存而謙卑有終之吉將益彰矣昔人有慕藺相如而以自名者孟清數百載之下而有契於婁貞公可謂知所景慕者矣孟清所居軒遂可名景婁而吾為記之孟清讀子文若曰與貞公相接膝者史稱貞公寬厚恭勤心

無適莫孟清有得於此則何横逆之足計也孟清曰諾孟清吳越武肅王十九世孫素服禮義於横逆之來也而且頓受刎以禮義相加者哉傳曰寬柔以教不報無道南方之强也君子居之孟清之謂也

中憲大夫河南按察司副使劉昌撰

錢氏再建義民坊記

孟濬公諱濬惟常公三子武肅王十九世

錫山錢氏故有義民坊在貞庵翁之舊第貞庵正統間嘗出粟二千餘斛賑饑有　詔旌其門景泰甲戌饑復賑之授官階承事郎故坊爲貞庵翁建也貞庵卽世仲子味泉翁孟濬克振其家敦本節費拓先業幾兩倍之鄉人稱焉宏治辛亥東南大水壬子又水孟濬出粟二千餘斛賙其鄉巡撫使鄆城侶公請於朝旣爵其子杞僉蘇州衛指揮事又旌孟濬爲義民孟濬以寵靈之狎至也舉故坊第授

仲子標别營宅一區以居杞而以甲寅冬十二月樹楔於門昭新命也其從子春官主事世恩謂宗族義舉宜以言賀而繫官京師莫展其悃以予爲同年且鄉里也請爲文以記而示勸於方來予聞人之立於天地間仁義而已矣國之於民民之於國相賴而相安不能一日而去之也然漢之武帝算緡錢以佐征伐而豪富皆爭匿財雖尊卜式開告緡民之閟藏自若也故上以仁而使民則民以義而舉之蓋非有刑罰之能驅智力之可使也　國家自祖宗來重惜名器而獨於救荒則不愛爵賞以勸行義之士海內之人服上之化每有詔令輒奔走懽呼以應而錢氏三世率德流芳嗣被旌命如此古之所謂活千人者有封竝於是見之而國家行仁之效民俗興行之美豈漢人所可望哉華題高棟照耀桑榆蓋歐陽子所謂邦家之光非閭里之榮也予因世恩之請而有感於西京之事遂不辭而書之以備志國史者採焉

翰林院編修雲間顧清撰

續夢綵堂記

子思子謂悅親有道在乎反身之誠夫親固以誠而悅而所以致親之悅豈無其具乎綵者悅親之具也且以斒斕之綵而爲取水上堂仆地兒啼之戲亦詐焉耳奚其誠惟其誠心主於欲親之悅而親亦鑒其誠而悅焉此老萊之孝所以古今稱之無間也錫山錢君孟清世系出於武肅幼知向學長克振勵窮理修身言行誠慤天性和厚篤於孝友父惟常輸粟賑飢荷恩旌賚予嘗爲作恩慶堂記者孟清當侍饍之頃輒效老萊爲綵戲以娛悅之母鄒生孟

清甫十有八月而没孟清時罔知識長詢於父始得其言動容止之詳不勝哀慕常於寤寐之間接見顔面亦爲綵戲以娛悅之懽若平生覺而始悟其非哀慕益切乃揭夢綵於堂以著其感幸父康寧强健日致綵戲之樂得以稍慰其心無何父亦棄背復深哀慕常於寤寐之間接見顔面亦爲綵戲以娛悅之懽若平生覺而始悟其非哀慕尤切乃揭續夢綵於堂以著其感蓋其一念之誠惟以悅親爲事故不以存没而有異寢息而有忘也夫心爲五官之主神明之舍心之官則思而夢則誠明之交也忌有不存則夢無所感惟其悅親之孝素蓄生前是以既没而思精爽之交自然相感宛然如昨而不自知其爲夢也使得父母俱存壽綵稱觴慶舞迭進其樂可勝道哉觀孟清既夢矣而又續焉其亦重可悲也已抑聞孟清志俟親年七十誕日將爲高會以慶而親不待至期則設盛饌以享復爲綵戲於前是亦事死如事生者也跬步不忘其親如此其肯虧行以辱其親乎大孝終身慕父母孟清其亦幾於是矣孟清續父遺業亦輸粟荷冠帶蓋世德相承而非替云

禮部尚書倪謙謹記

浴月樓記

人取物於天地間無不足用者而得之易莫如月用之博莫如水淮南子曰月者水之精也故水得月則其氣益清而明而月之光亦益奇當其清與奇之相浹也溢乎茫乎浩浩乎益而不窮滉滉乎虛而不窒蕩蕩乎周流而不滯凡浸漬於其中殆若浴然而高山深林水氣有所蔽隔晦朔弦之夜月光不合以是而求其清與奇未可得也得之而足吾用其長江大澤寛閒寥絶之所而月望之夜乎水貿物以游人可因其所負以致遠以探攷遺勝以浮以泳

以迎其所謂清與奇之相浹以笑以歌以醉以卧而相忘者莫如舟彼艅艎萬斛之載多商賈所居日以規利何暇求水與月之清奇其觧艋之小又多漁家所居日以謀生何知清與奇之相浹而有以浴物其東者西者南者北者雖同一致遠又何能探攷遺勝浮泳笑歌醉卧而相忘予免喪之歲錫山錢孟濬過予言曰君鬱鬱久矣吾有舟欲與君拍浮清泚以探奇勝君豈有意乎予曰諸四月之望孟濬以舟來予領客登焉舟之上爲飛樓中布廣席横施平檻而後置庖湢闢其兩際爲窗明前後駕四翼以拂水翼用五六人其行甚疾乃出横塘臨其區曰既夕月出東洲之上徘徊翼軫轉薄河漢其光之所注溢而不窮虛而不窒周流而不滯而水氣上接空闊清爽所襲衣袂洒洒予與孟濬忘其身之在舟亦忘其舟之在水并忘其水在月之下與月之發其奇以浹乎清也覩天地猶器也覩光氣相盪猶液也則舟之在其中不猶浴乎吾與孟濬拍浮光氣以探攷奇勝不猶浸漬其清泚以掬以滌而浮泳笑歌醉卧以自適乎當是時物固皆若浴者何獨舟乎何獨予與孟濬乎商賈者之不暇漁者之不知東西南北者之

不能而其浴乎月也孟濬之舟遂得以專之由孟濬之有暇有知有能也予撫飛樓呼曰是可名浴月樓而孟濬且請爲記夫舟之浴月必於望之夜苟望望皆然計一歲亦纔十有二夜耳况未能皆然乎予懼孟濬之舟之浴月去此而未可繼也孟濬富而好禮又有暇有知有能節一歲之勤爲十二夜之遊宜無不可顧猶未能何哉孟濬曰然非必望之夜月既得水則吾舟之拍也固是浴也吾舟之遊也固是浴也吾舟之在彼也在此也固是浴也君何遽議吾舟然君之見月也必思吾之舟吾之見月也必思君

之在吾舟思則宜終爲記使吾是樓之有所藉可矣昔蘇子之於赤壁縱一葦之所如淩萬頃之茫然而曰逝者如斯而未嘗往也盈虛者如彼而莫消長也蓋言水與月清奇不常光景長在以自況其平生雖險阻之備經而譽聲不隕君仕三十五年而髪種種矣思其待於世者亦有經險阻而不隕其聲者乎能如吾舟之拍也遊也在彼在此也一與造物者遊而浴乎不浴乎皆惟月之聽而安於所遇則吾與君且將因是樓而垂名於遠何遽羨吾舟哉予笑曰止樓方浴月矣移時舟歸水動月亦西墜予遂索筆

記之

中憲大夫河南按察司副使劉昌撰

錢氏義田記

惟常公諱種德

孟清公諱清惟常公長子武肅王十九世

先王之制田也蓋莫不有義焉是故方里而井井九百畝其中百畝爲公田外八家各授私田百畝以同養公田取於人者少而及人者多此上之義也民盡力於田畝不敢以其私者而先乎公詩有之雨我公田遂及我私此又下之義也至於田事有成凡穉之不穫穧之不斂與秉之遺而穗之滯者嫠子老弱皆得以爲利而義不可勝用矣三

代既遠而井田廢兼併作上之取民不侔古制而民始茫茫乎莫知義之所循言焉而私行焉而私而況於治田乎故雖族之近而有不能贍者況於其鄉乎況於其國乎宋范文正公以其所受祿置義田用贍其族人至於今五百餘年族人猶相與守其約不廢而錢氏遂慕悅而興起義足以持循之也錢氏爲吳越武肅王裔曰惟常端飭博雅嗜義如飲食家錫山垂慶鄉之磚橋習聞文正公之流風言於人曰義吾固有田吾世有也以吾所有而贈吾族人與吾鄉人亦吾分事吾豈謂文正公尊顯賢知不可以繼

而嗇吾所有以自同於淺狹乎因割膏腴五頃號義田別貯歲所入租以贍族人之不足與鄉人之急而待舉者且日定條約示子孫使世守勿壞既而惟常卒乃有以此爲世業弗贍暇人而取以自贍者私其田惟常長子承事郎孟清喟然曰奈何使吾父之志業不竟遂復出田五頃繼之曰此其爲錢氏義田誰得而私之也昔范忠宣公以麥舟資故人之喪文正公聞之喜孟清之繼爲義田烏知惟常不有慰於地下乎夫義者人心固有之理自井田廢兼併作而義亡非義亡也所以持循乎其義者無其具也文正

公之於田而以義名其將有憂世之心乎憂之固思所以拯其弊古田制不可復矣而公私之辨得以較然明白於天下天下之人觀感慕悅如錢氏父子則族無寒餒之及鄉無轉徙之擾而俗登康乂其豈細故也哉予提學河南時嘗行田畝間見刈穫於田者其後恆有父子老弱數十輩相追逐所謂不穫之穉不斂之穧與遺秉滯穗得悉取之無一與競者既還吳又聞錢氏父子置義田然後知國家教化隆洽義澤敷布雖田不井授而三代之遺風固存此不可不書以昭示永久孟清又與予友善戒其子孫使世守勿壞友之責也予故記之授孟清以刻於家而備史氏之攷求云

中憲大夫河南按察司副使劉昌撰

宜晚軒記

錫山錢惟孝醇茂清簡居多雅致前昃逸轡直欲攀而及之因斥地藝菊搆軒於中署其顏曰宜晚每天高氣爽凭闌徙倚悠然有自得之趣若不知聲利之可遂其志誠可尚矣客之過而異之者曰惟孝之先乃吳越武肅王孫衣冠之澤遠有端緒其父梅堂處士樹德務滋清芬斯著所居當湖山之勝望之鬱然而深卽之洒然而清因其地勢所宜爲堂爲齋爲軒館各適其宜聚食數百指家法嚴愼鄉里以爲矜式中朝才士大夫聞其風而愛慕之者雄文

傑作往往發於弦誦之間則其幽潛之德益以章矣然則川原風物不待安排點染而天然之趣森列如畫顧不之取而乃泥於一物矧年華强盛方當騁功業之區以達於高明之域則夫佳名美號足以稱名家慰人望者計亦不少而必曰宜晚得非晏安氣勝而忘遠大之圖乎惟孝弗答他日走札於予以求正焉予謂客之說辨矣獨不聞菊之有取於先儒者乎喻之於人謂其花爲隱逸而愛之者曰淵明後鮮有聞然則惟孝之所藝宜乎人莫知之也蓋草木之媚於陽春者漫川亙陸惟菊含芳嚥滋弗少圭露而乃㚟然獨秀於霜風搖落之時有類夫志士仁人更歷變故而剛毅特立凛然不衰雖在幽閒寂寞之濱而有道腴理勝之樂由其養於中者有素而物之誘於外者無自而入矣中有所存外無所誘則其志向庶有以自足而高世由是言之則惟孝之名軒亦豈徒慕三徑之樂而比擬於淺淺者哉

太常寺少卿翰林院學士金問撰

衍慶堂記

慶出於天推於親而成於君何謂也天之降慶於世德之家以其承之有其具焉是故仁義忠孝以爲實詩書以爲業禮樂以爲容然後德成而其全而慶斯衍矣是譬之水焉水之洋洋乎而成巨浸非一朝夕之故也其來也有所受其逝也有所續壅不能加遏不能及也使可以壅而遏之則流斯竭矣故世德之家惟自脩其所以承慶之具身既享之又懼後之不繼也及推其所修者以自待於遠仁義忠孝可繼也詩書可繼也禮樂可繼也富貴不可繼也

後之人由其可繼者而益修之以責備於身而不可繼者則聽於天積而久久而著所以承慶之具至充而全則德之在吾親者吾有之而慶之在吾親者吾得而享之矣何富貴之不可繼哉故曰慶出於天而推於親然而未也苟國有外虞家亦不能衍其慶也今天下之平久矣明聖在上則民樂於農士務於儒詩書禮樂仁義忠孝之教普遍天下人各因其質之可及者而闡其緒餘以進於榮況有世德之家者哉其身得以安享其慶飽煖嬉愉不惑不憂以銳然修其承慶之具由其身以視其後益裕然其甚足也譬之水已成浸無壅無遏理豈有自竭者故曰慶出於天而成於君雖然世德之修甚難也先世有德以承其慶而繼世壅之則慶不衍繼世有德以承其慶而後世遏之則慶不衍所謂水之巨浸其來有所受其逝有所續如是而已錫山錢孟濬自其先武肅文穆忠獻忠懿暨於文僖公以來世有令德以衍榮慶至其父承事公仰承積世餘澤保有仁義忠孝詩書禮樂之緒以遺於孟濬不壅不遏流慶深長計其世今已五百餘年族聚數千指其慶可謂昭融而盛大矣孟濬乃作衍慶之堂將列賓筵集儒珍以

答休貺請予記之予不辭爲言其慶之衍者如此且極之修德之說詩之聿修厥德自求多福予既頌其能復進以規云

中憲大夫河南按察司副使劉昌撰

衍慶堂記

堂以衍慶名銘也匪名之而已也川流之遠其源有自百世之慶源之自昔衍之當自今也知所以衍之則斯慶也將源源而無窮不能衍而徒承之則源將不繼焉勿忽於前人之積慶故其源自衍承之者分所當也承易而衍難惟克衍斯克以承必不易其所難而後可不難其所易故曰銘斯銘也錢仲子孟濬會營新第於舊堂恩慶之左而然也恩慶則厥考惟常所營謂旌門賜敕褫奉上尊承於先布褐而仕者章服承之於後恩光咫尺若是其近積善

累仁祖宗餘慶承之於高曾以上十有三世若是其遠也惟慶之遠斯克以致是恩惟恩之稠疊是承於以見克致之者有攸自也既惟常歿堂亦告燬而孟濬任肯構之責遂作是堂而揭以是銘謂堂揭事徵而繼述所繫者大先人雖地下而忠孝乃心耿耿其猶生也

皇朝恩典百世蒙賴祖宗積累亦百世蒙賴敢存歿少間乎恩不敢曰衍僅敢曰慶吾衍也衍之當何如如七世祖之居德裕義如祖考之嗜義樂施如禰考之應募入粟以義於公惠施里內以曲致其私以孝以友以率其族以詩書禮樂淑其子以及人之子如十三世祖之廕官其子其孫其曾孫以宣教宣義將仕如將仕宣義宣教之克世其廕是皆盡心於孝以政於家推孝爲忠以盡心乎草莽臣之職夫如是則今日之所衍者昨之慶而明日之方來者今之慶也衍衍而慶慶皆孟濬今日事上焉而祖見今日之有是孫下焉而雲仍來聞又知有今日之祖而皆孟濬一力行與否間耳子之所以爲孟濬記斯堂者嘉其能不以文具視斯銘也其祖考梅堂始遷今垂慶鄉磚橋郎所謂嗜義樂施者也曾祖以上居新安高祖彥春仕元爲承

嘉書院山長七世祖寬甫爲趙承旨詹事所重趙題其前寢曰種德許銘其墓石曰居德善俗人謂其皆實錄也曰梓者將仕曰阜者宣教曰僅者宣義則爲世在十一十二十三曰進者爲忠獻王曾孫自嘉禾始遷於錫爲今十四世祖溯源而求之其流慶之遠之衍代有令人尚孟濬其不衍之

嘉興布衣伯器周鼎謹記

致思堂記

成化二年冬錫山錢孟津作祠堂於正寢之東而名其堂曰致思蓋孟津繼禰之小宗當立祠以祭其禰又自禰推及其祖以遵四代之制繼禰之志也夫子孫之於祖也思無時而不致則祖禰亦無時而不存也何祭則致其思乎蓋祭之日思其音聲不絕於耳思其容色不絕於目思其志意嗜樂居處不忘乎心而後乃見其所爲齋者卽禮所謂致慤則著著則存矣詩所謂綏我思存也然古者士大夫祭於廟庶人祭於寢至宋司馬温公合上下而通之乃

有影堂之制程伊川謂庶人無廟可立影堂紫陽朱夫子又謂祭時不用影宜改曰祠堂士大夫暨庶人皆得立祠堂者自此始也堂立以祀其先而又上及五服之祖下則班祔其旁親之無後者何也恩以義推也田曰祭田器曰祭器何也專其用也晨謁門內出入有事必告何也事亡如事存也至正朔望必參之俗節時物必獻之何也表其孝也孝無間於所思而思又致之於齋祭之日極其如在之誠也噫孟津可謂祭極如在之誠而又能不失時思之孝者歟孟津之先吴越武肅王國於臨安世守有墓考之蘇長公表忠觀碑可見矣其後國廢而子孫散處於嘉禾六世祖進宗公由嘉禾徙無錫高大父元永嘉書院山長始徙南湖至大父梅堂又自南湖徙磚橋子三人惟常惟孝惟義而孟津惟義仲子也以惟孝無子而爲其子故孟津祠惟孝而以所生爲叔父母祔之義不忍絕也噫其思之亦至矣然其所自出之祖與諸始遷不祧之祖蓋必有大宗之子爲之主焉而孟津亦寔待登卽譜通譜系而後致其思此又思之不能已於其心者予亦有同宗之誼也故不辭其請而爲之記

賜進士出身翰林院侍讀學士前直文華殿　賜一品服

雲間錢溥謹譔

致思堂記

錫山錢孟津邑之鉅族也系出吳越武肅王鏐十九世孫先世有國居臨安後子孫散處嘉禾十三世祖進始由嘉禾徙無錫高祖元承嘉書院山長彥春曾祖文林處士伯剛世居南湖大父梅堂公達又自南湖徙磚橋遂定居焉父惟孝號宜晚輸粟授義官昆仲三人伯貞庵義官惟棠叔閎耕處士惟義孟津閎耕子奉母命繼宜晚後成化二年冬孟津作祠堂於正寢之東奉高曾祖考四代之祀附祭叔父母祠之制構屋三楹繚以門垣同室異龕一遵朱

文公家禮茲孟津來游京師謁予以記請其言曰先祖梅堂舊有祠祀吳興莫士安先生嘗爲記之今先父與伯叔異居祠則先伯承祀父叔欲循小宗法各立祠祀俱志不克就以歿從弟溥已建祠畢叔志武功伯有貞徐公爲記之矣津念考妣奄棄雖乞銘都憲韓公永熙大宗伯胡公源潔用昭潛德至於祠祀恆以弗克繼志爲媿茲幸有成復慮後世子孫罔克世守謹劃腴田二十畝取其租入承資盛醴齋之費太常卿夏公仲昭爲大書榜曰致思願賜一言勒諸麗牲之石垂示不朽庶子孫知所報本而承能

弗忒也予惟人之有生莫不有所本也譬之水江則本於岷峨河則本於崑崙而人則本於祖知本之所自出則知所爲報矣報本莫大於追遠而追遠莫大於祭孝子慈孫欲盡追遠之誠使修祀無所何以慊其報本之心乎古者諸侯之國其昆弟子孫得以公族爲大夫士是以有國有家者莫不有廟廟必有祭祭必有田百世子孫祭於大宗五世子孫祭於小宗庶人無田則祭於寢後世國廢家散雖貴爲公卿廟無其制祭無其禮況於田乎況士庶乎逮朱文公慨禮久廢於是推其法意可爲以爲廟非有賜不

得立立廟則近僭薦寢則近褻乃創爲祠堂之制上自公卿下達士庶通享四代所謂禮以義起稱情而立文者此也今孟津念其先世積累之厚慶澤之深追遠之誠眷眷不忘乃能克承先世遵用家禮建祠修祀以伸其孝報本之心不亦懋乎又能以田供祀不異於古有田祿之家祀事之修得以相繼於無窮立法之遠尤可嘉矣豈非錢氏之能子歟嗚呼人子於親之沒跬步不忘於心非必祭而始致思也蓋祭則精神感會故思尤切故夏太常名是祠曰致思深得孝子謹祭之心矣勖哉嗣人尚克體之是爲

記

禮部尚書倪謙謹譔

借樂園記

吳越世家散處東南爲多而錫山之甎橋爲益振不特以業地自雄蓋王孫風度中有禮與文焉以主張發越是故特出於他胄若甎橋之族諸先輩旣往今惟味泉徵君巋然挺靈光之範所爲主張發越者爲益高屬者治地於居右之隙壘石刲池結宇種樹羣境爭奇勝觀周出不欲獨得推而公其稱曰借樂園暇日允明過之徵君牽賞諧適因命擇益勝處被以嘉名山凡數十丈面山爲堂三楹前軒附山之勝蓋總萃歸合於是而非淵明結廬人境之孤

標者不能故名之曰心遠堂山石甚眾往往肖狀人物不勝數而巔有危峯岑厲嶔嵚偃僂鬼怪贅然中立名之以仰高徵君說石獨此是故物然也山下有洞竅而不洼直而不豁乍入輒出翁忽獻愕名之以思元洞下爲塘蘋藻逵布風漪鱗次名之以迴瀾塘西上爲亭其目味泉以徵君昔飲慧山第二泉歸而浹洽腸胃不可除助德滌俗遂以自稱故號主於此塘東接山爲小石梁下映潭碧若半規月曰跨月橋諸石之絕奇者有嶷質中特起隆脊色白皙稜聳迅怒猶龍名曰騰蛟石舉一以反三也而入山之

初小路繚曲旁圍短籬莫以雜卉名之通幽逕凡爲總目一大目八其他從寮繁植如小有山房檜亭柏塔等附之徵君將過錚騷雅家而賦歌焉以名出於予乞敘以示大地之長人說者久矣予以爲大約其品三下焉者分情魚鳥投尚川壑張吟懷倍酒與極形器之似也次焉者槃澗恣覓煙霞借癖心存獨善迹遠囂塵也上焉者樂彼山水資我仁知鑑川上而嘆逝者登太山而小天下也之三者得之有淺深而皆可樂得可樂而樂之不流焉以歸三品則善矣而又況能推以公不獨焉而云偕樂者乎蓋徵君於是乎加於人不啻一等矣予所謂其有主張發越云者孰曰妄乎書以贊徵君亦有識焉

長州山人祝允明拜撰

書嘯傲涇錢氏經始義田事

累敎驛而有名勝焉縣與喜事者競盡日必達雖强亦靡或請舒之曰期抵勝踐耳糜日力何後卽人樂勸往焉是故志澤物者因其貲貲十而損一二從容爲之若無所事損半而醫深至七八則澤未究而身計缺矣是杜天下之成也由此言之行善無鶩廣無欲速功於天下較博也嘯傲涇二錢子賡颺吉臣以春三月來謁摳衣趨隅視下而辭巽曰敬奉母教願有述也手一册拱而授予予卒讀躍然起曰得仁術矣雖以仁天下不遠矣册之言曰昔我先子偕登府君每語我前母華太君今母楊太君曰施仁自親始若聞范氏義田法乎吾仰承先人洪聲公志懷此有年苦累重侵巡恐没齒異時兒曹幸有立其以是語之循吾分小就可焉會仲嫂周近遣女撥奩租與伯衞封嗣後之子均贏二頃許以畀下兩房夫弟子下兩房者賡也吉也私相謂受遺有定分是浮及者毋乃非遽請於母母沉吟有間曰而父緒言在盍以是成之曰如太隘乎曰以二百畝爲權輿核腴汰确不足我補之仍其基趾經始善後由狹及廣是所望於汝曹矣於是核得常稔者畝百有六

十補者四十愼選近屬有操幹守見山者延掌之須其及
程徐議贍款獨資約而姓衍取衷宜主嘯敫涇支其推之
有餘其及之有止所當書於始者既定籍其事于官用官
簿實私議令不得終遯隱云爾方今兀兀首途先生幸明
教之以鼓與鞭後而劵至焉善夫是毋是子不悉力而規
橫定昔人所謂分數明者是已抑聞之孔子觀於鄉而知
王道之易易也而世所傳義田記若錢君倚樓攻媿之於
范白通又若楊鴻博王廷尉之於華人讀之心傾而志弗
勸非以其事相濶絕耶人情勇義怯費視所勝爲轉移至

聞斯舉若易然而權義於費猶患弗勝歟易勝卽怯可爲
勇不自此轉歟更小言之百畝數十畝贍止服屬亦孰非
觸類而長善者歟綜錢之爲式毋訓延嫂恩蔵祖若父志
而從義規一舉而四美具而吾尤樂表其從義之美易人
所難廣導先路與鄉物轝聖化益自此遠仁親而天下仁
術誠無先此者理勢然也往者待罪蘇郡校文登徐公祁
陽陳公相次撫吳並折節假我殊禮時方檄行社倉法頗
僧論恐惠不究貧而擾將累富誠以其貲易田而積之假
知邑有嵩頃逼爲十方方得千畝以待積十積之爲及程
請以是著令以殿最司牧者行之十年二十年可使有蓄
歲無菑民二公韙其議然卒以居官如置棋難其繼也寢
不行吁州縣亦族黨之積也振觸及之
乾隆二十有四年歲在屠維單閼壯月古吳外史浦起龍
二田氏謹書時年八十有一

怡晚樓記

頤樂憎憂安少嬖老是人而已矣隆年爾邵怡怡情雅志倍
得是天而已矣祇自德發天從人微是道而已矣人者偷
而難公天者亢而莫稽不有道也則將焉以執諸今天悠
悠我生得失殊值故有憂心悄悄朔逮耆考耇宗有暇豫
優游中路以休者矣有華顛役彤西日營營者矣二者得
之不得不喜也而概乎君子之道則皆在矣必若合道則
孟氏之不如舜無害爲樂天子淵之不泣賤無損爲大年
也如是則怡晚者無出耶非也道者無我也必之非道也

不必之非道也吾之性分既循遂道已由是理斯究而天
命之如吾願者自至其怡也不亦少害其晚也仁壽之所
則獨非君子之所貴者乎哉錫山錢公孟濟春秋向高爲
重屋以目俟扃之門怡晚問僕爲記嗟公其有道者哉壯
不憂非盡人老不怡非事天公之少而强勉學蹈倫與脩
矣壯寵服效忠義涉遊仁惠人道亢浴而今則居安保盛
中歲旋形易易乎于以極高明則茲樓之宜于公也不亦
宜哉假爾榻檻勸此頌聲道民日富而山嶽海甾公其自
此容充

長洲山人祝允明拜撰

錢氏義塾記

錢塘汪鳴鑾譔

光緒八年三月余服闋還朝將諏吉俶裝以就道金匱錢鳳銜廣文介余妹壻茂才國祥請爲錢氏作義塾記余諾之多事怱卒未暇也然未嘗少忘一月中書再至趣益急余詢之曰塾何如曰塾廢矣廢則何以記曰記其始以冀其復於後也始於何時始自鳳銜之祖朝議公煒暨從祖太學生燦遵厥考容齋公之命協捐田畝以補義莊所未備者也莊始於乾隆二十四年鳳銜之高曾兩代手定之塾之設也去建莊四十餘年營室若干楹落成於嘉慶二

十三年春三月朝議公不及見而公之弟燦經營以成之者也塾田六十畝先後續置其八十三畝有奇掌之莊司以資塾師脩脯而族中子弟無力從師者咸負笈而往遊焉朝議公子太學生垣復議以公之私祭田有贏割十畝入塾助子弟應試之費又於塾西捐置廢宅基地闢其荆榛蒔之花木爲讀書息燕之所道光壬寅後舉文會於其中歷延楊緝甫廣文熙之華香谷大令廷標張蓮洲徵君步瀛呂庭芷編修耀斗劉叔濤祭酒廷枚相繼主講席於時垣之子姪諸孫輩采芹食餼者聯翩而起同治丁卯庚午兩科登賢書者二人則家有塾之效也嗚呼乃祖乃父堂構相承而子孫之食報者方興未艾天之報施善人果若是之不爽乎同治二年粵逆躪莊而塾亦蕩然無存矣賊既平之明年就莊址重構廳事迄於今門廡規制煥然復新而欲以次鳩工則費有所不給將有待也光緒辛巳重輯宗譜鳳銜董其成恐先澤之就湮無以昭示來兹也敍其顛末求文以記之載之家乘蓋亹亹乎誦述祖德之意焉塾田猶存規而復之易易耳余聞其言而嘉其意且重違其命謹次第其言以復之

流觴曲水圖記

圖爲衛封錢公仿蘭亭修禊作也公居梁溪之歗傲涇溪水曲折匯成邨落林木翳如屋後距里許峯嵐疊翠望如列屏則古皇山也余昔來游識吾友律卿明經垂二十年每登其堂弦誦怡怡相與把臂劇談塵襟都洗嗣余入都供職別逾十載渺若九瀛前歲自浙旋里紆途造訪既經兵燹無復曩時景色不禁慨然者久之因出一卷眎余山水崇情溢於楮墨碧梧脩竹掩映左右於中撫案觀書豐頤美鬚髯醞藉風流知爲君之曾伯祖衛封公也憑欄旁

侍丰神嫺雅公之次子曰來乙緣溪前踞石坐手執一軸秀氣逼眉宇公之長君曰春臺素有聲於黌序諸幼循隄嬉戲古木交蔭中引水流觴各具神致不能一一別識故不贅惟是公生九子而殿君旭初不與焉蓋公以乾隆丁亥八月棄養距殿君之生甫兩月則圖成於丁亥以前可臆斷也原稿藏於公五子渭占之孫博山客夏旭初之孫以三在鵝湖蒐訪得此驚喜攜歸較原稿尤勝亟付裝池將屬余以記其顛末余念斯圖之隱佚極世事之滄桑閱百餘年完好如故卒得於公之嫡系以永其傳謂非神靈呵護必俟克繩祖武者擇人而付之歟且飲水者思源登技者追本天倫樂事湧現毫端固非徒踵美晉賢與古蘭亭並傳不朽洵錢氏世世子孫所宜長守而寶貴者也兪故從明經之請而樂爲之記繪圖者吳君逸泉懋題詠者王君晉川會汾嫺友也例得備書

光緒四年歲次戊寅四月既望陽湖呂耀斗署頜拜記

揆圃居士記

居士不詳其姓氏同治二年粵匪竄擾五月爲泛海之裝盡室東行其冬寇退居士返自虞陽既經兵燹先人敝廬無一椽者鵝湖后倉有別業故無恙侍親以居逡巡者數年歲丁卯歸眷礫爲圃結廬其舊址挈妻孥以居隙地治圃圃不絕蔬好與人共不取値四時之果品無闕者味視他圃尤勝因以揆圃自號亦曰老圃云少與潘辛芝中翰爲布衣交潘君爲吳中知名士境地華貴而書箚往復交益密非漫然也辛芝觀察中州馳書函幣不就屏蹟高臥

陽湖呂君鶴緣秦中歸紆道造其圃敂揖之延入室琴書錯雜煮茗清談蕭然塵外晏如也咸豐丙辰在喬鶴儕觀察糧臺助餉錢千緡爲胥耆盤計卒以遷延不赴庚申之變罄囷辦團當道者上其事欲奏給京銜採訪往返終不肯署名曰吾惟有聽凱歌一曲不然身將隱焉用文之哉箸有周易漢學求是編兩卷說文碎錄四卷補桑榆館雜志兩卷唐賦彙選一卷簷曝試帖叢鈔十二種紫藤花館律賦彙選十二種皆校勘數周一字之舛旁求衆證其他點勘慶歷小題發蒙小品蠅頭細字蜜綴行間爲小試者露出廬山眞面目皆裝成帙藏於家

贊曰昔潘三松農部歸田刻其印章自號花橋老圃偃仰雩石水竹間手一編以自娛居士豈其儔歟園居鍵門足不出外終日於蕉陰課孫蟲絲封戶以此中領略靜趣爲最眞庚申辛酉間烽煙疊警浮家泛宅遷徙無常屬王君一梧繪煙波釣圖自比於玄眞子則其爲人與其志之所存者可知矣

此係從父律卿公晚年自記也晚年別號揆圃歲辛巳修譜王蘗未付刊茲稔有自記一首遺存亟索讀之一

派秀逸高潔之氣洋溢行間讀其文如見其人有令人悠然神往者從父行端謹性和厚休休有容不求聞達今之隱君子也績學功深雖垂老手不釋卷善蠅頭書終日事著述鈔選譜諳示後輩津梁猶憶辛巳春仲先嚴傳舟府君恒慮修譜之未成也竭力籌貲開局鋟版與從父晝夜讎校不幸未觀厥成而先嚴故嗣後裘之闡幽顯微均賴從父之管城子焉詎亦未觀成而作古迄今方得全蕆校印因補刊此記而誌其由噫念先嚴當日力任艱難苦心汲汲若不及乃與從父均未覩今

之蕆其事也悲感深之矣辛卯重九襄校印藥姪鴻綸

敬跋

讀書處記

玉藻曰父殁而不能讀父之書手澤存焉爾余每讀禮至此未嘗不廢書而歎也曰不能讀者不忍讀也不忍讀而不讀焉是墮先人之業也不忍讀而卒能讀焉足繼先人之志也吾嘗持此意觀人而於錢君之讀書處有慕焉君爲余友華子才之甥余於子才處因得獲交焉君名宗濂號念岵爲吳越王裔世居梁溪嘯傲涇世守一經家傳萬卷先是君祖暨父背苦志芸窗屢試不售退而讀書談道愉愉勿輟有隱君子風焉是以錫山嵇璜顏之曰讀書處

君少孤承先業旋遭寇氛避地他鄉迨事平返里廬舍蕩然先人手跡亦被焚殆盡君乃小葺數椽爲下帷奮讀計屋雖朽頭志深刺股一室之中風雨晦明無少間息蓄其孜孜不已冀光先志奈時運不齊六試數奇年甫及壯遂無意進取矣於是樂瑶編之萬軸謀置牙籤闢舊地於三弓重新額第披松風而啓戸聽蕉雨而開窗不築高樓何礙遠山送到多留餘地儘教明月鋪來挹鴻岫之嵐光分鴛湖之水色几淨窗明生徒列坐低頭作字昂首吟詩因著作以自娛筆攡詞壇禊風雨鬼神而欲泣春生絳帳繞

書聲花氣而紛披涉其流探其源採剝其華實而咀嚼其膏味夫而後見用於世則發爲事業救時之術驗諸寰區不見用於世則著爲文章經世之編垂諸宇宙此讀書之極致也客有請顏之者君則曰此地先人之舊齋也先人懷才不遇退而讀於此焉予小子豈敢有他志乎因仍其舊額念先志也嗟乎蘭亭已矣梓澤邱墟名勝之地踵相亡者不可悉數即有一二存者後人亦爲之改弦而易轍比比皆然嗚呼若君者富貴浮雲華萼作術不特善行已志亦可謂善述先志者矣近因肄業之多擁書之富故又

於室之西別置一軒安化黃自元顏之曰憤樂書軒至於室之布置精雅名花掩映俱不足羨吾所羨者在彼不在此也詩曰無念爾祖聿脩厥德余觀君之讀書處而知君之念祖而脩德矣余故樂爲之記

賜進士出身戶部尚書雲南司主事丙子福建鄉試副考官錫山王緈謹記

送友松高士錢公守還錫山詩序　翰林院謝運撰

昆陵錢公守將行雲間顧如綸載酒賦詩爲之餞揖予弁其端予聞而未識因叩其爲人如綸曰錢公乃吳越王之後錫山之拔萃者也蕭爽軒豁廣大而光明和平乎氣宇從容乎辭令鄉間人士咸景仰其爲人神情曠達而能自外於世紛轇轇轕轕者不以動其中栽花蒔竹惡其誇青紫也而特以松名軒張琴叙書而爲棲息之所軒之前後松之屈者曲者蟠者旋者披雲掃霧吼風弄月四時之景不窮高士坐軒中而樂亦不窮也空翠涵窗清寒逼人鑿

茶以壽採花以酺因自號曰友松高士之名實有得於此矣高士讀書能詩文善繪天地風雲水草木石情狀得意揮毫則變化神妙求之得以分其清予因遊學昆陵別今一載幸再會于都城邂逅之歡未幾而故山烟霞之想[illegible]之浩浩乎其不可遏于是取江淹別賦送君南浦傷如之何爲韻簡諸縉紳各分韻賦詩以寓不忘幸先生一言豈不有[illegible][illegible]予篇什者乎予曰然其節也操也貞也清也不爲其[illegible][illegible][illegible]于言之矣離別之情雲樹之思而播諸聲詩又何待于言乎吾觀者必有所得幸勿哂予無文

分得逆字　吳會陸逼

都亭柳暗凉陰擁載酒銀瓶爲君奉威儀嶷嶷言辭百鳥啁啾見孤鳳詩歌清韻琳琅聲誦君文彩璠瑜重烏衣巷口朱雀橋倏爾相逢復相送

分得君字　錢塘倪謙

載酒官亭倒玉瓶東西誰不念離羣山横紫翠留殘照樹鎖空清隔莫雲千里關山催去馬半時尊俎聚飛蚊殷勤欲效江淹賦詩句難工愧贈君

分得南字　嘉禾潘鏞

都門祖餞暫停驂惜別殷勤酒再三野墅淡烟迷晚景山行清曉觸晴嵐臨期漫賦詩題送佇日重將易理談流水不隨雲聚散馳情天北天南

分得浦字　東吳滴鏞

金陵七月尚殘暑有客還家動離緒榜子維舟白下橋吳姬勸酒長安市依依雁影落平沙杳杳漁歌起南浦潮迴日落不久留回首烟波一聲櫓

分得傷字　武林陳驊

微風觸樹吟清商井梧落葉飄銀牀玉壺餞別攜瓊漿珍珠錯落玫瓌香柳條消瘦愁縷長醉中別去情獨傷長歌悵望各一方碧天杳杳雲茫茫

分得如字　蘇郡周琰

迢迢山郭厭崎嶇坐愛楓林每駐車石逕凉颸吟木葉野塘秋色映芙蕖邑人久待懸樽俎稚子勤迎候里閭白酒黄鷄秋正好田園歸去樂何如

分得之字　金陵石正

一笑京華喜見之覿情繾綣又分離停驂且盡尊前酒明月空懸別後思遠墅早禾連畝畝方塘秋果熟菱芡鷗盟

冷落花狼藉良會從今又幾時

分得何字　鄱陽方承熙

龍江江水漲晴波鼓枻中流發棹歌詩思謾因吟處得別情偏向客邊多秋風晴雪生萑葦暮雨新凉起薜蘿最是不堪分袂處碧雲紅葉奈愁何

贈錢惟常榮歸序

洪惟皇上在位奉天惠民仁昭德乎庶邦熙然無一夫之失其養皇上猶慮歲之或有荒歉也命有司設義倉以備賑貸其或有能捐粟以濟民者則旌之復之以示勸皇上勤恤民隱之心何仁之至義之盡耶吾邑錢君惟常系出武肅王鏐族大貲裕代有聞人祖伯剛性順色仁事之符乎義者有所需悉推其財以濟惟恐後父公逵好古嗜義遇有窮乏患難咸周之弗以疎戚間鄉邦德之生惟常仁厚廓落克濟世美鄉民之飢者食之寒者衣之士之失所

者或造之雖館穀更寒暑不作厭倦色比者邑值歲歉惟常曰周窮恤匱吾世德也吾則曷敢獨有吾有而忍民之飢者乃出粟二千餘斛以賑之公私利焉有司以茲實義舉也具實以聞九重嘉之降勅褒異賜勞加厚人皆榮之秋初惟常來謝恩闕下又得親覩宗廟朝廷之美禮樂制度之備而衣冠文物之富且麗若是榮幸又何如哉居無何將還厥友進士楊君伯宣庫繪圖賦詩以艷其行謂予宜有序予家食時稔知錢氏家世之盛積德之懿心竊羨之今惟常樂善好施益振厥譽又如此可謂無愧其先矣若夫仰荷恩光顯榮門閭則有過焉者矣噫惟常其賢矣乎歐陽公曰君子之賢於一鄉者一鄉之望也吾嘗謂江南大郡殷富尚多慕惟常之賢而顧瞻惟常之光榮寧不有感發而圖紹惟常之芳躅者乎若然恩典之來宜不後先殊也是予之言匪直為惟常艷抑為鄉之諸鉅室告焉

都察院副都御史同邑楊璿撰

贈義士錢惟常榮歸序

王　英

皇上以聖神文武之德尊登大寶恩澤宏溥德化昭敷民物康阜而允簡用文臣有才行者布列中外蓋欲斯民咸臻於至善之地而致夫太平萬世之治也猗歟盛哉乃正統七年秋予友太常博士顧惟謹過予謂曰無錫錢惟常氏賦性公直爲人慷慨有大節尤能尊賢下士仗義踈財敦睦宗族周䘏鄉黨嘗設義學以訓孤子每歲值歉則施粟以周貧乏之而不望其報以是人皆德之雖唐之郭元振宋之范純仁豈得專美於前乎比歲有司以惟常立行端

謹處事異衆具以事聞乞旌其義上可其奏即勅該部旌其門曰義士命下之日寵光溢於閭廷榮耀增於鄉閭惟常既拜皇恩舞蹈不勝遂買舟北上俯伏闕下以謝聖天子寵賜之恩今將辭朝南還戒行有日復徵言以贈之予觀宇宙之大四海之廣孰不欲光顯其門第而能遂其志者幾何人哉今惟常忠君孝親譽聞朝知理宗族稱其賢鄉黨服其德其爲人善可知矣况夫庸人敢爲不義以逞豪華口犯憲章以殺身破家禁者豈得與惟常同日而語哉雖然人惟知得是榮耀之幸不知惟常之所以致此有其本焉予嘗聞錢氏惟常係吳越忠懿王之裔自忠獻至惟常歷十有六世矣積累之久蘊而未發故儲靈閟祕至惟常始見其亦天理之必然也易曰積善之家必有餘慶信不誣矣予於終篇故推本而言之俾觀者知惟常之榮慶有所自云

贈義士錢惟常榮歸序

吾嘗觀之宣尼矣於舊館人則脫驂以賻之於顏路請車則不與於原思辭宰之常祿則不聽於冉有爲子華之母請粟則少與之以明周急不繼富於微生高乞諸隣之醯以與之則斥其爲不直傳曰君子之用財視義之可否良以義所當與我則從而與之義所不當與我則從而不與此宣尼用財視義之端而爲萬世之大訓也後世之人於用財能遵宣尼之大訓君子得不與之也與錫山垂慶之錢氏實爲吳越武肅王之裔六世祖曰寬甫貲雄一邑至元

元間三吳大饑侍御曹士開行荒政欲發官廩以賑之寬甫曰官廩無庸發誼當使吾鄉無飢者乃大發廩以賑他日曹閱賑所濟不但其鄉鄰境亦無飢殍蓋由寬甫濟之廣也有商楊伯銓以錢五萬貫貸糴約成以滂不果糴已而楊逝券亦火焚於廣陵寬甫憫其災舉子本歸其家其他嗜義多類此趙吳興書其堂曰種德許覃懷銘其墓詳其事蓋嘉之也寬甫之孫曰公達歲歉亦嘗發廩濟人而尤急於周恤鄰人之貧窮患難者翰林檢討陳嗣初表其家凡延醫之公達子曰惟常暨其弟惟孝惟義皆克紹前烈恤給貧寒者之食施死而不克葬者之衣棺設義塾誨鄉人子弟以至凡義所當爲者靡不力爲之傾囊倒囷弗計也茲以千石餘之積賑民荷璽書羊酒之旌而表門免役焉惟常拜　恩南旋交游請文爲行贈以所聞宣尼用財視義之可否者以歸之以見公一門三世所以嗜義者克遵闕里之遺訓云

柱國少保禮部尚書武英殿大學士楊溥撰

壽景婁翁七十序

錫山錢氏裔出吳越武肅王自杭累徙至磚橋而族益盛遂稱磚橋錢氏名孟溥者其宗子也好禮尙義爲族之長晚年益慕婁師德爲人又以景婁翁稱焉歲乙巳十月廿八日乃翁七十誕辰其諸子楨模楝欲預爲宴樂之計翁曰吾當避之諸子曰人生七十爲稀壽而不賀如諸子何翁曰汝不聞老萊子年七十而孝養其親事乎吾生未期月而慈母見背父年六十方欲奉壽而遽卒今墓木拱矣宿草亦屢更矣當於是日具殽核祭告以極其悲痛雖從

戲斑爛而壽一觴已不可及尙安忍受爾稱慶乎雖欲詐跌弄雛以奉一喜已莫能及又安忍享爾懽樂乎此吾所以深恨不及老萊之孝必欲避之而不爲也諸子則相與謀曰古之善事其親者貴不違其志耳此則吾父志也而敢違乎然古人祝壽以松柏擬其茂以南山其其久多矣孰如文爲不朽盛事而可同其壽乎然非吾家宰公之文亦未足以悅吾父也於是楨偕弟校走雲間來請文且具道其所以避壽之意余嘆曰而翁可謂善學老萊之孝者矣使老萊七十無二親不悲痛乎而翁七十有二親不歡樂乎易地則皆然也魯男子不可學惠之可學杜邢公不用燭反寇之費燭虞詡增竈反臏之減竈其所處所爲不同而同一行高於當時名聞於後世吾自今而知八年七十有二親固可樂而無二親其可樂乎是則而翁之孝殆有過於老萊之孝者矣爲老萊之孝也易盡而翁之孝也難窮孝德之本也德足致壽以極於無疆也楨等歸請以是爲祝

賜進士出身冢宰溥撰

雙旌堂詩序

姚氏孺人惟常公庶母

惟常公梅堂公長子武肅王十八世

錫山錢君孟清嘗函鉅編款予門請題發而視之皆縉紳大夫所爲其家詠雙旌堂者其篇什之富詞藻之麗粹乎如玄圃積玉無非夜光也爛乎如瓊林瑤樹丹柯碧葉之輝映也森林如開武庫戈戟在前而鋒刃之錯落也予駭矚焉亟斂之而不復發者幾閱歲矣而孟清之請益勤至遂爲之序曰雙旌云者兩荷旌門之敕也初孟清之祖考

公達既沒其側室姚氏方少艾矢執節歷四十年如一日旣而厥考惟常屬歲薦饑閔斯人之將爲溝中瘠也乃大發所藏得粟二千斛有奇輸之官以助賑覘捐其貲曾無少恡有司以聞　詔旌其門曰尚義而姚之事尋亦以聞復　詔旌爲貞節先後不數年而綸綍之音雲漢之章兩下及於錢氏噫可謂榮矣夫節義者制行之本人稟之固有而爲夫婦爲丈夫者之所宜爲也爲所宜爲曷足以爲異雖無旌可也先王教遠人僞滋熾始有怕寒餓死貪鄙而瀆貨者昧昧焉不知其所宜爲數千百人而或有一焉猶可也而舉世滔滔皆是也此一人爲之之所以異而旌門之典不容於不舉也旌之將以爲世勸也旌一人而天下知勸明聖之心亦何所惜而不爲也夫以舉世所不能爲而一人爲之　朝廷旌之天下勸之斯人也或郡有一焉或邑有一焉固足爲一郡一邑之榮或一家有一焉謂不足爲一家之榮乎而況乎一家而兼有焉其所以爲榮何如哉此錢氏雙旌之堂之所以名也於以昭先德也於以侈上命也於以增光郡邑而表厥宅里也雖然錢氏之榮抑不止此也吾聞之　朝廷旣旌其門矣而又諭以鄭

書勞以羊酒至命有司復其徭役惟常感激遂戒其子孟清益輸粟助官復同被冠帶之錫然則上之加寵於錢氏豈不由錢氏父子之賢之知勸也乎欲治天下必自家始自家而邑邑而郡郡而天下而天下之人且揄揚而頌美之矣是編之作特其兆爾古人有言珠玉在側覺我形穢予於序詩亦云

吏部尚書前國子監祭酒毘陵王僎撰

詔旌節孝錢母華太孺人五十壽序
節母華太孺人同邑　誥封奉直大夫鄉飲大賓諱存寬
耕樂公之女隆亭甲族湖水名宗蘭荃挺其惠心珩瑀式
其莊度起絮之吟早稱於綺歲織縑之譽久媲乎前脩葢
太孺人毓質名門作嬪鉅族望溪先生之淑配而念岵姻
兄之賢母也憶自來室臨安旁和築里潔蘋蘩而襄祀躅
榛栗以承顏用博姑懽爰脩婦順乃者欃槍肆擾烽燧告
驚既遷移之靡止遂憂患之洊嬰夫疾弗瘳孤兒甫齓攜
姑避難抱子傷神撫護之百方實拮据之萬狀其老者忘

錢氏宗譜　上卷七　華太孺人五十壽序　南嘯傚涇　一

其子之去吾眼也其幼者不知其命之不全於天也其婦
而能子母而能父葢如此歲之甲子痛姑下世喪葬盡禮
卽室毋家箴紉弗輟於昕宵瀚濯常先於婢嫗於其間延
名師以教子擇佳婦以室子折蔑秉敎仉氏之宅三遷築
室歸家湖上之棲十稔既一新其棟宇仍無改乎誦弦晏
嬰身後之書因鑿楹而益顯公父絫傳之緒賴課績而長
延總角丱兮突而弁兮而其子遂成立矣茲者歲躔癸未
序入艮辰爲尊慈華太孺人五旬初度爰逢設帨之辰用
卜添籌之兆稔知虔緜貝葉淨爇旃檀本薄浮榮豈煩謏

頌特念　太孺人松貞抗節眞儀範之堪欽瓜瓞衍祥乃
報施之不爽輙忘蕪陋敢效引喤謹揚終溫且惠之徽以
伸俾壽而臧之悃宗黨盛稱其節行嗣君肅播其坤儀謹
瀝血誠臚陳事蹟請於當事寵荷
詔旌捧
綸音而子舍承歡夢綵舞而孫枝在抱回想鵝湖波暖醸
成益壽霞漿請看鴻麓花深卽是忘憂仙蕚非夫餘粹宅
心嗇重養福則曷由誰家範逕
國恩若斯之榮遇哉然其貞操勁節足以垂型樹表者既

錢氏宗譜　上卷七　華太孺人五十壽序　南嘯傚涇　二

已
准建坊而勵俗崇入祀以揚芬其操乃彌苦矣其遇可謂
榮矣更欲秉筆以達之不已贅乎顧事有鉅有細有公有
獨彼其鉅而公者雖已揚諸
朝而播於眾其細而獨者豈容沒而不宣耶人之欽慕其
鉅而公者孰不爲閭里之榮哉顧吾所以重節母者非重
其榮而重其志行之堅有以上盡孝道下啟後人也是爲
序
賜進士出身

誥授中憲大夫　日講起居注官詹事府左春坊左庶子
國子監祭酒　簡放浙江學政姻侍生劉廷枚拜譔

華太孺人五十壽序　三

猪嶺遷錫始祖進宗公塋圖

錢氏宗譜　上卷八　遷錫始祖塋圖　一　錦樹堂

錢氏宗譜　上卷八　遷錫始祖塋圖　二　錦樹堂

宋將仕郎寬甫公墳圖坐落甲杖塢艮字二十九號

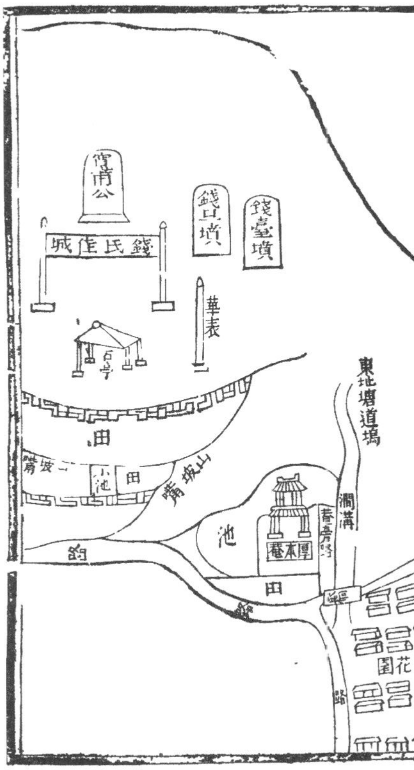

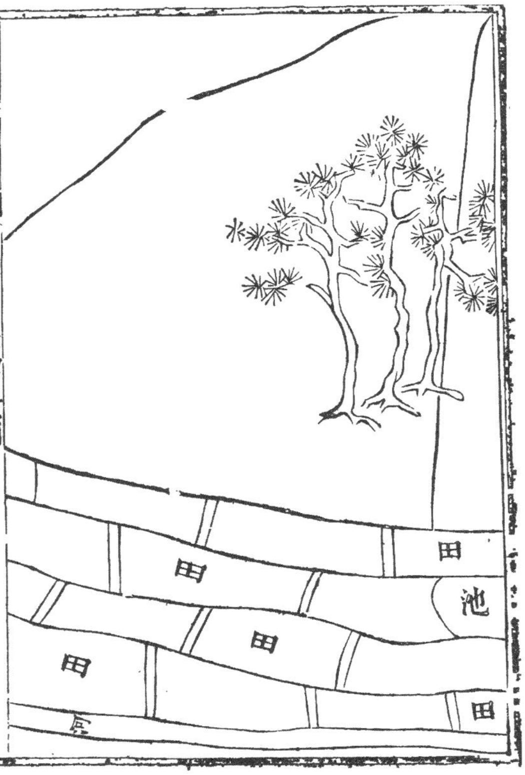

錢氏宗譜　上卷八　寬甫公塋圖　進宗公墓記　一　錦樹堂

立看管陸大陸富陸顯等
於錢府寬甫老爺墳同身陸盆隨父陸助世
代看守墳堂屋十六間後移造趙家花園
墳錢家造其房仍付大等居住中間墳堂
供奉兩神位亦大等世代看守自承管後
每年送租柴十二担永遠無缺恐後無憑
立此看管爲照
康熙二十年十月　日立看管陸大　陸富　陸顯
代筆地總陸嘉榮
據存字照遠

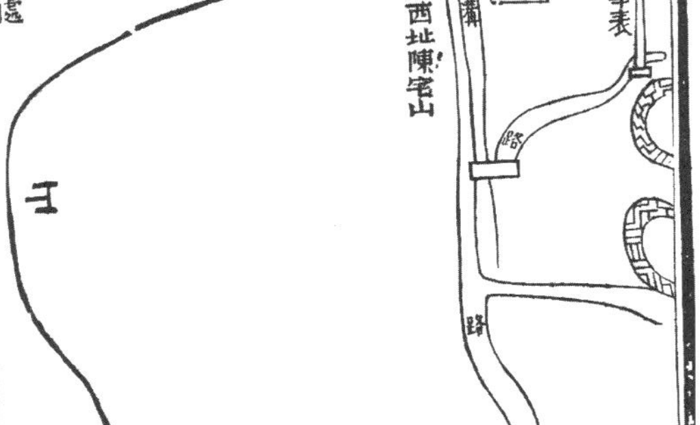

清理遷錫始祖進宗公墓記

遷錫始祖進宗公六世孫也枚自乾隆四十七年清理軍嶂山十二世志宣公等墓歸糧設田俱詳載軍嶂各塋事實惟志宣公已上六代祖塋尚未整理頗以爲憾至癸丑奉憲歸淮錢糧枚同義莊司事殷光弟石安姪弁族中世德步及起鳳往印收糧舟泊同宗之蔣家橋適值陰雨泥濘難步郎邀糧書就同宗家印對畢偶倚窗眺望西有小山麓有小菴指問同宗是何山耶菴何名耶答曰山號猪嶺菴名明遠其基免糧與成性寺等夫成性寺固吾祖供奉神位

之所明遠巷亦吾祖廬墓所建自宋迄今數百年免糧非當代特嘉吾祖之忠孝故澤及於子孫者乎今山號猪嶺巷名明遠枚之祖墓顯然在此山矣於是邀族人登山得一古墓中有主穴左附一昭若無碑碣山人云吾等世代傳聞錢氏古墓者即此枚思進宗公以下六代已得其二何缺其四噫枚猶未誠歟既歸檢查宗譜有八世祖紹庭公壟於吳塘遂詣吳塘循訪苦無踪跡并三代失其壟所其柰之何曾憶登山時族人共云此山亦係才號皆吾族故居山糧承辦即擬設佳城羅歷四塚亦得盡子孫追遠

之心非謊誕也枚故不敢自主謹將此事稟知各支尊長尊長咸爲不然主立塚兩代每年設奠自此始爲緣以爲記

乾隆五十八年歲次癸丑　三十世裔孫起枚謹述

軍嶂山正峯對峯祖塋兩圖

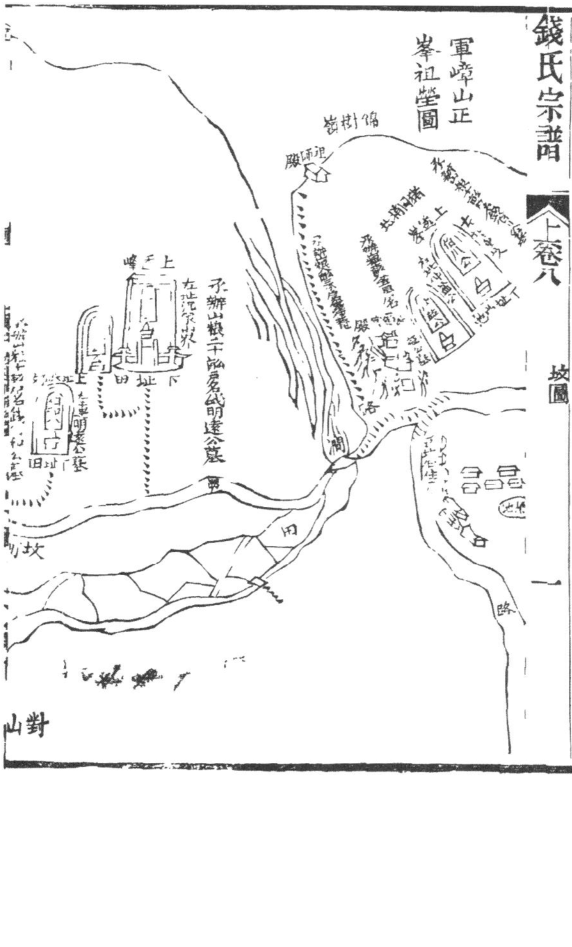

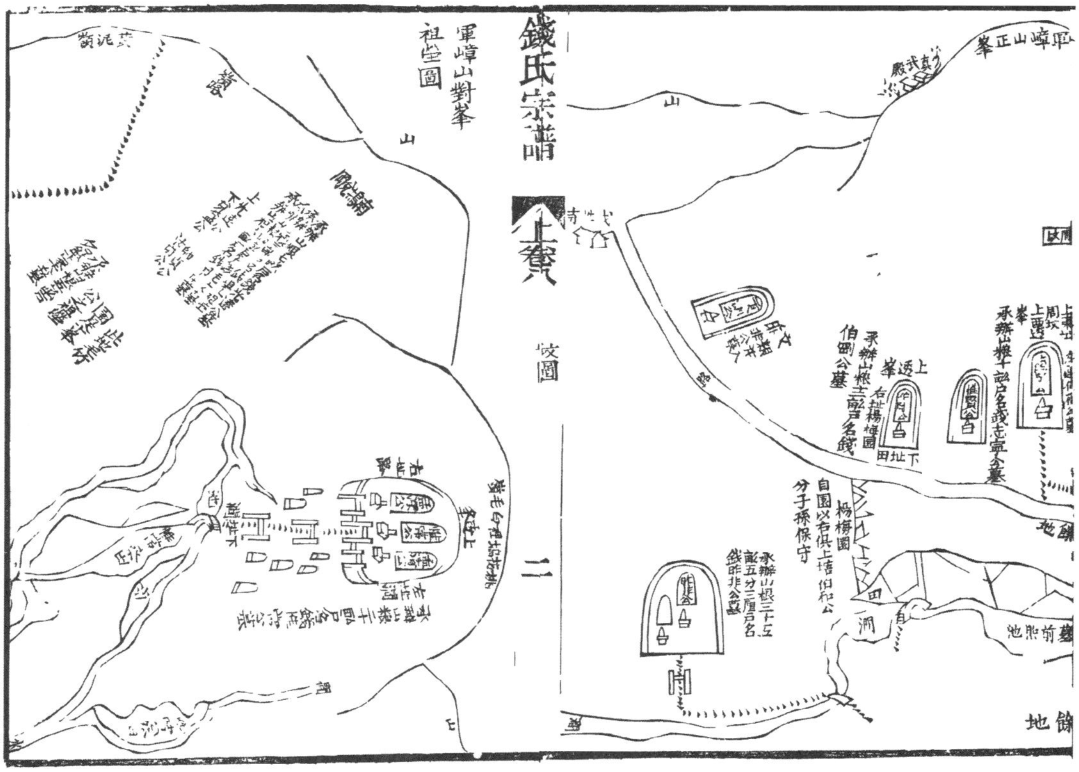

軍嶂山對峯
祖塋圖
錢氏宗譜
卷八
二

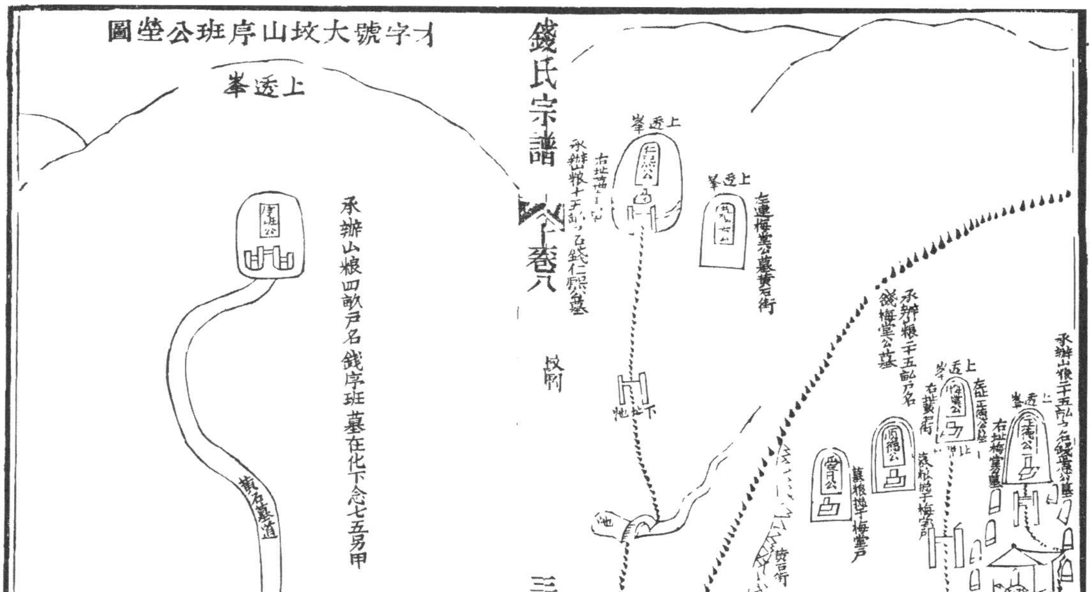

才字號大坟山序班公塋圖
上透峯
承辦山粮四畝户名錢序班墓在化下念七五另甲
路
錢氏宗譜
卷八
三
墓前照池
坟前餘地

夏字號官象塢朝東山三十世祖世梁公墓圖

錢氏宗譜 卷八 世梁公墓圖 南嘯傲涇支 一

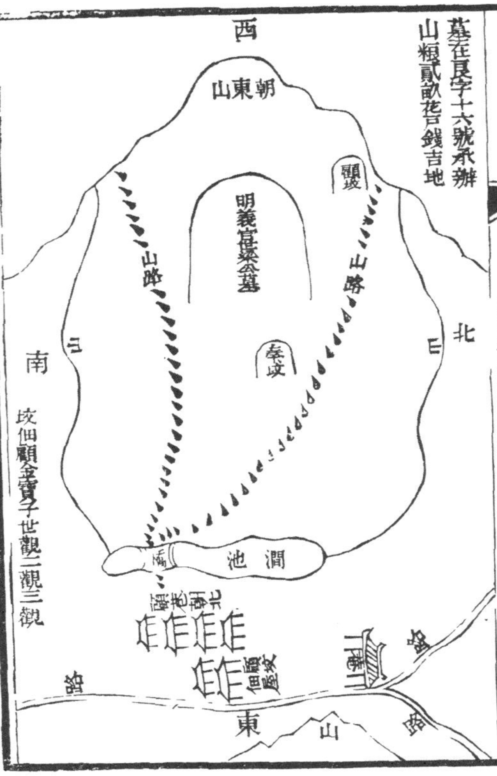

君立公古祠圖

錢氏宗譜 卷八 君立公古祠圖 南嘯傲涇 一

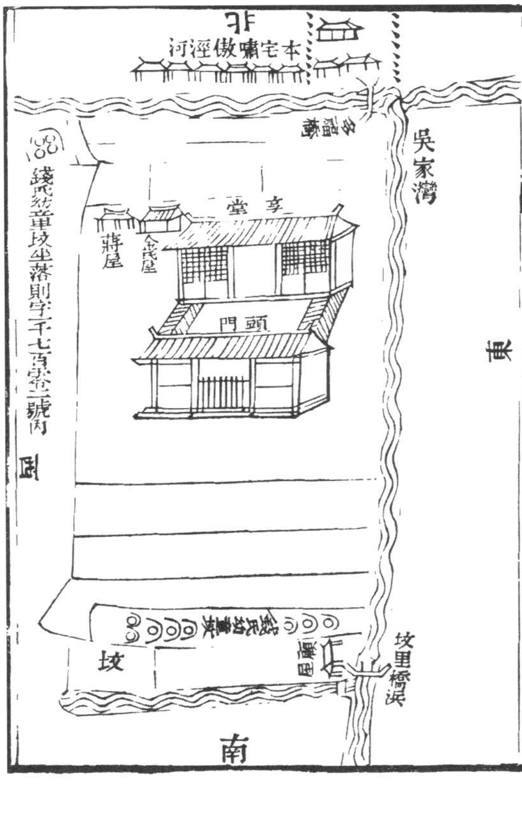

右圖武肅王二十六世君立公古祠坐落多福橋南則字一千七百八號內辦粮一分九厘四毫在三七二啚花戶錢君祠計三間兩進兩廡一街遭于同治二年被匪毁圯迄今尚未重建爲子孫者理宜勉力復之光緒十二年秋裔孫寶錦謹誌

契川公暨後裔各公塋圖

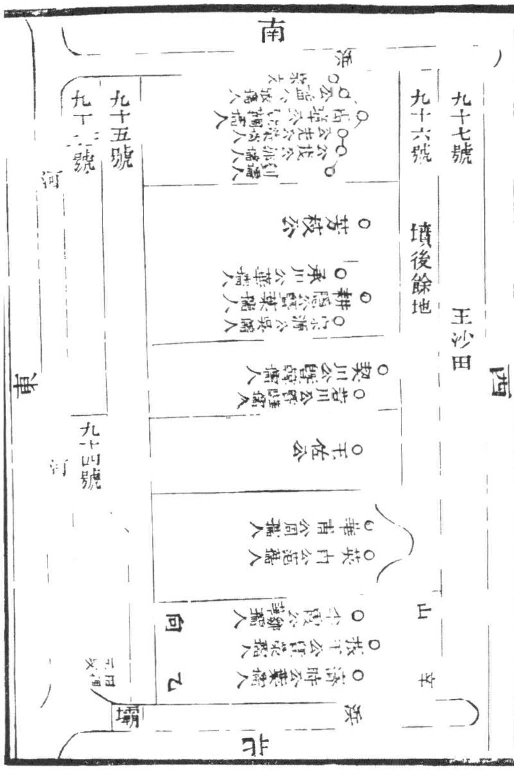

忠字號黃埿壩達卿公暨以行公兩塋圖

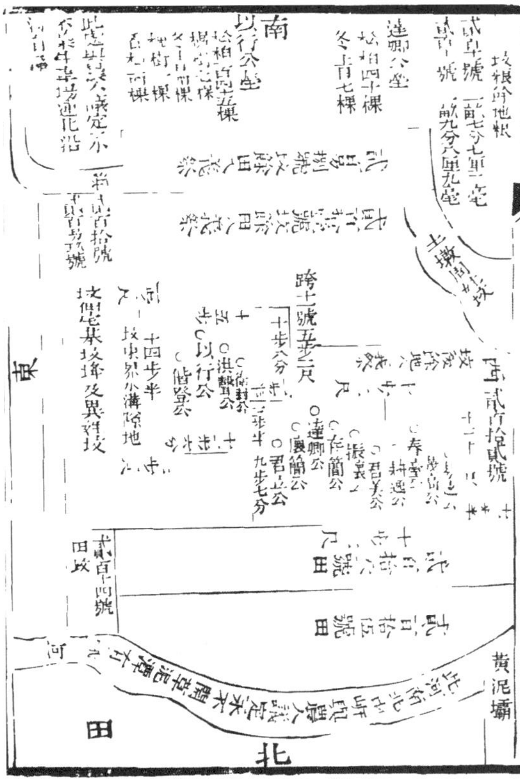

右圖俱坐落於忠字九十六號內共辦糧四畝五分二厘二毫墳前田本係李程二姓之産於乾隆五十五年李姓欲造墳墓裔孫濟時以行不忍先祖受異姓之陵侮通知各房立議捐錢重價絕置故今墳前俱我錢氏之産祭田入三七一錢公祭戶辦糧每年掃墓提祭費銀貳兩正墳上樹木百棵有零秋柴墳佃惠桂鳳林樵砟每年又給看管飯米八斗伊祖惠瑞卿有看管據

立看管文書僕毛大金今看管到錢氏東山老相公祠并契川老相公共九墓當給遷入祠費三千文正以後給每年飯米叁石陸斗自後身子孫世爲看管一應方基樹木祠內物件倘有損失聽憑究處自願非逼恐後無憑立此看管文書爲照

計開 身子長邑十一啚地名西前逕自願遷移到祠 世代久居永無後悔

光緒九年七月　日立看管文書毛大金

見中姪子松　沈維崭　丁雲亭　代筆　鄒鳳岐

坟佃憑據

立請屋文書孫奉泉今請到　錢宅屋租六斗麥雙
自請之後每年租米依限完納不致遲悞恐後無憑
立此請屋文書爲照

計開　另有河段半段每年議還麥一担并照

康熙三十七年二月　日立請屋文書孫奉泉

見　五房二官
大房三官
二房二官
二房三官

代筆　二房大官

立看管文書坟佃孫奉泉余二今管到　錢洪聲老
相公黃泥壩祖坟一所又新坟一所承將原買錢德
卿之房屋及基地河段週圍樹木竹園聽身孫奉泉
不出價祇立請屋租文書因身余二無屋請給銀十
兩將坟後餘地議身二人承種免租以作管坟飯米
自後身二人子孫世爲看管兩坟一應方基樹木如
有損傷聽憑究處立此爲照

康熙三十九年四月　日立看坟文書孫奉泉

余二

二房三官

代筆陳恩叔

立公同議單蔣天祿余煥章倪倫祥顧天叙等向種　孫壽姝邵子秀顧起文顧文年等
忠字二百零八　二百十五　二百廿三　七百十五　二百廿四　七百十六等號田俱
在錢宅坟旁前後因累年挑泥埄上開潭埄下致河
道漸淤今錢宅念其祖坟在出銀僱工挑運仍歸舊
時地步此後𡶶水甚便我等各宜深感圖報厚情毋
得再行填塞碍其祖塋犯此者公議罰銀一兩即作

開河費用見者隱瞞査出罰半恐後無憑立此公同
議單七紙各執一紙爲照

計開　坟南至横田五號坟北至黃泥壩東首　坟西至高墩官路坟東邑宅坟南北東西四

坵　坟東南浜底及坟北俱不得挑泥荷葉盤基　惟余煥章荷葉盤基在六畝內靠泥潭靠東　岸朝南起水聽存

議七紙
一存蔣天祿　一存孫大姝
一存錢達順　一存錢安裕
一存邵子秀　一存錢中秀
一存錢親仁

乾隆四十六年正月　日立公同議單蔣天祿

孫大姝

邵子秀
余焕章
倪倫祥
顧天敘
顧起文
顧天升
唐洪發
顧文奎
余起龍

李陽生
地總鄒仲安
代筆鄒廷拭

黄泥壩祖塋捐照

未亡人承先夫遺意與次媳同捐義田于贍族之道亦已稍盡然念收族必先敬宗敬宗必先尊祖令贍族有田而祭祖無田推恩次第未爲合宜子孫成以爲是共願捐產作祭田因家業有厚薄故捐田有多少並無偏私但慮後世不能恪守或有侵蝕盜賣等情爲此稟知族長將田附入義莊每年祭田租賦及祖墓錢糧俱託董事辦理捐產者不得攙越春秋兩祭議定費用若干輪值者在義莊支取倘有餘增置

田畝如此吾 祖宗血食庶幾永遠不廢倘世子孫有敢違余言者下有家法上有 國法重懲無恕
此照

達卿公至偕登公九代祭儀杯盞十三副葷饌八鑼素饌八碗小吃四碟點兩盆果一盒祭祠之明日卽以祭品分爲五卓葷四素一

祭墓子孫享餕加酒一罈春秋兩祭酌費銀共八兩日後子孫漸多隨時議添 祖墓在忠字二百十一二號內共三畝八分二釐一毫坟糧歸義莊辦

納
偺登公穴現壟次昭當遷穆穴其次昭容冢孫衛
封遷壟倘公穴不遷衛封容壟次穆其餘子孫不
許盜壟
乾隆四十五年二月　日存照未亡人楊氏
媳　周氏
男　世楠
延枚
孫　熙
燾
見會叔祖　震暘
來章
叔祖思源
思洪
叔　會傳
錦堂
姪　懷忠
以衡

再姪　石安
代筆姪　宗啟
此照存莊
原捐祭田細冊
五房　春臺兄弟捐
盡字二百八十五號　平田一畝三分零三毫
盡字二百八十六號　平田一畝二分五厘
共　實租二石八斗五升佃周洪興
夏麥五斗七升　佃周文興
附瓣忠字二百十一/十二號坟粮六分四厘/三分
六房　周氏捐
命字二百六十二號　平田二畝零七厘八毫
實租二石三斗
夏麥四斗六升　佃王子發
附瓣忠字二百十一/十二號坟粮一分九厘三毫/七分四厘
七房　賡颺捐
則字八百九十六號　平田一畝七分六厘九毫
實租一石八斗五升佃陸繼宗

夏麥三斗七升
則字一千一百六十三號　平田三分
實租三斗　佃馬聖才
夏麥六升
則字一千六百三十九號　平田三分二厘八毫
實租一斗　佃夏良甫
忠字二百零八號　平田二畝三分三厘五毫
實租二石六斗　佃俞子林
夏麥五斗二升

忠字九百九十三號　平田一畝四分三厘八毫
實租一石五斗　佃夏煜溪
夏麥三斗
忠字一千零四十號　平田二分八厘四毫
實租三斗　佃陳子茂
夏麥六升
忠字一千五十二號　平田一畝八分三厘七毫
忠字一千五十七號　平田一畝三分九厘八毫
共實租三石零四升　佃鄒成章

夏麥六斗零八合
忠字一千零九十七號　平田三分七厘
實租三七升五合　佃翁永忠
夏麥七升五合
附辦忠字二百十二號坟粮九分四厘八毫
八房　吉臣捐
忠字二百八十九號　平田七分一厘七毫
實租七斗五升
夏麥一斗五升

忠字二百九十號　平田一畝三分八厘二毫
實租一石五斗　佃陳世英
夏麥三斗
忠字二百九十一號　平田二畝五分零七毫
實租三石　佃姚　三
夏麥六斗
附辦忠字二百十一號坟粮九分四厘
原附辦塋粮忠字二百十一號　一畝七分七厘二毫　二百十二號　一畝九分八厘九毫

原捐祭田共平田十九畝二分九厘六毫
共實租二十石零四斗六升五合
共夏麥四石零七升三合

續置祭田細冊

裔孫虹開絶賣來則字七百三十三號平田九分四厘六毫實租一石一斗夏麥二斗二升佃戶王天根

裔孫台徵絶賣來盡字四百十八號平田一畝四分五厘實租一石五斗七升五合夏麥三斗佃戶華長林

裔孫旭初絶賣來則字八百零三號平田四分四厘實租五斗夏麥九升佃戶王天根

裔孫渭占絶賣來忠字六百九十五號平田一畝六分七毫實租一石一斗夏麥二斗二升佃戶夏燿溪

又温字八百六十三號平田二分四厘九毫實租三斗夏麥六升佃戶虞三

裔孫來一絶賣來夙字三百二十一號平田五分三厘又三百二十二號平田四分四厘七毫又三百三十號平田四分三厘七毫共實租一石三斗七升五合夏麥二斗七升五合佃戶陸文興 蔡長發

穆氏同子虹開渭占丙南絶賣來夙字六百三十八號

平田一畝實租一石夏麥二斗佃戶周時爵
周氏同子來一孫玉山絕賣來命字二百六十五號
平田一畝三分實租一石六斗夏麥二斗三升佃戶王
惠卿王天章王春郎
裔孫吉臣活賣來則字一千一百十二號平田九分
六厘七毫實租一石夏麥二斗佃戶周洪瑞
席氏同子茂高等活賣來忠字一千零五十七號平
田八分實租九斗五升夏麥一斗九升佃戶金香
觀　又盂字四百十八號平田九分一厘實租一

石一斗三升三合夏麥二斗佃戶高雲仙
裔孫虹開絕歸併來忠字一千零七十一號平田二
畝九分一厘七毫實租二石七斗夏麥五斗四升
佃戶楊憲明
錢尊奇絕賣來忠字一千零四十六號平田二畝四
分八厘九毫實租二石六斗夏麥五斗二升佃戶
楊君法虞文升陳和尚
裔孫渭占絕賣來則字七百五十三號平田九分五
厘實租一石夏麥二斗佃戶方三

乾隆五十七年冬刻入整理祖塋集其結續置祭
田
共平田十六畝八分三厘九毫
共實租十七石九斗三升三合
共夏麥三石五斗三升五合

墳佃盜伐墳樹案卷

職員錢煒童生錢斐然監生錢燦錢堉抱告錢忠呈爲典守盜伐墳樹叩懲保墓事職等業有祖塋一所坐落忠字二百十一十二號辦糧四畝五分自明迄今松楸繁茂四面護墳之田計有三十餘畝無價白給墳佃孫余兩家不出交價承種讓額還租所有墳夆樹木向與墳佃立議永禁不得毀傷右據爲憑有譜可証今墳佃孫天元孫阿九等乘職等浙杭禮祠不家串通伊親翁三保將禁伐大小樹二十二棵盜伐變賣并敢盜伐墳二椐樹損傷塚穴樹椿現在職等即欲解

究佃等情虧逃避地總錢龍官招擔尋獲因此寬宕蹉跎切此棍典守盜伐蔭樹不叩究追日後祖墓難保爲粘各據伏

乞

天臺電賜籤提律究恩保古墓歿存啣結上稟

計粘議单一紙看管一紙屋租文書一紙

被呈 孫天元 孫阿九

嘉慶十五年二月二十三日具呈

批准提訊究議據附

又呈

爲盜伐據認飾混叩究事職等具控墳佃孫天元兄弟盜伐墳樹蒙批准提訊究在案詎佃恃有訟棍屋樸伎倆贍横跳梁以不知何來已故錢茂高灰肥白契混朦 憲聽妄稱樹係價買夆産碍田種植倒伐轄伊兄弟看管墳墓嗔拂具控謊詞切天元之祖父遞傳看墳迄今百有餘載有康熙三十七年伊祖孫奉泉看管呈卷據何庸再取天元看管據倒伐之樹有契可憑職等查得天元盜伐非但墳樹並有宅基及壩西夆樹二十二棵今據自認僅止六棵即此可見揑已故三名死無對証之契鹿馬混朦昭著據謊碍田種植倒伐查

被伐蔭樹俱已合抱若果有碍田疇以前種植何以無妨獨天元種植有碍倒伐且祖墳以及護墳田夆俱職等辦糧之産豈容奸佃專主盜伐不甥庠奸按究祖墓難保爲急指混

乞叩

天臺摘提控究懲混肅法恩保古墓歿存啣結上稟

嘉慶十五年四月十八日具呈

批候集訊

金匱縣正堂嚴縣尊斷語

錢煒等僉供孫天元盜伐墳旁之樹集訊孫天元又供所伐

之樹係已故錢茂高連肥田並賣得價六兩五錢賣伐但錢茂高找絕肥田係錢煒等公產不卽邀集各業輒行向買殊屬非是從寬掌頰以儆如錢煒等欲將是肥田追回斷令錢茂高之弟錢芬遠照契備價向孫天元回贖其孫天元所得樹價着於三日繳候給錢煒等買樹補種取限狀備查

嘉慶十五年十月二十三日斷

謝呈

爲蒙斷謝仁呈明叩鑒給領事職等具控墳佃孫天元卽孫世芳孫阿九等一案蒙于十月二十三日訊明着追樹價田

聽回贖等諭業據該佃呈繳樹價所有故姪錢茂高交佃灰肥找絕共價五十四兩九錢職等于十一月照數備價回贖已據佃等收錢立票現呈叩電職等念其看管祖墳將此灰肥無價給與伊種照額輸租其呈卷找絕四契應行領回銷燬爲此具領謝仁伏乞

天臺電賜備案給領並叩仍將收票發還沾仁上稟

附心梅公塋圖

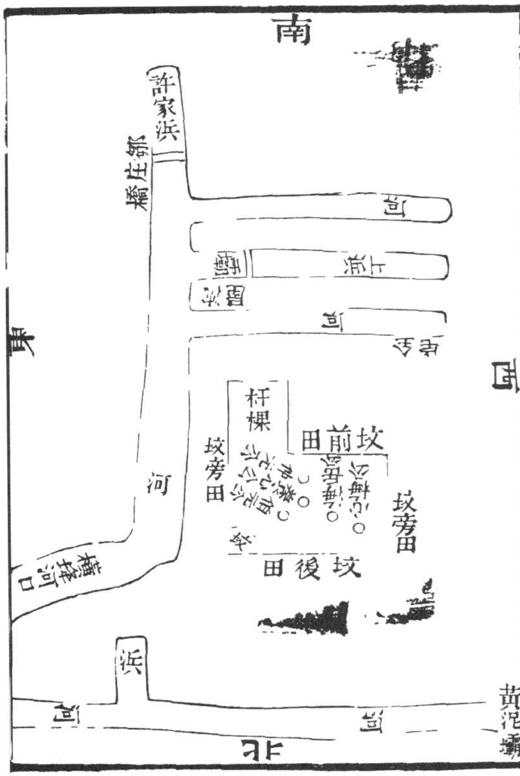

惟義公分之二十二世祖心梅公墓坐落垂慶橋南王家
灣忠字一百四十六號墳糧二畝二分四厘入三七二
啚錢海祭户辦墳上有界石共十四塊北面四塊南面
四塊東面三塊西面三塊柏樹共計七十餘棵另建祠
堂一所坐落三七二啚陳匠巷則字一千一百九十二
號屋基糧餘地糧共三畝四分一厘五毫房屋七間南
進東西兩側廂靠西一衖共計一十八間前場至河後
園連田西首餘地依田岸
道光八年十月墳佃吳萬興即壽生立看管文契一紙

思耕公暨庭紹公兩塋圖

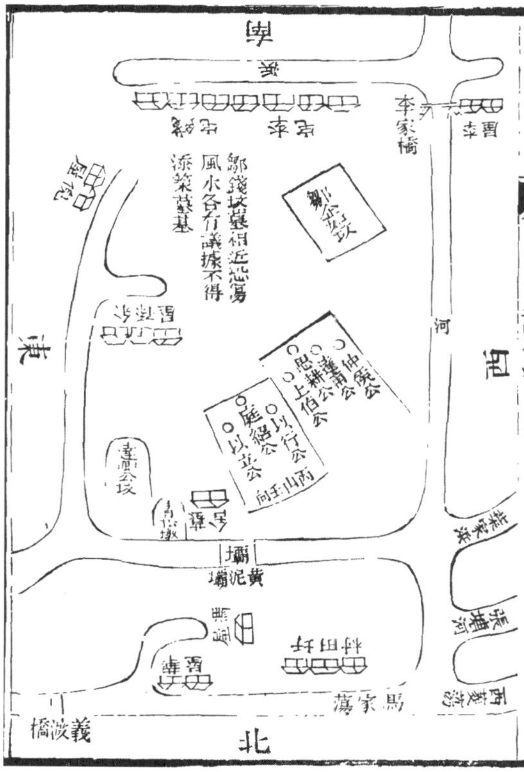

右圖北嘯傲涇二十四世祖思耕公暨二十九世祖庭
紹公墓坐落於忠字二百十七號內辦糧全號
思耕公墓糧七分二厘八毫各房後裔分辦每年祭掃
值祭者在紹祭內提祭費一兩二錢有捐单
庭紹公墓糧二畝九分八南下三七一畗錢紹祭戸辦
每年祭掃值祭者在紹祭內提祭費二兩正

附惠甫公塋圖

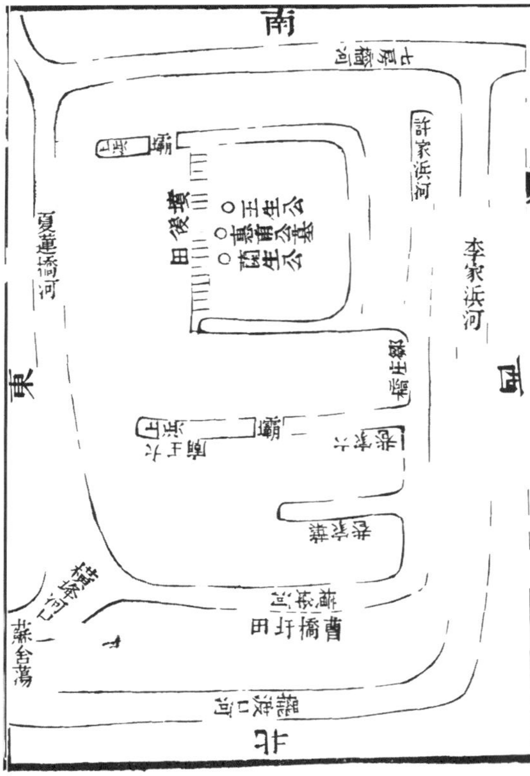

惟義公分二十六世祖惠甫公墓坐落三七二啚則字八百五十四號墳糧三畝二分七厘一毫又八百五十五號墳糧一畝五分二厘七毫王生公後裔辦一半蘭生公後裔辦一半

八百五十四號內辦糧

錢仁儀 八分一厘八毫
軼摯 四分零九毫
超羣 四分零九毫
元祭 四分八厘
洪業 四分八厘
太交 一分六厘
錦榮 二厘五毫
敬禍 四分八厘

八百五十五號內辦糧

錢仁儀 三分八厘一毫
軼摯 一分九厘一毫
超羣 一分九厘一毫
元祭 一分六厘
洪業 一分六厘
錦榮 一分二厘五毫
大絟 一分六厘
敬禍 一分五厘九毫

附猶字號鴨蕩圩聖可公塋圖

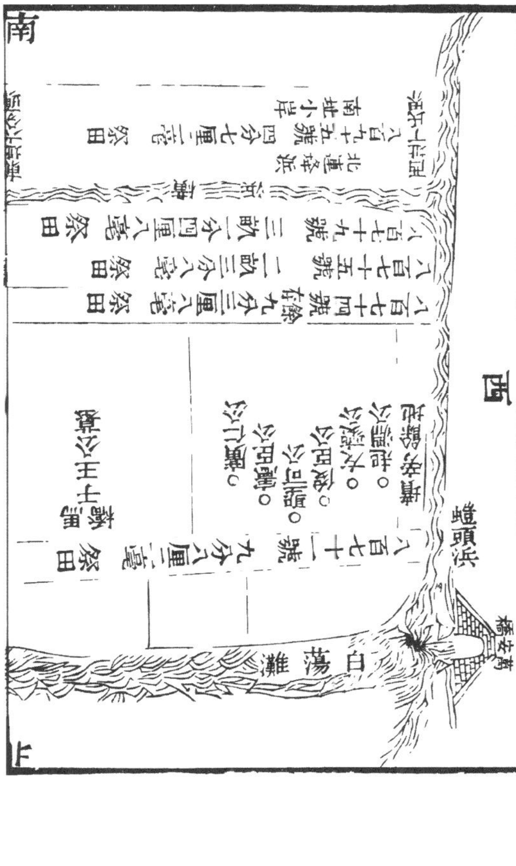

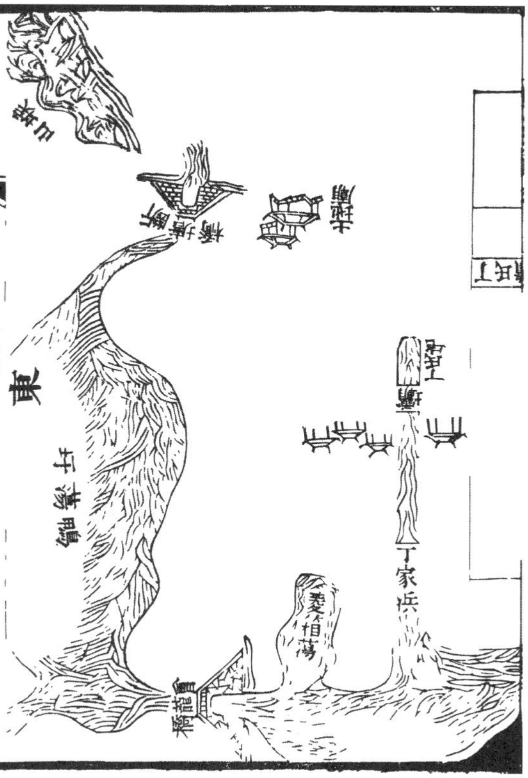

錢氏宗譜 卷之八 墳圖 二

右圖二十七世聖可公墓坐落懷仁鄉鴨蕩圩萬安橋東南猶字八百七十二號田一分八厘八百七十四號田一畝三分二厘與馬橋支二十八世長洲縣歲貢生于王公墓並列于乾隆六年兩家合置共辦糧一畝五分兩墓亦皆各半嗣于乾隆五十三年聖可公裔奐若芳倫遵王冠倫等與馬橋支裔增置墳旁田七畝九分二厘實租八石麥雙以作兩墓祭田其糧馬橋裔辦一半聖可公裔錢惇敘辦一半糧八南下鄉三七二啚辦納永遠作聖可公墓祭田庶世世子孫以奉蒸嘗永保勿替也

錢惇敘辦糧細數

猶字八百七十一號田四分九厘一毫

猶字八百七十二號墳九厘

猶字八百七十四號墳六分六厘又田四分六厘九毫

猶字八百七十五號田一畝一分九厘

猶字八百七十九號田一畝五分七厘四毫

猶字八百九十五號田二分三厘六毫

馬橋分辦糧數同

錢氏宗譜 卷之八 墳圖 三

興字號魯璵燕舜琪章公塋圖

錢氏宗譜

上卷八 舜璋公魯璵公燕琪公塋圖 北嘯傲逕

一

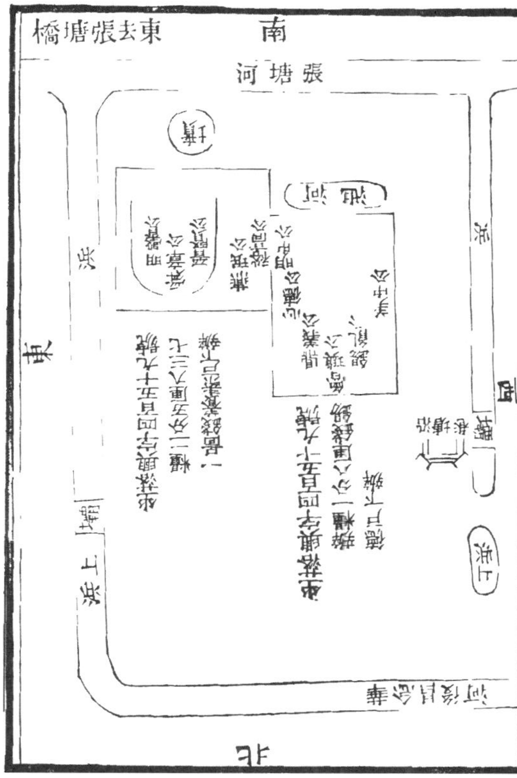

舜璣公塋圖

錢氏宗譜

上卷八 舜璣公塋圖 北嘯傲逕

一

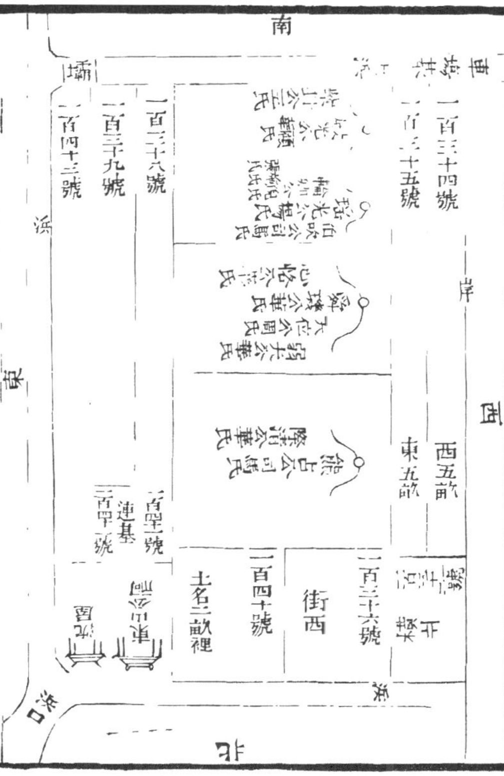

右圖北嘯傲涇二十七世祖舜璣公墓坐落於忠字一百三十七號共辦糧一畝六分二厘五毫入南下三七一啚錢大奎户辦八分一厘五毫錢廷信户辦八分一厘二毫

附亦軒公塋圖

附思篁公暨萱庭公塋圖

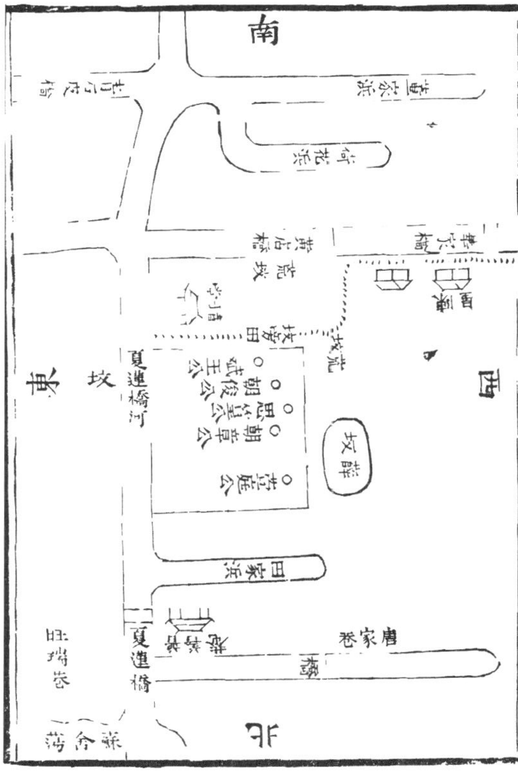

惟義公分二十八世祖亦軒公墓坐落壵蕩西首三七二啚則字號蕩角郎墳糧連餘地墳旁田共四號辦糧五畝零五厘七毫四百三十五號二畝三分四百三十六號七分八厘四百四十號一畝零七毫四百四十二號九分七厘墳佃黃洪法有看管文契一紙言明墳旁田面連餘地任憑耕種不收租息每年給黃米二石八斗四股均出又年夜飯米二斗輪流給付

右圖惟義公分二十八世祖思萱公暨萱庭公墓坐落三七二圖夏蓮橋南則字七百十號平田九分九厘六毫又七百十一號平田二畝七分三厘三毫共墳糧連餘地三畝七分一厘九毫錢萱祭戶辦糧坟上松柏樹百有餘棵坟堂屋五間兩側廂坟佃洪多坟旁田任憑耕種不收租息以作看管之費又給付每年夜飯米二斗值祭者在萱祭内提祭費二兩正

錢氏宗譜 卷八 七房橋塋圖 二

鴻山止字號振彭振起公兩塋圖

錢氏宗譜 卷八 北嘯歔涇塋圖 一

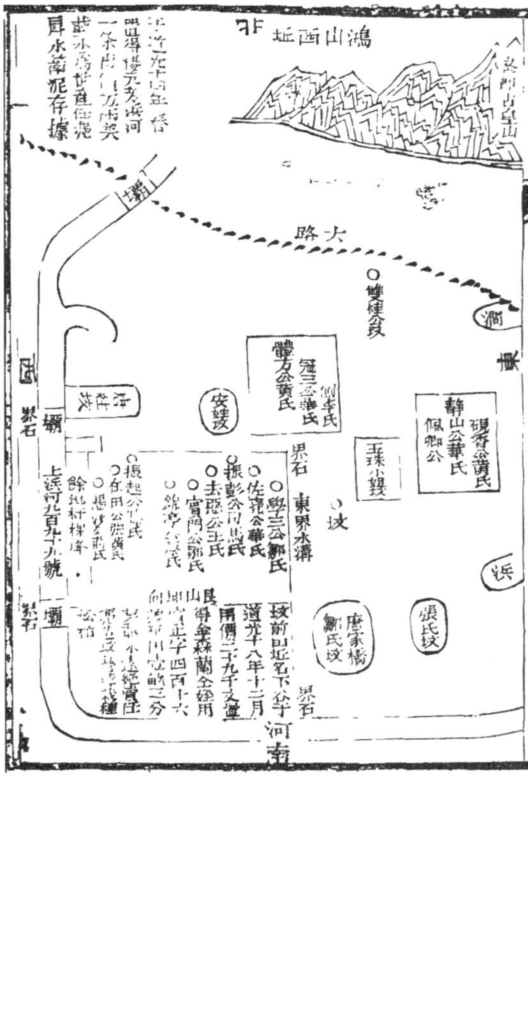

附忠字號蔣家灣遇高公塋圖

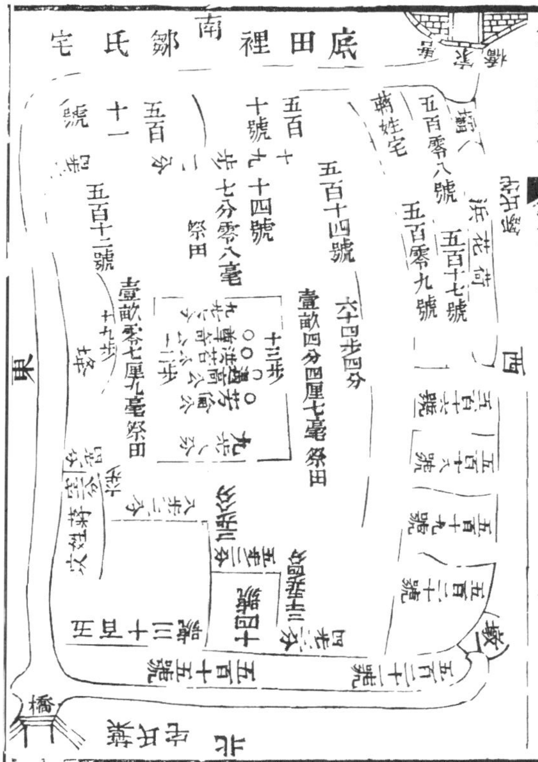

右圖北嘯傚涇二十九世祖墓坐落鴻山西址陽麓止
字九百九十六號內高田壹畝零三厘折實平田捌分
貳厘糧入南下三七一啚錢裕堂戶辦二分一厘錢振
彭戶辦二分錢在田戶辦四分一厘前與右墳傍田及
兩墳上秋柴俱楊元芳耕種樵砟不收租息以作帶管
之費四面界石八塊

盡字號奐若公墓圖

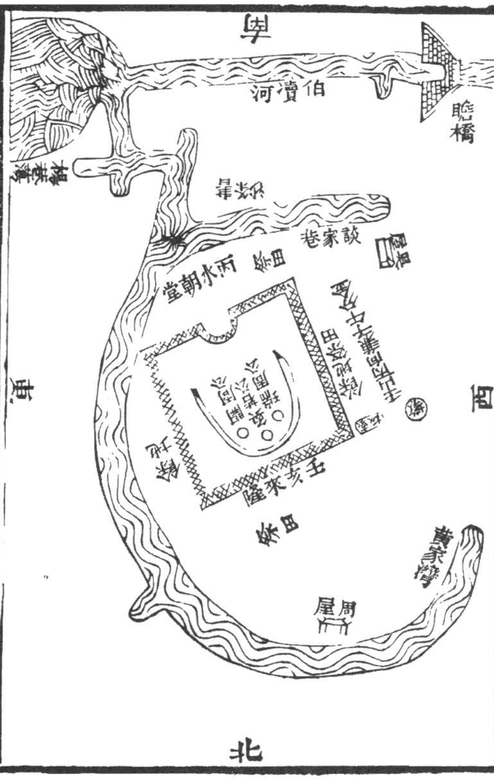

錢氏宗譜 上卷八 奐若公墓圖 南廡傲涇 一

右圖武肅王三十世孫奐若公墓坐落塘橋北首談家巷盡字五百五十三號田一畝八分二厘二毫壬山丙向兼子午分金又前後西護坟之田計二十餘畝租米四房裔孫每年輪收輪辦作爲春秋祭掃之費栽種松柏等樹一百十二棵周圍籬膝吳承仁照管光緒五年春裔孫菊亭薇初蘭芬冑甫等邀集族長公議立據三紙每房各執一紙因祭田租米輪收不計盈虧非久妥之計郎於是年冬起作爲公帳議明大房二房四房停止輪收以充公用積腋成裘名曰厚德公帳惟三房四年中仍輪收一年供奉蒸嘗子孫世守永遠勿替也勉之 光緒十一年秋裔孫賓鎔謹誌

祭田細數載後

盡字一百零九號	田三畝四分九厘六毫	租四石	佃談大奎
三百五十三號	田三畝七分一厘七毫	租四石九斗	佃王善曾存
三百八十二號	田一畝五分八厘一毫	租一石八斗	佃王大興
三百八十五號	田三畝五分九厘六毫	租三石三斗四升四合	佃王三和 王壽 談承德
三百八十七號	田一畝另二厘三毫	租一石	佃王金桂
三百九十號	田一畝五分	租一石六斗五升	佃王承慶

錢氏宗譜 上卷八 奐若公墓圖 南廡傲涇 二

三百九十九號 田九分另四毫 租一石 佃華尚[illegible]

四百三十一號 田九分四厘 租一石 佃王[illegible]

五百四十五號 田三畝七分厘六毫 租三石 佃王[illegible]

五百四十六號 田九分另四毫 租一石三斗三升 佃王善桂

五百四十七號 田一畝一分七厘四毫 租一石一斗七升 佃又

五百五十號 田一畝九分二厘 租一石九斗二升 佃吳招生

五百五十一號 田五分五厘五毫 坐落墓西傍中 租五斗 佃華尚中

五百五十二全號 田一畝四分三厘三毫 坐落墓前 租一石四斗二升 佃吳招生

五百五十三號 田六分二厘二毫 墓後餘地 租六斗二升二合 佃談永德

五百五十四號 田二分 租二斗 佃王壽官

五百五十五號 田一畝六分三厘全 坐落墓後 租一石六斗三升 佃談永德

忠字七百十乙號 田五分 租五斗 佃周玉奎

則字一千七百四十二號 田一畝三分六厘五毫 租一石三斗六升五合 各佃金萬隆

共計平田三十一畝八分九厘六毫

共計租米三十四石九斗一升一合

辦糧花戶 三七一啚錢惇裕

三七二啚錢惇裕

三七三啚錢奐墓 三七三啚錢瑞祭

忠字號堰田季榮公塋圖

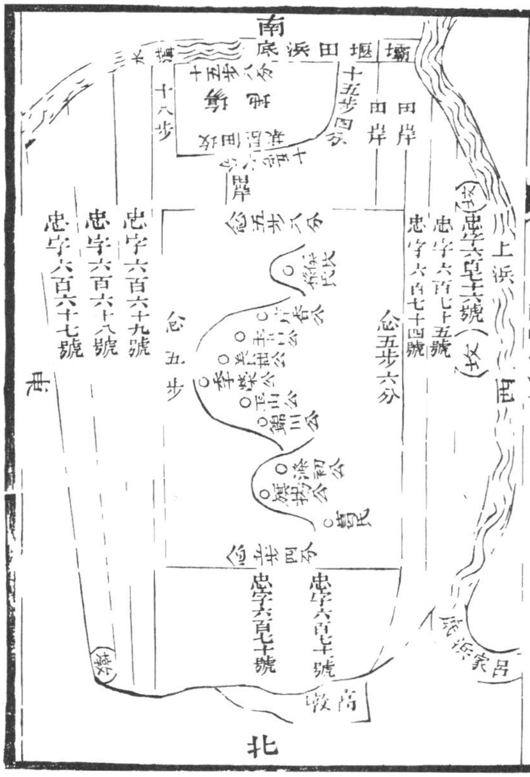

右圖惟常公分君美公支三十世祖季榮公墓坐落忠字六百七十 六百七十一 兩號墳上樹木共計九十七棵墳堂屋兩進居住墳僕呂雙喜 戴 男給墳旁田四畝作看管飯米屋旁餘地墳佃栽種有看管據載後

看管據

立看管僕呂保 戴男 今看管 家主季榮老相公墓着身看管家主給墳旁田四畝自行耕種作看管飯米墳上樹木留心看管倘有外人侵損即刻報明 家主如有疎忽匿報作弊等情任憑送官究治立此看管文書爲照

嘉慶十年二月 日立看管 呂保 戴 男

中 戴永興 周志明

代筆 馬興祖

錢氏宗譜 卷之八 季榮公塋圖 二

泰字號清湯灘賡颸公暨淸漣公兩塋圖

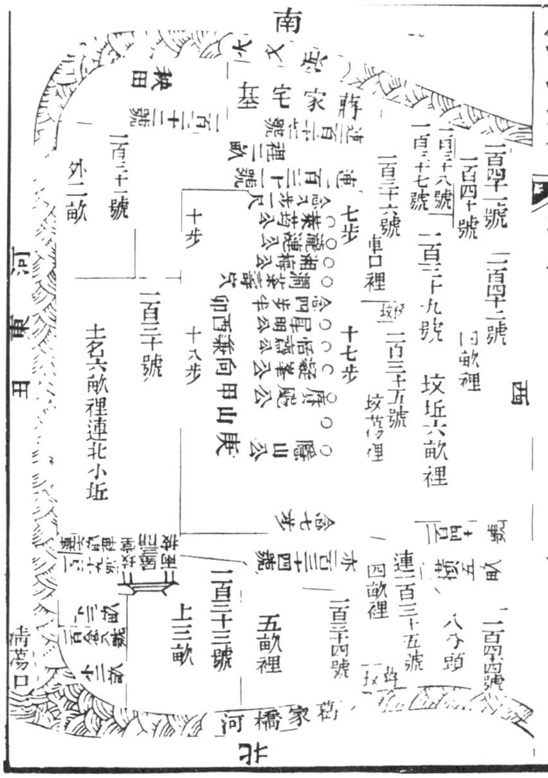

錢氏宗譜 卷八 賡颸公塋圖 一

右圖惟常公分君美公支三十世祖賡颺公墓暨瀧漣
公新阡坐落盡字一百三十四五兩號共辦糧六畝六分
六釐五毫又前後左右護墳田共辦糧一十七畝九分
一釐一毫俱入三七二圖錢固本戶辦墳上樹木四百
餘棵墳堂屋三間兩街墳佃孫觀壽有看管靠契載後

辦糧田號細註

盡字	一百二十八號	平田二畝三分四釐八毫
	一百三十號	五畝四分五釐六毫
	一百三十一號	四畝四分一釐二毫
	一百三十二號	一畝二分一釐四毫
	一百三十三號	三畝一分七釐八毫
	一百三十四號	三畝四分七釐
	一百三十五號	三畝一分九釐五毫
	一百三十六號	五分五釐四毫
	一百四十四號	七分四釐九毫

內一一百三十號四畝給與墳佃耕種作看管米
內一一百三十五號瀧漣公墓糧一畝三分五釐
撥入三七二圖錢瀾湘 梅三七四圖錢秀軒三戶
均辦

墳佃靠契

立靠身文書孫觀壽仝妻朱氏自願靠到 錢府服役
看守墳墓當得身價銀三兩正又有墳旁房屋三間兩
街居住掌管糧田四畝每年自種自吃自靠之後不敢
懶惰偸安倘有差誤任憑家主送官究治自願非逼恐
後無憑立此靠身文書爲照

乾隆五十四年四月 日立靠身文書孫觀壽
仝妻朱氏
保 母舅馬德龍
代筆 黃福壽

賡颺公墓昭穆位

西

主穴
賡颺公
配元禧楊孺人
側華孺人
側曹孺人
側柏孺人
側沈孺人

昭位
此位因瀧漣公墓在新阡下故南無穴

穆穴
朱凝峯公
孺人

次昭
高隱山公
孺人

次穆
華恬齋公
孺人

次又穆
晁明公
黃孺人

南 東 北

瀧漣公墓昭穆位

西

主穴
瀧漣公
配華孺人
側王氏孺人
側張壽穴

昭穴
楊湘梅公
孺人壽穴

穆穴
朱東筠公
孺人

次昭
浦澗茶公
孺人壽穴

南 東 北

附則字號荷花浜容齋公塋圖

錢氏宗譜　卷八　附荷花浜墳圖　一

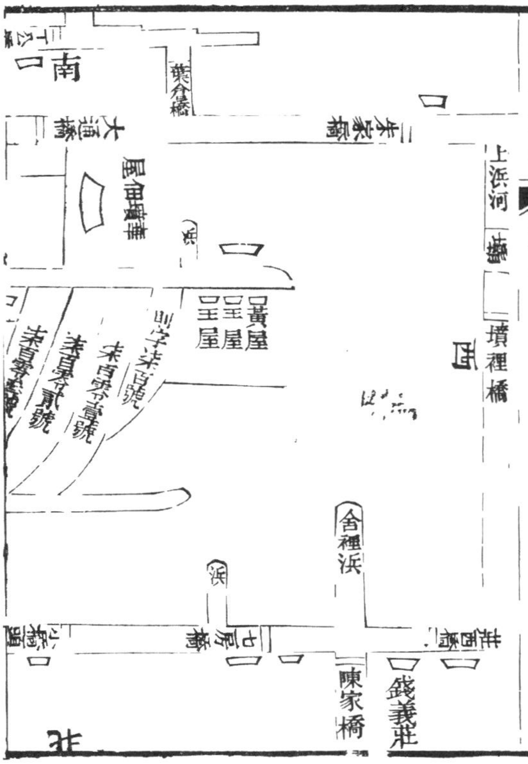

錢氏宗譜　卷八　附荷花浜墳圖　二

壙築則字七百零六號有銘砌前
墻銘載三十世容齋公壽穴
暨秦孺人穴亦一塊同
則字柒百零六號
辛山乙向兼卯酉三分
嘉慶九年三月初八丁酉
日午時破土　初十巳亥
日未時落磚　十一庚子
日酉時正二刻封穴
嘉慶十年七月初一日秦孺人壽終時年七十二歲至十一年
三月初三日午時動土初四日巳時開壙築瓦初六日子時起
靈卯時登穴
卽十一年三月造墳堂屋三間坐落則字七百零五號南沿河
靠東田岸墳堂屋告成卽靠朱連元看管墳墓除墊去方基四
面各餘田畝一併領種還租墳堂屋領居所有坵名租數墳上

西南角至西北角

東南角至東北角

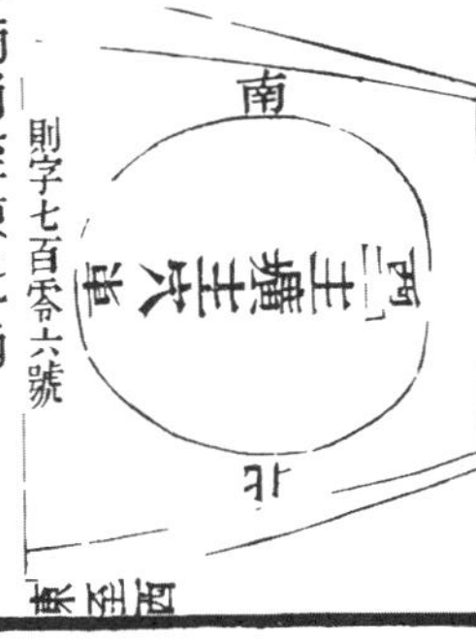

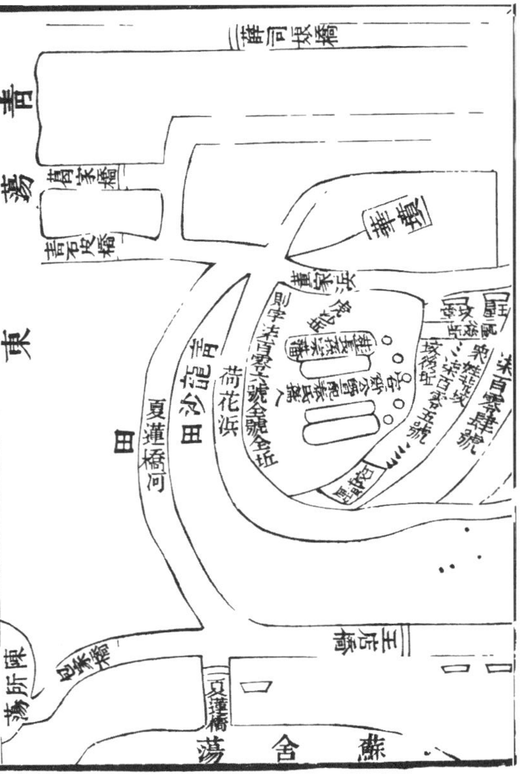

樹木數屋上墻壁門戶屋內器用什物一應詳細載明看管文契上

嘉慶丁卯十二年七月二十七日容齋公壽終時年七十五歲

至壬申十二月二十一日子時登穴

附彥明公墓圖

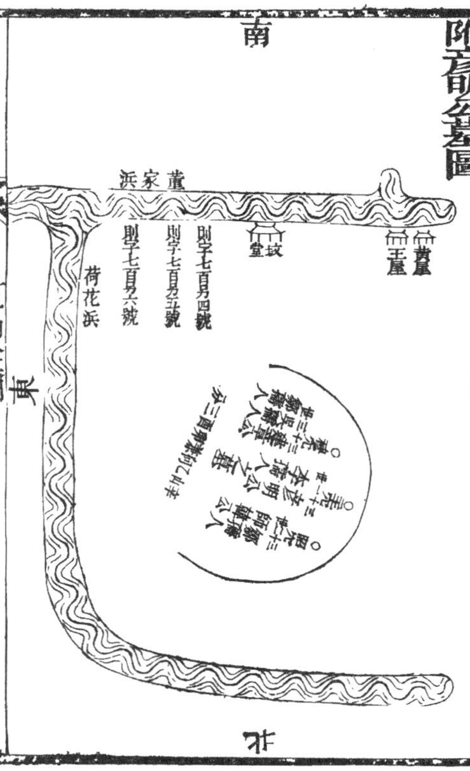

右圖容齋公祖考三十一世彥明公之墓也坐落父塋之西北係則字七百零四號內新阡平田貳畝九分三厘三毫除墓粮外餘田壹畝陸分三厘三毫佃戶王金福耕種還租壹石五斗五升坵名下坵裏又則字七百零五號墳旁田叁分坟佃耕種不收租息立三七二啚錢彥祭花戶辦粮

附三十世祖峙三公塋圖

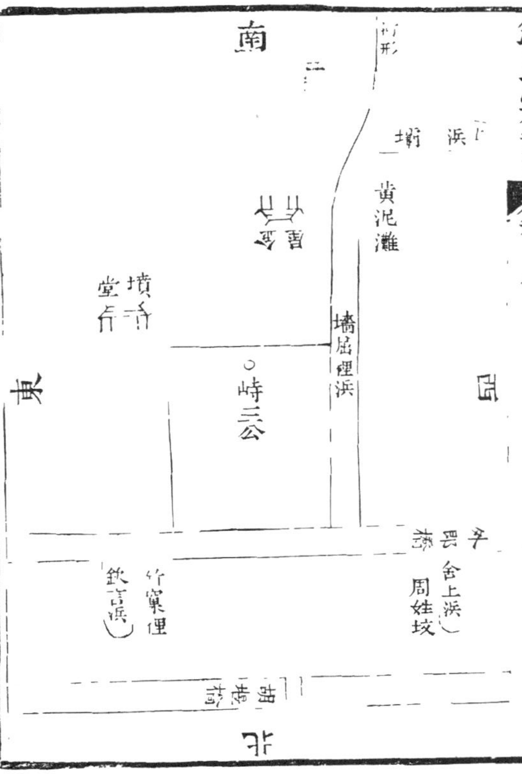

右圖惟義公分三十世祖峙三公墓坐落三七圖外郎橋東金家巷後履字七百二十七號平田四分六厘二毫又七百二十八號平田壹畝壹厘二毫又七百二十九號平田一畝九分九厘二毫又七百三十號平田四畝五分八毫坟粮連田共平田柒畝九分七厘四毫錢祖蔭戶辦墓地坐在七百三十號內約二畝五分朝北靠河丙壬兼巳亥向坟上松柏樹木二百有餘棵坟堂屋四間一側廂基場約半畝坟佃袁壬福坟旁田任從耕種不收租息以作看管之費又輪祭者在祭田內每年給付年夜飯米三斗正

則字號慎齋季超公兩塋圖

錢氏宗譜 卷八上 南嘯傲涇塋圖 一

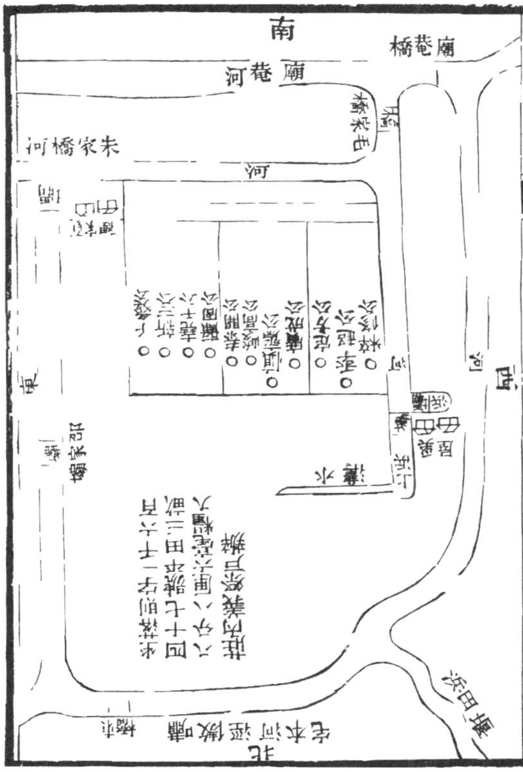

似字號塋[illegible]二十一世祖受之公景賢公希賢公載光公建封公暨[illegible]墓圖

錢氏宗譜 卷八上 北嘯傲涇叐墓圖 一

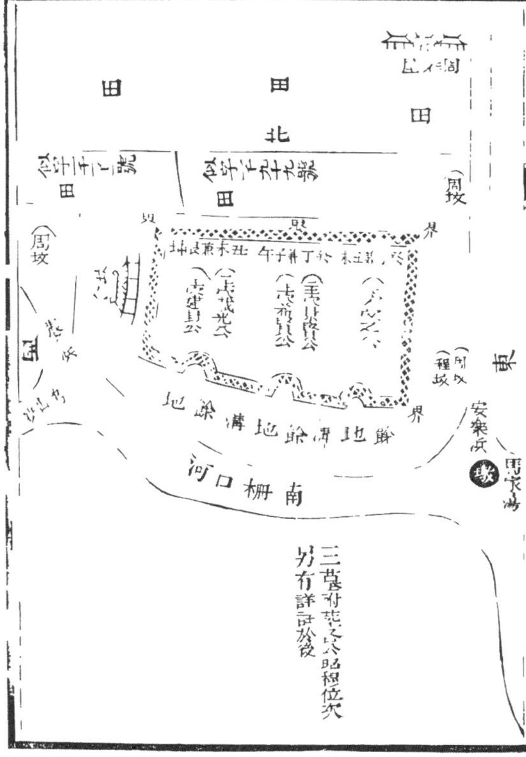

安樂浜墓昭穆位次圖

三十二世德陽府君 華氏孺人 壽穴
三十二世曉峯府君 吳氏孺人
主位三十一世愛之公暨華孺人
三十二世晉明府君 蔡氏孺人

三十三世 許氏孺人 壽穴
三十三世春棠府君 華氏孺人
三十三世渭川府君 李氏孺人
三十二世文波府君 滕氏孺人 壽穴
主位三十一世 景賢公暨張孺人 希賢公暨黃孺人
三十二世雲波府君 宋氏孺人 壽穴 壽穴 壽穴 壽穴
三十三世 蔡氏孺人 壽穴 壽穴

三十二世春野府君 壽穴 壽穴
三十二世秀卿府君 吳孺人 許孺人 蔣孺人 許孺人
主位三十一世 載光公 建封公 之墓
湯孺人
三十二世秉軒府君 壽穴 壽穴 壽穴 壽穴
三十三世 吳氏孺人 壽穴 壽穴

右圖惟常公分北嘯傲涇支三十一世愛之公景賢公希賢公藏光公建封公暨祔葬各公三墓坐落三九二啚安樂浜似字壹千玖拾伍號壹畝壹分貳厘陸毫壹千玖拾陸號畝壹分捌厘陸毫壹千玖拾柒號貳畝肆分捌厘柒毫壹千玖拾捌號壹畝柒分壹厘叁共墳粮平田陸畝伍分壹厘貳毫附入紹祭戶辦粮前後左右俱有界石十餘塊墳屋五間一帶給墳佃沈和尚居住前後餘地墳佃耕種執管每年給看管米叁石陸斗桒籬費錢貳千貳百文飯米貳斗除夕賞米四十五升折菜錢壹百拾貳文均由紹祭開支

美字號渭占公塋圖

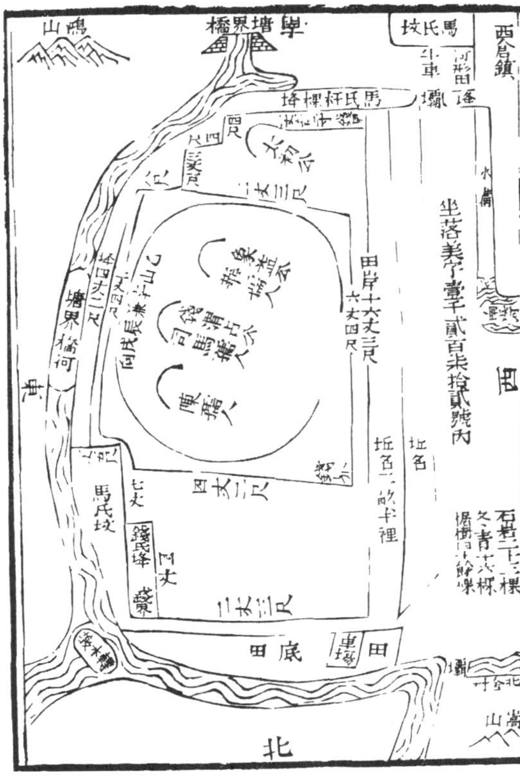

南陽山白鵝塢丙南公暨黄中公塋圖

乙山辛兼卯酉向
石碑四座十碑
蔭木四棵
柏樹捌棵

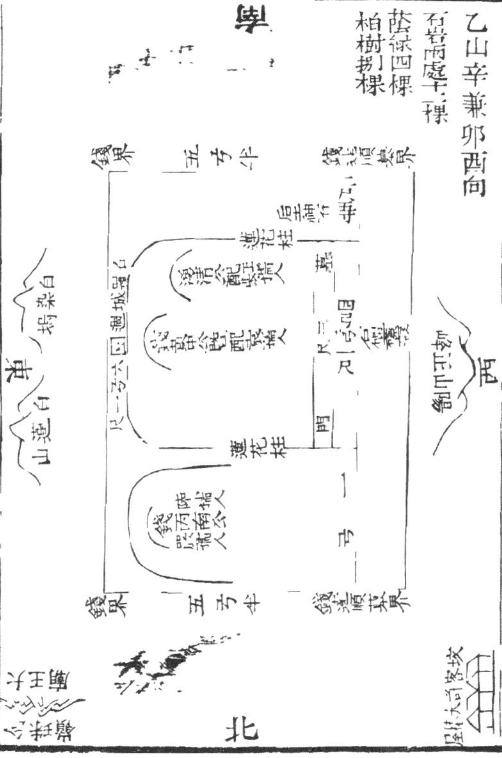

附厚卿公塋圖

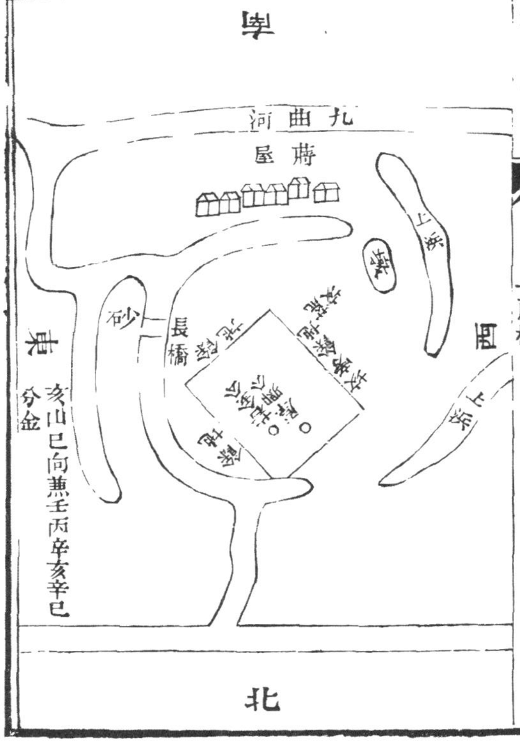

右圖惟義公分三十一世祖厚卿公坐落三三四圖
福字一千三百零五號等共計墳糧捌畝五分五厘
八毫三七二圖錢祖蔭戶辦墳上松柏樹百有餘棵
四週圍界石

福字一千三百零五號　一畝七分二厘六毫
一千三百零六號　一畝零五厘二毫
一千三百零七號　二畝三分六厘二毫
一千三百零八號　九分六厘
一千三百零九號　一分五厘
一千三百十號　一畝三分零八毫

三十一世祖曉樓公墓圖

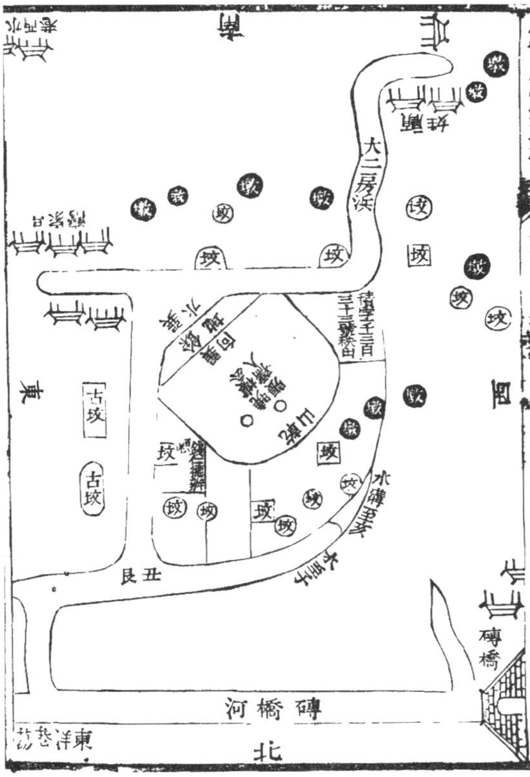

右圖惟義公分三十一世祖曉樓公墓坐落泰上鄉
磚橋大二房浜積字壹千三百三十三號壹畝貳分
叁毫壹千三百三十四號捌分玖厘陸毫壹千三百
三十五號貳畝肆分捌厘貳毫共平田肆畝伍分捌
厘壹毫八三七二啚錢仁德戶辦
墳上花䢖柱一對金門檻一條每年祭掃立有祭田

錢氏宗譜 上卷八 惟義公分曉樓公墓圖 七房橋 二

三十一世冠林公塋圖

錢氏宗譜 上卷八 南宮敬渡冠林公塋圖 一

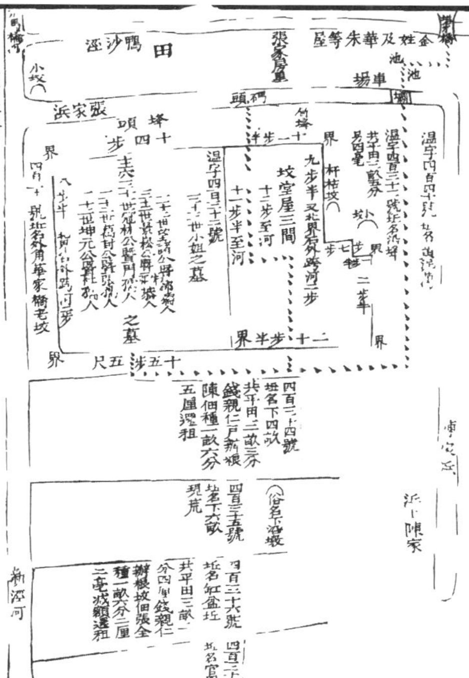

冠墓記略

公諱煌字冠林係武肅王三十一世孫也原葬陽山之薛家塆今遷葬馬橋南鴨沙涇坐落南延鄉下扇三十八都四啚温字四百三十二號平田一畝七分五厘立錢冠墓戸辦糧今於光緒九年步見墓基六分八厘三毫又墳堂連餘地八分五厘四毫共計壹畝伍分叁厘柒毫淨少貳分壹厘叁毫諒爲墓旁耕者侵削擬思清理因爲數無多恐滋擾累姑將現步四址立石清界焉壬穴公暨妣周孺人立癸山丁向兼丑未三分正針庚子庚午分金坐丑宮

二十八度向未宮二十八度黃道坐斗宿十九度向井宿二十四度於道光二十年庚子十二月下窆昭穴三十二世景崧公諱峻妣尉恭人穆穴又三十二世萬封公諱堤妣張孺人次昭三十三世望諸公諱銑妣鄒孺人次穆三十三世坤元公諱域妣杜孺人又三十三世小姐葬墓東另立壬丙兼子午向共十二位春秋兩祭祭儀十二盆六菜兩點心祭畢收下卽祭望墓張坟佃另給蚕盆六色一席又每月給發看管飯米三斗又給温字四百三十六號坵名缸盆坵平田一畝六分二厘二毫夏麥二斗冬米一石七斗二升又夙字一千七百七十一號坵名四畝裏平田一畝六分三厘九毫夏麥四斗冬米一石八斗種熟還租

同治三年究辦盜竊墳樹案　　宗濂謹誌

同治三年三月　冠林公墓上竊去大松樹三十棵大栢樹五十棵卽着追坟佃吕壬元並查得卽吕壬元勾通坟鄰陳王壽陳承生等串竊隨卽送文報局管押究辦嗣地保馬承泉再四懇求陳姓自愿罰補松栢五十棵日後再有損傷偷竊等情惟陳王壽等是問懇求免究着具改過

補種坟樹結狀存局備案

軍嶂山黃泥嶺毛竹園六平公墓塋圖

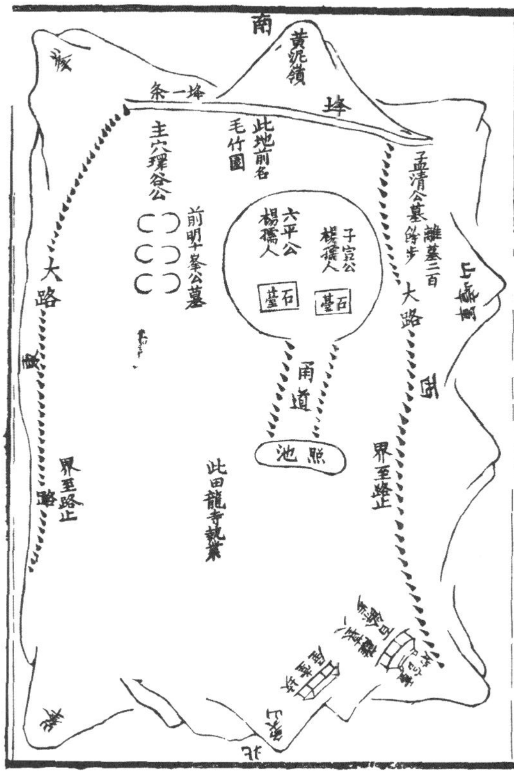

右圖惟常公分君美公支三十二世六平公墓坐落軍嶂山黃泥嶺毛竹園在前明十峰公之墓傍丁山癸向兼午子三分丙午丙子分金上址透峰下址照池東西址大路爲界羅城內柏樹十棵冬青六棵山粮在錢十峰公墓戶下承辦

十峰公向無祭田因六平公捐忠字號田貳畝又捐錢若干千歸入義莊立爲礎祭代辦墓粮每年春祭提費錢捌百文爲十峰公祭費故得從葬墓傍隙地互相保墓以垂永久

舍字號陽牛塘涇西三十三世畹香公塋圖

錢氏宗譜 卷八 畹香公塋圖 南嘯傲涇 二

立貼造房屋文書王錢氏仝子阿和爲因起造住居房屋懇借得 錢宅制足錢肆拾叁兩正當日收足自借之後例應一併清還緣爲看管本宅坟墓央中明情將此借款以作起造房屋之資以代坟屋之用看管執業恐後無憑立此貼造房屋文書爲照

計開 其屋坐落四四二啚令字廖山西址南面一千五百五十三號主穴坟東下牛塘涇浜東姚家巷後村王家巷當巾共辦粮田七畝二分七厘九毫除方基外盡給身耕種

光緒三年十一月日立貼造房屋文書王錢氏仝子阿和

見中 姚永林 高堉德 順宗 王漢英 筆曹子範

福字號景芳公塋圖

錢氏宗譜 卷八 景芳公塋圖 南嘯傲涇 一

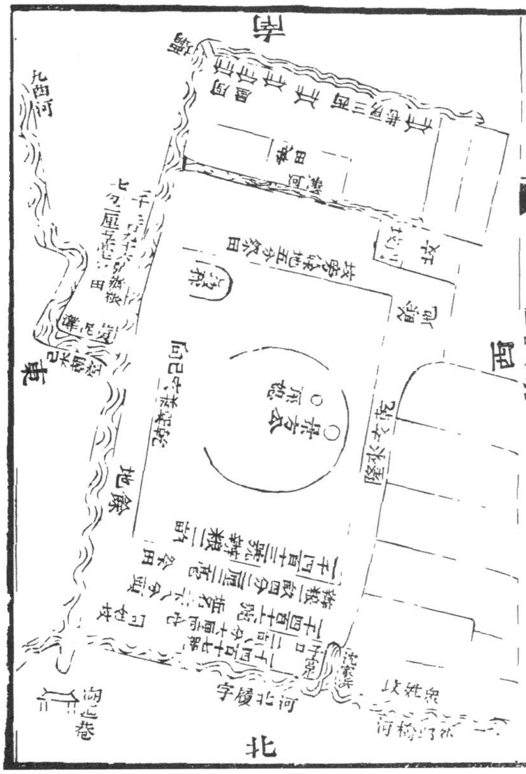

右圖惟常公分君立公支三十二世景芳公墓坐落外郎橋西三房巷福字一千四百十三號內辦粮貳畝又一千四百十六號辦粮一畝四分二厘二毫又一千三百九十六號辦粮七分二厘五毫共辦粮四畝一分四厘七毫在三三四圖錢景墓花戸完粮四面界石拾貳塊栽種柏樹十六棵松樹八十四棵週圍籬障全

鴻山芷字號若虛公塋圖

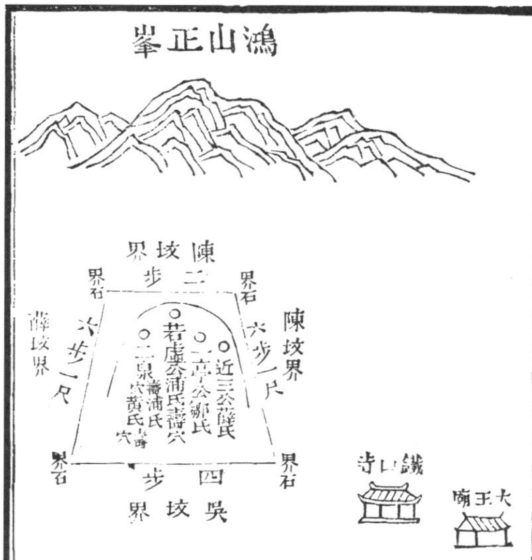

右圖惟常公分北嶂傲涇支三十二世若虛公墓坐落鴻山止字號鐵山寺西北數十步山地二分有奇丑未兼癸丁三分立向週圍界石四塊壬穴立碑題曰若虛錢公墓

三十三世望屺府君塋圖

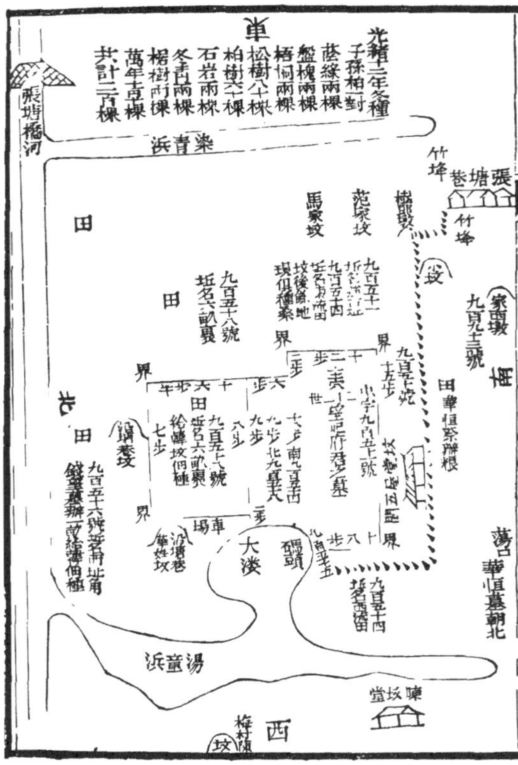

望墓記略

府君諱銛原名文銛字望屺一字望溪係武肅王三十三
世孫也葬張塘橋西南坐落南延鄉下扇三十七都一圖
忠字九百五十四號五分七厘二毫（墓穴定在此號）又九百五十
一號二分五厘三毫又九百五十五號二分六厘二毫又
九百五十八號二分二厘六毫統計慕基共平田一畝三
分一厘三毫又餘地五分八厘七毫立錢望墓戶辦糧於
光緒九年步見四址俱有界石主穴立甲山庚向兼卯酉
三分正針庚寅庚申分金坐卯宮二十八度向酉宮二十

錢氏宗譜　上卷八　望墓記略　二

八度黃道坐氐宿十四度向胃宿十二度於光緒十年甲
申十月初八己卯日未正初初刻下窆穴在范家坟之庚
西方坟堂之癸丑方取辛字水光照穴酉字水光築砂掩
之戌字亦築砂遮之謂盡善矣

鴻山（子壬女虛）　坟堂屋（午丙巳柳星張）　陳坟堂（申畢隔河）

張塘橋（艮水去見丑水亦見）　家西墩（巽翼）　外河水（辛水來見）

祭儀與冠墓同坟佃韓叙龍另給蠶盆六色一席於光緒
十一年起每年給發看管飯米一石二斗又給忠字九百
五十八號坟餘田五分四厘又九百五十六號平田一畝

亦并錢望墓戶辦糧又西沿河垾頭一条隨田自南至北
步見三十二步因裏垃之田不敷故情讓北段二十步於
華姓

錢氏宗譜　上卷八　望墓記略　三

惟義公分三十世軼羣公塋圖

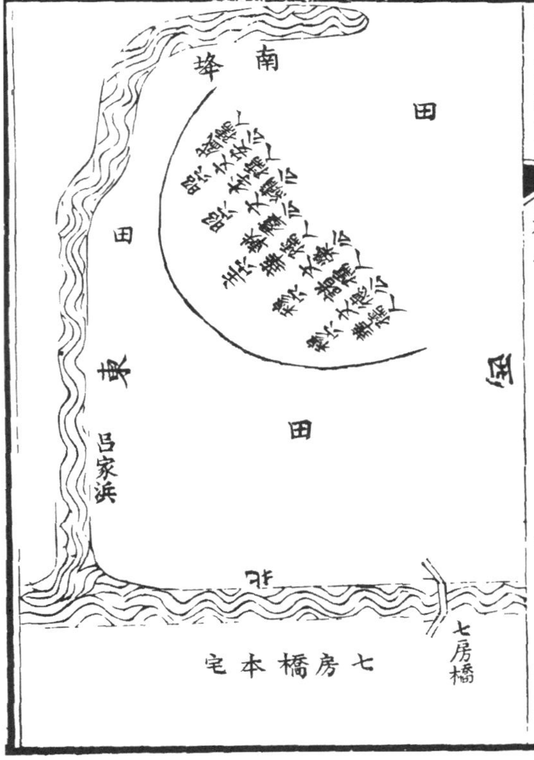

錢氏宗譜 上卷八 軼羣公塋圖七房橋 一

右塋圖坐落則字一千三百五十九號宅河南薛家灣甲山庚向兼卯酉三分共五穴茂栽松柏欣欣向榮四址俱有界石於錢軼祭戶下辦粮壹畝捌分玖厘壹毫連北面荒田

錢氏宗譜 上卷八 軼羣公塋圖七房橋 二

初字號齊禮三十二世雲芹逸愚遂初三公墓圖

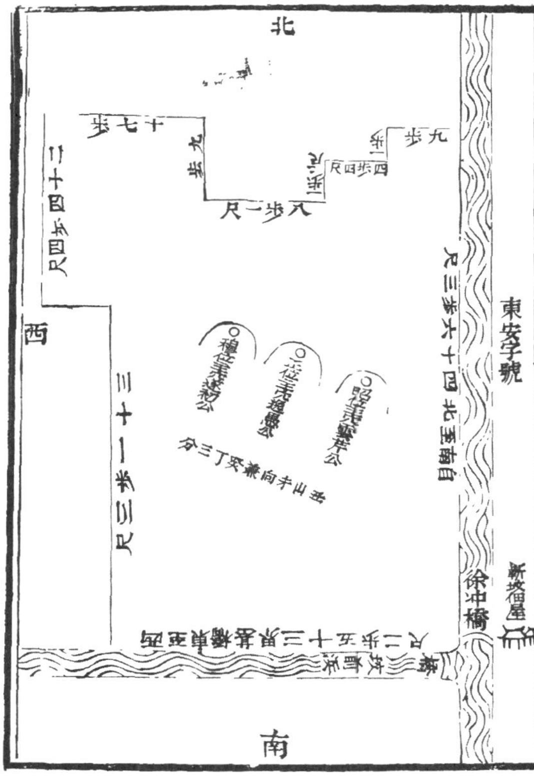

右圖惟常公派君美公支三十二世祖逸愚公暨弟雲芹公遂初公之墓圖坐落北延鄉四三三圖初字五百八十七號平田壹畝陸厘捌毫又五百八十八號平田柒畝玖厘捌毫共辦坟粮捌畝壹分陸厘陸毫又五百八十九號坟前河粮陸分柒厘貳毫墓向丑未兼癸丁辦粮花戶錢凝祭

又初字五百七十一號平田壹畝叁分陸厘捌毫租米壹石五斗五百七十五號平田捌分九厘五毫租米壹石壹斗五升又安字七百三十三號平田壹畝

柒分柒厘租米貳石安初兩號共租肆石陸伍升給與坟佃靳　耕種以作看管之費又給與安字七百八十八號內坟屋兩間壹衕辦基粮叁分

附入義莊收租田數

則字四百八十三號平田一畝八分一厘二毫	租米貳石	佃李金福
盡字四百六十二號平田八分九厘二毫	租米壹石	周壽
溫字八百四十一號平田三分五厘	租米叁斗弃	呂壬桂
又　八百五十二號平田一分六厘	租米貳斗	金和
惡字五百八十二號平田一畝一厘二毫	租米壹石弃	王毛林
初字六百零四號平田一畝一分一厘八毫	租米壹石叁斗	周阿道

共平田伍畝叁分肆厘伍毫租米伍石玖斗

以上各號錢粮均歸義莊經辦

興字號桂峰公墓圖

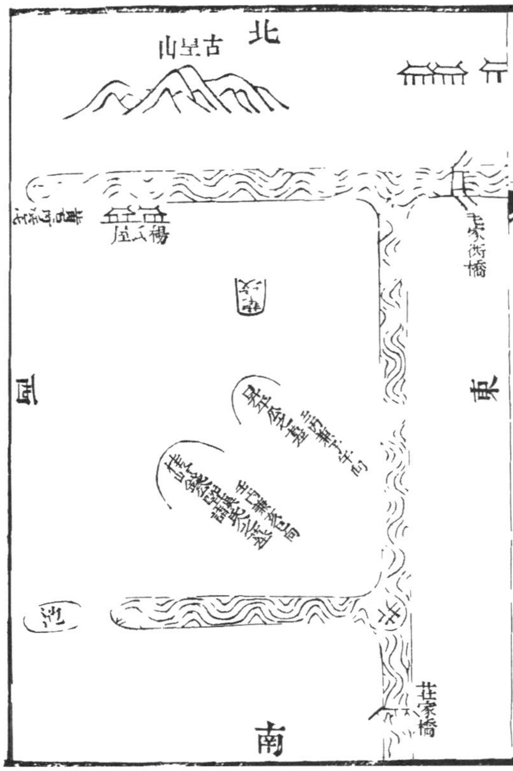

右圖惟常公分君立公支三十二世桂峰府君之墓坐落南下三八三圖典字七百七十八號平田壹畝壹分貳厘貳毫七百七十九號平田叁畝柒厘肆毫七百八十號壹畝玖分柒厘肆毫三共平田陸畝壹分柒厘立錢昇祭花戶辦糧

斯字號十七世祖友松公塋圖

錢氏宗譜　卷八　友松公塋圖

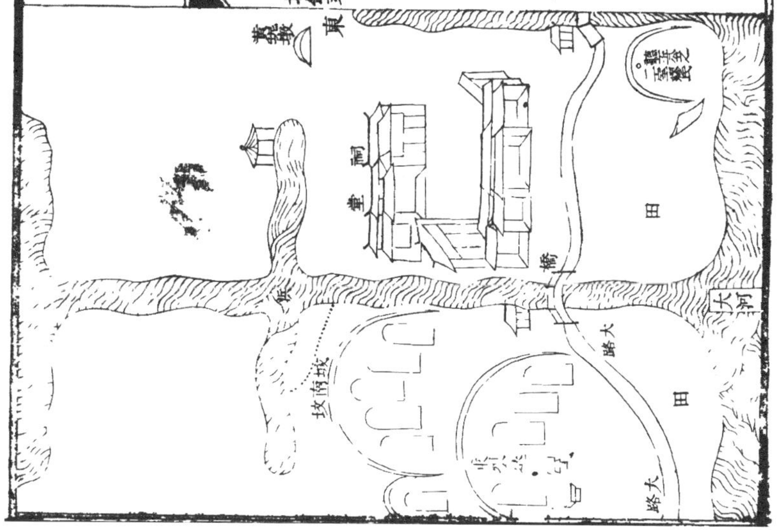

流字號佩蒼公塋圖

錢氏宗譜　卷八　佩蒼公塋圖

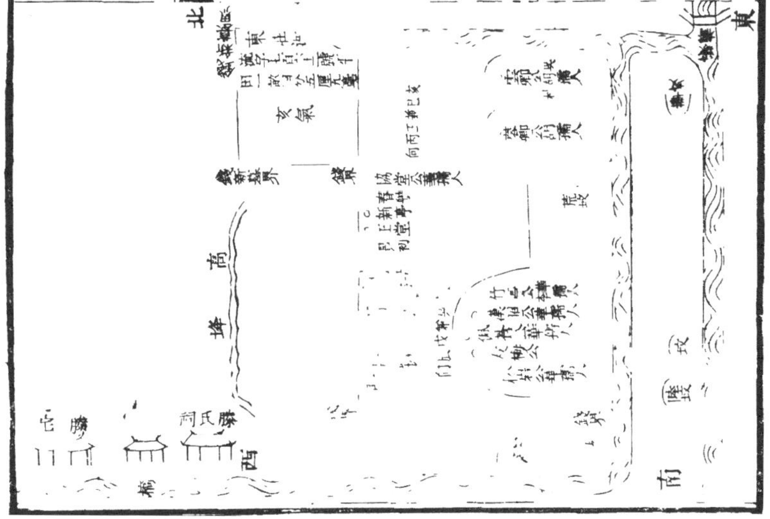

錢氏宗譜 卷八 友松公塋圖 北錢支 二

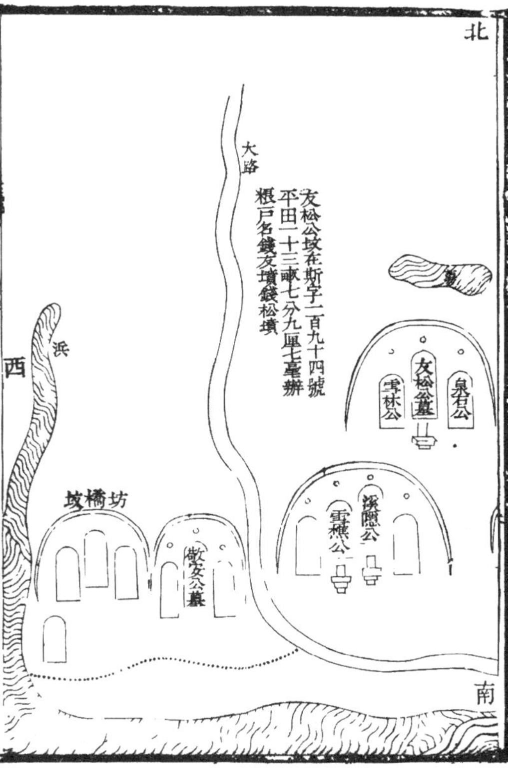

福字號二十二世復源公塋圖

錢氏宗譜 卷八 復源公塋圖 北錢六房支 三

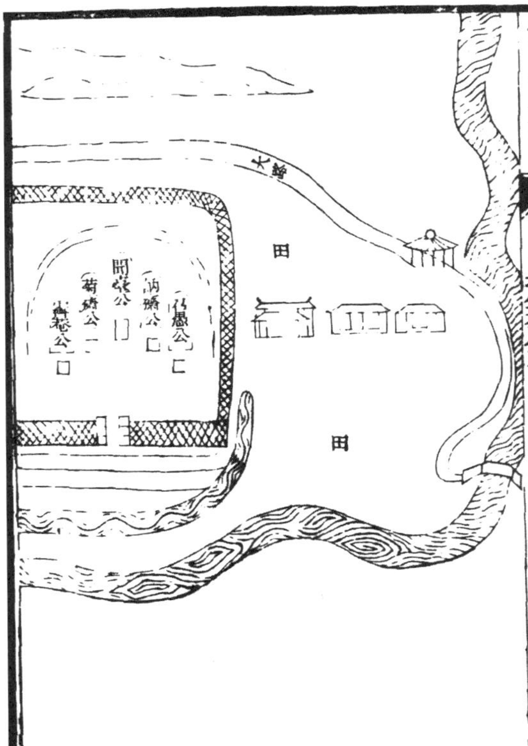

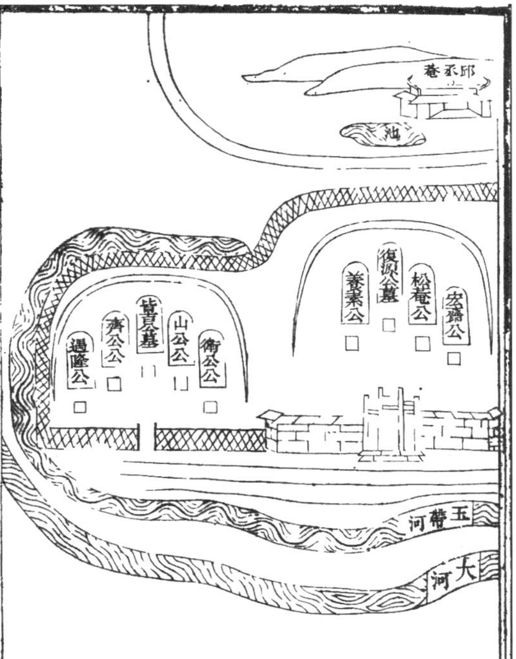

錢氏宗譜 卷八 復叔公墓圖 北錢六房支 四

二十八世楚公公暨枕齋公墓圖

錢氏宗譜 卷八 楚公公墓圖 北錢六房支 五

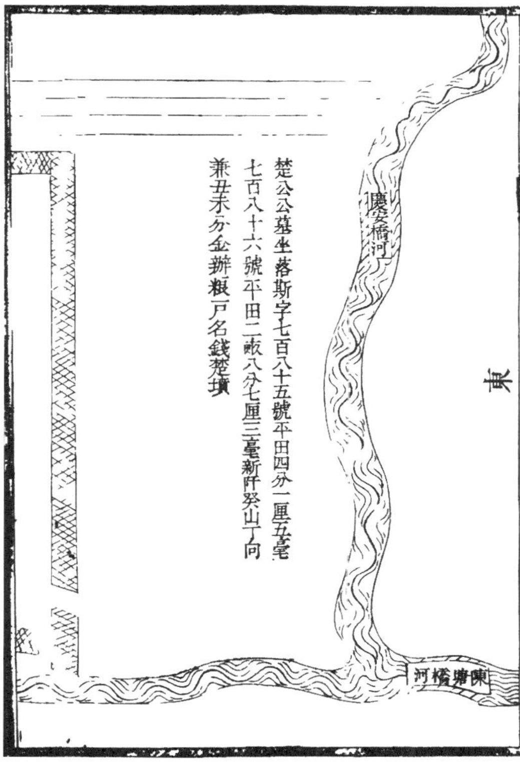

楚公公墓坐落斯字七百八十五號平田四分一厘五毫
七百八十六號平田二畝八分七厘三毫新阡癸山丁向
兼丑未分金辦粮戶名錢楚墳

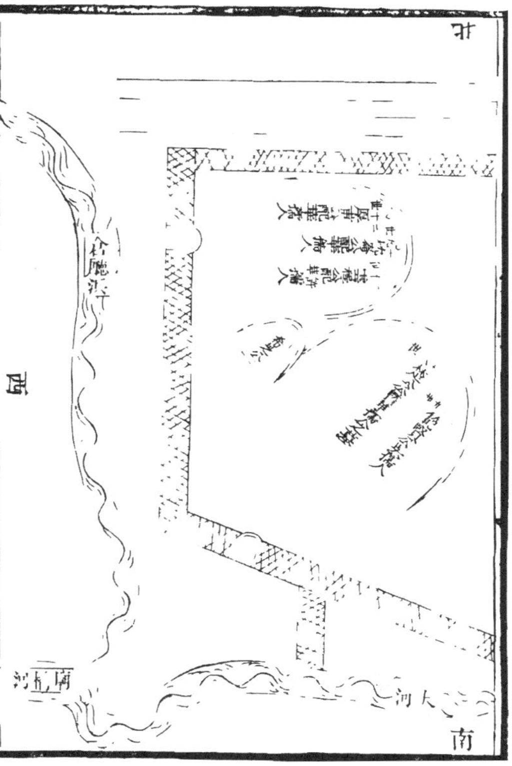

錢氏宗譜 卷八 楚公公塋圖 北錢六房支 六

淵字號二十六世宮翰公塋圖

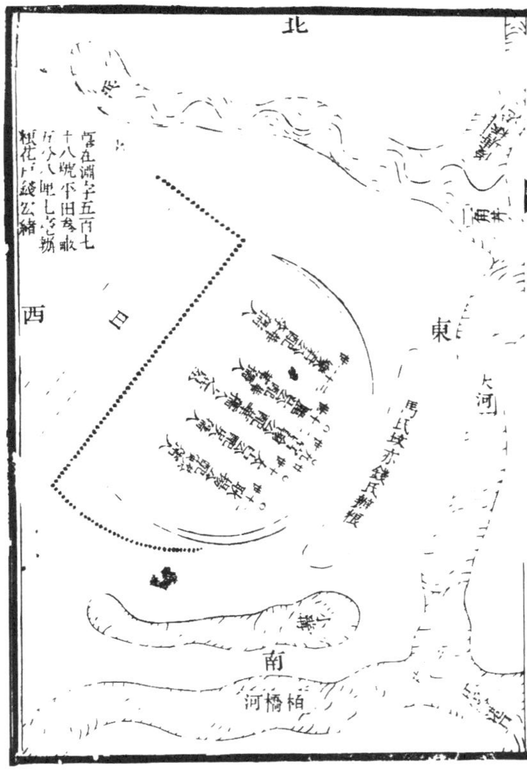

錢氏宗譜 卷八 宮翰公塋圖 北錢六房支 七

斯字號三十一世德裕公墓圖

錢氏宗譜　上卷八　德裕公墓圖　北錢六房支　八

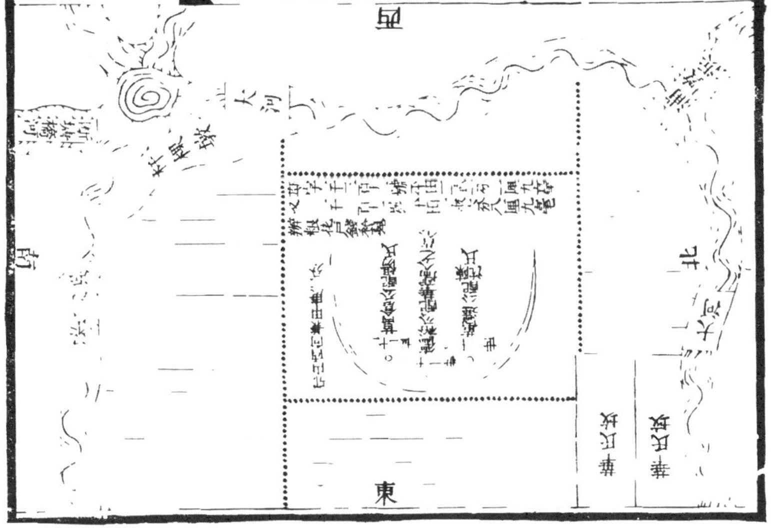

錢氏宗譜備要

（民國）錢宗濂 纂修

《錢氏宗譜備要》不分卷，（民國）錢宗濂纂修，民國十一年（一九二二）木活字本。

錢宗濂（一八五六—？·），字念岵，號如水，又號少溪，無錫人，太學生，錢氏三十四世孫。著有《依韻辨聲略》、《四書五經總字韻編》、《歷代帝王韻編》、《篆文便覽》等。

錢宗濂屬湖頭錢氏中的文林公支，該支自光緒辛巳（一八八一）修譜以後，四十餘年未曾續修，宗濂深恐資料日久失散，因此將他所見所聞先祖事迹、四次赴浙祭祖筆記、本房世系等先行付印，以備續修宗譜時采入。內有敕賜表忠觀基地圖、武肅王無錫惠山分祠圖、祖先墓圖、墓考、功德坊記、光復祀典、祖先傳記、軍將山錢氏世墓勒禁碑記、軍嶂山祖墓永禁盜賣盜葬稟稿、永禁盜伐墳樹告示、讀書處記、義學改良記、義學始略、義莊原始、遊西高山記、遊九龍山記、鴻山記、鴻麓小詠、吴越錢氏世墓表、軍將山墓祭議據、猪苓山軍將山墓祭祖位、軍將山去祭墓路程詳記、杭州王祖祠記略、謁祠詩、臨安與祭墳廟、南嘯傲涇文林支惟常公派容齋公諱廷枚房譜等。

錢宗濂長子即錢穆啓蒙老師、辛亥革命先驅錢伯圭，錢伯圭之子即新中國第一批學部委員（院士）、著名科學家錢臨照、錢令希（譜名臨熹）昆仲。

本書據民國十一年（一九二二）木活字本影印。

（朱　剛）

宗譜備要

自敍

溯自前清光緒辛巳徵譜以來至今已四十二年於茲理宜續修以敍昭穆奈世風不古人情向背相助乏人況余年邁獨力難支竊念生平所見所聞自　王祖以下之事蹟靡不摘錄及四次遊杭與祭表忠觀再詣臨安與祭墳廟訪求　祖績凡有見聞隨時隨事筆記自謂半生精力盡在此中又遷錫始祖六世進宗公又十二世志寗公以下各祖墓在軍嶂山者繪圖貼說并祭時祖位儀注等又路程記滿擬續修宗譜采入屢欲發起奈乏任事之

人故僅將本房詳註統希後之賢者於續修時較正合刊爲感爲禱因余將就木恐有失散故先此付印以便采擇是爲序

民國十一年舊歷壬戌夏

三十四世孫宗濂念岵謹註

敕賜基地圖

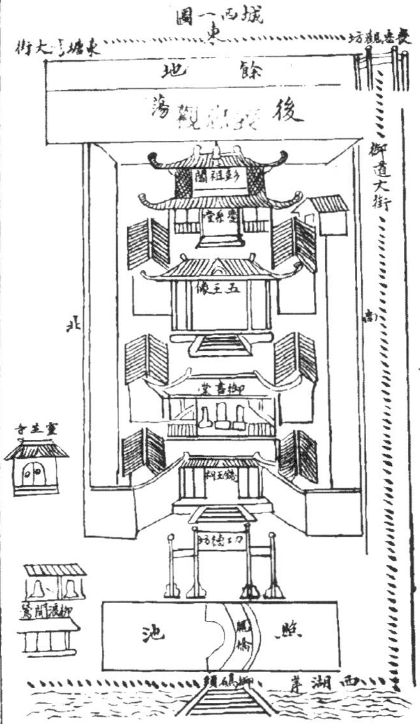

表忠觀基地坐落雲字八十二號十畝零七分六釐三毫
又餘地雲字八十三號一畝一分零八毫
又前蕩三畝二分零九毫雲字八十七號
又後蕩七畝四分四釐三毫五絲雲字八十三號
共計地蕩二十二畝五分二釐三毫五絲　乾隆二年
恩旨錢糧豁免永不起科
右表忠觀爲天下錢氏之大宗祠在浙省杭州府錢塘縣
湧金門外城西一圖面對西湖後依城墻創始於宋以前無考
神宗熙寗十年丁巳詔以龍山廢佛寺（即妙因院）改建表忠觀

明嘉靖三十九年庚戌移建於此以廢靈芝寺改建祠宇
國朝康熙四十年南巡臨臺　御書匾額雍正五年總督
李衛奉　勅重修乾隆二年　上諭錢糧豁免又六次南
巡屢蒙　御祭　驛蹕題詩疊經有司官修葺五十年巡
撫等憲捐俸大修委杭州府李亨達監督凡費白金三千
四百兩又奉撫憲吉公批給歲修銀六百兩交商八金日
新生息貯存運庫以作每年粘補之費（係此次捐修餘款也）祠前魚
池兩口中貫石梁過石梁爲石牌坊署功德坊三大字（總督）
（李衛建巡撫三寶修）過石坊百步爲頭門三間西向門內有古桂（四株）

正中爲　御書堂三間供奉　御製五巡詩翰俱已刻石壁立四碑堂前兩側各有碑廡三間其左廡立蘇文忠公舊碑兩片下半皆殘缺在乾隆六十年乙卯自郡庠移此旁立五碑一鐵券紀事一雍正間重修表忠觀記一乾隆七年壬戌馮秉仁碑一又六十年乙卯重修記一嘉慶元年丙辰重修記一又監督知府李亨特碑右廡內蘇碑重摹石刻四片兩面皆刻旁立一石雍正中補刻碑內所缺少之字、御書堂之後正中西北向者即爲大殿供五王神像殿旁左右兩廡各五間大殿之後爲彭祖閣上下各

五間上奉彭祖像下爲慶系堂堂前左右兩廡各三間左廡之後有廚房兩間外爲守祠人所居有便門外臨
御道通計正宇十一間旁屋二十二間前後左右回廊聯接四圍皆築牆垣備之彭祖閣後有魚池兩口從　御道上向南十餘武又有石牌坊一所上題表忠觀三字前明嘉靖間浙江總督胡公之所建也（詳見家書第二種）

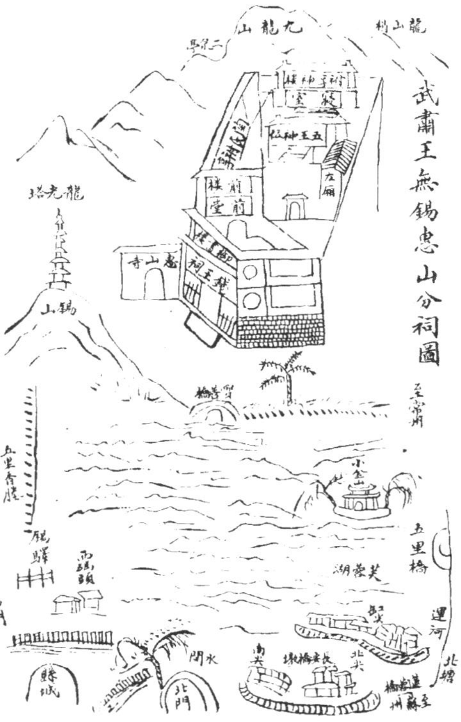

初惠山之創建　始祖武肅王祠也倡議於十峯延盟兩
公倡建於衡千約園漢章未堂諸公乾隆三年戊午落成
坐落錫邑迴字號基粮二畝二分立錢祠祭花戶完賦
祠基係堠山支鼎八派漢章捐入也進古華山門（即惠山寺）右
第一祠門樓山座前堂三楹中堂三楹（如殿式）供五王神位
（旁立祠記碑并書條石碣係獅巖未堂等捐貲公建）左廂三楹（奏樂所）其樓上即是
御書樓供聖祖仁皇帝神位右廂三楹（更衣所井旁立勅川公增置祠樓碑）
其樓上（即陶氏祔享神亭樓下後一架乃惠山寺頭門落翼之下也）後爲寢室三楹左
廂廚房右廂過路有井又樓三楹（即錦樹樓供王祖的三代及子孫之科甲宦）

宗譜備要　一

（官并有功於祠者祔享諸神位）墓堂之偏沿街祠丁住屋上下樓房四間
又廊樓三間上下俱作過路也

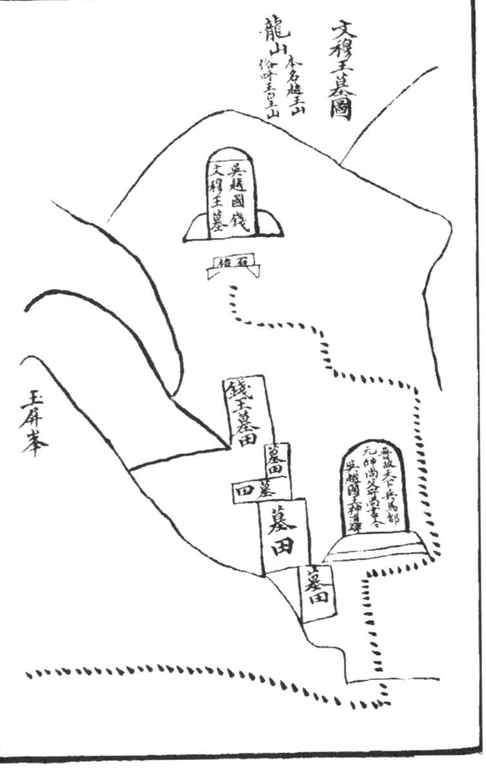

宗譜備要　一

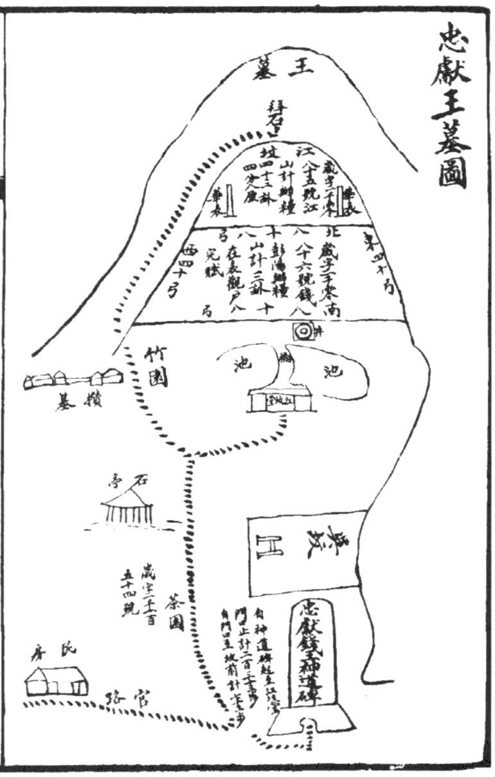

文穆王墓考

後晉吳越王諱元瓘字明寶武肅王第七子唐光啟三年丁未冬十一月十二日生晉天福六年辛丑秋八月辛亥日薨年五十五歲在位十年謚文穆詔宰相和凝撰神道碑七年壬寅二月癸酉葬於國城外龍山之南原墓基原數二百七十餘畝墓前二百步外有丞相和凝所撰之神道碑一座高一丈八尺濶六尺歷朝以來被土人侵佔至明正統間爲土民佔據埋葬纍纍至正德十二年有土豪江姓者圖蔽所使謬指他向十餘年不决至嘉靖十年時

裔孫德洪大經等復呈於監司詣掘壙志以驗其時御史士公繼禮僉憲王公臣移文杭州府妻公至德發掘土夫百人而郡佐敖公文瑞劉公望之躬執畚鍤以從事十日而志見乃命七日不掩築縱人民來觀以示信而有證也遠近相聞扶老攜幼焚香羅拜者塞途其明年裔孫德洪等請諸高陵呂柟大書吳越國錢文穆王墓八大字而浙江提學僉事林雲同及錢塘縣知縣王釴爲之刻石即今墓前所立者是也　民國八年舊歷己未春仲江蘇無錫裔孫宗濂號念岵赴杭與祭表忠觀後即恭詣龍山謁墓

忠獻王墓考

王諱弘佐後晉天福十二年六月乙卯日薨謚忠獻太常張昭撰神道碑文并書葬於杭州龍山之西南原（十國春秋）謹按忠獻王墓載於浙江通志西湖志杭州府志錢塘縣志及吳越備史十國春秋順存錄慶系譜諸書墓在文穆王墓西南半里妙因山下明成化間爲太常吳誠所佔葬其父母即今神道碑地正德間又爲宮保尚書江瀾爲墳即在今王墓穴上首數步凡王墓之前後左右侵削殆盡其時錢氏子孫曾爲控縣而江氏勢焰甚盛既不能復又

坐誣告之罪流戍金陵土人目謂江半朝是也清順治初裔孫等復訟之官卒不果行又於康熙三年奉文清丈時僅存墓基三畝東西計十八弓南北計四十弓坐錢塘縣柵外二圖歲字一千零八十六號爲裔孫彭陽辦糧雍正六年推會冊改戶名爲信璜又八年十二月又爲江姓盜賣二畝乾隆二十年間經裔孫時等呈不果又於五十九年三月錫山裔孫天球文炳廷枚俊選等同往祭埽見封塚已平隧道敗露即呈於杭州太守李公亨特立碑表記并批發錢塘縣鄧公雲龍親勘丈量立界存案焉其神道

仰見此碑巍然仍好字大經尺深刻寸餘又見阮公所書吳越神宮碑亦完全又見有清宣統二年錢塘縣知縣盛示禁碑一座也　清康熙三年奉文清丈而照舊數僅存十之一矣後於雍正九年被土豪孫蘭芳盜葬其親竟將王墓上碑碣等物盡皆毀埋族人久訟不決延至乾隆二十六年裔孫等聲稱以待來年車駕南巡時叩閽與孫姓權輕重而孫姓聞之大懼而當事亦恐負廢弛之咎力爲勘丈治究盜賣盜葬之徒清出墳山二十八畝九分有零後於嘉慶十三年築石塚計周圍十六丈高八尺餘上覆

以土四尺許并請撫憲阮公元書吳越神宮碑立於塚前百步又於道光十七年因舊碑歲久坍損隨時僱工修築

碑今在吳姓墳側茶園內係坐歲字一千一百五十四號自神道碑至墓基凡二百四十弓五王墓域記

忠獻王墓在文穆王墓西兩墓並峙僅隔一山其神道碑在今玉屏峯下由吳墳北行數十步爲江姓墳堂其後有一澗水甚清澈再上數十步有平坡即忠獻王墓域惟有松楸鬱然並無封塚又上數十級即江姓墳也在明時被吳姓及江姓燬跡佔葬幾無識辯矣乃於乾隆五十九年甲寅錫山裔孫纘峯廷枚等呈請杭州太守李及各大憲勘明立界存案今春秋祭掃焉履園叢話 懋溪日記

民國八年舊歷己未春錫山裔孫宗濂赴杭與祭表忠觀後即詣龍山叩謁 文穆王墓再擬謁 忠獻王墓據云無考遂悵悵而返乃詳查各志彰彰有據況家乘中載有清乾隆甲寅我高高祖容齋公諱廷枚與纘峯等到杭清理 王墓呈准各大憲勘明丈量全案刊入計有三十餘頁容後錄上歷歷可考至今僅百餘年定可按圖索驥故不揣冒昧謹錄各志信而有徵者上呈 諸大宗臺察核施行以可瞻拜有所因勝感禱之至如履勘確實而又被僭佔欲將拔呈者余老朽勉力附驥可耳聞化

進宗公墓考

六世祖遷錫進宗公葬猪苓山坐落開化鄉才字號主穴

立庚山甲向兼卯酉三分

七世祖能甫公附葬昭穴

墓前石柗一張石碑一座上書宋承奉郎進宗錢公墓

又 大松樹七株 冬青樹三株

在宋因上祖忠孝惠及子孫故免保墓菴糧

明遠菴今更名留福禪院古碑尚存壁間惟字多模糊

軍嶂山世墓總圖 俗呼軍將山坐落錫邑二十七都一

圖才字號共辦山糧一百九十七畝九分八釐

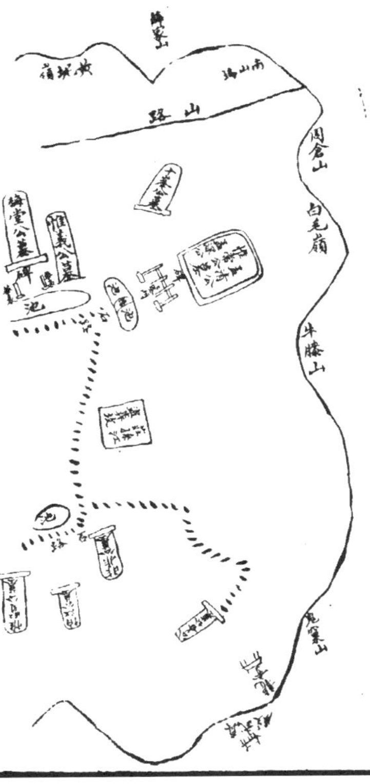

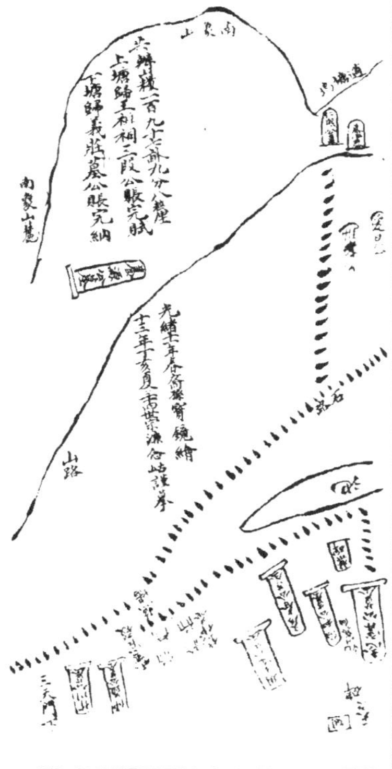

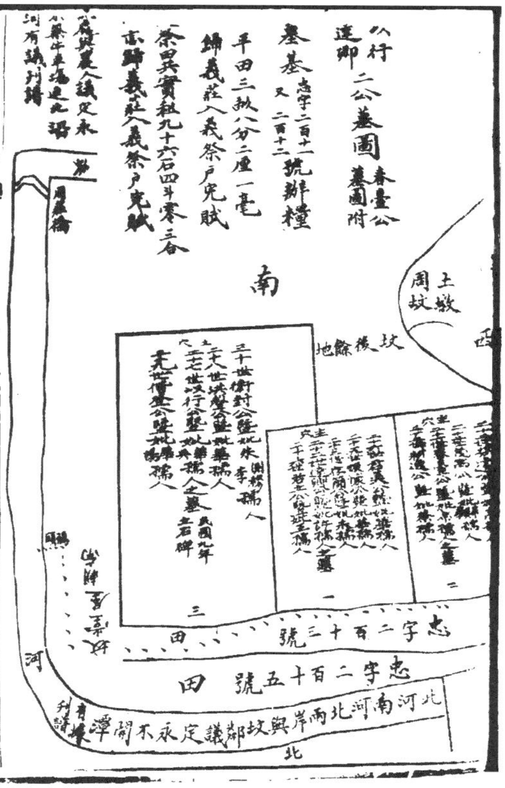

達卿以行兩公墓圖 春臺公墓圖附

墓基坐落忠字二百十一號二百十二號每年春秋二祭

祭品八色點心乾菓各二色

達卿公墓川葷菜二桌祭畢收下給墳丁

以行公墓川葷菜二桌素菜一桌 因楊孺人乞長齋也 祭畢收下餘

祭子孫吃又多辦一桌帶墳 因子孫衆多同喫也

四房子孫輪流值祭此祭費原數計錢二千八百文近年

百物騰貴况子孫繁盛故每祭錢十千文在義莊領取

又衛封公墓 零祭一桌 五房專辦 祭畢收下與祭子孫同吃

又春臺公墓 仝上 祭畢收下給墳丁

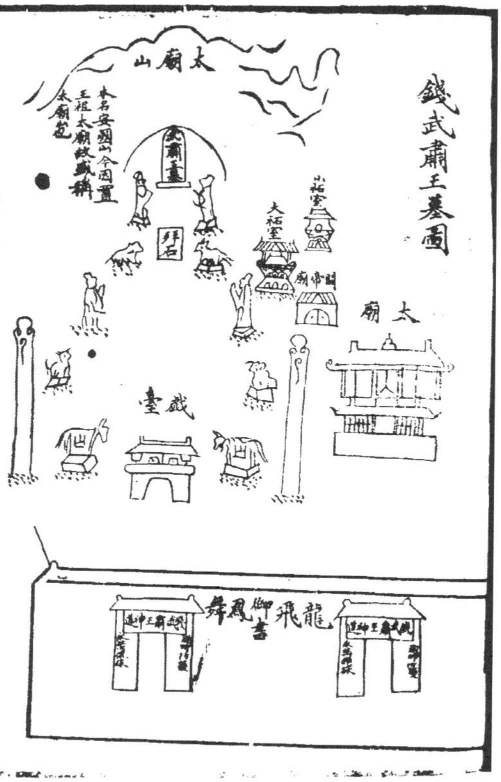

王祖墓在臨安縣治東五十步以安國山爲金星功臣山

爲前案左右龍虎兩山夾持廻抱望之覺青松偃蓋葱葱

然生發氣象也

上五代墓考 長城縣令贈尚書右僕射德純公 諱 仁昉

武肅王之五世祖也墓在臨安縣石鏡鄉大錢村

尚書檢校司空文甫公 諱 碩 宣武肅王之高祖也墓同上

洪勝王 諱 沛字仁澤追封洪勝王武肅王之曾祖也墓在

衣錦南鄉石鏡溪北祖墳之側

又順存鎮蕭王墓在天目鄉官田橋去縣城五里

英顯王 諱 寬字宏道武肅王之父也墓在錦北鄉清風里

去縣城五里墓基有三頃六十六畝二角四十步

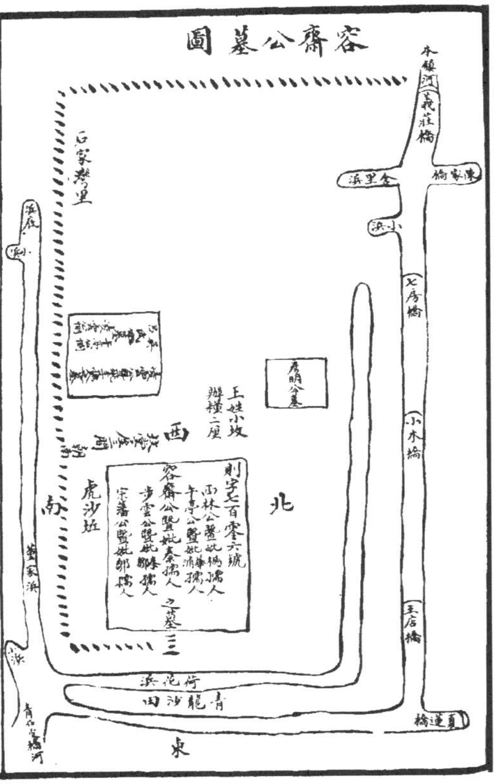

容齋公墓考畧

公諱廷枚字吉臣號容齋係武肅王三十世孫也葬荷花浜墓基坐落南延鄉上扇三十七都二圖則字七百零六號連墳堂及墳丁飯米田共計平田五畝二分三釐立錢吉祭花戸完賦糧歸義莊吉祭公賬內承辦

主穴公暨妣秦孺人立辛山乙向兼卯酉三分昭穴三十一世午亭公諱炘妣華浦孺人穆穴又三十一世步雲公諱煇妣秦鄒孺人次昭三十二世西林公諱堦妣楊孺人次穆又三十二世宗藩公諱城妣鄒孺人共十二位春秋二祭其費在義莊吉祭內領取前例每祭錢一千八百文今因百物騰貴故每祭領錢四千文

冠林公墓記畧

公諱煜係武肅王三十一世孫也葬馬橋之南鴨沙涇坐落南延鄉下扇三十八都四圖溫字四百三十二號墓基即在此號平田一畝七分五釐立錢冠墓戶完賦又墳堂及餘地八分五釐四毫立錢親仁戶完賦四址俱有界石主穴冠林公暨妣周孺人立癸丁兼丑未向於道光二十年庚子冬窆吉也

又墳丁給溫字四百三十六號平田一畝六分二釐二毫

又給凤字一千七百七十一號平田一畝六分三釐九毫立錢親仁戶完賦俱爲墳丁種吃以作看管飯米也

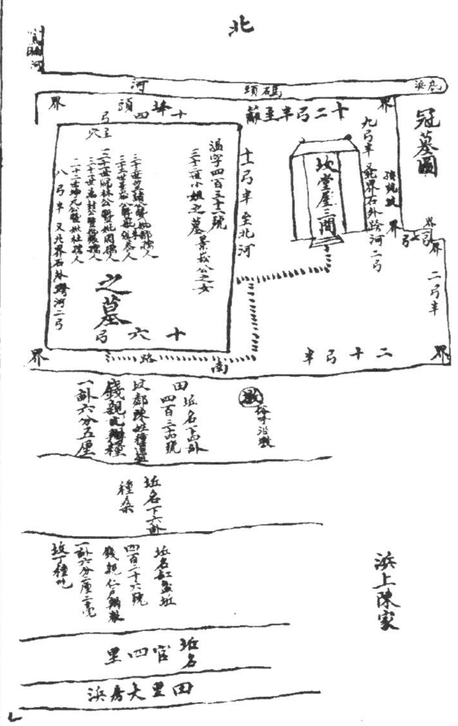

宗譜備要 一

宗譜備要 一

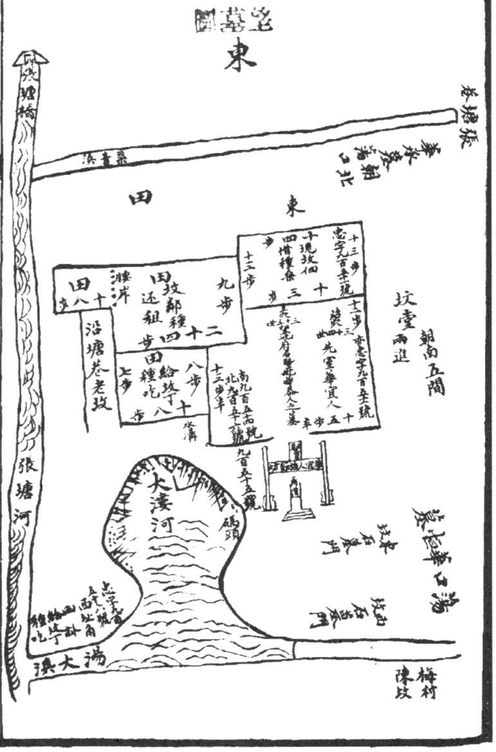

望屺府君墓略

誥贈奉直大夫五品藍翎　賞換花翎候選州同加三級

晉贈朝議大夫望屺（一字望溪）府君諱銛（原名文銛）係武肅王三十三世孫也葬張塘橋西南坐落南延鄉下扇三十七都一圖忠字九百五十四號（主穴即在此號）五分七釐二毫又九百五十一號二分五釐三毫又九百五十五號二分六釐二毫又九百五十八號二分二釐六毫（以上墓基共計平田一畝三分一釐三毫）又九百五十一號內有餘田（四一）一分（一七一五）一釐二毫在墓東籬笆外（現種桑樹暫借墳丁）以上共計一畝九分立錢望墓花戶完賦

宗譜備要 一

主穴立甲庚兼卯酉向光緒十年甲申十月初八日窆吉

又忠字九百五十八號田一畝坵名西址角給墳丁種吃

宗譜宜增　光緒辛巳重修未載以後續修宜增如下

三十四世孫宗濂念岵謹輯

功德坊記

辛丑春三月肅潤至西湖乘湖舫歷六橋諸勝地過功德坊舟子告余曰此錢王廟也肅潤瞿然起登岸訪之湖山隱映地勢宏敞至廟門有額巋然顏之曰順天者存新建伯王守仁筆也從中道入有碑環立勒宋學士蘇軾表忠觀文登堂高覆巨楠儼如帝室戴冕旒披袞衣坐於堂上者始祖武肅王也其左右四王以次並列曰文穆曰忠獻曰忠遜曰忠懿肅潤拜稽首成禮而退喟然曰讀史至五代之際易君代國如更戍卒爲國長者十餘年短者三四

年或一二年其間以唐莊宗之賢而不免於弒以周世宗之明達英果不一傳而國祚絕獨我王三世相承簪纓不改何其盛也逮夫有宋受命削平僭亂吳蜀南漢兵革相繼靡有寧宇而吳越獨安堵如故又何休也若此者豈非王之功德有以致之歟夫自古侯王建國未有功德不紀而能享令名保世滋大者也我武肅王開疆托土以迄文穆忠獻忠懿遞嬗以來豐功鉅德史不勝載其最著者請畧陳之當王仙芝倡亂朱直孫端寇孽刖奸爰仗義旗身當勍敵旬日殄平王之功也於時千里之山川以靖兩郡之水火以援非德乎黃巢猖獗獨領偏師設奇退敵名震江淮王之功也於是長蛇封豕越境遠徙新市下江皆成樂土非德乎劉漢宏恃有浙陰張營列砦我師潛趨間道電掃雷奔敵人陷陣王之功也於時鏡水風清蘭亭澤遍予其生聚大布仁慈非德乎薛郎雄據長江謀犯中國官軍奉命疾征水陸兼進蠭殲賊巢王之功也於時毘陵之城邑晏然建業之鐘簴無恙非德乎他如徐約擅逞都符肆行徵斂王遣下江將發上谷兵扼吭斷喉賊渠崩潰微王之功則松陵之煙水難平香徑之黎元莫拯矣又如孫

儒棄淮南趨江左飛揚跋踏所在蹂躪王乃張天網闢地穽持久以待勢窮背遁微王之功則由拳片土幾作煨燼胥水餘波竟成膏血矣又如董昌僭號妖訛四起王乃奉行天罰幷有越州微王之功則民間錢帛既括者不返戰士芻糧既侵者不復嗚呼王之功是即王之德也（以上言武肅之功德也）至如吳人乘船戰於狼山順風揚輝縱火以焚王雖不言功而兩國連和休兵息民德莫大焉（此言文穆之功德）福州告急遣兵往援臨陣奮擊大破唐軍王雖不言功而救鄰恤災仁心爲質德莫大焉（以上言忠獻之功德也）洎乎李景不道出

兵相攻擒查文徽獲趙仁澤厥功偉矣割地內附郎日班師德孰高於王李煜不朝奉命進討常潤旣拔金陵以克厥功偉矣江南興師不戮一人德又孰高於王（此忠懿之功德）由斯以觀王之功德遠矣雖然功可見德不可見即德可見而德之至者不可見昔孔子尙論武王歎其才多於文王則稱至德無他以事殷故也我武肅王躬膺王爵天寶可冀使當日聽羅隱之言出圖梁祚縱功不成猶可退保吳越自爲東帝而王甘守臣節至唐不少變臨歿且囑後人善事中國勿以易姓廢事大之禮此何如德也其文穆忠

獻世守勿替傳至忠懿歸誠於宋納土來朝奉貢獻不絕善始令終福履之盛莫之與京可不謂至德乎或曰四王之德至矣忠遜王何以稱焉曰讓美德也泰伯讓季歷以開周家卜世卜年之基忠遜讓忠懿以全吳越三世四王之業其至德無疑也嗚呼四王有功德而功與德並忠遜以德掩功而德即其功昔人之作功德坊并五王而祠之宜哉禮子孫之於祖也有善而不知謂之不明知而不傳謂之不仁肅潤不敏其敢以不明不仁居爲作功德坊記

秦大音曰余讀表忠觀碑最愛其有德於斯民甚厚有功於朝廷甚大二語可移作五代史論贊今讀礎日功德坊記其立論本蘇記敘事擬歐史可謂擅兩家之長者矣

陳其年日歷載功德鋪張揚厲形容盡致在謝靈運述祖德顏真卿家廟碑之上

武肅王二十六世裔孫肅潤謹述

功德坊在杭州西湖畔表忠觀前　光緒三十年兩浙布政使翁曾桂爲錢氏裔孫光奎重修

光復祀典
光緒二十七年七月十三日稟
督學部院李
具稟截取州判副貢生錢熙元長洲縣教諭舉人錢福煒
附貢生錢福烱恩貢生錢基森附生錢基鴻附生錢基成
五品銜候選府經歷錢承康碭山縣教諭舉人錢承煦廩
生錢承駒候選同知錢符瀅舉人錢鴻鼎鄉飲大賓錢炳
燮光祿寺署正錢蔭槐附生錢惇附生錢基康職員錢基
璜五品藍翎候選縣丞錢顯基監生錢秉鈞附生錢承沛

職員錢承烈附生錢宗淵附生錢鳳書大挑安徽即用知
縣錢麟書職員錢内照職員錢立本童生錢基博童生錢
基厚爲遵照府詳恭叙
恩榮纂呈書志譜碑環求鑒核檄飭立案光復祀典事竊職
等始祖唐吳越國武肅王康熙四十四年
聖祖南巡
欽賜御書保障江山匾額雍正七年奉
世宗憲皇帝以海塘告蔵加封爲誠應武肅王冬十月
上諭配享海神廟殿

御書澄瀾保障匾額並楹聯懸掛乾隆十六年
高宗純皇帝南巡
欽命大理寺少卿齊達色致祭表忠觀暨
命隨駕大臣刑部侍郎臣錢陳羣陪祭
御賜祭文一道暨
御製表忠觀詩一幅並忠順貽庥匾額二十二年
翠華重幸又蒙
遣官致祭
賜詩褒美役

翠華屢幸叠蒙
賜詩歌匾對
恩加無已是職等始祖早列祀典則分祠似難與各姓家祠
並論矣祠於雍正年間海塘告竣奉
旨加封誠應奉檄飭建於乾隆三年詳准大憲飭縣置主致
祭案刊宗譜呈核徵建年分纂入邑志可考均祭給帑明
文由前　藩憲彭詳督部堂莊批飭在學租項下動給札
前　邑尊魏給帖遵守纂入邑志惠山志可考碑摩可證
百餘年來歷憲蒞祀無異伏查府詳云地方官春秋致祭

必需奉有
諭旨列入祀典頒有祭品又云所有無錫惠山各祠 在祀
典志書奉
吉敕建皆由該縣等照例致祭等因則職等始祖叠蒙
列祖
列宗敕加封號配享海神
賜詩
賜額列入祀典矣由學給帑有案可稽頒有祭品矣纂
志書祀典卷十四載在祀典志書矣奉檄分建祠非私建

矣乃去秋錫邑尊孫因府飭查僅據縣丞延檢典史一紙
稟詳致將先祠祀典並行裁汰不與馬文肅公等七家同
爲致祭祗於王鳳儀等批從權致祭之列在職等何敢阿
私祖德上希地方官一拜之榮惟先祖叠蒙
恩寵祠非私建萬不敢忘
聖恩於萬一且列入祀典載在志書頒有祭品似亦應照府
詳照例致祭
大人爲風教總持祀典之廢風教攸關爲此不揣昌昧瀆
照府詳恭敘
恩榮簽呈書志譜碑抄粘卷宗赴轅環叩鑒核檄飭立案允
復祀典永[illegible]
皇仁而垂久遠上稟
欽命吏部左侍郎江蘇督學部院李批
祀祭典禮爲激揚風教之大政查該邑惠山錢武肅王分
祠乾隆年間亦奉 恩綸疊沛 寵錫頻頒給帑官祭碑
志並載均屬信而有徵是二百餘年來馨香俎豆勿替之
祠核閱抄粘[illegible]該祭官挾上年祠裔臨祭吵鬧之嫌施祠
裔與陳典史事遽詳改例祭爲權祭叢譸常事件亦不得逞私忿

而廢公義況祀祭大典乎仰常州府即行覆核持平妥議
立案飭遵具報勿稍偏循切切抄粘附碑單志書並發

十峯草堂贈言序

江陰　沙一卿

天下有有形之山有無形之山有形之山發源崑崙爲名山三百爲支山三千雖極高極深廣大可得而限量也無形之山至大至剛塞乎天地其高深廣大不可得而限量者殆我浩然之氣乎興雲出雨育萬物而不窮是山之生於天者也配義與道歷萬禩而不撓是山之成於人者也孟子答公孫子蘇子作昌黎廟碑可謂善言無形之山矣吾友礎石錢子家錫山九龍峯下於九龍峯之外益一峯曰十峯顏其讀書之廬即曰十峯草堂四方投贈之言彙

而成帙噫十峯之義微矣哉礎石以一書生隱居教授絕意仕進安所得興雲出雨育萬物者乃以名山自擬哉顧其胸中之氣亘古今而薄霄漢者則非九峯之所可擬也是一峯也殆迴出九峯之上而高深廣大不可限量者歟九峯一名九龍峯或曰以其蜿蜒奔突有似乎龍也或曰山與龍皆陽物故曰九龍也吾聞之陽之數窮於九而益一焉則者變爲初初之象曰潛龍勿用十峯云者殆有慕於古之龍德而隱者乎不隱於淵而隱於山者何也隱於淵待時而躍者也隱於山確乎其不可拔者也斯則十峯主人所以目斯堂之微旨也歟若十峰者乃可謂善養無形之山而顧學孟氏蘇氏之所稱者矣

右序在定峰文選內錄出　盖沙一卿號定峰字介臣後更名張白

詔舉博學鴻儒錢十峰先生傳　　張夏 秋紹

先生姓錢名肅潤字季霖一字礎日號十峰幼時從學於邑儒鄒忠餘先生之門即令從高子半日讀書半日靜坐入手行之匝月便能窺尋向上一著忠餘深器重之既復投以薛文清讀書錄及顧端文小心齋劄記晨夕辨難要於無疑而後已忠餘曰吾鄉固多有志正學者生其尤拔萃者乎異時道南一脈端屬此人矣年十八遊邑庠試必冠軍然先生志在正學杜門著述期不負忠餘鞭策語凡關道南學統自龜山以下孜孜纂輯作正學編四卷偶有

見聞即隨事增補自言平生精力盡在是書其他應主雲間暨陽諸講席著有尚書體要易經通義詩序百言春秋列傳是非集禮記考典中庸或問翼朱編於經義絕多發明先生語余均屬講學餘力成之終非注意處也康熙己未歲

詔舉博學鴻儒長洲宋相國稔相知先生爲正學準繩且才品聲望大江南北無出先生右者擬以先生名及宜興陳維崧並薦於

朝先生以足疾作書卻之平生知交滿天下最心折先生者無如柏香孝感兩相國而孝感尤服膺折節至稱先生爲東林老都講且手書江表儒宗四字製扁以贈噫如先生者詎非繼忠餘而起得龜山正學眞傳者哉（按張夏與十峰同時字秋紹號菰川）

軍將山錢氏世墓勒禁碑記

東南多巨浸而吾錫瀕焉者太湖天目饒歙山溜萬派來為匯而吳興蘇常環若周垣外川莫能侵光與天際此無異故源盛而流無佚防造物者之所鍾而蓄也間行其西北涯求問軍將故鄙處忘路遠近皆言錢氏墓世於此奮絕特焉夫物於天與物於人大且久不倖矣物於人也必立之法而示之守要其效豈不待後人哉案錢墓源流具文莊邵公記自承事公志當主光而得以名塢者四名嶺者三凡表柱之道抵隄之遠寓祏贍守之田為畝三千有

奇其封域之大至於此自作記之歲正德乙亥溯一百四世參以李茶陵錢氏譜序惟演再從孫進始居錫意創墓即始此距今且七百年其閱世之久又如此詳哉言之矣獨所謂法立而可守者不具書雖然畝三千年七百安如故則是守在法故在也法在而守替者無之守或替而法不弛者亦無之是故勵守視乎肅法肅法視乎作氣作氣視乎乩機乾隆癸酉春墓之佃孫某盜鬻義地若干畝錢後人聞之履得官首於官榜而荷之校勒使疾反錮其身長為防首繳下悉輸悉承乃屬余張其蹟於石勝耳目焉

吁錢後有人矣且法不必株要於適其會孫丁一戇人人帖耳更七百年此三千畝者完安則如故一日之法百世守不可以不昔意在斯乎毋亦有充類而警告其族之人者乎嘗世登巨鄙之崇椒覽三萬六千頃之流潤雲烟改化感慨寄之為數當年國五季官全宋一支來遷安魄於此與湖山氣勢吐納千古信其有特鍾者耶卒所待以無窮者物耶守是物者耶余行天下久過古名墟摩挲斷石大率有其大迷其久有其久喪其大於戲其可感念也已功是後者某某屬余記者孝廉錢某率得書

吳興都護山浦起龍二田氏謹記

軍嶂山祖墓永禁盜賣盜葬稟稿（光緒二十八年閏月呈無錫縣丞）

具稟呈請截取揀選知縣舉人錢鴻鼎前欽派日本橫濱領事官浙江樂清縣知縣錢寶鎔藍翎同知銜錢宗濂五品銜浙江候補縣丞錢桂藍翎五品銜錢鴻福附生錢詠禮附生錢占魁附生錢承志同知銜錢德求監生錢鴻湛候選巡檢錢鴻志浙江候補巡檢錢鍾秀職員錢杞職員錢寶楚童生錢承緒五品銜候選經歷錢承康碭山縣教諭錢承煦安徽候補知縣舉人錢麟書

藍翎五品銜錢會瀅廩生錢承駒附生錢鳳書附生錢
宗淵職員錢承烈職員錢丙照職員錢旭章職員錢敌
秀職員錢立本職員錢廷錫職員錢本童生錢祖彭
家屬　錢升
爲祖塋屢被侵盜環求出示勒碑永禁以奠先靈事竊職
等公共遠祖宋承事郎志甯公以下二十九墓俱坐落治
下二十七都一圖才字號軍嶂山承辦山根三百餘畝歷
年既遠事變繁多除從前屢有被人侵佔盜賣盜葬控經
前　撫憲奇及歷任邑尊提辦出示勒石嚴禁外前年曾

宗譜備要　二

有附近孫阿生孫阿七等盜賣與薛紳嵩眉及職等通知
薛紳紳係累代世戚立卽查明讓退嗣又有鄰近遊手學
習拳棒將墓門及石欄等物打毀控經　劉前憲提究押
令賠修等事本年春間掃墓又見有在墓地界內立石將
營葬事查知有本地人孫阿壽勾串顧杏生盜賣與南坊
前王耀李及職等清理王耀李知係誆買隨卽撤石退還
孫阿壽顧杏生亦自知理屈情願退價求免控究息事職
等伏思此處先塋二十餘墓備修宦績累代相承俱載邑
志但基址寬廣況與職等居處較相遙遠難免不肖之徒

日久生心有覬覦盜佔等事不得不環求出示永禁盜賣
盜葬僭佔作踐殘毀木石等事俾得勒石永久以儆奸究
而奠先靈沾恩戴德永無涯矣上稟
永禁盜伐墳樹告示　無錫縣知縣方
出示諭禁事據呈請截取知縣舉人錢鴻鼎藍翎同知銜
錢德求藍翎同知銜錢宗濂五品銜浙江候補縣丞錢楫
藍翎五品銜錢鴻禧童生錢承緒附生錢承志職員錢寶
楚　家屬　錢升
爲惡佃不法串竊墳樹公請示禁以保祖墓事竊治等二

宗譜備要　三

十二世祖達卿公暨從葬各公墓坐落治下三七一圖忠
字二百十三號黃埂壩計墳樹三百餘棵向係孫余二姓
看管後又添周來福一仝看管歷有年數今二月間治等
到墓補種新樹駭見墳上有大樹根三個卽向周來福究問
乃該佃佯爲不知隨呼地保盤詰該佃卻難隱匿乃云是
余田香兄弟等所竊囑勿奔告分得錢文身偶貪小利受其
所愚希圖朦混今既察出願甘受責以求免送治等卽着
地保以聞余田香兄弟等詎料余佃盡推在周來福身上治等
令其當面對証余佃自知難匿供認串竊是實再四央人

懇求免送自願補種新樹等因治等念其自知伏罪姑且
從寬惟該佃此次雖經察出知過設或因寬益懈故態復
萌亦不可不預爲之防爲此具情環求出示等事到縣據
此除批示外合行出示諭禁爲此示仰該處居民及地保
人等知悉自示之後爾等毋得在錢紳祖塋上盜伐樹木
等情倘敢故犯定即提究決不姑寬各宜凜遵毋違特示
光緒二十八年四月初十日示

太學生容齋公家傳　秦賡彤

余遵禮七十致仕杜門謝客著書自娛邑令尹屬修無錫

宗譜備要　四

志采風問俗求孝友行義而吾族天門公外孫錢煌暨其
弟國子燦持其考容齋公行實頓首乞傳按行實公諱廷
枚字吉人金匱人少孤能自立孝於其母順於其兄讀論
語恥見義不爲讀春秋傳恥數典忘祖念其始祖武肅王
當五季之亂起而保江南百姓傳祚數世及宋受天命讓
國不居義高千古而與讓自一家始公上有三兄前母華
出公揚出析產從兄有仲兄蚤世寡嫂周與母同捐義田
以周族之孤寡公請有司咨部以垂久遠而司其出納別
其分屬有條而不紊此公之善成其母與嫂之節義也公
所好惟古書法帖名畫餘無所爭而保先人邱墓則尺地
不讓錢氏世墓在邑之軍嶂山閱世既久不能無迷失與
奸人侵削者公偕兄衛封首爲釐定公以恩結土人里胥
盡復累世迷失之墓族人之墓亦賴以明而可保焉族有
盜賣墓地於勢宦者公白之郡邑不決直之上憲而墓地
得完請撫憲結示永禁盜賣以墓地之賦歸義莊繪墓地
之圖存家乘謀墓祭之供與族設祭田惟日孜孜爲世守
計而忠獻王墓訟興王爲武肅王之孫墓在錢塘龍山玉
屏峰爲世宦江氏所踞公同編纂孝廉宗企明經諸族人

宗譜備要　五

往浙謁墓墓穢浙江通志江氏論葬墓皆在玉屏峰築亭
堂於王墓地之前公核其實據志呈杭府江爭之公又呈
藩司臬司浙江巡撫飭府勘明斷歸王墓雖江怙勢而地
有明徵公往來江浙深山匍匐兩省官署舌敝足繭不辭
飢渴囊傾不顧勢位顯赫不避以一身保錢氏累朝古墓
君子以爲難公之好義不勝書吾識其大者如此可爲後
嗣觀矣論曰周官有墓大夫掌墓地而聽其獄訟後世墓
地之爭有司往往不能決言子墓在虞山言氏築墓門壅
塞虞仲墓道虞氏訟之歲久不解有斷斯獄者曰虞仲斷

泰伯君吳山以虞仲名言子葬虞仲地墓門斷歸虞仲墓言氏無辭忠獻王保有吳越豈獨王屏峰爲王墓地哉江氏論瑩亭堂內錢王墓地三畝斷歸王墓片言可決何令容齋之跋陟訟庭哉

景崧公自題小影詩（并序）

是影繪於四十時久置不省迨晚年顛沛展顧徬徨竊歎爾貌若斯爾阨如許形影相弔返敘悲歌首章樂少壯也次章志困頓也三則悲禍災也四則望繼述也俾後人知我苦衷恐不免識者嗤噱耳

長松百尺綠陰稠芒履輕衫汗漫遊深柳書堂容小憩露桃花市不知秋聽鸝啼罷傷春晚乳燕齊飛感歲流回首韶華駒隙逝那堪重問舊丹邱

鏖戰龍門二十場梯雲無路怨文章（自十八歲至五十歲其間因丁艱停兩試前後共計二十場也）鶯花不作揚州夢齋粥徒吟梵唄堂（從師讀書於滸關之龍華寺內梵唄堂）黃卷白頭埋歲月青氊老吾飽風霜旅魂欲效歸來賦怎奈崎嶇客路長

椿萱早謝（二十四歲喪母四十七歲喪父）雁行逝（二十四歲喪長兄四十三歲喪季弟）長子丁年又見摧（亡年二十九余五十九也）指望慈烏還乳哺詎知老馬策虺隤六旬擁腫持家計兩代零丁撫幼孩時對夕陽泣暮景秋風一度一增哀

功名辜負雙親意天理存心凜義方百世本支惟厚道萬年至味是書香家傳遺訓須繩武（吾父有教家遺訓兩本）經有真詮足憲章（五經各摘註疏置案頭作課本）一點心源流脈脈門衰祚薄繫包桑　時在戊戌景崧周甲自志

馳贈奉直大夫　晉贈朝議大夫景崧錢公家傳

公爲吳越王裔姓錢氏諱璉原名峻號景崧世居金匱之嘯傲涇容齋公之孫冠林公之次子也少讀書於滸關之

龍華寺咀茹經史五經各摘註疏發憤自勵必欲以功名顯應小試者二十役曾賞識於邑侯齊公彥槐拔冠軍卒不售年且艾自是不復屑意矣家貧藉館穀以自給先是宗人錢繡峯孝廉故櫟學教授關中爲公延譽競以羔幣聘而公之輟遂南其訓徒也爲志者與之稽經講藝兼及敕躬之道成物之方其不帥教者則訶求纖責不少寬日有課月有程時節假館從無稽滯若有程限趣裝而去者鄉學之士率皆爭出其門下交口稱譽之在家恂恂惟謹同產五人行二兄歿庇其喪以長子銑後之爲銑授室通

家財既戕偶銑以贏疾早世六旬初度作述懷詩四首歷
敘生平顛沛事歲戊申子若孫舉七秩觴公曰壽吾必特
殺不可急止之其慈儉蓋天性然也生平不與戶外事然
於扶危濟困見義必爲館袁宅時有一省親船叩關既經
驗放矣被詰追還謂偷漏議重罰摧折百端公聞之嘆一
書僮到稅房曰果無違例也卒省釋之當是時關法森嚴
自間觸網難逃況巡丁逐利所至訛詐莫敢誰何受誣固
當敢希意外之援手哉公以片言將命立釋其冤一時錯
愕相顧驚且謝而公則不以爲異也至若投檻錢以息爭

者解館金以殮貧者草薦書以應有求於我者公歿之後
猶有踵門濺謝道其神德不衰而繼之以泣下者其爲人
可想見矣卒年七十有二次子銛余之壻也來請傳者外
孫宗濂以讀書世其家

論曰自銛爲余館甥習聞其尊府君慷慨多隱德銛性孝
值粵逆竄鄉奉母避地日作杞憂竟至沈痾不起噫豈非
命數使然哉其文選入梅里存英續集內宗濂繼七齡從
母育於余家能讀父書庶幾不墜家聲者爲牽連書之以
備採於家乘焉

光緒辛巳皋月三品封鄉飲大賓姻弟華存寬拜譔

讀書處記

玉藻曰父歿而不能讀父之書手澤存焉爾余每讀禮至
此未嘗不廢書而歎也曰不能讀者不忍讀也不忍讀而
不讀焉是墮先人之業也不忍讀而卒能讀焉足繼先人
之志也吾嘗持此意觀人而於錢君之讀書處有慕焉君
爲余友華子隨之甥余於子隨處因得獲交焉君名宗濂
號念岵爲吳越王裔世居梁溪之嘯傲涇世守一經家傳
萬卷先是君祖暨父嘗苦志芸窗屢試不售退而讀書談

道愉愉勿輟有隱君子風焉是以錫山嵇璜顏之曰讀書
處君少孤承先業旋遭寇氛避地他鄉迨事平返里廬舍
蕩然先人手跡亦被焚殆盡君乃小葺數椽爲下帷蠢讀
計屋雖打頭志深刺股一室之中風雨晦明無少間息蓋
其孜孜不已冀光先志奈時運不齊六試數奇年甫及壯
遂無意進取矣於是樂瑤編之萬軸謀置牙籤闢舊地於
三弓重新額第披松風而啟戶聽蕉雨而開窗不築高樓
何假遠山送到多留餘地儘教明月鋪來挹鴻岫之嵐光
分鵝湖之水色几淨窗明生徒列坐低頭作字昂首吟詩

因著作以自娛筆攄詞壇雜風雨鬼神而欲泣春生絳帳饒書聲花氣而紛披涉其流探其源採剝其華實而咀嚼其膏味夫而後見用於世則發爲事業救時之術驗諸寰區不見用於世則著爲文章經世之編垂諸宇宙此讀書之極致也客有請顏之者君則曰此地先人之舊齋也先人懷才不遇退而讀於此焉予小子豈有他志乎因仍其舊額念先志也嗟乎蘭亭已矣梓澤邱墟名勝之地踵相亡者不可悉數即有一二存者後人亦爲之改弦而易轍比比皆然嗚呼若君者富貴浮雲華孳作術不特善行已

宗譜備要　十

志亦可謂善述先志者矣近因肄業之多擁書之富故又於堂之西北隅置一軒安化黃自元顏之曰憤樂書軒至於室之布置精雅名花掩映俱不足羨吾所羨者在彼不在此也詩曰無念爾祖聿修厥德余觀君之讀書處而知君之念祖而修德矣余故樂爲之記

賜進士出身戶部尚書雲南司主事丙子福建鄉試副考官錫山王繹謹記

詔旌節孝錢母華太恭人六秩壽序（[illegible]絹卒巳譜中已載 作五秩壽序）

節母華太恭人同邑三品封鄉飲大賓諱存寬耕樂華公之女三品封拔貢舉人鴻模子隨太守之胞姊隆亭巾族濠水名宗蘭荃挺其蕙心珩瑀式其莊度起絮之吟早稱於綺歲纖縑之譽久媲乎前修蓋太恭人毓質名門作嬪鉅族錢君望帆先生之淑配而念岵世兄之賢母也憶自來室臨安旁和槃里潔蘋蘩而襄祀躅榛栗以承顏用博姑懽爰修婦順乃者欃槍肆欃烽燧告驚既遷移之靡止遂憂患之百方濟嬰夫疾弗瘳孤兒甫齔携姑避難抱子

宗譜備要　一

傷神既撫護之百方實拮据之萬狀其老者忘其子之去吾眼也其幼者不知命之不全於天也其婦而能子母而能父蓋如此歲之甲子痛姑下世哀毀逾恒喪葬盡禮由是箴紉弗輟於昕宵澣濯常先於婢媼於其間延名師以教子擇佳婦以宜子折葼秉教仉氏之宅三遷築室歸家湖上之棲十稔既勉新其棟宇仍無改乎誦弦晏嬰身後之書因鑿楹而益顯公父綍傳之緒賴課績而長延總角卯兮突而弁兮而其子遂成立矣茲者歲躔癸巳序值良辰爲太恭人六旬初度爰逢設帨之辰用卜添籌之兆稔

知虞緇貝葉淨蕪旃檀本薄浮榮豈煩護頌特念　太恭
人松貞抗節眞儀範之堪欽瓜瓞衍祥乃報施之不爽慨
忘蕪陋敢效引喤謹揚終溫且惠之徽以伸倬壽爾臧之
惜宗黨盛稱其節行嗣君肅播其坤儀謹瀝血誠臚陳事
蹟請於當事寵荷　詔旌　楓陛推恩　椒宮錫羨　龍
章允賁捧　綸音而子舍承懽兒笋騈羅夢綵舞而孫枝
在抱回想鵾湖波暖釀成嵩壽霞漿請看鴻巖花深卽是
忘憂仙萼非夫穌粹宅心齋重養福則曷由垂家範迓國
恩若斯之榮遇哉然其貞操勁節足以垂型樹表者既已

宗譜備要　二

准
建坊而勵俗崇入祀以揚芬其操乃彌苦矣其遇可謂榮
矣更欲秉筆以達之不已贅乎顧事有鉅有細有公有獨
彼其鉅而公者雖已揚諸
朝而播於衆其細而獨者豈容沒而不宣耶人之欽慕其
鉅而公者孰不爲閭里之榮哉顧吾所以重節母者非重
其榮而重其志行之堅有以止盡孝道下啟後人也是爲
序
光緒十有九年春王正月　世侍生會士鏞拜撰

詔旌節孝　誥封恭人錢母華太恭人節孝坊記
聞之桓菱守潔而行義之門高揭婦含貞而懷清之臺築
故甘泉圖畫爍爍休屑桼室芳華彰彰髦特大抵從容之
節必流久遠之香心愈瘁者報愈伸德自純者味自雋所
以支廈之木蟠陵谷而始堅款冬之花閱冰霜而斯耀也
如吾同邑三品封拔貢舉人華子隨之胞姊　華太恭人
湊水名閨武陵淑表以鵝湖之舊族適吳越之賢宗當其
了角持家笄顏祀膳謝公之女非小織素能工蔣侯之妹
者神題紅欲活年二十歸同里錢君望岜表叔時老姑張

宗譜備要　三

太恭人在堂華恭人愉聲問寢怡色承顏非熟梅蘇無問
於夕饋琴耽瑟好悉蘊其春和不嫌王章之牛衣甘守孟
光之鴻案豈知凌寒竹瘁向日風摧方調鏡裏文鸞忽化
園中幻蝶同心曲苦夢中之樂難尋化石山高天上之棺
莫返欲迴其馭何以報地下之魂欲闘其香何以慰堂前
之齒於是箜篌寫怨機杼偷生方吹彤管以緘愁偏值紅
羊之厯刼姑張太恭人又遭棄養上乏稾承之則下煩鞠
育之勞人太無艮天胡不弔況復全家灰土空懷東壁圖
書致教半世朱顏重理北宮環墳從此天荒地老月苦風

酸依椿蔭而可憐紀姑恩而彌痛血隱湘君之篔辛苦將雛淚穿鮫女之梭零丁養節一燈欲燼四目相看護榴房而子亦酸多入藥卮而龍眞骨出幸得殘柯局整孝筍竿長牽室家拮据之蘿否桃結瘦種子毋檀欒之竹幸草回春由是鈎弋重開楹書復讀李擁華穠之豔槐參鼎立之枝將昌大乎門閭先貧磐石待光榮夫堂構再造金甌於是鄉里榮推輶軒下采表中河之永節扶魯國之靈光無如松柏青凋桑榆景迫鳥傷弓而永悸蟲食蓼而難甘病結膏肓瘠環不能呈其效仁恩邱首嫓嬙不能喻其哀大

夢初醒芳華遂歇嗚呼痛哉今者明星有爛皦日回陽鄉里仰其音容

天子頒其綽楔花敘九樹參蓮菂於青泥青簡千年扇蘭芬於丹谷 弢 幸依葭末遠隔莪顛空懷古史之香難贊瑣珉之壽江花五色擬披彩鸞寫韻之圖樂石千春可作崔寶發祥之劵

宣統紀元歲在屠維作噩涂月　　表姪鄒弢拜撰

詔旌節孝　誥封宜人　晉封恭人歸臨安姊述

今夫人有兄弟如有手足兄弟姊妹皆手足也奈余終鮮兄弟僅有一姊弟亦多病念吾姊一生勤儉三十餘年之苦節烏可聽其湮沒而不彰者謹畧述之我　先大夫耕樂府君諱存寬母錢淑人生男女四人余兄下殤余妹中殤惟一姊長余六齡余小時保抱提攜惟姊是賴姊體父母之愛余也食必讓先余就傅晨必親送及長姆訓自嫻鍼黹克精年二十歸同邑鴻聲里錢氏姊丈諱銛字望屺翁諱璡早卒姑張氏在堂姊視膳問安孝養兼至得姑歡

心望屺少孤力學恂恂儒雅旋遭寇亂事繁體弱得瘵疾姊竭力調治親嘗湯藥疾革籲天請代卒不起時同治壬戌六月也姊苟延旦夕料理喪務每思身殉而堂上邁姑膝下藐孤知不能以一死塞責況寇氛日迫一夕數驚癸亥夏扶老攜幼流離遷徙避亂琴東三人相依爲命九月廬舍燬於賊蕩焉無存事平返里喘息甫定而姑卽謝世姊痛不欲生節哀經營喪葬盡禮自此子就傅母紡織如是者十餘年迨子成立迺爲娶妻連舉三孫尚以夫柩窀穸未安時深隱憂命子四出覓地乃得吉壤厥後姊漸著

歡容藉娛晚景乙未秋姊肩患疽後毒已淨瘡口漸合忽又轉痢以致元氣不支遂成不起嗚呼哀哉姊一生勤儉布衣蔬食紡具鍼黹終歲不離素健飯體亦肥以爲可享遐齡孰謂余既一病十餘年乃強者驟歿哀者尚存焉姊生於道光十四年甲午十月朔日子時卒於光緒二十一年乙未八月二十五日午時享壽六十有二子一宗濂以子職封宜人晉封恭人孫男三人長孫秉瓚以南洋公學畢業應聘湖南長沙影珠及經正學堂英算教員旋在鵝湖襄辦華氏果育高等小學校管理兼英算教員並任在

本鄉發起開辦第一南延小學校次孫秉璋錫金商業學堂畢業生現充城西菁莪學堂體操兼算術教員又充西路警務長幼孫秉瑞上海民立中學畢業生今肄業蘇省高等學堂曾孫男二臨照臨熙

弟鴻模曰人生處境最苦者節婦況遭亂世老者婆婆幼者齠齔流離顛沛避亂遷移當此之時生死兩難此更節婦中之尤苦者我姊躬丁其阨卒能保全復歸故土孤子成立榮邀寵錫而我姊之苦衷亦經特奏　准建專坊晚景稍舒孫曾繞膝頭角崢嶸差堪慰藉惜天不永年年

宣統紀元年己酉冬　　胞弟華鴻模拜述

恭祭

誥旌節孝　誥封恭人太師母大人華太恭人文

嗚呼鵝湖淑媛鴻麓賢母觀型來歸操持辛苦旋遭閔凶幾不欲生撫孤三尺事姑七旬髮逆猖獗道左流離奔走賊中生死參差扶老攜幼事養無虧旋平復歸恢宏故里教子迎婦崇勤出靡家有餘貲事無少虧子俊而秀能學能文孫枝郁茂郁郁彬彬節母之德語言能詳識其大者綽楔宣揚承志等從師有年回溯伊昔親睹節母操持松柏閨室無喧針紉勿輟雞鳴而起斗轉而息紡聲書聲相

和以諧節母事姑維孝維順節母教子以義以方節母治外有法有則節母治內有典有常至於親族節母則和悅以待每遇貧乏節母則解囊以償儉以成家和以致祥苦節一生家乘傳芳嘗諭（承志）曰汝學最勤可冀進取昔吾滿袖汝其庶幾尚期勉旃毋或負余（承志）質魯敢當此譽感奮駑駘自忘質陋倖邀一衿添列庠右玉我於成敢忘高厚嗚呼節母之生六十有二壽逾花甲矍爍精神祝母百年長我子孫豈其中秋一疾遽展雲軿醫不及藥巫不效靈恨無丹草可永仙齡嗚呼哀哉孰能甚此孰活斯人

母儀足式罔不追憶矧在小子涕泣漣漣嗚呼哀哉秋雨淒淒秋風漠漠丹桂香杳黃菊露溼淚染紅鵑聲悲白鶴睽我節母芳型難作敬奠椒漿惟虔惟恪有蔬載寧有酒載酌醱厄陳詞涕泣胸臆嗚呼哀哉伏維 尚饗

小門人 吳濟香 呂慕望 漢杲 國鈞
華恒德 朱晉坤 姪孫承志 國棟仝頓首拜
姜稚卿 翁德本 漢昇 國梁

義學改良記

嘯傲涇錢氏舊有義塾錢塘汪太史鳴鑾爲之記畧云錢武肅王三十世孫煒暨弟燦遵厥考容齋公（一字吉臣）之遺命捐置田畝創立義塾於義莊之東北隅於同治癸亥粤逆蹂躪及鄉莊燬而塾亦蕩然明年賊既平重構廳事煥然復新塾田猶存恢復亦易今時事變遷廢科舉興學堂凡有書塾及義學等名目一概改良每鄉間百家以上者設立小學校一所今嘯傲涇爲南延首區自宜設學以開風氣爰有發起人三皆錢氏之良也曰棣曰秉璜曰熊飛棣

字第榮錫金初級師範畢業生熊飛字濱賢秉璜字伯圭（熊飛字濱賢）郎容齋公六世孫余甥念岵之長子幼肄業南洋公學（即今郵部高等實業學堂也）畢業後充湖南長沙影珠及經正學堂西算教員光緒乙未余開辦果育高等小學校囑爲管理兼任西算教員今奉毛學憲札派南延勸學員故先於本鎮着手就義塾改良設立初等小學校於戊申四月初十日開學學生三十名因經費不敷教員即發起人充當俱盡義務至下學期伯圭因有果育職務難於兼顧是故添聘教員一位雖規模粗具而困於經濟難

臻完備百圖維艱凡地方之可以籌撥者擬仿他校而踵
行之遂於是秋開特別會兩次議將各鄉向在完漕時項
下帶徵之積穀款自本年冬起即撥入本鄉學堂之用此
即詳遵　奏定章程就地籌款之謂也余衰病侵尋果青
校務賴伯圭相助爲理前毛學憲派員調查看語有云管
理整齊教授切實年增進步益臻美備云云即今又在本
鎮熱心興學奈風氣未開發起人未免多任勞怨然此潛
移默化將見教育普及日進文明此鄉人士由小學而升
中學由中學而大學畢業之後庶幾學成致用俾中國轉

弱爲強則義塾之改良造福學界豈淺鮮哉余故樂而記
之
宣統元年己酉冬三品封拔貢舉人知府銜華鴻模譔

義學始畧 譜內摘錄

容齋公 諱 廷枚一字吉臣第四子爕遵厥考遺命及堂
弟煒協捐田六十畝先後續捐田八十三畝立爲義學
煒垣以私田十畝亦捐入義學以助子弟應試之費又
於塾西置廢基入塾蒔以花木爲讀書燕息之所
煒 廣揚公第四子字麟修號恬齋 垣 煒第五子字梯蟾號右浦 爕 容齋公第四子字彥明
嘉慶二十三年戊寅因起造義學款項不敷我高祖考
冠林公 諱 煌捐足制錢一百五十千文

義莊原始 譜內摘錄

鴻聲公子偕登公繼室楊太孺人同次媳周孺人捐田
贍族具題咨部乾隆二十八年癸未三院給匾同獎
義田始畧　亦楊太孺人與次媳周孺人願捐贍田壹
冊以咨部　義田始於乾隆二十四年乙卯
義莊成立於三十年司事二人各修十二兩膳各四石
廣善始於嘉慶十五年庚午在義莊東建造房屋成立
知非集　念岵氏稿　謁聖記略歲紀辛巳仲春艮辰
緣爲小試 光緒七年辛巳二月初三縣試初五祭聖 乃赴錫城適値上丁承

之祭聖同職司者與彼徐生南門徐殿卿名植其職維何獻爵於孟爰序其始進從東門東首側門多士濟濟齊集邊庭文昌閣下齊集登號整肅衣冠盥手澄清靜候傳呼魚貫以行由東階上徐徐而升露臺之上樂器列陳琴六瑟二栖一柷一搏拊一龍笛二鳳簫二洞簫二笙六塤二篪二編鐘一編磬一應鼓一鼗鼓一翟籥各三十有六至彼大庭雍穆肅靜仰觀殿宇巍巍厥成高懸燈燭煌煌尚明太牢在中犧牲兩分稻粱黍稷鼎列八珍其餘諸品詳註其名中爵登大羹篚帛俎左爵簠稻粱形鹽鉶和羹鱐魚籩棗栗榛菱芡鹿脯白餅黑餅右簋黍稷韭菹鉶和羹醯醢豆菁菹鹿醢芹菹兔醢筍菹魚醢脾新豚拍各物通贊宣聲各司其任引贊有生正獻官升以上為第一節於是迎神鐘鼓齊鳴舉麾有生樂奏昭平舉畫龍者升擊柷三聲上香官升四配次進振麾有生此舉畫降龍者止樂肅敬櫟梧六聲以下作樂止樂俱做此例此為第二節奠帛爵行初獻上升贊在麾生曲奏宣平起舞舉旌節贊有生六佾四更舞用六佾文武生三十六人各執翟籥服紅色補服戴裹金銅頂在乾隆五年起加四人以備吏替正獻復升籩爵奉承拜跪以興有生引贊讀祝就位恭讀版文樂贊止聲俟讀已竣樂乃復興次以四配復詣哲位初獻禮備樂舞止贊以上為第三節亞獻次進樂舞秩平以次獻竣樂舞暫停以上為第四節三獻上升

樂舞敘平獻畢而退舞生亦退退就樂縣拱立南對以上為第五節於是正獻復升受胙中庭獻受俱竣跪叩始興以上為第六節徹饌贊稱樂奏懿平既徹事竣贊樂止聲以上為第七節通贊送神鐘鼓齊鳴有贊麾生樂奏德平奏此一巡拜跪而興送燎下庭各司其任樂作一巡通贊禮成禮畢而退鐘鼓復鳴各退至門排班肅靜一跪三叩辭神始行所有頒胙分送家庭如與祭者之家不在城中則於登號特註明就近送至某處以薦祖考榮賜以稱某愧無才幸覩宗廟之美聖德之備謹註以歸畧記梗概

遊西高山記在無錫西門外二十里堰橋鎮之東

山高數十丈為漢高岱居此死即葬此山故名焉又距東數十里有膠山因高與膠同音故加西字以別之山上有土蟹洞及禮拜石等故蹟甚多詳下癸巳之春上巳良辰余訪友至西北鄉堰橋鎮任友家入其門則閑闃爭雄登其堂則琴書俱備少焉雞黍盛設賓主情殷席罷而任友訓余曰當此日長如年靜坐無聊況草舍不甚容膝盍往遊乎余欣然從之遂偕其弟槐庭之弟槐舫三人同行出門長往遙聞鐘鼓之聲管籥之音任友訓余曰此賽會之聲耶言未竟而旌旗蔽日鼓角喧天山鳴谷應一時之都人士女逐隊成羣窈窕盈衢目不暇給信步而往行不半

里有崇山峻嶺茂林修竹任友謂余曰此名西高山也上有古木林立遺蹟甚多盍訪之遂拾級以登無何而蹇會者亦至遊人擁擠余與友窮其巔則白雲在抱紅塵不染南望張塘北覽君山東有堠嶺西觀白湯歷歷在目行不數武見兒童在處羣聚若獲寶然有喜色而相告曰吾得之矣吾且多得之矣環而視之余寓目焉所得者何其光閃閃其色瑩瑩童子在握宛若明珠掌上友顧余而笑曰此眞掌上明珠耶昔則爲眞今乃假矣問其故友曰曩者緣取此珠人命攸關以致雷擊故

今此物雖產而不能用片刻即化烏有東有一送子殿余遊其中見佛座邊有一古樹根大數圍斜出座右透露殿外余從外而觀則見其枝葉之茂盛而古怪離奇且半面見有焦痕老僧告余曰此名龍樹昔匿大蟒以致雷擊半焦而今則儼然挺秀何莫非山之靈龍之精噫亦奇矣哉下有小澗已涸旁有一穴見小兒埋頭爭取余視之乃白土也再遊至東見石壁巍峩下有小隙友曰此名玉蟹洞也相傳云昔壁間有玉蟹兹則蟹去而洞見矣又行至南中山之北三茅行殿後石澗旁一

石有三條印深寸許又有小圓印又有凸起印長三寸許廣寸許相傳曩時有仙歇息於此其小圓印者爲油盞也凸起印者爲火刀也三條印者欲將此山移置他鄉以把所鑿之印也至今又累累在目嘖嘖人口云又東有石澗名曰金鈎釣月因澗形如鈎當夜月皎潔上下輝映宛若金鈎之釣月其名固不虛耶此眞天造地設之佳趣也又行至西見一泉深不過尺許上有石壁題曰介福泉三大字下款云康熙二十三年立乾隆某年住僧某修其文模糊其跡斑爛古氣磅礴惜未修輯

亭臺池榭俱已坍塌弔古者能無唏然神傷耶客有告余曰其北山巔半峯東邊有一壺泉及紫芽茶等勝蹟甚多其泉深不滿尺廣以寸計倘遊人帶壺汲水無論大小每一壺而竭少頃則泉生如前不盈亦不涸離泉數武有草如薄荷即謂紫芽茶取其葉以泉烹茶此乃幽人逸士之雅致也又云北山有奇花焉其葉如蘭叢生於巔每在暮春於叢葉中發苗一莖至秋乃高尺許而吐蕊其形如葵其色若妃馨香撲鼻鮮明可愛名曰銅苗其下產銅而精華上發也又西有崇福寺乃三國

時孫樵之母所建碑碣尙存歷歷可考焉余欲往以廣胸懷任友謂余曰夕陽在山人影散亂蓬門在望歸而談心可也余以不及徧訪古蹟暢遊爲憾遂尋舊路而返至家已上燈時矣乃索筆以記之

遊九龍山記　戊子之秋與友人同遊邑中名勝之處過水則一葉扁舟蓬窗歌嘯逢山則笠屐長往必登峯造極按邑乘中所記古蹟不盡得之不休也菊月之初至古九龍山（今稱惠山）有亭翼然昔陸羽所品第二泉在焉行其右數百步有如瀾漾一道自山巔直下此謂黃公澗時因久旱故無滴

水向之飛泉百丈瀉玉噴珠今不可得而見矣復遊至二泉書院之左（即丞相李公祠）上行百餘步有碑上書點易臺三大字（篆文）碑之左百餘步有大圓石一邊亦篆書太極二字後有石月灣形亦有篆文數行斑駁難讀再上行二百餘步即明邵寶點易臺其臺年久失修已無一椽之蔽風雨僅見大石二長方（約長三尺許厚二尺餘）斑駁離陸晶光可鑑石上賁起處琢石硯形想係當時所用之硯抑或後人好事者爲之不可臆而知也又上行百餘步有小石室一所內可容二三十人高約丈許內石壁上鐫有邵香谷先生小像名流題詠作贊上鐫甚多惜山僧不甚愛護以致異方流寓貧苦無力者往往借宿於中剝蝕之痕彌漫之跡其文幾不可讀矣其左右石壁凹處二人可對坐回談天然陳設詢非人力所能致也其餘古蹟尙多擬盡訪之奈夕陽在山匆促返舟留爲後日之遊矣

鴻山記　鴻山邑之東山也古名皇山吳地志及南徐記皆稱泰伯宅東九里有皇山讓王崩卜吉於山之西麓至今巍然存焉及漢高士梁鴻來隱吳中居是山役

人遂更名曰鴻山山本名皇轉而爲鴻因伯鸞也山週僅七里高不過三十餘丈凡四嶺以名勝傳者十有八東曰梁鴻宅梁鴻井棲鸞洞讀書處滌硯池相傳梁鴻耕讀之所而人因以名之迄今千餘年而談逸事徵其地猶歷歷得之他如畫中亭放鶴臺棲雲洞眠松壑試劍石劍池楊梅塢梧竹坡至其西曰朱砂潭石徑山茅行殿此數處雖命名無考要皆幽人逸士往來之處也更西曰望虞亭合讓王墓爲十八而莫子詩中歌及者僅十有四豈流傳失考耶外有梁鴻寺卽鴻故墟又有

石壁及華子園琴壇亦嘖嘖人口云山凡四嶺東曰鐵山東之西曰花園山中曰石鵲山其西即讓皇墩石徑紆廻澗溪環繞蒼松古柏絡繹森布四嶺中鐵山爲最登其巔者西望笠澤東睇滄海每春社祀饗瞻仰先賢車馬旌旂充牣巖谷而遊人士女亦賽會於此繡弓乍試團扇初攜烟桑芳草以迷人雨灑桃花而映面裙屐林泉莫此爲盛余亦時一登之爲之低徊而不去耶嗟嗟天地巖凝之氣結而爲山其亘峙宇宙歷世不變凡大如五嶽其不得而泯沒者固無論已乃以江東之大

其百倍是山寂寂無聞者何限則洵乎山不在高有人則名也我於是山甚有慨焉是爲記

鴻麓小詠 十八景計十八首

梁鴻宅 在山之東麓即今之鐵山寺內有鴻隱堂額文徵明八分書堂中神龕內供梁鴻夫婦像

功名輕擲等鴻毛小築山廬意自豪偕隱何人能可樂
首陽千載節同高

讀書處 在鐵山寺中

耕罷蕭然擁百城春秋佳日最怡情著書未顯名山業
留作千秋瀑布聲

梁鴻井 一名華子泉元末華幼武闢圃於此後而鑿之以石作亭並刻銘焉銘曰鴻山之巔井有泉臺而未渫千餘年今日華子重濬爲挹取不改功斯全 明天啟間徵士浦濬雲偕弟冲漢集邑中名儒吳桂生華貞元輩諸名流講學於此

引汲寒泉俗慮空澄清照影此心同耕田不取人間水
御勝巢由洗耳風

滌硯池 梁鴻洗硯處

錦心一片影重重怪石嶙峋碍短筇想到臨池揮灑樂
墨痕尙掛碧雲峯

棲鸞洞 在山之絶頂南下數武廣丈許左右旁通因鸞而名一名鸞遊洞亦名棲雲洞

不棲龍蟄只棲鸞小隱林泉意自安世上茫茫荆棘裏
何如咫尺地天寬

晝中亭 一云即望虞亭

倚壁峻嶒入望中長松引到滿庭風縱然復有徐熙筆
難譜斜陽一片紅

放鶴臺 臺築於園園爲華氏別墅在西嶺道左踞山陽之勝

銅雀姑蘇付刼灰茫茫誰問舊蒼苔古人已共仙翁去
夢想神靈化鶴囘

棲雲洞 即或棲鸞洞

盤石紆徐曲復斜此間雲霧擬仙家不知人世興亡事
且對桃源萬樹霞

耽松壑 即今龍母菴在山之北麓四面俱水惟南渡一小木橋

長短疏枝映雪明蒼蒼點綴暮山情滿林風雨沈幽壑
疑是寒濤入夜生

試劍石 山有巨石分爲兩截宛如劍痕

蜀客驅蛇碎壁飄將軍射虎夜鳴雕即今石上雙潭印
尙令英雄怒不消

楊梅塢 在山之南麓所謂蕩口楊梅也

宗譜備要 十二

條條垂柳拂征轡點點寒梅映翠鈿最是銷魂堤上路
軟綿香霧嫩晴天

梧竹坡 即石灘在石壁之東而稍下平廣可坐百人

梧竹參差綠映坡漫看鬬影舞婆娑秋聲一夜瀟瀟送
細雨斜風別恨多

劍池 一云即滌硯池其形如劍式故又曰劍池也

崖壑何人問舊蹤腥風閃浪鬬蛟龍千秋磨盡英雄血
誰識豐城紫氣衝

石徑 或云即石壁峭立丈餘上有一平境可容數人行走下臨龍母菴也

兩峯並峙密林交一徑迴環繞林梢窮處反通通處絕
置身已自到雲坳

朱沙潭 在山之東嶺岩下有一潭中多小石朱色而軟磨之暑浮黃色紅膀土硃鄉人俱取用之

牛頭灤洞入望深邀將皓月影常臨分明一片徐州土
宛看忠臣旦旦心

三茅行殿 即大士菴故址在山之東嶺上殿中有迎暉閣洗心軒拱秀軒

小小行宮曲曲廊雲峯當戶畫屏張鐘聲一夜三山度
催落[illegible]天萬樹霜

讓皇墓 在山之西嶺

宗譜備要

三讓高蹤萬古推登高憑眺幾徘徊河山歷盡滄桑變
贍此周家土一坏

望虞亭 在山之中嶺與虞仲墓遙遙相望亭中有石碑刻有季子哀慕歌其歌云先王既徂長實異都哀喪腹心未寫中懷追念伯仲我季如何梧桐棲棲生於道周宮館徘徊臺閣既除何爲遠去使此空虛支骨離別垂思南隅瞻望荆越涕淚交流伯兮仲兮逝肯來遊自非二人誰訢此憂

[illegible]角臨風對翠岑離情遙望夕陽多塤篪千載青山古
常棣應更採藥歌

手不釋卷圖小影自題 光緒丁酉作

時年四十有二作此以敘半生之顛末其首章樂少壯也次章志困頓也三章悲風木也四章望繼述也

窗前草滿綠還稠手執新書讀自幽撐腹敢云堆萬卷昂頭常欲想千秋治平事業安能望性道功夫祗自修聽得鳴鐘三度報韶華虛擲去如流（圖中有鐘針行下午三時以喻年過四十將暮景矣）

屢試龍門未入庠自知書味少深嘗（自同治甲戌至光緒癸未計小試五次耳）無心進取敢投筆有志營生且習商（辛卯夏始設綢布業）湫隘囂塵埋歲月經營子母飽風霜而今披卷增悲慨賺得英雄鬢已蒼

椿庭早謝意傷哉轉瞬紅羊歷劫灰（同治壬戌夏喪父次年癸

亥秋避難）指望慈雲春久駐誰知愛日蔭又摧（光緒乙未秋喪母）頻思手澤忍披覽莫振家聲歎不才獨有蓼莪書一卷閒來三復有餘哀

承先臺負雙親意敢後每期王子良際此外家開講社（丁酉春外家書塾內創舉蒙養講舍於是大二兩兒俱肄業焉）能可師訓啟愚郎祖傳遺訓須常切字著辯聲細校詳（著有依韻辯聲界及杏秋三名韻編均未愜意深望後人爲吾校勘之）深望後人能繼述莫教如我一經荒

自述以示兒輩（宣統己酉冬作）

余自同治壬戌失怙以來越一年癸亥髮逆下竄烽火逼人於是侍重闈飄泊異鄉貧苦殊甚事平返里屋舍蕩然意欲他徙（羅宅蕩口）先慈誡之曰房屋雖燬祖基猶存宗祀屬汝宜返故鄉以圖苟安汝幸有成吾歿亦瞑目矣但貲財已罄田產空存無以爲生計若何余拱立而對曰敬聆母訓願無慮也倘藉祖宗之靈終當遂願爰構茅屋兩椽於舊基奉重闈居焉迨明年甲子夏五祖母棄養先慈哀痛逾恆以致卧病兼旬昏迷者再余則求醫問卜後漸向癒於是外祖父母來迎先慈歸甯余隨侍以往即受業舅氏母勤紡績數年之間稍稍積聚遂於同治甲戌改前之茅屋爲苟完之（舍宇）兩楹越明年乙亥光緒登極先慈爲余授室困於境舌耕度日節衣縮

食淡泊自甘惟恐有忘先訓也五應小試不售（同治甲戌起光緒癸未止計試五案）命途多舛至乙未中秋先慈棄養（八月二十五日午時）嗚呼痛哉念吾母守節三十餘年（二十九歲守節至六十二歲壽終實記守節三十四年也）茹苦含辛扶吾成立不知幾費熱血茲雖事經聞朝（光緒癸未江蘇巡撫衛榮光專摺特奏請旌恩准建坊入祠）墓前坊立（宣統己酉冬建立）聊慰親恩於萬一然清夜自思余生平所抱恨者旣不逮事父而事母又未能盡爲子之道每念及此輒耿耿不安耳爾輩常宜體此凡祭祀必誠必敬是木本水源斷勿輕忽此即成余之志也吾勿足學當求所以進之今畧述數語欲使

曹爾知之而有感於心耳茲雖就業異地（大兒秉璋在滬口充當果育學校西算教員二兒秉璋在錫城商業學校畢業現任西路督務長三兒秉瑞在蘇垣高等學堂內肄業）而心不可異也爲兄爲弟爲子爲孫宜以孝悌忠信數大端身體力行則福祉備膺矣書曰作善降之百祥此之謂也

五十九歲自述詩（民國甲寅作仿袁簡齋太史九十自壽詩體偶成七律八首）

自笑將開六秩筵繁華過眼等浮煙堯天舜日時依舊美雨歐風事變遷勵我冰霜矜晚節任他桃李逞新妍名韁利鎖無爭競便是逍遙物外仙

兵燹當年未遠奔相依慈母伴晨昏干戈歷刼家雖毀骨

肉流離命尚存避難就安梅呂鎮遷居多藉外家恩於今痛定猶思痛回溯當初淚暗吞

少小燈窗課業時龍門赴試五宗師半生有賴歡承早畢世無聞悔已遲入夢難尋春草句開編怕讀蓼莪詩扳輿奉養恩難報潘岳年來鬢已絲

五十功名志已灰誰知六十老來催頭銜虛受前清職志趣原非用世才此日含飴聊歡樂當時學業枉栽培爲看遷易風波惡深處蓬廬少往來

家住鵝湖鴻麓間杜門世事不知艱喜無俗客爭相競時有高人共往回看花要在霜雪裏品士何能皮相攀老我尙餘薑桂性區區自笑覺慚顏

世事茫茫屢變章尙文尙武競爭強幼年失怙又遭亂壯歲無成徒自忙誥誡諸兒勤實業商情學理必深嘗半生祇念望鮮過自愧無能惟酒狂

難忘最是渭陽情幼讀詩書訓誨精絕少知名稱里黨愧無實業耀鄉城人情久歷方知險世味深嘗惟至誠祇就葫蘆依樣畫懶從舊調再翻更

自家心事自家歌身漸衰頹奈老何有福但求腰腳健無

能反覺門庭和飄飄鬢髮今漸少冉冉光陰去忽多畢竟生平忙底事數典聊爲每自摩

又六十七歲自述詩

文廟龍飛歲在東丙辰如月子時中旱魃橫行多赤地慈親外恙苦無窮（余生於清咸豐廟號文宗故稱文廟六年丙辰二月十八日子時是年夏大旱浜河無滴水惟大蕩略可行舟時我先慈適患乳瘤就醫之舟繞道而行月餘始痊也）

顧視高堂白髮雙恩深顧復每心降詎料年交纔七齡椿萎六月赴仙邦（是年壬戌六月七日先嚴棄養嗚呼痛哉余僅七歲也）

入夢熊飛欣到闔明珠掌上自爲奇三兒連舉差堪幸癸

未生年次第推名是年癸未大兒生名秉璜又次兒丙戌生名秉璋又庚寅三兒生名秉瑞投筆爲商在蕩街幼習帖括曾於同治間五試不售遂無意進取而棄儒爲商在光緒辛卯設立廣森昌綢布號在蕩口鎮狹街經營子母興無涯乙未中秋傷厄運高堂六二痛抛懷光緒乙未秋八月二十五日先慈棄養嗚呼痛哉時年六旬有二余年四十歲也庚戌三秋志趣高參觀勸業樂陶陶訪尋古蹟心常切瞻仰皇陵首欲搔是年季秋與大兒秉璜率蕩口果育學校師生等數十人由無錫乘車赴甯參觀南洋勸業會又至朝陽門外瞻仰明孝陵回至五龍橋明故宮又瞻方孝儒血跡亭俱荒廢不堪歎昔何其甚今何其衰擬將搔首問青天歸而略記五十餘頁痛別吾妻値仲春室氏自去冬患病至今春二月下旬五日長逝哀哉

宗譜備要　十八

兒孫易服最傷神幼男應聘就湘席湘南長沙明德學堂聘請三兒秉瑞充當西算教員次女于歸芊尖陳是年冬二女適芊尖陳氏癸丑年來意氣揚全家康泰喜非常大兒議長新選定代表八民立會場花甲周來事亦常諸兒何必樂稱觴是年乙卯余値六旬兒輩爲余稱觴焉三房不幸兒妻卒吾室亡魂舉殯忙四月下旬三媳卒五月上旬先室出殯王祠三登己未春丙辰丁巳己未三次到杭與祭始祖武肅王祠杭城與祭在中旬每年春祭二月十六日秋祭八月二十四日臨安離杭城一百二十里也謁墓祠墓俱在臨安城中太廟山同宗敘同叩龍山文穆神二世祖文穆王墓在杭城候潮門外龍山

四次遊杭又到臨民國十一年壬戌春仲由杭到臨與祭墳廟並撰書楹聯謁縣太廟墳廟門謁表微恍再行與祭多欽敬老朽重來祖績尋尋得婆留井在南門外二里許開化寺廢址右擬將先立大碑後建石亭以表見千[illegible]秋[illegible]遠

預壽七秩述懷詩

記得初度賦述懷蹉跎又將十年來時年六旬有七夏作春花秋月成虛度大袖寬袍費剪裁痛我舊文遭覆缶讓他新劇競登臺弦歌消歇兵歌起怎與王郎道莫哀花月良辰肯放過行將七十待如何酒杯到我須斟淺棋子輸人只見多日月如流毋抛棄光陰宜惜莫蹉跎商情

宗譜備要　十九

學理諸兒習祖績宗功獨吾摩老來心性似孩提信有天眞任笑啼扶杖尙誇腰腳健接談偏怪話言低冰壺月朗三潭澈銀海花生五色迷悼歎中年絃早斷余年五十有六故園今日無雙棲落落晨星感舊遊繁華過去數從頭幾曾愛月先歸寢那有看山不上樓足跡遊踪在滬瀆襟痕酒漬記杭州曾於丙辰丁巳己未壬戌四次到杭與祭表忠觀又至臨安與祭始祖之墳廟生平自恨無才學清夜思之正覺羞

宣統二年庚戌秋參觀南洋勸業會詩

乘興同遊勸業場是年九月上旬六日與大兒乘瓚車蕩口果育學校師生等數十人赴錫城乘特別專車至寧垣參觀南洋勸業會車行迅速喜非常是日上午十一時四十分在錫站上車至下午五時十分抵寧垣下關離奇光怪都羅列地產天生畫錦張各館爭奇廣眼界各省俱立本館即以土產諸品俱陳列本館以供遊者參觀共有四十餘館電燈密布遊人忙此會場中如紀念塔及各館門戶瓦簷屋脊之上並各館之內遍裝電燈一萬二千餘盞訪尋古跡心常切瞻仰皇陵氣象荒余於十一日下午乘人力車出朝陽門三里許瞻仰明孝陵回至五龍橋明故宮遺址進瞻方孝孺血跡亭俱荒廢不堪徘徊久之歎昔何其盛今何其衰耶歸而略記五十餘頁

辛亥夏四月與族姪𡋾瞻及鑑三同遊天平山

放棹姑蘇快入城乘興得意到天平俗稱范墳以謂范文正之墓也今余親歷其境在高義園石坊之左數十步偏屋內有一老僧引導入內曲折以行見濁池中有大石一座約高六尺濶二丈自下而望如蝙蝠形自上而望如官印老僧謂余曰此即謂印石也再上行左右有深澗二道自巔而下直至山麓濁水時流幾如一瀉千里之勢老僧曰此名天開河也昔范公未營葬之前相傳此山險峻風水惡劣不堪營葬范氏不信遂啟築焉忽天大雷電霹靂一聲震闢此式耳再上行里許見有大石碑一座約高二丈許濶約六尺上書云唐杜國麗水府君之墓此九大字正書又兩旁小字云范公諱愔唐丞相之六世孫也無彊公子文正之高祖以侍郎任幽州良鄉主簿調處州麗水縣縣丞始遷吳地葬正某年重修此小字計四十九也老僧口講指畫而已

同宗叔姪多佳話踴躍先登往上行徐徐雲影空中拂去處處繼光覺迎新匾懸高義恩前賜乾隆十六年恩賜坊匾巖石玲瓏不染塵

先慈節坊有感

回溯慈親守節全（二十九歲守節至六十二歲壽終實計守節三十四年也）奏由衛撫

己多年（光緒九年癸未江蘇巡撫衛榮光專摺特題請旌恩准建立專坊）甲辰諏吉深冬

日鑑定崇坊立墓前　贍仰遺型欣有在詔旌特旨非無

因區區涓滴恩難報聊表先靈苦志伸

宣統元年己酉冬建立

吳越錢氏世墓表 本支源流

始祖誠應武肅王 葬杭州府臨安縣署之左百餘步太廟山麓本名安國山

二世文穆王 葬杭城候潮門外龍山之東麓

三世忠獻王 葬龍山之西原

四世太師公昱 號就之葬嘉興府崇德縣西北洲錢市

五世殿直公紞 號燮軒

六世進宗公 遷錫始祖葬軍將山左猪嵜山

七世能甫公 葬戈塹之左昭穴

八世紹庭公 葬吳塘

九世國器公 湖頭支祖

十世宏基公

十一世容度公

十二世志甯公 葬軍將山正峯以下俱葬此山

十三世寬甫公 上下塘支

十三世慶甫公 馬橋支

十四世

明遠公 上下塘支

光遠公 毛支橋支

希賢公 惠市公分

昭遠公 許墓支

華遠公

耀遠公 馬橋支

十五世

復初公 常州東鄉支

子達公 藏經號支

子潤公 萬安橋支

彥嘉公 青陽支

本初公

子原公

彥春公 上下塘支

十五世彥實公

十六世伯起公 橫涇支

十六世伯和公 上塘支

十六世伯剛公 下塘支

十六世仲循公 毛支橋支

十六世仲益公 袁巷橋支

十七世

梅堂公 一字文林是諱文林支祖

松堂公 橫店涇支

公惟公 小二房巷支

公善公

耕樂公 延度橋支

筠堂公 湖廣支

歸耕公 延度橋支

汝容公 南場支

十七世汝信公 南場支

十八世

惟常公 諱種德行一三德支嘯傲涇派

惟孝公 諱順德行二三德支三房巷派

惟義公 諱正德行三三德支七房橋派

惟賢公 橫店涇支

惟心公 小二房支

存廣公 延度橋支

宗美公 延度橋支

十九世

孟清公 嘯傲涇支

孟深公 周莊橋支

孟溶公

孟津公 三房巷支

孟浩公 三房巷支

孟溥公 磚橋支

時顯公 延度橋支

昨非公 大房莊支

二十世 伯川公 錢六房支

斗朩世

陋齋公 三房巷支

蘩雲公

序班公 即東林公伯川之兄

世梁公 嘯傲涇支

世範公 周莊橋支

世瞻公 三房巷支

世臣公 三房巷支

世端公 磚橋支

世恩公 六房巷支

宗譜備要 四

卄朩世世則公 延度橋支

二十一世仁熙公

二十一世雲溪公 即昨非公墓左

三十二世六平公 嘯傲涇七房內即子宣公之父

三十三世清溪公

三十三世子宣公 即六平公之子

軍將山墓祭議據

立公同議據震暘永章洪章丕顯等爲軍將山志甯公等墓每年祭掃下塘集分輪辦已經六載今思經久不廢之例故公議下塘公置祭田十四畝六分一釐九上塘亦置祭田十畝自後上下塘各一年上塘祭桌四席下塘祭桌六席輪一次費以八千四百爲則以悠久計祭品甯儉毋奢所有議款開列於左立此公同議據存照

計開 祭墓順序

進宗公墓　志甯公墓　慶寬甫公墓

光遠仲益公墓　明遠彥春公墓　伯剛松筠堂公墓

宗譜備要 一

伯和公墓　梅堂公墓　惟常公孟清深公墓

惟孝公孟津浩公墓　惟義公孟溥陋齋公墓

惟賢公孟澤公墓　蘩雲仁熙公墓　昨非愛日公墓

以上各祖墓下塘五分輪值　馬橋、三房巷　嘯傲涇七房橋 北錢 上塘三分輪值 北段　光遠公支 南段　惟賢公支 中段　昨非公支　本年下塘值年則年上塘值年自後以此爲序每年傳單於春祭惠山王祖祠發上下塘皆然　祭品五色　肉 三斤　魚 二斤　雞 二斤一只　蛋 五個　葷拌酸　主桌加兩點心每墓備土地盤一副墳丁賞封每

墓（錢五十文）分餕上下塘各五桌船錢酒飯杯發惟墳丁一桌
值祭者折錢四百二十文（孫丁二百八十 陳丁一百四十）值祭者端備香
燭酒飯楮錠照祖各兩副
乾隆五十五年春二月　日立公同議據
筆　甬三　此據存莊

宗譜備要　二

猪苓山筆將山墓祭祀位
進宗公王夫人　能甫公吳夫人　紹庭公許夫人　以上十二位共一桌
國器公過夫人　宏基公李夫人　容度公陸夫人
志甯公過夫人　慶甫公婁夫人（四位一桌）寬甫公陸夫人（二位一桌）
明達公唐夫人　彥春公華夫人（四位一桌）伯和公周夫人（二位一桌）
伯剛公陳夫人　筠堂公徐夫人　惟賢公周夫人
孟澤公王夫人（八位一桌）梅堂公周姚夫人　惟孝公夏惪夫人
孟津公鄒徐夫人　孟浩公夏蔣夫人　愛日公鄒夫人（十四位一桌）
世梁公司馬陳夫人（三位一桌）每年零有祭費
錢七百文在義莊領取

十峯公鄒史夫人　清溪公金夫人（五位一桌）惟常公鄒李鄒吳夫人
孟清公邵孫夫人　孟深公惠夫人十位一桌　惟義公鄒夫人
孟洪公華夫人　孟溥公華王夫人（七位一桌）慕雲公華夫人
仁熙公華王夫人（五位一桌）伯川公鄒夫人（二位一桌）
仲益公曹周張夫人四位一桌　光遠公李唐夫人　孟謙公陸夫人
汝朋公蔣李夫人八位一桌　昨非公華夫人（二位一桌）
以上各祖墓祭品六色用鏇子魚肉雞俱用冽圖鴨子三
鮮又素菜四色點心水果各兩盆又土地盤兩副各祀墓
之嫡裔照管祭畢賞墳丁各支每給一百文又靈官殿和

宗譜備要　三

尚賞二百文　進宗公　志甯公兩墓以肉換用猪頭又
用帛一張對錠綴一副祭時要贊禮餘墓則俱不用俟各
祖墓俱已祭畢後各裔孫齊到許舍里分餕　每桌肉約
三斤　魚斗一斤　雞一斤　蛋五個　拌酸一盆
咸豐元年爲始所發祭餘共十四桌
上塘　宅基上　店涇上　小二房巷　竹球橋　六房巷
南段發兩桌　蔣家橋發一桌　壽安橋　大房莊
橫涇　小溪橋　河潭橋　中段共發兩桌
毛文橋　延渡橋　南場　周倉橋　袁巷橋

宗譜備要　四

放鷹四莊　北段發西兩桌
下塘　馬橋　嘯傲涇　三房巷　七房橋　北錢
鄒莊橋　三義莊　星濱橋　共發七桌
辦祭約數　肉三十斤　大魚二十斤条　雞六隻
鴨子五十個　肫子六隻　大蝦三斤
素菜　水果　點心
軍將山去祭墓路程詳記　由嘯傲涇本鎮解纜向西出
橋橋港本名廟橋港過老馬橋及小馬橋[illegible]雙板橋
橋前有小市至此計五里自木鎮三里免渡橋參木[illegible]

三里唐甜橋木一參橋前有小市木行三里望仙橋石一里碩望橋石
一里鐵路橋一里板梢出望濱河卽河通九里新安鎮過楊
龍橋石又名徐陶涇橋櫓後墅濟至此處橋後第五[illegible]進橋一直過小木橋
斜角一直望西二里陸莊橋[illegible]望西帶扳望北推梢
望西南過闊河擺渡處在村左首一直見浜即扳梢進狹涇望
西北帶扳過搖手灣望西再扳梢望北帶扳再有搖手灣
出浜再扳梢望北有石橋三里華大房莊沈姓居多新木橋在街
自本鎮至此二十四里此至南坊前鎮二小里自過橋第一条浜推梢望西南又
望南過楊木橋石塊木面一直望西南櫓後有浜不進去帶扳望西過

宗譜備要　五

元郎橋石俗呼唐橋過橋望西進第二条浜推梢望南過
鴨莊木橋已坍過橋基望南卽帶扳過搖手灣望西南一里
鄙安橋石過橋望南推梢有擺渡處[illegible]轉
灣推梢望南過搶址卽大扳梢望西北帶扳第三条浜推
梢望西過成性橋新木橋名南過橋閘推梢望南逢四角河帶
板望西一直過橫干橋石公本泰名豐黃廟龍[illegible]一直望
西有擺渡處過新橋木石參塊帶板出口進[illegible]安曲
木石共橋參塊十至望里此計西有進大後環一洞直橋在[illegible]
[illegible]

稍一直望西南過後丁石橋石
蔣五家里橋倚齊早集卽到倘不到燒香浜[illegible]
過之從丁石橋直一過前丁石[illegible]
鋤符橋木一直有小灣過濱東[illegible]
橋木過橋櫓後第四条浜進浜[illegible]
雙石卽五倍華呼者謂有小木橋甚低家卽過橋少許又有小木橋
左右有村卽停舟登岸至錢秀壽觀家齊集前年議定叨借敍處合整衣
冠至對面中里許苛山麓恭祭
壟錫始祖進宗公墓禮畢後至軍將山祭志甯公等墓

世染公墓山路記　自靈官殿東屋角大路望北過象山
黃谷生墳北 過南北顧巷西屋角望西大路旁有華表柱一對
再上約行二百餘步有石墓門 門右秦姓盜葬處俗呼秦職方墳也 是也
杭州王祖祠記畧　三十四世孫宗濂念岾杭回謹誌
民國五年舊曆丙辰秋九月初六日偕族姪 國棟兆榮 等赴蘇
由南濠招商局買至杭連票 客艙洋每人一元二連飯 附輪至嘉興北門外
登岸即上火車抵杭 計上午六時在蘇附輪至下午二時由嘉興上車抵杭晚五時 謁
王祖祠 在湧金門外西南里許西湖畔俗稱錢王祠即在柳浪聞鶯之對面也 今無錫慧山
之分祠因錫地子孫衆多赴杭與祭路遠周折故於前清

乾隆四年請旨建立也　初七八等日偕同人等遊湖至
小瀛洲及三潭印月淨慈寺古木井花港觀魚岳王墓公
園諸名勝遊畢遂於十二日回蘇抵家也 王祠御筆及誥名勝對聯錄下
坊額　功德坊 光緒三十年兩江布政使翁曾桂爲錢王裔孫光奎謹立
又坊柱聯 功勳合五百臣之多一代規撫紉吳越 德化被十四州而遺千秋坊表示湖山
又聯 湖山露眞態 功德說先王 又陰面 五百功臣肇興北宋 九重聖主賜祀西湖
御碑 三座立頭門內 保障江山 康熙四十四年御題
澄瀾保障 雍正七年御賜
忠順遺庥 乾隆辛未御題

御聯 勳勒金書納土當年資保障 業基石鏡築塘奕禩慶安瀾
殿額　湖山保障　順天者存　江海爲東
又聯 公獨埽羣雄問當年討漢誅昌半壁河山誰整頓 我來新廟貌看此日丹楹刻桷千秋棟宇復舊觀 廣東巡撫浙江布政使護理巡撫世襲騎都尉額哲克克巴圖魯長湘潭蔣益澧謹譔沐手書
偃草辭軒佐命帝室 剖符受玉銘勳景鐘 杭軍分府汪嶔集選并書
十四州安堵無驚帶礪垂盟半壁河山資保障 三千弩雄風猶在金湯永固一堂俎豆報馨香 浙江財政廳 張壽鏞題
又聯　捍海築金堤鯨浪常恬累世共欽明德遠
射潮驅鐵弩鳥號宛在餘威猶仰大王風

同治五年丙寅春浙江候補知府前署紹興府事三山楊叔懌謹譔作書
十四州一劍霜寒關門天子開門節度 三五夜羣斐玉鼇陌上花開江上湖來 光緒十年春嘉善金安清謹譔并書
又舊聯 啟匣尚存歸國詔 解弢時拂射潮弓 劉墉題 今勒石立殿中
又　力能分土提鄉兵殺宏誅昌一十四州雞犬桑麻
撐住東南半壁
志在順天受眞主迎周歸宋九十八年象犀筐篚
混同吳越一家 張岱謹譔
王祖祠本在清波門外南屏山之南方家峪寶藏院左

明嘉靖三十九年總督胡宗顯巡撫周斯盛請旨以西湖
靈芝寺改建表忠觀通祀五王蓋此址即王之故苑也
又在臨安縣東後唐應順元年建後坍毀至宋宣和重建
又在縣南二里功臣山開化院後梁貞明二年十月建
宋祥符元年賜今額此址係王之故宅也
王祖生祠在臨安縣西蔵桂坊北梁開平四年勅建
太廟（在安國山即太廟山）明正德十二年臨安縣知縣廖瑜建
清道光十二年江蘇金匱裔孫（派立本）等及太倉宗人伯瑜
名寶琛正爲浙江糧儲道將除雲南按察使捐銀大修墳

宗譜備要 八

廟北京王祠在前門外草廠胡同南首蘆草園春秋諭
祭每年值祭裔孫名單（連下名單二種書牌懸於彭祖樓下）
又逐月管理裔孫名單
每年祠祭二月十六日　八月二十四日
文穆王墓祭每年二月初三日　九月重陽日
墓在杭城之南候潮門外龍山之麓
忠獻王墓即在龍山之南玉屏峯（今無考）
丙辰秋遊杭謁　王祖祠詩
久擬遊杭謁祖行（王祖祠即表忠觀在杭州西湖畔）今秋始克快登程升

堂瞻仰五王像（武肅文穆忠獻忠遜忠懿五王像俱塑）數典研究三世英一
葉遊湖覽勝蹟六旬有興慰生平（余時年六十一）行宮改組公園
地（清乾隆行宮在孤山今改公園）御筆猶留月日年（上有乾隆癸未御筆碑亭）
又作　得意乘舟破浪穿眞山眞水實天然瀛洲雖小多
佳品（在三潭印月之後日小瀛洲懸有名人字畫且陳設精美）花港能書有老禪（花港在高莊清乾隆辛未御題花港觀魚即在于忠肅公墓道石坊前又老禪名豁廬）萬字亭前欣顧盼（在浙江先賢祠之後）淨慈寺內快流連（在清波門外南屏山周顯宗閶吳越忠懿王建清康熙三十八年南巡幸此御書淨慈寺額即在南屏晚鐘之後）岳墳紀念留遺蹟（在湖山春社之東北）
（即在棲霞嶺之陽）古井相傳運木仙（即在淨慈寺內香積廚中相傳云昔建寺時苦無木材僧

宗譜備要 九

濟顛祖師忽一日有木自井中出且層出不窮適足建寺之用寺成乃止今餘木尚在井中惟不能拔出寺僧設瓦繞之號稱古木井凡過遊客至此納錢數十文僧即啟門秉燭視其中果有大木在焉）
又記遊（序事）民國五春舊歷丙辰菊月上旬叔姪同行蘇
垣附輪嘉興車乘如飛迅速快抵杭城專誠謁祖寄旅湖
濱乃雇小舟明日遂行臨湖巍巍祖祠宛在表忠崇坊三
世五王御筆褒秉恩寵王靈周旋瞻仰拜跪維謹載興載
奔瀛洲岸登陳設精美雅觀無垠萬亭曲曲潭印清瀲
遊淨寺御賜以名爰覽古井神運奇聞花港清幽漁舍匝
鈎坐椅精刻飛鳥欲出小閣臨流鷗渡沈浮岳墓前進碧

血丹心忠孝兩全萬古留名再瞻行宮公園改稱拾給上
升御碑在亭赫赫綸音年月如新亭臺樓榭撲去俗塵奈
時將晚同人促回遂折下行浙軍克甯紀念碑亭夕陽下
流留作役遊回舟返棹抵寓焚膏昃宵安臥次朝返蘇抵
合匆匆畧記行踪　又作寫景　民國五春舊曆丙辰登高
節近咸阮並行蘇垣輪附嘉興車乘鐵道馳驅快抵杭城
專誠謁祖寓宿湖濱愧余小子遲遲兮進謁若乃念表忠
兮銘碑碣昭示萬古仰遺型兮臨湖濱賜祀千秋縱覽上
天之清影兮映到澄潭悅萬頃之金波兮磨出新鏡聽殿

宗譜備要　十

上之鐘聲兮聲震大地彼座中之獅象兮盡皆知音御筆
題名環球竟無雙寺神井傳來運木可有千枝欣看附郭
之山光人行鏡裏而憑欄則倚空樓閣身置雲間瞻岳林
圖兮景仰遺型過棲霞嶺兮慨歎忠魂而乃再瞻行宮御
碑則年月如故公園改組坊額則筆墨已新覩高樓之在
望藏圖書已千萬快名花之寓目沾雨露兮衆多旋見浙
軍克甯紀念碑亭不覺夕陽下墜頓思奔走兮返棹抵寓
休息返蘇次日回里欣欣聊寫遊景　以上詳註俱見詩中

丁巳秋重遊西湖謁　王祖祠記畧

民國六年舊曆丁巳秋八月二十三日上午九時同　族姪
十良　山木鎮登舟解維至下午三時半抵蘇登岸晤　協庭
一同附輪　今至杭連票勿售故包大房艙洋四元六角加飯兩頓洋一元二角　至杭登岸謁
王祖祠　所有御碑及匾額楹聯等俱見丙辰年記畧內
又於二十五六日遊湖抵毛家埠登岸　路旁有石人石獸據云是毛墓廢物
遊飛來峯及上中下三天竺幷靈隱寺等處所有御匾及
對聯詩記詳下遊畢遂於二十八日附三等車　每客洋二元二角半
上午七時半上車十一時抵上海下午三時至蘇返里也
毛家埠故跡　俗作茅　明熹宗二年壬戌五月授毛文龍總兵

宗譜備要　十一

又四年甲子十一月加授援遼總兵官左都督　賜銀幣
又懷宗崇禎二年己巳薊遼總督袁崇煥殺文龍事上聞
上意殊駭　冬十二月逮袁崇煥下獄處決論祭　毛文龍葬西湖
飛來峯故跡　一名靈鷲峯晉咸平元年西僧慧理至杭
登此山曰此中天竺國靈鷲山之小嶺也不知何年飛來
故後人因以名峯清康熙二十八年御摩厓飛來峯三大
字其峯高數十丈而怪石森列矯龍奔象伏虎驚猿縱橫
偃仰千態各出不雜土壤勢若浮懸虎皮籐古木穿石隙而
生者皆抱石合皮石壁間布鐫佛像元僧楊璉眞伽所爲

或云宋人所爲住世羅漢十六尊也今已模糊難辨矣
靈鷲興聖寺　在合澗橋（俗呼狹澗橋）晉開運三年吳越錢忠
獻王建名靈鷲寺大中祥符間增興聖二字內有滴翠軒
及九品觀堂東坡祠元末燬其基今爲張墓
靈隱山　在城西十二里周十二里高九十二丈又曰武
林山又曰（靈苑仙居）又曰虎林晉曰靈隱用飛來故事也此湖
北諸山總名故云周十二里今別立巨石分書仙姑寶雲
履泰飛來天竺等名今僅指雲靈寺後山曰靈隱其寺內
有石塔四吳越錢王建殿前有拜石長約丈餘有花卉鱗

甲之紋工巧如繪也　山門口石柱聯（世出世清一泉水住無住心半峯雲）
上天竺　後晉天福四年僧道翊結茅山中見瑞氣發前
澗就視得奇木命工孔仁謙刻觀音像會僧勳從洛陽持
古物舍利來納頂中妙相以具吳越忠懿王夢白衣人求
治其居乃命工役開路築基即地剏佛廬號天竺看經院
南渡後累朝臨幸宋孝宗御製大士贊錫內府寶玉三品
改院爲寺又剏十六觀堂法輪寶藏殿堂門匾咸賜奎章
理宗御書廣大靈感觀音教士八大字又製贊文及殿記
慶元時改額曰天竺教寺歷代所賜及士紳樂施珠貝金

玉設有大櫥藏之一僧專司扃鑰有日月珠鬼谷珠玉缶
玉鐘觀音像諸寶（詳見錢塘遺事）清康熙三十八年修葺御製碑
文又乾隆十六年御題門額曰法喜寺後殿曰寶陀飛觀
吳越經幢　在法喜寺門前刻佛頂尊勝陀羅經并建幢
記末行題吳越國王造五大字（正書）
中天竺寺　坐稽留峯對永清塢隋開皇十七年僧寶掌
從西域來入定於此明洪武初賜號中天竺禪寺清康熙
四十二年賜額靈竺慈緣寺中有華嚴閣天香閣白衣觀
音堂如意泉一名大悲泉玉掌橋永清塢在寺之對面有

心菴白雲岩玉液泉又棋盤石其平如砥老僧掃葉林中
往往得石棋子塢即靈石山也
下天竺法鏡寺　坐飛來峯對月桂峯晉僧慧理剏建名
翻經院宋天禧四年僧遵式環立羣宇多至二百餘區清
乾隆三十七年賜題法鏡寺額山下有葛仙翁煉丹井旁
有丹灶堂今在下天竺寺藏院內又寺中有七葉堂西嶺
草堂又有蓓步堂（即後堂也）又有金光明三昧堂（即懺堂也）在法堂
之右僧遵式建宋理宗御書額昔式建此堂時每架一椽
發一聲諷誦大悲咒七遍建炎間金人至積祈其下焚

之薪盡而屋未燃堂後有重樂檜腐物也嘗兵火所爍式
主席時柯葉復茂中興兆也
御書閣　藏累代宸翰
宋御圖　宋高宗駕臨賜額
丁巳年重遊西湖謁　王祖祠詩　丁巳中秋又赴杭重
登祖祠叩廟堂同宗族誼多佳話數典皇恩仰舊章御碑三座
詳上此去遊湖欣鼓棹飛來疊嶂出異鄉飛來峯故跡亦詳上頁雲林
寺額前清賜賜額見上天竺盤桓上下忙三天竺俱見上頁
己未春恭詣杭城臨安與祭　王祖祠記畧

宗譜備要　十四

民國八年暮歷己未春二月十四日與族弟俊生及族姪
壽松瑞庭由蘇輪至杭登岸即至各同宗處晤敘十六日上午
七時與同人等步行出湧金門半里許見御碼頭及石坊
即功德坊坊字詳下表忠觀俗稱錢王祠進頭門立御碑三座碑字詳下再進
左右兩廟立蘇碑內進大殿叩謁五王像匾聯詳下見同宗已
有數十人在焉余等一一互相授片歡迎欣敘族誼並簽
名分派執事於是知今歲係商山仲齋值年時杭縣知事景崧
來致祭禮畢即去乃行私祭陳設一切其祭品等物大致
與祭孔畧同古樂勿有惟先以祭品等陳設在外廊大桌枱上

俟祭時則與祭子孫親手逐一獻上禮畢後再進內樓下
祭前五代祖先兩席各依次拜跪畢然後吃祭餘共計有十三席
俟各散時每人分胙肉一斤十七日偕族子仁及余同人
等至松茅場由航赴餘杭每人一百計六十里十八晨乘轎每肩計洋一元
五角出西門一直石路五里白衣亭又二里七里亭即古亭半
里丁橋十里亭有小市十餘家又二里楊梅灣亭內有譬局轉灣路旁多植
細竹半里肯頭灣有小市二三十家以上計行十三里二里斜角灘即過界石
橋本名杜木橋俗呼大馬橋石環有茶亭此係餘杭臨安分界處以橋爲界
故稱界石橋地名汪家埠半里青山有小市二三十家關熱暫停出轎吃飯廿

宗譜備要　十五

五里茶飯登舉再轎行三里張子廟一里秦皇澗一名成功津自肖山
至此計行五里半里百嵩嶺俗呼白家嶺溪邊有石虎一只朗王墓上之靈獸也詳見下隧道記半
里長亭昔門上書長亭故里右有小廟在旁邊二里五柳橋俗呼五里橋離臨安五里一
里十錦亭南去到徽州路半里跨溪橋跨苕溪七環洞俗呼長橋西塊文昌閣將圯右塊廟
已毀半里林步山亭一名家林寺半里臨安東門並無城郭惟有如城門式之石
庫門門右有大碑上書錢武肅王錦里上額書十錦花封詳見下頁進
城至太廟山麓出轎與同人等登　王祖廟進頭門見壁
上貼有臨安縣主事榜示廟祭日則及各執事銜名詳見下頁
儀門後大鐘鼓兩架又左右有石碑兩座書法詳下又大殿正

中王祖木主神位左右四王之位余等叩謁禮畢即命祠
丁投片各同宗後有墳廟事務所長胡仁壽及事務所會
計員錢佐周又值年招待員錢士忻廟董錢佐胡等先後
到來敘談族誼歡迎之餘遂有點食煙酒送來余等用畢
後遂與同宗等到山即在廟右山麓叩謁　王陵神道碑已磨惟見廟右有破損
石凰並見路旁石仲石獸等俱辱在埏塗且多破損惟陵前石仲左一完全豎立右一倒地殘缺矣塚前大
石碑一座書法詳下瞻仰之餘不勝今昔之感乃同廟食宿內
樓十九日雇轎每肩八角遊玲瓏山詳見下頁又至功臣石鏡兩山俱詳下頁
二十日晨偕同人等叩辭　王廟揖別同宗遂乘轎抵餘杭宿

二十一日至杭雇轎每肩八角出候潮門七里海月橋再里許
化仙橋出轎至墳丁孔細生處命他引導至　二世祖文穆王墓
叩謁禮畢碑記詳下擬再謁　三世祖忠獻王墓據云無考乃罔
二十二日與同人等附輪回蘇各散次日抵家
所有臨安縣公署榜示廟祭日期及各執事銜名錄下
爲榜示事本年三月十七號即陰曆二月十六日致祭
錢武肅王除敬謹籌備并佈告外所有主祭陪祭與祭分
祭以及各執事銜名榜示屆期務各預先到廟恪恭將事
以昭虔誠須至榜者
計開
主祭官縣知事　李祖怡

陪祭官墳廟事務所長　胡仁壽　姚祖範
與祭官商會會長　陳德厚　事務所會計員　錢佐周
警佐　孫多戴　管獄員　余鼎銘
縣公署科長　翁紹勳　又科員　許錫九 何承裕
分獻官東配縣視學　張繼宗　又西配勸學所長　盛鴻逵
正殿司祝　胡廷藩　鳴贊　王鎮邦　傳贊　高倘
與儀　周鎬　司褫　路步雲 張彤　司帛爵　胡國駿 盛明歡
司樂　姚偉士　糾儀　孫燾　東配分贊　姚祖模
東配司帛爵　吳傳鈞 盛琴　西配分贊　胡燦

西配司帛爵　戚綸 鄒鈞　司瘞　錢江
中華民國八年三月十六日　知臨縣事李祖怡
發錢王墳廟前實貼
此廟祭之費先期十日廟董開具領狀向縣取洋二十元
預備祭品等物至日卯刻陳設一切辰刻致祭
儀門後大鐘鼓兩架石碑二座左碑書吳越衣錦軍道光十七年派書立
右碑書　錢王祠記字跡模糊且有裂紋乾隆三十一年丙戌立
外照牆內面御書龍飛鳳舞四大字徑尺左右石庫門兩座
右門上外額曰　武肅王神道　道光十四年鄭親王書

左門上外額　同右

兩庫門左右石柱上　歲時防護　永禁樵採道光十六年重修裔孫等謹立

又門內有　古井一座泉清共汲　又有　古樹三大株約十餘抱

又有　華表柱一對完全　又　翁仲　兩位已殘缺

王陵在太廟後半山此山本名安國山因置王祖太廟故咸稱太廟山山周二十五里高七里墓基原數有

二頃四十五畝二角二十步今幾被人侵佔殆盡雖經屢

次奉　憲清理追出僅存實數九十六畝有零道光十二

年裔孫派立本等修墓重立大石碑於塚前書法詳下

唐故天下兵馬都元帥尚父守尚書令兼中書令吳越國

宗譜備要　十八

王謚武肅錢王之墓　又碑左右聯六國保民功崇萬古射潮捍海德炳千秋

唐長興三年三月庚戌王薨朝廷賜謚曰武肅又詔工部

侍郎楊凝式譔神道碑文　應順元年壬午正月賜祭葬

於安國縣即今之臨安縣衣錦鄉茅山之原茅山即安國山今稱太廟山也左右

有龍虎二山一名龍印二川其虎山前爲太廟臨街爲廟

門明正德十二年臨安縣知縣廖瑜建頭門三楹拜臺上

所周圍築牆垣又東門外之大石碑亦派等立

東門外大石碑在門左上書　武肅王錦里　額曰十錦花封

道光十四年錢裔等立石　臨安縣訓導金衍宗教諭沈煊

王祖故里在臨安縣南門外二里開化寺創功臣寺今廢唐乾化中吳越王捨功臣堂所建寺基即故址

十錦武肅王既貴還鄉大宴父老昔時釣遊之所皆覆以錦故有名衣錦營衣錦山衣錦南鄉衣錦北鄉錦溪錦橋晝錦臺晝錦坊保錦山衣錦將軍木爲十錦

洪勝王墓即在開化寺南半里許功臣山麓本名天官山唐昭宗以王有大功詔改今名俗稱錢塢壠也

石鏡山即在功臣山之右其東峯一圓石如鏡王幼時嘗與羣兒遊此王臨鏡見有異像羣兒則無所覩也後王貴還鄉覆錦更名衣錦山也

功臣塔即在功臣山上錢武肅王建　功臣古檜在開化寺王親手所植也今無存

彭祖故里在治東地名八百里有廟存焉

彭祖墓　在治東十里八百山上有大石碑存焉

宗譜備要　十九

臨安縣志卷一陵墓門照錄　錢武肅王墓在臨安縣治東

五十步屬立碑一爲狀元呂柟立墓旁有五祖石室花紋

甚細墳前神道華表翁仲石獸現存今春秋二仲致祭以

文穆忠獻忠遜忠懿四王配明正德間浙江按察僉事許

贊復墓側侵沒山田歲入租爲祭費縣令廖瑜建外門三

楹又萬曆間縣令黃鼎象壁石禁墓側蔭松大小七百五

十株清光緒間邑令陳爲鑑邑紳俞廷獻合捐洋一千元

存典生息以作春秋墓祭之費

廟祭定期　官祭春二月十六日　秋八月二十四日

墓祭定期　私祭　春二月初三日　冬十月初三日

此次恭詣臨安專謁墳廟兼之求尋祖績事畢回杭謁

二世祖文穆王陵由金芝麻巷電報局前雇轎每肩一元出候

潮門外十里海月橋過去花仙橋孫墳丁屋後二三百步

龍山之麓本名越王山俗呼玉皇山一名卧龍山又名龍華山丁步嶺正峯對面吳

家山左天花山馬兒山右蔣墳遙對丁石口火車站其東

有登雲臺後梁龍德間錢王建又名拜郊臺錢王祭臺也

其側有靈化洞錢王之勒壁在焉

墓前大石碑一座高約二丈餘潤約丈餘厚約尺餘上書

吳越國錢文穆王墓八大字每字經約二尺深鑴寸餘其左右款字書下行

上款南京同鄉高陵呂爲下款浙江提司兼僉事林雲王裝

墓前數十步有石碑尺餘見方吳越神宮四大字上款浙江等

處提督軍務兼理糧餉阮元題下款嘉慶十三年裔孫等立

墓左　有禁碑上書錢塘縣盛爲文穆錢王墓諭禁事云云

忠獻王墓亦在龍山西南玉屏峯下今無考

壬戌春四次遊杭重詣臨安與祭墳廟記畧

民國十一年舊曆壬戌春正月二十九日赴蘇三十日下

午與瑞庭姪附輪至二月初一日晨抵杭登岸晤同宗多

人約定三人同行望之仰高仲昆於下午由小快班每人二角

六時抵餘杭登岸偕同人等至大通旅館宿客房洋五角郎前年寓

初二日晨八時雇轎每肩洋一元半與同人等乘轎出西門路程詳前

至下午二時半抵臨安東門內太廟山出轎與同人等登

太廟叩謁五王見各處同宗到者已有多人食宿內樓

初三日祭各祖墓　彭祖墓在治東十里地名八百里八百山百圖嶺

洪勝王水邱夫人墓王名沛號仁澤妣童氏夫人在南門外二里功臣山水邱夫人墓有二

治南三十里水邱塢旁有定安院王之祖妣也一在衣錦鄉消風里之南原王之母也

武肅王墓在太廟山　元妃戴夫人墓在西門外三里明堂山郎保錦山後

戴夫人係臨安縣福興鄉西十里明碧村戴艮卿公女今其裔孫戴忠林現任教育會會長

以上各墓祭品每墓葷素六色水菓三色點心二種酒飯

三盃香燭一副紙帛一叚大龍元五副鞭五百高升五個以

上祭品三墓俱同惟功臣山墓酒飯六盃也

墓祭定期私祭現經理裔孫佐周號繼甫　春二月初三日十月初三日

廟祭定期官祭現任縣知事徐麟祥　三月十六日八月二十四日

此廟祭之費先期十日廟董開具領狀向縣署取洋念元

預備祭品等物至日卯刻陳設一切正案前左右全猪羊

各一又案上祭品用籩豆十六具內盛魚肉半羔海味園

蔬及枝圓桃棗等品又錫器四具則盛黍稷稻粱又帛張
各一至於左右四王案上則用籩豆十二具品物畧同辰
刻縣知事率各執事員來廟入客座茶敘片刻後以俟陳
設舒齊即恭詣堦下行禮三獻已畢然後各裔孫依次拜
祖禮畢縣知事退入客座用茶點後各散午刻分胙送各
執事等猪羊肉各二斤與祭子孫各一斤
太廟匾額　勲高吳越　民國八年夏浙江省長齊耀珊書
又造福一方　光緒二十八年冬立　署臨安縣知事魏象謹立　民國己未年重修
吳越蒙庥　民國九年夏四月立　知臨安縣事吉林趙成恩題

宗譜備要　圭

民國八年己未夏六月吉立
錦樹思功三等文虎寶光嘉禾章　浙江錢塘道尹沈致堅敬題
又楹聯　累世偉業豐功自應俎豆千秋仰望錦衣傳故里
爲民禦災捍患想見旌旗五色安排鐵弩射寒潮
戊午秋南蘭陵李寶章謹撰并書
係前任縣知事祖怡之父
又　千秋廟貌萬世功勲想當時捍海保民赫赫神威在
夙仰陵寢今幸瞻拜看此日摩碑考績巍巍祖德難忘
民國八年舊曆己未春二月中旬宗濂三次到杭與
祭表忠觀後即詣臨安太廟山恭謁　王陵兼訪求
祖績謹記而回今又於　民國十一年舊曆王戌春二
月朔日重詣臨安與祭　墳廟畧盡微忱謹擬是聯
鳩工縣此聊誌不忘云耳江蘇無錫三十四世孫宗
濂念皓沐手書時年六旬有七目盲漫塗
又碑文　重修臨安錢武肅王墳廟記

常州錢氏臨安所自遷也鏐宦遊南北歷皖魯奉直汴各
省以來未嘗一登太廟山景仰　我祖風爲慽六年三月
仲弟增勳奉檄宰臨越月書來述王祖墳廟燬廢狀意修
復之而患於資之無措也竊念吾　王奄有吳越以不嗜
殺人之訓保國保民傳世之再賓服於宋其仁讓之風有
足揚天和被後世者豈獨長我子孫哉今仲弟歸宰祖邦
汲汲焉以復祠爲志將以風世之爲人後而忘本原者乎
矜將示我國人知仁讓之無時不獲報也是宜急成其志
乃首輸銀幣五百并命次子方度三子方軾合輸同量之

宗譜備要　圭

幣馳書敦促謀於族人及諸邦人君子而上大府焉大府
報可而四方子姓及邦國士紳欣然慨然合力籌度出資
贊助不數月而預算已定遂卜吉六年八月興工越八月
而竣事鏐愧嗣王三十四世生勞勞六十餘年竟忽於
祖墓而喜仲弟之善補兄過克規先緒也謹識其崖畧如
此裔孫鏐謹記增勳謹書　民國八年三月　吉立
臨安縣署內　王祠神位及額聯碑文謹錄如下在二堂之左
錢武肅王尊神之位
又匾額　規畫周詳　光緒二十年遂昌蔣孝林 蕭山沈豫桃弟子敬立

又對聯

功高十國　托庇平安　澤被全杭

東南保障　俎豆千秋

同治庚午錢塘曹慶堂立

又碑文　在縣署內王祠左壁間

嘗聞錢武肅王拼吳越以抗大宋朝野安全合乎孫而加

褒賁史冊表著當是時發跡臨安城曰衣錦郡為王之嘉域也夫何此遺年遲墓基改為縣署末有能識辯者自乾隆乙丑冬元奉　簡命承乏茲土往往有語詢凡父老紳士皆能言其大局而一日公餘忽見一堂左角間異鳥翔集且歷求履此巷遊空洞有聲於信精英不昧靈爽在茲若非重為保護庶免人之踐踏慢褻耶余於己巳春捐俸鳩工移堂作祠因清理地面之間露出參磚乃召錢裔等共觀之後遂蓋淨士故立此錢王墓碑尤望將來賢令次第恢廓廟宇俾錢氏後裔厥修祠事以妥前靈則

崇德報功之典庶可垂永久於勿替也乃援筆為之記

三間正中以金鍊懸棺一具前設有花宮椅一隻案桌一張案上供有吳越國王諡武肅錢王之神位又王香爐一座玉燭臺一對甚大又供古玩金玉否器約十餘

稱似曰所未睹不識其名左右有朱棺五具亦以金鍊懸之各小案一張案上郭后之神位又有馬夫人之神位又雲倘夫八之位又明妃又朱神位又下有馬夫人之鐵則隻征乃一十餘油紅燃細燈又尚明遂郎購油加滿鐵計川大簑油鐵膠二雙燈滿蓬出火將鐵門閉封深恐匪徒竊人故以錄其門外復加石壘閉焉更見上抑托卽行集貧修壁計用銀一百七十餘兩其石器有不全者補之惟內有石虎一隻因昔時靈異能至溪中飲水後仍回原處後誤飲穢水失靈難回故至今猶在溪邊在東門外

百岡嶺前
光緒二年三月二十三日杭郡裔孫子諾書於松茅場
是年春族伯以三名元創杭同筆述照錄
王墓上孤室即五祖石室大者已廢惟見小者在墓東關后廟
中後殿天井內石座上扁如小石室約高丈許約潤四五尺長方形
裘留井　在南門外二里許開化寺右寺已廢僅存址約百步餘
田畔有古井一座石圈八角式口徑四尺其中蔓草叢生
水尚清澈可飲即裘留井也今擬發起先立大石碑一座
後建石亭此係元始故跡斷難任其湮沒即請諸位宗臺

宗譜備要　丟

裁奢施行耳遞井旁走川四翻山過去約百步餘川是
洪勝王墓塚前石梢一張其邊鑄宇云戊午年知臨安縣
罪三十四世孫增勳重修餘外石亭已廢僅存兩石柱焉
又有蓮花柱一對又石獸四隻上首一隻口鼻已損餘但完全
此次重詣臨安與祭　王祖墳廟及考求　祖績永陸
兆進跋涉山川俱觀歷其境奈余已年邁來遲況值陰
晴不時難以徧訪爲憾罕得一二回時譜誌耳
支派源流　臨安宗譜　一世武肅　二世文穆　三世忠懿
四世惟演忠懿王第八子字希聖子十一第四子昉所蘇州之昌山又第十一子曙居蘇州之無錫

五世晦惟演第六子　六世景臻晦第九子字道叢子四第四子燈自中嶓遷居臨安爲臨安始遷祖
衍派嵩興黃與觀察派及文端公派常熟祿圓子揚孝康派
又無錫宗譜　一世武肅　二世文穆　三世忠獻
四世昱忠獻長子字數之子卜六　五世統號之第十四了子二遜進
六世迹石門錢林支　進字晉宗宋祥符間自嘉興遷於無錫沙頭是爲遷錫之始祖
太廟重建徵信錄摘要　民國七年舊曆戊午夏重建
太廟所有捐資總數共計四千三百九十九元一角五分
又　共計用費洋三千九百五十九元三角九分
收支相抵實存洋四百三十九元七角五分

宗譜備要　毛

八年冬以存洋悉數置田五畝七分六釐六毫以作每年墓祭開支
墓祭簿內摘要　民國七年春經理裔孫佐周等具稟呈
縣請將　王祠祭田共計十七畝四分零三毫存以垂久遠
每年墓祭每期約開支錢二十千文
壬戌春重詣臨安與祭　王祖墳廟同謹作
四次遊杭又到臨墳祠明謁表微忱再行與祭多欽敬老
朽重來祖績尋　迹日天公兩不收求尋古井仰裘留讓
開設法亞永久先立高碑示後頭　余自丙辰丁巳己未
及今壬戌四次遊杭詣臨與祭墳廟後擬即尋求　祖績

同宗叔姪多佳話踵躡先登德上德後雲影空擁去處

處繼光覺迎新匾懸高義恩前賜（乾隆十六年□賜坊匾）巖石玲瓏

不染塵

宗譜備要　二

南嘯傲涇文林支惟常公派容齋公諱廷枚房譜

光緒辛巳以後續修備稿

三十一世　三十二世　三十三世　三十四世　三十五世

煌　廷枚長子　字冠林　乾隆十八年癸酉九月二十三日生道光五年乙酉十月初二日卒　餘詳舊譜

城　字宗藩　餘詳舊譜

銑　字望諸號倬雲　餘詳舊譜

德溥　字少雲　詳舊譜

宗譜備要　一

南嘯傲涇文林支惟常公派世表

三十一世至三十五世

璡　原名峻字景崧一字景嵩　餘詳舊譜

銛　原名文銛號稱崧字望岷　一字望溪　誥封朝議大夫　賞戴藍翎加二級太學生所著有韻學溯源及帖括津梁道光十五年乙未四月二十二日午時生同治元年壬戌六月初七日辰時卒享年二十有八歲娶華氏誥封朝議大夫鄉飲大賓

宗濂　字念岵號如水　欽加五品銜　賞戴藍翎加二級太學生所著有依韻辨聲畧及古今字准春秋年表春秋凡始便覽春秋三名韻編又四書五經總字韻編四書五經別解摘錄四書五經辯誤摘見又歷代帝王韻編歷代人物韻編歷

秉瓚　字伯圭號御香　光緒九年癸未六月二十日午時生南洋公學畢業生應聘湖南長沙影珠學堂西算教員回蕩口襄辦果育學校兼充西算及地理教員又奉學憲札派南延鄉勸學員郎在本鄉發起開辦國民學校應聘湖南長沙影

諱存寬耕樂公女同治癸酉拔貢聯捷舉人候選內閣中書知府銜子才胞姊道光十四年甲午十月初一日生光緒二十一年乙未八月二十五日午時卒壽六十有二三十有九歲守節至光緒九年癸未蒙巡撫部院衛榮光專摺特請詔旌節孝建坊入祀誥封恭人宣統元年己酉建坊墓祔合葬南延鄉下扇三十七都一圖忠字九百五十五號新阡主穴立甲山庚向兼卯酉三分詳載墓圖

代郡縣誌編歷代古蹟考略又纂文便覽共一十三種又善星命及大六壬課咸豐六年丙辰二月十八日子時生娶華氏候選通判國學生蝶然公次女咸豐五年乙卯十二月二十六日子時生民國元年舊曆壬子二月二十五日亥時卒壽五十八歲誥封宜人於民國八年舊曆己未九月初六日先卒在望吧府君之昭穴

子三

秉瓚

秉璋

秉瑞

女三

長適東亭華秋崖

次適羊尖陳恆明

幼適上海尤

珠及經正書堂西算教員光復後任本邑司法部職員又縣議會副會長又屠稅稽征所調查員娶華氏邑庠生曉蘭公幼女光緒七年辛巳九月初十日生

子三

臨照

臨燕

臨烈

秉璋 更名其強字濟香一字佑民光緒十二年丙戌二月初九日生錫金商業學校畢業又法政講習所畢業生民軍起義光復時與華墨林秦效魯等率商團舉義旗於邑城組織軍政府罷兩邑知縣及清廷各官僚革沿途釐卡安慰四鄉乃回城繳令任軍政府中軍官

兼四城總稽查官全國鹹政改良會聘請駐津調查專員又蒙直隸都統何春江調回察哈爾任督察廳衛生科科員行政科科員署消防督察長內務部警官傳習所及京師警察廳實習警佐職務二年畢業蒙長沙范靜生總長呈准黎大總統仍分發察哈爾以經正任用豐鎮縣第四區警佐現因家貧親老就近本省充蘇州警察廳任督察處外勤稽查員車站檢查員警察教練所會計兼庶務文牘等員娶徐氏五品銜候選同知紫紹公次女光緒十一年乙酉正月初九日生

子一

宗譜備要 一

南嘯傲涇文林支惟常公派世表 三十一世至三十五世 四

臨熊

女二 長字本城蔡徐 次幼俱未字

秉瑞 字餘杏 號夏民
光緒十六年庚寅二月初七日丑時生上海民立中學畢業生蘇省高等學堂畢業充蕩口果育學校英文教員應聘湖南長沙明德學堂又上海惠縈福建廈門集美學校西算教員娶蕩口華氏光緒十六年庚寅二月十五日生民國四年即舊曆乙卯四月二十五日卒年二十六歲繼東亭華氏選初公女光緒二十三年丁酉正月初五日生
子二 女一
臨熊 蕩口華出
臨勲 東亭華出
女幼未字

宗譜備要 一

南嘯傲涇文林支惟常公派世表 三十一世至三十五世 五

炘 廷枚次子字景炎號午亭 餘詳舊譜

堦 字應台號西林 餘詳舊譜

城 字坤元 餘詳舊譜

塘 字念祖 餘詳舊譜

堤 字繁峯號梅圃 餘詳舊譜

鼎衡 字青選 號翰香 餘詳舊譜

銛 詳前

銛 詳前

文泳 字漢槎 號月坡
道光十年庚寅正月初八日生光緒十六年庚寅十二月十九日卒壽六十一歲娶司馬氏道光十四年甲午九月二十日生光緒十九年癸巳十二月二十七日卒壽六十歲
子三 國榮 國華 國棟
女一 適坊前岳

宗濂 詳前

宗濂 詳前

國榮 字南皋 號蓉初
同治元年壬戌十一月十一日生民國六年舊曆丁巳正月二十七日卒享年五十四歲未成婚以胞弟之子鳳岐爲後

國華 字少坡
同治六年丁卯八月二十一日生民國四年舊曆乙卯四月初五日卒享年四十七歲未成婚以胞弟之子鳳岐兼祧

宗譜備要一

南嘯傲涇文林支惟常公派世表 三十一世至三十五世

六

墠 字淩雲 餘詳舊譜

霞均 字蓉棠 詳舊譜

汝舟 字在川 號衡芳 從九品咸豐元年辛亥八月十三日生光緒十九年癸巳十月二十五日卒享年四十三歲娶長邑吳氏太學生旭初公女咸豐二年壬子十月二十九日生光緒八年壬午五月十九日卒享年三十一歲 子一 兆桒

國棟 字士良 同治九年庚午九月初一日生娶蔡氏光緒十二年丙戌五月二十八日生 子一 鳳岐 女一未字

兆桒 更名國桒字樹卿號恩吧又號憶吧同治十三年甲戌八月初四日生娶無錫陳氏同治十二年癸酉二月二十三日生 子一 昌熾 女一未字

燀 廷枚三子字耀德號步崇 餘詳舊譜

坼 字錦帆號乙舟餘詳舊譜

鼎鉽 字象文 號殿香 餘詳舊譜

文浩 字希孟 號益吾 餘詳舊譜

宗譜備要一

南嘯傲涇文林支惟常公派世表 三十一世至三十五世

七

燦 廷枚四子字彥明號聽松 餘詳舊譜

琦 字師翰餘詳舊譜

文鉄 字建章 詳舊譜

汝霖 字靜齋 號雲階 道光二十九年己酉二月二十八日生光緒十六年庚寅六月十五日卒享年四十三歲娶汪氏國學生協堂公次女道光二十六年丙午九月十七日生光緒三年丁丑八月二十三日卒享年三十二歲繼長邑毛氏甫堂公次女咸豐九年己未五月十七日生 子四 兆槐 兆燊

文洲 字雨田 詳舊譜

國樑 字殿蓀 號菊生 同治十一年壬申九月二十八日生光緒二十九年癸卯正月初三日卒享年三十二歲未成婚

兆槐 字少齋 號賡庭 同治七年戊辰九月初八日生宣統元年己酉十二月二十九日卒享年四十二歲娶華氏同治十一年壬申二月三十日生 子一 洪壽殤

兆燊 字少雲 號壽卿 同治十一年壬申十月初一日生娶黃氏光緒元年乙亥二月十二日生光緒二十五年己亥正月十六日卒享年二十五歲

兆棟俱汪出
兆樸毛出殤
女一汪出
適蕩口華

附葬荷花浜祖塋之穆末繼俞氏光緒七年辛巳閏七月初八日生
子二
炳生
炳榮
女一未字

兆棟 字少階 號瑞庭
同治十三年甲戌八月初六日生

宗譜備要一

南嘯傲涇文林支惟常公派世表

三十一世至三十五世

八

金簡 字子青 詳舊譜

汝楫 字作舟 號鵠隱
國學生咸豐十一年辛酉九月二十六日生光緒二十九年癸卯二月初九日卒享年四十三歲娶華氏同治二年癸亥三月二十八日生側王氏同治八年己巳正月二十七日生民國三年甲寅七月二十八日卒享年

兆棠 號企南
光緒十六年庚寅五月初九日生娶華氏同庚二月十八日生
子一
振興
女一未字

兆標 字起霞
光緒二十六年庚子十二月初三日生娶華氏光緒二十五年己亥十

宗譜備要一

南嘯傲涇文林支惟常公派世表

三十一世至三十五世

九

四十六歲
子二俱王氏出
兆棠
兆標
女二俱王氏出
長適蔡
次適滕
幼適華

月初十日生
子一
振泉
女一 幼未字

三十六世

臨照　秉璵長子
字孟淵號子明
光緒三十二年
丙午七月初九
日生

臨熹　秉璜次子
字仲淵民國五
年舊曆丙辰六
月二十七日生

臨烈　秉璜三子

三十七世

三十八世

三十九世

四十世

宗譜備要一　南嘯傲渟文林支惟常公派世表　三十六世至四十世　十

字季淵民國九
年舊曆庚申六
月十四日生

臨熊　秉琦之子
字如香民國五
年舊曆丙辰六
月二十八日生

臨熹　秉瑞長子
字如良民國四
年舊曆乙卯正
月二十日生

臨煥　秉瑞次子
字若夏民國八
年舊曆己未四
月十六日生

昌熾　兆榮子
字少溪光緒三
十一年乙巳三
月十八日生

鳳岐[illegible]國棟女字雨煙光緒[illegible]
[illegible]州[illegible]年[illegible]九月廿四日
生配周氏宣統元年己酉
十一月十八日生

炳生　兆榮長子
字燃青光緒三
十二年丙午二

宗譜備要一　南嘯傲渟文林支惟常公派世表　三十六世至四十世　十一

月十三日生娶
俞氏光緒三十
一年乙巳十月
十八日生

炳榮　兆榮次子
字少卿民國三
年舊曆甲寅正
月二十四日生
配華氏民國五
年舊曆丙辰
月　日生

振興　兆棠子
字亦慧宣統三
年辛亥二月初

九日生

振泉 光標子

字少霞民國八年舊曆己未三月十五日生

嵊山錢氏丹桂堂家譜

（民國）錢基博 纂修

《堠山錢氏丹桂堂家譜》四卷，(民國)錢基博纂修，民國三十七年(一九四八)丹桂堂鉛印本。

錢基博(一八八七—一九五七)，字子泉，號老泉，别號潛廬，無錫人。五歲受書，九歲修畢《五經》，十三歲讀《通鑒》、《續通鑒》。一九〇九年在清政府江西提法使署任職。辛亥年，投身革命。民國元年(一九一二)任援淮軍司令部軍佐，少校參謀；繼任陸軍第十六師副官參謀，加中校銜。二次獨立討袁起義失敗後返回無錫，任縣立一小教員、縣立圖書館經董(館長)等職。二十年代起歷任聖約翰大學、清華大學、光華大學、無錫國專、浙江大學、安化師範學院、華中大學等大學教授。解放後任教華中師範學院，直至去世。其國學造詣精深，自具一格。對經史子集四部、目録版本學均有深入研究，建樹頗多。學術著作主要有《經學通志》、《版本通義》、《中國文學史》、《現代中國文學史》、《古籍舉要》等。

錢基博自民國三十七年(一九四八)六月二十日至七月十七日，歷時二十七日寫成此書。《堠山錢氏丹桂堂家譜》内列譜系、世表、行述、文徵四目。據史載，吴越武肅王錢鏐的後裔共有六支之多，大多分佈於蘇浙兩省，以杭州、嘉興、吴興(湖州)的三支人數最多。其中，分佈蘇南的三支中有兩支在無錫，一支在宜興，以由錢俶分出的梅里堠山一支的譜系最完整，亦爲錢鏐嫡傳的支脉後裔。堠山錢氏開族始祖於宋寶慶元年(一二二五)遷居無錫堠山，至民國三十七年(一九四八)已有二萬餘人口。世系收録了丹桂堂這一支堠山錢氏第三十世孫維楨至三十五世孫昌仁總共六代的名録和簡介，輩字分别爲維、福、基、鍾、汝、昌。錢基博爲堠山錢氏城西支永義析黄泥橋派武肅王第三十二世孫。

本書據民國三十七年(一九四八)丹桂堂鉛印本影印。

(錢建中)

堠山錢氏丹桂堂家譜

戊子八月 基溥署耑

錢鍾珍藏

堠山錢氏丹桂堂家譜 基厚署

勘誤表

名稱	第頁	第行	第字	正	誤
世表第二	二	四	五	以	次
世表第二	五	卅四	二三	映芝	選青
世表第二	六	一	一	銑	銓
世表第二	九	十三	二	脫「生」字	
世表第二	九	卅四	一	鍾	鐘
行述第三	六	十七	六	薺	薺
行述第三	七	廿四	十六	痛	痛
行述第三	十	廿二	廿五	歸	餉
行述第三	十四	八	十八	藏	蔵
行述第三	十六	七	十一	挪	挪
行述第三	廿二	二	五	鍾	鐘
文徵第四	十一	十九	廿一	君既	既君

堠山錢氏丹桂堂家譜序目

譜系第一

世表第二

行述第三

先大父述略 基博撰

先府君行述 灃章撰

先仲世父述略 基博撰

先府君行狀 基博撰

先母孫宜人述 基博撰

大哥述略 基博撰

春申君里墓碣 基博撰

西林二哥家傳 基博撰

枏庭三哥家傳 基博撰

文徵第四

似山居詩文存 榕初公遺著

丹桂書屋剩稿 蔡蕃公遺著

坎空居士集 仲眉公遺著

傳叟文錄 祖耆公遺著

堠山錢氏丹桂堂家譜 序 目 一

譜有族譜支譜之分。言作譜者必推本歐蘇。歐陽文忠公集有歐陽氏譜圖。蘇明允嘉祐集有蘇氏族譜。自父以上推高曾。旁治羣從。而不他及。皆一支一譜者也。不成其為族也。其後歸震川文集有夏氏世譜。歸氏世譜。亦自孫以上推乃祖乃父而為支譜焉。惟紀文達公集有景城紀氏家譜序例。名曰家譜而實統族。明其所以異於歐蘇者。曰詳譜本宗。別支則略。歐陽氏蘇氏例皆然。然二家之譜。一支一譜者也。今之譜。一族一譜者也。一支一譜。各詳所出。即彼此可以互明。一族一譜。例無別見。義不得而偏略也。此支譜與族譜之分也。紀文達公博學通人。旁搜遠紹。以觀會通。斟今酌古。而集譜例之大成。規模宏遠矣。作者可知所從事焉。獨基博斷自大父以有作。詳譜所出。一支一譜。體同歐蘇。而非一族一譜之為。文達於是詳譜吾大父所出。以成世表第二。而先溯吾大父所自出。以撰譜系第一。原原本本。用歐陽氏譜例也。太史公作史記世家列傳。以次世表年表之後。蓋表以發其凡。傳以盡其事也。於是撰行述第三。以次世

堠山錢氏丹桂堂家譜 序 目 二

表第二。綱羅放失。而得榕初公以下遺文。為文徵第四。以與行述相發。則用會稽章學誠方志例也。知人論世。亦有資於頌詩讀書焉。發凡起例。轉益多師。不名一家。亦可謂備體矣。然而不署曰支譜者。不成其為支也。寧獨吾譜。即歐陽氏譜。蘇氏譜。自父以上推高曾。而不他及。亦不成其為一支也。支之云者。溢詞也。何以明其然。齊書魏收傳載收對楊愔曰。往因中原喪亂。人士譜牒遺逸略盡。是以具書其支派。支者族之所分。而派者又支之所析。支大而派小。由吾大父上溯六世而為符先公。始分派黄泥橋。以別子為祖。由符先公上溯七世而為永義公。則為永義派祖。由永義公又溯而上四世。為易象先生。則城西開支之祖也。由此而上又三世。為尚父公。始以宋理宗寶慶元年遷無錫堠山。是為堠山錢氏開族始祖。所以吾大父之於堠山錢氏。實為城西支永義派再析而為黄泥橋派之裔。源遠而末益分。歧之中又有歧焉。斷自吾大父以下。治子姓。不敢以支稱。并不敢以派稱也。唐書藝文志著錄韋氏諸房略一卷。李氏房從

略一卷。吾斷自大父以有作。特韋氏諸房略。李氏房從略之類耳。然不曰房從略而曰家譜。據隋書經籍志、唐書藝文志所載也。從同也。曰家譜者。明其限於吾之一家。而非一派一支一族之推而大之以至無限也。吾先君以光緒三十三年丁未續修堠山錢氏宗譜。刊定忽忽逾四十年。迄今喪亂薦臻。吾宗英賢大懼墜宗失祀。以數典忘祖。而以繼志述事望基博兄弟。基博兄弟誼無所讓。而基博歸自武昌。夏日晝長。草創成編。以試吾筆。昔漳浦藍鼎元斐然述作。而有修史試筆一書。苟不有試。何以自信。蓋其慎也。吾堠山錢氏遠祖黃帝。傳世百二十有丁二萬餘。族大而祚長。下筆不容草草。而今試之吾家事。必稽史以求傳信。體必師古。以務擇善。起季夏六月二十日。訖孟秋七月十七日。凡二十七日。得八萬餘字。付從子堯侯殷之籌貲先刊。舉一反三。必有起予。戊子七月。基博。

堠山錢氏丹桂堂家譜

吳越武肅王三十二世孫基博纂錄

譜系第一

吾先君子兄弟五人。生當前清同光之際。惟先大父榕初公之庭訓是服膺。顧以文章競爽庠序。而世父癸蓀公首魁鄉舉。榕初公顧而樂焉。遂援馮道贈竇禹鈞詩丹桂五枝芳之句。額其堂曰丹桂。繼繼繩繩。以迄今日吾子吾孫。服習典訓。而詩書之澤。已及五世。胚胎前光。則榕初公之次也。於是斷自榕初公而成丹桂堂家譜。惟劉彥和著文心雕龍言譜者普也。註序世統。事資周普。而舊唐書經籍志謂譜系以紀世族繼序。苟不溯譜系於世統。其何以明本支之繼序。譜而失系。豈曰周普。述譜系第一。

錢氏其先祖出自黃帝。黃帝者少典之子。長於姬水。因以為姓。而娶於西陵之女。是為嫘祖。嫘祖為黃帝正妃。生二子。曰玄囂。昌意。昌意娶蜀山氏女曰昌僕。

生帝顓頊高陽。（本史記五帝本紀）高陽生伯稱。卷章。季禹三人。（本羅泌路史疏仡紀）伯稱之子曰老童。老童生重黎。重黎生回。回食於吳。是曰吳回。生陸終。陸終娶鬼方氏曰嬇。服三年。生子六人。曰樊。曰惠連。曰錢。曰求言。（蘇洵嘉祐集族譜後錄作來言。武肅王譜作永言。）曰晏安。（蘇譜作安）曰季連。以六月六日坼左而三人生。剖右而三人出。（本路史。惟路史云卷章娶根水氏曰始生黎及回。黎為祝融。淳曜敦芒。天明地德。臨照四海。是食火土。生長琴及噎。噎處西極以行日月。太子長琴居於搖山。實始樂風。黎卒。帝嚳以回代之。則黎回非父子而兄弟。非伯稱之後。而卷章之後。亦無老童。與武肅王吳越錢氏大宗譜不同。然史記楚世家云。高陽生稱。稱生卷章。卷章生重黎。重黎為帝嚳高辛居火正。甚有功。能光融天下。帝嚳命曰祝融。共工氏作亂。帝嚳使重黎誅之而不盡。帝乃以庚寅日誅重黎。而以吳回為重黎後。復居火正。生陸終。陸終生子六人。坼剖而產焉。其長一曰昆吾。二曰參胡。三曰彭祖。四曰會人。五曰曹姓。六曰季連。則以稱與卷章為父子。非兄弟。與路史異。稱生卷章。非老童。與武肅王譜異。然吳回之於重黎。特以兄弟相為後。而非父子。則亦與路史同。而與武肅王譜不同。蘇洵族譜後錄云。稱之子曰老童。老童生重黎及吳回。其以稱之子曰老童。與武肅王譜同。而以重黎及吳回為兄弟。則亦同史記同路史。而不同武肅王譜。今依武肅王譜而著所傳聞異詞於此。）錢之字鏗。封於彭。是為大彭。彭祖以斟雉養性事放勳。夏之中興。別封其孫元哲於韋。是為豕韋。迭為夏伯。夏遷於商。老彭守官大夫。商王致采女受術。籛始去之。終身不見。

堠山錢氏丹桂堂家譜　譜系第一　二

壽七百六十七。（本路史）妻四十九。妻五十四子。名繁不具著。而第二十八子曰孚者。仕周文王官錢府上士。始以官為氏。而傳世世稱錢氏。（林寶元和姓纂云錢顓頊曾孫陸終生彭祖孫孚周泉府上士因官命氏焉則以陸終為顓頊之曾孫孚為彭祖之孫與武肅王譜異鄭樵通志氏族略云顓帝曾孫陸終生彭祖裔孫孚且稱之曰裔孫疑以傳疑之詞也）然周禮地官有泉府。無錢府。錢古作泉。以官為氏。當曰泉氏。而稱錢氏者。疑從彭祖之名籛。去竹為氏。如黃帝臣太山稽之後為稽氏。商王湯之後為湯氏。以名為氏。而非官命氏也。於是傳二十二世而至丹。丹生產。紹休於前人。著見唐林寶元和姓纂。謂戰國時有隱士錢丹。秦有御史大夫錢產。子孫居下邳者也。又七世而為林實生。漢哀帝建平之世。仕為諫議大夫。及平帝元世五年。而睹王莽專政。頓不仕汙朝。棄官隱遯。乃自下邳徙長興平望鄉陂門里梓山之東而家焉。（通志氏族略云漢哀平間錢遜為廣陵太守避王莽亂徙居烏程遜子晟則是避王莽亂而自下邳出徙者為遜遜與林時代相當併識備考）林生憲。憲生敞。事光武皇帝為祠部郎。有墓在長興縣雉山西南。載浙江通志。曰漢祠部郎錢敞墓者也。敞之子朔。建武中元中。仕黃門侍郎。至明帝永平初。歷官騎都尉。代郡太守。朔之子成。有墓在長興縣西五里。其山名華蓋山。墓柱上題漢故旂門將軍高密太守錢府君之神道。亦見浙江通志。成生隱。隱生冲。冲生讓。寧德高順帝陽嘉元年。初令郡國舉孝廉。限年四十以上。諸生通章句。文史能牋奏。乃得應選。而讓得與。重瞳美鬚。語含鐘聲。手垂逾膝。豁達善謀。除歷陽章安二縣長。漢安元年。司隸校尉趙峻為太尉。辟讓西曹掾。遷黃門選部侍郎。建康元年。九江范容周生等相聚反亂。屯據歷陽。蕩覆淮泗徐揚。有詔以讓忠誠亮直。必能盡節。拜廣陵太守。假節以征東將軍督州郡兵討之。讓沈謀內張。羽翼外舒。行陣暫接。凶徒授首。斬賊首徐鳳謝安。而范容周生相縛就款。於是桓帝旌其成功。封富春侯。食邑五千戶。以和平元年三月十六日薨。春秋六十有三。（譜作嘉平元年三月十六日薨然桓帝有和平元年靈帝有嘉平元年無嘉平嘉平與嘉平或以形近而誤然靈帝嘉平元年上距順帝陽嘉元年相去四十一年而陽嘉元年初令郡國舉孝廉限年四十以上諸生計讓舉孝廉必在陽嘉元年以後而其年必不在四十以下如以嘉平元年薨當得春秋八十有幾不當云六十有三也薨當以和平元年為是）謚曰哀。（讓行事不見後漢書而范容周生徐鳳謝安為寇則後漢

堠山錢氏丹桂堂家譜　譜系第一　三

書屢見不一見順帝紀建康元年八月揚徐盜賊范容周生等寇掠城邑遣御史中丞馮緄督州郡兵討之質帝紀永嘉元年正月九江賊徐鳳等攻殺曲陽東城長三月九江賊馬勉稱皇帝九江都尉滕撫討馬勉范容周生大破斬之五月下邳人謝安應募擊徐鳳等斬之滕撫傳云建康元年九江范容周生相聚反亂為江淮巨患遣御史中丞馮緄將兵督揚州刺史尹燿九江太守鄧顯討之燿顯軍敗為賊所殺又陰陵人徐鳳馬勉等復寇郡邑殺掠吏人鳳衣絳衣帶黑綬稱無上將軍勉皮冠黃衣帶玉印稱皇帝築營於當塗山中乃建年號置百官遣別帥黃虎攻沒合肥朝廷博求將帥三公舉撫有文武才拜為九江都尉與中郎將趙序助馮緄合州郡兵數萬人進擊大破之斬馬勉范容周生等千五百級徐鳳遂將餘眾攻燒東城縣下邳謝安應募率其宗親設伏擊鳳斬之封安為平鄉侯邑三千戶拜撫中郎將督揚徐二州事馮緄傳云順帝末以緄持節督揚州諸郡軍事與中郎將滕撫擊破羣賊則是擊破羣賊者乃滕撫馮緄范容周生為滕撫馮緄所斬而非相縛就款徐鳳為謝安應募擊斬謝安乃應募擊賊之人而非賊也與武肅王譜不同今依譜而併著傳聞異詞如此）配夫人東海徐氏。生三子。曰承。曰京。曰晟。（通志氏族略云漢哀平間錢遜為廣陵太守避王莽亂徙居烏程遜子晟則晟為遜之子而遜亦官廣陵太守似遜即讓而時代不相當疑以傳疑可也）繼安定皇甫氏。生一子曰就。次子京。歷官東宮舍人。太子沉馬。黃門侍郎。高密太守。越騎校尉。右將軍。五子。寶其仲也。生二子。曰襖。曰睦。睦生二子。長秀。自寶以下。三世仕孫吳。吳亡而秀之長子曰廣。吳興長城人也。入晉。事惠帝。太安中。舉孝廉。尋以平江東賊石冰。封雲等有功。東海王越表其勳。授以軍諮祭酒。領江州刺史。假節征虜將軍都督江東諸軍事。廣陵相陳敏作慝。割據江表。廣與顧榮周玘等謀曰。吾儕受恩朝廷。官位至此。安得不以忠義自効。乃插血而盟。結為昆弟。協心奮擊。而敏以平。賞典未至。薨於懷帝永嘉二年。年五十有四。後二年。賜以丹書。追贈永安侯。食邑二千戶。謚曰忠壯。（廣行事見晉書周玘陳敏傳周玘傳云初妖賊張昌丘沉等聚眾於江夏百姓從之如歸惠帝使監軍華宏討之敗於障山昌等寇盛殺平南將軍羊伊鎮南大將軍新野王歆等所在覆沒昌別帥封雲攻徐州石冰攻揚州刺史陳徽出奔冰遂略有揚土玘密欲討冰潛結前南平內史王矩出推吳興太守顧祕都督揚州九郡軍事及江東人士同起義兵斬冰所置吳興太守區山及諸長史冰遣其將羌毒領數萬人拒玘玘臨陣斬毒時右將軍陳敏自廣陵率眾助玘斬冰別帥趙驚於蕪湖因與玘俱前攻冰於建康冰北走投封雲雲司馬張統斬雲冰以降徐揚並平玘不言功賞則是平石冰封雲者周玘首義而陳敏助焉無與於廣廣不過陳敏部將以為周玘內應而成陳敏之敗滅玘傳又稱陳敏反於揚州以玘為安豐太守加四品將軍玘稱疾不行密遣使告鎮東將軍劉準令發兵臨江而己為內應翦髮為信準在壽春遣督護衛彥率眾而東特敏弟敵為廣武將軍歷陽內史以兵與錢廣為司馬玘密諷廣殺昶玘與顧榮甘卓等以兵攻敏敏眾奔潰單馬北走獲之於江乘界斬之於建康夷三族陳敏傳云敏因中國大亂遂請東歸收兵據歷陽會吳王常侍甘卓自洛至教卓假稱皇太弟命拜敏為揚州刺史并假江東首望顧榮等四十餘人為將軍郡守榮並偽從之敏為息娶卓女遂相為表裏揚

州刺史劉機丹陽太守王廣等皆棄官奔走敏弟昶知顧榮等有貳心勸敏殺之敏不從昶將精兵數萬據烏江弟昶率錢端等南寇江州刺史應邈奔走弟斌東略諸郡遂據有吳越之地敏凡才無遠略一旦據有江東刑政無章子弟凶暴周玘顧榮之徒常懼禍敗遣使密報征東大將軍劉準遣兵臨江敏使弟昶及將軍錢廣次烏江以拒之錢廣家在長城玘鄉人也玘潛使圖昶廣遣其屬何廣錢家投𢧵送白事於昶昶傾頭視書廣揮刀斬之稱州下已殺敏敢有動者誅二族吹角為內應廣先勒兵在朱雀橋陳兵水南玘榮又說甘卓卓遂背敏敏率萬餘人將與卓戰未獲濟榮以白羽扇揮之敏衆潰散敏單騎東奔至江乘為義兵所斬母及妻子皆伏誅則是平陳敏者亦玘與顧榮首謀而廣則陳昶之司馬陳敏之將軍而非晉朝所遣之江州刺史江州刺史則應邈而非廣也陳敏之平玘與顧榮功賞亦不行更何論廣成與武肅王譜不同今依譜而併著傳聞異詞如此名在晉書。而吾錢氏英賢之卓犖見於史者。實始於廣也。廣有五子。其次曰彌。彌生瑋。瑋生興德。興德生伯仁。伯仁有女曰寶媛。適同縣陳文讚。生子霸先。即陳高祖也。陳書高祖紀祇著皇考文讚而不及母氏其後太平元年追高祖位丞相乃稱追封高祖祖母許氏吳郡嘉興縣君諡曰敬妣張氏義興國太夫人諡曰宣及永定元年高祖即皇帝位追尊皇考曰景皇帝廟號太祖皇妣董太夫人曰安皇后追諡前夫人錢氏號爲昭皇后世子克為孝懷太子則是高祖之母有張有董未知所出而追尊董為皇后疑董出也稱錢氏曰前夫人則錢氏乃高祖之前妻而孝懷太子必所出也后妃列傳稱高祖先娶同郡錢仲方女早卒則錢氏又非伯仁女也與武肅王譜不同今依譜而併著傳聞異詞如此及高祖受禪。乃追尊母為景皇后。諡孝烈。而伯仁以外大父追贈臨川郡王。高祖無子以兄始興昭烈王道譚長子蒨為子高祖以永定元年冬十月受禪而以十一月下詔封長城縣侯蒨為臨川郡王即世祖也則臨川郡王乃蒨之始封興武肅王譜不同今依譜而併著傳聞異詞如此有子五人。長肅之。肅之生道始。與從兄弟道戩事陳高祖。有佐命功。高祖微時。以從妹妻道戩焉。道戩陳書有傳。而道始從高祖起兵平侯景。擒王僧辯。走徐嗣徽。相從患難。及高祖受禪。道戩頗柄兵用事。而道始則優以散秩。詔曰。卿功在佐命。今天下已定。豈可以繁劇重勞。遂授揚威將軍守本郡刺史。保衛陵寢。卒贈開國伯。有子六人。各授一宅。分東西南北上下。為湖頭六房。別子為祖。曰纂為西房祖。善明為東房祖。望遠為南房祖。吉兕為北房祖。智遠為上房祖。而智昌其季也。為下房祖。嘗隨父拒杜龕於大義柵。相持百日。築壘之地。即下房之宅。智昌所居也。累官宣城太守。加仁威將軍。卒贈綏安侯。長子瓛。襲爵。而陳亡入隋。不仕而歸老於鄉。隋大業末。境內大飢。瓛傾家賑贍。寇盜蠭起。瓛糾率義旅。保境安民。賴以亡害焉。以唐太宗貞觀十九年卒。年七十有三。生三子。長曰元修。文穆王子容撰吳越備史云武肅王姓錢氏

唐武德中陪葬功臣潭州大都督巢國公九隴八代孫也九隴從唐高祖起兵新唐書有傳顧不見武肅王譜譜上推至元修為八世祖今依譜而幷著傳聞異詞如此貞觀五年舉明經。七年。詔徵索天下氏族譜牒。元修錄家譜送詣京師。高宗永徽四年。睦州女子陳碩真舉兵反。自稱文佳皇帝。詔州郡會兵討之。吳興太守李杭延與謀。元修遂請兵擊勦餘黨。以功拜揚威將軍。生二子。長曰孝憬。年十六。以門蔭授富春尉。獨孝憬雅志高尚。十辟三公府。再以五品徵。簡書交至。而孝憬放情巖谷。以為臨安土沃而水清。石鏡居前。光分數里。苕溪處後。波漾十尋。乃相臨安縣之東南茅山之麓而定居焉。號茅山祖。生七子。長曰師寶。師寶生仁昉。仁昉生碩亶。碩亶博學多通。善相地。嘗登石鏡之峯。四顧歎曰。峯巒擁抱。氣象龍虎。人傑地靈。必生豪傑。鍾其運者。其吾家子孫乎。是為吳越武肅王高祖。自泉府上士以錢為氏。於是六十七世矣。其六十八世為王曾祖。諱沛。器宇宏深。書入神品。嘗學晉右軍將軍王羲之書。臨池精思。八體超逸。真草俱成。一日偶濡毫木上。入木三分。遂以達於唐朝。穆宗知其姓名。下詔授宣州旌德縣令。及王之貴而蒐其翰墨。以為家藏之寶。生二子。其仲諱宙。字適古。則王之祖也。服習典訓。潛德勿耀。而生王考。諱寬。字宏道。繼世雅素。安於丘園。尋以王乘時建業。定越安吳。遂得受寵累朝。通班極品。至昭宗景福二年。累進太府少卿。加朝散大夫。檢校禮部尚書。寵祿以盛。素尚無改。昭宗錫以茅山之地。而王考忘其軒冕。水檻山池。風晨月夕。扶杖逍遙。王以歲時歸省。車徒雄盛。萬夫前導。王考每聞王至。走竄避不見。王則徒步夜歸以省。王考不及避而請所以。王考曰。吾家世田漁為事。未嘗有貴達如汝。汝今為十三州主。三面受敵。與人爭利。吾恐禍之及也。何忍見汝。王泣謝曰。不敢負大人教。於是斂兵保境。一方耄倪不識兵革。而以長子孫安耕鑿。則王考之教也。尋勒賜私第。並列門戟。一十六枝。名其鄉曰廣義。名其里曰勳貴。以乾寧二年乙卯四月十八日薨。夫人河南水丘氏。實為王妣。先以宣宗大中六年壬申二月十六日生王。自王以上。傳序具於王之譜。而參稽史實。備著異聞。疑以傳疑也。自王以下。徵文不異。

所記則根據譜載董理成章信以傳信也尊祖敬宗徵文考獻不敢苟也抑亦何敢誣也僖宗乾符二年浙西鎮遏使王郢作亂王於是年二十二歲矣起兵臨安以隸石鑑鎮將董昌擊郢破走之遂以鄉兵破走黄巢名聞江淮復以八都兵破劉漢宏幷越州以奉董昌及昌稱帝以叛則誅昌而幷越盡有浙東西之地以北拓地抵蘇州經文緯武乃以成及杜稜阮結顧全武等為將校而以沈崧皮光業林鼎羅隱為賓客盈庭濟濟開國稱王傳其子文穆王元瓘至其孫忠獻王宏佐遂破南唐李景兵取福州南極於海而宏佐之弟忠懿王宏俶又大出兵攻景以迎周世宗之師其後卒以國入覲三世四王與五代相終始天下大亂豪傑蠭起方是時以數州之地盜名字者不可勝數既覆其族延及於無辜之民罔有孑遺而吳越地方千里帶甲十萬鑄山煑海象犀珠玉之富甲於天下浙人俚語目之曰海龍王言其富盛若彼也然終不以帝號自娱撫民保境是以其民至於老死不識兵革四時嬉遊歌鼓之聲相聞及宋有天下而忠懿王俶封府庫籍郡縣請吏於朝視去其國如去傳舍不糜爛其民以保一姓其有德於斯民甚厚事具歐陽修五代史記吳越世家其間微言諷刺不少儆見然於吾武肅王著其雄風霸氣於文穆王稱其好學善詩於忠獻王則敍其有謀善斷發奮為雄以開疆拓土於忠懿王則敍其度德量力見幾而作以納土歸命其實不可掩也方當天下大亂角力爭雄而武肅王與民休息春容文墨優游家術作還鄉歌曰三節還鄉兮掛錦衣父老遠來相追隨牛斗無孛人無欺吳越一王駟馬歸虛己下士有作必以質正賓客羅隱雅好譏評怡然不怒人以大度稱之然而英風霸氣狀貌奕奕遠之有望近之不厭梁太祖嘗問吳越進奏吏曰吳越王平生有所好乎吏曰好玉帶名馬太祖笑曰真英雄也夫惟大勇能之而不為降心相從偃武修文特以家傳世譜起自少典歷世綿遠流派繁多傳寫年深頗乖次序奮筆而作成大宗譜而吾錢氏始有譜譜中富春侯以下列傳皆羅隱筆也詞義典雅特工於筆而升於史王則自為

之序詞氣盤桓然玉振金聲質有其文所書復剛勁結密殆未易以學者文穆王保大定功好學善為詩有詩千篇編其尤者三百篇命曰錦樓集而以沈崧為國相置擇能院選吳中文士館穀焉忠獻王沖齡即位老將跋扈而內鎮外攘未遑文事忠懿王則承休襲蔭識天命之有歸撫全境以待時息心遠略博覽經史手不釋卷好吟詠得三百餘篇為一集題曰政本以屬國相元德昭翰林學士陶穀為序散佚之餘尚傳十卷（本宏儼吳越備史）惟以文藝自娱故王尤喜翰墨而作字善顛草其幹旋盤拿不減古人既納土於宋乃封王淮海久之又王漢南復徙王鄧而太宗遣使取其草書以進王乃以舊習絹圖上之詔賜以玉研金匣象管蜀箋等且示寵焉端拱元年八月二十一日太宗以其誕日遣使賜器幣方與使者宴罷及暮有流星殞於正寢光照户外遂以訃聞年六十有一於是詔追封王秦國謚忠懿忠懿王親兄弟十人伯兄宏傳早世不祿而忠獻王宏佐（舊五代史歐陽修五代史記及文僖公慶系譜皆作佐無宏字蘇軾表忠觀碑作仁佐今依宏儼吳越備史）以次子承大統次宏倧（依吳越備史舊五代史五代史記及慶系譜皆作倧）弟兄相及是為忠遜王忠遜王英銳不自制形於歌咏御諸將以嚴而為大將胡進思所廢迎立忠懿王而忠懿王次居第五上尚有兄曰宏偡下有弟曰宏億宏儀宏偓宏仰宏儼皆出文穆王所謂文穆王十房者是也而宏儼最小弱弟文穆王愛憐少子以屬羅隱沈嵩學為文章及忠懿王嗣位授鎮東軍安撫使累遷婺州刺史昭化軍節度使而宏儼畏遠權勢潛心著述按國之故據武肅王以下累世事至忠懿王纍日纍月編年為書成吳越備史四卷補遺一卷而冠以世系圖諸王子弟官爵封謚表十三州圖十三州考詳而有則司馬光著資治通鑑其中涉吳越國事據為實錄他所著有忠懿王勳業志三卷戊申英政錄皇猷光顯錄各一卷皆佚獨吳越備史存以宋太宗太平興國三年隨忠懿王入朝授新媯傅金等州觀察使忠懿王九子文僖公惟演次居第八最秀出從父歸朝為右屯衛將軍歷右神武軍將軍真宗聞其博學能文章召試學士院以笏起草立就真宗稱善改太僕

少卿獻咸平聖政錄命直秘閣預修冊府元龜翰林學士楊億總其事而公受詔為序公與楊億劉筠以新詩更相屬和而億編敘之以與筠及公同官禁近故取玉山冊府之義以名其集曰西崑酬唱集其詩宗法唐李商隱取材博贍造語精整而鎔鑄變化不乏興象海內風動爭相摹效號西崑體則楊億劉筠唱之而公和之也仁宗嗣位累官以兵部尚書拜樞密使尋以保大軍節度使出知河陽踰年入朝加同中書門下平章事判許州天聖七年改武勝軍節度使明年來朝上言先壠在洛陽願守宮鑰即以判河南府留守西京而歐陽修新及弟實以試秘書省校書郎充西京留守推官於是修年二十四矣（本歐陽文忠集首年譜）公王家子特以文學仕至貴顯所至皆招集文士而河南吏屬適皆當時賢材知名士故其幕府號為天下之盛梅堯臣尹洙謝絳與修其選也公善待士未嘗責以吏事而河南又多名山水葱竹茂樹奇花怪石光景流連其平臺清池上下荒墟草莽之間修得日從賢人長者賦詩飲酒以為樂（本歐陽文忠集河南府司錄張君墓表）一日自嵩山歸暮抵龍門香山雪大集忽見烟靄中車馬渡伊水則公遣廚傳歌伎來到因傳語曰山行良佳少留龍門賞雪毋遽歸也（本釋文瑩湘山野錄）修嘗言西洛故都荒臺廢沼遺迹依然見於詩者多矣惟錢文僖公一聯云日上故陵烟漠漠春歸空苑水潺潺最為警絕（本歐陽文忠集詩話）然修眷一妓堯臣洙及絳三人者共白於公屢微諷而不之恤一日宴於後園客集而修挈妓姍姍來遲閣座屬目焉公責妓曰末至何也妓對中暑往涼堂睡著覺而失金釵覓之未見公曰若得歐推官一詞當為償修即席賦曰柳外輕雷池上雨雨聲滴碎荷聲小樓西角斷虹明闌干倚遍待得月華生燕子飛來棲畫棟玉鉤垂下簾旌涼波不動簟紋平水精雙枕倚有墮釵橫座皆稱善遂命妓滿酌觴修而令公庫償妓釵戒修自愛後修五代史記十國世家詬厲吳越又歸田錄涉文僖公皆非美談（本咸寧郡王錢氏私誌）然余讀修歸田錄涉文僖公者兩事一曰公生長富貴而性儉約閨門用度為法甚謹子弟非時不得輒取一錢公有一珊瑚筆格尤

所珍惜常置之几案子弟有欲錢者輒竊而藏之公即悵然自失乃榜於家庭以錢十千贖之居一二日子弟佯為求得以獻公欣然以十千賜之他日有欲錢者又竊去一歲中率五七如此公終不悟也余官西都在公幕親見之每與同僚歎公之純德也一曰公生長富貴而少嗜好在西洛時嘗語僚屬言平生惟好讀書坐則讀經史臥則讀小說上廁則閱小詞蓋未嘗頃刻釋卷也皆非不美之談而亦似無不快於公者晚而公落平章事以崇信軍節度使判隨州抑鬱不自得一日酒闌賦詞曰城上風光鶯語亂城下波波春拍岸綠楊芳草幾時休淚眼愁腸先已斷情懷漸變成衰晚鸞鑑朱顏驚暗換昔年多病厭芳樽今日芳樽惟恐淺歌之泗涕時後閣尚有故國一白髮姬乃忠懿王歌鬟驚鴻者也聞而歎曰吾憶先王之薨預戒輓鐸中歌木蘭花一闋亦有帝鄉烟雨鎖春愁故國山川空淚眼之句引紼為送今相公亦將不祿乎果薨於隨（本湘山野錄）實為景祐元年七月六日公文詞清麗與楊億劉筠相上下於書無所不讀而家儲文籍侔秘府尤喜獎勵後進所著有飛白書敘錄一卷錢氏慶系譜二卷錢俶貢奉錄一卷見宋史藝文志而典懿集三十卷以及金坡遺事逢辰錄奉藩書事諸書見宋史本傳有子十一人（宋史本傳僅曖晦暄三人）其六曰冀國公暄以父蔭累官駕部郎中知撫州移台州台州城陴地下秋潦暴集輒圯溺人多即山為居而公蒞台州則增治城堞壘石為臺作大隄扞之民以寧居進少府監權鹽鐵副使公考諸路逋租而兩浙轉運使負課多公上言浙部仍歲飢故租賦不登籍令使者獲罪必亟斂於民民不堪矣神宗即詔釋之政光祿卿出知鄆州拜寶文閣待制（本宋史）以元豐八年乙丑五月卒以子尚主贈太師追封冀國公有子十二人其九曰景臻即會稽郡王也先是哲宗以治平四年春正月崩而神宗嗣位進翰林侍讀學士王珪為翰林學士承旨典內外制出入禁闥詔之曰昭陵二女皆朕之姑卿可選勳賢之後有福者尚之珪未有以奉詔而冀國公自台州歸朝會稽郡王補試入太學與珪之子同齋聞父言告曰近有一

錢少監子風骨不群文采富贍恐可奉詔。珪遂就啓聖院設齋。令其子盡召同舍生飯罷而珪會茶熟視王久。明日又命子竊取所業袖以進御。奏曰臣奉詔選勳賢之後尚主今得吳越王錢某之孫與臣男同齋得其業因備奏啟聖院設齋延食之事乞賜召見。上曰待共太皇商量。太皇者仁宗光獻曹皇后以神宗立被尊為太皇太后也。後數日有旨令三班奉職曹詩進士錢景臻又一人佚其姓名於某月某日同候宣押。曹詩以本色服而王服布衣。已時候內侍宣押入內至一小殿。殿內宮嬪屏侍。慶壽承壽兩公主在焉。引王與曹詩立簾前斯須上小帽領出簾外熟視。曰簾外與簾內一般。頷左右令止御樂。聽聖旨簾內宮人傳旨錢景臻可尚慶壽公主曹詩可尚承壽公主。引入幕次更衣各賜襲衣玉帶引至殿下謝恩。殿上軸簾太皇太后與英宗宣仁高皇太后及神宗欽聖皇后向同坐。太皇太后謂曹詩曰汝是我姪。曾見來。附王背曰錢郎好女壻。上曰是一享福節度使。左右宮妃觀者如堵。上與皇后侍太皇太后。皇太后

堠山錢氏丹桂堂家譜 譜系第一 一〇

徐登步輦還內。樂聲漸遠。復引王與曹詩再入幕次。賜酒五行。執事皆宮嬪。飲罷隨內侍出至宮門。各以仗下御馬一匹。崇政殿親從官二十人導歸第。謂之宣繫玉帶赴朝。三日除官正刺史。却繫方金御仙花帶赴朝。參逾年慶壽公主進魯國大長公主以下歸於王。太皇太后皇太后以及皇后親護就第。太常鹵簿迎引。（本咸寧郡王錢氏私誌惟私誌云神廟熙寧間論宰相王岐公云昭陵二女皆朕之姑而按宋史公主列傳載秦魯國賢穆明懿大長公主仁宗皇帝第十女嘉祐五年封慶壽進惠國治平四年進魯國大長公主下嫁吳越忠懿王之曾孫右領軍衛大將軍景臻則公主下嫁不及熙寧而在神宗即位之初王珪以熙寧三年拜參知政事九年進同中書門下平章事集賢殿大學士而封岐國公則在元豐八年哲宗嗣位之後方神宗嗣位珪以翰林學士承旨也今依私誌而參之宋史以正之如此）先是英宗嘗謂上曰舊制帝女出降輒皆升行以避舅姑之尊。朕嘗思之不平。豈可以富貴之故屈人倫長幼之序也。可詔有司革之。會疾不果。至是始詔公主行見舅姑如家人禮。著為令。（本宋史）改韓周燕國。徽宗朝進秦魏兩國。政和三年更封令德景行大長帝姬。而王歷哲宗徽宗欽宗三朝累進金紫光祿大夫檢校司空右領軍衛大將軍。以靖康元年十月十六日

薨。追贈太師會稽郡王。其明年金人入寇。徽欽蒙塵。盡俘諸帝姬北徙。淫辱不堪。而姬以前朝女守寡門庭寂寞。金人不知。獨獲免。及高宗嗣位以建炎初復公主號。改封秦魯國。避地南徙。遇盜子愕被害。公主至揚州挈三子朝謁。金人追蹤至再避之閩。紹興三年自閩至會稽朝帝於行在所。因留居焉。後徙台州。上以公主屬尊年高。每入見必先迎揖。主有三子愐愷非已出。而私於忱。為請旌節。授瀘州節度使。加開封儀同三司。上戒主曰長主壽考如此。乃仁宗皇帝四十二年深仁厚澤。是以鍾慶於長主。長主待諸子宜法仁宗用心之均一。主感服。薨年八十六。上輟朝五日。幸其第臨奠。謚賢穆。二十九年加謚明懿。（本宋史）子四人。忱。愕。公主出。其三曰咸寧郡王愐。雖非主出。亦以主子推恩。累進德慶軍節度使。開府儀同三司。檢校太尉。封秦國公。薨。贈太師咸寧郡王。（宋史無王傳而宋史外戚傳有錢忱忱以主出為所愛最後不遇封榮國公進少師卒贈太師未封王而咸寧郡王非主出何緣以主秦國為封薨且封王今依譜而誌所疑於此）歷徽欽兩朝。以迄事高宗。奉命使金。朝掌國故。煇見洽聞。多出身歷不同耳食。

堠山錢氏丹桂堂家譜 譜系第一 一一

而為從子廸功郎秀州嘉興尉世昭時時稱說。世昭據而筆焉。成錢氏私誌一卷。王三子。端立。端璃。端靖。端瑀仕至江南東路轉運使。生亳州太守筠。筠三子。繼祖。彝祖。顯祖。繼祖從居鎮江以開派。而顯祖以父蔭授承事郎。有二子曰達曰迪。達遷居湖州為麒麟巷支。而迪有莊在無錫梅里鄉堠山之西。喜其泉甘土厚。而以宋理宗寶慶元年定居焉。是為堠山錢氏開族世祖。以字稱曰尚父公。三子。致謙。致誠。致詮。致攝仕江東節幹使。二子。伯一。伯二。伯一生於宋而歿於元。二子。曰正。曰缶。缶仕江西鉛山州學正。沈潛經學。尤深於易。洞明先後天之數。學者稱易象先生。是為城西開支之祖。有八子。曰均。其均濟均用。富四。富五。文中。富七。均輔。其中均用之後為西崖派。則以有子德大號西崖也。而均輔與高士倪瓚為友。一子曰祐。祐以字稱。曰天錫公。生四子。曰德敬。謙益。德敬出仕湖廣。而子孫因以佔籍焉。謙益則入明不仕。偕隱林泉。白首怡怡以貽休我後人。謙字永謙。號安素。為安素派祖。而益字永義。則為永義派祖。有子曰繼。繼

四子海浦淑浮浦生二子曰玹曰瑜玹字君玉號近齋仕浙江東梓關巡檢有諸生朱衣者為仇所誣以盜繫者七年矣至則鉤距得真盜乃白其冤而釋之衣已困憊垂死嗚咽叩首曰願得托體大人以報洗濯恩抵家而絕時公未有子也夫人薛尋有孕居一載生子曰憲傳者謂朱衣投生也字國章號心齋生而聰睿未入塾已識字盈篋父授以唐詩一帙背誦不遺一字及就傅嬉戲跳踉譴侮其師師怒而去越五六年偶遊學舍見諸生衣冠遊庠心竊慕之乃發憤就學不數年遂大貫通中武宗正德九年甲戌唐皐榜進士授浙江常山縣知縣偶為監司所訶即引疾歸吟詠自適邑人顧光旭纂梁溪詩鈔錄其乙卯二月二日泰從川邀入吟社感賦一章以茂典出清新有謝康樂之風焉一子至生字伯陽號午臺早以諸生食餼而鄉闈十踏僅列副榜出以澹然子三人曰如金存正如玉如玉五子曰洪曾法曾洽曾源曾滋曾法曾字符先遺明鼎革讀書養性不問戶以外事欣然有會則奮筆而書著有求是齋文稿四百餘

篇同郡瞿麗江選入毘陵文徵前集隱居北門外之黃泥橋實為黃泥橋派祖三子曰求曰森曰林林生四子曰勳燾烈照照字克榮承家儒素閉門著述有希天閣文稿三百餘篇清矯不同凡筆選入毘陵文徵前集子二人曰奎曰堂奎字魁文家學濡染著有北郭吟稿規世格言文稿而文稿志在明道亦選入毘陵文存祖孫父子代有著述而一方之文獻繫焉子四士銘士鍾士鈞士鏡士鏡字鑒遠少穎悟能讀父書父歿家落而不竟所學以負販於江陰遂家焉其業日致饒益然不肯自私所有必以致宗人之在錫者武進李兆洛為之傳著錄養一齋文集自比於柳子厚之傳宋清以為居市而不為市之道者也持籌握算不廢詩書年五十繪圖自題有隔院書聲聽尚樂芸編親對樂何如之句因取其意而署為桐陰聽讀圖云有子二人曰若浩若澐若浩字觀濤少精八法暇則偶一臨摹大小米幾亂其真晚而闢園峙山顛之曰似山居栽花藝竹課子弄孫以自娛適於是李兆洛為之記吳縣馮桂芬為之序而同縣華翼綸秦炳文為繪圖自寫小影以麗焉有子二人伯維樾其次諱維楨實為吾大父胚胎前光於吳越武肅王為三十世孫溯而益上則武肅王為泉府上士之七十一世孫少典之八十一世孫而吾大父則泉府上士之一百世孫少典之一百一十世孫也繼世勿替源遠而流漸長具詳世表

基博曰吾錢氏之有譜始武肅王大宗譜繼繼繩繩傳序昭然然吾家梅溪先生言唐尚氏族貞觀初有詔令天下貢氏族譜奉敕旨第其甲乙勒為成書有譜者為望族吾族錢氏有大宗譜原原本本泳謂此譜斷非武肅所作尚是沿襲貞觀初所貢之氏族舊本皆渺茫之言不足信語見履園叢話以為無徵不信而譜所載列祖之於史有徵者則始於武肅王之三十八世祖廣為陳敏之將軍及敏弟昶之司馬以與周玘同鄉而為玘內應以斬昶叛敏見晉書周玘陳敏傳而敍廣行實與譜大異同時僭廣以為陳敏之將軍者則有錢端從敏弟恢南寇江州而江州刺史應邈為之奔走者也有錢象則為廣之屬以被遣

與何康送白事於昶而因以誅昶者也亦見晉書陳敏傳意必與廣同族而譜不因廣連類以及晉書不及廣功賞以終何官而通志氏族略則載東晉有青州刺史錢端意錢端亦有事於平陳敏者也與錢廣錢端同有事於平陳敏而不以功名終者則有錢璯起義兵討陳敏以功為建武將軍奉命率其屬會於京都璯至廣陵聞劉聰逼洛陽畏愞不敢進元帝方鎮江左促以軍期時王敦遣尚書當應徵與璯俱西璯陰欲殺敦敦聞之奔告帝璯遂殺度支校尉陳豐焚燒邸閣自號西平大將軍八州都督劫孫皓子充立為吳王既而殺之來寇義興帝遣將軍郭逸都尉宋典等討之不敢進而周玘糾合鄉里義衆與逸等協力討璯斬之傳首建康其行事與廣同見晉書周玘傳而不同見譜稍後有錢鳳以歷陽太守為王敦謀主溫嶠為敦左司馬每曰錢世儀精神滿腹素有知人之稱意亦知計之士見晉書溫嶠王敦傳而不見譜不知其與廣為一族歟或非然歟其後有錢道戢為陳武帝妹夫以佐命柄兵南史有傳而亦不見

譜其後有錢九隴為唐高祖佐命功臣新唐書有傳而亦不見譜譜武肅王撰而武肅王之孫宏儼撰吳越備史則開卷大書曰武肅王姓錢氏唐武德中陪葬功臣潭州大都督巢國公八代孫也又不知何據而云抑吾錢氏之唐人有名父子祖孫三代能詩以振采史傳者莫如詩人錢起玄宗天寶十年登進士第起能五言詩初從計偕至京口客舍月夜閒步聞户外有行吟聲哦曰曲終人不見江上數峯青凡再三誦起遽從之無所見矣及就進士試詩題賦湘靈鼓瑟也起駭憶所聞即以十字為落句主試李暐嘉美擊節吟味久之曰是必有神助之耳遂擢高第釋褐授秘書省校書郎大曆中與韓翃李端輩十人俱以能詩號十才子起詩格新奇理致清贍芟宋齊之浮游削梁陳之靡嫚迥然獨出也王維許其高格與郎士元齊名時人為之語曰前有沈宋後有錢郎集十卷而著錄全唐詩者四卷子徽德宗貞元進士擢第累官尚書左丞亦能詩子可復累官禮部郎中翊累官中書舍人能世其家全唐詩錄可復詩一首翊

詩一卷祖孫三世舊唐書新唐書咸有傳而不見譜當與武肅王異派然唐書亦不詳起父子所出而全唐書又錄錢戴詩一首與南唐徐鉉徐鍇同卷當生五代之末而在武肅王成大宗譜之後矣則譜之不見其人也亦宜斯其人大抵名在史傳一時卓犖而不見武肅王大宗譜者也則知吾錢氏之源遠而末益分五代以前之不與武肅王同派者其人不乏然五代以後亦有名在史傳一時卓犖而不屬武肅王之支與流裔者歐陽修撰尚書屯田員外郎贈兵部員外錢君墓表謂君諱治字良範世為彭城人後徙吳興自君之七世祖寶又徙常州之武進曾祖諱某祖諱某父諱某當唐末五代錢氏起餘杭據浙東西為吳越王於是時常州或屬江南或屬吳越而武進錢氏獨不顯連三世不仕宋興取江南常州歸於有司君始以州進士舉中景德二年甲科試秘書省校書郎累遷屯田員外郎通判宣州蓋與武肅王同祖彭城而出吳興以各分支武肅王之七世祖孝憬分支臨安而治之七世祖寶則分支武進也參之宋史

則有濮州雷澤之錢守俊以勇鷙敢戰事太祖太宗真宗從軍征討前後中三十六創累官左領軍衛大將軍有泉州南安之錢熙以好學善屬文事太宗真宗累官右司諫通判杭州嘗擬古樂府著雜言數十篇及措刑論為識者所許有河南新安之錢若水以有器識能斷大事事太宗真宗累官右諫議大夫同知樞密院事從真宗禦邊以幸大名率衆過河分布軍伍咸有節制而陳禦敵安邊之策上謂左右曰若水儒臣中知兵者也又有蘇州之錢象先以長於經旁通法家說事仁宗累官龍圖直學士兼侍講知審刑院條令多所裁定而侍邇英殿十餘年有所顧問必依經以對反覆諷諭遂及當世之務云有常州武進之錢公輔則錢治之次子也少從胡翼之學有名吳中以通達治體能持論事仁宗英宗神宗累官天章閣待制知諫院與宰相王安石爭新法不屈而去斯其人皆一時名卿而不出臨安以與武肅王同源異支獨鄆州之錢乙本吳越王俶支屬宋史特表而出焉然亦不見文僖公慶系譜則以通方脉善醫事

神宗累擢大醫丞賜金紫為方不名一師於書無不闚不斷斷守古法時度越縱舍卒與法會在方技傳嗚呼吾錢氏至武肅王而大貴極富溢封王尚主襲蔭承休公侯世世以為宗族光寵文僖公慶系譜序極言之其實功名富貴何常之有立身揚名紹休於前人豈擇一途而亦不限吾武肅王之支與流裔相觀而善之謂厚用特博稽諸史董理入篇以廣吾意而備考覽焉

堠山錢氏丹桂堂家譜

吳越武肅王三十二世孫基博纂錄

世表第二

譜系者所以詳吾祖宗之自出而溯其源世表者所以明吾子孫之繁衍而極其流史記三代世表索隱引鄭玄云表明也世表之前冠以譜系新唐書宰相世系表及歐陽修歐陽氏譜皆然蓋以探本窮原而詳自出以為開宗古譜序法也觀於劉孝標世說新語引溫氏譜序曰晉大夫郤至封於溫子孫因氏則詳溫氏之自出以引其緒而為譜序序之為言緒也如絲之得緒以為引也吾祖文僖公為慶系譜序猶是古法譜以紀世次為圖文僖公有慶系譜復有慶系圖（本通志藝文略）蓋圖以揭綱領而譜以詳支派也圖與譜似非同體然歐陽修譜所列世表全為表式署曰譜圖而南史劉懷珍附其從孫杳傳載王僧孺被使撰譜訪所因杳對桓譚新論云太史世表旁行斜上並效周譜則譜式本同於表而歐陽氏之以世表為譜圖亦宜詳譜其父之所自出以上推高曾別支則略歐陽氏及蘇洵蘇氏族譜皆然蓋以一家為一譜也歐陽氏譜一格一世盡五格別起者重書一世明所承也今別起推書某之子而不重者吾錢氏相傳舊譜例也河間紀昀撰景城紀氏家譜亦然曰省複也斷自格初公始亦以一家為一譜而世次相承則以武肅王傳序為衡而為三十世述世表第二

世次	
	若浩次子
三十世	維楨 字裕初 一字奇 香清廩貢生候選訓導次子福煒官誥封朝議大夫祔祀惠山宗祠錦樹懷嘉慶十六年辛未正月二十五日午時生光緒十一年乙酉九月十八日未時卒得年七十五歲葬本縣西鄉鎮山頭徐巷衖北首嘯嶺灣周家山賓字三千五百五十號山糧五分乾山巽向兼辰戌三分丙戌丙辰分金配江陰貤封朝議大夫候選州判副舉人周公衡公諱權長女誥封恭人子五福煒熙元福頎福
三十一世	福煒 字燮蓀 一字瀛 士同治六年丁卯補行辛酉科江南鄉試舉人十三年甲戌考取咸安宮教習議敘知縣自以不習為吏未請分發光緒十八年壬辰選授蘇州府長洲縣學教諭二十一年乙未山東賑捐案內加捐五品升銜遇覃恩三次加三級誥授奉政大夫晉封朝議大夫祔祀惠山宗祠錦樹懷道光十六年丙申正月初五日未時生光緒三十一年乙巳十月二十日寅時卒於官得年七十歲配同縣
三十二世	基翰 字子臣 一字翰 芬縣學生咸豐九年己未六月十五日酉時生光緒三十二年丙午二月二十二日卯時卒得年四十八歲配同縣虞達泉公諱雨田長女咸豐十年庚申正月初五日卯時生民國十六年丁卯七月十二日酉時卒得年六十八歲生女一楚華殤葬本城西郊青山灣在父墓之左無子以胞弟湛章長子鍾唐嗣
三十三世	鍾唐 字堯侯 江蘇省立第二農業專門學校畢業現任無錫縣商會秘書光緒二十年甲午六月十二日酉時生娶同縣秦琢如公玉書長女琇光緒十八年壬辰九月十八日酉時生子三汝泰汝華汝嵩女四汝敏無錫國學專修學校畢業適同縣上海醫學院畢業例授醫學士陶秉娥汝璋私立正風中學畢業適同縣陳頊良子涵章汝琬肄業國立暨南大學化學系汝麗殤葬青山土地祠傍
三十四世	汝泰 字魯聰 國立浙江大學工學院電機工程學系畢業例授工學士現任資源委員會電機工程師民國六年丁巳四月初三日午時生娶崇明龔旦暘公曾亮三女善勤中央護士學校畢業現任職無錫縣立醫院民國八年己未九月二十九日寅時生女名原原 汝華 字祝封 民國八年己未三月十四日卯時生縣立初級中學畢業任職福新麵粉公司第七廠管理物料兼庶務娶同縣龔祖慰公之

桐福織女一適江陰議敍八品章子封公諱燮次子燿西名以鋅嘉慶十八年癸酉四月初六日　時生咸豐七年丁巳十月初四日　時卒得年四十五歲葬江陰黃山港閘帝殿西首六保鮮字二十四號新阡續置三十

太學生詹事府主簿施蘭畦公諱惠次女例贈恭人生于基翰道光十六年丙申十一月初三日卯時生咸豐九年己未六月二十三日巳時卒得年二十四歲繼配施蘭畦公三女例贈恭人生子基鶴基鴻道光十八年戊

長女映芳私立蘇錫女子中學畢業民國九年庚中五月初六日卯時生于呂平呂文

汝嵩 字遜松民國九年庚申十月十八日酉時生肄業國立交通大學管理學院鐵道管理系歷任上海郵政管理局郵務員

九號陎家山擇樅二分壬山丙向兼子午三分丙子丙午分金葬於光緒二十八年遷祔嘯嶺滸周家山合葬爲繼配布政使理問國學生曹建堂公諱棫長女誥封恭人道光六年丙戌正月二十二日　時生同治三年甲

戌八月初四日卯時生同治八年己巳五月初六日辰時卒得年二十六歲又繼配江陰同知銜歲貢生祝寶之公諱維善長女例封恭人生子基烈道光二十八年戊申六月十八日卯時生民國七年戊午八月初八日子

基鶴 乳名坤蓀同治六年丁卯生七年戊辰殤葬本縣東鄉東亭華氏來大墳旁

基鴻 更名湛章字西苓改字希蘭縣學生畢俊行拔例以府經歷試用同

鍾虞 字舜弼蘇州萃英中學畢業供職漢口平漢鐵路局漢口淪陷挈家

中國民意測驗所無錫辦事處主任之職

汝豐 字榮年民國十四年乙丑二月初五日寅時生任職交通部第五運

子二月初五日死太平軍之難得年三十九歲葬江陰敦山南灣雙牌十一保德字二百十四號擇地三分

時卒得年七十一歲合葬本縣西鄉青山灣茶樹墳祖塋右旁墳丁孫阿榮

治八年己巳四月二十九日申時生配江陰四川西充縣知縣胡伯厚公諱堃孫女山東候補鹽大使附貢生寶森公諱鑒長女同治八年己巳三月初一日卯時生子三鍾唐鍾虞鍾夏鍾唐出嗣胞兄基翰後女二慧舫殤

入川現任職成渝鐵路工程局光緒二十五年己亥正月二十五日丑時生娶同縣孫鈺庭公宗立長女學英光緒二十五年己亥十月十四日申時生民國二十九年庚辰六月二十三日巳時卒得年四十五歲子三汝豐

輸處廣元修車廠

汝恒 字蔭北民國二十三年甲戌三月十九日未時生肄業扶輪中學校

汝鄂 字漢蓀民國二十六年丁丑正月十九日戌時生

鍾穌適江陰光緒二十九年癸卯科優貢銓選江北掘港場鹽知事章硯芳公鍾祚第四子法政學校畢業生任清

汝恒汝鄂女二汝安汝榮汝安適邊中楊樹銘汝榮出爲同姓養女

鍾夏 字禹謨私立無錫國學專修學校畢業現任私立輔仁中學國文教員光緒三十三年丁未九月二十六日酉時生娶同縣莊仰斗公

汝益 字伯謙民國十九年庚午閏六月初六日辰時生現肄業私立中國紡織染工程學院

汝樑 字仲堃民國二十一年壬申

乃嚴三女光緒三十二年丙午九月初七日酉時生子五汝益汝樑汝彪汝鼎汝興女三汝瑞殤汝宜汝嘉

十一月初五日亥時生現肄業私立輔仁中學

汝鼎 字立三 民國二十五年丙子八月初四日辰時生現肄業私立輔仁中學

汝彪 字蔚文 民國二十七年戊寅八月初三日午時生

基烈 原名基曾字楠庭又字子榮同治十一年壬申九月初七日申時生民國三十一年壬午七月二十日申時卒得年七十一歲配江陰候選同知吳

鍾亮 字鄉侯 江蘇省立第三師範學校二部及江蘇省立第一師範學校文史專修科畢業久任無錫第一區長光緒二十二年丙申五月初九日戌時

汝興 字勃如 民國三十一年九月初六日戌時生

汝軾 字佛蘇 國立交通大學工學院電機工程學系畢業例授工學士現任無錫電廠工程師民國四年乙卯八月初五日辰時生娶江陰吳選青公鴻

範卿公諱維鏞長女生子鍾亮鍾瑚鍾勳女鍾華適同縣馮覲瀾公次子渭臣名以同治十二年癸酉三月十五日午時生民國八年己未三月十二日未時卒得年四十七歲又娶同縣候選州張[illegible]曾公諱煥

生娶同縣留芳聲巷楊企周公長女五如光緒二十年甲午三月初四日午時生子四汝軾汝佩汝端汝曾女四汝瑛汝英汝榴汝賢汝英江蘇省立無錫師範學校初中部畢業現肄業綢南高級會計科職業學校汝榴現

銓次女婉琛江蘇省立無錫師範學校畢業民國三年甲寅七月三十日午時生子二昌森昌本女二肇男小妹

汝佩 字陶菴 無錫私立輔仁中學畢業現任台灣新竹紡織廠總務科長民國十年辛酉十月初八

吉次女光緒二年丙子五月十五日卯時生宣統二年庚戌九月初六日辰時卒得年三十五歲合葬青山灣茶樹墳祖塋之右下又娶江陰附貢生胡遂生公仁育三女光緒十二年丙戌二月初五日時生女鍾鈺鍾瑛鍾

肄業無錫縣立女子中學初中部

日申時生娶同縣馮伯衡公次女婉貞上海立信會計學校畢業現任新竹紗廠出納主任民國十一年壬戌三月十九日卯時生子大棟

汝端 字貢九 私立正風中學畢業現任職天元紗廠民國十三年甲子十

琪鍾瑛鍾鈺國立西湖藝術專科學校畢業歷任無錫縣立中學江蘇省立無錫師範學校教員適宜興吳榮康鍾球上海同德醫學院產科畢業適同縣張其鄂鍾琪江蘇省立無錫師範學校畢業適同縣楊雲龍鍾瑛肄業江蘇省立無錫師範學校

月初六日酉時生娶同縣張公光祥次女佩韻民國十二年癸亥十一月十四日午時生

汝曾 字邦海 現肄業上海私立大夏大學法學院經濟系民國十七年戊辰閏二月十八日丑時生

鍾瑚 字席珍 一字殷之晚號遯叟江蘇省立蘇州工業專門學校紡織科畢業歷任江蘇省立蘇州女子師範學校省立無錫師範學校洛社鄉村師範學校教員私立無錫美術

汝明 字宏叢 上海誠孚紡織專科學校畢業現任新裕紡織廠工程師民國十一年壬戌五月初一日辰時生娶同縣孫新吾公長女鑑華無錫縣立女子中學畢業民國十年辛

專科學校創辦人及校務主任私立江南中學及綢南高級會計科職業學校之創辦人及校長無錫縣立中學校長忠勤高級職業學校紡織科主任民國三十五年無錫縣臨時參議會議員光緒二十五年己亥四月十

酉十月二十九日午時生子昌國昌仁女昌玲

汝霖 乳名康寶肄業江蘇省立無錫師範學校附屬小學得模範兒童獎狀民國十四年乙丑七月十四日酉時生二十三年甲戌八月二十日亥時殤葬青山土地

九日寅時生娶江陰吳選青公鴻銓長女荷英光緒二十五年己亥六月初八日寅時生子五汝明汝霖汝元汝中汝立女二汝姞汝正汝姞江蘇省立無錫師範學校畢業現任小學教員

祠旁

汝元 乳名元寶江南中學初中部畢業現肄業高中部民國二十年癸酉七月十五日子時生

汝中 乳名民寶肄業江南中學初中部民國二十四年乙亥九月二十二日亥時生

鍾勳　乳名榮　釗字鼎　侯光緒二十九年癸卯正月十八日　時三十二年丙午　月　日　時殤葬青山土地祠旁

汝立　乳名立　寶緯業　江南中學初中部民國二十五年丙子九月二十二日辰時生

熙元　原名福　㶳字頊　歷廩貢生候選訓導中式光緒十四年戊子江南鄉試副舉人就職直隸州州判例授文林郎道光十七年丁酉十月十三日　時生民國二年癸丑正月二十八日　時卒得年七十七歲配江陰

基康　字子藩　又字晉　三附貢生候選訓導同治十二年癸酉正月十二日　時生民國二年癸丑八月初九日　時卒得年四十一歲配同縣國學生楊蓉初公諱錫蕃長女例封宜人生子魁官鍾庠鍾琪同治十二年

魁官　殤

鍾庠　字伯芹　光緒二十五年己亥二月十二日戌時生民國八年己未二月十二日戌時以神經失常投水自殺得年二十五歲葬本縣西郊惠麓之廟巷

鍾琪　字叔芹　光緒二

汝龍　字致雲　民國十

欽賜舉人許公諱春沂孫女廩貢生苑初公諱兆桂長女例封宜人道光十五年乙未四月二十五日　時生同治六年丁卯九月初四日　時卒得年三十三歲祔葬江陰敔山南渟雙牌十一保曾恭人昭穴子一女

癸丑九月初六日　時生光緒二十八年壬寅五月十三日　時卒得年三十歲合葬頌眉公牌山昭穴繼配同縣李遠亭公諱浩然次女例封宜人光緒三年丁丑正月十四日子時生民國三十三年甲申四月初十日申

十八年壬寅正月初九日巳時生娶同縣廉　公子峯長女秀英光緒三十一年乙巳十一月十五日巳時生子三汝龍汝鵬汝鶴女二含英蕙英蕙英寄邵氏為女

鍾琦　號叔瑕　光緒三十二年丙午十二月十三

七年戊辰正月初九日未時生

汝鵬　字雲九　民國二十年辛未四月初七日子時生

汝鶴　字九皋　民國二十五年丙子五月初八日未時生

一皆殤繼配同縣縣學生諸素揚公諱國培次女例封宜人生子三基康基昌三寶女二長適同縣揀選知縣同治九年庚午並補壬戌恩科江南鄉試舉人楊紫丞公諱昌祜子優增生珍甫名鍾琳次適同縣縣學生曹棧

時卒得年六十八歲生子鍾玲鍾序鍾序出嗣胞弟基昌後別葬本縣東亭鎮新塘橋來旺橋西荒田岡上

基昌　原名基　穀字啟　宇光緒元年乙亥十二月初八日　時生民國二十二年癸酉十一月二十三

日　時生殤　不知年月

鍾序　字少芹　民國元年壬子八月十二日卯時生娶同縣程蓮舟公長女惆英民國三年甲寅

汝昌　字伯明　民國三十年辛巳九月十六日丑時生

卿公諱楨次子仁虎名同文道光二十二年壬寅八月二十二日　時生民國四年乙卯八月十五日時卒得年七十四歲與頊眉公合葬本縣東鄉安鎮胖山之麓四四二圖令字四千二百零九號山向艮坤兼丑未

日　時卒得年五十九歲配同縣過棠卿公諱登雲女光緒二年丙午十一月二十二日時生民國八年己未五月十九日　時卒得年四十四歲合葬頊眉公胖山穆穴生女適同縣華昌沂無子以胞兄基康第五子鍾

六月初一日己時生子汝昌女汝珍汝張

堠山錢氏丹桂堂家譜　世表第二　十一

福熉 字星乙 府学生 道光二十五年乙巳四月十三日　時生光緒八年壬午三月十七日　時卒得年三十八歲配江陰州同銜浙江試用縣丞趙訪庭公諱欽普三女道光二

三寶 序嗣 殤

基恩 字子紹 同治十一年壬申九月十七日未時生民國二十九年庚辰正月十八日戌時卒得年六十九歲配同縣世襲雲騎尉五品銜候選縣丞曹少琴公諱勳次女生子鍾

鍾瑜 字毓瑾 光緒三十一年乙巳十一月十八日亥時生任職福新麵粉公司麥務部出麥兼外埠辦麥娶同縣計育齋公長女慕琴光緒二十九年癸卯六月初三日午時

汝棟 字翰清 民國十八年己巳六月十九日酉時生上海交通中學高中部畢業

汝楣 字壽清 民國二十年辛未十一月初十日申時生上海大同大學附屬中學高中

十四年甲辰六月二十日　時生光緒十七年辛卯五月初九日　時卒得年四十八歲合葬本縣南郊黄泥鎮談渡橋西地號壹貳叁陸丨壹號面積三分九厘六毫子二基恩基安女二殤

瑜同治九年庚午三月二十二日未時生光緒三十四年戊申十月二十一日丑時卒得年三十九歲附葬星乙公談渡橋昭穴繼配同縣秦雲臺公之三女生子鍾瑤鍾璠光緒五年己卯七月十七日卯時生民國三十二

生子三汝棟汝楣汝楨

鍾瑤 字毓琨 宣統三年辛亥四月十一日辰時生久任福新麵粉公司第二廠麥務主任以民國三十六年丁亥

部肄業

汝楨 字榮清 民國二十二年癸酉九月二十九日亥時生上海景德中學初中部畢業

汝欽 字餘慶 民國二十九年庚辰八月十八日午時生三十七年戊子八月初八日辰時殤

堠山錢氏丹桂堂家譜　世表第二　十二

年癸未八月初四日卯時卒得年六十五歲與夫合葬本縣西鄉大徐巷青龍山下井塘上賓字三千五百四十四號山田八分山向坤山艮向兼申寅三分墳親陳根福鍾璠出嗣從弟基鈺後

基安 字子期 同治十

三月初九日卯時卒得年三十七歲葬本縣惠山馬鞍隝體字第　號土名高大坟山向丁癸兼午子三分墳丁許仲寶娶同縣邱梅芳公鴻鈞長女蘭珍民國五年丙辰十一月十六日酉時生子二汝欽汝揚

汝揚 字裕仁 民國三十二年癸未六月十一日丑時生

福烱 字祖耆 以興祖觀濤公同生日選拔春秋子同生之例以爲名字焉

三年甲戌三月十六日時生光緒十八年壬辰五月二十六日時卒得年十九歲與妹四寶祔葬本縣西郊惠山井泉塢世墓墳

基成 字子蘭 附貢生 同治十二年癸酉閏六月二十一日午時生民國九

鍾書 字默成 一字中書宣統二年庚戌十月二十日申時生國立清華大

附貢生試用訓導加捐五品銜道光二十九年七月初八日卯時生民國十五年丙寅七月初四日未時卒得年七十八歲配同縣溧水縣學教諭以軍功擢同知銜浙江候補知縣誥封奉政大夫晉贈榮祿大夫孫竹蔚公

年庚申九月二十一日中時卒得年四十八歲配江陰候選直隸州州判毛公諱永齡次女同治十二年癸酉三月二十五日巳時生民國十八年己巳二月十一日子時卒得年五十七歲祔葬祖耆公壙穆穴女

學外國語文學系畢業例授文學士民國二十四年膺英庚款留學生考試派赴英國牛津大學專攻西洋文學留學二年得文學士學位轉赴法國巴黎大學研究回國後歷任國立清華大學國立師範學院國立暨南大

諱元楷次女咸豐二年壬子四月二十二日 時生宣統二年庚戌十一月十三日午時卒得年五十九歲合葬本縣西鄉開原鄉徐巷嘯嶺灣賓字三千五百四十九號山田 畝分 厘子六基成基治基恆基默基博

三長梅安適同縣秦琢如公玉書長子光甫名鏡宇次三殤無子以胞弟基博長子鍾書嗣

學外國語文學系主任教授娶同縣江蘇省高等審判廳廳長浙江省高等審判廳廳長京師高等審判廳廳長日本早稻田大學法學士美國本雪凡尼亞大學文學碩士揚圃堂公蔭杭第四女季康宣統三年辛亥六月

基厚女四長素琴次素英三名佚四月琴皆殤葬本縣西郊惠山廟巷西首墳丁張阿紀

基治 殤

基恆 原名基全字仁卿光緒二年丙子七月初

二十二日酉時生東吳大學畢業例授文學士清華大學研究院肄業遊學英法兩國震旦文理學院外語系教授生女名健汝一名瑗

堠山錢氏丹桂堂家譜

世表第二　十五

十日時生。十七年辛卯九月二十九日時卒，祔。年十六歲，與妹素琴、月琴同葬本縣西郊惠山廟巷大王廟西首坟，丁張門紀

基默　殤

基博　原名基來，字子泉。光緒十三年丁亥二月初二日午時生。理化研究會會員。歷任江蘇省立第三師範學校國文經學教員兼教務主任、上海聖約翰大學國文教授、國立清華大學國文教授、私立光華大學國文系主任教授兼文學院院長、私立無錫國學專門學校校務主任、

鍾緯　字南强。民國元年壬午正月二十二日辰時生。申新紡織廠職員養成所畢業，南通紡織學院肄業，英國波爾敦工業學院畢業，英國好華特紡織廠及麥助潑利脫機器廠實習生。歷任申新紡織第八廠工務員、慶豐紡織漂染公司職員、訓練班主任兼技師、浙江省政府建設廳

伉汝　原名康汝，字高伯。民國二十七年戊寅五月十九日戌時生

仂汝　民國三十四年乙酉十月初五日午時生，十七日卯時殤

堠山錢氏丹桂堂家譜

世表第二　十六

國立第四中山大學國文系主任教授、國立浙江大學國文系教授、國立師範學院國文系主任教授、私立華中大學國文系教授。著有經學通志、中國文學史、現代中國文學史長編、駢文通義、太通義、韓愈志、後東塾讀書記、增訂新戰史例、孫子章句訓義、歐洲兵學演變史論、斟今論等書刊行。配同縣附貢生候選訓導王筠唐公諱縯三女，光緒十四年戊子五月二十日酉時生。子三：鍾書、鍾緯、鍾英。鍾書出嗣胞兄基成。女一：鍾霞，適[illegible]

技正兼工業試驗所紡織實驗工場場長及絲織廠籌備主任、陝西寶雞民康毛棉廠廠長、兼申新第四紡織公司寶雞廠職員訓練班主任等職。現任申新第四紡織公司設計組工程師兼漢口廠副廠長。[同]縣勸學所所長、縣視學，清宣統三年京師分科大學畢業奏獎舉人，附學生泰頌碩公銘光次女洛方，宣統三年辛亥八月二十八日子時生。子：伉汝、仂汝。女：婧汝、姚汝、瑩汝

鍾英　字幼慎。民國二年癸丑八月初五日辰時

佼汝　字壽伯。民國二十九年庚辰九月十七日

沙國立師範學院國文系畢業獲民國三十二年全國各大學國文系畢業論文比賽第一獎金例授教育學士現任私立華中大學國文系講師石聲淮

生私立光華大學外國語文學系畢業例授文學士歷任中央銀行保管課課員交通銀行緬甸仰光分行祕書兼文牘主任娶浙江桐鄉江蘇候補知縣增貢生汪星源公紫瀾長女珏年民國二年癸丑十一月十六日巳

午時生

任汝　字仲仁　民國三十五年三月初二日丙時生

基厚　原名基復初字心卿後改孫卿別字遯菴又號亦梓光緒十三年丁亥二月初二日午時與叔兄基博孿生歷任無錫縣政府學務課課長第三科主任暨私立公益工商中

時生生子伎汝任汝女媞汝姚汝

鍾韓　字孟獻　宣統三年辛亥五月初二日午時生國立交通大學電機工程系畢業例授工學士考取江蘇省公費派遣英國倫敦大學選習機械工程轉瑞典實習回國後歷任

學及私立無錫中學校長江蘇民政廳第一科科長以地方辦學著有成績曾給七等嘉禾章並先後被選民國元年無錫臨時縣議會議員暨第一屆縣議會議員縣參事會參事員民國十年江蘇省第三屆省議會議員

國立浙江大學西南聯合大學及中央大學工學院教授娶浙江嘉興沈介侯公有壬次女慧賢民國十年辛酉正月初四日卯時生國立浙江大學化學工程系畢業例授工學士現任中央大學工學院化學工程系助教

民國二十年國民會議代表及無錫市教育會會長無錫市縣董無錫縣商會主席理事長江蘇全省典業同業公會主席第三區繅絲工業同業公會常務監察江蘇全省商會聯合會常務理事暨無錫旅滬同鄉會理事

生女婉汝

鍾漢　字仲光　民國元年壬子十月二十四日卯時生私立光華大學中國文學系畢業例授文學士江蘇省高等文官考試檢定及格民國三十六年當選無錫縣參議會議員娶江陰吳惠安公長女

汝驥　字良伯　民國三十一年壬午十二月初五日生

堠山錢氏丹桂堂家譜　世表第二　十九

長等職著有錫山學務文牘謀言集自敍行歷五十以前曰年譜五十以後曰私乘刊行配同縣光緒二十年甲午江南鄉試副舉人高映川公諱汝琳長女光緒十六年庚寅九月十五日酉時生子九鍾韓鍾漢鍾穀鍾儀鍾魯鍾彭鍾達鍾錢鍾泰女二鍾元鍾華鍾元私立無錫國學專門學校畢業適同縣許建人公子江海關稅務司幫辦許景淵鍾華江蘇省立無錫師範學校初中部畢業

賽珠蘇州女子蠶桑學校畢業民國三年甲寅十一月初六日酉時生生子汝驥女靜汝灝汝

鍾穀 字任叔民國五年丙辰十月初九日午時生國立交通大學土木工程系畢業例授工學士歷任湘桂鐵路工務員黔桂鐵路副工程師橋涵股主任薦任等職民國三十二年應高等文官考試及格考取清華庚款公費派遣美國留學得愛華州大學得碩士刀博士學位

鍾儀 民國九年庚申二月初八日辰時生肄業

堠山錢氏丹桂堂家譜　世表第二　二十

國立同濟大學機械工程系三十一年遇難浙江之瑞安

鍾魯 字聖希民國十一年壬戌八月二十七日戌時生國立交通大學機械工程系畢業例授工學士現任職慶豐紡織公司機械技師聘同縣陳翁韶琴長女寶清民國十八年己巳二月十一日寅時生

鍾彭 字子久民國十四年乙丑正月二十六日丑時生國立交通大學機械工程系畢業例授工學士現任職上海電力公司實習工程師

鍾達 乳名阿寧民國

堠山錢氏丹桂堂家譜　世表第二　二一

十七年戊辰二月十八日丑時生以其日相傳達摩過江故名二十三年甲戌四月十三日亥時殤得年七歲

鍾錢 民國十九年庚午正月十四日未時生二十一年壬申正月初二日時殤得年三歲

福熾 字承起 咸豐二年壬子二月二十三日時生光緒三十年甲辰正月初一日時卒得年五十三歲配江陰王隨佑公諱俤範次女道光二十九

基鈺 字凝章 又字子珩同治十三年甲戌十一月二十九日時生民國年月日時卒得年四十歲祔葬父墓配江陰附貢生包子

鍾泰 字君安 民國二十四年乙亥七月十二日卯時生

鍾璠 字毓琳 民國三年甲寅九月二十八日酉時生現任職戚墅堰電廠收費股股同縣吳超先公葉慕長女德英民國四年乙卯七月十五日申時生

汝佺 字伯駿 民國二十八年己卯正月十六日午時生

汝侊 字仲明 民國三十年辛巳八月十二日申時生

汝俊 字叔章 民國三

堠山錢氏丹桂堂家譜　世表第二　二二

年己酉十一月二十七日時生民國年月日辛得年六十歲合葬江陰東門外雙碑一保荫盧浜羔字三百三十號鐸田五釐墳丁王德惠子一基鈺女二長殤次適江陰廩貢生候選訓導張淦生公諱

芳公諱曾炬長女同治十一年壬申三月初一日時生民國二十七年己卯九月十七日丑時卒得年六十七歲葬本縣西郊錫山腳下遐字號念二六圖土名獨分頭山女二次適同縣王竹甫公諡森長子壽沛名蘭森

生子汝佺汝侊汝俊女汝妗

十二年癸未三月初三日子時生

三十五世

汝華長子
昌平 字翩昇 民國三十四年乙酉八月初一日卯時生

汝華次子
昌文 字蔚雯 民國三十六年丁亥八月二十八日寅時生

三十六世

潤熙長子兼名由達

三十七世

長遭兵亂散失無子以從兄基恩第三子鍾璠嗣

三十八世

三十九世

堠山錢氏丹桂堂家譜

世表第二

汝軾長子	昌森	字東慶　民國三十年辛巳九月初五日未時生			
汝軾次子	昌本	字蒼根　民國三十二年癸未十一月初六日酉時生			
汝侃長子	大棟	字伯任　民國三十五年丙戌十一月十九日午時生			
汝明長子	昌國	字于才　民國三十三年甲申十一月十四日卯時生			
汝明次子	昌仁	字仲誼　民國三十六年丁亥十一月初一日子時生			

二三

堠山錢氏丹桂堂家譜

吳越武肅王三十二世孫基博纂錄

行述第三

世表者所以詳吾祖父之世系生卒行述者則以闡吾祖父之生平志行無生平志行則吾祖父之精神意趣邈不睹焉子孫之懷慕何有非所以慎終追遠之意也次行述第三

先大父述略

孝孫基博敬述

吾大父之歿一年而小子基博生又二十年而江陰吳達人編修增甲傳大父以載家乘編修先仲世父之弟子也簡仲父誦其文而非焉曰此非所以傳吾父也昔蔡伯喈撰郭有道碑傳其德量而不著其事功祇虛摹風采而已編修之傳吾父以之蓋吾父生平以德量勝不以事功顯固已然吾父蹈道踐仁數十年自有本末子曰我欲載諸空言不如見諸行事之深切著明也奚以虛事師說為耶爰最大父生平以詔於小子基博曰小子志之吾父之師則有江陰陳穀嘉孝廉良顯武進李申耆大令兆洛吾父之友則有無錫張南湖孝廉蘭階余蓮村善人治沈晴庚秀才鑾江陰鄭守庭解元經吳縣馮敬亭宮允桂芬皆國之良而李兆洛之文章馮桂芬之經濟以及余治鄭經之滂仁潰義敦行不怠尤有足以模楷人倫為世坊表者焉昔孟子引子濯孺子之言曰尹公端人也其取友必端矣論者於吾父亦云吾父少小僑居江陰嘗與余蓮村善人創辦江陰全縣義塾規制期以久大同治七年巡撫丁日昌見章程而善之飭通省以為式老而徙歸無錫之東亭又出其餘緒以辦崇仁鄉義兩義塾由是大府褒獎有加而東亭之人守遺規以勿墮替者三十年此又見諸奏牘載在官府彰彰可考者也吾父仁厚長者不可以非義干頤不為孑孑之行郡之人有以爭產訟于守者知吾父為守禮重則以八百金餽請為一言吾父私念不受則必他投匪若人產盡訟且不已笑應之曰諾既則為之區處以底于無訟

行述第三　一

堠山錢氏丹桂堂家譜　行述第三　二

而還其金曰事安可以賄成其人感激涕零至逢人稱說郡中知之者多而吾父則終身絕口勿道也小子志之吾與若父老矣汝籍祖父之蔭以粗能文章輿日必狀之以乞傳于當世鉅人長者然事必徵實毋矯飾以誣吾父小子其志之基博謹應曰唯時遜清光緒三十三年秋八月也大父諱維楨字榕初籍江蘇常州府金匱縣廩貢生候選訓導以世父葵蓀公官誥贈朝議大夫以光緒十二年九月十八日感微疾返寢即曰余善人運村來而善人歿固久矣遂端拱大噱而逝年七十五有子五人長福煒同治丁卯補行辛酉科舉人大挑二等考取咸安宮教習以知縣銓選自陳才力不及改補長洲縣學教諭次熙元光緒戊子副舉人三福熉郡庠生四福炯基博父也附貢生五福熾國學生孫十三人而基博為弱小自慚修名不立無以副仲父之望而見重於當世鉅人長者獨念並吾世不乏雄駿魁宿而文章高世私衷服膺者莫如義寧陳散原先生三立以為是足以傳吾大父之生平而昭信來日者矣懷此久未有以發會以戊午之夏撰高老愚先生傳而散原先生辱題詩其後有句云錢生契獨行立傳追范史吾從美其文綴咏亦贅耳自以末學小生幸見稱於當世賢豪長者其亦榮為何如也謹乞以傳吾大父而為之述略如此

不孝淮章泣述

先府君行述

府君錢氏諱福煒字葵蓀一字瀛士系出吴越武肅王南宋寶慶元年十九世祖尚甫公諱廸由吳興徙居無錫之堠山元至元間十六世祖易象公諱年遷居邑之城西雍正二年析無錫置金匱縣遂為金匱縣人曾祖諱士鏡曾祖妣氏王繼妣氏任祖諱若浩妣氏張考諱維楨由廩貢生以訓導銓選妣氏周繼妣氏曹生丈夫子五而府君序居長幼入塾穎悟異常兒經未卒讀即能成文文多自出機杼一空依傍隨先大父僑寓江陰時與同人文會名宿斂手聲譽鵲起二十一歲先妣施恭人來歸二十二歲補縣學生學使為李小湖棣卿通經學古命題多與僻是科題下無得解者惟府君卷神與古會獨以散卷見賞

堠山錢氏丹桂堂家譜　行述第三　三

是年冬十月丁先大母周太恭人艱奉諱家居知天下將亂而留心經世之學頗結納閭里豪右以為緩急可依仗也越明年六月不孝基翰生而先妣施恭人即以產難死維時粵寇竊踞金陵蘇常岌岌不支而無錫縣城旋陷實為咸豐十年庚申四月府君方館甥於施初先大父繼室於江陰雲亭鎮之曹氏睹寇勢之日急而避地焉至是府君奉外祖父母以依先大父母猝被圍黄元昌者江陰豪士也府君早與相結方以鄉兵起祝塘與寇角稱敢戰以府君之告急也而帥所部至解雲亭之圍逐寇以脫府君於難則府君有以早結之也府君遂奉外祖父母侍先大父奉曾祖父母渡江之泰州僦居焉既而先大父曾祖父母移寓靖江昆羅墅外祖父母遷居寶應楊家田外祖父母老而亡子有女婉孌一門細弱託命府君而府君艱危扶持往來省視適先大父遭曾祖覲濤公喪哀毀成病而遭亂作客旅囊蕭索無以延醫惟府君出先妣施恭人奩中金珠悉索以供先大父延醫購藥先大父病乃日起然而昊天不弔繼祖妣曹大恭人以渡江寧父母中途遇寇潔身以投水中流自沈府君痛不欲生然以先大父病起未愈委婉進言而先大父之哀以殺先大父流離顛沛仰事俯育頭為之白府君善體親心每以究膏之膏獎生徒之修脯以羨補不足而先大父之憂以紓既而亂平奉先大父以歸無錫同治四年外祖父母以三女繼室於府君府君文章日益有名六年應丁卯補行辛酉科鄉試中式第二十五名舉人衡鑒墨選傳誦一時八年不孝淮章生而繼妣施恭人亦以產後發病不旬日卒無母何恃天乎何酷也十年吾母祝恭人來繼室明年不孝基烈生十三年甲戌考取咸安宮教習議叙知縣自以不習為吏未請分發光緒六年庚辰大挑二等以教職歸部銓選府君五試禮闈膺薦者三而終不遇於是府君年四十五矣曰家世儒者教吾職也十一年乙酉丁先大父外艱服闋以十八年壬辰選授蘇州府長洲縣學教諭猶以不能如毛義捧檄為憾二十一年乙未山東賑捐案内加捐五品升銜恭遇覃恩三次加三級誥授奉政大夫晉

封朝議大夫而贈先大父母如例府君爲人不慕榮利不畏强禦人有過必面斥之不爲依違能斷大事邑中有大利害未嘗不挺身以赴同治年間敫皇大脣有蘇省色布各捐名貢布捐向歸蘇州商人承辦蘇州商人上下其手灑派無錫金匱江陰三縣分認江蘇巡撫已檄委設局創辦嚴提阻撓莫敢誰何府君挺身以出聯三縣士紳具陳於兩江總督曾文正公奏撤其事以恤民艱頌聲載道縣北塘三里橋西北有義塚一所名龍舌尖有護塚河名硯凹槽自康熙年間奏請免糧載入縣志光緒初年縣有射利者覬覦此地欲填塞塚河挨排界石蓋造房屋莫爲誰何府君挺身以出顧請邑侯簽呈縣志以申詳大府飭常州府勘報勒石永禁塚賴以全澤及枯骨縣文廟燬於兵及寇平而興工重建主者以籌款不易有按畝派捐之議衆論依違府君挺身以出謂農民終日勤動所入幾何若以土木興工而加賦於民聖人節用而愛人九天有靈恐非所願不徒違聖朝歷祖歷宗永不加賦如綸如綍之王言也遂呈請大府而

堠山錢氏丹桂堂家譜　行述第三　四

寢其議嗣後常州府建府署有議及畝捐者府君亦援案請於大府而罷惠普窮廢不僅鄉里也其餘如葺宗祠修宗譜擴義塾以及表彰節義造橋修路掩骼埋胔之舉靡不承先大父志始終其事及之官長洲光緒戊戌己亥間淮徐洊飢安東教諭唐桐卿先生實主賑事先生有善人之稱而與府君雅故以賑册寄府君立以千金應皆募自門下士也及三十年甲辰日俄戰起東三省遭兵中外協力以成紅十字會募捐急賑學使者按試所部檄屬經募府君奉文立募如數則以府君之得士心也府君在長洲逾十年率屬多士每以先品行後文藝相勖非公事未嘗至邑署諸生有餽苟非摯無不婉言拒絕每爲誦左傳曰國家之敗由官邪也官之失德寵賂章也况吾教官之靦顔爲人師者乎餽者亦不敢强也今歲乙巳正月初五日實爲府君七十生辰親友先期謀稱觴府君爲言先大父七十自書楹聯曰七秩敢云稀胡必開筵有傷物命五子當承志祇宜惜福永佩家言吾敢求多於先君以自爲泰乎謝勿應也及六月

而學使者按試蘇州府君例隨監試猶僶力以出十月示微疾然起居如常十九日尚飲粥一盂至二十日寅刻竟棄不孝等而長逝矣實爲光緒三十一年十月二十日寅時距生於道光十六年正月初五日未時享壽七十啟手啟足全受全歸府君可以無憾獨不孝等無父之人不堪回首耳嗚呼痛哉不孝等末學無文泣念府君一生行誼若不表而著之任其湮没則罪戾滋重謹敢略述一二伏冀當世立言君子賜以鴻文表章潛德世世子孫感且不朽

先仲世父述略

受業姪基博敬述

遜清道光之際吾大父朝議君固以制舉文有名一時大江南北著籍門下稱弟子者數百人以迄同光而吾伯仲兩世父繼起亦以制舉文有名吾仲父窮年孜兀課徒者四十年及門尤衆自門以内吾三伯父吾父以下皆從學爲文最後及基博基厚而仲父年六十餘矣時制舉文未廢仲父則進而詔之曰制舉文代聖賢立言豈僅以資干祿希榮之用匪窮經不足以闡其理匪讀史不

堠山錢氏丹桂堂家譜　行述第三　五

足以盡其變汝兄弟年稚勿急於應舉經解史論間日課作因教以詁經論史之法曰曾子桓云文章者經國之大業雖經解史論亦當援古證今使人有所取法譚經說史不過借以托諷譬之詩人之比興說書之楔子耳賈誼作過秦論爲後世史論之祖其下篇必上推先王下述秦衰又引野諺前事不忘後事之師而極之於君子爲國觀之上古驗之當世參以人事察盛衰之理審權勢之宜其意斷可識矣基博基厚稽首受命服膺勿失於戲天下甚大學問至廣文字一端原不足以概之而况乎此經解史論尤不過鑽研故紙卑之無甚高論然當日爲學幾捨此無從入之途即基博基厚今日粗識事理幸勿隕越貽嗤世羞亦何莫非窮經治史得力於當日仲父教者爲多也仲父以廪貢生中式光緒戊子江南鄉試副舉人足跡不涉官府於斯世泊然寡所營舍課徒無他事台讀書作文無他好賓友過從語倦惟則高聲誦所自得意文琅琅震屋壁每至佳處輒擲手擊其人曰何如髯張口哆顔渥丹暇則亦爲小詩以自陶

寫志意詩不必工要令讀者想見其為人科頭跣足時雜廁負販傭保與為伍
歡笑劇談誦說詩書如晉接士大夫不喜修邊幅又不善事家人生產所入館
穀隨手盡及其沒也殮以布袍一襲而已生平可稱述者止此仲父諱熙元字
仲眉籍江蘇無錫父諱維楨由廩貢生以訓導銓選誥贈朝議大夫兄弟五人
仲父序第二以道光十七年十月十三日生卒年七十五有子二人長基康縣
學生既以早世不祿而仲基昌又厄於治生於先人著述不暇掇拾則以屬于
基博曰吾父于諸子中最權愛惟汝基博文質無底無足以恢宏先德惟思托
賢人之文章垂典型於不朽適友人高君涵叔以桐城陳劍叟前輩漉然書見
眎謂博文有奇气心甚慕之而不知博固誦習劍叟之文而以為並世雄駿亡
與比能別出於桐城以自成一家者也謹撰次仲父生平大略以乞其傳焉

先府君行述　　不孝基博泣述

嗚呼吾父今亡已夫以吾父之強志毅力耄年不倦于勤卽躋八十九十以何

難然而驟衰於去年委命於今日者無他則以前江蘇督軍齊燮元盜兵掠邑
遺亂傷時之所致也方甲子之冬齊燮元不戢其兵以來抄暴我無錫也吾無
錫人之破家沈族者幾何而吾家永盛典暨所屬提莊之在光復門外者于取
予求幾不遺錙黍焉無錫商務所萃脊在北里而光復門外市廛新闢五達之
衢尤當兵衝齊氏兵之來永盛典者大抵戎服攜槍以至襲裘囊金以去而戎
服之蜕遺於典者卒且至一百七十五襲之多焉吾無錫縣知事署之呈繳蘇
常鎮守使者有文可稽也既齊燮元欲率兵入城而不孝基厚實董市政則隨
邑人君子之後哀籲堅拒多方設計捍不使得入又令曰速籌十萬金以餉軍
基厚不悍悉索敝賦躬致二萬而告以所部嘯掠狀齊氏溲曰吾故虜所部之
不戒也我今日來倘少戢乎基厚則抗聲曰否否某茲之出也緣城自西門至
北門過一布店見大帥所部兵方肩負捆載以出也某有典在光復門所不為
大帥部下烝索以盡者僅破　與燗絮耳大帥若凱旋歸某亦為難民惟大帥
撫卹是仰矣齊氏色變無以應時除夕之子夜也于是自甲子盡月二十四日
之夜以迄乙丑春正月之二日都九日吾典曾無虛日蜂屯蟻聚者無慮皆齊
氏之兵而流氓之因為奸利者或亦有焉禍猶未已而齊氏兵退之明日吾父
一生所以恢張前緒殫瘁厥心繼繩有建之慧山吳越錢武肅王宗祠凡百餘
室徒以駐軍不戒於火而胥付烈焰一炬焉於是吾父痛絕忘生曰宗祏之不
保奚有於吾財也宗祠炬吾質死矣唯是不孝基博基厚薄負鄉曲之譽曾不
能出身排難捍豪強以全鄉里徒困窮城為容悅冀苟免于萬一此固已非烈
丈夫之所為一城以外胥坐聽其搜刼焉胥坐視其焦土焉四郊以內盡人不
得保其室而奚獨于吾一家一姓所瞻皇祖不得安其靈而奚論乎家財獨于
是歲之秋兵事之初發難也同邑顧述之先生將謀地方之保安而要基博以
委身焉基博則既諾之矣歸以致命于吾父吾父則詔之曰汝未讀禮庠父母
在不許友以身也汝必却顧君勿違吾意基博則以義無反諾而有難色焉吾

父則大怒曰吾有二子一子以委于地方而致身焉獨有汝又不能以慰吾老
而圖一家之利樂乎基博遂以杜門謝事也顧又以委身教育未獲幷心一志
以全所蓄慰老親圖免吾家于難此則基博之至隱極痛無所逃罪者也于是
吾父吾兄弟三十年筆耕古耨之所僅餘者胥罄之所有猶不足則益以戚好
合股之金又不足則益以公私委寄之金然此固兵災人禍之不可抗律不負
責賠償者也獨以吾父仁及于物勇以自刻趨利不先蹈難不徙則以為合夥
之股金力出有餘而存戶之寄資家非優贍故股東之資金置後而存款之籌
償獨先然刼餘所存不足什二而償以所寄百之五十三邑中所僅見也詎意
貪夫敗類唯利是圖窺吾父之仁厚長者而出以刼制動以惻怛其尤甚者乃
至嗾昔庇蔭之宗親一旦反眼若不相識天不祚仁人末悔禍而吾父乃憂傷
不食以憔悴底于死於戲誰為為之而致于此推厥所由何莫非齊燮元之怙
兵作慝禍國長亂有以致之然也於戲痛哉吾父名福烔字祖耆晚年自署曰

傳叟無錫錢氏吳越武肅王三十一世孫也宋季二十世祖諱廸始遷無錫梅里堠山世敦儒術爲邑禮義家曾大父諱士鏡武進李兆洛著傳稱其穎悟能讀書善貫貿遷致饒給然不自肯私所有必以致宗人者也年五十自題小影有句曰隔院書聲聽尚樂芸編親對樂可知則其老而好學彌可知矣大父諱若浩齠齔能文常州瞿麗江給諫詫歎爲聖童精八法暇偶臨摹大小米碎紙遺墨時寀人間致波傑有姿嘗數見姓氏於李兆洛吳縣馮桂芬及無錫秦湘業三人之文焉父諱維楨廩貢生爲兆洛弟子書法趙董詩好元白儒林絕推重其年家子吳縣陸潤庠擬之士衡麗製縟錦成章安石小文碎金比價者也既沒之三十年而義甯陳三立欽其志節傳其行誼焉吾父於廩貢君爲少子兄教諭君諱福煒副貢君諱熙元茂才君諱福熲而吾父於兄弟次居四又次則國學君諱福熾吾父生而廣顙豐頤英穎異凡輩以遘太平軍之難室燬遂體廩貢君指住習賈能勤所事得居停愛憐居停子方學爲制舉文甚艱苦成

且爲塾師所呵斥不中程則懊喪無爲計吾父見而戲代爲焉曰何難既爲塾師覺察告居停曰此子貫可惜遂以歸廩貢君俾從副貢君學年二十舉茂才既秋闈三薦不售甲午試歸以文質教諭君教諭君大讚賞然而謂非元即依然孫山外耳已而主試者果欲得以元多士其卷謂其聲味稀淡不與既累不得志於有司矣當是時清政日窳盛興捐例戚好鄉舉不獲意輒筆金得授秩纍纍若若或詡詡勸吾父斅所爲吾父謝曰先人以數冊破書貽子孫筆畬舌耕免凍餒足矣以貲郎倖進非先人意其人強頳曰無害漢司馬長卿亦爲之吾父笑曰僕不能以己所不可斅長卿之可識者於是乎覘吾父恬退淡榮利人也吾父明決多智數然伉爽尚志節蓋渴義甚以江南穀不熟價騰踊隻身赴安徽採辦賑米既盈數雇舟裝載如例訂雇券券記舟子姓名鄉貫雇貲多寡以及行程道里靡所不詳悉所以戒備舟子也蓋舟子大率籍巢縣無爲嗜利狡狠賊人無所憚俗稱巢湖幫者是也既啟行舳艫數百銜尾接楫而其魁

數登吾父舟入艙語且狠顧吾父心惡之知其瞯篋中金也顧未有以制之獨居深念所儲以給若曹舟金餘且無幾雖舟金例抵所至地給然遲早給若曹則呼魁盡集其徒面罄所攜篋金以付魁散衆曰若曹大勞苦此若曹舟金餘以犒既以杜魁異謀且以市衆人歡也於是魁猝不得逞其志無何抵金陵大勝關舟忽止不行召魁詢焉魁則曰舟無米斷炊爺米又不許炊兄弟輩終亡所得食烏能枵腹行舟其徒讙咻聚噭吾父知不可理諭遜辭慰遣既閉艙作字告所往而懷雇券潛登岸走雇驢騎款段入城赴善後局訪友人亦不告所以挾之走鍾山弔吳大帝蔣陵薄暮興盡歸則舟子四五人在焉亟請吾父返舟吾父曰余單身載汝舟汝曹汹汹欲圖余所不投余江流者僅耳余不欲返汝舟矣舟子震懾投地叩首罪吾父即出懷中券示曰若曹雇券在此余即請此間爺備文用善後局關防驛遞無錫縣爺按若曹鄉貫索人舟怖汝曹飛上天余不欲登汝舟矣即指友人語曰此間局中爺在此汝曹當直陳余或不償

若舟金乎曰未然則今日何爲則連連首頓地曰後不敢矣惟爺之返舟治之遂以雇券托友人備文用關防驛遞而已歸舟行自是帖服無敢譁者光緒戊戌歲旱民苦穀貴縣故積穀儲備荒吾父建議出平糶請前浙江臬司鄒仁溥總其事而自主東城糶局一日日且暮有奸民圖掠穀聚衆闐者頃刻百人勢洶洶員紳逡巡引去吾父獨攜椅危坐局門視衆之跳踉撚髭微笑不動衆莫測所爲無敢肆吾父覘其氣衰徐曉以利害默察中一禿者尤辭氣潮湧衆伺其指爲語默知是魁詢其姓氏則邵吾父好言慰之曰若明白人好勸衆歸吾爲汝主禿欣然率衆退去吾父躡起即夕謁令君語所以且曰擒賊擒王請即簽役捕禿遲且生變令君諾吾父見禿捕至乃退抵鄒所員紳方羣集圍詢狀吾父曰奸人魁既逮治然此曹實亦迫飢譁不可無爲區處以厚卹其情鄒仁溥拍按讚曰著悉如吾父指且欲以一炮舟資吾父爲糶局衛吾父謝之曰此輩失魁無爲謀又懲禿禍且既爲區處得所矣將何求焉必無事即變以衆怒

之難犯亦豈一炮舟數十炮勇所能戰事乎仁溥稱善座中客問項君何恃而勿走吾父應曰此曹徒洶洶非無所懾走奸人且得志糶局毀而為禍愈大必非笞一禿能了亦非所以全此曹也聞者嘆服嘗語于人曰仁人制事寬猛弛張盜跖手段菩薩心腸無菩薩心武健酷烈非仁無盜跖手姑息亦非仁又曰諺云錢在手頭吾家計非裕一經管地方公帑暫一挪移寖且久假不歸為名節累矣不可不慎之也然遇地方帑項有虧蝕事必發其覆有某孝廉董積穀事歲歉議出穀糶某孝廉不欲吾父面詰曰公豈有所不足乎曰無然則曷為持異議立馳倉檢得侵移實數言于令君下某孝廉司計者于獄太守某公則教諭君同年好友也亦以董積穀事為吾父所苦曰四兄乃忍相厄乎以此頗為地方人士側目久亦諒其無他蓋其生平侃直慕義亡所撓避大率多此類也吾父體氣魁碩聲逾宏鍾面赬若急怒然胸懷坦白爽朗不為戟棘嘗貸顧公金五百一旦索償急曾不肯稍寬假而顧公嗜博進盡擕所欲責償券赴博場遺焉都其金凡七千七百而諸負金者知其失券抵以讕言顧公大窘莫誰何也吾父知焉亟轉貸金如數具酒食觴顧公而遍召諸負金者至以相質成曰我昔貸顧公金顧公今失我券我茲償金而不責券幸諸君之徵信焉諸負金者慚一一具認償如數曰無使錢四先生獨為君子也顧公則銜感次骨曰我將何以報君否且破我家吾父視其書椷則裒然王氏之九朝東華錄庋焉曰以此書報我可乎遂取以歸也己酉之冬江陰之璜塘鄉有奸僧以僨貸用資聚斂衆鄉人怒燬所居寺僧故交關鉅紳有勢力者遂以白晝焚刼白令令以豪從有能名馳勘逮繫數十人將興大獄吾父為白非辜曰果盜也刼財而已奚所怒於屋宇什物而必盡燬為快乎令亦悟笞一人枷二人而事解鄉人至今言之矢以勿忘曰微錢四先生吾屬盡家破矣秋夜叩關詢子婦出迓睹吾父兩手摳衣角若有所承詢焉蓋裏拾道中嬰赤也以付長男婦毛曰若長無子好撫之得男兆也嘗拓宗祠輯宗譜譜以敬宗收族族姓萬人無貴賤有

事必以正而畢生意念之所經營精力之所殫瘁莫如拓建宗祠垂歿之年而覩其燬也蓋慟之甚曰我幸一日未死必復之其他潛德懿行可書者多而以吾父不喜表暴不孝兄弟晨昏趨庭寡所稱說可得知而述者僅此其不知者不敢以虛誣其親也吾父晚方藥于古醫經讀之能究其微自侍廪貢君以迄吾母吾兄弟數十年間有疾病能自處方其攻瀉施補每有峻劑為晚近醫家所不敢用者而吾父用之往往有奇效醫者莫能測識也卧牀不起者五十日而醫者之至輒與究論方劑有詰難必盡意而後快臨歿延醫者程仲甫曰請君下針於我胸可乎仲甫曰不可公之疾革矣此針不下幸緩須臾無絕吾父頻遜甚詔不孝基博曰此針于醫大有徵汝其檢以示程君垂絕而神明不衰如此見者謂倘不遘憂患壽未有艾也嗚呼痛哉不孝基博實以去秋就聘北京清華學校新制大學部教授方違離膝下之日吾父興居如昨雖遘憂患而强力自持逮冬稍患不食亟手書寄諭不孝基博曰吾無病而已老病或可愈而老不可藥也不孝基博奉書悚惶阻兵不得歸逮今歲之五月始浮海南渡僅乃得歸而拜于床下吾父神采非昔肉盡削見骨矣然好鼓氣作自强之言每劇談輒更二三小時不倦亦或詼語以解劬苦顧而命不孝基博基厚曰吾喪吾財而汝兄弟能自立何害少間則又曰汝兄弟毋以破家故怒齊氏世之怙兵作慝如齊氏者何限然齊氏之于吾蘇察其志意猶欲强為善者也徒以志大而才疎乃禍中於吾民一時流離死亡奚啻百萬數而吾父子兄弟得相保傾家蕩產猶其幸焉者也吾父忠恕以持平而不為刻覈之論又如此獨是不孝基博基厚苫居深念齊氏遭逢時會蹶而又起矣然而吾家之破不可復完吾父之壽乃以促生甯獨吾家吾父吾兄弟覩記所及斯民流離蕩析之慘且有十百吾家所遭者焉特就身所逮膺表而出之以告哀當世庶幾並吾世之擁衆專城稱連帥如齊氏等輩讀吾狀者尚其念不孝刻骨之痛戒生命黷武之禍一念哀矜而戢其虓怒以與吾民稍事休養生息則寧祇一家一姓之

休戚而已歿而有知吾父含唉於九原矣儻不悛其凶德而祇以為怨焉不孝基博基厚自知言出禍隨死不蔽辜倘以國法處之則束身以待緹騎私法處之則引領以俟鉏麑父之不有何有于生苦塊昏迷語不擇音急迫陳詞惟矜鑒也嗚呼痛哉吾父卒于今年夏歷七月初四日實為中華人民造國之十五年八月十一日距生于前清道光二十九年七月初八日年七十八歲中華民國大總統黎褒題博濟為懷匾額前清試用訓導附貢生元配孫宜人能齊其賢而早世吳縣張一麐為表其墓者也生四子基成娶毛氏基全殤皆不克終養今存者基博基厚也基博娶于王基厚娶于高孫十人鍾書基博出鍾緯鍾英皆基博出鍾韓鍾漢鍾穀鍾儀鍾宣鍾祿鍾寯七人基厚出不孝基博基厚稽顙泣血謹狀

先母孫宜人述

不孝基博泣述

吾母孫宜人既歿之十有三日日昃諺所云皋復之夕也其子若婦奉其持帚汛掃宜人之宫帷幔陳設莫改其故而茶鐺藥爐一一宛若而母不知其何在也入室而勿見也天乎痛哉母何往矣晝寢未興矣啟帷闚如也在複室歟皇皇焉求諸勿得也於是哀子基成基博基厚擗踊而號曰天乎吾母何往矣不孝不天不死致永訣慈顏喪矣亡矣不可復見已矣而今而後余兄弟為无母之人矣天乎何酷也相嚮而哭失聲哭姑者擗踊以首抵柱慘戚不可狀而不孝三男博婦王摶顙稽首泣曰自余之逮事姑也蓋為女而未嘗為婦未飢而錫之食未寒而命之衣有不足手製與之有憂顏而知其不適焉蓋視無形聽無嗁不在余而反在姑也自余之娩乳而姑力疾偕娣姒理湯藥焉誠余安卧慎毋動毋貽阿母戚寢疾不能起視余而又不欲余扶病起問姑疾也豫使人止余曰天寒若無宜出違吾教若母子安吾乃安迨余聞娣言姑病凶而又重違姑意旁皇起視姑執余手喁喁詢食飲多少坐稍久呼之退曰若產久坐病腰盍歸寢矣如是者再三蓋彌留時尚云爾也天乎言猶在耳而句語絕痛吁

欷久之至不能卒其說也于是不孝季男厚號泣語曰嫂乎去年冬母病嗽甚私心固竊憂之春正月朔母為厚道夢而知朕兆之不佳也母微語厚曰吾病夢脫齒不祥厚强顏慰解母退而竊恫曰吾讀爾雅釋詁齒壽也又魯頌黃髮兒齒鄭箋兒齒亦壽徵蓋齒落更生也爾者齒落不復生妖夢是踐母其不句不忍言不忍言厚屢欲語哥而勿果也自前月二十日三哥舉一子也厚方適館上海之小萬柳堂得三哥書言母强自振起而後喜可知也又未嘗不私自欣幸謂抱孫可以志喜含飴可以解愠而今而後母病其良已矣乎蓋嘗筮之易而得卦之否曰否之匪人不利又曰大往小來擲著而悲不知涕淚之何從也於是博擗踊而號曰痛乎吾母歿先兒生方二十三日耳余兄弟久不育母之抱孫甚切疾革家人環侍呼博婦抱先郎予視撫兒額絮泣曰天乎吾冀婦生兒吾一弄孫焉乃今竟不及兒彌月也是命也夫斯則人倫缺陷博不能不抱恨於終天于是不孝長兒成淚承睫泣且道曰唯唯弟之言然抑予所隱痛者又不在此吾父為人沈厚有大略望之寬仁長者也然遇不平事慷慨激昂雖强禦無所避數為人排患解紛急人之急家人生事不詭何門內之政一委阿母劬躬承將一身百役以敬事夫子三黨姻戚吉凶饋問之禮未嘗廢雖勞瘁甚而教子無一刻忘也自余暨仲弟早歲識之無父卒卒不得暇母故讀書略通曉大義課之讀旦暮不輟業背誦無躓字然後已焉余得不墜賣序承祖若父志者蓋母之教為多涕且視博與厚曰迨余年弱冠而見母教若者猶之余也嗚呼痛哉余雖壯授室而母視余不異嬰兒晨昏搔摩詔以寒暄餌以瓜果饘酏芼羹于自調糝遺侍婢視其食否以告詩有之恩斯勤斯育子之閔斯蓋母之謂也若二子者雖母尤鍾愛然余生三十有八年而母恩勤余者迨老而彌篤不以愛戀少子故稍衰也子不云乎子生三年然後免於父母之懷毛奇齡言夫子蓋為母言之也余之生也蓋三十有八年而後免于母之懷宣統二年歲次庚戌其免之之歲十一月十三日癸丑時交午其免之之月之日之

時也語不及既而博顧厚號乃言曰痛乎余與若學生不二十四年而遽喪母也吾母保視哥者尚三十有八年天乎母何子若與余之遲而天又何奪吾母之早也天乎不吊降此鞠凶哥不幸未有若與余不幸之甚者也痛乎吾母之歿也季男厚婦高以逮事其姑遲為憾哭盡哀而長男成婦毛之言曰季婦之歸也凡十三月而姑歿逮事姑勿早叔先於季要皆不若余知姑稔也蓋姑習勞執勤晚寢早作饍饗必躬在視必恪賦事獻躬有程有要皆二婦所逮見也入其室桄枷必整枕簟必斂箴管槃褁有倫有序亦二婦所逮見也不櫂珠翠不施膏澤衣不重帛歲時賓祭一御新衣即藏笥維謹而易敝者陳衣之夕故嫁時衣尚有存者芥醯之醬桃梅之諸躬親擇治餅餌淨潔餘閣之萁皆手澤也則又二婦所與知焉者也不持齋不佞佛不信陰陽祈禱嘗詔余曰吾逮事而舅父門庭整寂未嘗有此戒之哉蓋其式祖訓而不為瞽巫惑又如此悲哉今而後余不復聞姑斯語也於是成垂涕語博與厚曰吾母幼幼之慈齊家之肅貽謀之勿墜先志皆余輩飫聞而厭見者也是烏可以無述也余執筆不忍者紙擲不復書者數矣若二子其志之而厚哭仆地勿能應也誰非人子博兄弟不堪卒述者庸獨忍乎私念張憑有誄母之文伊川有狀母之作於古有之今亦宜然半辭莫措則懿德勿彰撰諸人子顯親之誼庶滋大而又不忍以不述也謹述家君之辭曰汝母孫氏諱某字某外曾祖諱沛外祖誥贈榮祿大夫江蘇溧水縣學教諭諱元楷家故高貲富室諸舅取科第為時聞人年二十來嬪于余余家素貧寒汝母屏除服飾持躬謙謹未嘗有富貴之容雍睦娣姒叔妹妯娌列屋如雞棲庭户交錯機杼之聲相聞地逼勢嫌處之怡怡然閭閻然未嘗有違言誶語也其間蓋多曲艱隱厄不可以言傳者然性實高亢不肯為人弱頗斗遲暮論事多與予左余又躁急善怒往往至失歡嗚呼早知及此恨其不讓汝母也此又余之所至悲也汝小子其識之博應曰唯雖然猶有述往者吾母病寖劇世母祝恭人年六十五矣來省視退拭淚顧語諸子曰自吾與汝母為而家婦者三十九年而未嘗一日至面赤也往來過從語未嘗不相歡而母亡余老無與語者矣泣諸子亦泣痛乎吾母於以益知吾父雍睦姒娣之說信也母生于咸豐二年四月二十二日卒年五十有九凡生子女六人男基成基恆基博基厚女素琴月琴期而不育者二人男基照女素英產未彌月者又三人今存者僅男三人耳即基成基博暨基厚也母得疾即自度不起然於諸子婦絕愛憐恐傷其意將逝尚紿以病苦稍間兒曹毋過慮反卧未安而歿嗚呼痛哉不孝三男基博泣血稽顙謹述

大哥述略

胞弟基博泣述

吾同產兄弟六人基博基厚兄弟最小弱而大哥最長惟大哥實教誨之以漸底于有成五歲教之識方字十一歲而誦習九經凡論語孟子毛詩尚書周禮禮記易經爾雅左傳都五十二册四十九萬言皆大哥所口授也又憶基博基厚七八歲時大哥課之讀有客過從譽基博基厚聰慧者大哥聞輒喜溢於面應曰吾季弟最敏日誦百十行二千五六百言而叔較魯亦能日八九十行千七八百言匪尋常人家兒童可比客益諛頌不容口大哥則亦故為撝謙示遜謝如是以為常迨基博基厚長而負過情之譽或者以為好學能有文而不知我大哥之所以陶淑之者匪一日也既而基博有男曰鍾書基厚有男曰鍾韓垂髫將俾就外傅大哥不可曰今之有事於學校者徒皮附歐美作高論以矜夸馳口說匪能以牖啟後生小子為心者也二子資匪篤下盍畀我基博基厚頃固有事于學校者也則亦謬附於時賢之論用相詰難大哥輒置不辨笑曰二弟之在昔日獨非我教耶今日二弟之成材我不敢尸其功然二弟卒亦不以吾之教而害其材也且吾以為教者之成功不在多術在盡心今鍾書年十一歲鍾韓十歲則亦以大哥之教而卒讀論語孟子毛詩禮記左傳諸書暇則涉獵子史好臧否古今人物握管作二三百字論文矣大哥與基博基厚燕居語此未嘗不色喜曰吾昔教二弟以睹有成孰意今又教二弟之子以漸冀其

有成也基博基厚意亦欣然於戲自今以往吾家讀書種子之幸延綿不絕以相嬗于無盡何莫非吾大哥之教以致此也夫烏知吾大哥不及睹二子之終底于成而奄忽以歿乎嗚呼傷哉大哥錢氏名基成字子蘭無錫人生資魯而懇篤逾於尋常吾母孫太宜人晚年時果珍餌於戚好有所問饋必以委大哥購謂吾父曰阿蘭購特廉而品又良不如博餘二兒之不知物力也餘基厚乳名也大哥或有事而基博承將其間吾母輒不中意曰汝購品不如大哥甚而費且過之何哉吾母或亦揶揄曰官真書房阿獃也然基博微詷視大哥之所購特誑言貶價以承母歡耳吾母給資或不足于購輒以私貲增益而未嘗使吾母知焉吾母以此歡愛特甚其他瑣譁猥事如此類者甚夥不可以一一說也方吾父之修堠山錢氏宗譜也自遜清光緒甲辰以迄丁未凡四年而吾錢族大子姓多以鉅萬計散而之四方者採訪為難實惟吾大哥稟承父志犯霜露觸寒暑周咨博訪無濫無遺以克告于成功於戲斯則吾宗子弟支庶之所

堠山錢氏丹桂堂家譜 行述第三 一六

由歸望于我大哥者也自茲以還吾錢氏有事不以告吾父者必以告大哥而承嗣不決以告兄弟有違言以告受外姓侮以告尊之曰小長輩蓋以別於吾父云生平頗亦有志學問於其少也嘗治重力汽機之學匪能深造自有得而開當日風氣之先卒以條對汽學見賞于攸縣學使龍湛霖年二十三補金匱縣學附生又嘗為基博基厚點定綱鑑易知錄再過聖武記一過嫥志治史而卒不能竟旁通醫藥之學又兼治風水家言去年三月吾家自師古河上徙居留芳聲巷今寓也計畫造自基博吾父實主其議而大哥意甚怫然曰此屋形勢惡首後銳而腹廣狀如巴蛇儳入居必主傷人基博不之信也今歲三月以來基厚累病不起床大哥意頗旁皇曰此屋必傷居者而基博詆其過計夫孰知吾大哥之言卒驗而今須身於茲屋乎嗚呼早知及此恨不從大哥之言也此基博之所為抱疚無極者也大哥之疾也以癨自起病至疾革計不逾七日而癨匪甚不治症之也誰為為之孰實使之而閔凶迫蹙以致于此乎嗚呼七

十之老父在堂而基博基厚又不晚家人生產誰何大哥而死大哥之目其不瞑於地下矣大哥娶于毛生一女適同邑秦鏡宇亡子例以鍾書繼亦從大哥所愛也謹詮述大哥生平行實以告哀於宗親長者而不敢以虛辭溢美重誣吾兄也夫以吾父之仁厚長者而喪明于暮年吾大哥之孝友而忽焉以沒世凡在宗親當所同哀而況於基博基厚之情同手足誼均師弟與于陶成之數者乎嗚呼傷哉大哥以民國九年夏歷庚申九月二十一日卒實生於遜清同治十二年癸酉閏六月二十一日得年四十八歲

胞弟基博泣撰

春申君里墓碣

吾同產兄弟姊妹十一人而吾得見者大哥二哥大姊餘弟及細妹而已吾生四歲而二哥殤十五歲而細妹殤又明年而大姊夭同气蕞摧大哥餘弟僅存而吾母亦憔悴哭泣以死嗚呼傷哉二哥名基恒字仁卿十歲能文出語驚其長老伯舅閣讀君常指以戲吾父曰諺云外甥不出舅家門此無愧吾甥然不

堠山錢氏丹桂堂家譜 行述第三 一七

似君家子吾父恨之甚然果以早夭年十六時光緒十七年疾革醫者陳姓方診視二哥昏瞀之際高聲誦左傳文選諸書琅琅不已醫者出微語曰疾不起矣問之故曰儒者之誦詩書猶賈者之權子母皆平日意念之所經營精神貫注之所在也一旦病起或以是為譫語厥徵邪入心經而心失所官矣庸有幸者後六七年而餘弟痺瘧其壯熱譫語誦書一如二哥吾父聞之歎曰其又為阿二乎墮乃得瘥蓋餘弟溫文不如二哥而天資爽朗過之吾父不僅以少子故愛憐之甚或且有逾于二哥者焉二哥嘗從學文於吾宗叔懋孝廉孝廉寵之甚及其病也則亦戚之甚遂為箋四書課以占之辭曰予哭之慟蓋先進顏淵死章第二語也孝廉嘗為余言之如此且曰仁卿吾黨之回也二哥之可述者也大姊名素琴少二哥五歲長我不過七歲而吾及餘弟細妹自少小提抱以迄盥櫛飲食皆大姊頷復而噢咻之維謹蓋教我而佐父之職者大哥長我以代母之職者大姊也細妹名月琴少大姊九歲明敏不如然豐容盛鬋骨相

端重吾母常以為載福之相指語大姊曰汝不如也詎意先大姊一歲而殤初吾父購春蘭一莖萎矣遂棄之階下至秋怒茁華而並蒂云為蘭非時云為蕙非形吾父心惡之曰物反常為妖吾母則為解曰大兒以蘭為字茲者蘭萎重茂或者大兒有嘉應乎已而華為雞啄卒以枯死吾父則惡之甚時光緒二十六年明年三月一日細妹暴死又明年二月二十五日大姊死年二十四吾母泣語吾父曰此蘭萎之徵也自大姊之死吾母視吾及餘弟恩勤有加曰昔日撫畜汝者姊也今亡之矣吾父以光緒二十九年葬二哥大姊及細妹于惠山之春申君里基博碣而為之銘曰噫吁嘻吾哥吾姊妹聚骨肉于斯千秋萬歲其永綏于斯

西林二哥家傳

從弟基博謹撰

吾同祖兄弟十五人獨西林二哥最高齒與吾父年相接出入扶持前後四十年間從容諷議吾父每以長者稱焉二哥吾世父葵蓀公之仲子也伯兄翰芬

既有高世之志以諸生躬耕自娛戲不樂城居實惟二哥攝政家督以克啟佑我世父既世父以舉人大挑二等授吾蘇蘇州府長洲縣學教諭大庠也蒞官播政一倚辦二哥敬教勸學綱紀有條士以大服而世父之久道化成二哥蓋與有力焉嘗以其間游文六藝闡揚家學尤憙撢究疇人家言自弱冠之歲講書屬文試於郡縣有聲矣顧屢振輒蹶年三十廑乃補金匱縣舉生員然未克稱二哥志舉也世母施恭人既早卒而二哥稚弱子立以繼母於祝恭人抑退謹畏惟恐傷其意祝恭人愛憐之甚既舉楠庭三哥撫之均一顧以為不如二哥能忘非己出悉舉家事精麤劇易計簿出入耗登一委二哥不何問而二哥纖屑必記損益必告粒米銖金靡以自私祝恭人稱之曰難家庭譚讌輒以詔於三哥曰汝弗如二哥也三哥無忤容焉自承曰唯吾弗如也三哥非二哥同產而愛敬加隆出入必偕自孩提以至白首怡怡無間見之者不知其異母也寧啻祝恭人之善教抑二哥有以柔之矣顧二哥孝敬厚重未嘗慮世有奸欺

事縣中人給而事賞焉廼以喪其貲而虞不給於饔飧既以通經學古善講說有聞於縣而縣之搢紳子弟從而執經考疑者接於門月有餽歲有饋廼稍稍資給焉如是者二十餘年而嫂氏胡夫人相莊安貧諸子漸壯承歡養志二哥俯仰有以自得境雖困而道則亨焉既而日人肆其封豕長蛇以圖逞志於我我武未揚東南半壁以傾而無錫亦以沈淪降志辱身亦有英賢二哥則清白在躬澹泊明志教誡諸子思貽父母不令名必不果毋受驅役以仕非族諸子率履勿越以迄窮寇納命而二哥獨以碩果不食之身覩湖山重光之日扶杖傴僂諸子出入扶持與里中二三耆舊日夕過從品茗古崇安寺之聽松園話盡滄桑不堪回首二哥於是年八十矣道隆而隆稱觴鞠跽者屨滿戶外實為民國三十七年戊子正月余壽以詩曰奉觴莫不千秋祝難老須看百鍊堅覆雨翻雲誰見定磨磷湼緇獨依然先生莫道人人好大節何曾事事鐫寵辱無驚經已慣聽松日日趁茶烟誦者以為實錄也二哥錢氏名淮章西林其字其

為人頎顏廣頷鰭頄碩軀而長不過中人步履遲重體態得吾父之似余每接對如朝吾父也特吾父能斷大事瞻視殊常若不可以一端窺而二哥謙謹微不足於爽朗耳然仁厚不為刻急則固吾父之具體而微者已

基博曰昔嘉定唐時升叔達奇其從弟子實六十歷敘唐氏之世儒以有聞而稱嘉定之富厚貴顯者多矣我唐氏如松柏生磵石陂陀間雖無華茂穠麗之觀而獨能逾久而後凋意者先世孝慈恭敬之德有以培之也余未嘗不有味乎其言伏念吾錢氏自宋之衰由汴而浙由浙而吳居無錫者逾五百年雖無秀傑材武名世之英挺生其間而儒生長者往往勿替引焉此亦庶幾唐氏之於嘉定逾久而後凋者也獨吾先世孝弟恭敬之德不可得而見而得見如二哥者斯可矣謹為傳次生平以附於譜而垂家範示子孫云

楠庭三哥家傳

從弟基博謹撰

楠庭三哥吾世父葵蓀公之季子也孤芳自賞不修邊幅長余十五歲而與余

為孺子戲。余十五歲應縣試，試題分已冠未冠，未冠之題特易，以使學童之粗解文字如余者耳。而三哥已三十一歲，丈夫頎頎，與余同作未冠題，不以為嫌。榜出名次第五，翹然前列，而三哥徑歸家卧，不復試也。及院試，則錄鄭板橋道情漁樵耕讀四詞於卷而出，蓋生平之所嗜、意趣之所寄也。卷以違式被帖，見者譁笑，而三哥處之泰然。母祝恭人與西林二哥異出，而家人生產寄簿出入一惟二哥之以。二哥渾厚而胸有涇渭，三哥警敏而心無適莫；二哥持躬端恪，而三哥任性自然；二哥皓首一經，而三哥多能藝事。兩人者性行不類，而兄弟怡怡，出入相追隨，患難相煦嫗，頭白無間，未嘗有違言誶語也。三哥不問家人生產，逞論門以外事，用志不紛，游心於藝。少喜臨池，湛深南學，以致力於帖學。歐陽率更臨摹九成宮醴泉銘、皇甫君碑，不減數十過。既而得武定本蘭亭集序，手摹心追，以歐陽率更為體而化之，以王右軍唐骨晉面，所以體嚴而韻遠。又一變而參董香光，如養生論、樂毅論，日夕臨玩，過化存神，筆未到而意已至。不論大小行楷，筆必用純羊毫，植骨堅凝，而濡染何害毫柔，精能之至，不如近今書家之用紫兼毫以及羊毫禿用，張脉僨興之墜惡道也。不懈益修，進而益上，由南帖而究北碑，由學書而通刻篆，精研古人所作，神明其意，運刀如筆，而出以渾厚。彙印所刻曰天香石硯室印存，骨力開張而意思安閑，不為浙刻之纖巧，亦不同皖派之醜怪，貌為蕭散而中涵挺勁。觀其刻印，觀其學書，可以知其為人矣。學書作印，功力所到，而會於古者深，眼到心到，遂精鑒別，收藏以富。得宋陸放翁老學庵著書之硯，而配以董香光晚年作帖，由嫩入蒼，天然韻流，日夕摩娑以寄其意，而名其室曰天香石硯室云。意趣洋溢，餘事及弈，然而好學深思，不僅以為博弈猶賢而已，於古有會，發人所未發，不囿於施襄夏、范西屏，而輯刊天香石硯室弈選行世，凡二冊。同縣王蘊章為序，其書曰：錢子南亭輯天香石硯室弈選既成，郵書問序於余。余受而讀之，曰：博哉錢子之用心也。夫弈譜之作衆矣，曰弈理指歸，黃河之水，探源星海，布局之扼要屬之；曰血淚

譜、鈎心門角、花六持七，全局之制勝屬之；曰官子譜、手專殺活、目無全牛，收局之能事屬之。今錢子斯集，多甄錄於施（紹闇字襄夏）、范（世勳字西屏）、徐（字星友）、黃（霞字龍士）各名譜，與夫零紈斷素、如仙機武庫之不經見者，擷華存粹，蔚為大觀。博哉錢子之用心也！復何藉余之一言以為重？雖然，余嘗竊論夫弈之盛衰矣。弈莫盛於有清一代，而其衰也亦於有清一代為最。極盛於施范，中衰於陳（毓性字子仙）周（動字東侯），非施范能盛之、陳周能衰之也。施范生丁國家全盛之秋，民豐物阜，心無外騖，一枰黑白若將終身，其以弈名世也固宜。降至陳周，世變稍稍亟矣，士或懷才不得一逞，則奔走為衣食計，手談坐隱，餘事蓄之，有能與陳周敦槃玉帛、狎主齊盟者，已視為登峯造極而不可復進，若更責以施范之絕詣，則駭且走耳。其在陳周壯盛有為之日，宜若可一蹴幾矣，達摩西去，無佛稱尊，並世之士頗已揭國手二字相推許，於是為陳周者亦遂沾沾自喜，曰苟能是，是亦足矣。此弈學之所以每況愈下，輓近以還，且并陳周視為廣陵散也。抑余又聞日本人之治弈矣，爭雄於壇坫，受成於天府，給廩以養之，設官以寵之，高髻廣袖之效，遂有遺棄一世之務而為之者。論弈於今日，吾道東矣。一二翹秀岸異之士，乃囂囂然嗤吾國無人焉，無人焉，甚且謂起陳周而與之角，亦在餘子碌碌之數。嗚呼！弈學之不振，豈第世運隆汙之所由分，抑亦國民強弱之於以判也。今得錢子是書，以起衰扶微，鎔萬治於一爐，續弈學於垂絕，希蹤施范，方駕東瀛，皆將於是乎在。花韻晴初，瓶笙月午，隱囊塵尾而外，清簟疏簾之側，橘中其果有天地乎？余亦奉裳從錢子遊矣。文載小說月報第五卷。然則一技之精，一國之隆係焉，寧得以小道可觀、無所用心輕之哉！蘊章字蓴農，自號西神山人，工書，善詩詞文，兼駢散，一時俊逸，則固能以文章潤澤江南者，而慨當以慷，詞氣盤桓，足以發三哥胸中之奇矣。三哥名基烈，楠庭其字也，亦署南亭亭長，以民國三十一年壬午七月二十二日卒，距生於前清同治十一年壬申九月初七日，春秋七十有一。子二：鍾亮、鍾瑚。

基博曰三哥蕭然物外以不問世事而鍾亮鍾瑚則勤世務以不懈益奮鍾亮服勞地方鍾瑚獻身教育雖成敗相反所操不同而困心衡慮以必遂所欲不以勢阻不為境困邁往無前不得不休兩人者固不愧難弟而難兄也然而心勞日拙庶幾夙夜以視乃翁之游心於漠天君泰然則固聖凡之有間矣獨鍾瑚以畫自怡善收藏而精鑒別蓋得三哥之一體云

吳越武肅王三十二世孫基博纂錄

文徵第四

昔會稽章學誠著文史通義發凡起例而論方志之作經緯史不惟做紀傳正史之體而作方志抑且做文選文苑之體而作文徵書取相輔義不孤行蓋方志以記其事春秋之流別也文徵以博其趣風詩之流別也往者余撰次先大父榕初公以下世父葵孫公仲父頌眉公以及吾父詩文人為一集而每集之前不冠以序而冠以當世文章鉅公所為傳誌不惟託賢人君子以不朽抑且以資後來讀者之知人論世發作者之用心而質正於吾父吾父曰余讀文選著錄任昉撰王文憲集序詳次生平體同傳誌而人不以為嫌孟子不云乎誦其詩讀其書不知其人可乎是以論其世也此其意也遂題於端曰丹桂堂總集而為之序歲月幾何吾父長往展卷莊誦如聞謦欬今以入譜而例參章氏略目文徵以次行述有行迹而吾祖吾父之行事備有文徵而吾祖吾父之志事昭兩者缺一不可蓋行述以闡其實章氏所謂做紀傳正史體而有作春秋之流別也文徵以博其趣章氏所謂做文選文苑之體而有作風詩之流別也次文徵第四

序
昔先君有子五人伯兄仲兄少以文章有名叔兄星乙早世不錄未獲厎於大
成然當日儕輩推引謂無忝厥兄至季弟承起差不悅學卒以自廢然髫年識
解開朗作管仲論一首頗亦為伯兄激賞而炯則次四幸承父兄之餘緒以早
遊泮水先君時用自慰遂援馮道贈竇禹鈞詩丹桂五枝芳之句顏其堂曰丹
桂今兒子博持所錄先君詩文幐以伯仲兩兄及炯晚年之作而彙為一編請
曰乞大人有以名之遂題其耑曰丹桂堂總集雖然顧有詔於博也吾老友顏
綸卿先生序其先德勤斯堂詩謂世變迭生救時之具為急但云作佳士泥陳
編以是為箕裘勿替世於我乎何需我於世乎何補嗚呼此真識時務者俊傑
之言也博乎汝差好文章頗亦見許於邦人君子然而拘執鮮通卒以召鬧取
怒嗚呼博乎吾懼汝之通於文而窒於用世也尚其知所誡哉無錫錢福炯時
在辛酉三月年七十有二

堠山錢氏丹桂堂家譜　文徵第四　二

錢榕初先生家傳　　義寧陳三立撰
錢先生維楨字榕初常州金匱人也大父士鏡父若浩並以雅儒高學見稱當
世先生守父祖之傳嘗師事江陰陳孝廉良顯武進李大令兆洛又得無錫張
孝廉蘭階余善人治沈秀才鑾江陰鄭解元經吳縣馮宮允桂芬為之友大令
宮允名最著餘亦皆篤行君子擅文學者也以故先生行誼學業嶄嶄出流俗
自少壯迄老終始飭厲歸自淑歸然專州部之望焉由廩貢生候選訓導終不
出然利物善俗不忍一日忘尤討究蒙養育才之法當是時科舉之制行而學
校廢絕已久先生僑江陰則為營義塾甚備巡撫丁日昌善其章程下諸郡縣
以為式後徙無錫之東亭又建兩義塾曰崇仁嚮義東亭之人便之守遺規勿
替者三十年生平澹泊而耿介顧曲當人情不苟為矯異有訟爭產於郡守者
以先生為守所重餽八百金請開說先生念拒不受必他投滋訟累破家矣因
笑應曰諾則為設方略厎無訟而還其金曰事安可以賄成其人感泣去四方
推為長者多此類也年七十五卒子福焯舉人常洲縣學教諭熙元副貢生福
熉郡庠生福炯附貢生福熾孫十三人
陳三立曰余獲誦先生之孫基博所屬文通才宏識條適而上達匪徒區區榮
華之言章句之業也方今之世橐籥怒闢萬流輸滙進取樹立或吾前哲未及
窺然必當有所紹承以成其變化語曰無念爾祖聿修厥德若先生其人者愈
悟垂範詒謀之匪偶然矣

堠山錢氏丹桂堂家譜　文徵第四　三

似山居詩文存

無錫錢維楨榕初著

孫男基博校錄

詩

咸豐癸丑自江陰避海氛於無錫水渠秦蓉芳延飲舍暉閣

日暮風生野馬馳。劇談最好納涼時。花能解語人拚醉。月未窺簾客漫辭。遙指西橋堪寄隱。頻指東壁待題詩。者番怕說江邊事。勝負渾如未了棋。

步秦蓉芳舍暉閣春日閒眺原韻

遙瞻斗柄指旋東。臘盡春回淑氣融。籬角泥掀賀犛紫。枝頭春鬧杏花紅。鳩呼濃樹千村雨。虎嘯深林二月風。心跡最親三徑夜。兩家光一共輪中。

舍暉閣留別二絕

去年今日上舍暉。携酒登臨拳共揮。醉後疏狂君憶否。小橋踏月放歌歸。

依依心緒雁來天。文字交惟已六年。最是余情難捨處。半溪明月半溪烟。

題華君月梧梧庭玩月圖時居東亭欽家橋東

攜鐺小住板橋東。詩酒流連笑語通。露重夜深憑橋望。一輪明月兩家同。

題潘畫堂畫米顛拜石圖

無為城上片雲白。無為治喻一拳石。坤輿靈液胎孕成。面目光怪類奇客。何年開闢深山深。雲根移疊莎蘼陰。風雨剝蝕苔蘚紫。經數百載無知音。一朝海岳縮符到。如舊相識訂同調。敬具衣冠拜錦茵。佩垂磐折威儀好。直將兄事呼之兄。松風謖謖壎篪賡。別離日久雁分翼。草夢也向池塘生。石難兄兮米難弟。一般高介俗塵洗。世人好奇締石交。同方那及同胞體。吁嗟乎。家庭樂事友于難。燃萁煮豆古今歎。君不見。米老拜石人人學。人間多少荆枝殘。潘郎才藝本超特。妙繪斯圖有精識。巨軸裝入高懸中。使我對之心惻惻。

侯景文兄作宇見貽賦長歌賞之

侯君磊落負奇志。早歲敢論天下事。寧祇詩文一代雄。大筆濡染擘窠字。出入漢魏醞天真清雄超妙邁等倫獅子捉象喻筆力風檣陣馬快入神有似怪石森絕壁懸崖墜勢峯攢執吁嗟造物當鑱劖嵯峨崩另破天碧又似梅花偃仰在山河虬幹拏雲相摩娑年老成龍勢飛舞生香不斷交枝柯淋漓碎墨落人間奇險令我絕追攀飄雲璚龍溢胸快足立鄙夫懦與隘壁間乞得名家書夜夜霧結起光怪

文

古文說文考證

自隸書以來其能發明六書之旨俟三代之文尚存於今日而得以識古人制作之本者許氏叔重說文之功為大古文始于倉頡周宣王太史籀著大篆十五篇與古文或異其後孔子書六經左邱明述春秋傳皆以古文其間則或兼大篆亦不盡倉頡古文也至秦李斯趙高等作小篆而古文頗見改省後又創隸書以趣約易而古文由此絕矣然則許漢人也生於東京之中世何從得此

堠山錢氏丹桂堂家譜　文徵第四　六

古文曰孔子壁中書也與夫張蒼所獻春秋左氏傳及郡國所得於山川之鼎彝銘字皆古文之未經秦火者也故其自敘曰周易孟氏書孔氏詩毛氏禮周官春秋左氏論語孝經皆古文也其於所不知蓋闕如也由此言之古文存而古誼亦賴以存許氏之功豈在毛孔鄭馬後哉今試即其所引古文而考證之夫小篆之於古籀有仍者有省改者許氏于其仍者則直書小篆而不更出古文明小篆皆古文也於其省改者則以小篆為質而兼錄古文於後自敘所謂今敘篆文合以古籀也其省者如釆字部𥸷下云𠂔古文釆冊字部𠕋下云𠕋古文冊從竹此類皆小篆因古文而省者也其改者如口字部嚞下云嚞古文哲從三吉正字部𤴓是也從一一止下云𤴓古文正從二二古文上字又云𤴓古文正從一足足亦止也此類皆小篆因古文而改者也有改而不改者如革部䩲下云象古文革之形又云𠦶古文革從卅其易臼為口者省煩為簡耳他如弟字部𢎚下云從古文之象又云𢎚古文弟民字部𠂢下云從

堠山錢氏丹桂堂家譜　文徵第四　七

古文之象又云𢎚段注本作𢎚今據宋本改古文民西字部𠀀下云象古文西之形也又云卤古文西此類字皆小篆稍變乎古文而仍不離其形者也有其文省而音讀仍舊者如十字部廿二十併也古文省卅字部卅三十并也古文省段注云其省者省二十兩字為廿三十兩字為卅而其音則仍讀為二十三十此類皆其文省而音讀仍舊者也又有古文省而小篆增者如彳字部𢓊下云𢓊古文省彳齒字部齒下云𠚕古文齒不加止言字部㗊下云古文𠃑省也此類皆古文省而小篆增者也又有特變夫先小篆而後古文之例者如二字部二高也此古文上下又云丄篆文上段注云說文皆先小篆後古文此獨先舉古文者變例也古文上作二故帝下旁下示下皆云從古文可以證古文本作二篆作丄也各本誤以丄為古文則不得不改篆文之上為𠄞而用上為部首使凡從二之字皆無所統而示部次於二部之旨亦晦矣此說文之變例也又有篆即古文而又重出一體以為古文者如一部一三部三皆篆之仍

乎古文者也而下又云弌古文一弍古文三則自敘所謂古文奇字也又有一字而分為二部之首者呂篆之因乎古文者各異也如人部儿下云此籀文儿部儿下云古文奇字儿也段注云儿與儿同一義而儿本乎籀儿本古文奇字蓋籀作儿象臂脛古文奇字作儿則惟象股腳故各異也又如大部大下云古文大也大部大下云籀文大改古文段注云古文有大字而籀文改作大本是一字而凡字偏旁或從大或從籀故必分為兩部與人部儿部同一例也又有同一字而所訓各異者如口部𠔌下云山間陷泥地又云𧮫古文谷而水部𣲧下云谷古文沇如此段注云谷字在古文則為沇水沇州在小篆則訓山間陷泥地此同形而異義者也又有古文不見於小篆本字之下而互見他字偏旁下者如匕部𣬉下云從匕矣聲矣古文矢字而小篆矢字下不見有矣字也又有云古文呂為某字者明六書之段借也段借各有因如屮部屮下云古文或以為艸字此因形近而段借也言部詖下云古文或以為頗字朋部𡋯下云古

文㠯為醜此因音同而段借也足部疋下云古文以為詩大疋字此則因同形而段借也又云亦㠯為足字則又以形相似也丂部丂下古文㠯為亏字此以形相似義相近也又以為巧字則又同音也水部灑古文以為灑埽字此雙聲而段借也又有似段借而實非段借者如日部㬎古文㠯為顯字段注云顯為頭明飾㬎為日中見微妙則經傳顯字皆當作㬎㬎者本義顯者段借載籍既皆作顯乃為古文作㬎為段借矣故曰古文㠯為顯字又有輾轉相譌遂成段借者如人部㑀下云古文㠯為訓字段注云訓與㑀音部既相距甚遠字形又不相似蓋訓當作揚由揚譌訓由訓復譌㑀始則聲誤終則字誤耳此則因譌而成段借也至於許氏說文原本經後人傳寫於古文尤多舛譌有竄改者有脫落者有失其次者有茫昧難知者如頁部𦣻頭也從百從儿古文䭫首如此段注云此十二字當云𦣻古文䭫首如此從百從儿共十一字此竄改之類也二部社下云䄯古文社段注云惟夏氏竦古文四聲韻所引從木其餘各本皆從示此脫落之類也夰部臩下云古文臦古文囧字段注云此七字當作古文以為囧字此失次之類也屮部毒下云𥖅古文毒從刀管段注云箾字徐鍇及汗簡古文四聲韻上從竹不誤而下譌從副從副徐鉉本則竹又誤為艸矣艸部莊下云𤕫古文莊段注云莊字後人所補錄古文而注之曰古文莊亦後人所加且其形非莊字當是奘字之譌古文士或作𡉉譌為𠆢也又云凡古文經後人傳寫而茫昧難知者當以箾莊二字為例此茫昧難知之類也至於許氏亦間有自誤者如口部昏下云從口氏省聲昏古文從甘段引戴氏說曰古文氏不省誤為從甘汗簡古文四聲韻云昏昏皆同厥出古文尚書昏即昏字不省者也此則又許氏之自誤也然則說文所引古文其省改之法與夫段借譌誤之端既略可見矣而猶有說焉夫統計說文凡九千餘字其標而出之曰古文籀文者亦僅矣豈三代古文當時所存秖此數字耶曰說文之中古文居其大半故引據經典皆用古文說間有標出古文籀文者乃古籀之別體非古文秖此數字也如書中重義往往云篆或作某而正文固已作篆體矣豈篆文亦秖此數字耶作字之始先簡後繁必先有一二三然後有從弋之弌弍弎而許氏乃注古文於弌弍弎之下以是知許所言古文者古文之別體非弌古於一也古文中豊而首尾銳小篆則豊銳停勻許氏采錄古文而以篆法書之後人不學概指說文為秦篆別求所謂古文而古文之亡滋甚矣夫讀書以經訓為本而經訓以識字為先士生今日而欲識三代之文則必求諸說文之中然讀說文不可不知古文與小篆之分合也故為考證之如此

李養一先生曰逐條詮釋脈理分明是讀許書而能得其竅領者

李養一又曰段氏說文解字注體大思精罕見其匹然各家亦互有短長要在博觀而審擇之耳作者墨守段氏取徑似嫌太狹然襲用其說以能自貫通故可取也

書湯雨生事

咸豐三年癸丑二月粵逆陷金陵前任浙江溫州府副將軍湯公雨生率子某死焉公武進人少為名諸生祖大奎父荀業大奎令福建時遇林爽文之亂遂殉焉荀業亦從死賜諡世襲雲騎尉公起嗣職歷任至溫州府副將頗性喜吟咏又工書畫輕裘緩帶無武人獷悍之習而中丞則謂儒緩不任將帥奏參放歸僑居金陵之妙相庵至是不屈死嗚呼自公而上若祖若父自公而下若公之子緜延四代忠貞一轍豈扶輿之奇升萃于一門歟抑貽謀之善其來固有自歟昔有明萬氏以從龍起家曰文質（太祖賜名斌原名國珍）曰榮祿（鍾）曰世忠（武）曰世學（文）祖孫兄弟三傳四人皆有道能文號稱儒將相繼殉國浙人羣言萬氏四忠三節一義朝庭為之賜第於鄞遂為聞家復七世至斯大斯同兩大儒出會方鼎革隱居不仕績學著書如歷代史表經學五書悉命掌故藏之中秘繼先傳之盛志不朽之榮雖易世而其子孫之載德不忝前人者如一日也今公以累世勳閥繼官戎衛不得大任退休於家卒以身殉國所成就卓卓如此吾知

他日必有潛德之發蔚為國華導揚先美如萬氏充宗季野濟濟翼翼焜耀四明之望者韓退之謂古今人同不同未可知今湯與萬氏後先若一轍之勝國則如彼而驗之當今又如此烏虖誰謂古今人不相及哉

蘇州王亮卿先生過余言得一冊頁書湯雨生事文甚雅潔而作董書款署咸豐甲寅錢維楨拜撰并書中夾雜記一紙不署姓名亦董字知為一人手筆聞瞿然起曰此必先祖也先生遂錄稿以貽并出原本索題余小子敬謹敘先祖行實書於簡端以歸之

雜記兩事

咸豐四年冬十一月河水暴溢自大川以至溝澮多者尺餘少者數寸雖方塘小渚盡然詩小雅曰百川沸騰毛傳云沸出騰乘也疏云幽王時天下百川之水皆溢出而相乘水流趨下小人之象今溢出由澮小人在上也引詩緯推度災曰百川沸騰衆陰進今聖天子當陽而治羣陰無由進而水暴溢者果何徵歟意者董仲舒所為謂天心之仁愛人君而有所儆耶

農書云北麥花晝放故宜人南麥花夜放故發病乃以余所見道光二十四五年前農書之言信然邇來南麥亦俱晝放矣又聞之季仙九先生云早歲赴京師每冬夏大寒大暑至今人不可忍後擢上第列朝右官京師者數載覺寒暑與南土無異非復如前之甚矣邵子云天下將治地氣自北而南將亂自南而北證之所見則如彼驗之所聞又如此時在咸豐乙卯元旦中宵不寐起而書此將以覘世變備省覽云

似山居花木記

今棲於山者未必皆知山之樂使知山之為樂則居雖無山無非山也況茲之發源君黃(君山黃山)高丈有咫樹木蔥蘢部婁也而松柏載焉有如吾家之小山非山而實似山者乎先君子頗而樂之故以似山名其居焉山之巔大冬青一大梓一杪絡凌霄直上雲際古槐一蟲蝕音聲時聞剝啄梧桐二女桑一石榴紅一白一紫薇一白薇一柿一木瓜一來禽一橙橘各一古杏一株俯臨峭壁宛如釣叟之據磯垂綸風神尤絕梅李桃棠不計山之前為蔬畦為菊圃間以秋夏凡卉香色迎人山之陰有堂翼其中庭梅三橙一柑一金橘二山茶二碧桃紅白二而牡丹芍藥則駢植階下與蘭蕙伍先君藏息於是吳子山先輩青顏其額曰天香石硯室旁有曲徑沿山右東折插槿編籬朱藤作扉羅列者老梅紅綠各一桐一梨一垂絲海棠一鐵梗海棠一來禽一橘一柑一橙一枇杷二櫻櫚一紫薇一紅二薇白薇一千瓣桃四株紅二白一瑪瑙一西偏構屋三楹列架滿其中藏書萬卷是為似山居維楨嘗讀書於是側為分漁樵半席山房(家梅溪翁題額)北窗洞開荷風送香於夏為宜又有小軒額曰望雪臨窗有臘梅一紅梅一午窗冬煖幽香微聞其間叢生者蔓生者為朱藤為枸杞為鳳尾竹芭蕉蕙建蘭南天燭玫瑰木香薔薇月季之屬不能悉數先君嘗指以詔余小子曰草木無知者也尚能當花而花當實而實以酬余封植德可以人而不如草木

乎今而知先君垂訓之意旨且遠也先君生平工詩善畫性又好客每春秋佳日勝侶還至其尤著者有如江陰季仙九制軍芝昌武進李申耆師兆洛(有養一齋集)(有似山居圖記及贈答先君諸什)吳縣馮敬亭宮允桂芬(顯志堂集有似山居圖序)無錫秦澹如都轉緗業秦誼亭孝廉炳文張南湖孝廉階(秦誼亭館似山居夜話圖題似山居圖五古俱見張南湖紀以詩詩詞存)又沈晴庚秀才鑾家梅溪翁詠往來過從汲清泉以煮茗摘園果以開樽醉詩驚翡翠之巢(翡翠鳥巢于山腰)狂飲邀蟾蜍之魄不談時事不拘細節而維楨趨蹌奉侍亦得與歡固一時之勝會也而今已矣庚申之夏先君既避寇道死而似山居蕩於兵火新木毀傷僅有存者此日舊地重臨追想昔遊忽忽如隔世事能不為之愴懷興感也哉似山居在江陰城內大街須余從家無錫特記之以詔勉諸兒尚其光復舊物恢張前緒以繩乃祖武乎此余之所望也小子勗之時同治甲戌十月

錢瀛士先生家傳　　長洲章　鈺撰

光緒三十一年十月長洲縣學教諭錢先生卒於官年七十明年先生子基翰淮章基烈泣述先生行誼請為家傳基翰之言曰基翰生府君年二十三補博士弟子員一年矣府君幼入塾穎悟甚經未卒讀卽能文以古學見賞臨川李小瑚京卿非偶然也旋丁先大母周艱讀禮家居益留心經世之學基翰三歲值庚申之亂府君方館外家施氏從基翰外祖父毋避江陰雲亭鎮先是府君嘗僑寓江陰與邑人文會名噪甚人謂此文士也寇至府君與義勇長黃元昌善突重圍求援遂挈外祖一家從先大夫朝議君奉曾祖父母同渡江之泰州聞者驚服未幾分徙靖江寶應府君往來省視無稍間先大父遭曾祖父喪積哀而病瀕危家已典質盡府君百方求醫藥幸乃得瘳先繼大母曹家江陰雲亭府君從外祖避難處也至是自靖江南渡省親遇寇不屈死府君痛甚然强止哭不敢自毁以重先大父悲府君生有至性自幼務紓父母憂既長所得生徒修脯悉以給家用心親之心蓋數十年如一日難平以同治丁卯舉於鄉越二年仲弟淮章生其為先大夫撫者益無已基翰語未半淮章輒流涕泫然曰痛乎吾兄弟兩人之生也吾兄基翰生生母施遽卒吾母施同胞也歸府君五年而生淮章遂棄養天乎胡以吾兄弟罹戾迭貽府君悼亡戚也幸繼母祝生吾弟基烈府君遇稍順其明年甲戌考取咸安宮教習議叙知縣府君天懷澹定自陳才力勿及光緒庚辰大挑以教職用時先大父猶在堂也越五年先大父捐館舍又七年選長州縣學教諭初捧檄猶以勿如毛義為憾府君固終身慕父母者淮章屬基烈竟言基烈默無語以為先生隶鐸吾邑十四年其行事固鈺所概見也鈺乃作而稱曰人心之厚薄師儒之教行不行為之也戊戌己亥間徐淮洊飢先生同里唐君方教諭安東書抵先生請籌賑千金立集甲辰日俄之役東三省大困學使檄先生勸募紅十字會費而課績為諸縣最無他先生以孝謹之素為人師人心之厚非一朝一夕故也吾邑與先生故里又壤

相接時時聞其里人言同治初錫金江三邑免貢布捐惟先生仗義得請於制府故邑修文廟或議按畝攤捐暨建郡署又申之卒紬其議亦惟先生仗義得請於制府故邑之三里橋西北龍頭舌尖義塚自康熙時免糧載邑乘有硯凹槽河以護塚者也光緒初則有塞以築屋藉便私圖者而卒之郡侯履勘勒石永禁塚賴以全亦惟先生得請於制府故雖然先生一生表節義解爭訟埋胔骼修橋路少間則退而葺宗祠修宗譜倡捐義塾田所以承其先人朝議君志事尤更僕不能數鈺嘗聞先生於戚黨之以緩急告者罔弗量力應戚黨之言然先生性尤伉直不可於意往往面斥人受其斥者言亦然則先生之為人信矣近世校官失教橫舍沒草講堂鼻比人方贅旒之而議去嗚呼此未見有校官如先生者也校官如先生將惟恐其勿至而庸可去之歟則吾甚惜乎先生之不復作也先生諱福煒葵孫其字一字瀛士常州府金匱縣人基翰淮章基烈皆讀書有聲孫五亦多能繼儒業者

丹桂書屋剩稿

詩

避氛海陵倏又秋至感時兼以自感用杜少陵秋興第四首

第七首韻

和楊小園秋晚偶成原韻

採菱歌

和楊又彤秋興原韻兼送亦慶

步楊秉卿原韻

楊子安新闢小軒相居湯海珊贈以詩即步原韻率成一律

春陰

江行

秋日閒行聞鳴蟬有咏

秋海棠

文

子曰修己以敬曰如斯而已乎曰修己以安人曰如斯而已乎曰修己以
安百姓義 同治丁卯補行辛酉科闈墨

魏徵論

讀詩秦風黃鳥後序

待用集跋

陳氏重修宗譜敘

消寒會啟

徵訪江蘇先哲遺書啟

顧太儒人傳

獨立圖記

丹桂書屋剩稿

無錫錢福焯焚蓀著　姪男基博校錄

詩

避氛海陵倏又秋至感時兼以自感用杜少陵秋興第四首第七首韻

世事渾如一局棋旁觀空作楚囚悲蘇公讜論誰登牘杜老悲歌爲慟時三輔
關中圍未解六龍天上駕還遲英夷滋擾皇上北狩丹青零落麒麟閣回首當年有所思
何年身建救時功虛擲年華逆旅中水驛蓮窗山驛店夜程霜月晚程風深秋
岸荻花飛白返照江楓葉染紅最是異鄉無限思強聽巴曲囀巴翁

和楊小園秋晚偶成原韻

遠峯半規隱霜葉一林酣雲夢吞八九雁聲時兩三疎鐘不知處人語在村南
回首長歌地秋空月映潭

採菱歌

採菱莫採蓮寄語同心侶菱角自成雙不比蓮心苦

和楊又彤秋興原韻兼送亦慶

葉戰庭梧客夢驚廬陵應起賦秋聲居山事業陶宏景詠史詩篇阮步兵磨鍊
須知天不薄艱難翻使念能平與君且向清流住一笑臨風濯我纓

步楊秉卿原韻

小隱閒鷗夢高蹤此處尋荳花蘸角設琴韻草堂深雨足湖平檻秋高月近林
水村多逸趣相對滌塵襟

楊子安新闢小軒相居湯海珊贈以詩即步原韻率成一律

攜家江上結蓬廬喜傍畸人水竹居十畝平湖三畝宅一床明月半床書閒聽
鳥語成幽適卧看雲還自卷舒謝眺新詞清入骨詩心渾欲勝芙蕖

春陰

霧鎖村難辨天低樹欲籠人家雲水裏古寺有無中湖草迷煙綠山花帶雨紅

幽居無一事。種竹且呼僮。

江行

我去歸程急。舟行旁綠杉。江流森怪石。絲雨濕征衫。霞落明孤嶼。風生急去帆。燕知憐客意。相慰語呢喃。

秋日閒行聞鳴蟬有咏

岸旁殘柳晚烟籠。幾處蟬聲響碧空。只為居高聲自遠。非因今日藉秋風。

秋海棠

深紅淺綠倚重欄。蕊簇朝霞秀可餐。不與時花爭俗艷。獨留春色待秋看。

文

子曰修己以敬曰如斯而已乎曰修己以安人曰如斯而已乎曰修己以安百姓義 同治丁卯補行辛酉科閩墨

以無倦之旨進賢者推其功而思其量焉夫敬在己而曰修推之之安人安百

姓而亦曰修非無倦於心者不能也子言其功而徵其量非欲其無倦於己哉且君子主敬之學固合內聖外王責之於己者也而要必無倦於心斯可漸充其量否則怠視己而已弛小視己而已隘即不怠視己小視己不即待治夫己者反責夫己則己仍隘仍弛此則當以無倦之心爭之也治己之嚴施行準焉推己之極擬議深焉無餘量者有餘思己子路問君子子路固抉一君子之全量而來者也則欲徵君子之全量益先驗君子之實功夫君子亦始終一敬而已矣亦始終以敬修己而已矣古聖王存精一之心惟此不顯亦臨無射亦保者自毖其寸衷而日新即為民新之本古聖賢嚴闇存之學惟此無斁戲豫無敢馳驅者自嚴其動履而宅心即為宅命之原然則不以敬則已以敬則己未有不修者也己未修則已修己則人與百姓未有不安者也豈有明如子路猶待問哉而子路果深知夫敬之量不止此也一則曰如斯而已乎再則曰如斯而已乎若深悟夫敬之量甚宏而以問之者發之此則向者請益之素志也若

謂其存見少之意則已拘而夫子遂實徵夫敬之量無可加也一則曰修己以安人再則曰修己以安百姓欲共明夫敬之量所至而以語之者勉之此即告以無倦之初衷也若謂其有抑之之意則已淺則既為之遮驗夫實功則尤為之實按夫全量天下怠惰之萌多誤於自信之念謂此心可以質大庭而天下之情已隔謂寸衷可以盟幽獨而病瘝之念非真無他未明夫敬之分量耳如明之則雖百姓之身家無不贍百姓之嗜欲無不遂百姓之好惡無不同而一為虛懸其詣有隱然難已於寸衷者而能弗秖徊於其際哉學人作輟之念半中於易視之心罷皇有戒懈無以饗百族之心思戰兢有或渝難以靖百年之民命無他未審夫敬之運量耳如審之則雖學校有以教百姓井田有以養百姓封建有以治百姓而一為返求諸心有惕然交儆於內念者而能勿俯仰於其間哉告以堯舜猶病子非欲子路知修己之難而以無倦行之乎

戛戛獨造筆力清雄 衡鑒堂原批

根據子路問政請益無倦章以作骨精義獨標陳言務去不看低子路尤為識踞題巔是能道人之所不道到人之所不到 選讀軒墨選批

魏徵論

嘗讀史至明神宗十六年以魏徵忘君事仇罷講貞觀政要即後之君子亦以不死建成之難為不忠相與訾議予竊非之夫春秋之義莫大乎君臣許子不嘗藥趙盾不出境皆書弒君何也君臣之分已定也至管仲不死子糾之難未嘗見責於君子夫子且稱其仁焉何也君臣之分未定也夫高祖命徵與王珪傅建成是徵為唐之臣非建成之臣使必死其難是助亂也是忘君也豈得謂之忠哉獨是隱太子之於太宗賢不肖徵之所知也使徵於太子盡心輔導晚之恭以持己和以接物於兄弟之間泯其猜嫌於兩府之臣不分畛域則儲位已定賢如太宗斷不能無故而操同室之戈也乃不聞出此勸其滅黑闥散亡之餘以立功名夫太宗之建義旂功蓋寰宇豈區區戰功遂足以勝之哉其言

亦不智甚矣且尤可異者教其早除秦王夫秦王之臣皆將相之材其兵皆百戰之餘建成之不敵雖愚者知之若僥倖圖成適教其殺身而已矣由前而論謂不度德由後而論謂不量力賢者與人家國處人骨肉顧如是乎且徵之於太宗固稱善諫者也事無鉅細朝夕獻納危言極諫可謂至矣何至於建成濆亂宮闈絕無一語為之匡正豈為太宗之臣即當諫乎為建成之傅即不當諫乎君能納諫即可沽直以為名高乎不能納諫即當順以取容悅乎吾不責徵以不死即以其先後判若兩人者著之以待君子之論定

讀詩秦風黄鳥後序

良臣者國之楨幹君之股肱也有良人而國以治安君以尊榮三代以上無論已天下有為之君無不愛惜人才以為久安長治之計者也說詩者謂黄鳥為刺秦穆公殲三良而作吾不能無疑焉秦穆公令主也觀其西取由余於戎東得百里奚於宛迎蹇叔於宋求丕豹公孫鄭於晉求賢若勿及士之在他國者

方且羅而致之匪徒此也能用孟明以霸西戎士之有瑕者方且錄而用之穆公之愛士可謂至矣豈有以數十年愛護培養之人才而一旦以臨終之亂命遂棄之如遺哉此必不然之事也或者秦康公為之也然康為守成令主觀西乞術之聘魯襄仲方以國有君子稱之矣是則康公之愛士亦不下於穆也意者烈士殉名感深知遇願以身殉此則不可知之事也黄鳥之詩所為致慨於良人之殲而為國家人才惜者歟

待用集跋

此本得於梁溪坊間題曰待用集自漢迄唐英辟賢佐擬其制作詔令奏議罔不備體其為文章莊雅入古上視原作殆相伯仲庚申歲賊寇蘇常倉卒渡江藏書千有餘卷燒燬一盡惟此帙因在篋中携出壬戌避居寶應射湖之白田初冬客窗無聊檢閱之苦其漫滅重為綴拾維時楓染霜紅蘆翻雪白鷗眠沙渚雁叫空江笑撚梅花低徊莊誦覺誼主之憂勤臣藎之匡贊千載而下猶于楮墨間遇之噫物之聚散無常事之成毀有數此帙也始辱於市肆繼敗于殘缺終阨於兵燹將燬而倖全者屢矣雖曰人事豈非數歟抑文章之光澤積久必發隨予千里以來將應時以出上佐聖天子盛隆之治以煥廊廟之光所謂待用者此其時歟事未可知理有可必吾俟其未可知而信其可必者作者署春臺不知姓名以俟考云時同治元年十月初八日錢福煒識于楊田客舍

陳氏重修宗譜序

考陳氏為漢儒仲弓之後世居河南宋南渡避兵無錫後遂家江陰歷仕先朝代不乏人子姓既繁躬耕自活淑以詩書實為聞族其宗人復初輯其譜成索為之序按譜之義上以治祖禰下以治子孫忘其祖非孝也非其祖而祖之是誣祖也尤非孝也服至于五五世以往即戚殫而姓別故廟制亦五世而祧謂其精神不足以相貫何取十世百世累而上之哉晉宋重門第始有譜學於是矜華胄羨高閥不惜祖他人之祖究其所謂譜學者如元和姓纂唐書宰相世

系表其書具存謬陋乖誤徒令有識者齒冷而已今陳氏自師善君起家江陰之璜塘其子若孫雖支繁派衍而聚族以居死徙不出鄉望衡對宇揖讓雍穆何風之厚而澤之長歟其宗有賢豪長者曰孝廉君用和予老友也及余已卯養痾旋里用和已歸道山而復初於用和為從孫以今春偕二三同志續修宗譜予按其譜斷自師善君而不遠衍漢仲弓蓋即用和庚申所修之譜而踵成之者余曰夫譜之修必六十年近或三十年庚申距今二十餘年耳何汲汲為復初曰吾族自用和公續修之後適遭髮賊之亂吾鄉素稱忠義而吾陳氏尤為鄉望首倡團練以故斷脰濺血蹈難以死者不可以僂指也若不及今有纂者將吾宗義夫節婦之殺身成仁者湮沒不彰是恩而播徙遷蕩又顛而之他者又何從而稽之哉今搜羅采輯俾散者聚佚者存釐然秩然瞭如指掌又烏可已余嘉其既得周宗收族之義而斷自師善信以傳信又不蹈南北朝門第虛夸之嫌因不辭而為之序

銷寒會啟

歲星漸週，晨飈逾厲，衾冷潑水，硯寒作冰，肩與山削，面隨河皺，不有雅集，㞧中古歡？言招裙屐，用治觴勺，僕健勝鶻，賓多於鴻。時則冷雲下蔭，殘雪在地，竹屋一白，松寮孤青，雪葉積尺，芒蘖有聲，緗梅著華，羅襟亂馥，爰洗壘瓊，畢陳芳鮮，玉唾隨落，雜以蕉桐之聲，清觴迭傳，佐之菘韭之味，酒氣成雨，呵硯冰而忽流，茶聲似濤，沸窗紙而逾響，繼燭既跋，撤俎始歸，用是削牘，藉代折柬，凡我同志，其視此焉。謹啟。

徵訪江蘇先哲遺書啟

在昔禮言二代，徵獻尤藉徵文，業著千年，立言無殊立德。是以玉檢金泥，肇啓河圖之瑞，縹囊緗帙，允珍石室之藏。而況江左餘風，帳有論衡而自祕，茂陵秋苑，書成封禪而待求，柱史神奇，五千言付之關尹，龍門著述，十二記藏在名山，将奉敝帚以自珍，豈真覆瓿而終廢。江蘇句吳舊趾，建業名區，壤接東瀛，星分南斗，地靈人傑，夙多著作之才，迹往風微，豈乏鈔胥之本。然而晏楹魯壁，藏弆為難，片楮寸縑，飄零最易。或剞藤價貴而鏤板未行，或汲竹煙埋而韋編多缺。所以九錢學富，多未經刊刻之書，二劉業成，有尚待校讎之作。他如孫洪博雅，畢阮淹通，專集雖行，遺編不少。若斯之類，更僕難終，遂令玉積夜光，竟沈淪於元圃，輪扶大雅，難獨秀於江東。茲特搜羅散佚，采輯隱奇，訪求蒲梛之編，廣設珊瑚之網。伏願海內藏家，吳中名族，搜鄴架而珍奇備列，發曹倉於兵燹之餘，隱帙與篇，不惜枕中鴻寶，蟫紅蠹碧，俾皆價重雞林。惠以鄴筒，奚啻十朋之錢，緘來善本，益欣萬卷之投。儻廣收而酬以金繒，例仿開皇而亦可，或寫訖而封還玉軸，珍藏宛委而仍完。從教右手生胝，淮西碑重書萬本，庶幾初心克遂，太元經特著千秋。

顧太孺人傳

孺人姓顧氏，同邑端文公之後，詔徵鄉飲介賓雷富公女。年十八，歸吾宗諱乾

不欲生，見子女尚幼，家業失墜，因慨然曰：予不難一死，顧一死豈足以慰泉下哉。因匡勸米鹽，勖訓嬰穉，整敕家範，俾吾宗之緒垂絕而能振者，孺人之力也。孺人有母弟曰廷輝，廷輝幼即養於姊氏，迨長而有室，皆賴孺人。顧廷輝亦能慰孺人心，孺人主其內，廷輝主其外，數十年中，飲冰茹荼，為子弟婚嫁，俾迨成立，廷輝襄贊之力為多。人以是重孺人之能耐苦節，亦以多廷輝之篤於親親也。夫人際萬難之勢，即健男子持門戶，亦且竭蹶失措，而孺人以一女子周張內外，駸駸馬業日以長，家日以隆，是亦足以幹旋杌我之天者矣。年八十，子女孫曾稱觴者四十餘人，鄉里豔稱，以為天之報施苦節固如此其盛也。今學憲馬公嘉其志，給節兼慈孝匾額以示獎，嗇于前而豐於後，固造物者足以發潛德之幽光歟。孺人生于乾隆戊戌二月十六日，卒於咸豐丁巳十一月初二日，享年八十歲。子二，長榮德，次耀德，女三，俱適名門。予嘗兩至其家，雖不獲及見孺人，見其門庭雍穆，子弟循謹，竊歎孺人之嘉行懿範，施及後人者，固方興未有艾也。

福煒曰：易于悅以行險之卦，命之曰節，險故節，而必以悅行之，故曰苦節不可貞。節之彖曰：安節亨，陰之陽也，安徐重固，以處節而得其通之臨，曰甘節吉，往有尚，陽之陰也，黄中通理，由苦而得甘，吉孰大焉。若孺人之節，雖以年格於例，不得旌，而徵上壽，被榮名，其食報為尤厚，非由苦得甘之謂歟。令孫慎齋與余最暱，謂余知之最詳，屬余為之傳，予雖不文，義無可辭，故載其事，勒之家乘，以備史氏採擇焉。

獨立圖記

客有問於余曰：子何以獨立名其圖乎？余應之曰：春花秋月，寫綺言情，釣水尋山，行吟策杖，世之或效畸人，貌為名士，比比然矣。然見之實境則為高，託之筆墨則為矯。客曰：以余所聞，今之為士者，束髮讀書，標榜聲華，然後可以取名譽

紆青紫，登朝筮仕，夤緣權貴，然後可以固君心，居高位。若懷芳蘊嶽，則朝升而夕躓矣。降而州佐雜史，若不工奔走善趨承，非上官惡其執，即同僚目為迂。雖程朱必遭斥辱，即科第亦且投閒，而一二工蝟笑能迎合者，亦以異材超擢為大官而去矣。若是乎人生世上，固可以獨立乎哉？余啞然曰：客知獨之為獨，亦知獨之不獨者乎？知獨之為獨，亦知不獨而獨者乎？士之懷才負奇，當其伏處衡茅，淡然寡營，若將終身。迨君相旁求，行其所學，其持身也則獨行無倚，其立朝也則獨立不撓，富貴不足攖其念，利害不足動其心。迨致君澤民，功施爛如，而仰望風采、願為執鞭者有之，欽其聞望、名動四裔者有之，甚且後之人不以並生其時為憾，是獨者一時，不獨者且無窮也。若夫依阿容悅，互相引援，未嘗不可以得志。然小人之情，有勢則交，勢盡則去，有利則共，無利則絕。平居詡詡然共笑語，稱莫逆者，一旦遇小利害，不一援手，既入井又下石焉。此其人非所稱交滿天下者乎？迨報復相尋，親朋割席，杜門獨處，顧影自憐，是不獨者一時，獨者又無窮也。客曰：若然，子非以獨立鳴其高，正以獨立求夫不獨者，余淺之乎測子矣。請辭。

俞曲園先生曰：蘇長公一肚皮不合時宜，遊戲三昧，調侃不少。

錢仲眉先生墓表

桐城陳澹然撰

金匱錢仲眉先生既沒之三年，其從子基博、基厚感其殷勤教誨之意，而思有以章之也，堅乞為文表厥阡，以垂諸不朽。往者道咸之際，先生之考廩貢公以制舉文名大江南北，門下子弟數百人。同光時，先生繼起，亦以制舉業名於時，教授四十年，門下稱弟子者尤衆。最後兩從子從遊，先生年已六十矣，嘗詔兩從子，命之曰：制義之興數百年，天下詬病久矣。顧其學匪窮經不足以明萬事，匪讀史不足以應萬機，非可苟焉已也。曩者曹子桓有言：文章者，經國之大業，不朽之盛事。故雖解經論史，必能援古證今，使人資為法戒。賈誼之過秦，後世史論之原也，其下篇必曰前事不忘，後事之師，而極之於君子為國，觀之上古，驗之當世，察盛衰之理，審權勢之宜，其意斷可識矣。兩從子受命不敢忘。嗟乎！制舉之衰，士苟習時藝、工楷書，已足弋進士、攫翰林，為天下望，先生獨斷斷經史以導其源。嗚呼！此豈咫見所能及哉！先生以廩貢生中式光緒戊子江南鄉試副舉人，生平足跡不通官府，暇則科頭跣足，雜負販傭保，劇談歡笑，講誦詩文。與晉接士大夫等賓友，至談次，則髯張口哆，抗聲誦其文，琅琅震屋瓦。至佳處，輒攤手向其人曰：何如？暇則為小詩自抒其懷抱，詩不必工，要令讀者想見其為人。所志既高，尤不樂事家人生產，館金所入，隨手蕩然。其沒也，殮以布袍一襲而已。悲夫悲夫！晚近風俗之頹，士輒矜名騖利以馳騁天下。謹述先生之言行，使知科名之世，班孟堅氏所謂祿利之途然者，猶有無懷葛天之風，天下庶幾有豸。先生錢氏，諱熙元，仲眉其字，江蘇金匱縣人。考諱維楨，由廩貢生以訓導銓選用。伯子福煒，官累晉級授朝議大夫。子五人，先生其仲也。生道光十七年十月十三日，卒民國二年正月十二日，春秋七十有七。配許氏、諸氏。子二人，長基康，附貢生，早世；仲基昌。葬諸本邑膠山之原，故表厥阡以詔來者。

坎空居士集

詩

同治癸亥避寇江北黄橋鎮館於楊氏有感而作

遊惠山二絶

庚子六月十四日徙歸東亭口占四絶寄四弟

閒居詠懷

華月梧出示梧庭玩月圖先君題詩其上謹題五古歸之

戊申秋熱聞時報有感

壽湯口華子隨孝廉七十誕辰

華君宸卿出其兄協齋繪鵝湖競渡圖索詩因題其後

文

讀論語

宋太祖收藩鎮兵權論一

宋太祖收藩鎮兵權論二

消寒會啟

坎空居士集

無錫錢熙元頌眉著

受業姪男基博校錄

詩

同治癸亥避寇江北黄橋鎮館於楊氏有感而作

吳頭楚尾舊山河，留後迴瀾保障多。天不憖遺空倚向（提督向榮死于江南大營），軍無固志奈如何（總督何桂清棄蘇常不守）。長驅賊騎紛傳檄，列犀鄉團孰枕戈。遂使有家難自顧，陽關一曲唱離歌。

半肩行李一囊書，漫托婚姻願共居（避難雲亭外家曹氏）。孰信巢危同燕雀，翻教轍涸困龍魚（寇至河路阻幾不免）。三遷出谷驚魂定，萬里長江破浪初。異地棲身聊作客，蠅營甘自效閭胥。

生涯抱布枉徒勞，貿殖輸人利析毫（販布折本）。君子可欺來市儈（布販遂卿何），儒冠被誤慨吾曹（吾與曹丙申販布為常州朱紹雲所愚）。蜃樓過眼知皆幻，豹務潛身計自高（布被騙紹雲逃匿乃知所雲言皆虛）。

羞澁阮囊嗟史甚，幡然變計首頻搔。

楊意欣逢又一年，古耕仍以硯為田。不才空自投班筆（投督自效被擯不收），有志應先著祖鞭。砥鍔斂鋒時待試，屈刀成鏡月同圓。滄桑世變終將轉，回首何須悵惘然。

遊惠山二絶

惠麓同遊興趣生，不關情處亦關情。春風披拂吳姬面，畫舫輕搖載酒行。

陸羽茶經試品評，漪瀾庭上晚風清。鬢釵多少臨池影，貪看魚兒止復行。

庚子六月十四日徙歸東亭口占四絶寄四弟

酒後胸無俗慮牽，涼鞋赤腳晚風前。城中親友如相問，半類疏狂半似仙。

不着長衫更袒肩，風吹軟葛夕陽邊。而今始信居鄉樂，放浪形骸別有天。

直北兵戈莫浪傳，蕭齋一枕且閑眠。天公為我安排定，耳冷人間事有年（督年失聰迄今五十年矣）。

一夜鳴雞齊鎩羽，紛傳異術白生蓮（據傳白蓮教剪羽毛）。春秋斷尾分明記，自悼為犧想。

戓然

閒居詠懷

半畝桑園地刪除惡草難事多忙裏錯心以淡為安舉足前途隘回頭後路寬
庭柯原有蔭子婦樂盤桓

華月梧出示梧庭玩月圖先君題詩其上謹題五古歸之

昔余從隆亭喪亂兵燹後晤君學士廬穩重言不苟耽心在詩書明眼辨稂莠
先君折輩交元亦得良友縱談雞黍夜攬勝龍舌口追余從城中迂拙行寡偶
闊別十年餘衷懷誰與剖皤然尋舊居把晤快攜手君喜余重來余喜君有守
品茶意逾親話舊情彌厚袖出梧庭圖瑶章燦瓊玖欣睹吾父詩哀列篇之首
丐余作和章知非覆瓿瓿發為楚狂歌我歌君無咎斂彩影愈流韜光光愈久
月缺復重圓盈虧理必有君休嘆數奇梧庭且酌酒

戊中秋熱閒時報有感

炎熱難安怕出遊七旬又二復經秋朝端聚訟渾如夢海國雄談正未休兩耳
厭聞塵世事雙眸閱盡古今愁欲焚詩稿藏吾拙何取微名身後留

壽蕩口華子隨孝廉七十誕辰

來從鵝湖來去向隆亭去祭墓春二三把晤喜相語（每年春二月子隨祭墓東亭常相聚話）古稀
值誕辰稱觴期獻敍羣從知君心一言告君友不用錦與屏不須禮與酒世俗
投贈儀一空諸所有忠公只一紙祝君惟一詩抒寫生平事言簡意賅之我心
頓感觸烏能無一辭夙昔君年少鴻才迥不羣爭衡兩相匹分鑣各冠軍（君童試與
余爭縣案首不得遂考府案首）膠庠得岡列意氣欲凌雲癸酉棘闈撤得路讓君先鵬搏軒軒
翥蟾輝皎皎圓（君癸酉科正榜）功名嗟博浪愧我戊子年（余戊子科副榜）羡君家學傳裕後經
與史子既筮拔茅（拔貢不幸早亡）孫亦騁連軌（教兩孫亦成名）桂凋能達觀蘭馨有誰似以此
心儀君於君猶未盡扶危時解囊賑飢常指囷青氈困寒儒雅意手援引卹孤
任棠志贍族范文心善舉不肯後公庭不肯臨天昇君壽胃失痞早回春攤箋

操不律一寫君之真隆亭引領企瑞霧鵝湖濱

華君震卿出其兄協齋繪鵝湖競渡圖索詩因題其後

鵝湖有人心久儀協齋妙筆擅一枝六如山水神逼似却因年少名未馳震卿
寄圖惠示我競渡奪標如列眉樓閣亭臺左右列友朋相聚觀水嬉龍頭龍尾
爭變化魚龍變幻有時期迄今此景黃鶴杳令我回憶昇平時嗟哉君年祇十
九留得煙雲一幅奇披圖起草狂飲酒秀奪鵝湖畫與詩

文

讀論語

平天下有絜矩之道宰天下妙比義之方義也者蘊於中而化偏私之見發於
外而協因應之宜是即吾心無形之矩也比者麗也合也亦從也絜之而後麗
於義合於義從乎義也此其意於夫子言君子無適無莫得之夫適莫之解諸
家之說不一而要以朱子專主不肯之說為一定專主云者義所不可以為可
而必為是適也不肯云者義所可意以為不可而不為是莫也極其弊執拗以
誤蒼生而天下受其害清談以廢國是而天下墜其防卽矯其失而托於無適
無莫則又模稜兩可於天下事成敗兩無所與其賊義為尤甚也若精義之君
子虛其心以待天下之事之來應事而非喜事也實其心以靖天下之事之紛
慎事而非廢事也天下之事萬變而義為之的則不變以不變馭萬變兩而化
者一而神此比之說也天下何幸而有君子哉天下又何不幸而不遇君子哉
維新之輩朝獻一議曰變法暮投一書曰變法習故之士入誨子弟曰守舊出
告明友曰守舊斯時苟得一無方無體之君子宰制於其上知必能兩協其宜
旋轉於無形而化分黨角立之習者予是以讀里仁第四篇而羣然高望於比
義之君子也

史家列傳有順敘之體有追述之詞有先後錯舉之文有輕重相形之法統觀
其人一生之大節而參互錯綜以表章之此作史之善也嘗謂魯論公治第三

篇吾夫子論寗武子早為史家開其例馬按集註泥順序之體以邦有道屬之文公邦無道屬之成公嘗竊有說焉攷之春秋僖十九年甯莊子請伐邢莊子者武子之父也及僖二十六年是年為衛成公元年公會莒子衛甯速盟于向速即莊子名是文公之時及成公初年皆甯莊子見於經而武子無所見者必其尚未仕也至魯文四年為衛成十二年經書衛甯俞來聘俞武子名是武子為政在成公時不在文公之世不得以邦有道屬之文公也明矣且以其知謂為無事可見則凡爾祿之臣旅進旅退皆得藉口於寗武子之知以為藏身之固矣可乎哉然則夫子言邦有道邦無道何屬乎曰綜武子一生而核之皆屬成公時也成公殺弟而來元咺之訟坐獄而致深室之囚幾亡其國是即所謂邦無道迨復國後享祚三十餘年屢同諸侯之好罕被大國之兵是即所謂邦有道武子蓋先處邦無道後處邦有道而夫子先言邦有道者亦猶史家先後錯舉輕重相形表章其大節之意也言乎其知一在辨樂章一在明祀典然覩其不答湛露彤弓之賦吾魯亦有不答肆夏之三不答文王之三重拜鹿鳴之三者觀其止祀相之命列國亦有不禱桑林不禳復火不祀非望者此其知也固可及者也惟橐饘職內不計一身之危貨醫薄酖以平晉侯之怒百折不回卒出其君于險是愚也而以知成人之所不能為亦人所不敢為誠哉其不可及也至若祀鄫何事責詞彌嚴肆業及之諷詞彌冷杜注乃以為其愚不可及亦謬矣

史載晉虞嘯父責其未聞獻言而有未明將為鬻魚之奉唐侯思止斥其不能識字而心猶自是偏居獬豸之名他若弄璋之字訛作弄麞伏臘之文誤為伏獵若而人者不學無知伴食於朝皆徒祿之輩也讀史至此始恍然於魯論三年學之一章我夫子之言本明白顯易後儒正不必曲說以為解改經以就我也按孔註據詩人莫我肯穀爾雅釋詁云穀善也言人學已三年不臻於至善不易得也余試以學記正之學記言七年小成九年大成則學歷三年尚未屆

小成之期安能有臻於至善者然則三年學不臻於至善固事理之常耳何不易得之有焉此孔注之不可通也朱注至當作志為學之久而不求祿如此之人不易得也按荀子正論有云是王者之至也注至當作志朱子之言殆本乎是然究不若說文至字從到義為安況荀子雖戰國時大儒其語多駁而不純正未可據之以改經之本字此則朱子偶未及檢也然則夫子之意云何曰夫子之言固明白顯易也若謂學祇三年出而服官不至於徒祿則其人有過人之才不易得也於何證之證之以憲問恥子曰邦有道穀恥也邦無道穀恥也則不至於穀其為不至於徒祿無疑義也況儒者讀書十年養氣十年三年學亦豈得謂之久哉或者曰孔注固非朱注為萬世遵守亦可非歟曰智者千慮必有一失愚者千慮必有一得予觀朱子生當南渡之季有飯脫粟而不悅皆為非人情遂盡力攻擊之者以彼志在口體之奉不崇朝而去學矣去學而好官我自為之矣遑問乎年遑問乎三年學哉因讀論語而有感注此以勵門人蔡季通輩是亦理所信可者也

列子有云人盜陰陽之和以生而盜天地之時利陸盜禽獸水盜魚鼈無非盜也然皆盜天而無殃至盜人之財必先有敢于為盜之心而後有敢于為盜之事試即季康子以立論康子魯之多欲者也惟多欲故富於周公季氏富而魯之務富其家者亦日衆倉廩紅陳未見貸人一斗室有朽貫莫肯施人一錢窖藏召盜刻薄召盜慳吝召盜鄉鄰之窮者親戚之貧者不敢至於其門而盜來於暮夜矣妻女任其執持司計任其撻辱箱篋任其搜尋呼嘯而來捆載而去勢不得不控諸君大夫而康子於是乎患之甚問諸夫子夫子曰苟子之不欲雖賞之不竊豈虛語哉蓋盜雖強暴豈不知取匪其有之匪義所劫者皆不義之人所取者皆不義之財一遇忠孝節義之士且有罄己之所得以與之與之不受咸歎息而去者是盜亦有道何可不法管仲以舉之者賞之也或者曰子殆有慨而言非正論也其然豈其然乎

宋太祖收藩鎮兵權論一

嘗讀路史封建後論曰天下之枉未足以害理而矯枉之枉常深天下之弊未足以害事而救弊之弊常大斯言也於宋之國勢失之弱如燭照而龜卜後之論者遂歸咎於太祖懲五季之弊削藩鎮太過以致邊無宿將兵不練習寶元康定間以中國全力不能抗西夏之兵靖康時金人長驅趨汴蕩然無藩籬之限此即所謂救弊之弊恆大也予竊謂不然自唐以來藩鎮積強道在必變太祖因趙普之言精思默運適遇石守信等輩自恃故舊之恩情不為韓彭之跋扈遂從容於杯酒之間解數百年之錮疾雖曰睿慮深遠亦時會適逢也然太祖雖以文臣典州仍以老將禦邊李漢超守關南凡十七年郭進守山西累二十年他若賀惟忠守易李謙溥刺隰姚內斌知慶皆十餘載馬仁瑀董遵誨武守琪何繼筠張美等或鎮常山或守環瀛或戍晉棣或守滄景皆累其任而畀以營榷之利貿易之權使自募驍勇以為爪牙不崇封建之名陰行封建之實所以二十年間無西北之憂禦戎之策之得者也迨其後嗣重內輕外遂以兵為天子之兵郡不得而有之縣不得而調之不立素將不任世襲不專責成而邊備日墮天下始多事矣總之自古至今無無弊之法道在嗣王知其弊之所由來挽回而補救之無膠柱之見有轉規之神即謂歷代相仍永保其富強也可。

宋太祖收藩鎮兵權論二

却兵戎於談笑之頃寓折衝於樽俎之間自來氣懾千軍威行萬里者皆若行所無事焉史載宋太祖雪夜而過趙普普置酒與之計下太原略君臣之分抒軍國之謀可謂具深心有遠略矣而至今獨于杯酒之間罷石守信等節度使嘖嘖艷稱之以為藩鎮之禍唐代干戈平之而甚難宋祖杯酒罷之而甚易其行所無事為尤神焉予則謂藩鎮雖強至宋已有漸衰之勢而石守信等又素懾太祖之威名故太祖從容坐論咸自請罷也非盡關說詞之力亦適當之時

也由是以文臣典州一粟一絲皆歸之於上為宋百年之利夫享其利者弊亦見焉靈夏既失國勢日弱而王禹偁賈昌朝輩於真宗仁宗朝一以削藩鎮太過為言一以書生領州江淮諸郡蕩然無備為言其意以為藩鎮宜復書生未可領州也予竊謂無論藩鎮其勢難復即若寇準若范仲淹若韓琦皆舉進士郎皆書生也使真宗於澶淵既盟後益以練兵足食為事委任寇準而不疑仁宗於西夏不靖時信任范仲淹諸臣而不為浮言所奪封疆之小勝小敗皆不問寬以歲月專其責成如太祖之任李漢超郭進輩或二十年或十餘年又畀以財利之權使之招募練習兵威有不日振國勢有不日強戎狄有不日遠者乎無如牽制多而成功少苟且因循邊備日墮馴至靖康金人之禍烈矣然南渡後金亮大舉入寇其時韓岳已亡虞允文集散卒大敗之於采石是亦一書生也世謂書生不知兵予故即書生領州一言而為之辨

消寒會啟 代

半庭風雪領梁苑之詞壇一角津亭開龍門之清讌芳尊且銜幽襟時往追憶盛游頗涉遐想於時飈清綺襲冷徹熏籌室小如蝸人瘦于鶴簾動瀲灩之波香篆平安之字殷七不來鄭五已去邊馬寡歡淒其無色迺壁雷濤之箋招司勳赴席室無俗塵坐惟佳士當夫銅壺已冰紙帳未曉蝦鬚押鈎雁足擎燈氍毹貼地翡翠圍屏膽瓶插花彫几支竹桂榻蘭檠百種千名間以雪盤一鯉酒甕叟鼇紫芽山薑黃泥春筍洵足味引仙心芳洌詩脾興酣拊掌時復拇戰冰筋敲冷折為酒籌松果焙香度以茶戌浮壽卮以大白嬌吹笛之小紅醲榆莢之萬錢酹梅花以一斗爐添獸炭醉面都紅春擁貂裘迴腰純黑霜天歎飲窗月照人毋以司空見怪且五日為期本是太守饞官與諸君痛飲

錢祖耆先生墓誌銘

太倉唐文治撰

無錫錢祖耆先生既沒之三年其子基博兄弟踵門來請曰吾父性剛不喜標榜聲華以迎媚當世子素韜晦者今銘幽之文敢以屬之於子嗚呼余何足以銘先生顧念與基博昆季居同里閈以文章道誼相切劘且銜恤之感彼此同情雒誦行狀有不惆於厥心者其何敢以不文辭謹按先生姓錢氏諱福炯祖耆其字江蘇無錫人吳越武肅王三十一世孫曾祖諱士鏡祖諱若浩能畫精八法屢見名字於武進李申耆吳縣馮敬亭無錫秦緗業諸先生文集考諱維楨廩貢生受業申耆先生之門士林推服生子五人先生居第四生而聰慧遭洪楊之亂以父命習賈居停子為文鬱結不得通先生曰是何難繩削之為塾師所覺察曰此讀書種子也遂送先生歸從仲兄副貢君熙元學年二十補博士弟子員甲子秋試歸與副貢君以試作就質伯兄教諭君福煒教諭君極賞先生作曰依稀元度賞音難逢是非解元即下第耳然仲弟必雋已而主試者

果擬元而副主者謂不足於光響竟黜先生然主者評副貢君作有曰宏聲茂實已置魁選而臨填榜讀卷有脫落遂落副車也顧先生昆季不屑屑于此當乾嘉而後扶輿靈秀之氣往往鍾於家庭吾吳則有惠半農父子高郵則有王懷祖父子閩侯則有陳左海父子皆務文言當世藝林奉為矩範先生既紹承家學兼尚力行孔子曰善人吾不得而見之矣又曰吾未見剛者先生生平不獨勤於學問稱為善人剛者殆無愧焉某年江南飢穀價騰湧先生隻身赴皖購賑米雇舟裝載舳艫數百銜尾行而舟子魁數登先生舟鴟張狼顧蓋窺其篋中金也先生覺之即召諸舟子謂之曰若曹良苦此舟金例至某處方得給吾今先予若曹以償勞當衆啟篋中金盡散衆皆感激其魁遂不得逞迨舟抵金陵大勝關魁告先生曰舟無米將斷炊諸舟子助之鬨舟立停蓋窺其艙中賑米也先生徐起指曰有米滿載何愁不得食從容懷雇券登岸雇一驢入城詣善後局訪友告所以而舟子亦追蹤至請登舟先生曰吾不復登若舟矣若

曹蠻悍幾投我於江流吾以語此間爺以若曹雇券移無錫縣按籍指名若曹能上九天耶即出雇券示之蓋諸舟子之姓名籍貫居處先生于雇舟時皆一一詳載於券尾主者據以嚴訶於是諸舟子咸愕然叩頭曰今而後不敢無禮矣先生乃返舟一帆無恙而米得以安抵賑所光緒戊戌歲旱民艱食先生建議出積穀平糶推前浙江臬司鄒仁溥總其事而自主東城糶局一日薄暮有奸民圖掠穀聚衆百餘人洶洶入諸員紳倉皇避先生當門坐察其意氣忽休指揮跳盪者則闃然一禿者也先生徐語之曰若明事理好勸衆歸禿者意坦率衆歸先生遂告邑令捕禿者曰無與主謀其誰敢動已而果無事客問先生曩者君何恃而不去先生笑曰若輩亦人類迫而為此其心甯無所怯吾當門坐莫敢為先以為吾指認吾去糶局毀矣非所以全吾鄉民也善良既不得糶凶頑又多羅韋所傷實大然先生性雖慈於不義事未嘗假借目覩積穀不足於賑飢而主者無不侵漁有某孝廉某進士皆先生故交也而先後筦計先生

盡發其覆以指名追所侵進士與教諭君同年相告曰今弟殊咄咄逼人衆為側目而先生不顧也己酉冬江陰璜塘鄉有奸僧用債貸盤斷斂財鄉民憤燬其屋遂鬨巨紳有氣力者以白晝焚劫白江陰令令故武健逮數十人將興大獄先生往謁為解曰果盜也劫財而已怒及於其屋物何耶令亦悟笞一人枷二人而事解鄉人至今稱之蓋先生之濟衆也智仁勇皆全而其立教本也則惟以孝嘗殫畢生精力積萬餘金拓建宗祠于惠山之麓甲子歲齊燮元興兵構難舉其祠一火焚之先生大慟曰吾祠燬吾將以身殉矣用是憂傷憔悴永盛典者先生家所設也地處光復門外齊軍至子取子求不遺錙銖亂稍平先生以為合夥之股金力出有餘而存户之寄資家非優贍雖兵燹例不任償而吾心不可負也然劫餘所存不足什二乃盡罄所積並基博兄弟館穀所入以償存户所寄百分之五十三蓋邑中所僅有焉昔孔門編論語學而篇首以孝弟繼以忠信又繼以慎終追遠夫民德涼薄於今為烈如先生者豈非人倫之

模楷哉而文治吏有感慨徑佪不能已者當齊軍之大掠無錫也時在乙丑十
二月寒冰凜冽天地為愁汽車聲嗚嗚然槍礮聲隆隆然四郊居民震哭聲嗷
然嚎然慘慘然齊啼言勒索犒十萬不者且攻城時先生季子基厚任無錫市
總董閉城而守則以夜半縋城出見齊折以大義往復辯難齊漸氣索然後出
二萬金以犒齊曰嘻吾何忍重負民曉暾出適矣城賴以免方事之殷文治甫
丁先大夫憂挈子婦倉皇出走途遇基厚相慰曰城中必無事君盍歸休文治
乃歸泣告先靈嗚呼孰意相距歲餘而基博昆季亦同抱鮮民之痛耶哀哀蓼
莪巷歌雨咽如文治與基博昆季既不能如鄭君之高行黃巾不入其鄉又不
能如陸桴亭先生之避地浮家為未雨綢繆之計坐視吾親憂鬱悲憫以歿嗚
呼彼軍人之過惡天下自有公論如文治輩不孝之罪其可逭哉此文治作先
生之銘不禁投筆長號淚雨落而迸之以血也先大夫有言君子之澤五世而
斬惟為善者可繼續於無窮然則文治與基博昆季所以相勉於繼志述事者

惟有讀書為善以期無負先人之教而已先生生於道光二十九年七月八日
歿於民國十五年八月十一日享壽七十有八德配孫宜人相夫教子不踰禮
法焯有母儀具詳吳縣張一麐所撰墓表某年月日合葬於某鄉之阡子四基
成先卒娶毛氏基恆殤基博娶王氏基厚娶高氏女二素琴月琴孫十人銘曰
龍山之陽湖水湯湯猗歟先生道德清剛遺澤孔遠山高水長貢為人文八龍
戩戩玉昆金友英跱高翔儒林挾藻如驂鴈行我銘以貞援契傳章明德之後
長發其祥

傳叟文錄

文

貢誼論戊戌示餘兒作

續修堠山錢氏宗譜序記

錫金續識小錄敘

呈江蘇督學部院李光復祀典文

亡室孫孺人墓碑陰志

蔡母楊太君七十壽言

楊世嫂張太夫人七十壽序

恭祝厚甫七兄七秩壽言

精忠柏石錄

手杖錄記

傳叟文錄

無錫錢福烔祖耆著　男基博校錄文

文

賈誼論示餘兒作

吾聞良賈深藏若虛大智外容若愚富者未嘗以富示人智者不以智驕人蓋蘊蓄然也人之於才亦然有才必有量夫所謂量者何也斗之量足以受升以斗受升其迹泯然斛之量足以受斗以斛受斗其迹泯然推此而上量愈大其所受愈無跡天下大物也惟其量足以相容而後可以治可以安未有量不大而可以策治安者也今讀賈生治安策曰今大國之王未壯其事方皆漢傅相所握五六年之後大抵皆壯自握其事則將擾亂天下則是賈生之量不足以容諸侯余以為諸侯雖強苟若道之以德遇之以禮上禮德禮其臣臣未有不以節義報其主者也主有患則且忘其身以救矣國有難則且毀其家以紓矣君有事則能忘其私以赴矣胡必釋芒身之為而斤斧之用遽事削弱也哉又曰天子為天下之首蠻夷為天下之足今大子共貢於蠻夷為行臣下之禮夷狄徵令於天子是執主上之操臣為屬國官以主匈奴之事必係單于之頸而制其命縛中行說而笞其背則是賈生之量不足以容戎狄余以為戎狄雖難制若以恩惠施之以德行加之以遜讓結之則雖趙陀之强文帝有以服之矣我安其身彼得與我俱生我安其國彼得與我俱存何必係單于之頸笞中行之背而後有以折服其心耶至若辨等威正風俗教太子敬大臣言之切中情弊可以覘其才矣觀其說不見行為賦以弔屈原辭意憤鬱趯然有避世之意卒以自傷哭泣至於夭絕則是生之不善容其身也烏虖吾觀古今抱不世出之才者意念之所經營智慮之所擘畫默然深藏於中而人不能測不以口舌爭也不以才辯矜也一旦出而措施之也皆取諸懷而素具然而休休有容若斷斷兮無他技者烏虖此其所以能奔走天下一世而為之用也安有於人主之前立談之頃而遽以天下治安為已任矜才使氣如生所云為也哉泰山雖大必不自以為大河海雖深必不自以為深而生自以為才則亦淺之乎為生已蘇東坡謂生志大而量小才有餘而識不足世之自命為才士者其亦借鑒於生而知所儆哉

續修堠山錢氏宗譜序記

三代帝王及卿士大夫巫醫卜祝之屬莫不出於世族姓氏之分端緒備著而朝廷又設專官掌之故黃農虞夏支派流別數千年可得而知也自是以降王者興於草澤將相起於屠沽皆不能紀其先世如漢高崛起據左傳處者為劉氏即以為受姓之始而譜牒寖以不詳矣迨及晉魏重門閥辨族地而譜牒之學復興以至於唐我皇祖武肅王兼資文武尊居帥右屬時多事整軍經武以清世難二十年間定越安吳其間勘定之餘旁搜遠稽上自少典次及彭籛以迄於皇考諱寬者世傳八十纂序相承班班可考王自撰大宗譜以垂示子孫三傳而至文僖公遂衍之為慶系譜宋史藝文志載錢惟演錢氏慶系譜二卷而徽宗皇帝為之題記者也通志藝文略有慶系譜又有慶系圖嗚呼世亂之亟亡有愈於五代者也其間故家舊姓覆宗絕祀殘破已甚至於宋室南徙金元僭盜百年之間興亡再見孑遺之黎民方救死不遑而天下亡復有千年相傳之族姓譜牒不可問矣然則譜牒之興替世運之消長繫焉惟吾錢氏則自少典以傳至皇祖武肅王為八十世有慶系譜可考王傳至今幾四十世有列祖修宗譜可考卜世百廿卜年四千世德之盛莫之與京也烏虖吾讀詩大雅至緜頌姬周世德之盛曰緜緜瓜瓞詩商頌至長發咏娀商世德之盛曰長發其祥如吾錢氏者或庶幾焉然非吾列祖之敬宗收族繼繼繩繩以克紹前修則亦無徵不信已耳先大夫以同治甲戌重修堠山宗譜三十年於茲烔德薄能鮮無以恢宏前緒謹遵先大夫甲戌譜例訂訛補遺闕疑搜佚採訪不敢不詳記載不敢不慎譜顯堠山示別也有同縣而不同宗者也譜皆書名臨文不諱也惟蘇氏譜於

其祖父之名加諱字而歐陽譜從同譜者一族之公非一人之私也故不從蘇氏也譜詳生卒古法也（文選王儉集序註引七略稱子雲家牒以甘露二年生文選劉孝標世說註引周氏譜以六十四卒）詳其生而後表幼別詳其卒而後忌日之禮可舉也詳字與官爵及婦族據世說所引諸譜也其無官者魏氏譜稱處士（亦見世說註引）今不從懿飾也漢代碑陰民與處士別也蘇氏譜註不仕今不註無爵註也譜詳塋墓據隋書經籍志載楊氏譜也魏晉諸譜婦皆註名今不註據子思子之言也衛將軍文子之內子死復者曰皋媚女復子思子聞之曰此女氏之字非夫氏之名也婦人於夫氏以姓氏稱禮也今氏婦而不名婦者子思子之言也詳女之所適據世說註謝氏譜袁氏譜也歐陽氏譜格盡別起者重嘗一世明所承也今次譜惟註某之子省複也別立傳狀以冠於譜之前據隋書經籍志之例也隋書經籍志家傳入僞記家譜入譜系不相屬也傳以詳行實譜以明世繫也烏虖此先大夫甲戌譜例則然也匪所敢張也至於嗣繼絕世也有立應焉有立愛焉然而立愛者

多體人情也父子有覲親必於其所愛也應嗣而不欲嗣匪所愛可知也國朝家法首重立愛世宗高宗與文宗皆以皇四子嗣登大寶而仁宗以皇十五子宣宗以皇次子皆然也非應也雍正元年八月世宗以高宗名親書密緘集王大臣九卿於乾清宮晚諭其故而命取密緘置正大光明殿額後於立賢立愛之義尤三致意焉夫王道不外於人情殺立應而重立愛此雖侗一人之獨斷而一以尊王章一以體人情雖以定召閙取怒不敢恤也始事於光緒甲辰四月朔越丁未十月告成知我罪我以俟來者是為記

錫金續識小錄序

錫金識小錄者蓋邑獻黄迴谷先生託不賢之識小匡邑乘所未逮補罝罅漏張皇幽眇而有作者其大端有裨考證者已纂入志此外微言軼事窮搜博采類而列之時雖出以諧謔亘二百年無有賡為之者獨吾老友竇君叔英究心邑故而繼有作雖簡覈不及黄氏舊然黄氏拾遺補闕于乾隆志方修之日而君則發潛闡幽于光緒志久不續之餘徵舊聞以俟百世有求太簡而不得者此君書所為不如黄錄之簡覈而重有裨於邑故者也獨念予年二十補博士弟子同歲肄學籍者四十人而五十年來世變頻仍為不剝之碩果而歲時拱揖訊無恙者獨君及稽君兩人與余耳予觀稽君逾古稀之年躬行無文授經里弟子庶幾漢之申公伏生而君則以儒林文人奮筆而有作傳信來者此尤邑文獻之所繫也昔孔子論夏殷之禮而慨文獻之不足皇侃疏文文章獻賢也茲吾邑而有君所謂獻也君所錄所謂文也使孔子生今日而言禮于吾邑何文獻不足之有焉予衰老不學讀君之書而獨深致慨于故人云歲次乙丑仲秋月同庠弟錢福炯時年七十有七

呈江蘇督學部院李光復祀典文

呈為遵照府詳恭叙恩榮簽呈志書碑譜環叩鑒核飭縣光復祀典事竊職等始祖吳越國武肅王康熙四十四年聖祖南巡欽賜御書保障江山匾額雍正

七年春世宗憲皇帝以海塘告竣加封誠應武肅王冬十月上諭配享海神廟殿御書澄瀾保障匾額並楹聯懸掛乾隆十六年高宗純皇帝南巡欽命大理寺少卿蘇達色致祭表忠觀即命隨駕刑部侍郎先臣錢陳群陪祭敕御賜祭文一道暨御製表忠觀詩一幅並忠順貽庥匾額二十二年翠華重幸又蒙遣官致祭賜詩褒美嗣後翠華屢幸疊賜詩歌匾對恩加無已是職等始祖早列祀典則惠山分祠似難與各姓家祠並論矣查惠山分祠以雍正間海塘告竣奉檄飭建乾隆三十年督撫憲飭縣置主入祠在學祖項下均祭給帑給帖遵守纂入邑志忠山志班班可考碑摹可證伏查此次府詳云地方官春秋致祭必需奉有諭旨列入祀典領有祭品又云所有無錫惠山各祠載在祠典志書奉旨飭建皆由該縣等照例致祭等因奉此職等始祖疊蒙列祖列宗敕加封號配享海神賜詩題額列入祀典矣由學給帑有案可稽領有祭品矣纂入縣志卷十四祀典門載在祀典志書矣奉檄飭建祠非私建矣乃去年春錫邑尊孫

因府飭查遂將先祠祀典裁汰不與馬文肅公七祠同一致祭於王鳳儀等稟批照從權致祭之列使阿私祖德上希地方官一拜之榮職等不敢惟先祖疉蒙朝廷恩寵祠非私建委隨地方官即所以罔蔑聖恩職等更不敢傳曰國之大事在祀與戎此而可權孰不可權伏維大人為風教總持祀典之廢風教攸關為此不揣冒昧逕照府詳恭敘恩榮發呈志蓄碑譜環叩鑒核飭縣光復祀典永戴皇仁而垂久遠不勝感激屏營之至

亡室孫孺人墓碑志

孺人孫氏父元楷母馮生清咸豐二年四月二十二日年二十歸余事君舅愛稱其敬奉余禮稱其情生子女十一人舉三人基成基博基厚而不為姑息之愛慈稱其教以宣統二年十一月十三日卒有孫曰鍾書將卒前二十三日舉也又五月舉一孫曰鍾韓葬時有孫三人鍾武其幼也葬無錫開原鄉賓字三千五百四十九號時新曆紀元四月二十八日也無錫錢福炯誌

蔡母楊太君七十壽言

老人今年六十七矣猶憶五十年前侍先君授書江溪橋楊氏主人曰香谷先生歷仕金壇吳江長洲諸縣教諭有聲居恒為人簡質而嗜吟咏君子人也先生之子曰蓮艇者先君弟子也一日持詩篇來請業題為家在江南黃葉村字跡娟秀似婦人好女子不類蓮艇作詢之則其姊作也讀之風致高邁至多名句先君喟然歎曰犧皇之畫卦也離為陰卦而正位南方應文明之象女子之有文章宜也況西神清氣所宗叔皮門風薰治陶淑濡染有素也其在詩曰彤管有煒悅懌女美于君姊見之矣是則城北蔡君晉康之德配而蔡君兼三昆弟之令母所謂楊太君者也太君年二十一嬪於蔡君君早歲舉茂才後筮仕浙東為鹽官不肯媚道以獲上卒用勿顯而太君能配其賢越十有五載而蔡君歿時君姑暮年在堂兼三男女昆季得六人長不踰冠稚弱小離抱耳太君煢煢在疚惟殯而哭哀可知也自是椎心茹苦奉事老姑無有失其驩心撫字諸孤子俾底於有成今三十年小弱以長長大以壯以嫁以娶兼三先仲兄弟子也工為計然之術豐聲殖貨蔚為鉅子松如以文學有聞於世其季禹門日本醫學士也茲實任職江蘇省立醫學專門學校校長焉女三人皆嫁為士妻孫曾繞膝長者頎然成人以次比肩有攜有嬰太君含飴戲弄則又何康樂也太君今年壽七十鄉士大夫咸具羊酒往賀而屬老人為稱壽之詞老人嚮者侍先君諷吟太君詩乎則不逮冠耳倖頑健不夭閱其天得與兼三昆季相晉接備睹太夫人七十年間荼苦備嘗康强逢吉自感遲暮髮亦種種無一莖黑矣而脚腰粗健猶得傴僂從諸君子後杯酒祝難老是則奉觴之辭非老人莫屬也兼三嘗語老人曰吾母戰生劬勞卒卒無好悰困瘁異甚而胸懷坦然事無所累於心意量常有餘蓋數十年如一日也老人則應之曰此則溫柔敦厚詩之教也溫柔故哀而不傷憂慼不隕其性敦厚故能任勞瘁而不為所困此太君之所以得全其天而不為外物所嬰也老壽康吉不亦宜乎邑人某等都

若干人敬具兕觥相祝而六十有七歲老人錢福炯為侑觴之言時在中華民國肇作之四年正月

楊世嫂張太夫人七十壽序

民國十年三月吉日楊世嫂張太夫人年七十伏維夫人㠯儉裕家而逮族姻以惠㠯媚事姑而相夫子㠯莊榮祿公之名天下莫不聞而曰我不以家為恤廿年於此者夫人之相我也夫人敏於德詳於禮內諧外附以躋老壽其在詩曰令妻壽母夫人有焉老人竊廡幾詩人之義以為侑觴之辭曰於穆夫人裔出自張居室有行亟聞義讓稟訓母陳風流遠尚來歸弘農夫子觥觥義叶齊扶坤道斯亨宜爾子孫譽髦多英既壽而康既偁而成酌以大斗㠯祈長生托于詠歌敢告司正

恭祝厚甫七兄七秩壽言

吾妻於孟里孫氏邑故甲族也方余弱冠就室妻兄弟羣從濟濟數十人譚讌

惟笑之樂忽忽如昨日事而今存者無二三焉其一曰厚甫七兄蓋余妻之從兄云今年厚甫七十矣其子在豈為稱觴頗厚甫意有不欲在豈請於余曰文不可以無言余念古無生辰上壽之文而近世滋甚凡壽考燕喜之家親知故舊相與考德頌美列名徵詞無慮數十人詩文之傳遠而至者無慮數百篇既而請者與作者各不相識不復知為誰某此流俗之最可笑者也然非所論於余與厚甫兄也余長於厚甫者兩歲幸老健無事又謬有婚媾之好則夫登堂為壽之客且莫先於余矣而可以無言乎按厚甫為人柬修自好皆笑不苟頗不為厓岸嶄絕之行事親孝與人恭尤善治生家非饒富而力田服賈致資產累鉅萬鄉鄙嘖嘖稱富家翁矣顧厚甫衣不繒帛食不重肉不畜僮婢而躬作業夫人劉比德齊懿有梁孟風焉諸兄弟問何自苦厚甫踧踖曰夫財非能積之難而能用之難非能用以自奉之難而能用以奉衆之難也吾則何敢侈費以厚自奉也哉遂捐置義莊田百畝以卹宗姓修四十岸橋以便行旅他如集資修洛社堤建路亭之類不具論計所耗費已不下六七千金矣昔太史公作貨殖列傳謂君子富好行其德小人富以適其力獨稱陶朱公十九年之中三致千金再分散與貧交疏昆弟此所謂富而好行其德者也然所耗費纔當厚甫之半耳洪範之建用皇極也斂時五福曰予攸好德汝則錫之福曰攸好德則壽富康寧兼舉焉然則壽固厚甫所自有而又何俟余之稱說哉獨念今人生辰上壽皆相與酌酒相賀要亦不能無流年逝川冉冉將至之感余則不能無說焉余生七十有二年里中故人朋好長於我者屢有存大率凋頹餘氣生意漸盡腰腳頑健獨余一人而環顧戚友之相知者盛衰升沈奄忽萬變而其中饒樂足給有餘燕處超然如厚甫者殆亦無兩人也夫以數十之歲月鄉黨故舊之衆晨星落落僅吾二人不可不謂之少也然當清鼎遷革國命景新之後則吾兩人又如光音天人遺種劫後不可不謂之多也世人所艷慕稱大年者莫如吾家彭祖自斟雉饗堯以迄殷季迭娶二十餘人以其妻不能與之齊

年也何況于故舊朋好不得已而香雲母御采女聊以慰長年而伴孑遺亦事之無可奈何者假令彭祖而在及見吾與厚甫白首把臂譚笑追懽而厚甫且年躋七十有老妻齊眉有賢子養志追省其八百年間迢然孤獨安知其不旁皇歎羨也乎朝菌之知不出晦朔趙簡子之悲雀蛤也齊景公之樂爽鳩也其致羨於彭祖一也然自通人觀之彭祖亦猶夫人也我羡彭祖彭祖安知不羨我交相羡也顧惘惘然舍我而羡彼不亦愚乎既以自壽并以壽厚甫焉自今以往願以餘年暇日相從於青山綠水之間芳晨佳日劇談引滿酒後耳熱援老夫今日之語更起上壽大笑鑿腰觀井之老人不得見吾二人今日也其樂為何如哉厚甫且滿引一觴并以酌我中華民國九年春日七十有二老人錢福炯謹撰

精忠柏石銘

乙巳八月孫老季芳遊西湖歸貺以拳石曰此精忠柏化石也遂銘而置之座右其詞曰

此是古臨安岳王宅之柏岳王精忠結成石孫老手持歸貽我我置案頭珍拱璧猶想見長弘血碧睢陽毅魄

手杖銘記

按禮王制有杖鄉杖國杖朝之典所以養老而隆賢意甚盛也乃自民國革政人不論良賤齒不問老稚皆手執一杖以夷亂華混其名曰司的克上下無章瀆禮犯分幼而不孫悌焉厥名曰賊是宜揮孔子負手之杖以叩原壤夷俟之脛者也丙寅夏日傳叟時年七十有八

錫山錢武肅王祠志

（清）錢　泳　輯

《錫山錢武肅王祠志》一卷，（清）錢泳輯，清道光稿本。

錢泳（一七五九—一八四四），初名鶴，字立群，號梅溪，無錫人，錢氏三十世孫，堠山支。國子生，候選布政司經歷。科舉失利，歷遊楚、豫、浙、閩、齊、魯、燕、趙之間，爲畢沅、秦震鈞、張井等大吏上客二十餘年。客京師，爲成親王永瑆所知。交游甚廣，與王昶、翁方綱、章學誠、洪亮吉、孫星衍、包世臣等學者均有往還。喜金石文字，工書善畫，一生以訪碑、刻帖、著述爲事。手書碑版幾遍江浙，後又傳向朝鮮、日本、琉球等鄰近各國。著作閎富，有《履園叢話》、《熙朝新語》、《錫山補志》、《水學贅言》、《守望新書》、《鳳仙花譜》、《吴越錢氏傳芳集》、《述德編》、《登樓雜記》、《梅花溪詩草》、《履園文集》等數十種存世。

該書輯録了無錫錢氏家族祠堂興建和管理的有關資料，分志載、案卷、祠圖、碑記、粟主、祭儀、祠産、雜録八目。內有無錫《金匱縣志》所載錢武肅王祠志、錫山重建武肅王分祠案卷、均祭帖、免徭帖、錢武肅王分祠碑記、武肅王分祠重建記、錦樹樓記、增置祠産記、粟主錦樹樓中龕、東龕、西龕、錢氏軍將山世墓記、錢府君唐碩人夫婦墓志銘、答兄礎日論建廟書、復令友弟書、答兄礎日論建祠書、祠議解、表忠觀春秋二祭規條、議單等，增置祠産記一文記事至道光二年（一八二二）。

本書據清道光稿本影印。

（朱　剛）

此錢氏誦芬述德之作楳溪當
楷法尤不易得
癸未春午月 澤卿記

錫山錢武肅王祠志

目録

一　述德編

無錫金匱縣志

錢武肅王祠在惠山寺門左祀唐吳越王鏐王故有宋敕
建功德祠在杭州其子孫居無錫者最繁衍雍正中呈請
當事分祠今地有司春秋致祭

錫山重建武肅王分祠案卷

江蘇常州府為請復錢氏宗祠乞准行縣致祭以昭
國恩事蒙
署布政司姚　批發錫金二縣舉人錢兆鳳錢基貢
生錢英錢緒監生錢澍錢孫繩生員錢兆龍錢廣仁
等呈詞前事呈稱竊惟兆鳳等始祖後唐武肅王錢
諱鏐崛起臨安保障吳越功在生民累代褒錫恭逢
世宗憲皇帝加封誠應崇祀杭城典至隆也兆鳳等
遠祖於宋祥符間遷居無錫迄今八百餘年實為武
肅後裔六望之一譜牒昭然可攷查先世原有錢氏
宗祠建于錫山之麓有明郡文莊公諱寶曾撰錢氏
祠堂記載在容春堂集歲久湮沒失祠故處子孫丁
口數千無以為敬宗收族之地今兆鳳等現于錫麓
惠山寺門之左買地一區擬建祠堂一所以復其舊
但始祖武肅王生膺王廟近復欽奉
恩綸賜封加錫律以庶人不祖之義不敢以水源木
本私為家祭恭惟
憲公祖老大人任重方岳典禮攸司理合籲請

恩施俯念子孫報本雖屬一家之私而吳越蒙庥並
有千秋之戴飭知無錫縣照杭城之例于每年春秋
二丁次日除祭品等項聽錢氏子姓敬謹備具外其
奠獻牲帛行令地方有司主祭行禮各子孫隨同序
立展拜以伸孝享以對
國恩庶幾名義不謬而宗祠永久感沐
憲仁于億萬斯年矣等情呈蒙前
署布政司姚　批仰常州府閱查杭州典例議詳去
後隨准杭州府閱文內開准貴府移查武肅王錢諱
鏐崇祀杭城典例緣由到府當行錢邑查覆去後今
據錢塘縣申稱遵查武肅王祠例係每祭動支額載
地丁項下銀三兩給發該裔備猪羊酒果燭帛今于
本年三月間因辦祭不敷該裔錢觀等呈明
藩憲批行下縣議覆自本年秋祭為始在于司庫程
費項下添給銀三兩春祭定于二月十六日恭請
本府致祭四配亦備酒果牲醴同日附祭秋祀亦動
支額銀三兩照例
司庫領給程費銀三兩照數備辦定于八月二十四
日恭請致祭至于儀注仍照王禮行事永定典例緣
奉飭查擬合申覆等情到府擬此擬合移覆等因到
府准此正在議詳間又據錫金二縣詳稱本縣儒學
牒稱據兩邑錢氏通族貢監生員錢鉞錢培正錢良
佐錢滌振錢凌雲錢龍鑣錢旭墀錢健文錢世模錢
熙弼錢駿發錢高生錢震雷錢光斗錢中青錢謙六
錢汝采錢俊秀（改名泳）錢晉錢拱乾錢鉻錢錫曾錢肇基錢
孫宜錢世濟錢琦錢光墀錢世楷錢青選錢秉鈞錢
虞懿錢來生錢龍怙錢鴻猷錢仲明錢濟光錢上鼎
錢見龍錢拱台錢紹功等具呈為懇賜牒詳以隆報
本事內稱本年七月錢氏子姓舉人錢兆鳳錢基等
厘水源木本之思援祀功崇德之典因始祖後唐武
肅王諱鏐祠宇久湮欲謀另建具呈
署布政司姚　請照杭城之例飭縣致祭蒙批本府閱
查議詳切生等始祖武肅王挺命世之才秉忠貞之
節奮起義旅安奠一方值五代紛更始終不失臣節
俾吳越生靈數十年不罹兵革是以累代褒錫崇祀
杭城恭逢

世宗憲皇帝加封誠應、典禮尤渥、其功蹟事實、子孫未能殫述、謹呈吳越備史一部、乞賜附詳、至于宗祠基址、係通族公同集價買地于錫麓惠山寺門之左、因未蒙批允、尚未建造、又查族譜錢緒錢湖係武肅王二十七世孫錢英係二十八世孫錢兆龍錢基錢兆鳳錢孫繩係二十九世孫錢廣仁係三十世孫、譜牒秩然、彰彰可考、至如生等、雖支分派衍、序次各殊而尊祖敬宗孝思則一、伏乞鑒情、牒縣詳

憲、俾于春秋二丁次日、飭令有司主祭、各子孫隨同展拜仰戴

恩綸加錫之榮、庶有廢必修、爽禋永垂享禮、有功必祀、宗支共沐宏仁矣、為此連名上呈、等情、具呈前來據此、該本學教諭陳絜會同金匱訓導許世昌看得錢武肅王功德蓋世、忠孝傳家、五代紛更、力砥千城于百載、十國僭擬、獨持大節于一隅、息兵革以保民歌舞、歡留草野、籍郡縣而請吏、忠貞節著、朝廷不忍有土之榮、宜食報功之享、故湧金門外、輝廟貌于千秋、而苕水源頭、散宗支為六望、錫山固分流所會、而龍祠曾建廟于茲、奈世運幾易滄桑、致祠宇竟成烟草、宮墻莫問、神罔憑依、墨食是從、人懷仁孝、在後裔吉蠲為饎、固足徵原本之思、而

國家明德惟馨、尤允協春秋之典、是宜據實牒明、以憑詳

憲者也、為此、謹將吳越備史呈送等情、牒呈到縣、准此、該無錫縣知縣吳翼祖、金匱縣知縣王允謙、會看得後唐錢武肅王崛起臨安、保障吳越十三州、版圖式郭、不萌自大之謀、四十年職貢惟勤、獨守人臣之節、覩嘉禾而蠲稅、文穆克繼其仁、奉有德以來歸、忠懿猶承其志、溯舊勳于苕水、宗蕃文忠有表忠觀之碑、衍後裔于蓉湖、明邵文莊作宗祠碑之記、何意黍禾興歎、遂致俎豆久虛、際此

聖代業百廢具興、合溯舊功、綿千秋祀典、況既荷褒

封、在錫不便私為一家之祭、且允符祀例、在杭何妨分為兩地之光、敬祖盍以尊

君、奬忠亦堪教孝、敢陳臆斷、上請

憲裁、茲准儒學據錢氏通族具呈、并送吳越備史前

來。據此相應據情詳送。伏祈俯賜轉詳等情到府。據
此該常州府知府徐宗爂，看得錢武肅王，允武允文，
惟忠惟孝。横江負海者三千里，恪遵畫一之規；去暴
除奸者四十年，敬奉在三之節。蒸嘗勿替，固累代之
勅忠誠應
特封，尤
本朝之殊寵。乃子姓之支分日盛，而此邦之廟貌久
湮。苕溪雖帶水相縈，越境未能；漫曰愾聞，僅見錫山
亦屏藩故土，祭神如在，何由致孝展誠。夫尊祖敬宗，
情深後嗣，而修廢舉墜，事在有司。允其建復宗祠，庶
治廟葺塋，比前代闡揚之典，且得乘諸祠例，俾酬庸
報德，作後人忠孝之思。拜
寵既于二丁，廣馨香于兩地，請視杭城而歆享，永光
惠麓之苾芬，成例可援，
憲裁是候。為此備由具呈，伏乞照詳施行。須至呈者。

乾隆二年十月　日

均祭帖

無錫縣正堂加三級魏　為遵
旨防護等事。本年十月十九日，前陞府正堂胡　憲牌
開蒙　布政司彭　憲牌內開：本月初三日奉　署督部
院莊　批：本司呈詳無錫縣前任李令均編祭銀案內漏
造馬文肅公等祠祭銀，先經詳奉　院憲批飭，隨經飭行
查詳。茲據該府詳覆各祠名蹟昭著，難以刪除，應請仍照
原詳，在于學祖項下動給，按期備辦，以光祀典等緣由，奉
批：據詳已悉，仍候　撫部院批示繳等因。又奉　蘇撫部
院莊　批：閱據詳已悉，仍候　督部院批示繳，冊存等因
各到司。奉此，合就抄詳轉飭。仰府即便轉行遵照，毋違等
因到府。行縣奉此，合行飭知。為此帖給該祠裔，知悉遵照
憲行，在於學祖項下每祭按期動給銀一兩九分四厘六
毫七絲三忽，春秋二祭共給銀二兩一錢八分九厘三毫
四絲六忽。該祠裔屆期赴　學領銀備辦，聽候本縣親詣
致祭，以昭誠敬，毋違。須至帖者。

右帖給錢武肅王祠裔錢寶晏准此

乾隆二十年拾二月　日禮房　承　帖

述德編

免徭帖

江南江蘇等處承宣布政使司為請定盜賣盜買祠產義田之例以厚風俗事案奉　蘇撫部院莊　憲行開准刑部議覆條奏祖宗祀產倘有不肖子孫投獻勢要私捏典賣及富室強宗謀吞受買各至五十畝以上者悉依投獻捏賣祖墳山地原例問發充軍田產收回賣價入官不及前數者即照盜賣官田律治罪其盜賣歷久宗祠者亦計間數一體辦理若盜賣義田應仍照例罪止杖一百徒三年謀買之人各與同罪仍令立有確據分別勒石報官存案等因奏奉

諭旨欽遵咨　院行司奉此為查江省各項祭田先奉戶部咨查業經通飭造冊詳咨載入會典并奉　部覆河南省銀米係屬豁除江省各祠祭田是否免課抑仍徵收現在查詳咨覆外今據長元等縣詳據各裔呈稱祭義田畝舊例編立啚後應辦賦稅秋成同學田十月啟徵優免差徭請賜給帖昭垂等情前來覆查祀產之設為往哲祠墓攸賴或官為撥給或後裔自置均應世守以昭崇德報功之典至義田為贍給同族貧乏之則效　文正遺規亦宜垂久勿替庶得蒸嘗永薦惇睦成風每有不肖之徒恃無稽察盜賣盜買以致祠墓頹蕪歲祀陵替故奉　撫憲摺

述德編

奏申嚴定例茲據前情除經呈詳　督撫二憲批飭遵行在案合准給帖為此帖仰該裔遵照帖開緣由勒石永遵循例編立啚後秋成輸賦優免差徭餘籽以供俎豆贍給倘有奸徒捏冒詭寄及不肖子孫私行盜賣富室強宗謀吞受買許即執帖首告按律懲治如非帖内田產亦不得藉端控爭毋得故違須至帖者

計開

錢武肅王諱鏐五代時保有兩浙使民不知兵革又築塘捍海為萬世利宋熙寧十年　賜表忠觀額

國朝雍正三年敕封誠應錫邑後裔請做浙省分祠崇祭

置設祭田三十畝二厘四毫坐落無錫縣

都啚圩圩斗則細冊備造存司

右帖給錢基准此

乾隆二十八年十二月　日戶總科　承

述德編

錢武肅王分祠碑記

國家教化昌明，薄海遐荒，咸識返始追遠、崇德報功之為美。其在大江南北，薦紳士族，尤能重風義，敦本行，為齊民倡。蓋余自雍正甲寅春，繇粤藩量移來吳，所見州司牧伯棻牘申請，類多修明典禮、表忠褒孝之舉，未嘗不慨焉心韙其所為。如常屬金錫二邑錢氏肇建武肅王分祠于慧麓，其一也。攷王自唐啟封版章，增廓今金錫地，實隸王境內，被王澤久。王之子若孫支分派衍，所在蕃其，聚處金錫者，歷宋元明迄今，戶口數千，世次班班，皆臨安析族也。歲戊午，余以公事赴會城，道出梁溪，曾一步山麓，試二泉。時王祠落成，正當山寺出入孔道，因得觀覽大概。越明年，粤東大叅陶君未堂來乞余記建祠事。余竊惟古大夫士祀先立廟，至三世二世。今敘昭穆，去王已二十餘世，又大夫不得祖諸侯，禮也。王功德應祀典，牲幣領于禮部。近年復以捍海塘功錫封，誠應崇廟貌于杭城，豈金錫兩邑苗裔所得私？爲茲祠之建，或者盭于制而闇于義，不知萬物本天也，人各本祖也，源之遠者流益長。方今聖裔賢裔，載在祀典，誰非以數十世子孫奉明禋者乎？禮惟祭始祖所自出為極隆，臣庶不敢干耳，未聞以祭其遠祖為非者。如謂王爵非分而干之為僭，則古今典章不一，難以例論。古者諸侯世其國，大夫世其家，宗子立廟以合其族人，支子不祭以尊其宗子，所謂公廟不設于私家者若此。近世無世祿，無宗法，而曰前世之有封爵者，其子孫必貴，貴必如其祖宗，乃得祭，廢祀者且什之八九，而可謂之禮乎？是則王之宜祀茲土，俾子姓得從有司來會時事，依故國而親奉蒸嘗，仰拜

國恩，俯念先澤，益啟其紹庭上下之思，並為敬宗收族。萃茲有渙，綿茲有永，詎不盛歟？陶君知禮度義，乃其六世祖本姓錢氏，王裔孫也。祠制及襄事始末，具詳家記，茲不贅。

誥授通奉大夫、巡撫江寧蘇松常鎮淮揚徐等處地方、總理糧儲、提督軍務、都察院右副都御史、紀錄十五次，武遂張渠撰并篆額

誥授朝議大夫廣東糧驛道加二級前山西道檢察
御史翰林院編修協辦刑部事翰林院庶吉士裔孫
正中敬書丹
乾隆四年十一月　　吉旦裔孫一珠校刊

武肅王分祠重建記

維乾隆四年重建我
始祖武肅王之分祠于慧山之麓越明年告成始集
宗人脩祀事既脩既庀以享以餕宗長乃詔凌雲而
命之曰祠之有也非自今始其廢有自其興甚艱不
可無所以示之後者爾其述而誌焉凌雲乃拜手受
命不敢辭記曰親〻故尊祖尊祖故敬宗敬宗收族而宗
廟嚴吾
祖之于五代也立國于杭而錫邑亦在所隸邑有軍
嶂山者常設兵備南唐于此置甲仗焉六傳而
承奉公十一傳而　承事公後先徙錫一居梅里一
居湖濱湖濱去軍嶂山為近遺鋗析戟尚有存者乃
于墓旁置
先王之廟春秋展敬兩公之裔行列序進濟〻翔〻
一時風雲起滅山谷響應濤聲水勢鏜鎝噌吰恍見
先人仗鉞麾旄造功德以保民生者英氣獵〻然如
遇之峰容樹影間也自宋迄明支分派衍各聚其屬
祠墓之間歲或不一至洎及明季欲問其遺址而寒

煙野草，故老已僅有識者矣。嗣是從高祖進士蓉峰公及曾王父乙榜兆社公有志興復，遭國變不果。更數十年，而待聘十峯公與侯贈約園公移書以告宗黨，而雲流星散，期會為難，事同築舍，而仍不果。最後太學漢章公開建，廷益公力倡興舉，集貲定址慧山之麓，而兩人者旋棄世，復不果。會

世宗憲皇帝追念江海安瀾，東南繁富，

特勑杭州守臣葺武肅專祠，而于鹽邑、于錢塘賜封各建祠以祀，則吾

祖之神明，凡在民庶，俱得瞻仰拜奠，而吾邑子孫不下數千，自宋迄元，簪纓接葉，由明而今，登甲科躋膴仕者纍纍。禮樂襲乎冠裳，門第聯夫閥閱，緊誰之賜？而專祀缺如，致同宗者音塵不接，等于陌路，豈情也哉！爰是諏吉日，戒集事，族之有力者先出貲為之倡，宗人繼之，裒集會萃，經理其事，越二載而始竣。蓋興之若斯之難也。祠在慧山寺旁，門樓一，前堂三楹，中堂三楹，奉五王主，堂偏有樓，奉遷祖兩公主，寢堂三楹，樓三楹，旁樓三楹，族之節行、道誼、政事、文章祀于官者，以地仄，侯旁置隙地，別為室祔焉。先是祠之成也，宗之人走告當事，為請于

朝，仿杭之例，以祭春秋戊日，邑大夫率其屬來叩，以六牲，用三從王爵也。而子孫之庀祀事者慮不可久，乃各捐田若干畝，歲收其入以奉祀，即以其餘為脩葺資。自茲以往，歲序必謁，蒸嘗必時，仰前人之功德，幸後嗣之蕃昌，用以敬宗收族，蓋展親親之誼，而有興勿廢，毋致為塗之人，則此記之所為作也夫。

三十世孫淩雲拜首撰

詔舉茂材奉直大夫山東直隸滄州知州加二級前兖州府單縣知縣登州府福山縣知縣顧渭頓首拜書并篆額

乾隆九年歲在甲子孟夏穀旦　　張基鐫

謹按六世祖宋承奉郎諱進，忠獻王曾孫也。祥符間自嘉興徙居錫之湖頭，因建祠軍嶂山，祀武肅王以下。承奉公卒，遂葬山中，子孫之從而葬者十餘世，邵文莊公世墓記可考。是祠在前而墓在後，不得云于墓旁置先王之廟也。且記

武肅王祠、無緣牽入承奉之墓、使反若武肅王之墓在軍嶂山者、又十一世承事公諱廸、乃忠懿王支、遷錫在宋南渡後、合兩公之裔、而展敬于軍嶂之祠、或是以後事耳、謹為辨明、庶無後惑。

俊選跋

錦樹樓記

吳越脩史紀武肅王膺唐封爵山林被錦臨安故曰衣錦城錫山分祠之後其樓即顏以錦樹夫宗族言支派率取木本為喻葛藟庇根見之於傳後之紫荊連理撫實益夥要皆借物性以警世若以錦為飾特吳越之故事云錫之錢氏在宋自臨安來徙遷祖則進宗公尚父公地故有洗馬支是與吾海州之祖同出於富春侯者也梭富春十四世而有臨安七傳而開吳越其分漸遠故吳越初起誼親者莫如湖頭六宅然王製慶系圖序溯其發祥則推江東於是收潤徐泗海之族合於杭湖以稱六望在王當日豈深紫荊連理之思不肯親疎岐視有如此哉錫之洗馬支丁不甚蕃故建祠者皆臨安之後詩云無念爾祖聿脩厥德各裔之潛脩不易知其仰體王意不棄遠族即念祖之徵也凡自他鄉至者通譜牒敘世次款接殷勤令人瞻拜徘徊不欲遽去是尤合葛藟庇根之義方今海州祠宇闃如蒼涼墟集所遇黃蘆苦竹豈有類於千霄蔭日之材地道敏樹不應偏枯如此設移其植以就斲磨于宗匠安知竹箭不亦有筠可取乎是錦樹分榮登斯樓也而觀感獨切矣乃請于宗長勵堊丹漆以竟其工抒言泐石俾吾鄉苗裔再有憑檻者覽此方知余志也夫乾隆歲次乙

毋沐陽鳴和氏記

述德編

增置祠產記

家之有祠所以敬祖先收族望序世次別尊卑也而廟貌
不整不足以肅觀瞻公貯不充不足以修祀事經費不豫
不足以垂久遠初惠山之創建　始祖武肅王祠也倡議
於十峯（敬直）廷益兩公倡建於衡千約園（漢章德潜諸）兩公落成於來堂獅（而）
巖兩公西漢章聖章偕登敬直蘊齋五公復為捐置祭產
時（及）　先祖誠齋公總司出納朝夕經營實（遂以落成）與有勞焉繼此則
先君子素峯公偕葦渡公同為經理歷有年所後歸振雅
修吉（敬義）兩處執管又三十餘年除春秋二祭外稍有贏餘未
嘗置田產權生息以為裕後綿長之計是以祠宇漸形剝
落祀事亦日就廢弛矣爰與晴川盈川兩兄春帆清華兩
姪走告族衆再四思維舊有天四圖棧房一所祠中已典
其三分之一既而與和軒等議將棧房全行寔置歸于祠
中而振雅修吉（敬義）所管祭田亦一併歸于棧房收貯延一人
司其事每年召租以為生息僉曰可行惟置價需千餘金
而修理之費不與焉洵與和軒議明將前存振雅修吉（敬義）贏
餘三百三十千（餘）之外則錢陶兩家對墊俟有出息照數歸
還當即立有議據於是鳩工庀材始于道光元年四月至
二年三月告竣督其事者則洵與和軒暨履中及蔭軒茂
溪兩兒也統計置價改造之費用錢二千五百餘千文棧

述德編

屋既定賃與同邑顧春滋貿遷期以十年為滿每年租息
一百六十千文預支三年而又與和軒聯名寫給頂首一
千千文可以支持墊欵其餘分年歸楚縴無有餘于是復
將祠堂修理塈茨丹雘重整前規洵又特詣錢塘表忠觀
恭模
聖祖仁皇帝
高宗純皇帝
兩朝御筆聯額供奉正中以昭誠敬祠後舊有錦樹樓三
楹乃海州族人鳴和捐建仍題舊額不敢沒其善也自兹
以後觀瞻既肅公盷日充所謂有興勿替者意在斯時乎
然尚期後之人善為經理俾有贏餘資子孫之誦讀卹合
族之貧則洵有厚望焉爰述其緣起以為記

述德編

栗主

錦樹樓中龕

唐宣州旌德縣令贈尚書禮部郎加右諫議大夫梁贈吏部尚書左僕射追封洪勝王諱沛之位 武肅王曾祖

唐贈太尉同中書門下平章事梁贈檢校司空彭城侯追封建初王諱宙之位 武肅王祖

唐勑授威勝軍節度推官檢校尚書禮部員外郎兼侍御史加檢校尚書職方郎中兼御史中丞晉太府少卿朝散大夫禮部尚書左僕射檢校司徒開府儀同三司太保太尉太傅太師中書令贈英顯王諱寬之位 武肅王父

宋台州刺史秘書監判尚書省特授郢州團練使贈太師封富水侯諱昱之位 忠獻支祖

宋金紫光祿大夫翰林學士知制誥知通進臺使開府儀同三司兼中書門下平章事知審院上柱國樞密使彭城郡開國公贈太師英國公謚文僖諱惟演之位 忠懿支祖

宋承奉郎晉宗公諱進之神位 忠獻支祖

宋表封承事郎尚父公諱迪之位 忠懿支祖

宋承事郎康國公諱志寧之位 忠獻支祖

宋將仕郎寬甫公諱裕之位 忠獻支祖

元新恩進士江西鉛山州學正易象先生諱垚之位 忠懿支祖

述德編

元承事郎雅州知州光遠公諱文煜之位 湖頭分各支之祖

元溫州路永嘉書院山長彥春公諱士元之位

元從事郎璧拱公諱奎之位 唐村分支之祖

元處士明遠公諱文焯之位

元處士文林公諱恒之位

明義士公治公諱東之位 北錢分支之祖

東龕

宋監察御史慶歷丙戌進士安道公諱顗之位

宋大觀庚寅進士知州桃塢公諱紳之位 右二主俱非本支因二公世居無錫為邑中賢者公議入祠春秋附祭

明工部郎中巡視河道宏治癸丑進士世恩公諱榮之位

明處士梅堂公諱發之位 南錢分支

明八品義官惟常公諱種德之位

明嘉靖舉人望湖公諱永昌之位

明處士孟深公諱深之位

明承事郎孟清公諱清之位

明浙江湖州府長興縣知縣崇禎癸未進士蓉峰公諱爾登之位 崇祀東林

明孝子悌弟耕隱公諱璧公愷公諱璛之位 以父直言論死叩閽請代減戍四川弟又代姪補伍死于戍所

明孝子念東公諱士濤之位 父死于禦倭遺腹而生養母盡孝

皇清徵辟廩庠生十峯公諱肅潤之位 崇祀東林

皇清處士洪遵公諱肇基之位 募捐祠基

皇清候贈修職郎儒學訓導庠彥亦謝公諱良佐之位 首倡請祭

皇清處士衡千公諱熙弼之位 募建祠宇

皇清太學生洪聲公諱維鏞之位

皇清候贈文林郎揀選知縣丙辰恩科舉人硯耘公諱兆鳳之位

皇清國學生偕登公諱瀛士之位 捐資捐田

皇清處士天位公諱致中之位 捐田

皇清敕授文林郎翰林院編修歷任山西布政使司未堂公諱正中之位 倡議建祠

皇清候贈儒林郎附例太學生約園公諱駿之位 協贊置基

皇清敕授文林郎知閩建縣事康熙辛卯科舉人鹿崖公諱鋐之位 首倡建祠

皇清敕授修職郎歷任上元全椒教諭乾隆庚午科解元芥園公諱國果之位

皇清誥授奉直大夫敘銓州同知加二級蘊齋公諱毓英之位 捐田奉祀

皇清候贈文林郎揀選知縣乾隆癸酉科舉人舟赤公諱
景留之位
皇清敕授文林郎浙江象山縣知縣乾隆壬申恩科舉人
復齋公諱曜之位
皇清例授文林郎候選知縣乾隆癸卯科舉人星槎公諱
文炳之位
皇清貤贈奉政大夫山東兖州府泇河同知鳴和公諱錞
之位 海州同族捐建祠樓
皇清例授修職佐郎鄉飲大賓歲貢生候選儒學訓導嘯
樓公諱俊選之位 品學兼優族中長者

四 述德編

西龕
明處士友湖公諱仁之位 武肅王二十五世孫緱山支陶氏分派之祖
皇清貤贈朝議大夫刑部廣東司員外郎獅巖公諱孫緄
之位 建祠董事
皇清恩賜修職郎鄉飲介賓誠齋公諱一珠之位 造祠董事
皇清敕授修職郎青陽縣學訓導篋三公諱衣英之位 敦睦
訓後邑推行義
皇清候贈修職郎敘選訓導附貢生廣寒公諱孫宜之位
克襄祠事
皇清候贈登仕郎鄉飲介賓騰翁公諱朝熙之位 首倡捐田

皇清候贈登仕郎考授縣主簿太學生經方公諱與留之
位 力行孝義疊捐祠租
皇清歷膺鄉薦國學上舍南白公諱中青之位 力行孝義疊捐祠租
皇清處士聖章公諱培元之位 捐資置田
皇清邑庠生紫廷公諱鳳超之位 力行孝義疊捐祠租
皇清處士舜韶公諱鳴球之位 建祠之際竭力勸捐
皇清恩賜修職郎國學生逸亭公諱士鍠之位 建祠典籍
皇清例贈儒林郎國學上舍素峯公諱士鐄之位 克司祠事
皇清候贈修職郎東籬公諱乾之位 敦睦訓後邑推行義
皇清國學上舍肅貽公諱紹功之位 續司祠事

五 述德編

皇清上舍國學生宏俊公諱錦雲之位 續捐祭田
皇清敕授修職郎安徽直隸州和州儒學學正例封文林
郎截取知縣乾隆壬午科舉人葦渡公諱玉禾之位 續司
祠事兼撰祠志
皇清候貤文林郎附例國學生斯容公諱孫振之位 克襄祠事
皇清待贈登仕郎魁文公諱奎之位 造祠典籍訓子捐輸
皇清敕贈修職郎和州學正鄉飲大賓太學生考授州判
敬直公諱鴻中之位 造祠置田董成各事
皇清候贈登仕郎方賢公諱士鈁之位 疊捐祭田
皇清例贈修職郎通州學正歲貢生候選訓導學林公諱

凌雲之位 克司祠事

皇清庠彥漢章公 諱汝身之位 捐置祠基

皇清敕授文林郎四川巫山縣知縣雍正甲辰科舉人右

巖公 諱基之位

皇清處士東林主講禹田公 諱仲選之位 崇祀鄉賢

皇清邑增生朗園公 諱世錫之位 克司祠事

皇清敕授修職郎通州學正鄉飲大賓靜山公 諱世燦之

位 克司祠事

皇清例授儒林郎候選布政司理問荊川公 諱文洵之位

述德編 六

錢氏軍將山世墓記

惟軍將山濱于震澤盤亘三十里為錫西南鎮其間以塢名者什數軍將獨為深衍南唐時嘗駐兵焉蓋其勢若帳之迴合故又名軍帳山之勝以是惟錢氏墳于茲山凡若干世矣其正峯為吳越忠獻王八世孫承奉進所葬蓋其子寬甫治之其右則承奉以上凡六世其左則承奉以下凡三世惟甲仗塢去正峯東北五里乃寬甫葬所當元季時寬甫貲雄于鄉有遠慮焉故擇僻地且為疑塚至其玄孫伯剛始距祖塋二百武黃泥嶺者左右列葬伯剛子惟義孫孟溥實皆在左餘若某某則右焉孟溥號南丘累贈

述德編

奉議大夫工部郎中某今戶部郎中之父也戶部既葬奉直公若干年而其室鄒宜人卒又卜將軍支岡稍北東面曰長寧塢者營新阡焉通神衛藝既門既垣祇饗備息乃堂乃廬碑刻誥勑以榮上賜池梁于前阡制斯備又前四百步有匯焉巨石為橋凡錢氏諸塋道悉於斯會揭以慶源之名重先世舊題也又東四百武有山若覆釜者實與阡對又三百武曰赤石嶺傍峻中夷為道千武廣丈有二尺夾道豎華表其前東南五百武東北八百武皆瀕于水自上望之諸山環堵而平田千畝湖波浩然見華表閒僉謂得山水之宜為諸塋最先是予督漕淮上戶部東歸過之與論先塋

之理嘗以水隱為恨今既得是載思予言乃卜吉從事踰年而成則以記屬予予觀戶部之先武肅忠懿諸王忠孝之節著于前代寬甫以下諸公德義之懿栽植加焉奉議公質直好義敦詩悅禮惟先是崇篤生戶部賢而能文有政于官既衍而繁復登而顯徵諸地道先閟後發可信不誣傳曰公侯之子必復其始予不佞請以天道復焉正峰右後則伯剛之弟伯和暨其孫某之墓近墓有成性寺寺稍前右為龍泉塢則為戶部兄鴻臚序班世端之墓又右西為桃花塢稍南為白茅嶺則戶部之伯祖惟常世父益清之墓合諸前墓凡為封若干所其貧不成域者尤眾蓋自始葬迄今歷祀三百族凡若干人烏乎可謂盛矣寺有石泉最甘洌上祠龍神曰孚澤禱雨輒應天順間有司請錫寺額錢氏以山百畝田六十畝贍其僧因建祠堂奉諸錢主茲亦墓事所繫故附書之

述德編

錢府君唐碩人夫婦墓志銘

嘉靖丙辰九月十五日錢子穀葬其母唐碩人前事衰絰來謁余拜且泣曰穀不幸先君棄背距今三十有三年矣穀時成童終鮮兄弟喪葬皆賴吾母而撿幽之志尚闕誠抱巨痛有遺罪焉茲又不幸母氏違養合兆有日敢以志銘溷公冀憫而諾之庶慰穀終天之痛而逭其罪穀幸甚余曰有是哉子之孝誠純至也余惡乎辭乃按穀手錄世系先志及彭君孔加所為狀序之曰君諱曾字思孝姓錢氏始自武肅王君於世次二十有一六世祖承奉郎進宋祥符間繇嘉禾徙無錫之開化九世將仕郎樟壻於新安過氏因家新安十五世士元元至大間為溫州路永嘉書院山長其子鼎至正兵亂避居吳城占籍長洲云祖諱滸劉文恭公之壻養晦弗耀藝圃自適晚聞唐王好士躧屩往見遂蒙殊遇逾於設醴父諱桓善雕漆彩繪時稱絕藝弘治間在唐府嘗為王製牀獻之朝因以知名移文召之供事武英畫院授官錦衣衛鎮撫母張氏君偉貌長身意暢如也豆馱諾負氣槩与人交不欲詡詡徵逐而緩急必為周旋忼慨好義有俠士風壯歲懷貲商於許趙王聞君名召見与語悅之目為奇士含以上客去游襄鄧及東西川所至賢豪貴人必与交驩又拒播州播有宣慰使楊氏

述德編

父子者尤禮重君君亦樂為之留而不干以利夷方皆知
敬愛之君既逍傥自任跡於理財游日久而貲日詘且好
客豪飲因感羸疾勤游而歸歸四載而遂至不起嘉靖癸
未七月二十日也生於成化丙午八月十六日得年三十
有八配即碩人唐氏吳縣人父諱輔母朱氏碩人幼有淑
姿端靜寡言聲不踰閫錦衣君与其父交知有令女求婚
媾既入門能執婦道宜於上下君之遠游歷載姑祖姑皆
在堂碩人供養維謹致孝敬焉君之病歸垂橐無聊碩人
内奉湯藥外持門戶既而姑亡君逝門衰子幼大故踵來
而獨力仔肩舉無僨失可謂孝且賢矣教子穀以慈以義

庸玉於成穀也克遵母訓奮勵卓立杪繪事工翰墨博雅
好古度越倫輩研精書府角藝詞場尚友爭鉅人優禮於
達士隱居奉母令聞日章君子謂觀於子而知其母也碩
人用是負賢稱安孝養悠游晚暮躋壽考而保令終可謂
有祉而無憾矣其生同君丙午而月日先君為六月二十
其卒為乙卯十二月二十五日享年七十子男一即穀娶
張氏孫男二長曰府聘顧氏縣學生明之女次曰度墓在
吳縣胥臺鄉黃山之原銘曰
有偉錢君逍遙壯游俄窮蒙汜言歸首丘允懿碩人曰維
嘉偶先君而生後君而壽千秋百祀合兆同封勒銘貞石

永識玄宮
賜進士出身前吏部文選清吏司員外郎翰林院庶吉士
太原王穀祥撰并書篆

答兄磯日論建廟書

四月二十一日，弟玫稽顙奉復十峯三兄澄江旅晤，一別六年，玫素性簡略，懶世事，去城纔三十餘里，闊若秦越，近復居憂，閉戶不與人接，今年春，欲造門稱觥，斬馬衰絰，卒不敢違禮狥情，故欲行中止，疎略之罪，巧說奚辭，今忽賜以翰教，謬有所推獎，此實過聽，玫何敢當。承諭紫迴漢章共議建廟一事，猥以馬橋一分見屬，撫讀再三，悚赧交屏。今吾錢氏在錫邑者，獨馬橋最衰，吾遷祖樂閒公艱難卜築，實開基緒，今其安靈之地垣傾瓦破，上雨旁風，久欲別構一椽，用奠凡莚，力與心違，至今抱疚，而紫迴漢章獨能溯本探源，不忘生民之始，遠追吳越三王，欲為立廟，報本返始，豈等尋常，玫何敢別有異說，以撓厥事。竊按以義，多未安者。禮云：諸侯不敢祖天子，大夫不敢祖諸侯，故魯禘文王，孔子曰非禮也。周公其衰矣，三家立桓公廟，君子譏焉。夫後世之王，固古諸侯也，武肅文穆忠獻王，總有吳越，皆南面而君矣，今子孫夷于祇庶，貴者亦不過大夫，下未有請，上未有賜，擅立廟而祖之，毋乃越制，而瀆宗乎？考之大傳，其宗法亦略可見，其曰別子為祖，繼別為宗者，言諸侯之庶子不得以禰諸侯，故自別為大夫之祖，而其後適子之相繼則世為大宗也。其曰繼禰者為小宗，言別子之庶子，又不得禰別子，必待其子繼之，而自別為禰，而繼之者遂為小宗也，士且不得祖大夫，亦明矣，況敢祖諸侯王乎？昔先王之制，以功作元祀，則有宗禮，禮云：凡有功者銘書于王之太常，祭于大烝，司勳詔之。故商書曰：茲予大享于先王，爾祖其從與享之。長發大禘而及阿衡，此其明証也。其于異代勳德，置祠詔祭，多于其所生及立功之處，著為祀典，歷代而然。唐玄宗詔祀傳說以下十有六人，宋太祖詔祀蜀主劉備等二十有三人是也。我三王功德為當時元祀，在今日祇宜在朝廷詔祀之例，廟食餘杭，其來有自，非子若孫所得私者，援以為說，且欲移于錫邑，其亦未審其由矣。抑不知廟成之後，將享以王禮耶？士庶禮耶？以王禮也，則僭，以士庶禮也，則褻，為僭為褻，不如無享。無享，則何以廟為？且吾聞之，入境問禁，入國問俗，吾

復令友弟書

四月二十六日，愚兄肅潤頓首奉復令友老弟：承示建廟一書，纍纍數百言，反覆辨論，率皆引經據禮，正大典確之詞，不肖兄盥手讀之，敬不佩服。但老弟之所言者建廟也，而今日之所議者建祠也。凡建廟必子孫之有爵位者請于朝，奉勅建以行，若家祠則任仁人孝子自為之。晦翁先生有云：庶人不得立家廟，若祠堂則可。斯言也，夫豈誣耶？吾家吳越三世五王，昔年曾建廟于錢塘門矣，坊名功德，碑勒表忠，煌煌列像于中堂，俎豆几筵，千秋永祀，無待後人置一詞為也。至吾邑軍將山，乃吾家始祖屯兵以防楊氏處，軍將軍障也。山之下有甲仗塢焉，宋承奉郎諱進者自浙來錫，家居于此，因建祠山中祀之，邵文莊公譜序所載，可考而知，此祠基所由始也。其後祠就傾圮，改為龍寺，而祠基遂廢。為今之計，惟有于軍將山復其故址，重新脩造，以為家祠，是誠正理。獨嫌此地僻甚，山巖險阻，舟楫不通，宗人往來，多所未便，故欲移于惠山之麓，卜數椽為棲神所，自吳越始祖而下，與邑所稱望族，非可以一二數。微子之廟何以不立于華氏？彼周與吳者，何不聞私奉伯為家祠也？考之于古，驗之于今，稽之以國家之典，安耶，不安耶？易之萃曰：王假有廟。渙之象亦言立廟。然則所以萃人心而合渙者，莫重于此。先王為之達其禮于下，而降殺其等以限節之，無他，禮以義起，亦以義止也。違禮而越等，失義滋甚。吾兄夙持名教，為禮法之宗，所以不拒紫迴等議者，誠與其不忘源本，而樂成其志也。禮不又云乎：自仁率親，等而上之至于祖，明于報本返始，由近以及遠，由親以及尊也。令紫迴等誠無蹈于彼之所抱疚，出其餘力，漸推而至于其遠且尊者，事雖可議，而志實可則。至若玹等者，如前所陳，則事有未暇；如後所陳，則義有未安。昧當務而犯不韙，將不免見嗤于族人也。玹愚不肖，無所知識，蠡測管窺，百鮮一當，惟祈不棄鄙陋，進而教之，則幸甚。玹稽顙再拜。

無錫開基祖以後若宋志寧公元寬甫明遠公暨及之孟溥伯川公祔祀其旁近則忠獻一支如君家樂閒公蓉峰公忠懿一支如宋承事郎諱廸及明真定金華太守少墀提菴兩公城西一支如常山令心齋公等皆得與從祀之列令各支子孫朔望拜禮延請宗望講家訓數章以示勸勉其或有越禮犯分好爲不法之事者族人指名相報即告之祖先從重罰懲禮云親親故尊祖尊祖故敬宗敬宗故收族建祠亦收族之一道也吾族之年少薄行者多矣老弟想亦聞之熟耶令漢章然廻之發憤而欲建祠也夫亦猶此意也諒高明必不以爲迂而笑之也況不肖兄數年以來亦嘗從事于斯矣請于縣請于郡請于學憲俱有批詞因作疏一篇募建湖頭一分曾集分置屋幾間餘則衹書分單不遂發銀以至三年築舍遲遲未成令漢章然廻毅然乃欲行之千載一時萬勿可失望老弟力爲慫恿多方以周全之感不獨同族諸君已矣楮短情長言不能盡統容續布不宣肅潤再拜

答兄礎日論建祠書

五月四日弟玫稽顙再復十峯三兄前所上書論建三王廟事率意妄陳惶恐無已昨復接手書不以其淺陋不胥教訓開敬祛惑詞意諄諄讀之數番且喜且懼吾兄學問文章騖傳海內不惜與區區庸劣往復詳辨此非心無私見以引進後學爲己任者能如是乎嘗讀明道先生定性一書爲學者戒在自私而用智橫渠先生又曰心大則百物皆通心小則百物皆病人之一心自私則不能舍己用智則不能從人罔知内省曲護己非徒斷斷于有道長者之前輕揚蹶率負氣好勝適足自墮邪僻爲厥心病其于學也遠矣玫痛戒其病不敢蹈其失既蒙開諭更有何辭但性最庸下易惑難解自得來書心怦怦而不寧者累日記曰疑事毋質直而勿有有道在前心有疑而莫問則又非意之所敢安也故再抒所見以相質正惟明教之建廟建祠玫亦嘗聞其不同矣但以既奉三王似不得下夷于祠謂之祠矣則庶人遠祖侯王而祀其主于祠堂者何未之前聞也軍障山窩祠事

出前人，非小子今日所敢議。然引晦翁先生庶人祠堂之說，為遠祖侯王之証，跋竊疑其未然。晦翁家禮之言曰：君子將營宮室，先立祠堂于正寢之東，為四龕，以奉先世神主。則庶人得立祠堂，誠有如來諭云云者。曰四龕，則從禰溯高止矣，不知其將位始祖于何地耶。浦江鄭氏則祭及義門第四世祖矣，而邛文莊之議曰：古者廟制，天子七，諸侯五，大夫三，適士二，官師一，庶人祭于寢。先儒拘于古者，固已謂祭四代為僭矣，又加之始祖，可乎？邛氏之議，識者韙之。晦翁先生又嘗論始祖之祭為古無此，伊川先生蓋以義起，某初亦祭，後來覺得是僭，今不敢祭。又曰：始祖之祭似禘，先祖之祭似祫，今皆不敢祭。凡若此類，不一而足，當亦不容皆謬。且嘗聞之，凡祭有其廢之，莫敢舉也；有其舉之，莫敢廢也。晦菴且廢其所嘗舉，今欲舉其所已廢，更不知于義何居，而必欲行之也。然則所云庶人不得立廟，若祠堂則可，意亦僅為四龕之祠，非始祖之祠矣。其然乎，其不然乎？至謂祠成設主吾祖，樂聞公亦得從祀，過蒙厚意，同族感激。然祔食諸公，既留先世顯達，吾祖以布衣處士，使局蹐于軒冕之間，疑亦有未安者。此跋所以捧讀來書，心疑而不能決也。莊周云：朝菌不知晦朔，蟪蛄不知春秋。區區之意，莫測高深，瑣細請陳，仰祈垂察。如曰請于縣，請于郡，請于學憲，俱有批文，似于義無害，則亦諸君力成之耳，跋之力不足以當茲任。違諭干戾，恐懼無似，容當負荊謝遺誨訓。跋稽顙再拜

祠議解

康熙戊寅之年族人將建始祖武肅王祠而收族焉時二范十峯兩先生以書往復卒格于非禮之議不果迨乾隆二年始建祠惠山之麓請于大吏咨部列本邑祀典而至今猶有因二范先生之議而不釋然者選請得而解之聞之時有不同禮亦異制故禮時為大又曰禮也者義之實也協之義而協則禮雖先王未之有可以義起也二范先生之言曰禮諸侯不敢祖天子大夫不敢祖諸侯故以祖武肅為非然詳觀禮意蓋為周同姓諸國言之也所為不敢祖者以天子諸侯自有祖之者也周王自祖文武而魯亦祭文王是天有二日也魯君方祀先公而三家得立桓廟是民有二君也是謂之僭也若以明德之後不宜乏祀則祝薊陳杞以諸侯而祖天子矣又四賢十哲及闕韓程朱諸賢及身為侯伯或追贈為公侯而今奉其祀者位不過五經博士則又以大夫而祖諸侯矣又謂廟成之後享以王禮則僭以士庶禮則褻此不雜解也禮曰父為大夫子為士葬以大夫祭以士父為士子為大夫葬以士祭以大夫此為諸侯有世及之爵而大夫士不能無升降之殊也自秦罷侯置郡漢晉之為諸侯者猶有封土唐宋而後特加封號而不得世襲則是名為侯王實則大夫耳視生者之爵而祭之豈嫌于褻耶且夫支子之所以不祭者以其祖有大宗祭之也古之時有爵可襲故宗法得行後之時無爵可襲故宗法不得行非故欲廢之也宗無常爵則祭無定主爲子孫者苟克自振拔立身行已無辱先人則澗谿沼沚之毛蘋蘩薀藻之菜先祖亦樂得而享之遑問其為嫡為庶耶宗法既廢而子姓之日繁者支分派别久而益紛非建始祖之祠何奉之耶無以萃其渙而聯族誼此乃時之所為也

世宗憲皇帝廣訓于篤宗族以昭雍睦之條曰立家廟以薦蒸嘗此非俯順人情而因時制禮歟若夫吾祖之不可例以古之諸侯者則更有說古之諸侯據國争強及其亡也覆宗絶祀而已間有子孫留遺于敗亡之餘幸全首領數代之後稍復生息乃始追而溯之曰某國之苗裔也至問其某祖某世而沓不可

追則亦無從而祖之矣若華之微子吳之泰伯其世
數可得而稽耶吾祖之在唐以節度使而為天子守
土耶未嘗自以為得國也歷五季之亂保境寧民猶
不改臣節真主既出挈土而還之又未嘗亡國也茂
忠孝之德免生民之塗炭保宗族于安全改為百世
蒸嘗計耶今子孫千億世次分明昭穆咸在孰非蒙
吾祖之澤而以嗣以續者不此之祖而更于誰祖耶
如以其爵為王而不可祖之此固當時之所封而非
其自稱也李郭之在唐亦封王韓岳之在宋亦封王
吳越淮海之封亦猶是耳今李郭之子孫奉汾陽臨
淮為祖而人有議其僭者乎韓岳之子孫奉蘄王鄂
王為祖而人有議其僭者乎何獨于吾錢氏而曰大
夫不得祖諸侯也又不祖諸侯之說揆之當日更有
未安者如忠懿一支嗣為公侯者累世其祀當未廢
也若吾祖忠獻富水西平僅得祭之其孫雖眾官不
過供奉殿直之屬則其祀便當絕于其孫乎嗚呼冲
年踐位克敵靖民帝嘉其功人頌其德馨香之祀二
世而斬禮之為庆乃至于此盖議禮者必準于時、
既不同禮不得不異也若必執古禮而例之則所云
天子七廟諸侯五大夫三者今大夫之家曾見有父
祖曾三代各立一廟者乎廟之不得而易為祠又于
祠為四龕以祀高曾祖考則又踰乎三代之數而增
其一宋儒之說亦以義起禮因人之情而為之節文
而已故選以為四龕之制一身之所祭也始祖之祠
通族之所祭也吾祖之功德廟食餘杭
朝廷詔祭自從王禮功宗元祀誠典唐之詔祀傳說
以下宋之詔祀劉備以下者無殊若曰凡詔祀者其
子孫不得私祭則史傳俱無此明文也然則今之立
祠于錫以敬宗收族者考之於古驗之于今稽之以
國家之典似于理無所不安矣
建廟建祠之議大禮所在乃吾族極有關係事也
故備錄兩先生往復之書竊為之解以綴于後武
肅王三十世孫俊選謹識

表忠觀春秋二祭規條

乾隆甲寅歲余在杭州嘗監修表忠觀掘土得殘碑一塊字蹟模糊審其年月有紹興字樣則知為南宋時初年立也因為録出其言諄諄訓誡實足以垂示子孫雖一家之禮即傳之他族可也附說于此

一科第文章為族光榮者準其與祭
一良臣孝子節義可風者準其與祭
一讀書為善衆口稱道者準其與祭
一譜牒詳明宗支清晳者準其與祭
一捐施田產能修祠墓者準其與祭
一仕宦貪墨為人指摘者不許入祠
一異姓螟蛉亂宗續嗣者不許入祠
一刑傷過犯有玷門風者不許入祠
一衣冠不整慢無禮節者不許入祠
一喪服未滿素衣麻履者不許入祠

議單

乾隆己未歲恭建始祖武肅王祠落成錢陶各支捐置祭田蓋陶系出錢氏堠山支故姓分而族合其時田歸於振雅敬義收貯租籽錢係由保滋出支以供銀漕祭享修理諸費嗣後一切事宜統歸振雅經管其閒曾有增置近因歷年所入除經費之外所得贏餘未能生息合族集議置買蘇餅沿河棧房一所以為收租生息之地即將振雅敬義經管之田一併交出統歸棧內公請明幹一人經理其事錢陶兩處各公舉一董事合同督理并議明規約勒石永遵自是以後吾族諸人務家宜各矢公心毋辭勞瘁毋避怨嫌以期永保於勿替

述德編

計開

一議棧內公請司棧一人管理收租貨物銀錢出入諸事僱工一人以供役使其二人每年辛力另立賬簿即於租棧出息項下支銷
一議錢陶二處各公舉殷實老成一人為董事公同商辦議定五年再各公舉接辦所有出納必經董事之手每月賬目二人必相較對如有舛錯侵虧即向董事清理

一議此棧祠內向已用價一百八十千文置買三股之
一今又全行歸併共用正絶價連前共計錢一千二
百千文除前價一百八十千文之外尚應需錢一千
零二十千文現將振雅所存贏餘錢三百千文敬義
所存贏餘錢一百千文提出付過尚虧錢六百二十
千文錢陶公借錢文墊出每月一分起息即於每年
租棧出息項下除支費外所餘錢若干按股歸償
一議凡子孫鄉會卷資悉照前規鄉試一千會試三千
文
一議祖棧所入支用宜分緩急首辦銀漕祭費次修祠

次添設祭器次提櫃扇僱工辛力次歸還墊款此外
如有贏餘即添置祭產以期積少成多
一議向來春秋二祭凡捐田子孫概不出分今因置棧
鈌少棧價借錢補墊嗣後凡來與祭者無論捐田與
否每丁出錢七十文俟補償移項後仍照前例各免
一議科甲仍照舊例入祠或出力辦事有功於祠內者
入祠有再捐田畝有再捐銀兩者入祠
一議前曾之人增置田畝倘有田佃不佳者向原事之
人回換

一議棧內自應不時稽查董事亦勢難兼顧議於春秋
二祭時擇其精敏者各二人輪月赴棧督察銀錢不
得沾手
一議春秋二祭以及脩理諸事俱責成董事公辦凡一
切祭器彙藏棧內
一議董事雖有二人而事涉疑難族中公同商酌幫辦
切勿坐視
一議支存各賬每屆秋祭時逐一開明揭於祠宇先期
邀同宗長查核贏虧庶無蒙混之弊如有弊端公同
議罰

一議所有公產契據糧串逐行開明邀同族中交與董
事收管至五年後仍與族衆眼同交卸
一議此係祖祠公項族中不得因此挪移借貸董事亦
不得稍狥私情如有此弊一經察出即責董事賠償
一議棧內進出貨物兼管人等倘有已物堆貯本棧者
亦照大市租價交出不得狥私如有此等情弊察出
加倍罰出充公
一議吾族世代書香春秋與祭子孫主祭陪祭首科甲
次生監一則見先人遺澤孔長一則勉後人讀書上
進

嘉慶貳拾伍年九月

日立通族公議

晴川	春帆	梅封
和軒	梅溪	以行
霽庭	英之	貫之
荆川	良若	旭初
恒川	贊元	彥明
雲川	沛蒼	壜山
濬川	念祖	汝堂
盈川	三全	巨源
蔗軒	漢階	菉漪

述德編

丹溪	劍鋒	雲瞻
錦坡	德揚	黻亭
雨三	淮源	僅齋
伏五	闡昌	春圃
漢儀	寶川	蓉亭
衛瞻	莘樂	映堂
賡載	復初	耀川
振倫	怡亭	云川
惠春	載光	

代筆潘玉田

梅溪翁書此冊時年將望六然折鐵畫沙銖銓庫剝全撫吳興董香歐虞筆法渾融端凝森嚴行間疏密精力兒美過於壯年攬之庭令人生敬是可知先輩之功力深生何可及哉發於今人欽矣春斗而仰慕所撰雅醇鮑不可及安望項背乎哉謂此冊規乎楷法端敬肅嚴姿態少媚於古人耶既以之興起後此者錢氏之祠志也惟行草稚生篆隸仿法於庶既列美矣善矣崇敬祖崇宗之素意何

後記

無錫是中國吴文化的發祥地。七千多年悠久歷史與文明，造就了『梁溪明秀之區，衣冠禮樂甲於江左』的城市人文傳統和深厚的歷史文化底蘊。數千年來，文脉綿延，永世流芳。邵寶在《錫山遺響》序中曾經這樣描述：『錫之爲邑，在三吴間。山水清麗豐曠，生其地者，多沉雅秀整，以文名家，代不乏人。』文化已經成爲這座城市最本色的氣質。爲傳承吴地文明，建設文化名城，進一步彰顯無錫城市内在精神特質，經過幾年的精心策劃，旨在全面整理地方文化典籍的《無錫文庫》編纂出版工作於二〇一〇年全面啓動，二〇一一年起陸續與讀者見面了。

無錫的城市文化曾經爲中華文化寶庫作出過巨大貢獻。顧愷之、倪瓚、王紱、鄒一桂、賀天健、徐悲鴻、錢松嵒、吴冠中，如松秀群嶺，在中國繪畫史上擁有很高的地位；華秋蘋、楊蔭瀏、劉天華、華彦鈞（阿炳），乃韵動天籟，對中國音樂發展發揮了重要作用；李紳、蔣防、尤袤、蔣捷、陳維崧、顧貞觀、嚴繩孫、周濟、劉半農，皆胸懷錦綉，在中國文學史上可謂各領風騷；計六奇、顧祖禹、顧棟高、秦蕙田、嵇璜、錢基博、錢穆、錢鍾書、錢海岳，可稱堂奥廣庭，學造淵源，在中國學術史上卓然大家；顧憲成、高攀龍之東林，唐文治之『國專』，徐霞客之游記，徐壽、華蘅芳之『格致之學』，陳翰笙、錢俊瑞、孫冶方、薛暮橋之經濟學，都堪稱中華文化史上的一座座高峰，至今閃耀着炫目的光芒。

深厚的歷史文化底蘊激發了無錫城市的文化自覺。市委、市政府滿懷對鄉土誠摯之情、對文化敬畏之感，以義不容辭的責任擔當，致力於文化强市建設，以科學的理念和方式對歷史文化遺産作全方位的觀照、深層次的發掘、系統性的保護，匯四海之智，舉全市之力，共襄文化建設盛舉。二〇〇六年十二月，無錫市成功申報國家歷史文化名城，標志着新一輪文化意識的覺醒，并迅速轉化爲文化自覺的實踐。近年來，我市全面啓動惠山、清名橋、小婁巷、榮巷、蕩口等五個歷史文化街區和十個古村落保護修復工程，『護其貌，顯其顔，鑄其魂，揚其韵』；鴻山遺址成功保護的經驗被國家文物局譽爲大遺址保護『無錫模式』，并被授予首批國家考古大遺址公園，闔閭城遺址考古發現則確立了歷史上無錫曾作爲吴王闔閭都城的地位；建成開放六十餘座博物館、名人故居和紀念館；對無錫的非物質文化遺産予以重點保護；每年春天舉辦的中國（無錫）吴文化節、中國文化遺産保護論壇成爲文化亮點，享譽海内外。這些舉措遵循規律，探索文化建設體制和機制的創新，形成了寶貴的『無錫經驗』，得到海内外學者、專家的一致肯定。

在注重保護歷史文化遺存的過程中，發掘、整理無錫歷史文獻著作，展示和弘揚無錫城市的思想精神世界，自然而然成爲大家關注的重點。二〇〇六年，市委宣傳部組織無錫文史專家、學者編撰的十七册三百萬字的《無錫文化叢書》正式出版，引起强烈反響，出版後供不應求，在二〇〇八年再版加印。《無錫文化叢書》集中反映了無錫城市文化精華，展示了無錫城市文化特質，彰顯了無錫歷史文化的厚重，同時也告訴人們，文化精神的傳遞是文化繁榮發展的重要内涵，一旦擦去歲月蒙塵，優秀的歷史文化就會轉化成爲取之不盡的精神財富。

爲了進一步彰顯城市歷史文化底蘊，二〇〇七年，市委、市政府將全面系統整理無錫文化典籍擺上工作議事日程，明確提出編纂《無錫文庫》。由于無錫歷史文化底蘊深厚，卷帙浩繁，内容豐富，編纂工作千頭萬緒，要想整理出一部簡明扼要而又内容翔實、主旨鮮明而又文質彬彬的文獻集成，難度遠大於預想。爲此，我們先後成立了《無錫文庫》工作委員會和編輯委員會，加强對編纂出版工作的組織領導與統籌協調，在尊重歷史、尊重規律、尊重科學、尊重專家的基礎上，積極推進文庫編纂工作。編輯委員會經過反復論證，明確原則，綱舉目張，有條不紊地開展工作。充分憑借地方文史專家的優勢，充分發揮高校人文學院、研究機構的作用，充分依靠出版機構的專業經驗，并邀請國内外著名文史專家指導、把關，形成了文庫編纂的工作合力。

在編輯過程中，我們力求使《無錫文庫》成爲經得起歷史考驗的鄉邦文獻集成。

全面規劃又保持開放結構。面對豐富的歷史文化積澱，没有規劃就不可能形成清晰的編纂思路。在前期編纂工作中，編輯委員會經過二十餘次的論證會和專題研討會，形成并確定了《無錫文庫》總書目，明確了收録範圍和内容主體，立足無錫市區，兼顧江陰、宜興，主要體現無錫本土内容，突出人文科學，適當兼顧其他門類。據此，《無錫文庫》收録圖書五百五十餘種，分爲五輯：第一輯『官修舊志』，收編無錫地方志（含江陰、宜興）；第二輯『地方史料專著』，收編反映無錫地方史料的專著與筆記；第三輯『年譜家乘』，收編無錫（含江陰、宜興）地方名人年譜和望族的家譜；第四輯『無錫文存』，收編歷史上無錫作家詩文和專著的精華；第五輯『近現代名家名著存目』，編撰無錫近現代名家名著的書目提要。爲使文庫具有更大的開放度和包容量，《無錫文庫》注重整體設計，在框架分類上既注意整合，又突出重點，考慮到文庫的涵蓋面和系統性；在書目選擇上既注重經典性，又强調代表性，兼顧到圖書本身質量和作者特點；在出版方式上既總體規劃、循序推進，又采取較爲靈活的方式，成熟一批出版一批，不編序號，爲今後增補書目預留空間。

尊重歷史又反映時代特色。《無錫文庫》注重歷史性與時代性相結合，以嶄新的學術角度和現代學科理念對城市歷史文化進行整理和弘揚。編纂工作充分體現對歷史傳統的尊重，儘可能減少評述性成分，杜絶截割、改篡、增刪圖書内容，對節選本祇采取作者的自選本。與此同時，以現代學術視野來看待傳統史料，增加收録有價值的歷史資料和文獻，如對民國時期的一些稿本、期刊、會刊、紀念册也予以應有的關注，收入了部分重要的民間史料。

保持原貌又便于讀者查閲。《無錫文庫》除第五輯外，全部采用原版影印方式，力争選擇最優版本作底本，保持文獻著作的歷史面目。爲了便於閲讀、查證、使用、研究，每一輯均撰寫編輯説明，每種書撰寫提要，并編撰《文庫》書目索引。通過這樣的方式，使《無錫文庫》兼具工具書檢索的作用，增强文化典籍整理的實用功能。

如期完成又精益求精。《無錫文庫》作爲一項重大文化工程，編纂工作面廣量大，必須集中力量，一鼓作氣。我們明確，從編纂工作全面啓動開始，花三年時間完成《無錫文庫》出版工作。《無錫文庫》總書目形成後，五輯的書目編纂工作同時開展、整體推進。我們要求，《無錫文庫》編纂出版工作要强化精品意識，力求思想精深、内容精彩、選編精當、學風精良、裝幀精美。文庫編纂出版的每個環節都反復論證推敲，確保經得起歷史檢驗。

《無錫文庫》的編纂出版工作，得到了鳳凰出版傳媒集團的大力支持，鳳凰出版社在版本選擇、編輯出版方面做了細緻的工作；由於《無錫文庫》收録的資料有三分之二散落在全國各圖書館中，中國國家圖書館、上海圖書館、南京圖書館等一批國内知名圖書館爲此提供了積極的幫助；應邀擔任《無錫文庫》學術顧問的專家，都是無錫籍的文化名人和國内一流的古籍研究專家，他們有的不顧年事已高，有的不顧自身工作繁忙，爲《無錫文庫》的編纂工作付出辛勤勞動；《無錫文庫》工作委員會和編輯委員會成員以及編務人員在文庫編纂出版過程中做了大量的工作。在此，謹向他們表示崇高的敬意和由衷的謝忱！

由於《無錫文庫》收録内容涉及範圍廣、時間跨度長，部分書目已經散佚，可利用資料受到限制，加之編輯委員會水平有限，《無錫文庫》的編纂工作難免會有一些疏漏和錯誤，不當之處敬請讀者指正。

王立人

二〇一二年一月